U0000846

百衲本二十四史

宋書

上海涵芬樓借北平圖
書館吳興劉氏嘉業堂
藏宋蜀大字本景印闕
卷以涵芬樓藏元明遞
修本補配原書板高二
十三公分寬十九公分

后妃

帝祖母號太皇太后母號皇太后妃號曰妃漢
舊制世晉武帝採漢魏之制置貴嬪夫人貴人
是爲三夫人位視三公淑妃淑媛淑儀脩華脩
容脩儀婕妤好容華充華是爲九嬪位視九卿其
餘有美人才人爵視千石以下高祖受命
省二十人其餘仍用晉制貴嬪夫人貴人魏文帝所制夫

人魏武帝初建魏國所制貴人漢光武所制淑
妃魏明帝所制淑媛魏文帝所制淑儀脩華晉
武帝所制脩容魏文帝所制脩儀脩華晉
婕妤好容華前漢舊號充華晉武帝所制美人
漢光武所制世祖建三年省夫人人脩容
置貴妃位比相國進貴嬪位比丞相貴人位比
三司以爲三夫人又置昭儀昭容昭華以代脩
華脩儀脩容又中才人充衣以爲散位昭儀漢
元帝所制昭容世祖所制昭華魏明帝所制

中才人晉武帝所制充衣前漢舊制太宗泰始
元季省淑妃昭華中才人充衣復置脩儀脩容
才人良人三季又省賢人置賢姬以備三夫人
之數又置昭華增淑容承徽列榮以淑媛淑儀
淑容昭華昭儀昭容脩華脩儀脩容爲九嬪婕妤
好容華充華承徽削榮凡五職班亞九嬪美人
中才人才人三職爲散位其後太宗雷心後房
擬外百官備位置內職削其名品于後

後宮通尹

炎興戶主

紫極戶主

準録尚書

準尚書令銓六宮

並銓六宮 各置一人

後宮削叙

紫極中監尹　銓六宮

紫興中監尹　銓六宮

炎興中監尹　銓六宮

宣融戶主　　銓六宮

紫極房帥　　置一人

紫興房帥　　置一人

炎興房帥　　置一人

官品第一　各置一人

官品第二　各置一人

後宮司儀　準左僕射銓人士

後宮司政　準右僕射銓人士

參議女林　準銀青兗祿銓人士

中臺侍御尹　銓六宮

宣融優殿中監尹　銓六宮

采藝房主　銓六宮

南房主　銓六宮

中藏女典　銓六宮

典坊　銓六宮

樂正　銓六宮

內保　銓人士

學林祭酒　銓人士

昭陽房帥　置一人

徽音房帥　置一人

宣融房帥　置一人

宣融殿中治職　官品第三　各置二人　準左右丞秩比

後宮都掌治職　置二人　尚書銓人士

後宮殿中治職　置一人　書銓人士　準左民尚

後宮源典治職　置一人　準祠部尚書銓人士

後宮穀帛治職　置一人　準度支尚書

中傅　置一人　尚書銓人士

後宮校事女史　置一人　銓人士

紫極中監尹女史　置一人　銓人士

炎興中監女史　置一人　銓人士

紫極房參事　置人無定數　銓人士有限外

宣融房參事　置人無定數　有限外

中臺侍御奏案女史　置一人　銓人士

贊樂女史　置一人　銓人士

中訓女史　置一人　銓人士

女祝史　置一人

炎興中監典　置一人

紫極中監典　置一人

典樂帥　置一人

炎興中監帥　置人無定數　外有限

紫極房廉帥祭酒　置一人

炎興房廉帥祭酒　置一人

宣融房廉帥祭酒　置一人

後宮通關參事　　　置一人

景德房參事　　　置人無定數 鈴人士

采藝房參事　　　置人無定數 鈴人士

南房參事　　　置人無定數 鈴人士

內房參事　　　置人無定數 鈴人士

校學女史　　　置一人

後宮中房帥　　　置二人

後宮源典帥　　　置二人

一百四十　　宋書列傳第一卷　五

後宮穀帛帥　　　置二人

中臺帥　　　置一人

中臺侍御起居帥　　　置二人

中臺侍御詔誥帥　　　置二人

斯男房帥　　　置一人

宣豫房帥　　　置一人

景德房帥　　　置一人

采藝房帥　　　置一人

中藏帥　　　置一人

內坊帥　　　置一人

南房帥　　　置一人

外華房帥　　　置一人

招慶房帥　　　置一人

紫極諸房廉帥　　　置人無定數 有限外

紫極中監省帥　　　置一人

紫極殿帥　　　置六人

炎興殿帥　　　置四人

徽音殿帥　　　置一人

一百五十　　宋書列傳第一卷　六

徽章監帥　　　置一人

宣融偃殿中監典　　　置一人

清商帥　　　置人無定數

總章帥　　　置人無定數

左西章帥　　　置一人

右西章帥　　　置人無定數

中廚帥　　　置一人

中臺侍御執衞　　　置人無定數

中臺侍御監闈帥　　置二人
中臺侍御監司帥　　置二人
宣融俊殿帥　　置二人
永巷帥　　置一人
後宮都堂內史　　置二人
後宮殿中內史　　置一人
後宮源典內史　　置一人
後宮穀帛內史　　置二人
後宮監臨內史　　置二人

中臺侍御執法內史　　置一人
中臺侍御典內史　　置二人
中臺侍御節度內史　　置二人
中臺侍御應內史　　置六人
紫極房內史　　置一人
炎興房內史　　置一人
助教　　置一人
綵製帥　　置人無定數
裝飾帥　　置人無定數

行病帥　　置人無定數
累室帥　　置人無定數
監解帥　　置人無定數
教堂帥　　置人無定數　有限外
宮閨帥　　置一人
學林館帥　　置一人
織帥　　置人無定數
繡帥　　置人無定數

合堂帥　　置二人
御清帥　　置一人
監夜帥　　置一人
諸房禁防　　置人無定數
三廂禁防　　置三人
諸房廚帥　　各置一人
中廚廉　　置三人
應閨　　置六人
諸應閨　　置人無定數

宮閨史　　　　置一人

諸房中掾　官品第七

中藏掾　　　各置一人

紫極供殿直長　各置二人

炎興供殿直長

總章使長　　此五品敕吏

侍御扶侍

〔十八〕▊宋書列傳一　　九

主衣　　準二衛五品敕吏比六品

供殿左右　紫極置二十人
左右守藏　炎興置十人

典樂人　　　置四人

作帳　　比諸房禁防

供殿給使　紫極置三十人
比王官　　炎興置十人

典殿　　　　　置人無定數

紫極三廂給事　比官人　置十人

全堂給使　　　　　　　置五人

宮閨給使　　比房　　　置六人

〔二六十〕▊宋書列傳一　　　十

孝穆趙皇后諱安宗下邳僮人也祖彪字世範治
書侍御史父裔字彥胄平原太守后以晉穆帝
升平四年嬪孝皇晉哀帝興寧元年四月二日
生高祖其日后以產疾殂于丹徒官舍時年二
十一奔晉陵丹徒縣東鄉練壁里零山宋初追
崇諡諡陵曰興寧永初二年有司奏曰大孝之
德盛於榮親一人有慶光被萬國是以靈文寵
於西京壽張顯於隆漢故平原太守趙裔故洮
陽令蕭卓並外屬尊戚不逮休寵臣等仰述
聖思遠稽舊章並可追贈炎祿大夫加金章
紫綬裔命婦孫可豫章郡建昌縣君卓命婦趙
可吳郡壽昌縣君孫氏東莞人也其本又詔曰

推恩之禮在情所同故內樹宗子外崇后屬爰
自漢魏咸遵斯典外祖趙允祿名器雖
隆孝主未建並宜追封開國縣族食邑五百戶
於是追封賀縣族裔長子宣之仕至江乘
令番卒無子以弟孫襲之繼宣之卒
子祖憐嗣齊受禪國除宣之弟倫之紹封襲之卒
祚侍御史父卓字子略洮陽令孝穆后姐亮字保
孝懿蕭皇后譚文壽蘭陵蘭陵人也祖亮帝
娉后為繼室生長沙景王道憐臨川劉毅武王道
陽至元熙二年入朝因受晉禪在外凡五年后
加太妃之號高祖以十二年北伐仍停彭城壽
規義熙七年拜豫章公太夫人高祖為宋王又
常雷東府高祖踐阼有司奏曰臣聞道積善者慶
流德洽者禮備故祇敬表於崇高嘉號彰於盛
典伏惟太妃母儀之德化穆不言保翼異之訓光
被洪業雖幽明同慶而稱謂未窮稽之前代禮
有恆準宜式遵舊章允副羣望臣等參受宋王
太后號故有司奏猶稱太妃也上以恭孝為行

奉太后素謹及即大位春秋巳高每旦入朝太
后未嘗失時刻少帝即位加崇曰太皇太后景
平元年崩于顯陽殿時年八十一遺令曰孝皇
背世五十餘年古不祔葬且漢世帝后陵皆異
處令可於墓域之內為一壙孝皇陵本用
素門之禮與王者制度奢儉不同婦人禮有所
徒可一遵往式乃開別壙與興寧陵合墳初高
祖微時貧約過甚孝皇之姐葬禮多闕高祖遵
旨太后百歲後不須祔葬至是故稱后遺旨施
之襲爵源之見子思話傳
行卓初與趙裔俱贈金紫允祿大夫又追封封
陽縣族妻下邳趙氏封吳郡壽昌縣君卓子源
書郎父字僑宣父郡功曹后適高祖生會稽宣
武敬臧皇后譚愛親東莞人也祖汪字山甫尚
長公主興復晉室居上相之重而后姐服麤素不
高祖興復晉室以儉正率下后恭謹不違及
為親屬請謁義熙四年正月甲午薨於東城時
年四十八追贈豫章公夫人還葬丹徒高祖臨

崩遺詔留葬京師於是備法駕迎梓宮祔葬初
寧陵宋初追贈傷金紫光祿大夫妻高密叔孫
氏封永陵平鄉君傷子壽燾弟燾子質目
有傳

武帝張夫人諱闕不知何縣人也義興初
幸高祖生少帝又生義興恭長公主惠媛永初
元年拜為夫人少帝即位有司奏曰臣聞嚴親
敬始所因者本充孝之道由中被外伏惟夫人
德蛀坤元徽音炎劭發祥兆慶誕啓聖明宜崇
極徽號允備盛則從春秋母以子貴之義遵漢
晉推慶之典謹上尊號為皇太后宮曰永樂少
帝既廢太后還璽綬隨居具縣太祖元嘉元年
拜營陽王太妃三年薨

少帝司馬皇太妃諱茂英河內溫人晉恭帝女也
初封海鹽公主少帝以公子尚為宋初拜皇太子
妃少帝即位立為皇后元嘉元年降為營陽王
妃又為南豐王大妃十六年薨時年四十七

武帝胡婕妤諱道女淮南人義興初為高祖所

納生文帝五年被譴賜死時年四十二葬丹徒
高祖踐阼追贈婕妤太祖即位有司奏曰臣聞
德厚者禮尊慶深者位極故閔宮既構詠歌先
妣園陵崇儷聿來孝伏惟先婕妤柔明塞
淵光備六列昭德昭從軌訓洽母儀用能啓祚聖明
奮宅四海嚴親親莫逮天祿永遵臣等遠進春秋
近稽漢晉謹上尊號曰章皇太后陵曰熙寧當立
廟於京師太后兄子元慶位至奉朝請

文帝袁皇后諱齊嬀陳郡陽夏人左光祿大夫
敬公湛之庶女也本母早賤后年五六歲方見
舉後適太祖初拜宜都王妃生子劭東陽獻公
主英娥上待后恩禮甚篤袁氏貧薄后每就
上求錢帛以贍與之上性節儉所得不過三五
萬三五十匹後潘淑妃有寵愛傾後宮感言所
求無不得聞之欲知信否乃因潘求三十萬
錢與家以觀上意信昔便得因此恚恨甚深稱
疾不復見上上每入必他處回避上數撫伺之不
能得始興王濬諸庶子問訊后未嘗視也后遂

慎志成疾元嘉十七年疾篤上執手流涕問
所欲不言后視上良久乃引被覆面朋于顯陽
殷時年三十六上甚相悼痛認削永嘉太守顏
延之為哀策文甚麗其辭曰龍輴繿綷容翟
結驂皇塗昭列神路幽嚴皇帝親臨祖饋躬瞻
宵載飾遺儀於組纊想祖音平珩珮悲繼筵之
移御涌輦褕之重晦降輿容位撤奠殯階乃命
史臣詠德述懷其辭曰偷昭儷异有物有憑圓
精初鑠方祇始疑昭裁世族祥發慶膺祕儀景
絢象服是加言觀惟則俾我王風始基嬪德蕙
詩納順爰自待年金聲風振亦既有行素章增
問川流芳猷淵塞方江泳漢再謠南國伊昔不
造洪化中微用集寶命仰陟天機釋位公宮登
耀紫闌欽若皇姑允迪前徽孝達靈親敬行宗
祀穆宜房樂昭理坤則順成星軒潤飾德之所
政進思才淑傍綜圖史發音在咏動容成紀壺
届惟深必測下節震騰上清脁側有來斯雕

宋書傳二　十五　洪來

無思不極謂道輔仁司化莫晰象物方臻眠稜
告浹大和既融收華委世蘭殿長陰椒塗施衛
嗚呼哀哉戒涼在律杪秋即夕霜夜流唱曉月
外魄八神晳言引五輅遷迤嗷嗷儲嗣哀哀列
灑零玉墀兩泗丹扆撫存悼亡感今懷昔邑野
哀哉南國門比首山園僕人宴節服馬顧轅
遙酸紫蓋眇眇素軒滅綠清都夷體言肙原邑
淪謳戎夏悲嚁來芳可述往駕弗援嗚呼哀哉
策既奏上百益撫存悼亡感今昔八字以致
其意焉有司奏謚宣皇后上特認曰元初后生
勁自詳視之馳曰太祖此見形兒異常必破國亡
家不可舉便欲殺之太祖狼狽至后殷戶
外手撥幔禁之乃止后亡後常有小小靈應流
美人者太宗所幸也嘗以殷有五闌自后崩後
常聞所佳徵音殿前度此非罪見責應賜死從
后昔若有靈當知之殷諸竈戶應聲鏗然開
先后若有靈當知之殿諸流涕大言曰今日無罪就死
職掌遽白太祖太祖驚往視之美人乃得釋大

宋書傳二　十六　大三百十七　本生刊

明五奉世祖詔曰昝漢道既靈博平煇絕魏國
方安嘉憲啟策皆因心所弘酌典洽詁心外祖
親王夫人永德淑範炎然啟坤載屬內位關正攝
饋閨庭儀被芳閭問宣戚里永言感遠思追榮
秩宜式俜鴻則敬登徽序乃追贈豫章郡新淦
縣平樂郡君墓先未給塋戶加世數已遠
表敬公平樂鄉君墓之所生母也又詔趙蕭臧炎祿
胤嗣褒陵外戚尊屬不宜使墳塋蕪穢可各給
蠻戶三以供灑埽后父湛之自有傳

文帝路淑媛諱惠男丹楊建康人也以色見選
入後宮生孝武帝拜為淑媛奉長無寵常隨
世祖出蕃世祖入討元凶淑媛留尋陽上即位
遣建平王宏奉迎有司奏曰臣聞歷集周邦徽
音充嗣氣淳漢國沙麓發祥咨在上代業隆昨
遠未有不數陰教以闡洪基曆淑慶以載聖哲
者也伏惟淑媛柔明內昭微儀外範合靈初迪
則庶姬仰燿引訓番闈則家邦被德民應惟和
神屬惟社故能誕鐘叡躬用集大命固靈根於

既頌融盛劉平中興載厚化深聲詠允緝宜式
詣舊典恭享極號奉尊號曰皇太后宮曰崇憲
太后居顯陽殿上於閨房之內禮敬甚寡有所
御幸或留止太后房內故民閒誼然咸有醜聲
宮掖事祕莫能辨也孝建二年追贈太后父大
之散騎常侍興之妻徐氏餘杭縣廣昌鄉君大
明四年太后弟子撫軍參軍瓊之上表曰先臣
故懷安令道慶賦命乖辰自違明世敢緣儔戚
請名之典特乞雲雨微沾灑潤詔付門下有司

承旨奏贈給事中瓊之及弟休茂之坐超顯
職太后頗豫政事賜與瓊之等財物家累千金
居處服器與帝子相侔瓊之與太常王僧達
並門嘗盛車服衞從造僧達不為之禮瓊
之以訴太后太后大怒告上曰我尚在而人皆
陵我死後乞食矣欲罪僧達上曰瓊之年少
自不宜輕造詣王僧達貴公子豈可以此事加
皇大明五年太后隨上巡南豫州妃主以下並
從廢帝即位號太皇太后太宗踐阼號崇憲太

后初太宗少失所生為太后所攝養世祖盡心

祗事而太后撫愛亦篤及上即位供奉禮儀不

異舊日有司奏曰天德敷於内典章必逮化覃

千外微號空宣伏惟皇太后懿聖自天母儀允

箸義明八逮道變九圍聖明登御景昨丁艱罰蛮

太后安卽前號别居外宮詔曰朕備丁艱罰常

嬰藥膳中迫凶威崇憲太后聖訓撫育爸在蕃闈常

獲申方欲親奉晨昏盡歡闈禁不得如所奏尋

崩時年五十五還殯東宮門題曰崇憲宮上又

詔曰朕幼集荼蓼鳳德訓龕蹉定業是資仁

範恩箸屯夷有兼常慕夫禮沿情施義循事立

可特齊衰三月以申追仰之心謚曰昭皇太后

未卒巫者謂宜開昭太后陵以爲厭勝修復倉

葬世祖陵東南號曰修寧陵先是晉安王子勛

辛不得如禮上性忌慮將來致灾泰始四年夏

詔有司曰崇憲昭太后修寧陵地大明之世久

所考卜前歲遭諸蕃之難禮從權安奉營倉卒

未暇營改而塋隧之所山原卑陋頃李殞壞曰

有滋甚恒費修整終無永固且詳考地形殊乖

相勢朕箸蒙慈遇情禮兼申思使終始之義載

彰幽顯史官可就嚴山左右更宅吉地明審龜

筮須選令辰式遵舊典以禮荊制令中寓雖寧

邊廣未息營就之功務在從簡舉言慕情如

切割有司奏比疆戎役是務禮之詳略各

沿時宜臣等奏修寧陵玄宮補治毀壞權施

油殿暫出梓宮事即安於事焉允詔可瓊之

為衡陽内史先后卒廢帝景和中以休之為黃

門侍郎茂之左軍將軍竝封開國縣族邑千戶

又追贈興之侍中金紫炎禄大夫謚曰孝族道

慶立道慶常侍炎禄大夫開府儀同三司謚曰敬

皇太后蚤歲幼主愛遇沿情卽事同於天屬前車騎

浴議參軍路休之前丹楊丞路茂之崇憲審戚

蚤延榮貴竝懷所勤安殊飾休之可黃門侍

郎領步兵校尉茂之可中書侍郎太宗未即位
故稱令書茂之又遷司徒從事中郎休之桂陽
王休範鎮北咨議參軍太宗殺世祖諸子因此
陷休之等宥其諸子

孝武文穆王皇后諱憲嫄琅邪臨沂人元嘉二
十本拜武陵王妃生廢帝豫章王子尚山陰公
主楚王臨淮康哀公主楚佩皇女楚琇康樂公
主脩明世祖在蕃后其有寵上入伐凶逆后雷
尋陽與太后同還京都立為皇后大明四年后
率六宮躬桑千西郊皇太后觀禮上下詔曰朕
卜祥大昕測辰梛羽菱詔六宮親蠶蠡川室皇太
后降鑾從御佇蹕觀禮綠遠既具玄統方脩厥
儀發椒闈化動中縣妃主以下可量加班錫廢
帝即位尊曰皇太后宮曰永訓其秊崩于含章
殿時秊三十八祔葬弁景靈陵后父偃字子游晉
丞相導玄孫尚彀之子也母晉孝武帝女鄱陽
公主宋受禪封永成君偃尚高祖第二女吳興
長公主諱榮男少歷顧官黃門侍郎祕書監侍

二十一

中元嘉末為散騎常侍右衛將軍世祖即位以
后父偃授金紫光祿大夫領義陽王師常侍如故
遷右光祿大夫常侍王師如故偃虛恭謹不
以世事闊懷孝建二年卒時年五十四追贈開
府儀同三司本官如故諡曰恭公長子藻前廢帝
東陽太守尚太祖第六女臨川長公主諱英媛
公主性妒而藻別愛左右人吳崇祖前廢帝景
和中主謫之於廢帝藻坐下獄死主與王氏離
婚太始初以主適豫章太守庾沖遠未及成禮
而沖遠卒宋世諸主莫不嚴妒太宗每疾之湖
孰令表悵妻以妒忌賜死使近臣虞通之撰
婦記左光祿大夫江湛孫斆當尚世祖女上乃
使人為斆作婚讓婚曰伏承詔旨當以臨海公
主降嬪榮出塋表恩加典外顧審輶蔽伏用憂
惶臣寒門領族人凡質陋閭閻有對本隔天姻
如臣素流室貧業寡奉近將冠婚皆已有室荊釵
布帬足得成禮每不自解無偶迄茲謀訪莫尋
素族弗問自惟門慶屬降公主天恩所畟容及

二十二

醜末懷憂抱惕慮不獲免徵命所當果應兹舉
雖門泰宗榮於臣非幸仰緣聖慈冒陳愚實冒
晉氏以來配尚王姬者雖累冒美胄亟有名才
至如王敦懷氣桓溫斂威自長俊愚以求免子
敬炎足以違詔王偃無仲都之質而投露於比
同於曠室殷沖幾不免於驅鈕并謝莊氣殆自
階何瑀龍工之姿而於深賁并數人者非無才
意而勢屈於崇賁事隔於閨覽吞悲茹氣無所
逃訴制勒甚於僕隸防閑過於婢妾往來出入

人理之常當賓待客朋從之義而令埽報息駕
無闖門之期廢筵抽席絕接對之理非唯交友
離異乃亦兄弟疏闊第令受酒肉之賜制以動
靜監子荷錢帛之私節其言笑姆妳爭媚相勸
以嚴妮競前相詗以急第令必凡庸下才監
子皆葭萌愚謬舉止則未閑是非聽言語則
謬於虛實姆妳敢恃舊唯贊妒忌尼媼自倡
多知務檢口舌其閒又有應答問訊卜筮師母
乃至殘餘飲食諠辯與誰衣被故嫩必責頭領

又出入之乎藪省難衷或進不獲前或入不聽
出不入則嫌於欲疏求出則疑有別意召必以
三晡為期遣必以日出為限夕不見晚朝不以
識曙星至於夜步月而弄琴書挾袂而披卷一
生之內與此長乖又聲影裁聞則少婢奔近裾
袂向席則老醜叢來左右整刷以疑寵象則有貫衆
客未冠以少容致斥禮則有削勝義絕傷和
本無嫚嫡之嫌豈有輕婦之誚況令義輒言輕易
虞恭正四而每事必言無儀適設辭絕傷易
曰私理有甚王憲發口所言恒同科律諸暖憂
復彊很頗經學涉戲笑之事遂為冤魂我雖家
法急則可為緩者師更相扇誘本其恒意不可
貸借固實常辭或言野敗本或言人笑我雖
我又竊聞諸主集聚唯論夫族緩不足為急者
憤用致夭絕傷理害義難以具聞夫多蟲斯之德
實致克昌專妒之行有妨繁衍是以尚主之門
往往絕嗣駙馬之身通離釁咎以臣凡弱何以
充堪必將毀族淪門豈伊身貴前後嬰此其人

雖衆然皆患彰過事融天朝故吞言咽理無
敢論許臣辛屬聖明矜照由道弘物以典處親
以公臣之鄙懷可得自盡如臣門分世荷殊榮足
守前基便預提拂清官顯官或由才外一叩婚
戚戚有恩假是以仰冒非空披露丹實非唯止陳
一已規全身顧寔乃廣申諸門憂患之切伏願天
慈照察特賜疆傳使襃崔微羣得保叢尉蠢物
含生自己彌篤若恩詔難降披請不申便當刊
虜剪髮投山竄海太宗以此表偏示諸主於是

臨川長公主上表曰妾遭隨奇薄絕於王氏私
庭覽戾致此分異今孤疾縈然假息朝夕情寄
所鍾唯在一子契闊茶炭持兼憐愍否暴枯榮
繫以爲命實願申其門釁還爲母子推遷儴俛
未及自聞先朝慈愛鑑妾丹衷若賜使息徹歸
第定省仰挨天旨或有可尋全事迫誠切不顧
典憲敢緣恩寵觸冒披聞特乞還身王族守養
弱嗣雖死之日實甘於生許之藻第穗異明末
賢達穗宗攸太宰從事中郎番卒追贈黃門侍

郎第臻昇明末顧宦
前廢帝何皇后諱令婉盧江灊人也孝建三季
納爲皇太子妃大明五季薨于東宮徽炎殿時
年十七薨　　諡曰獻妃上更爲太子置內職
二等曰保林曰良娣納南中郎長史太山羊瞻
女爲良娣宜都太守表僧惠女爲保林廢帝即
位追崇獻妃曰獻皇后宗踐阼遷后與廢帝合
葬龍山比后父瑀字稱王晉尚書左僕射澄曾孫
也祖融大司農瑀尚高祖少女豫章康長公主

諱欣男公主先適徐喬美容色聰敏有智數太
祖世禮待特隆瑀豪競於時與平昌孟靈休東
海何勗等立以與馬驕奢相尚公主與瑀情愛
隆密何氏外姻疏戚莫不沾被恩紀瑀歷位清顯
至衛將軍大明八季公主薨瑀墓開世祖追贈
金紫光祿大夫加散騎常侍子邁尚太祖第十
女新蔡公主諱英媚邁少以貴戚居顯官好犬
馬馳逐多聚才力之士有墅在江乘縣界去京
師三十里邁每游覆輒結騎連騎武士成羣大

明末爲豫章王子尚撫軍咨議參軍加寧朔將
軍南濟陰太守廢帝納公主於後宮偽言薀薨殞
殺一婢送出邁第殯葬行喪禮常覺疑邁有異圖
邁亦招聚同志欲因行幸廢帝立事覺廢帝自出
討邁誅之太宗即位追封建寧縣矦食邑五百
戶子夐倩闡齊受禪國除瑀爲逆遣參軍王師
桂陽太守丞相愻南郡王義宣初爲廣州刺史
至新安內史亮弟愻廢帝元徽初爲廣州刺史
壽斷桂陽道似防廣州刺史宗愻收亮斬之官

宋書列傳一　二十七

性躁動太宗初爲建安王休仁司徒從事中郎
書未拜卒愻誕司徒右長史誕弟行最知名
仍除黃門郎未拜竟求轉司徒得司馬復
求太子右率拜右率一二日復求侍中以怨署賜死
間求進無已不得侍中以旬日之
文帝沈婕妤譁容姬不知何許人也納於後宮爲
美人生明帝拜爲婕妤元嘉三十年卒時四十
葬建康之莫府山世祖即位追贈湘東國太妃

太宗即位有司奏曰昔幽都追遠正邑纏哀緬
慕德義敬奉園陵先太妃德履端華徽景明峻
風炎宸被訓流國闈翰聖誕靈番捐鴻祚臣等
遠模漢冊近儀晉典謹上尊號爲皇太后下禮
官議諡諡曰宣太后卒寧爲太后弟道
慶爲議諡又追贈太后父散騎常侍母王氏成
賜醮縣矦又追贈太后父散騎常侍
樂鄉君

宋書列傳卷第一　二十八

明恭王皇后諱貞風琅邪臨沂人也元嘉二十
五年拜淮陽王妃太宗即位立爲皇后生晉陵長
公主伯姒建安長公主伯姒太宗即位立爲皇后
上常宮內大集而贏婦人觀之以爲懽笑后以扇障
面獨無所言帝怒曰外舍家寒乞今共爲懽樂何
獨不視后曰爲樂之事其方自多豈有姑姊妹集
聚而贏婦人形體以此爲樂之滋懽適實景
與此不同帝大怒遣后令起后兄揚州刺史景
文以此事語從舅陳郡謝緯曰后在家爲僮
弱婦人不知今段遂能剛正如此廢帝即位

尊為皇太后宮曰弘訓廢帝失德太后每加勖誡言
始者猶見順從後狂悖轉甚漸元徽五年五月
五日太后賜廢帝玉柄毛扇帝嫌其不華因此欲
酖害巳令太醫煮藥欲左右人止之曰若行此事官便
應作孝子豈復得出入狡獪帝汝語大有理乃止
帝頗與相關順帝禪位太后與帝遂于東
邸因遷居丹陽宮拜汝陰王太妃順帝殂於丹
陽更立第京邑建元元年薨于第時年四十四

追加諡葬以宋后禮父僧朗事別見景文傳
明帝陳貴妃諱妙登丹陽建康人屠家女也世
祖常使尉司採訪民間子女有姿色者以太妃家
在建康縣界家貧有草屋兩三間上出行問尉
曰御道邊那得此草屋當由家貧賜錢三萬令
起瓦屋尉自送錢與之家人竝不在唯太妃在家
時年十二三尉見其容質甚美即以白世祖於
是迎入宮因言於上以賜太宗始有寵一年再呼許
幸太后因言於上以賜太宗始有寵一年再呼許袤

歇以乞李道兒尋又迎還生廢帝故民中皆呼
廢帝為李氏子廢帝後每自稱李將軍或自謂
李統太宗即位拜貴妃禮秩同皇太子妃廢帝
踐阼有司奏曰臣聞河龍啟聖理淶民神郊電
基皇慶爛天地故資敬之道粹古昭風星樞徽
音峻祚昌睿命而備物之章未換輿策速酬
誼眇代疑則伏惟貴妃含和日暴表淑星發
皇明祚昌睿命而備物之章未換輿策議謹上尊號曰皇太妃
前王允陟鴻典臣參豫議謹上尊號曰皇太妃
興服一如晉孝武帝太后故事置家令一人改
諸國太妃曰太妃（妃音怡）宮曰弘化追贈太妃父金
寶散騎常侍金寶妻王氏永世縣成樂鄉君昇
仍念大通貨賄侵亂朝政丹明初賜死
人叔仍降為蒼梧王太妃伯父照宗中書通事舍
明初降為蒼梧王太妃敬元通直郎南魯郡太守
後廢帝江皇后諱簡珪瀼陽考城人北中郎長
吏智淵孫女太始五年太宗訪求太子妃而雅信
小數名家女多不合弱小門無彊應以上簽最

吉故爲太子納之諷朝士州郡令獻物多者將
直百金始興太守孫奉伯止獻蒠書其外無餘
物上大怒封藥賜死旣而原之太子位爲
皇后帝旣廢降爲蒼梧王妃智淵自有傳
明帝陳昭華諱法容丹陽建康人也太宗晚年
瘵疾不能内御諸弟姬人有懷孕者輒取以入
宮及生男皆殺其母而以與六宮所愛者養之
順帝桂陽王休範子也以昭華爲母焉明帝崩
昭華拜安成王太妃順帝即位進爲皇太妃順

三日卅三 宋書傳一 三十一 徐爰

帝禪位去皇太妃之號
順帝謝皇后諱梵境陳郡陽夏人右光祿大夫
莊孫女也昇明二年立爲皇后順帝禪位降爲
汝陰王妃莊自有傳
史臣曰飲食男女人之大欲存焉故聖人順民情
而爲之度王宮六列士室二等皆司事設防典文
曲立若夫羲篤閫闈化形邦國古先哲王有以
之致治者矣夫后妃專夕配以德外姬嬪並御
進非色幸欲使情有覃被愛罔偏流專貞内

表妖蠱外息至於降班在四簪珥成行同列者
三環珮係響乃可以燮理陰敎輔佐君德宋氏
藉晉世令典娉納有章倪天作儷必四岳之後
雖正位天閨禮亢質極而裹壓易兆恩宴難留
一謝屬車之塵永陶青蒲之地是故元后憤終
良有以也自元嘉以降内職稍繁椒庭綺觀
千門万戶而淫耕怪飾藜炫無窮自漢氏昭陽
之輪奐魏室九華之照曜曾不能髣其万一徒
以所選止於軍署之内徵引極平斯阜之間非

三六三 宋書傳一 三十二 徐爰

晉氏採擇濫及冠冕也且愛止帷房權無外授
戚屬餞資歲時不過有漿斯爲美矣及太祖
之傾惑潘媚謀及婦人大明之淪溺姬並后正
嫡至使多難起於肌膚舁命行於同產又況進
於此者乎以斯言之三代二漢之亡於淫嬖非
幸也

宋書四十一

劉穆之

王弘

劉穆之字道和小字道民東莞莒人漢齊悼惠
王肥後也世居京口少好書傳博覽多通為濟
陽江歛所知歛為建武將軍琅邪內史以為府
主簿初穆之嘗夢與高祖俱泛海忽值大風驚
懼俯視船下見有二白龍夾舫既而至一山峯
嶂秀麗林樹繁密意甚悅之及高祖克京城問
何無忌曰急須一府主簿何由得之無忌曰無
過劉道民高祖曰吾亦識之即馳信召焉時穆
之聞京城有叫譟之聲晨起出陌頭屬與信會
穆之聞問倚柱沉吟者久之既而強起躡履布裳往
見高祖高祖謂之曰我始舉大義方造艱難須
一軍吏甚急卿謂誰堪其選穆之曰貴府始建
軍吏實須其才倉卒之際當略無見踰者高祖
笑曰卿能自屈吾事濟矣即於坐受署從平京

邑高祖起諸大處分皆倉卒立定並穆之所
建也高祖遂委以腹心之任動止咨焉穆之亦竭
節盡誠無所遺隱時晉綱寬弛威禁不行盛族豪
右負勢陵縱小民窮蹙自立無所重以司馬元
顯政令違舛科條繁密穆之斟酌時宜隨
方矯正不盈旬日風俗頓改遷尚書祠部郎後
為府主簿記室錄事參軍領堂邑太守以平桓
玄功封西華縣五等子義熙五年揚州刺史王謐
薨高祖次應入輔劉毅等不欲高祖入議以中
領軍謝混為揚州或欲令高祖於丹徒領州以
內事付尚書僕射孟昶遣尚書右丞皮沈以二
議諮高祖沈先見穆之具說朝議穆之偽起如
廁即密疏白高祖曰皮沈始至其言不可從高
祖既見沈且令出外呼穆之問曰卿云何穆之
可從其意何也穆之曰昔晉朝失政非復一日
加以桓玄篡奪天命已移公興復皇祚勳高萬
古既有大功便有大位位大勳高非可持久
今日形勢豈得居謙自弱遂為守籓之將邪劉毅孟

諸公與公俱起布衣共立大義本欲匡主成勳
以取富貴耳事有前後故一時推功非為委體
心服宿定臣主之分也力敵勢均終相吞咀揚
州根本所係不可假人前者以授王謐事出權
道豈是始終大計忽宜若此而已哉今若復以
他授便應受制於人一失權柄無由可得而
功高勳重不可直置疑畏交加異端互起將來
之危難可不熟念今朝議如此宜相酬答必去在我

唐辭文難唯應云神州治本宰輔崇要與喪所
階宜加詳擇此事既大非可懸論便斷入朝共
盡同異公至京彼必不敢越公更授餘人明矣
高祖從其言由是入輔從征廣固還拒盧循常
居幙中畫策決斷衆事劉毅等言穆之見親每
從容言其權重高祖愈信仗之穆之外所聞見
莫不大小必自雖復閭里言謔塗陌細事皆一
二以聞高祖每得民間委密消息以示聰明皆
由穆之也又愛好賓遊坐客恒滿布耳目以為
視聽故朝野同異穆之莫不必知雖復親眤短

長皆陳奏無隱人或諫之穆之曰以公之明將
來會自聞達我蒙公恩義無隱譚此張遼所以
告關羽欲叛也高祖舉止施為穆之皆下節度
高祖書素拙穆之曰此雖小事然宣彼四遠顧
公小復留意高祖既不能厝意又稟分有在穆
之乃曰但縱筆為大字一字徑尺無嫌大既足
有所包且其名亦美高祖從之一紙不過六七
字便滿尺所薦達不進不止常云我雖不及荀
令君之舉善然不舉不善穆之與朱齡石並

便尺牘常於高祖坐與齡石並書旁自起至中
穆之得百函齡石得八十函而穆之應對無廢
世轉中軍太尉司馬八年加丹陽尹高祖西討
劉毅以諸葛長民監留府總攝後事高祖疑長
民難獨任留穆之以輔之加建威將軍置佐吏
配給實力長民果有異謀而猶豫不能發乃屏
人謂穆之曰悠悠之言皆云太尉與我不平何
以至此穆之曰公泝流遠伐而以老母稚子委
節下若一毫不盡豈容如此邪意乃小安高祖

還長民伏誅十年進穆之前將軍給前軍府
年布萬匹錢三百萬十一年高祖西伐司馬休
之中軍將軍道憐知留任而事無大小一決
之還尚書右僕射領選將軍尹如故十二年高
祖北伐留世子為中軍將軍監太尉留府轉
穆之左僕射領監軍中軍二府軍司將軍尹領
百端內外諮稟盈階滿室目覽辭訟手答牋書
外供軍旅決斷如流事無擁滯賓客輻輳求訴
閒眼自手寫書尋覽篇章校定墳籍性奢豪
食必方丈旦輒為十人饌穆之既好賓客未嘗
食以此為常嘗白高祖曰穆之家本貧賤贍生
獨餐每至食時客止十人以還者帳下依常下
客曄賓言談賞笑引日旦時未嘗倦苦裁有
耳行聽受口並酬應不相參涉皆悉贍舉文數
多關自叨禾以來雖每存約損而朝夕所須微
金為過曹自此以外一毫不以負公二十三年疾篤
認道正直黃門郎問疾十一月卒時年五十八

三百九四　宋書傳二　五

高祖在長安聞問驚慟哀惋者數日本欲頓駕
關中經略趙魏穆之既卒京邑任虛乃馳還彭
城以司馬徐羨之代管留任而朝廷大事常決
穆之者並悉比諮穆之前軍將軍府文武二萬人以
三千配羨之建威府餘悉配世子中軍府又贈
穆之散騎常侍衛將軍開府儀同三司高祖又
表天子曰臣聞崇賢旌善王教所先念功簡勞
義深追遠故司勳秉策在勤必書穆之愛自布衣
協佐義始內端謀猷外勤庶政密勿軍國心力
俱盡及登庸朝右尹司京畿翼新王化敷讚百
揆頃戎車遠役居中作扞撫寄之勳實洽朝野
方宜讚歲獻緝隆聖世志績未究遠邇悼心皇
恩褒述班同三事榮哀兼備寵靈已厚臣伏惟
孝自義熙草創艱患未弭外虞既殷內難彌結
時屯世故靡歲斬寧豈臣以寶夕之負荷國重
實賴穆之匡翼之益當唯謹言嘉謀溢于民
聽若乃忠規遠畫潛慮密謀造膝詭辭莫見

三百九五　宋書傳二　六

其際功隱於視聽事隔於皇朝不可稱記所以
陳力一紀克遂有成出征入輔幸不辱命微夫
人之左右未有寧濟其事者矣履謙居寡守
之彌固每議及封賞輒自抑絕所以勳高當
年而未沾土宇俾大賚永傷胡寧可昧謂宜加贈
正司徒甄於身後臣契闊屯泰旋觀始終金蘭
之烈不泯於永秩於善人忠正
之分義深情密是以獻其乃懷布之朝聽於
是重贈侍中司徒封南昌縣侯食邑千五百

〔宋書傳二〕 七 〔彥中〕

戶高祖受禪思佐命元勳詔曰故侍中司徒
南昌侯劉穆之深謀遠猷肇基王跡勳造大
業誠實匪躬今理運惟新番屏誕肇感事懷
人寔深懷悼可進南康郡公邑三千戶故左
將軍青州刺史王鎮惡荊鄖之捷剋前弼放命
北代之勳參跡方叔念勤惟績無忘厥心可
進龍陽縣侯增邑千五百戶故高祖諡穆之曰文宣
公太祖元嘉九年配食高祖廟庭二十五年
四月車駕行幸江寧經穆之墓詔曰故侍中

司徒南康文宣公穆之秉德佐命翼亮景業謀
猷經遠元勳克茂功銘鼎彝義彰典策故巳
嗣徽削哲宣風後代者矣近因遊踐瞻其塋域
九原之想情深悼歎可致祭墓所以申永懷穆
之三子長子慮之嗣仕至貞外散騎常侍卒子
邕嗣先是郡縣耆老封國若自史相並於國主稱臣
敬河東王歆之嘗為勅康相素經邕後歆之
與邑俱豫元會並坐邕性嗜酒謂歆之曰卿昔
去任便止至世祖孝建中始革此制為下官致

〔宋書傳二〕 八

嘗見臣今不能勦一坏酒平歆之因戲孫皓
歌答之曰昔為汝作臣今與汝比肩既不勸汝
酒亦不願汝年邑所致嗜食瘡痂以為味似
鰒魚嘗詣孟靈休靈休先患灸瘡瘡痂落
上因取食之靈休大驚答曰性之所嗜靈休
瘡痂未落者悉褫取以飴邕邕既去靈休與
何勖書曰劉邕向顧見噉遂舉體流血南康國
史二百許人不問有罪無罪遞互與鞭瘡痂
常以給膳卒子彤嗣大明四年坐刀研妻奪爵

以弟彭之紹封齊受禪降爲南康縣疾食邑
千戶穆之中子式之字延叔通易好士累遷相
國中兵參軍太子中舍人黄門侍郎寧朝將軍
宣城淮南二郡太守在任賦貨狼藉揚州刺
史王弘遣從事檢校從事呼攝吏民欲加辨覆
式之召從事謂曰治所還白使君劉式之於國
家耗石發分僑數百刀錢何有況不偷邪吏民
及文章之玄往促還爲太子右率左衛將軍吳
如此奔一曰也待䑓還白弘曰劉式之辯

（宋書傳二）

九

郡太守卒追贈征虜將軍從征關洛有功封德
陽縣二等疾諡曰泰庶長子敱世祖初黄門侍
郎敱弟衍大明末以爲黄門郎出爲豫章内史
晉安王子勛稱僞號以爲中護軍事敗伏誅衍
弟瑀字伐琳少有才氣爲太祖所知始興王濬
爲南徐州以瑀補別駕從事史爲濬所遇瑀性
陵物護前不欲人居已上時濬征北府行參軍
吳郡顧邁輕薄而有才能濬待之甚厚深言
車皆與參之瑀刀折節事邁深布情款家内婦女

閒事言語所不得至者莫不倒寫備說邁以瑀
與之款盡感信濬所言密以語邁閒
輿邁共進射堂下瑀忽顧左右索衣憤邁閒
其所以瑀曰公以家人待卿相與言無所隱而
卿於外宣云致使人無不知我是公吏何得不
啓因而白之濬大怒啓太祖徙邁廣州邁在廣
州值蕭簡爲亂爲之盡力與簡俱死瑀遷將軍中
郎領淮南太守元凶弒立以爲青州刺史瑀聞問即
益州刺史元嘉二十九年出爲青州刺史瑀聞問即

（宋書傳二）

十

起義遣軍并送資實於荆州世祖即位召爲
御史中丞還至江陵值南郡王義宣爲逆瑀陳
其不可言甚切至義宣以爲丞相左司馬俱至
梁山瑀猶乘其舳又有義宣故部曲
潛於梁山洲外下投官軍除司徒左長史明年
遷御史中丞使氣尚人爲憲司甚得志彈王
僧達云廬籍高華人品冗末朝士莫不畏其筆
端尋轉右衛將軍瑀願爲侍中不得謂所親曰
人仕官不出當入不入當出安能長居戶限上

因求益州世祖知其此意許之孝建三年除輔
國將軍益州刺史既行甚不得意至江陵與顏
峻書曰朱脩之三世叛兵一旦居荊州青油幢
下作謝宣明面見向使齊師以長刀引吾下席
於吾何有政恐匈奴輕漢耳其年坐奪人妻為
妾免官大明元年起為東陽太守明年遷吳興
太守侍中何偃當案去參伍時望瑒大怒曰我
於時望何參伍之有遂與偃絕及為吏部尚書
意彌憤憤族叔秀之為丹陽尹瑒又與親故書

【宋書傳二　十一　章茂】

曰吾家黑面阿秀遂居留安衆處朝廷不為多
士其年疽發背何偃亦發背癰瑒疾已篤聞
僵亡懼躍叫呼於是亦卒諡曰剛子子卷南徐
州別駕卷弟藏尚書左丞穆之少子息之中書
黃門侍郎太子右衞率寧朔將軍江夏內史
卒官子衰始興相以贓貨繫東治內穆之女適
濟陽蔡祐年老貧窮世祖以祐子平南參軍
孫為始安太守

王弘字休元琅邪臨沂人也曾祖道導晉丞相祖

洽中領軍父珣司徒弘少好學以清恬知名與
尚書僕射謝混善冠為會稽王司馬道子
驃騎參軍主簿時農務頗息末役蔡興弘以為
宜建屯田陳之曰近面所諮立屯田事已具簡
聖懷敬事與時不可失宜早督田畯以重勸蕭
功而府資單刻控引無所雖復屬以要歲
以嚴威適足令圖圖充積而無救於事實也伏
見南局諸治募吏數百雖資以廩贍收入甚微
愚謂若回以配農必功利百倍矣然軍器所須

【宋書傳二　十二　章茂】

不可都廢今欲留銅官大冶及都邑小冶各一
所重其功課一准揚州之求取亦當無乏餘者
罷之以充東作之要又欲二局田曹各立典軍
募吏依治募比例并聽取山湖人此皆無假
於私有益於公者也其中亦應曠量分判番假
及給廩多少自可一以委之本曹親局所統必
當練衆且近東曹板水曹參軍納之領此任其
人頗有幹能自足了其事耳頃年以來斯務弘
廢田蕪廩虛實亦由此弘過蒙飾擢志輸短

劫宣可相與寢默有懷弗聞邪至於當否尊自
當裁以遠鑒若所啟謬允者伏願便以時施行
庶歲有務農之勤倉有盈廩之實禮節之興
可以垂拱待也道子欲以爲黃門侍郎珣薨弘
年少固辭珣頗好積聚財物布在民間珣薨弘
悉燔燒券書一不收責餘舊業悉以委付諸
弟未免喪後將軍司馬元顯以爲諮議參軍加
寧遠將軍知記室事固辭不就道子復以爲諮
議參軍加建威將軍領中兵又固辭時內外多
難在喪者皆不終其哀唯弘固執得免桓玄對
京邑收道子付廷尉臣吏畏恐莫敢瞻送弘時
尚在喪獨於道側拜舉車涕泣論者稱焉高祖
爲鎮軍召補諮議參軍以功封華容縣五等
侯遷琅邪內史尚書吏部郎中豫章相盧循南康
琅邪王大司馬從事中郎出爲寧遠將軍
諸郡弘奔尋陽高祖復命爲中軍諮議參軍
遷大司馬右長史轉吳國內史義熙十一年徵
爲太尉長史轉左長史從此征前鋒已平洛陽

而宋遣九錫弘銜使還京師諷旨朝廷時劉穆之
掌留任而旨反從比來穆之愧懼發病遂卒而高
祖還彭城弘領彭城太守宋國初建遷尚書僕射領選
太守如故奏彈謝靈運曰臣聞閑厭有家垂訓大
祖率康樂縣公謝靈運力人桂興淫其壁妾安殺
興作威肆戮致誠周書斯典或違刑茲無赦世子左
衛率康樂縣公謝靈運遷邁宜加重劾
恩將并頻叩榮授閒禮知禁爲日巳女而不能防閑
闖閩閭致茲紛穢困顧憲軌忿殺自由此而勿治典刑
將替請以見事免靈運所居官上臺削爵土收付
大理治罪御史中丞都亭侯王淮之顯居要任邪之
司直風聲嘩嗒贊不彈舉若知而弗糾則情法斯
橈如其不知則尸昧已其豈可復預班清階式
是國憲請免所居官以篾還散輩中內臺舊體
不得用風聲舉彈此事彰赫曝之朝野執憲
蕺聞聲司循舊國典既穨所虧者重臣弘忝承
人之位副朝端若復謹守常科則終莫之糾政

所以不敢拱默自同秉彝違舊之愆伏須准

裁高祖令曰靈運免官而已餘如奏端右簡正

風軌誠副所期豈拘常儀自今爲永制十四年

遷監江州豫州之西陽新蔡二郡諸軍事撫軍

將軍江州刺史至州省賦簡役百姓安之永初

元年加散騎常侍以佐命功封華容縣公食邑

二千三百戶入朝進號衞將軍開府儀同三司

亮之徒並撰辭欲盛稱功德弘率介對曰此所

謂天命求之不可得推之不可去時人稱其簡

舉少帝景平二年徐羨之等謀廢立召弘入朝

太祖即位以定策安社稷進位司空封建安郡

公食邑千戶上表固辭固辭曰臣聞趙武稱隨會夫

子家事治言於晉國無隱情臣十載幸會羣枟

榮遇雖以智能虛薄政績蔑聞而言無隱情

竊所庶幾向令天啓其心預定大策而名編司

勳功不見紀固將請不賞之罪懸龍蛇之書豈

當稽違成命苟脩小節但無功勤暴之四海進

闕君子勞心之謀退微小人勞力之効而聖朝

慘賞於上愚臣苟忝於下則爲厚誣當時永貽

口實竊財之誚比此爲輕惟塵盛猷虧珉爲大

微躬所惜一朝亦盡非唯仰塵國紀實亦俯

畏友朋憂心彌疢胡顏廉託且凡人之交尚申

知己況在明主可用理干所以敢達愚狷守之

以死乃見許加使持節侍中改監爲都督進號

車騎大將軍開府刺史如故徐羨之等以廢弒

之罪將見誅弘既非首謀又爲上所親

委事將發密使報弘羨之等誅徐羨弘爲侍中

司徒揚州刺史錄尚書給班劍三十人上西征

謝晦弘與驃騎彭城王義康居守入住中書

下省引隊仗出入司徒府權置參軍五年春大

旱弘引咎遜位曰臣聞三才雖殊其致則一故

世道休明五福攸應政有失德咎徵必顯臣抑

又聞之台輔之職論道讚契上佐人主燮理陰

陽位以德授則和氣淳穆竊非據則謫見于

天是以陳平有辭不濫主者之局邴吉傳篤大

懼牛喘之由斯固有國之所同天人之遠旨陛
下聖哲御世炎隆安休徵表祥醴泉岙涌而頃
陰陽隔并亢旱成災秋無嚴霜冬無積雪疾厲
之氣彌歷四時此豈非任失其人覆餗之咎臣以
庸短自畢比令德居之猶或難稱辛微躬窮極寵貴
不勝又重之以今任正位槐鼎統理神州珥貂
衺裘總錄朝端內外要重頓辱微躬窮極寵貴
人臣莫比之以德居之猶或難稱辛微躬
克任此之易了不俟明識但受命之始屬值時
難六戎親戎憂叉社稷誠是臣下致節忘身之
時當有何心塵撓聖聽所以俛俛從事僶俛馳
驅志在宣力慮不及遠旣鯨鯢折首西夏底定
便宜論其本懷避賢謝拙而常人偷安日甘一
日實亦仰佩天眷未能自已荏苒推遷忽及三
載途令負乘之實彰著明釁伏之災患纏珉
念惶報五情飛散雖日厚顏何以寧處庶幾不遠而
庶上缺皇朝緝熙之美下增官謗覆折之災伏
復大易攸稱小懲大戒細人之福近俟之美非而

于

所敢觖懲戒之幸竊懷庶幾之履端惟始朝慶
禮畢輒還私門思愆家巷庶微謹塞天譴少弭諮
謹伏願鑒其所守即而許之臨啓愧塞不自宣
盡先是彭城王義康為荊州刺史鎮江陵平陸
令河南成粲與弘書曰僕聞軌物設教必隨時
鼎四海具瞻劬勞夙夜義同吐握而總錄百揆
不居是以周之宗盟異姓為後權勢之所處非親
制空世代盈虛亦與之消息夫勢之所處非親
二南斯前代之明墓嘗今之顯報明公位極台
源所應推先空出據列蕃齊於魯衛明公高枕
把攬驃騎彭城王道德昭備上之懿弟宗本歸
兼牧畿甸功實盛大莫之與儔天道福謙空存
論道燮理陰陽則天下和平災害不作福慶與
大宋外降享年與松喬齊名垂萬代豈不美
歟弘本有遐志挾粲言由是固自陳請乃降為
衛將軍開府儀同三司六季弘又上表曰臣聞
異姓為後宗周之明義親不在外有國之所先
故魯長滕君春秋所美楚出蔡痰前史垂誡短

陶

乃茂親明德道光一時述職疚甸朝政弗及而
以庶族庸陋浮華之臣超踰先典居中賛契豈
所以憲章古式緝熈治道驃騎將軍臣義康徽
獻淵邈明德彌勖敷政江漢化被荊南搢紳屬
情想樂當務周旦之寄不謀同詞分陝雖重此
此爲輕臣實空闇階恩踰越俯積素餐仰玷盛
化公私二三無一而可昔孫叔未進義兼前禮臣
於古人無能爲役負乘竊位萬物謂何雖曰厚
展季在下臧文貽譏況道隆地昵義兼前禮臣

三州三 [宋書傳二] 十九 陶

顏胡寧以處斯凶之懼是疚其心乞解州錄
以允民望伏願陛下遠存至公近鑑丹款俯
順朝野改授親賢豈唯下臣獲免大戾凡厥
衆隸孰不慶幸若天眷罔已脫復遲回請出
臣表逮聞外內朝議興誦或有可擇詔曰省
表逺擬隆周經國之體近述大易甲牧之志
三復沖旨良用憮然公體道淵虛明識經逺
毗翼艱難勳獻光茂俾朕獲辰居垂拱同契
委成當豈容高遜總錄固辭神州使成務有虧

以重朕之不德邪深存體國所望寅亮驃騎親
賢之寄地均旦頭還入內輔參讚機務輒敬從
所執義聞康由是代弘爲司徒冀其至誠
日近冒表披陳愚管實冀天鑒覽仰延優旨
而奉被還詔未蒙酬察徒塵聖覽仰延優旨
顧影斷惶罔識攸厤臣忝荷要重四載于今
既違前史量力之誠又微古人進賢之美尸位
固寵日積官謗旋觀周行興愧已厚況在親
賢朝野歸德庸思引身曷去能補惟塵大典

三十九 宋書傳二 二十 仇

蘐喪已多不悟天眷之隆復垂恩獎名器弗政
蒙寵如舊感愚自揆沗若無涯臣義康既摁
錄百揆毗讚盛化沗廁下風諛憑有所內朝務
庶可免竭神州任重望貫兼該臣何人斯寇竊
不已爲介推遷覆敗將及就無人事之徵必有
陰陽之患以念惟憂疹如疾首不知何理可以
自安但成旨已決渙汗難反加臣懦劣少無此
志進不能抗言陳辭以死自固退不能重疊置
冰鮮食爲瘠柢畏天威遂復俛仰至於攝督所

部料綜文案曹局吏役所須不多其餘文武皆
為宂長相府初建或有未充請留職僚同事而
已自此以外及諸資實一送司徒臣受恩深重
休戚是預義無虛飾苟自貶損伏願聖察特垂
許順不令誠訴其見抑奪上又詔曰衛軍表如
此司徒宜須事力可順公雅懷割二千人配府
時宜每存優充與八座丞郎疏日同位犯法無
士人不罪之科然毎至謫謫輒有請訴若垂恩　二十一　仇

【宋書傳上】

有則法廢不可行依事糾責則物以為苦怨宜
更為其制使得憂苦之衷也又主守偷五匹常偷十
四匹竝加大辟議者咸以為重宜進主偷五
四匹常偷五十匹死四十四降以補兵既得小寬
民命亦足以有懲也想各言所懷左丞江奥議
士人犯盜賊不及棄市者刑竟自在贓汙淫
盜之目清議終身經赦不原當之者足以塞愆
聞之者足以臨戒誠若復雷同輩小謫以兵役愚
謂為苦符伍雖比屋鄰居至於士庶之際實

自天開舍藏之罪無以相關奴客與符伍交接
有所藏蔽可以得知是以罪及奴客自是客身
犯衍非代郎主受罪也如其無奴則不應坐右
丞孔默之議君子小人既雜為符伍不得不以相
檢為義士庶雖殊而理有聞察譬言百司居上所以
下不必躬親而後同坐是故犯違之曰理自開今
罪其養子典計者蓋義存殺僕如此則無奴
室當得宴安但既右復士宜令輸贓常盜四十
匹主守五匹降死補兵雖大存寬惠以紓民　一九二

【宋書傳二】　三廿

命然官及二千石及失節士大夫時有犯者
罪乃可裁恐不可以補兵也謂此制可施小人
士人自還用舊律尚書王准之議昔為山陰
令士人在伍謂之押符同伍有愆得不及坐士
人有罪符伍糾之此非士庶殊制寔使即刑當
罪耳夫束脩之胄與小人隔絕防檢無方宜及
不遷之士事接輩細既同符伍故使糾之于時
行此非唯一處左丞議奴客與鄰伍相關可得
檢察符中有犯使及刑坐即事而求有乖實理

有奴客者類多使役東西分散住家者少其有
傅者左右驅馳動止所須出門甚寡典計者在
家十無其一奴客坐伍濫刑必衆恐非立法當
罪本旨右丞議士人犯偷不及大辟者宥補兵
雖欲弘士懼無以懲邪乘理則君子達之則小
人制嚴於上猶冒犯之以其宥科犯者或來使
畏法其心乃所以大宥也且士庶異制意所不
同殿中郎謝元議謂事必先正其本然後其末
可理本所以探士大夫於符伍者所以檢小人

邪為使受檢於小人邪稱　　　士庶天隔則
士無弘庶之由以不知而押之於伍則是受檢
於小人也然則小人有罪士人無事僕隸何罪而
令坐之若以實相交關貴其聞察則意有未因
何者名實殊章公私異令奴不押符是無名也
民之貲財是私賤也以私賤無名之人豫公家
有實之任公私混淆名實允由此而言謂不
宜坐還從其主於事為宜無奴之士不在此例
若士人本檢小人則小人有過已應獲罪而其

奴則義歸戮僕然則無奴之士未合宴安使之
輸贖於事非謬二科所附惟制之本耳此自是
辯章二本欲使各從其分至於求之管見室附
前科區別士庶於義為美盜制按左丞議士人
既終不為兵革幸可同寬宥之惠不必依舊律
於議咸允吏部郎何尚之議按孔右丞議士庶紬
坐符伍為皇有奴皋無奴輸贖既許士庶紬
隔則聞察自難不宜以難知之事定以必知之
法夫有奴不賢無奴不必不賢今多僮者傲然

於王憲無僕者休迫於時綱是為恩之所霑恒
在程卓法之所設必加顏原求之鄙懷竊所未
愿謝殿中謂奴不隨主於名分不明誠是有理
然奴僕實與閭里相關今都不問恐有所失意
同左丞議弘議曰尋律令既不分別士庶又士
人坐同伍罪罹謫者無處無之多為時恩所宥故
不盡親謫耳吳及義興適有許陸之徒以同符
合給二千石論啓丹書已未問會稽士人云十
數年前亦有四族坐比被責以特恩獲停而王

尚書云人舊無同伍坐所未之解恐莅任之日偶
不值此事故邪聖明御世士人誠不憂至苦然
要須臨事論通上千天聽爲紛擾不如近爲定
科使史輕重有節也又尋甲符制緬士人不傳符
耳令史復除亦得如之共相押領有違紏列了
無等衰非許士人閻里之外也諸議云士庶民
絕不相參知則士人犯法庶民得不知若庶民
不許不知何許士人不知小民自非超然簡獨
永絕塵批者比門接揀小以爲意終自聞知不

必須日夕來往也右丞百司之言粗是其況如
衰陵士人實與里巷關接相知情狀乃當於冠
帶小民今謂之士人便無小人之坐署爲小民
輙受士人之罰於情於法不其頗憄且都令不
又士流士流爲輕則小令使徵預其罰便事至
相紏間伍之防亦爲不同謂士人可不受同伍
之讁耳罪其奴客庸何傷邪無奴客可令輸贖
又或無奴僮爲衆所明者官長二千石便當親
臨列上依事遣判偷五四四十四謂應見優量

者實以小吏無知臨財易昧或由疏慢事蹈重
科求之於心常有可愍故欲小進兾其性
命耳至於官長以上荷蒙祿榮付以局任當正
已明憲檢下防非而親犯科律亂法冒利五四
乃巳爲弘矣士人偷四十四理就使至
此致以明罰固其宜耳立何容復加哀矜且此
輩士人可殺不可讁有如諸論本意自不在此
也近聞之道路聊欲共論不呼乃爾難精旣衆
議紏紛將不如其巳若呼不應停覆謂宜集議

奏聞決之聖旨太祖詔衞軍議爲允弘又上言
舊制民年十三半役十六全役當以十三以上
能自營私及公故以充役而考之見事猶或未
盡體有彊弱不皆稱年且在家自隨力所能堪
不容過苦移之公役動有定科循吏隱恤可無
其患庸宰守常巳有勤劇況值苛政豈可稱言
乃有務在豐役增進年齒孤遠貧弱其敝尤深
至令依寄無所生死靡告一身之切逃竄求免
家人遠討胎孕不育巧避羅憲實亦由之今皇

化惟新四方無事役召之應存乎消息十五至
十六宜為半二十七亦為全從之其後弘寢疾弘
表屢乞骸骨上輒優詔不許九年進位太保
領中書監餘如故其年薨時年五十四即贈
太保中書監給節加羽葆鼓吹增班劍為六十
人侍中錄尚書刺史如故諡曰文昭公配食高
祖廟廷其年詔曰又者三逆煽禍寔繁有徒爰
保華容縣公弘故衛將軍華故左光祿大夫
初遵養曁于明罰外虞內廬實惟艱難故大
而立執謙挹志不命踰故用佇朝典將有後命
智力經綸夷險簡自朕心國恥既雪尤膺茅土
臺首抱義懷忠乃情同至籌謀廟堂竭盡

宋書傳二　二十七　金霞

可增封千戶華臺首封開國縣侯食邑各千戶
護軍將軍建昌公彥之深誠密謨比蹤齊望其
復先食邑以酬忠勳又詔聞王大保家便已匱
盛業不究相係殞落永懷傷歎痛恨無已弘
壬清約之美同規古人言念始終情增悽歎可
賜錢百万米千斛世祖大明五年車駕遊幸經

弘墓下詔曰故侍中中書監太保錄尚書事揚
州刺史華容文昭公弘德猷淵光劭鑒識明遠故
散騎常侍左光祿大夫太子詹事豫章丈族
臺首夙尚恬素理心貞正並綢繆先春契闊屯
夷內亢王道外流微譽以國圖令勳民思茂惠
朕薄巡都外瞻臨墳塋永言想慨良深千懷
便可遣使致祭資所弘明敏有思致既以民塋
所宗造火必存礼法凡動止施為及書翰儀體
後人皆依倣之謂為王太保家法雖歷任蒲翰

宋書傳二　二十八　張身

不營財利夢亡之後家無餘業而輕率少威
儀性又褊隘人忤意者輒面加責屢少時嘗
楗蒲公城子野舍及後當權有人就弘求縣
辭訴頗切此人管以蒲戲得罪弘詰之曰君
得錢會戲何用禄為答曰不審公城子野何在
弘默然子錫嗣少以宰相子起家為貞外散
騎歷清職中書郎太子左衛率江夏內史高
自位遇太尉江夏王義恭當朝錫箕踞大坐殆
無推敬卒官子僧亮嗣齊受禪降爵為侯食

邑五百戶弘少子僧達別有傳弘弟虞廷尉卿
虞子深有美名官至新安太守虞弟抑光祿大
夫抑弟孺侍中孺弟曇普別有傳弘從父弟
練晉中書令珉子也元嘉中歷顯官侍中度
支尚書練子剑世祖大明中亦經清職黄門郎
臨海王子頊晉安王子勛征虜前軍長史左民
尚書太宗初為司徒左長史隨司徒建安王休仁
出補圻時居毋憂加冠軍將軍忤犯休仁出為
始興相休仁憲之不已太宗乃收付廷尉

賜死

史臣曰晉綱弛紊其漸有由孝武守文於上化
不下及道子昏德居宗憲章陵矢重之以寶國
啟亂加之以元顯嗣虐元祖章宗之遺典羣公之
崔臣莫不葉散冰離掃地盡矣主威不樹臣
道專行國典人殊朝網家異編尸之命竭於豪
門王府之苣囊變為私藏由是禍基東妖難結天
下蕩蕩然王道不絕者若綖高祖一朝創義
事屬橫流攻乱章布平道尊主卑臣之義定

於馬棬之間威令施內外從禁以建武永平
之風變太元隆安之俗此蓋文宣公之為也為
一代宗臣配饗清廟當徒然哉

列傳第二

宋書四十二

徐羨之

傅亮

檀道濟

臣　沈約　新撰

徐羨之字宗文東海郯人也祖寧尚書吏部郎
父祚之上虞令羨之少為王
雅太子少傅主簿劉牢之鎮北功曹尚書祠部
郎不拜桓脩撫軍中兵曹參軍與高祖同府深
〈六九十〉▲宋書列傳三　　一　　ㄨ
相親結義旗建高祖版為鎮軍參軍尚書庫部
郎領軍司馬奧謝混共事混甚知之補琅邪王
大司馬參軍司徒左西屬徐州別駕從事史太
尉咨議參軍義熙十一季除鷹揚將軍琅邪內
史仍為大司馬從事中郎將如故高祖北伐轉
太尉左司馬掌留任以副貳劉穆之初高祖議
欲北伐朝士多諫唯羨之默然或問何獨不言
羨之曰吾位至二品官為二千石志願久充今
二方已平拓地萬里唯有小羌未定而公慪食

不忘意量乖殊何可輕豫劉穆之卒高祖命以
羨之為吏部尚書建威將軍丹楊尹總知留任
甲仗二十人出入轉尚書僕射將軍尹如故十
四季大司馬府軍人朱興妻周坐息男道憐扶
三歲先得癇病周因其病發掘地生薤之食之
虎狼猶仁周之凶忍宜加顯戮臣以為法律之
外故尚弘物之理母之即刑由子明法為子之
道焉有自容之地雖伏法者當皋而在宥者靡
〈三二十〉▲宋書列傳三　　二　　ㄨ
容愚謂可特申之遐裔從之高祖踐阼進號鎮
軍將軍加散騎常侍上初即位思佐命之功詔
曰散騎常侍尚書僕射鎮軍將軍丹楊尹徐羨
之監江州豫州之西陽新蔡諸軍事撫軍將軍
江州刺史華容矦王弘散騎常侍護軍將軍作
唐男檀道濟中書令領太子詹事傅亮侍中中
領軍謝晦前左將軍江州刺史宜陽矦檀韶使
持節雍州刺史江州之河北諸軍事後
將軍雍州刺史關中矦趙倫之使持節督北徐兗

州諸軍事征虜將軍北徐州刺史南城男
劉懷慎散騎常侍領太子左衛率新淦矦王仲
德前冠軍將軍北青州刺史安南男向彌左衛
將軍漷陽男劉粹使持節南疆校尉很山子到
彦之西中郎司馬南郡宜陽庆張劭參西中郎
將軍事建威將軍河東太守資中庶沈林子等
或忠規速謀扶讚洪業柔或肆勤樹績引滯艱難
茨之可封南昌縣公弘可華容縣公道濟可改
經始圖終勳烈惟茂並宜與國同休饗兹大賚
封永脩縣公亮可建城縣公晦可武昌縣公食
邑各二千戸詔可更增邑二千五百戸仲德可
增邑二千二百戸懷慎彦之各進爵為庆粹改
封建安縣矦並增邑為千戸倫之可封霄城縣
矦食邑千戸劭可封臨沮縣伯林子可封漢壽
縣伯食邑六百戸開國之制率遵舊典茨之遷
尚書令揚州刺史加散騎常侍進位司空錄尚
書事常侍刺史如故茨少起自布衣又無術學
直以志力局度一旦居廊廟朝野推服咸謂有

〈宋書傳三〉 三 李政

宰臣之望毛脩密覩言不以贵豪喜見色顧王亦开恭
觀戲常者未解當世倍以此推之傳真波崇廓常
言徐公曉萬事安異同髙祖不豫加班劭三十
人宮車晏駕與中書令傅亮領軍將軍謝晦鎮
北將軍檀道濟同被顧命少帝詔曰平理獄訟
政道所先朕哀荒在疚未堪親覽且司空尚書令
可率衆官月一決獄帝後失德茨之等將謀廢
立而盧陵王義真輕躁多過不任四海乃先廢
義真然後廢帝時謝晦為領軍以府舍內屋
道濟領兵屯家人出宅聚將士於府內鎮比將軍
南兖州刺史檀道濟先朝舊將威服殿省且有
兵衆名使入朝吉之以謀事將發道濟入宿領
軍府中書舍人邢安泰潘盛為內應其日守關
門入宿衛先受處分莫有動者先是帝於華林
園為列肆親自酤賣又開瀆聚土以像破岡埭
左右唱呼引船為樂是夕寢於龍舟在天淵池
兵士進殺二人又傷帝指扶帝出東閤收璽綬

〈宋書傳三〉 四 李政

羣臣拜辭衞送故太子宮還於吳郡侍中程道
惠勸立第五皇弟義茱之不許遣使殺義茱
於新安殺帝於吳縣時為帝築宮未成權居金
昌亭帝突走出昌門追者以門關繫之倒地然
後加害太祖即阼進義茱之司徒餘如故改封南
平郡公食邑四千戶固讓加封有司奏重舊依
舊臨華林園聽訟詔曰政刑多所未悉可如先
二公推訊元嘉二年義茱之與左光祿大夫傅亮
上表歸政曰臣聞元首司契運樞成務臣道代
終事盡宣翼覓旒之道理絕於上皇拱巳之事
不行於中古故高宗不言以三齡為斷家宰聽
政以再蕃為即百王以降困或不然陛下聖德
紹興貧荷洪業億兆顯思陶盛化而聖旨謙
把委成羣司自大禮告終鑽燧三改大明佇照
遠邇傾屬羣臣等雖率誠屢聞未能仰感敢藉
物之情謹因蒼生之志伏願陛下遠存周文曰
吳之道近思皇室締構之艱時攬萬機躬親朝
政廣闢四聰博詢庶業則雍熙可臻有生幸甚

上未許義茱之等重奏曰近陳寫下情言晷為懇懇
奉被還詔臨鑒許未回豈惟愚臣秉心有在詢之
朝野人無異議何者形風四方寔繫王德一國
之事本之一人雖世代不同時殊休明可期於王
運昌贊古今一揆未有渾心委任二世休感以猶
此之非宜布自返邇臣等披丹心瀝昧以請一猶
情為國至豈容順默重披丹心瀝昧以請詔旨
辭義茱之等又固陳曰比表披陳辭誠俱盡詔旨
沖遠未垂聽納三復屏營伏增憂歎臣闔隆
先構幹蠱之盛業昧旦不顯帝王之高義皇
宋創運英聖有造肵憂未闕艱惠仍纏夫命
有底聖明承業時屯國故猶在民心太山之安
未易可保昏明隆替繫在聖躬斯誠周詩鳳興
之辰躬王待旦之日當得無為拱巳復立古之
風遂巡虛把徇四天之事伏願以示廟為重百
姓為心弘大業以嗣先軌隆聖道以增前烈愚
聲所獻肅情盡於此上乃許之義茱之仍遜位退還
私第兄子佩之及侍中程道惠吳興大守王韶

之等竝謂非宜敦勸其甚復奉詔攝任三年正
月詔曰民生於三事之如一受敬同極豈惟名
敎況乃施佇造物義在加隆者乎徐羨之傅亮
謝晦階緣之才荷恩在昔擢自無聞超居要
重夘翼而長未足以譬永初之季天禍橫流大
明晦傾曜四海過密受顧託任同負圖而不能
竭其股肱盡其心力送往無復言之節事居闕
忠貞之效將順靡記臣救戔聞懷寵取容順成
失德雖末因懼禍以建大策而逞其悖心不畏
不義擢遷之始謀肆歐毒至止未幾顯行怨殺
窮凶極虐茶酷備加顧沛皂隸之手告纛無逆旅
之館都鄙哀愕行路欽沸故盧陵王英秀明遠
徽風夙播魯衛之寄朝野屬情羨之等暴戔求
專忌賢畏逼造構貝錦成此無端罔主蒙上橫
加流屛矯誣朝旨致茲禍害寄以國命而罰為
仇讎旬月之間再肆醜毒痛感三靈怨結人鬼
自書契以來棄常安忍反易天明未有如斯之
甚者也昔子家從弒鄭鄅致討宋肥無辜湯澤為

戮況逆亂侵於往興賈情痛深於國家此而可容
孰不可忍即宜誅殛告謝存亡而干時大事甬
爾異同紛結臣國之勳實賽箸莫大之罪未彰是
以遠酌民心近聽輿訟雖欲討亂慮或難圖故
忍戚含支懷心伏枕泣血今逆臣之難情事未展
何嘗不顧影懷慟義徒思奮舋家讎國恥可得而雪
返邇君子悲情義徒思奮
便命司寇肅明典刑晦據有上流或不即罪朕
當親率六師爲其過防可遣中領軍到彥之即
日電發征北將軍檀道濟絡驛繼路符衛軍府
州以時收前羽已命征虜將軍劉粹斷其走伏罪
止元凶餘無所問感惟永往心情崩絕氣霧既
祛庶幾治道爾且詔召羨之羨之行至西明門外時
謝晦弟瞻〔千肖反〕爲黃門郎正直報亮云殿內
有異處分亮馳報羨之羨之回還西州乘內人
問訊車出郭步走至新林入陶竈寵中自到死時
年六十三羨之初不應召上遣中領軍到彥之
右衛將軍王華追討羨之死野人以告載尸付

廷尉子喬之尚高祖第六女富陽公主官至竟
陵王文學喬之及弟乞奴從誅初羨之奉少時
嘗有一人來謂之曰我是汝祖羨之因起拜之
此人曰汝有賢相而有大厄可以錢二十八文
兄羨之為臨海樂安縣嘗行經山中見異龍長
龜宅四角可以免災過此可位極人臣後破縣
隨親之縣住在縣內嘗暫出而賊自後全隨從
丈餘頭有角前兩足皆具無後足曳尾而行及

拜司空守關將入彗星晨見危南又當拜時雙
鶴集太極東鴟尾鳴喚兄子佩之輕薄好利高
祖以其姻戚累加寵任為丹陽尹吳郡太守景
平初以羨之秉權頗豫政事與王韶之程道惠
中書舍人刑安泰潘盛相結黨與時謝晦久病
連灸不堪見客佩之等疑其託疾有異圖典部
之道惠同載詣傅亮稱羨之意欲令亮作詔誅
若諸君果行此事便當角巾步出掖門耳佩之

羨乃止羨之既誅太祖特宥佩之免官而已其
奉冬佩之又結殿中監茅亨謀反并告吉翰寧州
刺史應襲以亨為兗州襲為豫州亨密以聞襲
亦告司徒王弘佩之聚黨百餘人殺牛犒賜縣
牒時人訩相署置期明奉正會於殿中作亂未
及數日收斬之

傅亮字季友北地靈州人也祖咸司隸校尉父
瑗以學業知名位至安成太守瑗與郗超善超
嘗造瑗見其二子迪及亮亮年四五歲超令
人解亮衣使左右持去初無吝色超謂瑗曰卿
小兒才名位宦當遠踰於兄然保家傳祚終在
大者迪字長猷涉經史至五兵尚書永初二
奉卒追贈太常亮博涉經史尤善文詞初為建
威參軍桓謙中軍行參軍桓玄篡位聞其博學
有文采選為祕書郎欲令整正祕閣未及拜而
玄敗義旗初丹楊尹孟昶以為建威參軍義熙
元奉除員外散騎侍郎直西省典掌詔命轉領
軍長史以中書郎膝演代之亮未拜遭母憂服

關為劉毅撫軍軍記室參軍又補領軍司馬七年
遷散騎侍郎復代演直西省仍轉中書黃門侍
郎直西省如故高祖以其久直勤勞以為東
陽郡先以語迪大喜告亮亮不答即馳見高
祖曰伏聞恩旨賜擬東陽家貧親祿私計為幸
但憲廬之願實結本心若能如此甚愜所望會
祖笑曰謂卿之須祿耳歸天子不樂外出高
西討司馬休之以為太尉從事中郎掌記室以
太尉參軍羊徽為中書郎代直西省亮從征關

宋書傳三　十二　賈希

絡還至彭城宋國初建令書除侍中領陽高祖
庶子從中書令領中庶子如故從還至陽高祖
有受禪意而難於發言乃集朝臣宴飲從容言
曰桓玄暴篡鼎命已移我首唱大義復興皇室
南征北伐平定四海功成業著遂荷九錫今年
將衰首宗極如此物戒盛滿非可久安令欲奉
還爵位歸老京師聚臣唯盛稱功德莫曉此意
日晚坐散亮還外乃悟旨而官門已閉亮於是
叩扉請見高祖即開門見之亮入便曰臣暫宜

還都高祖達解此意無復他言直云須幾人自
送亮曰須數十人便足於是即便奉辭亮既出
已夜見長星竟天亮拊髀曰我常不信天文今
始驗矣至都即徵高祖入輔永初元年遷太子
詹事中書令如故以佐命功封建城縣公食邑
二千戶入直中書省

宋書傳三　十二　書

聽於省見客神虎門外毎旦軍常數百兩高祖
登庸之始文筆皆是記室參軍滕演此征廣固
采委長史王誕自此後至于受命表策文誥皆

亮辭世演字彥將南陽西鄂人官至黃門郎秘
書監著我熙八年卒二年亮轉尚書僕射中書令
詹事如故明年高祖不意與徐羨之謝晦並受
顧命給班劒二十人少帝即位進亮為中書監尚
書令至江陵奉迎太祖立行門於江陵城南
臺曰大司馬門率行臺百僚詣門拜表威儀禮
容甚盛太祖將下引見亮哭慟甚哀動左右既
而問義真及少帝薨廢本末悲號嗚咽侍側者

莫能仰視亮流汗沾背不能答於是布腹心於
到彥之王華等深自結納太祖登阼加散騎常
侍左光祿大夫開府儀同三司本官悉如故司
空府文武即為左光祿府又進爵始興郡公食
邑四千戶固讓進封元嘉三季太祖欲誅亮先
呼入見省內密有報之者亮辭以嫂病篤求暫
還家遣信報徐羨之因乘車出郭門騎馬奔
迪墓屯騎校尉郭泓收付廷尉伏誅時季五十
三初至廣門上遣中書舍人以詔書示亮并

謂曰以公江陵之誠當使諸子無恙初亮見世
路屯險著論名曰演慎曰大道有言慎終如始
則無敗事矣易曰括囊無咎慎不害也又曰藉
之用茅何咎之有慎之至也文王小心大雅詠
其多福仲由好勇馮河貽其苦箴虞書著慎身
之譽周廟銘陛坐之側因斯以談所以保身全
德其莫尚於慎乎夫四道好謙三材忌滿祥萃
虛室鬼瞰高屋豐屋有蔀家之災鼎食無百季
之舉然而徇欲厚生者忽而不戒知進忘還者

曾莫之懲前車已摧後轂不息乘危以廢安行
險而徼幸於是有顛墜覆亡之禍殘生天命之
釁其故何哉流弱忘反而以身輕於物也故昔
之君子同名於香餌故傾危不及思憂患而
豫防則針石無用洪流壅於涓涓合拱挫於纖
藥介為是式色斯而舉悟高鳥以風逝鑑體酒
而投綏夫故敝豈不虞言防萌
通患結而思復云
爾而已哉故詩曰慎爾侯度用戒不虞言防守
也夫單以營內喪表張以治外失中齊秦有守

一之敗偏特無兼濟之功冰炭淆於胷心嚴牆
絕於四體失燹故神偕全表裏寧一營魄內
澄百骸外固邪氣不能襲憂患不能及炎可以
語至而言極矣夫以梾子之抗心希古絕羈獨
放五難之根既拔立生之道無累人患殆乎盡
矣徒以忽防於鐘呂肆言於禹湯禍機發於家
端逸翩鎩於弈舉觀夫貽書良友則四厚味於
甘酖
乘奔其慎禍也猶履冰而臨谷或振禍高樓揭

竿獨往或保約違豐安于卑位故漆園外楚忌
在龜犧商洛遐邈畏此駟馬平仲辭邑殷鑒於
崔慶張臨挹滿灼戒平桑霍若君子覽茲　二
塗則賢鄙之分旣明全喪之實又顯非知之難
慎之惟艱慎也者言行之樞管乎夫據圖揮刃
愚夫弗為臨淵登峭莫不悕慄何則害交故慮
篤患切而懼深故詩曰不敢暴虎不敢馮河慎
微之謂也故庖子涉族怵然為戒差之一毫弊
猶如此況乎觸害犯機自投死地禍福之具內
充外斥陵九折於邛棘泛衝波於呂梁傾側成
於俄頃性命哀而莫救嗚呼嗚呼故語有之曰
誠能愳之福之根也曰是何傷禍之門爾言慎
而巳矣亮亮布衣儒生僥幸際會旣居宰輔兼揔
重權必帝失德內懷憂懼作感物賦以寄意焉
其辭曰余以暮秋之月述職內禁夜清務隙遊目
藝苑于時風霜初戒整類尚繁飛蛾翔羽翩翻
滿室赴軒幌集明燭者必以燋滅為度雖則微
物矜憐者久之退感莊生異鵲之事與彼同迷

而忘反鑒之道此先師所以鄙智及齊客所以
難曰論也悵然有懷感物興思遂賦之云爾在
西成之暮暨肅皇命於禁中聆蜻蜥於前廡鑒
朗月於房櫳風蕭瑟以陵幌霜淒淒而被墉憐
鳴蜩之應節惜落景之懷東嗟勞人之草草何
夕永而慮充眇今古以遄念若循環之無終詠
聖哲之遺蹤填素者以難暨九流紛其異封領
三百於無邪貫五千於有宗考舊聞於前史訪
倚相之遺書希董生之方融鑽鑽光燈而散素溫
跡於汗隆豈夷阻之在運將全喪之由躬遊翰
林之虎炳嘉美手於良工辭存麗而去穢旨旣
雅而能通雖源流之深浩且揚摧而發蒙習書
飛蚋飄飄纖蠅緣幌求隙望燼思陵摩蘭膏
而無悔赴即燭而未懲瞻前軌之旣覆慼改道
於後乘匪微物之足悼悵永念而捬膺彼人道
之為貴參二儀而比靈量稟清曠以授氣脩緣督
而為經照安危於心術鏡纖妙於未形有徇末
而捨本或骯欲而忘生碎隨矦於微軀寄

而要翔翔昆蟲之所昧在智士其猶嬰悟雕陵
於莊氏幾鑒濁而迷清仰前脩之懿軌知吾跡
之未并雖宋元之外占晶在予之克明豈豆知反
之徒爾嚼投翰以增情初奉迎大駕道路賦詩
三首其一篇有悔懼之辭曰夙夜發皇邑有人
懷禄義所九四牡倦長路君鑾可以收張邪結
祖我舟餞離不以幣贈言重琳球知止道收貴
晨軌踈董頓夕輪東隅誠巳謝西景逝不留性
命安可圖懷此作前脩敷祗銘篤誨引帶佩

【宋書傳三 十七 孫】

嘉謀迷寵非予志厚德良未訓撫躬愧疲朽三
省慙爵浮重明照蓬廿又萬品同率由忠誥宣假
知式微發直謳亮自知傾要復求退無由又作平
有稤生董仲道讚稱其見微之美長子演秘書
郎先亮卒演弟悝湛逃亡湛弟徙建安郡世
祖考建之中竝還京師
檀道濟高平金鄉人左將軍詔少弟也少孤居
喪備禮奉姊事兄以和謹致稱高祖創義道濟
從入京城參高祖建武軍事轉征西討平魯山

禽相振除輔國參軍南陽太守以建義勳封吳
興縣五等矦盧循寇逆羣盜並起郭寄生等聚
作唐以道濟為揚武將軍廬天門太守計平之又
從劉道濟規討相謙荀林等率厲武身先士卒
所向摧破及徐道覆來逼道規親出拒戰道濟
戰功居多遷安遠護軍武陵內史復為太尉參
軍拜中書侍郎轉寧胡將軍參太尉軍事必前
後功封作唐縣男食邑四百戶補太尉主簿諮
議參軍封豫章公世子為征虜將軍鎮京口道濟

【宋書傳三 十六 孫】

為司馬臨淮太守又為世子西中郎司馬梁國
內史復為世子征虜將軍司馬加冠軍將軍義
熙十二年高祖北代道濟為前鋒出淮肥所至諸城
戍望風降服進剋許昌獲僞寧胡將軍頴川太
守姚坦及大將揚業至成皐僞兗州刺史韋華
降遷進洛陽僞平南將軍陳留公姚洗歸順凡
拔城破壘俘四千餘人議者謂應悉以為京
觀道濟曰伐罪弔民正在今日皆釋而遣之於
是我夷感悅相率歸之者其衆進據潼關與諸

軍共破姚紹長安既平以為征虜將軍琅邪內
史世子當鎮江陵復以道濟為西中郎司馬持
節南蠻校尉又加征虜將軍遷宋國侍中領
世子中庶子兗州大中正高祖受命轉護軍加
散騎常侍領石頭戍事聽直入殿省以佐命功
改封永脩縣公食邑三千戶徙為丹陽尹護軍如
故高祖不豫給班劍二十人出監南兗州刺史之江北
淮南諸郡軍事鎮比將軍南兗州刺史景平
元年虜圍青州刺史竺夔夔告急於東陽城憂告急

宋列傳三 十九

加道濟使持節監征討諸軍事與王仲德救東
陽未及至虜焚營林攻具遁走將追之城內無
食乃開窖取久穀窖深數丈出穀作米已經再
宿虜去已遠不復可追乃止還鎮廣陵徐羨
之將廢廬陵王義真以告道濟意不同
屢陳不可不見納羨之等謀欲廢立諷道濟
入朝既至以謀告之將廢之夜道濟入領軍府
就謝晦宿其夕晦動不得眠道濟就寢便
軌晦以此服之太祖未至道濟入守朝堂上即位

進號征比將軍加散騎常侍給鼓吹一部進
封武陵郡公食邑四千戶固辭進封又增督青
州徐州之淮陽下邳琅邪東莞五郡諸軍事及
討謝晦道濟率軍繼到彥之彥之戰敗退保
隱圻會道濟至晦本謂道濟與羨之等同誅忽
聞來上人情兇懼遂不戰自潰事平遷都督江
州之江夏豫州之西陽新蔡晉熙四郡諸軍事征
南大將軍開府儀同三司江州刺史持節常侍
增封千戶元嘉八年到彥之代索虜已平河南

宋列傳三 二十

尋復失之金墉虎牢培沒虜通滑臺道濟都
督征討諸軍事率眾比討軍至東平壽張縣值
虜安平公乙旃眷道濟率寧朔將軍王仲德驍騎
將軍段宏奮擊大破之轉戰至高粱亭虜宇
南將軍濟州刺史壽旦公悉類庫結前後邀戰
道濟分遣段宏及臺隊主沈慶之等奇兵擊之
即斬悉類庫結道濟進至濟上連戰二十餘日前
後數十交虜眾盛遂陷滑臺道濟進位司空持
而反進位司空持節常侍都督刺史並如故還鎮

道濟立功前朝威名甚重左右腹心並經百
戰諸子又有才氣朝廷疑畏之太祖寢疾累年
屢經危殆彭城王義康慮宮車晏駕道濟不可
復制十二年上疾篤會索虜為邊寇召道濟入朝
既至十三年春將遣道濟還鎮已下船矣會
上疾動召入祖道收付廷尉詔曰檀道濟階緣時幸
荷恩在昔寵靈優渥日月滋甚曾不感佩殊遇
滋結不義不昵之心附下罔上之事固已暴之民聽

宋列傳二 二十一

彰於遐邇謝靈運志凶辭醜不臣顯著納受邪
說每相容隱又潛散金貨招誘剽掠逋逃必至
寔繁弥廣日夜伺隙希冀非望前南蠻行參軍
德往年入朝屢陳此迹朕以其位居台鉉豫班
河岳弥縫容養庶或能革而長惡不悛凶慝
遂著因朕寢疾規肆禍心前南蠻行參軍龐
延祖具悉奸狀密以啟聞夫君親無將刑茲罔
赦況罪釁深重若斯之甚便可收付廷尉蕭正
刑書事止元惡餘無所問於是收道濟及其子

給事黃門侍郎植司徒從事中郎蔡太子舍人
隰征此主簿承伯祕書郎遵等八人並於廷尉伏
誅又收司空參軍薛彤付建康伏法又遣收道
庫部郎顧仲文建武將軍茅亨至尋陽收道
濟子夷爸演又司空參軍高進之誅之薛彤
進之並道濟腹心有勇力時以比張飛開羽初
道濟見收脫幘投地曰乃復壞汝萬里之長墻
子孺乃被宥世祖為奉朝請

宋列傳三 二十二

史臣曰夫彈冠出里結組登朝道中於夷路運
艱於險轍自以古人裴回於出處交戰乎臨收者
其往重於身恩結自主雖復據鼎承劍怵然未
少存殼為懷當二公受言西殿跪承顧託若使
死而可冊固以赴蹈為期也又逢權定之機當
震主之地甫欲攘抑後禍御藏身夾使桐宮有
辛迫之痛淮非中霧之疾若以社稷為存前
義異於此但彭城無燕刺之釁而有楚英之戰
若使二昆延曆亦未知定終所在也謝晦言不以
賊遺君久豈徒言哉

宋傳

三

卅

臣沈約新撰

謝晦

謝晦字宣明陳郡陽夏人也祖朗東陽太守父
重會稽王道子驃騎長史兄絢高祖鎮軍長史
晦初為孟昶建威府中兵參軍昶死高祖
問劉穆之孟昶參佐誰堪入我府穆之舉晦即
命為太尉參軍高祖嘗訊囚其旦一刑獄敦
疾札晦代之於車中一鑑訊牒催促便下相府

多事獄繫殷積晦隨問酬辯曾無違謬高祖奇
之即日署刑獄賊曹轉豫州治中從事義熙八
本土斷僑流郡縣使晦分判揚民戶以平允
見稱入為太尉主簿從征司馬休之時徐逵之
戰敗見殺高祖抱持高自被甲登岸諸將諫不從
怒愈甚晦前抱持高祖高祖曰我斬卿晦曰天
下可無晦不可無公晦死何有會胡蕃已得登
岸賊遂走乃止晦美風姿善言笑眉目分明鬢
髮如點漆涉獵文義朗贍多通高祖深加愛賞

臺僚莫及從征關洛內外要任悉委之劉穆之
遣使陳事晦性往措異同穆之怒曰公復有還
時不高祖欲以為從事中郎以訪穆之其執不
與終穆之世不遷穆之喪問至高祖哭之其慟
晦時正直喜甚自入閤內參審穆之死問其日
教出轉晦從事中郎宋臺初建為右衛將軍尋
加侍中高祖受命於石頭登壇備法駕入宮晦
領游軍為警言遷中領軍侍中如故以佐命功
封武昌縣公食邑二千戶二奉行璽封鎮西

司馬南郡太守王華大封而誤封北海太守球
版免晦侍中尋轉領軍將軍散騎常侍依晉中
軍羊祜故事入直殿省總統宿衛三月高祖不
豫給班劍二十人與徐羨之傅亮共輔朝
醫藥少帝即位加領中書令與羨之亮共輔朝
政少帝既廢司空徐羨之錄詔命以晦行都督
荊湘雍益寧南北秦七州諸軍事撫軍將軍領
諸南蠻校尉荊州刺史欲令居外為援慮太祖至
或別用人故遽有此授精兵舊將悉以配之器

仗軍資甚盛太祖即位加使持節依本位除授
晦慮不得去其真憂達又發新亭顧望石頭喜
曰今得脫矣尋進號衞將軍加散騎常侍進封
建平郡公食邑四千戶固讓進封又給鼓吹一
部初為荊州甚有自衒之色將之鎮詣從叔光
祿大夫澹別澹問晦年晦答曰三十三澹笑曰
昔荀中郎年二十七為北府都督卿比之已為
老矣晦有愧色至江陵深結侍中王華冀以免
禍二女當配彭城王義康新野侯義賓元嘉
二年遣妻曹及長子世休送女還京邑先是景
平中索虜為寇覆沒河南至是上欲誅蔓等
并討晦聲言北伐又言拜景陵治裝舟艦傳
亮與晦書曰薄伐河朔事猶未已朝野之慮憂
懼者多又言朝士多諫比征上當留遣外監萬幼
宗往相諮訪時朝廷處分異常其謀頗泄晦猶幼
正月晦弟黃門侍郎瞻馳使告晦晦猶謂不然
呼諮議參軍何承天示以亮書曰計幼宗一二
日必至傳公應我好事故　先遣此書承天曰外

間所聞咸謂西討已定幼宗豈有上理晦尚謂
虛妄使承天豫立答啟草伐虜宜須明季江
夏內史程道惠得尋陽人書言朝廷將有大處
分其事已審使其輔國府中兵參軍樂冏封以
示晦晦又謂承天曰幼宗尚未至若復二三日
無消息便是不復來邪承天答曰詔使本無來
理如程所說其事已判豈容復疑晦欲焚南蠻
兵籍率見力決戰士人多勸發兵乃立幡戒嚴
謂司馬庾登之曰今當自下欲屈卿以三千人
守城備禦劉粹登之曰下官親老在都又素無
旅情計二三不敢受此旨晦仍問諸佐戰士三
千足守城不南蠻司馬周超對曰非徒守城而
已若有外寇可以立勳登之乃命超為司馬建
官請解司馬南郡以授即於坐命超之為長史南郡如故
威將軍南義陽太守轉登之為長史南郡如故
太祖誅義之等又晦子新除秘書郎世休收瞻
瞻子世平兄子著作佐郎紹等樂冏又遣使告
晦徐傳二公及瞻等並已誅晦先興義之亮襄

次發子弟凶問既而自出射堂配衣軍旅數從
高祖征討備觀經略至是指麾處分莫不曲盡
其宜二三日中四遠投集得精兵三萬人乃奉表
曰臣階緣幸會蒙武皇帝殊常之眷外聞政事
內謀帷幄經綸夷險毗替王業預佐命之勳膺
河山之賞及先帝不豫導揚末命臣與故司徒

▊宋書傳四　五　　　　李師曖

淺感恩自屬送往事居誠貫幽顯遂營陽失
升御淋跪受遺詔載貽話言託以後事目雖凡
臣羨之左光祿大夫臣亮征北將軍臣道濟等並
曾不惟疑臨朝骱勳增崇封爵此則臣等赤
心巳亮於天臨金遠近萬邦咸達於聖旨若臣等
志欲專權不顧國典便當協翼幼主孤背天日
嘗復虛館七旬仰望鑾旗者哉故盧陵王於營
陽之世屢被猜嫌積怨犯上自貽非命天祚明
德屬當昌運不有所廢將何以興成之美春
秋之高義立帝清館臣節之所耿介不以賊道

君父臣亦何負於宋室邪況釁蠹結閫牆禍成
畏逼天下耳目豈伊可誣臣忝居蕃任乃誠匪
懈為政小大必先啟聞糾劾羣彊清夷境內分
留弟姪並侍殿省陛下率遵先志申以婚姻童
稚之目猥荷召鷹女還子合門相送事君之
道義盡於斯臣羨之總錄百揆此皆臣宋
之宗臣社稷之鎮衛而讒人傾覆妄生國豐天

▊宋書傳四　六　　　　李師正

威震怒加以極刑并及臣門同被夷戮雖未知
臣道濟問推理即事不容獨存先帝顧託元臣
翼命之佐勳於佞邪之手忠貞匪躬之輔不免
夷滅之誅陛下春秋方富姬臨見萬機民之情偽
未能鑒悉王弘兄弟輕躁昧進王華猜忌忍害
規筭威權先除執政以逞其欲天下之人知與不
知孰不為之痛心憤怨者哉臣等見任先帝垂
二十載小心謹慎無纖介之愆伏事甫介而嬰
若斯之罪若非先帝課於知人則為陛下未察

愚欵臣去歲末使反得朝士及殿省諸將書並言娣
隙已成必有今日之事臣推誠仰期圖有二心不
圖姦回潛遘理順難恃忠賢隕朝愚臣見龍衰到
彥之蕭欣等在近路昔白公稱亂諸梁嬰實惡
人在朝遘釁入伐臣義均休戚任居分陝豈可顚
而不扶以負先帝遺旨輒率將士繕治舟甲須
克振中流清蕩便當浮舟東下戮此三孽申理
其自送投使撲討若夫祚大宋卜世靈長義師
寬恥謝罪闕庭雖伏鑕赴鑊無恨於心伏願陛

【宋書傳四】

七

李師順

下逮尋永初託付之旨近存元嘉奉戴之誠則
微臣丹欵猶有可察臨表哽慨言不自盡太祖
時已戒嚴諸軍相次進路尚書符荊州曰禍福
無門逆順有數天道微於影響人事臨蓋於前圖
未有蹈義而福不延從惡而禍不至也故智計
之士審敗以立功守正之臣臨難以全節徐羨之
傳亮謝晦安忍鴆殺獲罪於天名教所極政刑
所取已速暴四海宣於聖詔茲汰之父子兄及晦
息電斷之初斬即大憲復王室之讎攄義夫之

憤國典澄明人神感悅三姓同罪旣擒其二晦
之室屬纊仆獄戶苟幽明所怨孤根易拔以順
討逆雖厚必崩然歸死難圖獸困則噬是以
爰整其旅用為過防京師之衆天下雲集士練
兵精大號纏震使持節中領軍很山縣開國庶
到彥之率羽林選士果勁二萬雲旆首路組甲
曜川使持節散騎常侍都督南徐兗之江北淮
南青州徐州之淮陽下邳琅邪東莞七郡諸軍
事征北將軍南兗州刺史永修縣開國公檀道

【宋書傳四】

八

李于

濟統勁銳武卒三萬戈船蔽江星言繼發千帆
俱舉萬棹遄征散騎常侍驍騎將軍段宏鐵
馬二千風驅電擊步自尋陵直至鄖郢又命征
虜將軍雍州刺史劉粹控河陰之師衝其巢窟
湘州刺史張劭提湘川之衆直據要害巴蜀杜
荊門之陰秦梁絕丹圻之迅雲網四合走伏路
盡然後鑾輿效駕六軍鵬翔警蹕前臨五牛整
旆雖以英布之氣彭寵之資登陴無名授兵誰
御加以西土之人咸沐皇澤東吳將士懷本首丘

必不自陷罪人之黨橫爲亂亡之役置軍則魚
潰嬰城則鳥散甚勢然公天聖上慇懃哀慇其罪
由晦吉民何幸是用一分前麾宣示朝旨符到
其即共收擒晦身輕舟護送若已猖蹶先事阻
衛宜龍然背亂相率歸朝頃大刑所加洪恩曠
洽傳亮三息特蒙全宥晦同產以下美之諸姪
雖在外乃心辰極天轉禍貴速後機則凶遂使
咸無所染況彼府州文武並列王職荷國榮任身
王師臨郊雷電皆至噬臍之恨亦將何及時益

州刺史蕭摹之巴西太守劉道產被徵還始至
江陵晦並繫沒其財貨以充軍資竟陵內史
殷道鸞未之郡以爲諮議參軍以弟遐爲冠軍
竟陵內史摠留任兄子世猷爲建威將軍南平
太守劉粹若至周超能破之者即以爲龍驤將
軍雍州刺史晦率二萬發自江陵舟艦列自江
津至于破冡斾斾相照蔽奪日光晦乃歎曰恨
不得以此爲勤王之師自領湘州刺史以張劭
爲輔國將軍劭不受命晦檄京邑曰王室多

故禍難荐臻營陽失德自絕宗廟廬陵王構閱
有本屢被猜嫌且居喪失禮遊通所具積怨犯
上自貽非道舉反釋位爰登聖明亂之末父職
有所係按車騎大將軍王弘於求初之始實荷不世之恩
時私叨竊權要弘於求初之始皇委誠以令上
邊長嫌隙異同之端曇首往因使下訪以今上
起居不能光揚令德彰於朝聽其言多誣速
具說王華賊以之餘賞擢之次先帝常見訪逮
元嘉之讓自謂任德浮淺進誣先皇委誠以令上

廢有一分可取而華稟性凶猜多所忍害曇者
縱人入城託疾辭事此都士庶咸所聞知以其
所啟及上手答示宗叔獻又令宣告徐傅二公
還都并令曇首具述此意又惠觀道人說外人
及周斾使下又令見咨云欲自攬政事求離住
告華及到彥之謀及不謂無之城內東將數日
之內操戈相待華說數爲秋賞所讚常不自安
凡此諸事豈有忠誠冥契若此者邪自以父凶
道側情事異人外絕酒醴而宵飲是恣覬兒

凡厥士庶誰不側目又常歎宰相頓有數
人是何憤憤規總威權不顧國典保祐皇家者羅屠
戮之誅效勤社稷者致殲夷之禍搢紳之徒見
不忱慄遂矯違詔旨遣到彥之蕭欣之輕以見
襲即日監利左尉露檄衆軍已至揚子雖以不
志君子道消凡百有殄瘁之哀蒼生深橫流之
懼輒糾勒義徒繕治舟甲舳艫亘川駟介蔽野
武夫驍勇人百其誠今遣南蠻司馬寧遠將軍
庾登之統參軍事建武將軍建平太守安泰宣
威將軍昭弘宗參軍事宣威將軍王紹之等精
銳一萬前鋒致討南蠻參軍振武將軍魏像統
參軍事宣威將軍陳珍虎旅二千參軍事建威
參軍振威將軍郭卓鐵騎二千水步齊舉大軍
將軍新興太守賀愔甲卒三千相係取道南蠻
三萬駱驛建威將軍冠軍將軍竟陵內史河東太
守謝邈建威將軍南平太守謝世猷驍勇一萬
留守江陵分命參軍長寧太守寶雁期步騎五

千直出義陽司馬建威將軍行南義陽太守周
超之統軍司馬振武將軍胡崇之精悍一萬北
出高陽長兼行參軍寧遠將軍朱澹之步騎五
千西出雁塞同討劉粹並趙襄陽奇兵尚速指
景齊奮諸賢並同國恩情兼義則今誠志士總
身之日義夫箸績之秋見機而動望風而不待
勖晦至江口到彥之已到彭城洲庾登之據巴
陵畏懦不敢進會霖雨連日參軍和之曰彼
此共有雨耳檀征北尋至東軍方彊唯宜速戰
登之怲怯使小將陳祐作大囊貯茅數千斛縣
於驍檣云可以焚艦用火宜須晴以緩戰期晦
然之遂停軍十五日乃攻蕭欣於彭城洲中兵
參軍孔延秀率三千人進戰其力欣又攻洲口
柵陷之彥之逗保隱圻晦又上表曰臣聞凶邪
楯自衞又委軍還船於是大敗延秀又攻洲口
敗國先代成患讒豎亂朝異世齊楯故趙高矯
逼秦氏用傾董卓階亂漢胙伊覆雖哲王宰世
大明睨臨未能使其漸弗興茲害不作姦臣王

弘等竊弄威權與造禍亂逐與弟華內外影響
同惡相成忌害忠賢圖希非望故司徒臣羨之
左光祿大夫臣亮橫被酷害并及臣門雖未知
征北將軍臣道濟存凶不容獨免逐遣蕭欣到
彥之等輕舟兒襲姦偽之甚一至於斯羨之及
亮或宿德元臣姻婭皇極或任總文武位班三
事道濟職惟上將扞城是司皆受遇先朝棟梁
一代臣昔因時幸過蒙先眷內闒政事外經戎
旅與羨之亮等同被齒盼既經啟王基協濟大
業矣羨自權興暨干揖讓誠積雖微仍見紀錄並
蒙丹書之誓各受山河之賞欲使與宋升降傳
之無窮及聖體不預穆卜無吉召臣等四人同
升御牀顧領遺道委以家國仰奉勅德日絕於天
肱忠貞不效期之以死但營陽勃德旨俯竭股
社稷之危憂在託付不有所廢將焉以興乃遠
稽殷漢用升聖德陛下順流乘傳不聽張武之
疑入即龍飛非俟宋昌之議斯乃主臣相信皇
人合契九五當陽化形四海羨之及亮內贊皇

獻臣與道濟分翰干外普天之下孰曰不宜遂
蒙寵授先鎮此方分雷弟姪以侍臺省到任以
來首尾三載雖形在遠外心係本朝事無大小
動皆咨啟八州之政岡一專輒尊上之心足貫
幽顯陛下遠述先旨申以婚姻大息世休復蒙
引召是以去秊送女遣兒閣家俱下血誠如此
未知所愧而凶狡無端妄生釁禍羨之內誅臣
受外伐顧省諸懷不識何辜天聽邈邈陳訴靡
由弘等既蒙寵任得侍左右自謂勢擅狐鼠理
隔奧掘又以陛下富於春秋始覽政事欲馮陵
恩幸闚望國權親佞磐時規自封殖不除臣等
固得專權所以交結縱慝成是亂階又惟弘等
所構當以營陽為言廬陵為辜以臣等位高功
同內外膠固陛下信其厚兒忿廬陵為辜又以
能不暫惑伏自尋省廢昏立明事非為已廬陵之
事不由傍人內積蕭牆之釁外行叔段之罰既制
之有主臣何預焉然廬陵為性輕險悖順不足武
皇臨崩亦有口詔比雖發自營陽實非國禍至於

羨之亮等周旋同體心腹內外政欲戮力皇家
盡忠報王若令臣等頗欲執權不專為國初廢
營陽陛下在遠武皇之子尚有童幼擁以號令
誰敢非之而沂流三千虛館三月奉迎鑾駕以
遵下武血心若斯顯要世稱恭謹不圖一旦致茲
免謗翹之禍慈父非無情於仁子明君豈有志
豐罰夫周公大賢尚有流言之謗伯奇至孝不
十有七年並居館三月奉事先朝
於貞臣姦邁所移勢回山岳況乃精誠微淺而

空求信者哉詩不云乎讒人罔極交亂四國愷
悌君子無信讒言陛下躬覽篇籍研覈是非
豐兆之萌宜應深察臣竊懼王室小有皇甫之
患大有閻樂之禍夙夜殷憂若無首領夫周道
浸微相文稱代君側亂國趙鞅入誅況今凶禍
滔天漢辰極危通台輔摯戮岳牧傾陷臣才非絳
庶安漢是職人愧博陸廁奉遺旨國難飢深家
痛亦竊輒簡徒繕甲軍次巳陵蕭欣窘懼望
風奔近臣誠短劣在國忘身仰憑社稷之靈俯

厲義勇之氣將長驅電掃直入石頭梟翦元凶
誅夷首惡弔二公之冤魂寫私門之禍然後
分歸司寇甘赴鼎鑊雖死之日猶生之年伏惟
陛下德合乾元伴文極臨凶禍之無端察貞
亮之有本回日月之昭發霜電之威梟四凶於
廟庭懸三監於絳闕申二台之匪辜明兩蕃之
無罪上謝祖宗下告百姓遣一乘之使賜尺
之書臣便勒眾旗還保所任須次近路尋復
表聞初晦與徐羨之傳亮謀為自全之計晦據

上流而檀道濟鎮廣陵各有彊兵以制持朝廷
羨之亮於中秉權可得持久及太祖將行誅王
華之徒咸云道濟不可信太祖曰道濟止於惰
從本非事主殺害之事又所不關吾召而問之
必異於是詔道濟入朝授之以眾委之西討晦
聞羨之等死謂道濟既入朝授之以眾委之西來上
惶懼無計道濟既至與彥之軍合牽眾來上
晦始見艦數不多輕之不即出戰至晚因風帆
上前後連咽西人離阻無復關心臺軍至忌置

洲尾削艦過江晦大軍一時潛散晦夜出投巴
陵得小船還江陵初離州刺史劉粹遣弟竟陵
太守道濟與臺軍主沈敞之襄江陵至沙橋周
超率萬餘人與戰大破之俄而晦敗問至晦至
江陵無它慮分唯愧謝周超而已超其夜舍軍
單舸詣到彥之降衆散略盡乃攜其弟遑兄子
世基等七騎北走避肥壯不能騎馬晦每待之
行不得速至安陸延頭為戍主光順之所執順
之晦故更也檻送京師於路作悲人道其詞曰

悲人道兮悲人道之實難哀人道之多險傷人
道之寡安懿華宗之冠冑固清流而遠源樹文
德於庭尸立操學於衡門應積善之餘祐當履
福之所延何小子之凶放實招禍而作戾值華
釁之大運遭一顧於聖朝肇謀猷於艱物贊帝
制於宏綱出治戎於禁衛入關言於帷房分河
山之珪組繼文武之龜章稟顧命於西殿受
遺寄於御林伊懍怵其無節實懷此而不忘
荷隆遇於先主欲報之於後王憂託付之於無

劾懼愧言於存亡謂繼體其嗣業能增輝於前
光居過寡之未幾越禮度而酒荒普天壞而民殄
氣必社稷之淪喪短吾儕之體國實啓處而匪遑
藉億兆之一志固昏迷而明彰諒主尊而載昌
信卜祚之無疆國既危而重構家之已衰而復爵
獲扶顛而休否異世道之方康朝喪功之赫煌
祗命服於西蕃奏蕭管之嘈嘈擁朱旄以為政
臨八方以作鎮嚮文武之相相鳳濤弱以為屏
志食於日旰豈申用之敢慕庶惟宋之屏翰甫

逾歷其三稔實周回其未再豈有應於內
哀弱息之從禍悲發中而心晦伊荆漢彣良彦
其云栽痛夾輔之二宰竝加辟而雁貝
皆義槩而同憤咸荷戈而競臻浮舳艫之弈弈
陳車騎之轔轔觀人和與師整謂茲兵其誰陳
逮文武之子民見忠貞而弗亮心晦浮舳艫之
庶丕冤之雪怨反涇渭於嵐倫齊輕舟於江曲
殄銳敵其皆運勤陸徒於白水冠無反於隻輪
氣有捷而益壯威既肅而彌振嘆時哉之不與近

風雨以踰旬我謀戰而不克彼繼奔其其躓塵之
智勇之奇正忽孟明而是遵苟成敗其有數豈
怨天而尤人恨矢石之未竭遂摧師而覆陳誠
得喪之所遭固當之其無咎痛同懷之弱子橫
遭罹之殃霧智未窮而事傾力未極而莫振普
同盡於鋒鏑我怯劣而愍信愍弟姪之何辜實
吾咎之所嬰謂九夷其可處亦何忤於天地備
性命之難遂乃窘絀於邊亭亦何忤於天地備
艱危而是丁我聞之於筈諮功彌高而身蹴霍

區剌而辛免卒傾宗而滅族周嘆貴於獄吏終
下蕃而靡鞠雖明德之大賢亦不免於殘戮懷
今憚而忍人怂向惠而莫復續無賞而震主將
何方以自牧非砆石之團照執違禍以取福箸
殷鑑於自古豈獨嘆於季叔能安親而揚名諒
見稱於先哲保歸全而終孝傷在余而皆缺辱
歷世之平素忽盛蒲而傾滅惟烝嘗與灑埽痛
一朝而永絕問其誰而為之寔孤人之險尾皇
有蹄於丘山雖百死其何雪羈角僵兮衡間親

朋交兮平義履尚兮不一隆兮好兮情寄俱
憚耕兮從祿覦世道兮艱誠規志局兮功名每
謂之兮為易今定諡兮閣棺懃明智兮咨議雖
待盡兮為耻詹厚顏兮靡真長揖兮數子謝爾
兮明智百齡兮浮促終焉兮斟克分兮辨惑御
理命兮同得世安彼兮非此豈曉分兮到疢之
莊生之達言請承風以為則周超既降到疢之
以廖府事劉粹遣鎣軍沈敞之告疢之沙橋之
敗事由周超疢之乃觀之先繁曘等猶未即殺

於是與晦邀兄子世基世酖及同黨庚登之孔
延秀周超費惏賁應期蔣虔嚴千斯等並伏誅
世基絢之子也有才氣臨死為連句詩曰偉哉
橫海麟壯矢來天翼一旦失風水翻為螻蟻食
晦續之曰功遂侔昔人保退無智力既涉太行
險斷路信難陟晦死時年三十七庚登之到疢
蠻何承天並皆原免初河東人商玄石為晦豢
軍晦為逆玄石密欲推西人庾田夫及到疢之
從弟為主田夫等不敢許知玄石獨謀不立遂

為晦領懂事既平恨本心之不遂投水死太祖

嘉之以其子懷福為衡陽王義季右軍參軍督

護晦走左右皆棄之唯有延陵蓋追隨不舍太

祖嘉之後以蓋為長沙王義欣鎮軍功曹督護

史臣曰謝晦坐璽封違謬遂免侍中斯有以見

高祖之識治卒臣之稱職也夫摯殘所施事行

重釁左黜或用義止輕愆輕愆物之所輕重釁

人之所重故斧鉞希行於世徽簡日用於朝雖

貴臣細故不以任隆弛法至乎下肅上尊用此

道也自太祖臨務茲典稍違綱以疏行法為恩

息妙德害美抑此之由降及大明傾謸誣其自

非許竊溙私陵犯密諱則左降之科不行於權

戚若有身觸盛旨釁非國刑免書裁至弗客固

望其門矣由是律無恒條上多弛行綱維不舉

而綱目隨之所以吉人防箠在微慎天由小蓋為此云

林叔

二十

列傳第四

宋書四十四

臣沈　約　新撰

王鎮惡
檀韶
向靖
劉懷慎
劉粹

王鎮惡北海劇人也祖猛字景略苻堅僭號關
中猛為將相有文武才北土重之父休儼河東

【宋書傳五】

太守鎮惡以五月五日生家人以俗忌欲令出
繼疏宗猛見之曰此非常兒昔孟嘗君惡月
生而相齊是見亦將興吾門矣故名之為鎮惡
年十三而苻氏敗亡關中擾亂流寓崤澠之間
嘗寄食澠池人李方家方善遇之謂方曰若遭
遇英雄主要取萬戶侯相報方答曰君丞
相孫人才如此何患不富貴至時願見用為本
縣令足矣後隨叔父曜歸晉客居荊州頗讀諸
子兵書論軍國大事騎乗非所長關弓亦甚弱

而意略縱橫果決能斷廣固之役或薦鎮惡於
高祖時鎮惡為天門臨澧令即遣召之既至與
語甚異焉因留宿明旦謂諸佐曰鎮惡王猛之
孫所謂將門有將也即以為青州治中從事史
行參中軍太尉軍事署前部賊曹拒盧循於查
浦屢戰有功封博陸縣五等子高祖謀討劉毅
鎮惡曰公若有事西楚請賜給百舸為前驅義
熙八年劉毅有疾求遣從弟兗州刺史蕃為副

【宋書傳五】二

貳高祖僭許之九月大軍西討轉鎮惡參軍事加
振武將軍高祖至姑孰遣鎮惡率龍驤將軍蒯
恩百舸前發其月二十九日也戒之曰若賊知吾
上比軍至亦當少日耳政當少日宣軍未辦便
下船也卿至彼深加籌量可擊便燒其船艦且浮
及吾與衞軍府文武書罪止一人其餘一無所
阿水側以待吾至慰勞百姓宣揚詔旨并赦文
問若賊都不知消息未有備防可襲徑龑令去
但云劉兗州上鎮惡受命便晝夜兼行於鵲洲
尋陽河口巴陵守風凡四日十月二十二日至豫

章口云江陵城二十里自鎮惡進路揚聲劉充
州上毅謂為信然不知見襲鎮惡自豫章口捨
船步上蒯恩軍在前鎮惡次之舸留二二人對
舸岸上賢六七旗下輒安一鼓語所留人計我
將至城便長嚴令後有大軍狀又分隊在後令
燒江津船艦鎮惡逕前襲城語前軍若有問者
但云劉兗州至津戍及百姓皆言劉蕃實上晏
然不疑未至城五六里逢毅要將朱顯之與十
許騎步從者數十欲出江津問是何人答云劉
兗州至顯之馳前問蕃在所答云在後顯之旣
見軍不見蕃而見軍人檣彭排戰具望見江津船
艦已被燒烟焰張天而鼓嚴之聲甚盛知非蕃
上便躍馬馳去毅凡外有大軍似從下上垂已
至城江津船先被火燒矣鎮惡
亦馳進軍人緣城得入門猶未及下關因得開火
城東門大城內毅凡有八隊帶甲千餘已得戒
嚴蒯恩入東門便此回擊射堂前攻金城東門
鎮惡又東門便直擊金城西門軍分攻金城內

東從舊將猶有六隊千餘人西將及能細直吏
使手復有二千餘人食時就鬪至中晡西人退
散及歸降略盡鎮惡入城便因風放火燒大城
南門及東門又遣人以詔及赦文并高祖手
書凡三函示毅皆燒不視金城內亦未信高
祖自來有王桓者家在江陵昔手斬桓為高
祖所賞拔常在左右求還西迎家至豈先毅十餘
人助鎮惡戰下晡開於金城東門北三十步鑿城
作一穴鎮惡先衆入穴鎮惡自後繼之隨者稍
多因短兵接戰鎮惡軍人與毅東將或有是
父兄子弟中表親親者鎮惡令且闘且共語衆益
知高祖自來人情離懈一更許聽事前陣散
潰斬毅勇將趙蔡毅左右兵猶開東西閤拒
戰鎮惡慮闇夜自相傷犯乃引軍出徙金城開
其南面以為退路毅慮南有伏兵三更中趣左
右三百許人開此門突出初毅常所乘馬在城
外不得入養卒無馬毅便就子肅民取馬蕭民
不與朱顯之謂曰人取汝父而惜馬不與汝今

06-788

自走欲何之奪馬以授毅初出政值鎮惡軍衝
之不得去回衝剚恩軍軍人闕巳一日疲倦毅
得從大城東門出奔牛牧佛寺自縊死鎮惡
身被五箭射鎮惡手所執矟稍於手中破折江陵
平後二十日大軍方至署中兵出爲安遠護軍
武陵內史以討劉毅功封漢壽縣子食邑五百
戶蠻帥向博抵根據院頭屢爲凶暴鎮惡討平
之遣其將朱襄領衆助鎮惡會高祖西討休之
鎮惡乃告諸將曰百姓昔知官軍巳上朱襄等
復是一賊表裏受敵吾事敗矣乃率軍夜下江
水迅急倏忽行數百里直據都尉治既至乃以
竹籠盛石埋塞水道襄軍下夾岸擊之斬襄首
殺千餘人鎮惡性貪既破襄因停軍抄掠諸蠻
不時及及至江陵休之巳平高祖怒不時見之
鎮惡笑曰但令我一見公無憂矣高祖尋登城
喚鎮惡鎮惡爲人彊辯有口機隨宜酬應高祖
乃釋休之及魯宗之奔襄陽鎮惡統剚恩諸

軍水路追之休之等奔羌鎮惡追躡盡境而還
除游擊將軍十二年高祖將北伐轉鎮惡爲咨
議參軍行龍驤將軍領前鋒將發前將軍劉穆
之見鎮惡於積弩堂謂之曰公愍此遺黎志蕩
逋逆昔晉文王委伐蜀於鄧艾今亦委卿以關
中想勉建大功勿孤此授鎮惡曰不剋咸陽誓
不復濟江而還也鎮惡入賊境戰無不捷邵陵許
昌望風奔散破虎牢及栢谷塢斬賊帥趙玄軍
次洛陽僞陳留公姚洸歸順進次澠池造故人
李方家升堂見母厚加酬賚即版授方爲澠池
令遣司馬毛德祖攻僞弘農太守尹雅於蠡城
生擒之仍行弘農太守方軌長驅徑據潼關僞
大將軍姚紹率大衆拒嶮深溝高壘以自固鎮
惡懸軍遠入轉輸不充與賊相持久將士之
惡親到弘農督上民租百姓競送義粟軍
食復振初高祖與鎮惡等期若剋洛陽須天
食乃未可輕前既而鎮惡等逕向潼關爲紹所
拒不得進而軍又乏食馳告高祖求遣糧援時

高祖沿河索虜屯據河岸軍不得前高祖呼所
遣人開舫北戶指河上虜示之曰我語令勿進
而輕佻深入岸上如此何由得遣軍鎮惡既得
義租紹又病死偽撫軍姚讚代紹守險衆力猶
盛高祖至湖城讚引還大軍次潼關謀進取之
計鎮惡請率水軍自河入渭偽鎮北將軍姚彊
屯兵涇上鎮惡遣毛德祖擊破之直至渭橋鎮
惡所乘皆蒙衝小艦行船者悉在艦內羌見艦
泝渭而進艦外不見有乘行船人北土素無舟

三三三五　▶宋書列傳五　七　　青之

楫莫不驚惋咸謂為神鎮惡既至令將士食畢
便棄船登岸渭水流急倏忽開諸艦悉逐流去
時姚泓屯軍在長安城下猶數萬人鎮惡撫慰
士卒曰卿諸人竝家在江南此是長安城北門
外去家萬里而舫乘衣糧竝已逐流去豈復有
求生之計唯宜死戰可以立大功不然則無
遺類矣乃身先士卒衆亦知無復退路莫不騰
踊爭先泓衆一時奔潰即陷長安城泓挺身逃
走明日率妻子歸降城內夷晉六萬餘戶鎮惡

宣揚國恩撫慰初附號令嚴肅百姓安堵高祖
至鎮惡於灞上奉迎高祖勞之曰成吾霸業
者真卿也鎮惡再拜謝曰此明公之威諸將之
力鎮惡何功之有焉高祖笑曰卿欲學馮異邪
是時關中豐全倉庫殷積鎮惡極意收斂子女
玉帛不可勝計高祖以其功大不問也進號征
虜將軍時有白高祖以鎮惡藏姚泓
偽輦為有異志高祖密遣人覘之鎮惡所在泓偽輦飾
以金銀鎮惡悉剔取而棄華於垣側高祖聞之

三三三五　▶宋書列傳五　八　　青之

乃以高祖第二子桂陽公義真為安西將軍
雍秦二州刺史鎮長安鎮惡以本號領安西司
馬馮翊太守委以扞禦之任時西虜佛佛盛
姚興世侵擾北邊破軍殺將非一高祖既至長
安佛佛畏憚不敢動及大軍東還寇逼北地
義真遣中兵參軍沈田子距之虜其盛田子屯
回堡遣使還報鎮惡鎮惡對田子使謂長史王脩
曰公以十歲兒付吾等當各思竭力而擁兵不進
寇虜何由得平使還具說鎮惡言田子素與鎮惡

不協至是益激怒二人常有相圖志彼此每相
防疑鎮惡率軍出北地為田子所殺事在序傳
時年四十六田子又於鎮惡營內殺鎮惡兄
弟鴻遵淵及從弟昭朗弘凡七人是歲十四年
正月十五日也高祖表曰故安西司馬征虜將
軍王鎮惡志節亮直機略明舉自策名州府屢
著誠績荊南遘釁興豫勢據上流難與疆埸憂兼內
每念鎮惡輕舟先邁神兵電臨肝食之虞一朝霧
散及王師西伐有事中原長驅洛陽蕭清湖陝
入渭之捷指麾無前遂廓定咸陽俘執僞后克
成之効莫與為曬實扞城所寄國之方邵也近
北虜遊魂寇掠渭北統率衆軍曜威撲討賊既
還奔還次涇上故龍驤將軍沈田子忽發狂易
奄加刃害忠勳未究受禍不圖痛惜兼至愴悼
無已伏惟聖懷為之傷側田子狂悖即已備憲
鎮惡誠著艱難勳參前烈殊績未酬宜蒙追
寵願敕有司議其褒贈於是追贈左將軍青
州刺史高祖受命追封龍陽縣族食邑千五百

乃諡曰壯矦配食高祖廟廷子靈福嗣位至南
平王鑠右軍諮議參軍靈福卒子述祖嗣述祖
卒子廠嗣齊受禪國除鎮惡弟康留關中及高
祖北伐嗣鎮惡為前鋒康逃匿關中為行參軍
康家奔之高祖板為彭城公前將軍行參軍
鎮惡被害康藏得免攜家出洛陽視母尋
高祖即以康為相國行參軍求還洛陽到彭城歸
值關陝不守康與長安徙民張旳醜劉雲等唱
集義徒得百許人驅率邑郭僑戶七百餘家共
保金墉城為守戰之備時有一人邵平率部曲
及幷州乞活二千餘戶屯城南迎亡命司馬文榮
為主又有亡命司馬道恭自東垣率三千人屯
城西亡命司馬順明五千人屯陵霍臺順明遣
刺殺文榮平復推順明為主又有司馬楚之屯
柏谷塢索虜野坂戍主異弼公遊騎在芒上改
逼交至康堅守六旬宋臺建除康竄朝將軍
河東太守遣龍驤將軍姜　率軍救之諸亡命
並各奔散高祖嘉康節封西平縣男食邑三百

進號龍驤將軍迎康家還京邑勸課農桑百姓
其親賴之永初元年卒金墉時年四十九葬於
偃師城西追贈輔國將軍無子以兄河西太守
基子天祐嗣當太祖元嘉二十七年隨劉康祖
伐索虜敗没子懷祖嗣

檀韶字令孫高平金鄉人也世居京口初辟本
州從事西曹主簿輔國司馬高祖建義詔及弟
祗道濟等從平京城行參高祖建武將軍事都
邑既平為鎮軍將軍加寧遠將軍東海太守
進號建武將軍遷龍驤將軍秦郡太守北陳留
内史以平桓立功封巴丘縣矦食邑五百戶復參
軍加寧朔將軍從征廣固率向彌胡蕃等五十
人攻臨朐城克之及圍廣固慕容超夜燒樓當
詔圍分隆號橫野將軍城陷之日詔率所領先
登領北琅邪太守進號寧朔將軍琅邪內史從
討盧循於左里又有戰功并論廣固功更封宣
陽縣矦食邑七百戶降先封一等為伯減戶之

半二百五十戶賜祗子臻坐六門内乘輿白衣
領職義熙七年號輔國將軍八年丁母憂起為
冠軍將軍明年復為琅邪内史淮南太守將軍
如故鎮姑孰勳崇進號左將軍領本州大中正十
二年遷督江州豫州之西陽新蔡二郡諸軍事
江州刺史將軍如故有罪免官高祖受命以佐
命功增八百戶并前千五百戶詔嘗酒貪縱所
莅無績上嘉其合門從義弟道濟又有大功故
特見龍授永初二年卒於京邑時年五十六追贈
安南將軍加散騎常侍子緒嗣緒卒無子國除
祗子臻臻卒子退嗣齊受禪國除祗弟道濟並
別有傳

向靖字奉仁小字彌河内山陽人也名與高祖
同改稱小字世居京口與高祖少舊從平京城
參建武軍京邑事進平京邑板參鎮軍軍事加寧
遠將軍京邑雖平而羣寇互起彌與劉蕃子龍
符征破桓歆桓石康石綏於白茅攻壽陽剋之
義熙三年遷建武將軍秦郡太守北陳留内史

戍堂邑以平京城功封山陽縣五等侯從征鮮

甲大戰於臨朐胸累月不決彌與檀韶等分軍自

間道攻臨朐胸城拔甲先登即時潰陷斬其牙

旗賊遂奔走彌黨阮賜為豫州刺史攻逼姑執彌牽譙

洲以親黨阮賜為豫州刺史攻逼姑執彌牽譙

國內史趙恢討之時輔國將軍毛脩之戍姑執

告急續至彌兼行進討破退走高祖南征彌為

諸議參軍將軍如故盧循彌收其軸重除中軍

前鋒於南陵電池左里三戰並大捷軍還除太

尉諮議參軍下邳太守將軍如故八年轉游擊

將軍尋督馬頭淮西諸郡軍事龍驤將軍鎮蠻

護軍安豐汝陰二郡太守梁國內史戍壽陽以

平廣固盧循功封安南縣男食邑五百戶十年遷

冠軍將軍高陽內史臨淮太守領石頭戍事高

祖西代司馬休之以彌以本號為吳興太守將軍如故

明年高祖北伐彌以本號侍從留戍碼磝進屯

石門栢谷遷督北青州諸軍事北青州刺史將

軍如故高祖受命以佐命功封曲江縣矦食邑

千戶遷太子左衛率加散騎常侍二年卒官時

年五十九追贈前將軍彌治身儉約不營室宇

無園田商化貨之業時人稱之子植嗣彌坐殺人國

受母訓奪爵更以植次弟紹封又坐身雅無所

除植弟柳子玄季有學義才能立身方雅無所

推先諸盛沈並容之大尉袁淑空徐湛之東

陽州刺史始興南康相臧質始與王澹征北中

兵參軍始興與顏師南康相臧質歷始與至尋

陽與之俱下質敗歸降下獄死彌弟劭永初中

為宣城太守劭弟子亮以私忿殺彌妻施氏託

去奴客所殺劭輙於墓所殺亮及彌妾并奴婢

七八人匿不聞官為有司所奏詔無所問元嘉

初卒於義興太守

劉懷慎彭城人左將軍懷肅弟也少謹慎質直

始參高祖鎮軍騎將軍事振威將軍彭城內史

從征鮮卑一毋戰必身先士卒及克廣固懷慎率

所領先登從高祖距盧循於石頭屢戰克捷加

輔國將軍義熙八年以本號監北徐州諸軍事

鎮彭城尋加徐州刺史爲政嚴猛境內震肅蕭九年云命王靈秀爲寇計平之十一年進北中郎將以平廣固盧循功封南城縣男食邑五百戶十三年高祖北伐以爲中領軍征虜將軍衞輦穀坐府中相殺免官雖名任優邲愻愈至毋所之造世任不踰巳者皆束帶門外下車其謹退散騎常侍高祖遷都壽春留懷愼督北徐究諸軍前將軍南晉州刺史復徵爲度支尚書加類如此宋臺立召爲五兵尚書仍督江北淮南

青徐北諸軍中軍將軍徐州刺史以云命入廣陵城降號征虜將軍永初元年以佐命功進爵爲侯增邑千戶進號平北將軍徵爲五兵尚書加散騎常侍光祿大夫景平元年遷護軍將軍常侍士故特賜班於宗族家無餘財二年卒時年六十一追贈撫軍將軍領石頭戌事坐受買客韓大明初爲游擊將軍復爲秦郡太守德願性佛智化貝下獄奪爵士後復爲秦郡太守德願嗣嶲率爲世祖所狎每上寵姬殷貝妃葬弗數

與群臣至熙墓謂德願曰卿哭貴妃若悲當加厚賞德願應聲便號慟撫膺躃踴涕泗交流上甚悅以爲豫州刺史又令醫術人羊志哭殷氏志亦爲咽他日有問志卿那得此副急淚志時新喪愛姬咨曰我爾愛白自哭亡妾耳志滑稽善爲諧謔上亦愛狎之德願善御車嘗立兩柱使其中冬通車軸乃於百餘步上振轡長驅未至數尺打牛本從柱間直過其精如此孝武聞其

能爲之乘畫輪車幸太宰江夏王義恭第德願岸著籠冠短朱衣執轡進止甚有容狀求光中爲廷尉與柳元景厚善元景敗下獄誅懷愼庶長子榮祖少好騎射爲武帝所知及盧循攻逼時賊乘小艦入淮抜柵武禁射之所中應弦而倒帝益奇焉憤怒曰禁射之三軍不得報射賊榮祖爲武以戰功參太尉軍事從討司馬休之彭城內史徐遠之敗沒諸將意沮榮祖請戰愈厲

高祖乃解所著鎧以授之榮祖率所領陷陣身
被數創會賊破走加振威將軍尋參世子征虜軍
事領遂成令高祖北伐轉鎮西中兵參軍寧遠
將軍水軍入河與朱超石大破索虜戰
攻劉度壘克之高祖大饗戰士謂榮祖曰卿以
寡克衆攻無堅城雖古名將何以過此轉爲太
尉中兵參軍加建威將軍旣破長安姚泓女婿
徐衆率其餘衆連營叛走榮祖與檀道濟等攻
索虜南寇司州刺史毛德祖陷沒榮祖時居父
兵參軍永初元年除越騎校尉尋轉右軍將軍

■宋書傳五　　十七　　龐知柔

史又補相國參軍其年遣榮祖還都爲世子中
榮祖爲人輕財貴義善撫將士然性偏險褊隘
艱起爲輔國將軍追論半城之功賜爵鄉侯
頗失士君子之心領軍將軍謝晦深接待之廢
立之際要榮祖固辭獲免及晦出鎮荊楚欲
請爲南蠻校尉榮祖又固止之其年冬卒德
願弟興祖青州刺史懷愼弟懷黙冠軍將軍

江夏內史太中大夫懷黙子道球巴東建平二
郡太守道球弟孫登武陵內史孫登且子其世祖
大明守爲武康令時墳內多盜鑄錢亮掩討無
不禽所殺以千數太宗泰始初爲巴陵王休若
鎮東中兵參軍北代南討功冠諸將封順陽縣
侯食邑六百戶歷黃門郎梁益二州刺史在任
廉儉不營財貨所餘公祿悉以還官欲致長迎
下詔襄芙亮在梁州忽服食餌道欲致長生

■宋書傳五　　十八

武當山道士孫道胤令合仙藥至益州泰豫元
年藥始成而未出火毒孫不聽亮服亮苦欲服
平旦開城門取井華水服至食鼓後心動如剌
中閒便絕後人逢見乘白馬將數十人出閤西
行共語分明此乃道家所謂尸解者也追贈冠軍
將軍謚曰剛孫登弟道隆元嘉二十二年爲
盧江太守世祖舉義乘輿奔下以補南中郎參
軍事加龍驤將軍時世祖分麾下以爲三幢道隆
與中兵參軍王謙之馬文恭各領其一大明中
歷黃門侍郎徐青冀三州刺史前廢帝景和中

以為右衛將軍永昌縣族食邑五百戶委以腹
心之任泰始初為太宗盡力遷衛將軍中護軍
尋賜死事在建安王休仁傳王謙之字休光琅
邪臨沂人晉司州刺史胡之曾孫也世祖初歷
驍騎將軍御史中丞吳興太守以南下之功封
石陽縣子食邑五百戶大明三年卒贈前將軍
謚曰蕭子應之嗣大明末為衡陽內史雲之弟慧文
子勛反應之起義拒之為慧文行事何慧文為順帝
所殺事在鄧琬傳追贈侍中應之弟晉安王
昇明中貴達馬文恭扶風人也亦以功封泉陵縣
子食邑五百戶世祖即位為游擊將軍頃之卒
劉粹字道沖沛郡蕭人也祖恢持節監河中軍
事征虜將軍粹家在京口少有志幹初為州從
事高祖克京城參建武軍事從平京邑轉參鎮軍
事尋加建武將軍沛郡太守又領下邳太守復
為軍騎中軍參軍從征廣固戰功居多以義功
封西安縣五等矦軍還轉中軍諮議參軍盧循
逼京邑已京口任重太祖時年四歲高祖使粹奉太

宋書傳五　十九　沈壽

祖鎮京城轉游擊將軍遷建威將軍江夏相衛
將軍毅粹族兄也粹盡心高祖不與毅同高祖
欲謀殺毅衆並疑粹在夏口高祖愈信之及大軍
至粹竭其誠力平封溳縣男食邑五百戶母
憂去職俄而高祖討司馬休之起粹為輔國將軍
軍竟陵太守統水軍入河明年進號輔國將軍
遷相國右司馬侍中中軍司馬冠軍將軍遷左
衛將軍永初元年以佐命功改封建安縣族食
邑千戶二年以役使監吏免官尋督江北淮南
郡事征虜將軍廣陵太守三年以本號督豫司
雍并四州南豫州之梁郡弋陽馬頭三郡諸軍
事豫州刺史領梁郡太守鎮壽陽治有政績少
帝景平二年誰郡流離六十餘家叛沒虜趙靈
秦剛等六家悔倍還投陳留襄邑縣頓謀等村
粹遣將苑縱夫討叛戶不及因誅殺謀等三十
家男丁二百三十七人女弱二百六十二口收付
作部粹坐貶號為寧朔將軍時索虜南寇粹
遣將軍李德元襲許昌殺偽潁川太守庫龍

宋書傳五　二十　古溪

於是陳留人董遫自稱小黃盟主斬偽征虜將軍
廣州刺史司馬世賢傳首京都大祖即位遷使
持節督雍梁南北秦四州荊州之南陽竟陵順
陽襄陽新野隨六郡諸軍事征虜將軍領寧
蠻校尉雍州刺史襄陽新野二郡太守在任簡
役愛民罷諸沙門二千餘人以補府史元嘉三
年討謝晦遣粹弟車騎從事中郎道濟龍驤
將軍沈敞之就粹之竟陵內史與敞之及南陽
太守沈道與步騎至
沙橋為晦司馬周超所敗士眾傷死者過半降
號寧朔將軍初晦與粹厚善以粹子曠之為參
軍粹受命南討一無所顧太祖以此嘉之晦遣
送曠之還粹亦不害也明年粹卒時年五十三
追贈安北將軍持節本官如故曠之嗣官至晉
熙大守曠之卒子琛嗣琛卒無子國除琛弟兗
順帝昇明末尚書駕部郎粹庶長子懷之為臨
州內史與臧質同逆伏誅粹弟道濟尚書起部
郎王弘車騎從事中郎江夏王義恭撫軍司馬

宋書傳五　二十一

河東大守仍遷振武將軍益州刺史長史費謙
別駕張熙參軍楊德年等並聚斂興利而道濟
委任之傷政害民民皆怨毒太祖聞之與道濟
詔戒之曰聞卿在任未盡清省又頗為殖貨若
萬一有此必宜改之比傳人情當以法
御下深思自警以副本望道濟雖奉此旨政化如
初有司馬飛龍者自稱晉之宗室晉末走入仇池
元嘉九年聞道濟緩撫失和遂自仇池入綿竹
崩動羣小得千餘人破巴興縣殺令王貞之進
攻陰平陰平太守沈法興焚城遁走道濟遣軍
擊飛龍斬之初道濟以五城人帛氐奴梁顯為參
軍督護費謙固執不與遠方商人多至蜀土資
貨或有直數百万者謙等限布絲綿各不得過
五十斤馬無善惡限蜀錢二万府又立治一斷
私民敢鑄而貴賣鐵器商旅吁嗟百姓咸欲為
亂民奴既懷志忿因聚黨為盜賊其年七月道
濟遣羅習為五城令氐奴等謀曰羅令是使君
腹心而卿猶有作賊盜不止者一旦發露則為

宋書傳五　二十二

禍不測宜結要誓言共相禁檢乃殺牛盟誓俄而
氐奴及趙廣等唱曰官禁殺牛而村中公違法
禁脆使羅令白使君疑吾徒更欲作賊則無餘
類矣因詐言曰司馬殿下猶在陽泉山中若能共
建大事則功名可立不然衆既樂亂
因相率從之得數千人復向廣漢道濟遣參軍
程展會治中李抗之五百人擊之並為所殺賊
巴西梓潼二郡太守王懷業再遣軍拒之戰敗

● 宋列傳五　二十三　朱

失利懷業及司馬南漢中太守韋勰佰並棄城
走涪陵太守阮恵江陽太守杜玄起遂寧太守
馮遷聞涪城不守並委郡出奔蜀土僑舊翁
然並反道濟惶懼乃免吳兵三十六營以為平
民分立宋興宋寧二郡又招集衆商賈及免道
奴僅東西勝兵可有四千人賊衆數万屯城西
及城北道濟與城自守趙廣本以謠詐聚兵頭
兵城下不見飛龍各欲分散廣懼乃將三千人
及羽儀詐其衆去迎飛龍至陽泉寺中謂道人

程道養曰但自言是飛龍則坐享富貴君不從
即日便斬頭道養惶怖許諾道養抱空人也廣
改名為龍興號為蜀王車騎大將軍益梁二州
牧建號泰始元年備置百官以道養弟道助為
驃騎將軍長沙王鎮涪城廣自號鎮軍帛氏奴
征廣將軍梁顯鎮北將軍同黨大師張尋寧秦州
刺史嚴遐前將軍道養還成都衆十餘乃四
面圍城就道濟索費謙張熙曰但送此人來我
等自不復作賊道濟中兵參軍裴方明任浪

● 宋列傳五　二十四　何

之名各將十餘人出西門戰皆失利十一月方明
等復出戰破賊營焚其積聚賊黨江陽人楊
孟子領千餘人屯城南道濟參軍梁儁之統南
樓屢與孟子交言因投書曉以禍福要使人城
孟子許諾入見道濟道濟大喜即板為主簿道
子為任克期討賊趙廣知其謀孟子懼將所領
奔晉原寘原太守文仲與拾合得二千餘人與孟
并力自固廣道同黨表玄子攻晉原為仲興所
殺廣又遣帛氏奴攻之連戰仲興軍敗及孟子

坥死方明復出東門破賊三營斬首數百級賊
雖敗巳復還合方明復僞回軍擊城
東大營殺千餘人斬僞射蔡滔時天大霧方
明等復揚聲出東門而潛自北門出攻城北城
西諸營賊衆大潰於是奔散道養收合得七千
人還廣漢趙廣以別卒五千餘人還涪城初別
駕張熙說道令耀太倉穀賊以九月末圍城
至十二月末廩粮便盡方明將二千人出城求
食為賊所敗匹馬獨還賊因追之衆復大集方
明夜於城西緫上道濟為設食饁不能食唯泣
涕而巳道濟時有疾巳篤自力慰勉之曰卿非
大丈夫小敗何苦賊勢旣衰臺兵垂至但令卿
還何憂於賊即減左右數十人配之賊在城內
方明巳死可來取喪城中大恐道濟夜列炬火
方明自出衆見之乃安道濟悉出財物於比射
堂令方明募人時城中或傳道濟巳云莫有至
者梁儁之說道濟曰將軍氣息綿綿而外論
至有同異今軍師屢敗妖寇未殄若一旦不虞

則危禍立至宜稱小損聽左右告使輒出之不然
敗矣道濟從之即喚左右三十餘人告之曰吾
疾久汝等扶侍疲勞今旣小損各聽歸家休息
喚復還給使旣出其父兄皆問使君亡來幾日
子弟皆言君漸差誰言亡者傳相告語城內
乃安由是應募者一日千餘人十年正月賊衆
大至攻逼成都道濟辛梁儁之與方明及其
故舊門生數人共埋尸於後堂齋使書與道濟
相似者為教命酬荅牋疏不異常日故雖衆
妻不知也二月道養於毀金橋升壇郊天方就
柴燎方明將三千人出擊之賊列陣磐前死戰
日夕乃大敗臨陣斬僞征虜將軍趙石之等
八百餘級道養等退保廣漢是月平西將軍
臨川王義慶以揚武將軍巴東太守周籍之即
本號督巴西梓潼二郡太守率平西參軍費淡龍驤
事巴西梓潼宕渠遂寧巴郡五郡諸軍
將軍羅猛二千人援成都廣等屯據廣漢分守
郫川連營百數處處屯結籍之與方明及費淡

等攻郫剋之廣等退據郡城傍竹自固羅猛率

隊主王眆等并力追討張尋自涪城率衆二萬

來助廣等又移營屯箭竿橋方明等破其六營乘

勝追奔逐至廣漢廣等走還涪及五城四月十

日發道濟喪五月方進軍向涪城張尋唐頻渡

州刺史司馬龍伸斬之龍伸道助也州吏嚴道

度斬嚴遐首廣等並奔散涪蜀皆平俄而張尋

攻破陰平復與道養合帛氐奴攻廣漢費淡督

將軍种松等與戰斬其梁州刺史杜承等百餘

級九月益州刺史甄法崇至成都誅費謙之道

濟喪及方明等並東反道養等領二千餘家逃

于郫山其餘羣賊亦各擁戶藏竄出爲寇盜不

絕十三年六月太祖遣寧朔將軍蕭汪之統軍

討之軍次郫口帛氐奴斬僞儒將軍司馬飛燕

歸降汪之擊破道養還入郫山十四年四

月趙廣張尋梁顯各率部曲歸降僞輔國將軍

王道恩斬道養送首餘黨悉平遷趙廣張尋等

於京師十六年廣尋復臨國山令司馬蜀敬琳謀

反伏誅先是道濟振武司馬蜀郡太守任蕃之

雖不任軍事寧以爲正員郎裴方明虎賁中

郎將仍爲義慶平西中兵參軍龍驤將軍河東

太守費淡字子賓衞將軍毅從父弟也父鎮益州刺

史粹族弟揖字子真歷位閒居京口未嘗應召

之字仲德以毅貴甚憚之每還京未嘗敢

常謂毅女必破我家毅甚憚之

以羽儀人從入鎮之門左光祿大夫徵不就元

嘉二年年九十餘卒於家損元嘉中歴職義興

太守東土殘飢太祖遣揚州治中沈演之東入

賑邺以損緩撫有方稱爲良守官至吳郡太守

追贈太常

史臣曰帝王受命自非以功靜亂以德濟民則

尊出權道雖復負展南面比號軒犧莫不自謝

其道莫由也自三代以來醇風稍薄成功濟務

風率由霸德高祖屈起布衣非藉民譽義

無曹公英傑之傑之鄉晉又闕晉氏輔魏之基昌驅
烏合不崇朝而制國命功雖有餘而德未足也
是故王謐以內懼流弃王綏以外侮成興賈若非樹
奇功於難立震大威於四海則不能承配天之
心義熙以後大功仍建自桓溫旖旖所臨莫不
獻珍受朝及金墉請吏元勳將舉九命之禮既
行代終之符巳及方復觀兵函渭用師天險獨
克之舉振古難稱若使開門反岐兵兵散地後
敗主貢其削功一眚廢其盛業豈復得以黃屋未

戶為襄晉之貞臣乎及其靈威薄震重闢莫
守故知英筭所苞先勝而後戰也王鎮惡推鋒
直指前無彊陳為宋方叔壯矣哉

列傳第五　　宋書四十五

宋書四十六

臣沈約　約　新撰

趙倫之

到彥之　闕

王懿

張卲

宋書傳六　　一　　朱祖

趙倫之字幼成下邳僮人也武穆皇后之弟幼
孤貧事毋以孝稱武帝起兵以軍功封闕中縣
五等子爵累遷雍州刺史武帝北伐倫之遣順陽
太守傅弘之扶風大守沈田子出嶢柳大破姚
泓於藍田及武帝受命以佐命功封霄城縣族
安比將軍鎮襄陽少帝即位徵拜護軍元嘉三
年拜鎮軍將軍尋遷左光祿大夫領護軍將軍倫
之雖外戚貴盛而以儉素自處性野拙人情世
務多所不解久居方伯頗覺富盛入爲護軍貧
力不稱以爲見眼光祿大夫范泰好戲謂曰司
徒公頃必用汝老奴我不言汝没資地所任要是
外戚高秩次第所至耳倫之太喜毋載酒肴詣

泰五年卒子伯符嗣

伯符字潤遠少好弓馬倫之在襄陽伯符爲竟
陵太守時音陵蠻屢爲寇伯符征討悉破之由
是有將帥之稱後爲寧遠將軍撫領義徒以居
官城北每有火起及賊盜輒身貫甲胄助郡縣
史爲政苛暴吏人畏之若豺虎然而寇盜遠竄
無敢犯境元嘉十八年徵爲領軍將軍先是外
監不隸領軍宜相統攝者自有別詔至此始統
領焉二十一年轉豫州刺史明年爲護軍將軍
復爲丹陽尹在郡嚴酷吏人苦之或至委倩寬
錄赴水而死典筆吏取筆不如意鞭五十二倩
尚文帝第四女海鹽公主初始興王濬以潘妃
之寵故得出入後宮遂興公主私通及適倩倩
婚殺主所生蔣美人伯符斯懼發病卒謚曰肅
傳國至孫助齊受禪國除

王懿字仲德太原祁人自言漢司徒允弟幽州

宋書傳六　　二　　方堅

刺史懋七世孫也祖宏事石季龍父苗事符堅
皆為二千石仲德少沈審有意略通陰陽解聲
律符氏之敗仲德年十七與兄叡同起義兵與
慕容垂戰敗仲德被重創走與家屬相失路經
大澤不能前困卧林中忽有青衣童見騎牛行
見仲德前困曰食未仲德告飢見去頃之復來為
食與之仲德食畢欲行會水潦暴至莫知所如
有一白狼至前仰天而號號訖衛仲德衣因渡
水仲德隨之獲濟與叡相及渡河至滑臺復為
之行百許里乃免晉大元末從居彭城兄弟名
山遼遭騎追之急夜行忽有炬火前導仲德隨
同姓謂之骨肉有遠來相投者莫不竭力營贍
犯晉宣元二帝諱坦以字稱叡字元德北土重
翟遼所留使為將帥積年仲德欲南歸乃奔太
若不至者以為不義不為鄉里所容仲德聞王
愉在江南是太原人乃往依之愉禮之其薄因
至姑熟投桓玄值玄篡見輔國將軍張暢言及
世事仲德曰自古革命誠非一族然今之起者

恐不足以成大事元德果敢有智略武帝甚知
之告以義舉使於都下襲玄仲德聞其謀謂元
德曰天下之事不可不密應機務速不在巧遲
玄母冒夜出入今若圖之正須一夫力耳事泄
元德為玄所誅仲德本會稽義軍劃建茎仲德
抱元德子方回出候武帝帝於馬上抱方回與仲
德相對號泣追贈元德給事中封安復縣侯以
仲德為中兵參軍武帝伐廣固仲德為前鋒大
小二十餘戰每戰輒剋及盧循寇逼敗劉毅於
桑落帝比伐始還幸創痍堪戰者可數千人
賊眾十萬舳艫百里奔敗而歸者咸稱其雄眾
議並欲遷都仲德正色曰今天子當陽而治明
公命世作輔新建大功威震六合妖賊焱乘
我遠往既聞凱入將自奔散今自投草間則同
之匹夫匹夫號令何以威物義士英豪當自求
其主爾此謀若行請自此辭矣帝悅之以仲德
屯越城及賊自蔡洲南走遣仲德追之賊留親
黨范崇民五十八人高艦百餘城南陵仲德攻之

大破崇民焚其舟艦收其散卒功冠諸將封新
淦縣矦義熙十二年北伐進仲德征虜將軍加
冀州刺史爲前鋒諸軍事冠軍將軍檀道濟
龍驤將軍王鎮惡向洛陽寗朔將軍劉遵考建
武將軍沈林子出石門寗朔將軍朱超石胡蕃
向平城感受統於仲德仲德率龍驤將軍朱牧
寧遠將軍竺靈秀嚴綱等開鉅野入河乃摠衆
軍進據潼關長安平以仲德爲太尉諮議參軍
武帝欲遷都洛陽衆議咸以爲宜仲德曰非常

習　▌宋書傳六　五　沈定

之事常人所駭今暴師日久士有歸心固當以
建業爲王基俟文軌大同然後議之可也帝深
納之使衞送姚泓先還彭城武帝受命果遷徐
州刺史加都督元嘉三年進號安北將軍與到
彦之北伐大破虜軍諸軍進屯靈昌津司兗旣
定三軍咸喜仲德獨有憂色曰胡虜雖仁義不
足而凶狡有餘今斂戈北歸并力完聚若河冰
冬合豈不能爲三軍之憂十月虜於委粟津渡
河進逼金墉虎牢洛陽諸軍相繼奔走彦之聞

二城不守欲焚舟步走仲德曰洛陽旣陷則虎
牢不能獨全勢使然也今賊去我千里滑臺猶
有彊兵若便舍舟走士卒必散且當入濟至
馬耳谷口更詳所宜乃回軍泝濟南歷城步上
焚舟弃甲還至彭城仲德與彦之竝免官尋興
檀道濟救滑臺糧盡而歸九年又爲鎮北將軍
徐州刺史明年加領兗州刺史仲德三臨徐州
德著於彭城立佛寺作曰狼童子像於塔中以
河北所遇也十三年進號鎮北大將軍十五年
卒諡曰相矦亦於廟立白狼童子壇每祭必祠

主主六　▌宋書傳六　六　方堅

之子正脩嗣爲家僮所殺
張邵字茂宗會稽太守裕之弟也初爲晉琅邪
内史王誕龍驤府功曹相立徙誕於廣州親故
咸離弃之惟邵情意彌謹流涕追送時豫亂饑
饉又鎮送其妻子相立墓位父敬先爲尚書以
答事微諐降爲廷尉卿及武帝討立邵白敬表
獻誠歆帝大說命署其門曰有犯張廷尉者以
軍法論後以敬爲吳郡太守王諡爲揚州召邵

為主簿劉毅為亞相愛才好士當世莫不輻湊
獨邵不往或問之邵曰主公命世人傑何煩多
問劉穆之聞以白帝益親之轉太尉參軍署長
流賊曹盧循寇迫京師使邵守南城時百姓臨之
水望賊帝怪而問邵邵曰若節鈇未反奔散之
不暇亦何能觀望今當無復恐耳尋補州主簿
邵悉心政事精力絕人及誅劉藩邵時在西州
直盧即夜誡眾曹曰大軍當大討可各修舟船
倉庫及曉取辦旦日帝求諸簿署應時即至怪
問其速諸曹答曰昨夜受張主簿處分帝曰張
邵可謂同我憂慮矣九年世子始開征虜府補
邵錄事參軍轉號中軍遷咨議參軍領記室十
二年武帝北伐邵請見曰人生危脆必當遠慮
穆之若避近不幸誰可代之尊業如此苟有不
諱事將如何帝曰此自委穆之及卿耳青州刺
史檀祗鎮廣陵時滁州結聚凶命祗率眾掩之
劉穆之恐以讓將軍邵曰檀韶擁據中流道
濟為軍首若疑狀發露恐生大憂宜且遣慰勞

以觀其意既而祗果不動及穆之卒朝廷惟懼
偃欲發詔以司馬徐羨之代之邵對曰今誠急
病任終在徐且世子無專命宜須此咨信反方
使世子出命曰朝廷及太府事悉咨徐司馬其
餘啟還帝重其臨事不撓有大臣體十四年
以世子鎮荊州邵諫曰儲貳之重四海所繫不
宜處外敢以死請從之文帝為中郎將領荊州刺
史以邵為司馬領南郡相眾事悉決於邵武帝
受命以佐命功封臨沮伯分荊州立湘州以邵
為刺史將署府邵以為長沙內地非用武之國
置署妨人乖為政要帝從之謝晦反遺書要邵
邵不發函馳使呈帝元嘉五年轉征虜將軍領
寧蠻校尉雍州刺史加都督初王華與邵有隙
及華參要親舊為之危心邵曰子陵方弘至公
必不以私讎害正義是任也華實興之及至襄
陽築長圍修立隄堰開田數千頃郡人賴之富
瞻丹淅二州蠻屢為寇邵誘其師因大會誅之
悉掩其徒黨既失信羣蠻所在竝起水陸斷

絕子敷至襄陽定省當還都羣蠻伺欲取之會
蠕蠕國遣使朝貢賊以為敷遂執之邵坐降號
揚烈將軍江夏王義恭鎮江陵以邵為撫軍長
史持節南蠻校尉坐在雍州營私蓄取贓貨二
百四十五萬下廷尉免官削爵土後為吳興太
守卒追復爵邑諡曰簡伯邵臨終遺命祭以菜
果薦席為輀車諸子從之為子敷演敬有名於世
敷字景胤生而母亡三年數歲問知之雖童蒙儼
有感慕之色至十歲許求母遺物而散施已盡
唯得一扇乃緘錄之每至感思輒開笥流涕見
從母悲感嗚咽性剋貴風韻端雅好言善屬
文初父邵使與南陽宗少文談繫象往復數番
少文每欲屈握塵尾歎曰吾道東矣於是名價
日重武帝聞其美召見奇之曰真千里駒也以
為世子中軍參軍敷見接引累遷江夏王義恭
撫軍記室參軍義恭就文帝求一學義沙門會
敷赴假江陵入辭文帝令以後車載沙門往謂
曰道中可得言晤敷不奉詔上甚不說遷正員

中書郎敷小名查父邵小名梨文帝戲之曰查
何如梨敷曰百果之宗查可比中書舍
人狄當周赴立管要務以敷同省名家欲詣之
赴曰彼恐不相容接不如勿往當日吾等並已
貞外郎矣何憂不得共坐敷先設二牀去壁三
四尺二客就席敷呼左右曰移我遠客賴竿失
色而去其自標置如此善持音儀盡詳緩之致
與人別執手曰念相聞餘響久之不絕張氏後
進皆莫之其源起自敷也遷黃門侍郎始興王
濬後將軍司徒左長史未拜父在吳興亡成服
凡十餘日方進水漿將葬畢不進鹽菜遂毀瘠成
疾伯父茂度每止之敷益更感慟絕而復續
茂度曰我比止汝而乃益甚自是不復往來碁
年而卒孝武即位旌其孝道追贈侍中改其所
居為孝張里敷弟東龔父封位通直郎東有
勇力手格猛獸元凶以為輔國將軍孝武至新
亭東出奔隆淮死子式嗣
暢字少微邵兄偉之子也偉少有操行為晉琅

邪王國郎中令從王至洛還京都武帝封樂酒
覬付偉令密加鴆毒受父命於道自欲而卒暢
少與從兄敷演齊名為後進之秀起家為太
守徐佩之主簿佩之被誅暢馳出奔赴制服盡
哀時論美之弟枚嘗為猘犬所傷醫者云食蝦
蟇可療枚難之暢含笑先嘗枚因此乃食由是
遂愈累遷太子中庶子孝武鎮彭城暢為安北
長史沛郡太守元嘉二十七年魏主托跋燾南
征太尉江夏王義恭統諸軍出鎮彭城虜衆近

城數十里彭城衆力雖多而軍食不足義恭欲
棄彭城南歸計議彌日不定時歷城衆少食多
安北中兵參軍沈慶之議欲以車營爲關陳
精兵爲外翼奉二王及妃媛直趨歷城分城兵
配護軍將軍蕭思話留守太尉長史何勗不同
欲席卷奔鬱州自海道還都二議未決更集
羣僚議之暢曰若歷城鬱州可云下官敢不惟
讚今城內乏食人無固心但以閉爲嚴密不獲
走耳若一搖動則潰然奔散雖欲至所在其可

得乎今食雖寡然朝夕未至窘乏當可捨萬全
之術而即危亡乎之道此計必行下官請以頸血汙
君馬跡孝武聞暢議謂義恭曰張長史言不可
違也義恭乃止魏主既至登城南亞父塚於戲
馬臺立氈屋先是隊主蒯應見執其日晡時遣
送應至小市門致意求甘蔗及酒孝武遣送酒
二器甘蔗百挺求甘蔗明日魏主又自上戲馬
臺復遣使至小市門志與孝武相見日遣送駱馳
并致雜物使於南門受之暢於城上與魏尚書

李孝伯語孝伯問君何姓孝伯曰姓張長
史平暢曰君何得見識孝伯曰君名聲遠聞足
使我知城內有具思者嘗在魏義恭使視知是
孝伯乃開門餉物魏主又求酒及甘橘孝武又
致螺盃雜物南土所珍魏主復令孝伯傳語曰
魏主有詔借博具暢曰博具當爲申致有詔之
言正可施於彼國何得施之於此孝伯曰以隣國
之臣耳孝伯又言太尉鎮軍久闕南信殊當憂
邑若遣信當爲護送暢曰此中間道甚多亦

不須煩魏孝伯曰亦知有水路似為白賊所斷
暢曰君箸白衣故號白賊也孝伯笑曰今之白
賊亦不異黃巾赤眉但不在江南耳又求愽具
俄送與魏主又遣送甗及九種鹽并胡豉云此
諸鹽各有宜白鹽是魏主所食黑者療腹脹氣
滿刮取六銖以酒服之胡鹽療目痛柔鹽不用
食療馬脊創赤鹽駮鹽臭鹽馬齒鹽四種並
不中食胡豉亦中噉又求黃甘并云魏主致意
太尉安北何不遣人來問觀我儀貌察我為人
暢又宣旨答曰魏王形狀才力久為來往所見
本尚書親自銜命不忍彼此不盡故不復遣又
云魏主恨向所送蜀馬不稱意暢安比若須大馬
當送之脫須此非所求義又送炬燭十挺孝
駟送在彼意此非所求義恭又送炬燭十挺孝
武亦致錦一匹又曰知更須黃甘若復致彼軍即
不能足若供魏主未當之絕故不復致孝伯又
曰君南土膏腴何為箸襦君且如此將士云何
暢曰骨粱之言誠以為愧但以不武受命統軍

戎陣之閒不容緩服魏主又遣就二王借笙笭簧
琵琶等器及棊子孝伯足詞辯亦北土之美
暢隨宜應答甚為敏捷音韻詳雅魏人美之
時魏聲云當出襄陽故以暢為南譙王義宣
司空長史南郡太守元凶弒逆義宣發哀之日
即便舉兵暢為元佐舉哀畢改服著黃袴褶
出射堂簡人音儀容止眾皆矚目見者皆為盡
命事平徵為吏部尚書封夷道縣侯及義宣有
異圖蔡超等以暢人望勸義宣留之乃解南蠻
貨此巳陵不時下會義宣起兵津路斷絕遂不
生荀僧寶下郡因顏竣陳義宣舉事狀僧寶有私
校尉以授暢加冠軍將軍領丞相長史暢遣問
得前義宣將為逆使婢人翟靈寶齎告暢暢陳
必無此理請以死保之靈寶還白義宣云暢必
不可回請殺以徇眾賴丞相司馬竺超之得免進
號撫軍別立軍部以收人望暢雖署文檄飲酒
常醉不省其事及義宣敗於梁山暢為軍人所
掠衣服都盡遇右將軍王玄謨乘輿出營暢巳

得敗衣遂排玄謨甚不悅諸將請殺
之隊主張榮救之得免執送都下付廷尉見原
起爲都官尚書轉侍中孝武宴朝賢暢亦在坐
何偃因醉子彊信奇才也與義宣作賊而卒
無忝苟非奇才安能致此暢曰太初之時誰其
閣帝曰何事相苦初尚之爲元凶司空及義師
至新林門人皆逃尚之父子共洗黃閣故暢以
此譏之孝建二年出爲會稽太守卒諡曰宣暢
愛弟輔臨終遺命貴輔合墳時議非之弟悅取

宋書傳六　十五　陳潤

有美稱歷侍中臨海王子頊前將軍長史南郡
太守晉安王子勛建僞號召拜爲吏部尚書與
鄧琬共輔僞政及事敗琬歸降復爲太子
中庶子後拜雍州刺史泰始六年明帝於巴郡
置三巴校尉以悅補之加持節輔師將軍領巴
郡太守未拜辛暢子浩官至義陽晉縣子太子左衛
議參軍浩弟淹黃門郎封廣晉王昶征北諮
率東陽太守逼郡吏燒臂照佛百姓有罪使禮
佛贖刑動至數千拜免官禁錮起爲光祿勳與

▲ 宋傳六

臣穆等案高氏小史趙倫之傳下有到彥之
傳而此書獨闕約之史法諸帝稱帝稱廟號而謂
魏爲虜令帝稱帝號魏稱魏主與南史體同
而傳末又無史臣論疑非約書然其辭差與
南史要故將存焉

十六

劉懷肅

臣沈　約　新撰

孟懷玉

　懷玉弟龍符

劉敬宣

檀祗

劉懷肅彭城人高祖從母兄也家世貧窶而躬
耕好學初為劉敬宣寧朔府司馬東征孫恩有
戰功又為龍驤司馬費令聞高祖起義襄縣來
奔京邑平定振武將軍道規追桓玄以懷肅為
司馬玄留何澹之郭銓等戍桑落洲進擊破之
頴川太守劉統平除高平太守玄旣死從子振
大破義軍於楊林義軍退尋陽懷肅與江夏
相張暢之攻澹之於西塞破之僞鎮東將軍馮該
戍夏口東岸孟山圖據曾山城相仙客守月壘
皆連壁相望懷肅與道規攻之躬擐甲冑陷二
城馮該走石城生擒仙客義熙元年正月振敗
走道規遣懷肅平石城斬馮該及其子山靖子

月神振復襲江陵荆州刺史司馬休之出奔懷
肅自雲杜馳赴日夜者行七日而至振勒兵三
萬旗幟蔽野躍馬橫矛躬自突陳流矢傷懷
肅領衆懼欲奔懷肅塡目奮戰士氣益壯於玄
幸爭先臨陳斬振首江陵旣平休之反鎮為
懷肅手曰微子之力吾無所歸矣僞輔國將軍為
符嗣馬孫僞龍驤將軍金符青樂等屯結軍
夏懷肅又討之梟樂志等道規加懷肅賀江夏
九郡權鎮夏口除通直郎仍為輔國將軍馬
歷陽二郡太守二年又領劉毅撫軍司馬軍郡
如故以義功封東興縣族食邑千戶其冬相石
綏司馬國瑶陳襲於胡桃山聚衆為寇懷肅率
步騎討破之江淮間羣蠻及桓氏餘黨為亂自
請出討旣行失旨殺士表免懷肅官三年卒時
年四十一追贈左將軍江夏內史謚卒子道存
嗣封官至江夏王義恭諮議參軍世祖伐元
凶義軍至新亭道存出奔元凶殺其母以徇前

廢帝景和中為義恭太宰從事中郎義恭敗以
黨與下獄死懷肅次弟懷敬澀訥無才能初
高祖産而皇姊孝皇帝分貧薄無由得乳人議
欲不舉高祖高祖從母生懷敬未朞乃斷懷敬
乳而自養高祖高祖必舊恩懷敬累見寵授至
會稽太守尚書金紫光祿大夫懷敬子眞道爲
錢唐令元嘉十三年東土饑上遣揚州治中從
事史沈演之巡行在所演之上表曰宰邑敷政必
以簡惠成能莅職闡治務以利民著績故王奐

見紀於前朱卿流稱於後竊見錢唐令劉眞道
餘杭令劉道錫皆奉公郵民恪勤匪懈百姓稱
詠訟訴希簡又翦蕩凶非屢能擒獲災水之
初餘杭高堤崩潰洪流迅激熱不可量道錫躬
先吏民親執扳築茶塘既還立縣邑獲全經歷諸
縣訪覈名實並為二邦之首最治民之良宰上
嘉之各賜穀千斛以眞道為步兵校尉十四年
出為梁南秦二州刺史十八年氐賊楊難當侵
寇漢中眞道率軍討破之而難當寇盜猶不已

太祖遣龍驤將軍裴方明率禁兵五千受眞道
節度十九年方明至武興率太子積弩將軍劉
康祖後軍參軍梁坦陳彌裴之安西參軍段
叔文魯尚期始與王國常侍劉僧秀綏遠將軍
馬洗振武將軍王奐之等進次漒谷去皇蘭數
里難當遣其建節將軍符弘祖啖元等固守皇
蘭鎮比將軍符德義於外為游軍難當子
軍大將軍和重兵繼其後方明進擊大破之於
濁水斬弘祖并三千餘級遣康祖追之過皐蘭

二千餘里和又遣德義祖戰康祖又大破之和退
保脩城難當遣建忠將軍楊林振威將軍姚憲
領二千騎就和方明又率諸將攻之和敗走追
至赤亭難當席卷奔叛方明遣康祖直趣百頃偽
丞相楊萬壽等一時歸降難當第二息虎先戍
陰平難當既走虎逃竄民間生禽之送京都斬
千建康市秦州刺史胡崇之西鎮百頃行至濁
水為索虜所邀擊敗沒以眞道為建威將軍雖
州刺史方明輔國將軍梁南秦二州刺史方明

辭不拜詔曰往秊氏豎楊難當造為叛亂傚首
者衆其長史楊萬壽高憲情不違順
屢進矢言及凶醜迫蹙境崩擾建忘將軍呂
訓衞倉儲以候王師蜜朝將軍姜檀果烈懇到
志在宣力濁水之捷厥庸顯然近者協贊義舊
乃心無替洛陽符昭誠係本朝亦同斯舉俘擒
偽將獨克武興推鋒致效隕命寇手並車箸屯
險感于予懷宜蒙旌敘榮慰存亡可贈萬壽龍
驤將軍昭武都太守憲補員外散騎侍郎訓駙

馬都尉奉朝請檀征西大將軍司馬仇池太守
宜並內徙可符離梁二州厚加贍邺呂訓略氏
人呂先子也又詔曰故晉壽太守姜道盛前討
仇池志翰誠力即戎箸效臨財能清近先登濁
水殞身鋒鏑誠節俱亮於悼于懷可贈給事中
賜錢千萬仇池斷割金銀諸雜寶伐又藏難當善
並坐破仇池諸古文尚書行於世貞道方明
馬下獄死劉康祖等繫免各有盬方明河東
為劉道濟振武中兵參軍立功蜀土歷頛川南

平昌太守皆坐贓私免官
孟懷玉平昌安丘人也高祖行河南尹祖淵
右光祿大夫父綽義旗後為給事中光祿勳追
贈金紫光祿大夫世居京口高祖東伐孫恩以
懷玉為建武司馬豫義旗從平京城進定京邑
以功封鄱陽縣族食邑千戶高祖鎮京口以懷
玉為鎮軍參軍下邳太守義喜三秊出為寧朔
將軍西陽太守新蔡內史除中書侍郎轉輔國
將軍領丹楊府兵戍石頭盧循逼京邑懷玉於

石頭岸連戰有功為中軍諮議參軍賊帥徐道
覆屢欲以精銳登岸畏懷玉不敢上及循南走
懷玉攻圍之身當矢石旬月乃陷仍南追循循
平又封陽豐縣男食邑二百五十戶復為太尉
咨議參軍征虜將軍八秊遷江州刺史尋督江
州豫州之西陽新蔡汝南潁川司州之松滋六
郡諸軍事南中郎將刺史如故時荊州刺史司
休之居上流有異志故授懷玉此任以防之十

年加持節十父難懷王有孝性因抱篤疾上表
陳解不許又自陳弟仙客出繼喪主唯巳乃見
聽未去任其年卒官時年三十一追贈平南將
軍子元卒無子國除懷玉別封陽豊男子慧熙
嗣坐廢祭祀奪爵慧熙巳宗嗣貢陵太守中大夫
龍符懷玉弟也驍果有膽氣幹力絕人少好游
俠結客於閭里早爲高祖所知旣克京城以龍
符爲建武參軍江乘羅落覆舟三戰立有功
參鎮軍軍事封平昌縣五等子加寧遠將軍

淮陵太守與劉藩向彌征相歆相石康破斬之
除建威將軍東海太守索虜斛蘭索度真侵
邊彭沛騷擾高祖遣龍符建威將軍道憐比
計一戰破之追斛蘭至光水溝邊被創奔走高
祖伐廣固以龍符爲車騎將軍加龍驤將軍廣
川太守統步騎爲前鋒軍達臨朐與賊爭水龍
符單騎衝突應羊破散即據水源賊遂退走龍
符乘勝奔逐後騎不及賊數千騎圍繞攻之龍
符奮稍接戰每一合輒殺數人衆寡不敵遂見

害時年三十三高祖深加痛悼追贈青州刺史
又表曰故龍驤將軍廣川太守孟龍符忠勇果
毅隕身王事宜蒙甄表以顯貞節聖恩嘉悼寵
贈方州龍符投袂義初殄索虜朝議賞爵未及
爲衆先及西剿桓歆北殄索虜臨朐之戰氣冠三軍
于時逆徒憑恃鮮弗客賊超奔所向
施行會今北代復統前旅臨胸之戰氣躍馬電躍三軍
摧鋒奮戈深入知死弗客續豫參濟不竊謂
大軍因勢方軌長驅考其庸續豫參濟不竊謂

宜班爵土以發勳烈乃追封臨沅縣男食邑五
百戶無子弟仙客以子微生嗣封太祖元嘉中
有辠奪爵徙廣州以微生弟彥祖子佛護龍爵
齊受禪國除荃武大明初諸流徙者悉聽還本
微生巳死子係祖歸京都有筋幹異力能擔負
數人入隸羽林爲殿中將軍二秊索虜寇青冀
世祖遣軍援之係祖自占求行戰於杜梁被
入陳所殺狼籍遂見殺詔書追贈潁川郡太守
劉敬宣字萬壽彭城人漢楚元王交後也祖建

征虜將軍父牢之鎮北將軍敬宣八歲喪母畫
夜號泣中表異之輔國將軍桓序鎮北無胡牢之
參序軍事西月八日敬宣見眾人灌佛乃下頭上
金鏡以為毋灌因悲泣不自勝序歎息謂牢之
曰卿此見既為家之孝子必為國之忠臣起家
為王恭前軍參軍又參會稽世子元顯征虜軍
事隆安二年王恭起兵於京口以誅司馬尚之兄
弟為名牢之時為恭前軍司馬輔國將軍晉
陵太守置佐領兵而恭以家戚自居甚相陵忽

牢之心不能平及恭此舉使牢之為前鋒太傳
會稽王道子與牢之書備言禍福使以兵反恭
牢之呼敬宣謂曰王恭昔恃家先帝殊恩今居伯
舅之重義心未彰唯兵是縱吾不能審恭專捷
之日必能奉戴天子緝穆宰相與不今欲奉國
威靈以明逆順汝以為何如敬宣曰朝廷雖無成
康之隆未有柜靈之亂而恭結亂阻兵志陵京
邑大人與恭親無骨肉分非若臣雖共事少時
意好不愜今日討之於情何有牢之至竹里斬

恭大將軍顏延遣敬宣率高雅之等還京龍恭恭
方出城耀軍馳騎橫擊之一時散潰元顯進號
後將軍以敬宣為諮議參軍加寧朔將軍三年
孫恩為亂東土騷擾牢之自表東討軍次虎曠
賊皆死戰敬宣請以騎傍南山趣其後吳賊畏
馬又懼遷後軍從事中郎五年孫恩又入浹口高祖
太守遷後軍從事中郎五年孫恩進平會稽尋加臨淮
成句章賊從事不能拔敬宣請往為援賊遂於
是退遠入海是時四方雲擾朝廷微弱敬宣每

慮艱難未已高祖既破妖賊功名日盛故敬
宣深相憑結情好甚隆元顯進號驃騎敬宣仍
隨府轉軍郡如故元顯驕姪縱肆羣下化之敬
宣每預燕會未嘗飲酒調戲之來無所酬笞元
顯甚不說尋進號輔國將軍餘如故元興元年
牢之南討桓玄顯為征討軍大都督日夜昏酣
牢之驟詣門不得相見帝出餞行方遇公坐而已
桓玄既至溧洲道信說牢之牢之以道子昏闇元
顯淫凶慮平立之日亂政方始假手於玄誅除執

政然後乘玄之隙可以得志於天下將許玄降

敬宣諫曰方今國家亂禍四海鼎沸天下之重

在大人與玄籍先父之基據荊南之勢雖無

姦文之德實為參分之形一朝縱之使陵朝廷

威武既成則難圖也董卓之變將生於今牢之

怒曰吾豈不知今日取玄如反覆手但平玄之

後令我那驃騎何遺敬宣為任玄扳為其府諮

議參軍玄既得志害元顯廢道子以牢之為征

東將軍會稽太守牢之與敬宣謀共襲玄期以

明旦值尒日大霧府門晚開日旰宣不至牢

之謂所謀已泄率部曲向白洲欲奔廣陵而敬

宣還京口迎家牢之尋求不得謂已為玄所擒

乃自縊死敬宣奔喪畢即渡江就司馬休之

高雅之等祖奔洛陽往來長安各以子弟為質

求救於姚興興與之符信令關東募兵得數千

人復還至彭城間收聚義故玄遺孫無終討異

州刺史劉軌軌要敬宣雅之等共據山陽破之

不剋又進昌平澗戰不利眾各離散乃俱奔鮮

甲慕容德敬宣素曉天文知必有興復晉室者

桑梓之土服之既覺喜曰尒者相也桓既吞矣

吾復本土乎乃結青州大姓諸省封并要鮮甲

大帥免達謀滅德推休之為主剋日垂發時劉

軌為德司空大被委任雅之為欲要軌敬宣曰

此公年老吾觀其有安齊志必不動不可告也

雅之以為不然遂告軌軌果不從謀頗泄相與

殺軌而去至淮泗間會高祖平京口手書召敬

宣左右疑其詐敬宣曰吾固知其然矣天下邪不

誘我也即便馳還既至京師以敬宣為輔國將

軍晉陵太守龍驤封武岡縣男是歲安帝元興三

年也相歆率氏賊揚秋寇歷陽敬宣與建威將

軍諸葛長民大破之散單騎走渡淮斬楊秋於

練固而還遷冠威將軍江州刺史敬宣固爵言

於高祖曰讎恥既雪四海清蕩所願反身草澤

以終餘年恩遇不遺遂復徇俛即月所忝忝巳為

優渥且盤龍無恙猶未遇寵賢二弟位在尚甲

一朝先之必貽朝野之責不許敬宣既至江州

課集軍糧搜召舟乘軍戎要用常有儲擬故西
征諸軍雖失利退據因之每即振復其年相玄
兄子亮自號江州刺史寇豫章亮又遣符宏寇
廬陵敬宣竝討破之初劉毅之少也爲敬宣寧
朔參軍時人或以雄傑許之敬宣曰人非常之
士當別有調度竟得便謂此君爲人豪邪其性
外寬而內已忌自代而尚人若一旦遭逢亦當以
陵上取禍耳毅聞之深以爲恨及在江陵知敬
宣還乃使人言於高祖曰劉敬宣父子忠國旣
昧今又不豫義始猛將勞臣方須叙報如敬宣
之比宣令在後若使君不忘平生欲相申起者
論資語事正可爲貟外常侍耳聞已授其郡實
爲過優尋知復爲江州九所駭慌敬宣愈不自
安安帝反正自表解職於是散微賜帛宇月
給錢三十萬高數引與游宴恩款周洽所賜
錢帛車馬及器服玩好莫與比焉尋除冠軍將
軍宣城內史襄城太守宣城多山縣郡舊立屯
以供府郡費用前人多發調工巧造作器物敬

宣到郡悉罷私屯唯伐竹木治府舍而已比叛
多首出遂得三千餘戶高祖方大寵任欲先
令立功義熙三季表遣敬宣率衆五千伐蜀國
子博士周祗書諫高祖曰自義旗之建所征無
不必克此可謂天人交助信順之徵也今大難
已夷君臣俱泰頃五穀轉豐民無饑苦劫盜之
患亦爲弭息此誠漸足無事宜大寧治本蜀賊
宣平六合宜一非爲不爾也古人有言天時不
如地利地利不如人和今往伐蜀有餘里近
流天險動經時歲若此軍直指成都徑禽譙氏
者復是將帥奮威一快之舉耳戡益土荒殘野
無青草成都之內殆無孑遺計得彼利與令行
軍之費不足相補也而今往艱險雨雪方降驅
三州三吳之人投之三巴三蜀之土其中疾病
死亡豈可稱計此一疑也賊必不守窮城將決
力戰令我徃勞困彼來甚逸若忽使師行不利
人情波駭大勢挫衄此二疑也且千里饋糧士
有饑色況今泝險萬里所在無儲若兵不解運

漕不繼雖韓白之將何以成功此三疑也今云
可征者云彼親離衆叛愚謂不然彼以一四夫
而能致今日之事若衆力離散亦何以至此官
所遣兵皆鳥合受募之人亦必無千人一心有
前無遺矣為治者固先定其內而理其外先安
其近而懷其遠自頃狂校不息誅戮相繼未可
謂人和也天險如彼未可謂地利也毛脩之家
讎不雪不應以得死為限劉敬宣蒙生存之恩
亦宜性命仰報今將軍欲驅二死之甘心而忘
國家之重計愚情竊所未安闕門之外非所宜
豫苟其有心不覺披盡不從假敬宣節監征蜀
諸軍事郡如故既入陝分遣振武將軍巴東太
守溫祚以二千人揚聲外水自率益州刺史鮑
而進敬宣率先士卒轉戰而削達遂寧郡之黃
虎去成都五百里偏輔國將軍譙道福等悉
衆距險相持六十餘日大小十餘戰賊固守不
敢出敬宣不得進食糧盡軍中多疾疫死者太

半引軍還誰縱送毛璩一門諸喪其妻女文處
茂母何并諸士人喪柩浮之中流敬宣皆拯接
致歸為有司所奏免官削封三分之一五年高
祖伐鮮卑除中軍諮議參軍加冠軍將軍從至
臨朐莫容超出軍距戰敬宣與兗州刺史劉藩
等奮戟大破之龍驤將軍孟龍符戰沒敬宣分
領其衆圍廣固屢獻規略盧循過京師敬宣并
領鮮甲虎班突騎置陣甚整循等望而畏之遷
使持節督馬頭淮西諸軍事郡鎮蠻護軍淮南
安豐二郡太守梁國內史將軍如故循既走仍
從高祖南討轉左衛將軍加散騎常侍敬宣寬
厚善待士多伎藝弓馬音律無事不善時尚書
僕射謝混目負才地少所許納與敬宣相遇便
盡禮著歡或問混曰卿未嘗輕交於人而傾蓋
於萬壽何也混曰人之相知豈有非之者邪初敬宣回
文舉禮太史子義夫豈有非之者邪初敬宣回
師於蜀劉毅欲以重法繩之高祖既相任待又
何無忌明言於毅謂不宜以私憾傷至公若必

文致爲戲已當入朝以廷議決之毅雖止猶謂
高祖曰夫生平之舊豈可孤信光武悔之於龐
萌曹公失之於孟卓公宜深慮之毅出爲荊州
謂敬宣曰吾亦忝西任欲屈卿爲長史南譙豈有
見老兄平安必無過慮出爲使持節督北青州
領冀州刺史時高祖西討劉毅豫州刺史諸葛
軍郡事征虜將軍貽敬宣書曰般龍狼戾專恣
長民監太尉軍事

宋書傳七 〔十七〕 吳文

自取夷滅異端將盡世路方夷富貴之事相與
恭之敬宣報曰下官自義熙以來首尾十載遂
忝三州七郡今此杖節常懼福過禍生宵思避
盈居損言憲貴之旨非所敢當遣使呈長民書高
祖謂王誕曰阿壽故爲不負我也十一年正月
進號右將軍司馬道賜以來
敬宣參軍至高祖西征司馬休之道賜乃陰結
同府辟闈道秀及左右小將王猛子等謀反道
賜自號齊王以道秀爲青州刺史規據廣固圖戰

兵應休之敬宣召道秀有所論因屏人左右悉
出戶猛子遂巡在後取敬宣備身刀殺敬宣時
年四十五文武佐吏即討道賜猛子等皆斬之
先是敬宣未死嘗夜與僚佐宴集空中有放一
雙芒屩於坐中壁敬宣食槃上長三尺五寸已
經人箸耳鼻間並欲壞頃之而敗喪至高祖臨
哭甚哀子祖嗣宋受禪國除
檀祗字恭叔高平金鄉人左將軍歆第二弟也

宋書列傳七 〔十八〕 三五

少爲孫無終輔國參軍隨無終東征孫恩屬有
戰功復爲王誕龍驤參軍從高祖克京城參建
武軍事至羅落檀馮之戰沒之後仍以馮之所
領兵配祗京邑既平參鎮軍事加振武將軍隸
振武大將軍道規追討桓玄每戰克捷江陵平
定道規遣祗征涢洑以命桓道兒張靖符嗣等
皆悉平之除龍驤將軍秦郡太守北陳留內史
又爲寧朔將軍竟陵太守不拜破桓亮於長沙
符宏於湘東武陵內史庾悅疾病道規以祗代
悅加寧朔將軍封西昌縣疾食邑子戶五千入

爲中書侍郎盧循逼京邑加輔國將軍領兵屯
西明門外循退走祗率所領步道接江陵未發
遇疾停八年遷右衞將軍出爲輔國將軍宣城
內史即本號督江北淮南軍郡事青州刺史廣
陵相進號征虜將軍加節十年亡命司馬國璠
兄弟自北徐州界聚衆數百潛得過淮因天夜
陰闇率百許人緣廣陵城得入叫喚直上聽事
祗驚起出門將麾左右賊射之傷敗乃入祗語左
右賊乘闇得入欲掩我不備但打五鼓懼曉必
走矣賊聞鼓鳴謂爲曉然是奔散追討殺百餘
人祗降號建武將軍十一年進號右衞將軍十
二年高祖北伐而亡命司馬寇涂（作除）中泰郡太守
劉基求救分軍掩討即破斬之十四年宋國初
建天子詔曰宋國始立內外草創禁旅宜嚴常
司領千右將軍祗可爲宋領軍將軍加散騎常
侍祗性矜豪樂在外放恣不願內還甚不得志
發疾不自治其年卒廣陵時年五十一贈散騎
常侍撫軍將軍謚曰威廣子獻嗣元熙中卒無

子祗次子剛紹封即卒子宣明嗣宣明卒子逸
嗣齊受禪國除
史臣曰劉敬宣與高祖恩結龍潛義分草合雖
興復之始事關逢迎而深期父要未之或窺簪
赫六任義止於人存飾終之數無聞於身後恩禮
之有厚薄者將有以乎

列傳第七

宋書四十七

朱齡石　齡石弟超石

毛脩之

傅弘之

目　沈　約　　新撰

朱齡石字伯兒沛郡沛人世家將帥祖騰建
威將軍吳國內史伯父憲及斌並為西中郎袤
真將佐憲為梁國內史斌為汝南內史大司馬
桓溫伐真於壽陽真以憲兄弟與溫潛通並殺
之齡石父綽逃走歸溫攻戰常居先不避矢石
壽陽平真已死綽輒發棺戮尸溫怒將斬之溫
弟沖苦請得免綽為人忠烈受沖更生之恩事
沖如父參沖車騎軍事西陽廣平太守及沖薨
綽歐血死沖諸子遇齡石如兄弟齡石少好武
事頗輕佻不治崖檢舅淮南將軍令憺少齡
石使舅卧於聽事一頭剌紙方一寸帖等舅枕
自以刀子縣擲之相去八九尺百擲百中舅雖
危懼戰慄為其齡石終不敢動舅頭有大瘤齡

■宋書傳八　　　五

■宋書傳八　　　一

右伺舅眼密徃割之舅即死初為殷中將軍常
進隨桓脩脩兄弟為脩撫軍參軍在京口高祖克
京城以為建武參軍從至江乘戰齡石言於高
祖曰世受桓氏厚恩不容以兵刃相向乞在軍
後高祖義而許之事定以鎮軍參軍遷武康令
加寧遠將軍喪亂之後武康人姚係祖招聚亡
命專為刦盜所居險阻郡縣畏憚不能討齡石
至縣僞與係祖親厚召為參軍係祖恃其兄弟
徒黨彊盛謂齡石必不敢圖己乃出應召齡石
潛結腹心知其屈曲塗徑乃要係祖宴會齁叱左
右斬之乃率吏人馳至其家捧其不備莫有得舉
手者悉斬係祖兄弟殺數十人自是一郡得清
高祖又召為參軍補徐州主簿遷尚書都官郎
尋復為參軍從征鮮卑坐事免官廣固平復為
參軍盧循至石頭領中軍鮮卑步稍過淮擊之
人士南岸高祖遣齡石領鮮卑步稍數千
率屬將吏昏殊死戰殺數百人賊乃退齡石既
有武幹又練吏職高祖甚親委之盧循平以為

■宋書傳八　　　二

寧遠將軍寧蠻護軍西陽太守義熙八季高祖
西伐劉毅齡石從至江陵九季遣諸軍伐蜀令
齡石為元帥以為建威將軍益州刺史率寧朔
將軍臧熹河間太守蒯恩下邳太守劉鐘龍驤
將軍朱林等凡二萬人發自江陵尋加節益州
諸軍事初高祖與齡石密謀進取曰劉敬宣往
季出黃虎無功而返賊謂我今應從外水而
料我當出其不意猶從內水來也如此必以重
兵守涪城以備內道若向黃虎正陷其計今以
大眾自外水取成都疑兵出內水此制敵之奇
也而慮此聲先馳賊審虛實別有函書全封齡
石署函邊曰至白帝乃開諸軍雖進未知處分
所由至白帝發書曰眾軍悉從外水取成都臧
熹朱林於中水取廣漢使羸弱乘高艦十餘由
內水向黃虎齡石軍乃倍道兼行譙縱果備內
水使其大將譙道福以重兵戍涪城遣其前將軍
秦州刺史侯暉眾萬餘屯彭模夾水為城十季六月齡石至彭

模諸將以賊水北城險阻眾多咸欲先攻其南齡
石曰不然雖寇在北今屯南城不足以破北若盡
銳以拔北壘南城不麾而自散也七月齡石率劉
鍾蒯恩等攻城詰朝戰至日昃焚其樓櫓四面
竝登斬侯暉譙詵仍回軍以麾南城即時散潰
凡斬大將十五級諸營守以次土崩眾軍乃舍
船步進龍驤將軍臧熹至廣漢病卒朱林至廣
漢復破譙道福別軍乘船陷牛脾城斬其大將
譙撫譙縱聞諸處盡敗奔于涪城巴西人王志
斬送偽尚書令馬耽封府庫以待王師道福聞
彭模不守率精銳五千兼行來赴聞縱巳走道
福眾亦散乃逃于獠中巴西民杜瑤縛送之斬
于軍門桓謙弟恬隨謙入蜀爲寧蜀太守至是
亦斬焉爲高祖之伐蜀也將謀元帥而難其人乃
舉齡石眾咸謂自古平蜀皆雄傑重將齡石資
名尚輕慮不辦克諫者甚眾高祖不從乃分大
軍之半猛將勁卒悉以配之臧熹敬皇后弟咸
服高祖之知人又美齡石之善於其事齡石道司

馬沈叔任戍涪蜀人族産德作亂攻涪城叔任擊
破之斬産德初齡石平蜀所戮止縱一祖之後産
德事起多所連結乃窮加誅剪死者甚衆進號
輔國將軍尋進監益州巴西梓潼宕渠南漢中
泰州之安固懷寧六郡諸軍事以平蜀功封豐
城縣疾食邑千戶十一年徵爲太尉諮議參軍
加冠軍將軍十二年比伐遷左將軍本號如故
配以兵力守衛殿省劉穆之甚加信仗內外諸
事皆與謀焉高祖還彭城以齡石爲相國右司

馬十四年安西將軍桂陽公義眞被徵以齡石
持節督關中諸軍事右將軍雍州刺史敕齡石
若關右必不可守可與義眞俱歸齡石亦舉城
奔走龍驤將軍王敬先戍曹公壘齡石自潼關
率餘衆就敬先虜斷其水道衆渴不能戰城陷
虜執齡石及敬先還長安見殺時年四十子景
符嗣景符卒子祖宣嗣坐輒之封八年不反及
一不分姑國秩奪爵更以祖宣弟隆紹封齊受禪
國除齡石弟超石亦果銳善騎乘雖出自將家

兄弟並闢尺牘桓謙爲衛將軍以補行參軍文
參何無忌輔國右軍軍事徐道覆破無忌得超
石以爲家軍至石頭超石說其同舟人乘單舸
走歸高祖高祖甚喜之以爲徐州王簿超石收
迎桓謙身首瘞殯葬遷車騎將軍沛郡太守書
西代劉毅使超石率步騎出江陵未至而毅平
都官郎尋復補中兵參軍寧朔將軍沛郡太守
軍出大簿賣宗之開超石且至自率軍逆之未
及討司馬休之遣冠軍將軍檀道濟又超石步

戰而江陵平從至襄陽領新野太守追宗之至
南陽而還義熙十二年比伐超石前鋒入河索
虜托跋嗣姚興之壻也遣弟黃門郎我豐冀州
刺史阿薄干步騎十萬屯河北常有數千騎緣
刺史安平公乙旃眷襄州刺史托跋道生青州
河隨大軍進止時軍人緣河南岸牽百丈河流
迅急有漂渡北岸者輒爲虜所殺略遣軍裁過
岸虜便退走軍還即復東來高祖乃遣白直隊
主丁旿率七百人及車百乘於河北岸上去水

百餘步為卻月陣兩頭抱河車置七伏士事畢
使堅一白毦虜見數百人步牽車上不解其意
竝未動高祖先命超石馳往赴之并齎大弩百
張一車益二十人設彭排於轅上虜見營陣既
立乃進圍營超石先以軟弓小箭射虜虜見眾
少兵弱四面俱至嗣又遣南平公托跋嵩三萬
騎至遂肉薄攻營於是百弩俱發又選善射者
叢箭射之虜眾既多不能制超石初行別齎大
鎚并千餘張稍乃斷稍長三四尺以鎚鎚之一稍
輒洞貫三四虜虜退還平城超石率胡蕃劉榮祖等
阿薄千首虜衆不能當一時奔潰臨陣斬
走高祖又遣振武將軍徐猗之五千人向越騎城
追之復為虜所圍奮擊盡日殺虜千計虜乃退
虜圍猗之以長戰結陣超石赴之未至悉奔走
大軍進克蒲坂以超石為河東太守成守之賊
以超石衆少復還攻城超石戰敗退走數日乃及
大軍高祖自長安還超石常令人水道至彭
城除中書侍郎封興平縣五等矦關中擾亂高

祖遣超石慰勞河洛始至蒲坂值齡石自長安
東走至曹公壘超石鄰河就之與齡石俱沒為
佛佛所殺時年三十七

毛脩之字敬文滎陽武人也祖虎生伯父璩並
益州刺史父瑾滎陽二州刺史脩之有大意顧
讀史籍仍為玄佐歷後軍太尉相國參軍桓玄
克荊州刺史殺仲堪以為寧遠參軍隨
律能騎射玄甚遇之及篡位以為屯騎校尉隨
玄西奔玄敗於崢嶸洲復還江陵人情離散欲
西奔漢川脩之誘令入蜀馬遷斬玄於枚回洲
脩之力也晉安帝反正於江陵除驍騎將軍下
至京師高祖以為鎮軍諮議參軍加寧朔將軍
旬月遷右將軍既有斬玄之謀又伯父並為譙縱
高祖欲引為外助故頻加策爵及父瑾為譙土
所殺益州刺史表為龍驤將軍及父處茂時延祖等赴
又遣益州刺史司馬榮期為參軍楊承祖所殺承
西討脩之至宕渠榮期為參軍楊承祖所殺承
祖自稱鎮軍將軍巴州刺史脩之退還白帝承

祖自下攻之不拔脩之使參軍嚴綱等收合兵衆

漢嘉太守馮遷率兵來會討承祖斬之時文處

茂猶在巴郡脩之遣振武將軍張季仁五百兵

係茂等受脩之節度脩之遣原道寸之與季仁俱

進時益州刺史鮑陋不肯進討脩之遺原道寸之

臣聞在生所以重生實有生理可保臣之情地生

途已竭所以未渝於泉壤借命於朝露者以日

月貞照有兼映之輝庶憑天威誅夷醜逆自提

戈西赴備嘗時難遂使齊斧停柯狡竪假息誠

由經路有曁亦緣制不自已撫影窮號泣望西

雖効死寇庭而理絕救援是以束骸載馳訴寃

帝以俟廟略可乘之機宜踐投袂之會屬慈臣

路益州刺史陋始以四月二十九日達巴東頓白

國尉有臣門節冠風霜人所矜悼伍員不厭君義

象魏昔宋害申丹楚有遺履之憤況忘家殉

而申包不忘國難侯會佇鋒因時乃發今臣庸

在昔未蒙宵邁之旗是以仰辰極以希照眷西

縱由此送脩之父伯及中表喪口累泣得俱還

盧循遍京邑脩之服未除起為輔國將軍尋

加宣城內史官敕西鎮江陵以為衞軍司

循走劉毅將軍內史官敕後軍司馬坐長置

吏僮免將軍南郡太守脩之雖為毅將佐而深

馬輔國將軍討毅先遣王鎮惡襲江陵脩之

自結高祖參軍任集之等立力戰高祖宥之時遣

與諮議參軍高祖討毅有之至蜀必

朱齡石代蜀脩之固求行高祖慮脩之

士以灑淚也公私懷恥仰聖洪恩豈宜遂竄名器比

肩人伍求情既所不容即實又非所縻但以方杖

威靈要須綜攝乞解金紫寵私之榮賜以鷹揚

折衝之號之於臣涉道情應以攄莫大之羞然後就

卒身馳賊庭手斬凶醜以於

荒越疢毒交纏常慮性命隕越當躬先士

死之日即化歸閨門靈襄豈不謝先帝於玄

官高祖哀其情事乃命冠軍將軍劉敬宣章文

處茂時延祖諸軍伐蜀軍次黃虎無功而退譙

多所誅殘土人既與毛氏有嫌亦當以死自固故
不許還都除黃門侍郎復為右衞將軍脩之不
信鬼神所至必焚除房廟時蔣山廟中有佳牛
好馬脩之並奪取之高祖討司馬休之以為諮
議參軍冠軍將軍領南郡相高祖將伐羗先遣
脩之復芍陂起田數千頃及至彭城又使營立
府舍合轉相國右司馬將軍如故時洛陽已平即
本號為河南河內二郡太守行西州事戍洛陽
脩之治城壘至安帝行善之賜衣服玩好當
時計直二千萬先是劉敬宣女嫁高祖賜錢三
百萬雜綵千四時人並以為厚賜王鎮惡死脩
之代為安西司馬將軍如故值桂陽公義真已
發長安安為佛虜虜所邀軍敗脩之與義真相失
走將免矣始登一岅岅甚高峻右衞將軍人叛走
岅遂為佛佛所擒佛死其子赫連昌為索虜
已上岅嘗為脩之所罰者以戟擲之傷領因墜
托跋燾為脩之所獲脩之并沒初脩之在洛敬事嵩高
山寇道士道以為羗所信敬嘗護之故得不死

遷于平城脩之嘗為羗姜以薦虜虜尚書吏尚書以
為絕味獻之於羗羗大喜以脩之為太官令稍
被親寵遂為尚書光祿大夫南郡公太官令尚
書如故其後朱脩之沒虜虜亦為羗所寵脩之相
得甚歡脩之問南國當權者為誰朱脩之答云
殷景仁脩之笑曰吾昔在南殷尚幼少我得歸罪
之日便應中講到門邪經年不忍問家消息父之
時人所稱脩之具答并云賢子元矯甚能自處為
乃訊訪脩之悲不得言直視良久乃長歎曰嗚
呼自此一不復反初荒人去來言脩之勸誘羗侵
邊并教羗以中國禮制太祖甚疑責之脩之後
得還具相申理上意乃釋脩之在虜中多畜妻
妾男女甚多元嘉二十三年死於虜中時年七
十二元矯歷宛陵江乘溧陽令
傅弘之字仲度北地泥陽人傅氏舊屬靈州漢
末郡境為虜所侵失土寄寓馮翊置泥陽富平
二縣靈州廢不立故傅氏悉屬泥陽晉武帝太
康三年復立靈州縣傅氏還屬靈州弘之高祖

晉司徒袛後封靈州公不欲封本縣故袛一門還
復泥陽曾祖暢祕書承沒胡生子洪晉穆帝求
和中胡亂得還洪生詔梁州刺史散騎常侍詔
生弘之少倜儻有大志為本州主簿舉秀才不
行桓玄將纂新野人庾仄起兵於南陽襲雍州
刺史馬該該走弘之時在江陵與仄兄子彬謀殺
荊州刺史桓石康以荊州刺史應仄彬從弟宏知
其謀以告石康石康收彬殺之繫弘之於獄桓
玄以弘之非造謀又白衣無兵衆原不罪義旗

建輔國將軍道規以為咨軍參遠將軍魏興太
守盧循作亂桓石綏自洛甲口自號荊州刺史徵
陽令王天恩自號梁州刺史襲西城時詔荊州刺史徵
征司馬休之署後部職仍為建威將軍順陽
州遣弘之討石綏等立斬之除太尉行參軍從
自武關入為上洛太守身脫走進據藍田招懷
戎吾氐人龐斌之戴養胡人康橫等各率部落
歸化弘之素善騎來高祖至長安弘之於姚弘

馳道內緩服戲馬或馳或驟往反二十里中甚
有姿制羌胡聚觀者數千人並驚惋歎息初上
馬以馬鞭柄策致兩股內及下馬柄孔猶存
進為桂陽公義員雍州治中從事史除西戎司
馬寧朔將軍略陽太守徐師高反弘之討平
之高祖歸後佛佛偽太子赫連璝率衆三萬襲
長安弘之又領步騎五千於池陽大破之殺傷
甚衆璝又抄掠渭南弘之又於寡婦人渡破璝
獲賊三百掠七千餘口又義員東歸佛佛傾國

追躡於青泥大戰弘之身貫甲胄氣冠三軍軍
敗陷沒佛佛逼令降弘之不為屈時天寒裸弘
之弘之叱罵見殺時年四十二
史臣曰三代之隆斅服有品東衡西被無遺邇
荒及漢氏闢土通譯四方風教浸深優劣已速
晉室播遷漢氏闢土通譯四方風教阻隴汧遐荒區甸分
其內外山河判其表裏羌戎雜合父絕聲教
固宜待以荒服羈縻而已也若其懷道畏威奉
王受職則通以書軌班以王規若負其岨遠屈

彊邊垂則岠險閉關禦其寇暴桓溫一世英人
志移晉鼎自非兵屈西湖戰衄枋頭則光宅之
運中奉允集高祖無周世累年之基欲力征以
君四海實須外積功以收天下人望止欲挂
於龍門折衝冀趙跨功桓氏取高咨人地未闢
於東晉威獨振於江南然後可以變國情愿民
志撫歸運而膺寶策豈不知秦川不足供養
百二難以傳後哉至舉咸陽而棄之非失筭也
此四將藉歸衆難固之情已至於俱陷爲不幸

宋書四十九

臣沈約奉勑撰

孫處
朔恩
劉鍾
虞丘進

孫處字季高會稽永興人也籍注季高故字行
於世少任氣高祖東征孫恩季高義樂隨高祖
平定京邑以為振武將軍封新夷縣五等侯廣

固之役先登有功盧循之難於石頭扞柵成越
城查浦破賊於新亭高祖謂季高曰此賊行破
應先傾其巢窟令喬禿之日無所歸投非卿莫
能濟事遣季高率眾三千汎海襲番禺初賊不
以海道為防季高至東衝去城十餘里城內猶
未知循守戰土猶有數千人城池甚固季高先
焚舟艦悉力登岸會天大霧四面陵城即日克
接循父擬長史孫建之司馬虞丘夫等輕舟奔
始興即分遣振武將軍沈田子等討平始興南

二百四十五 宋書列傳九 一

康臨賀始安嶺表諸郡循於左里奔禿而衆力
猶盛自嶺道還襲廣州季高距戰二十餘日循
乃破走所殺萬餘人追奔至鬱林會季高病不得窮循
討循遂得禿向交州義熙七年四月季高卒於
晉康時本五十三追贈龍驤將軍南海太守封
侯官縣矦食邑千戶九季高念季高之功乃
所招合餘燼猶能為虞縣師遠討方勤廟算而
循稔惡一紀據有全成若令根本未拔投奔有
表曰孫季高嶺南之勳已蒙褒贈臣愚惟盧
逐奄定南海覆其巢窟使循進邊靡依輕舟遠
进曾不旬月妖凶殄滅殄滌之功實庸為大往
奉所贈猶為未優愚謂宜更贈一州即其本號
廢令忠敷不湮勞臣增厲重贈交州刺史將軍
如故子宗世卒子欽公嗣欽公卒子彥祖嗣齊
受禪國除

朔恩字道恩蘭陵承人也高祖征孫恩縣嬖為
征民充乙士使伐馬朔恩常負大束兼倍餘人

三百十五 宋書列傳九 二

每捨廌於地歎曰大丈夫綟弖弓三石奈何充馬
士高祖聞之即給器伏恩大喜自征妖賊常為
先登多斬首級旣習戰陣臨力過人誠忠謹為
未嘗有過失甚見愛信於妻縣戰箭中左目
從平京城進定京邑以寧遠將軍領幢隨振武
將軍道規西討虜桓仙客克偃月壘遂平江
陵義熙二年賊張堅據應城及恩擊破之封都
鄉矦從伐廣固又有戰功盧循逼京邑恩戰于
查浦賊退走與王仲德等追破循別將范宗民
於南陵循旣走還廣州恩又領千餘人隨劉藩
追徐道覆於始興斬之遷龍驤將軍蘭陵太守
高祖西征劉毅恩與王鎮惡輕軍龍襲江陵事在
鎮惡傳以本官為太尉長兼行參軍領眾二千
隨益州刺史朱齡石伐蜀至彭模恩所領居前
大戰自朝至日昃勇氣益奮賊破走進平成都
擢為行參軍改封北至縣五等男高祖代司馬
休之及魯宗之恩與建威將軍徐逵之前進遼
之敗沒恩陳于隄下宗之子軌乘勝擊恩矢下

如兩呼聲震地恩整厲將士置陣堅嚴軌屢衝
之不動知不可攻乃退高祖善其能將軍持重江
陵平定復追魯軌於石城軌棄城走恩追至襄
陽宗之奔羌恩與諸將追討至魯陽關乃還
恩自從征討每有危急輒率先諸將常陷堅破
陣不避艱嶮凡百餘戰身被重瘡高祖錄其前
後功勞封新寧縣男食邑五百戶高祖府轉中
征虜將軍恩以大府佐領中兵參軍隨府轉中
兵參軍高祖北伐留恩侍衛世子命朝士與之
交恩益自謙損與人語常呼位官而自稱為鄙
人撫待士卒甚有紀綱眾咸親附之遷諮議參
軍轉輔國將軍淮陵太守世子開府又為從事
中郎轉司馬將軍太守如故入關迎桂陽公義
真義真還至青泥為佛佛虜所追恩斷後力
戰連日義真與前軍奔散恩軍人亦盡為虜所
執死於虜中子國才嗣國才卒子慧度嗣慧
度卒無子國除
慶卒無子國除
劉鍾字世之彭城彭城人也少孤依鄉人中山

06-829

太守劉回共吾幼有志力常慷慨於貧賤隆安
四年高祖伐孫恩鍾顧從餘姚浹口攻句章海
鹽婁縣皆摧堅陷陣每有戰功爲劉牢之鎮北
參軍督護高祖每事鍾不辭艱劇專心
盡力甚見愛信義旗將建高祖版鍾爲郡主簿
人赴通戰皆捷明日相謙屯于東陵下範之屯
左右見義者並可依劉主簿於是立爲義隊恒在
覆舟山西高祖疑賊有伏兵顧視左右正見鍾
謂之曰此山下當有伏兵卿可率部下稍往撲

之鍾應聲馳進果有伏兵數百一時奔走柏玄
西奔其夕高祖止柏謙故營遣鍾宿據東府
轉鎮軍參軍督護歷陽遣鍾助豫州
刺史魏詠之討之歆即奔迸除南齊國內史封
安縣五等疾自陳情事改葬父祖及親屬十喪
高祖厚加資給轉騎長史兼行參軍司馬叔璠
與彭城劉諶劉懷王等自蕃城攻鄉山魯郡太
守徐邕失守鍾率軍討平之從征廣固孟龍符

陷沒鍾率軍左直入取其尸而反除振武將軍
中兵參軍代龍符領廣川太守盧循逼迫京邑徐
赤軍違處分敗于南岸鍾率麾下拒柵身被重
創賊不得入循南走鍾與輔國將軍王仲德夾
之循先留別帥范宗民以精兵高祖舸鍾因率
左右艦攻尸賊民崇民據閤戶拒之鍾乃徐還與仲德隨
屯兩岸鍾自行覘賊天霧賊鉤得其舸船乘入寧
攻崇民崇民敗奔鍾追討百里燒其船乃入寧
劉藩追徐道覆於始興斬之補太尉行參軍率

朔將軍下邳太守代孟懷玉領石頭戍事高祖
討劉毅鍾率軍繼王鎮惡江陵平定仍隨朱齡
石伐蜀鍾爲前鋒由外水至于彭模去成都二百
里僞冠軍征討督護襲充等兩岸連營曾樓重
柵衆號三萬鍾于時脚疾不能行齡石乃詣鍾
謀曰今天時盛熱而賊嚴兵固險攻之未可
拔祗增疲困計其人情悁撓必不久安且欲養
銳息兵以伺其隙而乘之乃可捷事猋決機
兩陳公本有所委卿意謂何鍾曰不然前揚聲

言大衆向内水護道福不敢舍涪城令重軍卒
至出其不意蜀人已破膽矣賊今阻兵守險是
其懼不敢戰非能持久堅守也因其黨懼盡銳
攻之其勢必克鼓行而進成都必不能守矣今
若緩兵相守彼將知人虚實涪軍忽来并力距
我人情既安良將又集此求戰不獲軍食無資
斷其大將羸輝諏誑迎平成都以廣固功封永
新縣男食邑五百戶遷給事中太尉參軍事龍

驤將軍高陽内史領石頭戍事高祖討司馬休
之前軍將軍道憐距鎮東府領屯兵冶亭羣盜
數百夜襲鍾壐距擊破之時大軍外討京
邑擾懼鍾以不能鎮過降號建威將軍平
蜀功應封四百戶男以先有封爵減戶以
賜次子敬順高昌縣男食邑百戶尋復本
號龍驤將軍十二年高祖北伐復雷鎮居
守增其兵力又命府置佐史荊州刺史道
憐獻名馬三四井精麗乗具高祖悉以賜

鍾三子十四年遷石衛將軍龍驤將軍如故元
熙元年卒時年四十三子敬義嗣敬義官至馬
頭太守卒子國重嗣齊受禪國除鍾次子高昌
男敬順卒子國須嗣須卒無子國除
虞丘進字豫之東海郯人也少時隨謝玄討苻
堅有功封關内侯隆安中從高祖征孫恩討章
城被圍數十日無日不戰身被數瘡至餘姚呵
浦破賊張驃追至海瞩故治及婁縣於蒲濤口
頭孫恩水戰又被重瘡追恩至鬱州又至石鹿

頭還海隅天柱頻戰有功元興元年又從高祖
東征臨海於石步固踞盧循相守二十餘日二
年又從高祖至東陽破徐道覆其年又至臨松
穴破賊追至永嘉干江又至安固累戰皆有功
三年從平京城定京邑除撫國内史義熙二年除
龍驤將軍封龍川縣五等族從高祖伐廣固於
臨朐胸破賊盧循循過京邑孟昶諸葛長民等建議奉
天子過江進廷議不可面折昶等高祖甚嘉之
獻計伐樹樹栅石頭除鄱陽太守將軍如故統

馬步十八隊於東道出鄱陽至五畆嶠循遣將英斜

為上饒令千餘人守故城進攻破之循又遣童敏

之為鄱陽太守據郡進從餘千步道趣鄱陽敏

之退走追破之斬首數百復隨劉藩至始興討

斬徐道覆八年除寧蠻護軍尋陽太守領文武

二年從征劉毅軍平補太尉行參軍尋加振威

將軍九年以前後功封望蔡縣男食邑五百戶

加龍驤將軍討司馬休之又有戰功還除輔

國將軍山陽太守宋臺令書除秦郡太守督

三十　宋書傳九　　九　蔡秀

陳留郡軍將軍如故元熙二年宋王令書以為高

祖第四子義康右將軍司馬求初二年遷太子右

衛率明年卒官時年六十追論討司馬休之功進

爵為子增邑三百戶子耕嗣耕辛子龍襲祖嗣龍

祖卒世寶嗣齊受禪國除

史臣曰詩云無言不訓無德不報此諸將並起自

堅夫出於皁隸蜀牧之下徒以一乎主故能

奮其鱗翼至於推鋒轉戰百死而不顧一生蓋

由其心一也遂饗封侯之報詩人之言信矣

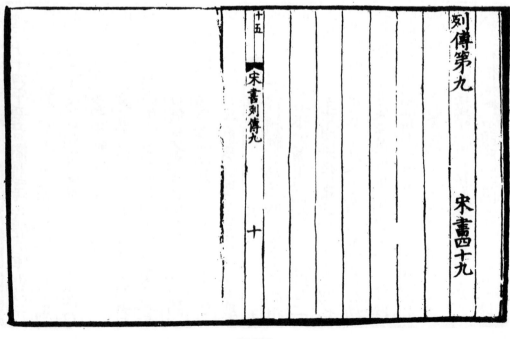

刻傳第九

十五　宋書刻傳九　十

宋書四十九

胡藩　　　　　　臣沈約　新撰

劉康祖

垣護之

張興世

胡藩字道序豫章南昌人也祖隨散騎常侍父仲
任治書侍御父藩少孤居喪以毀稱太守韓伯見
謂藩叔尚書少廣曰卿此姪當以義列成名州
府辟召不就須二弟冠婚畢乃參郗恢征虜軍
事時殷仲堪為荊州刺史藩外兄羅企生為仲
堪參軍藩謂企生遺過江陵省企生仲堪要藩相
見接待甚厚藩固說仲堪曰桓玄意趣不常每
快快於失職節下崇待太過非將來之計也仲
堪色不悅藩退而謂企生曰倒戈授人必至之
禍若不早規去就後悔無及玄自夏口襲仲堪
藩參玄後軍軍事仲堪敗企生果以附從及禍
藩轉參太尉將軍相國軍事義旗起玄戰敗將

出奔藩於南掖門捉玄馬控曰今羽林射手猶
有八百皆是義故西人一旦捨此欲歸可復得
乎玄直以馬鞭指天而已於是奔散相失既及
玄於蕪湖玄見藩喜謂張須無曰鄉州故為多
士徐乃復見王叔治桑落之戰藩艦被燒全鎧
入水潛行三十許步方得登岸義軍既迫不復
得西乃還家高祖素聞藩直言於殷氏又為玄
盡節召為員外散騎侍郎參軍軍事從征鮮卑
賊屯聚臨朐藩言於高祖曰賊屯軍城外留守
必寡今往取其城而斷其旗幟此韓信所以克
趙也高祖乃遣檀韶與藩等潛往既至即克其
城賊見城陷一時奔走還保廣固累月將拔之
夜佐史並集忽有鳥大如鵝蒼黑色飛入高祖
帳裏皆駭憚以為不祥藩起賀曰蒼黑者胡虜
之色胡虜今歸我大吉之祥也明且攻城陷之
討盧循於左里頻戰有功封吳平縣五等子除
正員郎尋轉寧遠將軍鄱陽太守從伐劉毅
毅初當之荊州表求東道還京辭墓去都數十

里不過拜闕高祖也倪塘會之藩勸於坐殺毅
高祖不從至是謂藩曰昔從卿倪塘之謀無今
舉也又從司馬休之復爲參軍加建武將軍領
游軍於江津徐逵之敗没爲高祖怒甚即日於馬
頭岸渡江而江津岸峭壁立數丈休之臨岸置
陣無由可登高祖呼藩令上藩有疑色高祖奮
怒命左右錄求欲斬之藩不受命顧曰藩寧宜前
死耳以刀頭穿岸岑谷脚指於是徑上隨之者
稍多既得登岸殊死戰賊不能當引退因而乘

之一時奔散高祖伐羌假藩寧朔將軍參太尉
軍事統別軍至河東暴風漂藩重艦渡北岸索
虜牽得此艦取其器物藩氣厲心憤率左右十
二人乘小船逕往河北賊騎五六百見藩來並笑
之藩素善射登岸射賊應弦而倒者十許人賊
皆奔退悉收所失而又遺藩及朱超石等追
索虜於平城虜騎數重藩及超石所領皆割
配新軍一不盈五千率厲力戰大破之又與超石
等擊姚業於蒲坂超石失利退還藩收超石所

拾負實徐行西鳧業不敢追高祖還彭城參相
國軍事時虜備餘黨與蘇淫賊大相聚結以爲
始興相論平司馬休之及廣固功封陽山縣男
食邑五百戶少帝景平元年坐守東府開掖門
免官尋復其職爲游擊將軍到彦之北伐南兗州刺史長
沙王義欣進據彭城藩出戍廣陵行府州事轉
太子左衛率十年卒時年六十二諡曰世矦子

隆世嗣官至西陽太守隆世卒子乾秀嗣藩庶
子六十人多不遵法度藩第十四子遵世爲藏
質甯遠參軍去職還家與孔熙先同逆謀太祖
以藩功臣不欲顯其事使江州以他事收殺之
二十四年藩第十六子誕世第十七子茂世率
羣從二百餘人攻破郡縣殺太守桓隆之令諸
葛和之欲奉庶人義康值交州刺史檀和之至
豫章討平之誕世兄車騎參軍新興太守景世
景世弟寶世詣廷尉歸罪並徙遠州乾秀奪國
世祖初從者並得還

劉康祖彭城呂人世居京口伯父簡之有志榦
為高祖所知高祖將謀興復收集才力之士嘗
再造簡之值有賓客簡之悟其意謂弟虔之曰
劉下邳頻來必當有意既不得共語汝可試
往見之既至高祖已克京城虔之即便投義簡
之聞之殺耕牛會聚徒衆率以赴高祖簡之弟謙
官至通直常侍少府太尉咨議參軍簡之歷
之好學撰晉紀二十卷義熙末為始興相東海
人徐道期流寓廣州無士行為僑舊所陵侮因

剌史謝欣死合率羣不逞之徒作亂攻没州城
殺士廢素憾者百餘傾府庫招集凶命出攻始
興謙之破之進平廣州刺史後為太中大夫虔之
以為振威將軍廣州誅其黨與仍行州事即
誕節不營產業輕財好施高祖西征司馬休之
魯宗之等遣參軍檀道濟朱超石步騎出襄陽
虔之時為江夏相率府郡兵力出湓城屯三連
立橋聚糧以待道濟等積日不至為宗之子軌
所襲衆寡不敵參軍孫長庸流涕勸還軍虔之

屬色曰我仗順伐皇理無不克如其不幸命也
戰敗見殺追贈梁秦二州剌史封新康縣男食
邑五百戶康祖虔之子也龍襲封為長沙王義欣
鎮軍參軍轉員外散騎侍即便弓馬絕人
在閭里不治士業以浮蕩蒱酒為事每犯法為
郡縣所錄輒越屋踰牆之能禽夜入人家為
有司所圍守康祖突圍而去竝莫敢追因建
京口半夕便至明旦守門詣府州要職俄而在京

康移書錄之府州執事者竝證康祖其夕在
口遂見無恙前後屢被糾劾太祖以勳臣子每
原貸之為員外即十年再坐樗蒱戲免太子
左積弩將軍隨射聲校尉襲方明西征仇池與
方明同下廷尉康祖免官頃之世祖為豫州刺
史鎮歷陽以康祖為征虜中兵參軍旣被委任
折節自脩轉太子翊軍校尉久之遷南平王鑠
安蠻府司馬元嘉二十七年春索虜托拔燾親
率大衆攻圍汝南太祖遣諸軍救援康祖總統
為前驅軍次新蔡與虜戰俱前百餘里濟融水

虜衆大至奮擊破之斬偽殿中尚書任城公乞
地真去縣𣵠四十里蕭燒營還乘轉左軍將軍
太祖欲大舉北伐康祖以歲月已晚請待明秊
上以河北義徒並起若頓兵一周沮向義之志
不許其秊秋蕭斌王玄謨沈慶之等入河南度
率豫州軍出許洛玄謨等敗歸虜引大衆南度
南平王鑠在壽陽上虜為所圍召康祖速反康
祖回軍未至壽陽數十里會虜永昌王庫仁具
以長安之衆八萬騎與康祖相及於尉武康祖

三〇三十 宋書列傳十 七 任

凡有八千人軍副胡盛之欲附山依險間行取
至康祖怒曰吾受命本朝清蕩河洛寇令自送
不復遠勞王師大羊雖多實易摧滅吾兵精器
練去壽陽裁數十里援軍尋至亦何患而乃結
軍營而進虜四面來攻大戰一日一夜殺虜填
積虜分衆為三且休且戰以騎負草燒車營康
祖率厲將士無不一當百虜死者太半會矢中
頸死於是大敗舉營淪覆為虜所殺盡自免者
裁數十人虜傳康祖首示彭城面如生胡盛之

為虜生禽託跋燾寵之常在左右盛之有勇力
初為長沙王義欣鎮軍參軍督護討劫護郡縣
西劫有馬步七十逃隱深榛盛之挺身獨進手
斬五十八級二十八秊詔曰康祖班師尉武戎
律靡愆對衆殲殄太半猛氣雲騰志申力
屈沒世殉節良可嘉悼宜加甄寵以旌忠烈可
贈益州刺史諡曰壯男傳國至齊受禪國除
垣護之字彦宗略陽桓道人也祖敞仕符氏為
長樂國郎中令慕容德入青州以敞為車騎長

三〇三十 宋書列傳十 八 任

史德兄子超襲偽位伯父苗遵父苗復見委任遵
為尚書苗京兆太守高祖圍廣固遵苗踰城歸
降立以為太尉行參軍太祖元嘉中遵為員外
散騎常侍苗屯騎校尉護之少倜儻不拘小節
形狀短陋而氣幹果決從高祖征司馬休之為
世子中軍府長史兼行參軍永初中補奉朝請
元嘉初為殿中將軍隨到彦之北伐彦之將回
師護之為書諫曰外聞節下欲回師反斾竊所不
同何者殘虜畏威望風奔迸八載偃地不戰克復

方當長驅朔漠窮掃遺醜況乃自送無假速勞
宣使竺靈秀速進臺助朱脩之固守節下大
軍進擬河北則牢洛遊魂自然奔退且昔人有連
年攻戰失衆乏糧者猶張膽爭前莫肯輕退況
今青州豐穰濟濟流通士馬飽逸威力無損若空
棄滑臺坐喪成業豈是朝廷受任之旨彦之不納
散敗而歸太祖聞而善之以載江夏王義恭征比
又補衡陽王義季征北長流參軍遷宣威將軍鍾
行參軍北高平太守以載禁物繫尚方久之蒙宥

宋書傳十　九　徐中

離太守隨王玄謨入河玄謨攻滑臺護之百舸為
前鋒進據石濟石濟在滑臺西南百二十里及虜
救至又馳書勸玄謨急攻曰昔武皇攻廣固死没
者亦衆況事殊襄日當得計士衆傷疲願以屠
城為急不從玄謨敗退不暇報護之聞知而
虜悉已牽玄謨水軍大艦連以鐵鎖三重斷河
欲以絶護之路河水迅急護之中流而下每至
鐵鎖以長柯斧斷之虜不能禁唯失一舸餘舸
並全留戍雎溝城還為江夏王義恭驃騎戶曹

參軍戍淮陰加建武將軍領濟北太守率二千
人復隨張永攻碻磝先據委粟津虜壯道僑典
偽尚書伏連來援碻磝護之拒之賊因引軍東去
蕭斌思話遣護之迎軍至梁山偽尚書韓元興率
精騎卒至護之依險拒戰斬其都軍長史甲首
數十賊乃退護之云沈慶之救
軍垂至可急於濟口立橋護之揣知其意即分
遣白丁思話復令度河戍乞活堡以防衆軍三
十年春太祖崩還屯歷下聞世祖入討率所領

宋書傳十　十　徐

馳赴上嘉之以為司貝冀州之濟南樂安太原三
郡諸軍事寧遠將軍冀州刺史建元年南郡
王義宣反兗州刺史徐遺寶護之妻弟也遂相連
結與護之書勸使同逆護之馳使以聞遺寶時
道經鄉山破其別戍未至湖陸六十里遺寶焚
湖陸護之留子恭祖守歷城自率步騎龍襲遺寶
城西走兗土既定徵為游擊將軍隨沈慶之等
擊魯爽爽加輔國將軍義宣率大衆至梁山與王
玄謨相持加柳元景率護之及護之弟詢之柳叔

仁鄭琨等諸軍出鎮新亭玄謨見賊強盛遣司
馬管法濟求救其急上遣元景等進據南州護
之水軍先發賊遣將龐法起率與泉及妬熟適值
護之鄭琨等至奮擊大破之斬獲及投水死略
盡玄謨馳信告元景曰西城不守唯餘東城衆寡
相懸請退還姑孰更議進取元景不許將悉衆赴
救護之勸分軍授之元景然其計乃以精兵配護
之赴梁山及戰護之見賊舟艦累水謂玄謨曰
今且富以火平之即使隊主張談等燒賊艦風猛

水急賊軍以此大奔散梁山平護之率軍追討會
朱脩之之平江陵至尋陽而還遷督二州豫
州之梁郡諸軍事寧朔將軍徐州刺史封益陽
縣族食邑千戶弟詢之驍敢有氣力元凶聞
其名以副輔國將軍張永時張超首行大逆亦
領軍隸東詢之規殺之虞東宿有此志又測詢
之同否互相觀察會超來論事秉色動詢之覺
之即共定謀遣信召超超疑之不至改宿他所詢
之不知其移逕所之殺其僕於林因與秉南奔

東溺淮衆死詢之得至時世祖已即位以為積弩將
軍梁山之役力戰為流矢所中死追贈冀州刺
史二年護之坐論功挾私免官復為游擊將軍
俄遷大司馬輔國將軍領南東海太守未拜復
權冒月輩冀二州諸軍事寧朔將軍進督徐州之東黨
鎮歷城明年進號寧朔將軍進督青州之東
東安二郡軍事世祖以歷下要害欲移青州
鎮歷城議者多異護之曰青州北有河濟又多
陂澤非虜所向每來寇掠必由歷城二州并鎮

此經遠之略也比又近河歸順者易近息民惠
遠申王威安邊之上計也由是遂定大明二年
徵為右衛將軍還於道聞司空竟陵王誕於廣
陵反叛護之即率部曲受車騎大將軍沈慶之
節度事平轉西陽王子尚撫軍司馬臨淮太守
明年出為使持節督豫司二州諸軍事輔國將
軍豫州刺史淮南太守復隸沈慶之代西陽蠻
護之所莅多聚斂贓貨充積七年坐下獄免官
明年復起為太中大夫未拜其年卒時年七十

諡曰壯侯前廢帝永光元年追贈冠軍將軍豫
州刺史子承嗣承祖嗣承祖顯宗齊受禪國
除護之次子恭祖勇果有父風太宗嗣以
軍功為梁南秦二州刺史導子闓元嘉中為員
外散騎侍即母墓為東阿寺道人曇洛等所發
闓與弟殿中將軍闓共殺曇洛等五人詣官歸
皇見原闓大明三年自義興太守為寧朔將軍
兗州刺史閭順帝昇明末右衛將軍
史如故

張興世字文德竟陵竟陵人也本單名世太宗
益為興世少時家貧南郡宗珍之為竟陵郡與
世依之為客竟陵舊置軍府以補參軍督護不
就白衣隨王玄謨伐蠻母喪輒有斬獲玄謨舊
世膽力後隨世祖鎮尋陽以補南中參軍督護
其部曲諸將不及也甚奇之興世還都白太祖稱
入討元凶隸柳元景為前鋒事定轉員外將軍
領從隊南郡王義宣反又隨玄謨出梁山有戰
功除建平王宏中軍行參軍領長刀又隸西平

王子尚為直衛坐從子尚入臺棄仗游走下獄
免官復以白衣充直衛大明末除員外散騎侍
即仍除宣威將軍隨郡太守未行太宗即位四
方反叛進與世號龍驤將軍領水軍距南賊於
赭圻築二城於湖口偽龍驤將軍陳慶領舸於
前為游軍興世率龍驤將軍佽長生董凱之攻
克二城因擊慶慶戰大敗投水死者數千人時
臺軍據赭圻南賊屯雒尾相持久不決興世建
議曰賊據上流兵彊地勝我今雖相持有餘而

制敵不足今若以數千潛出其上因險自固
隨宜斷截使其首尾周遑進遏疑沮中流一梗
糧運自艱制賊之奇莫過於此沈攸之吳喜並
贊其計時豫州刺史殷琰之據壽陽同逆為劉
勔所攻南賊遣龐孟虯率軍助琰勔遣信求
援其急建安王休仁欲遣興世救之間沈攸之
攸之曰孟虯蟻寇必無能為遣別將馬步數千
足以相制若有意外且以江西餉之上流若據
不憂不殄與世之行是安危大機必不可輒乃

遣段佛榮等援勔興世欲率所領直取大雷而
軍旅未集不足分張會辭索兒平定太宗使張
永以步騎五千雷戍盱眙餘眾二萬人悉遣南
討山陽又尋平徐阮佃夫所領諸軍悉還南代
眾軍大集乃分戰士七千配興世興世乃令輕
舸泝流而上旋復回還一二日中輒復如此使
興世謂收之等曰上流唯有錢谿可據地既險
賊不為之備劉胡聞興世欲上笑之曰我尚不
敢越彼下取揚州張興世何物人欲輕據我上
船下必來泊岸有橫浦可以藏船舸二三為宜
要江又甚狹去大眾不遠應赴無難江有洄洑
乃夜渡湖口至散頭因復回下疑之其夜四更
值風仍舉颿直前賊亦遣胡靈秀諸軍於東岸
相翼而上興世夕住景江浦宿賊亦不進夜潛
遣黃道摽領七十舸徑江浦據錢谿營立城柵明旦
興世與軍齊集停一宿劉胡自領水步二十六
軍平旦來攻將士欲迎擊之興世禁曰賊來尚
遠而氣盛矢驟驟既力盡盛亦易衰此曹劇之

所以破齊也令將士不得妄動治城如故俄而
賊來轉近舫入洄洑興世乃命壽寂之任農夫
率壯士數百擊之眾軍相繼進胡於是敗走斬
級數百投水者甚眾胡收軍而下時興世城未
固司徒建安王休仁慮賊并力更攻錢谿欲分
其形勢沈攸之吳喜佼長生劉靈遺等以皮
艦二十攻賊濃湖苦戰連日斬獲千數是日劉
胡果率眾軍欲夏攻興世未至錢谿數十里表
顗以濃湖之急遽追之錢谿城由此得立賊
連戰轉敗興世又邀其糧道尋陽遣運至南陵
不敢下賊眾漸饑劉胡乃遣顗安北府司馬僑
右軍沈仲玉領千人步取南陵迎接糧運仲玉
至南陵領米三十萬斛錢布數十舫置榜為城
規欲突過行至貴口不敢進遣間信報胡令遣
重軍援接與世壽寂之任農夫李安民等三千
人至賢口擊之與仲玉相值交戰盡日仲玉走
還顗營悉虜其資實賊眾大敗震胡棄軍道
走顗仍亦奔散興世率軍追討與吳喜共平

江陵遷左軍將軍尋為督豫司二州南豫州六
郡諸軍事封作唐縣屬食邑千戶徵為游擊將
軍海道北伐假輔國將軍加節置佐無功而還
四年遷太子右衛率又以本官領驍騎將軍與
左衛將軍沈攸之參置五年轉左衛將軍六
年中領軍劉勔當鎮廣陵與世權兼領軍泰豫
元年為持節督雍梁南北秦郢州之竟陵隨二
郡諸軍事冠軍將軍雍州刺史尋加寧蠻校尉
桂陽王休範反與世遣軍赴朝廷未發而事平
進號征虜將軍廢帝元徽三年徵為通直散騎
常侍左衛將軍五年以疾病徒光祿大夫常侍
如故順帝昇明二年卒時年五十九追贈本官
興世居臨汹水汹水自襄陽以下至于九江二
千里中先無洲嶼與世初生當其門前水中一
且忽生洲漸大及至與世為方伯而洲上
遂十餘頃父仲子由與世致位給事興世欲將
往襄陽愛戀鄉里不肯去嘗謂興世我雖田舍
老公樂聞鼓角可送一部行田時吹之興世素

恭謹畏法憲言之曰此是太子鼓角非田舍老
公所吹興世欲拜墓仲子謂曰汝衛從太多先
人必當驚怖興世減撤而後行興世子欣業當
嗣封會齋受禪國除
史臣曰兵固詭道勝在用奇當二帝爭雄天人
之分未決南北連兵相阨而不得進者半歲矣
蓋乃趙壁挾幟之機官度潛師之日至於鵲浦
投戈實興世用奇之力也建旆垂組豈徒然哉

列傳第十　　　宋書五十

宗室

臣沈約　　新撰

長沙景王道憐高祖中弟也初為國子學生謝
琰為徐州命為從事史高祖克京城進平京邑
道憐常與家侍衛太后桓玄次大將軍武陵王
遵承制除員外散騎侍郎尋遷建威將軍南彭
城內史時北青州刺史劉該反引索虜為援清
河陽平二郡太守孫全聚眾應之義熙元年索
虜托跋開達偽豫州刺史索度真大將軍斛斯
蘭寇徐州攻相縣執鉅鹿太守賀申進圍寧朔
將軍羊穆之於彭城穆之告急道憐率寧
軍次陵柵斬全進至彭城真蘭逻夵道憐率寧
子孟龍驤將軍孔隆及穆之等追真蘭夵奔相城
又追躡至沇水溝斬劉該虜眾見殺及赴水死
略盡高祖鎮京口進道憐號龍驤將軍又領堂
邑太守戍石頭明年加使持節監征蜀諸軍事
率冠軍將軍劉敬宣等伐譙縱而文戲茂溫祚

據險不得進故不果行以義勳封新興縣五等
侯四年代諸葛長民為并州刺史義昌太守將
軍內史如故猶戍石頭時鮮甲優逼自彭城以
南民皆保聚山陽淮陰諸戍並不復立道憐請
據彭城以漸修翔議以彭城縣速便鎮山陽
進號征虜將軍督淮北軍郡事北東海太守并
州刺史義昌太守如故以破索度真功封新渝
縣男食邑五百戶從高祖征廣固常為軍鋒及
城陷慕容超將親兵突圍走道憐所部獲之加
節將軍太守如故還鎮京口九年甲仗五十人
二州晉陵京口淮南諸軍郡事兗青州刺史持
史移鎮彭城八年高祖伐劉毅徵為都督兗青
使持節進號左將軍七年解并州加北徐州刺
封戶邑之半以賜次子義宗十一年進號中軍
將軍加散騎常侍給鼓吹一部明年討司馬休
之道憐監留府事甲仗百人入殿江陵平以為
都督荊湘益秦寧梁雍七州諸軍驃騎將軍

開府儀同三司鎮護南蠻校尉荊州刺史持節
常侍如故比府文武悉配之道憐素無才能言
音甚楚與上旅為多諸鄙拙高祖雖遣將軍佐
輔之而貪縱過甚畜聚財貨常若不足在州之日
府庫為之空虛高祖平定三秦方思外略徵道
憐還彥為侍中都督徐兗青二州揚州之晉陵諸
軍事平南將軍徐兗青二州刺史持節將軍如故
受命進位太尉封長沙王食邑五千戶持節侍
元興元年解尚書令進位司空出鎮京口高祖
中都督刺史如故永初二年朝正入住殿省先
是廬陵王義真為揚州刺史太后謂上曰道憐
汝布衣兄弟故宜為揚州上曰寄奴於道憐
有所惜揚州根本所寄事務至多非道憐所了
太后曰道憐年出五十豈當不如汝十歲兒邪
上曰車士雖為刺史事無大小悉由寄奴道憐
年長不親其事於聽望不足太后亦無言車士
義真小字也三年春高祖不豫加班劍三十人
時道憐入朝留司馬陸仲元居守力遠子彌為

亡命率數十人入京城仲元擊斬之先是府史
陳祗告彌有異謀至是賜錢二十萬除縣令五
月當車長安駕馬道憐疾患不堪臨喪六月薨年
二十五追贈太傅持節侍中都督刺史如故祭
禮依晉太宰安平王故事轀輬車九旒黃屋左
纛縣輴挽歌二部前後羽葆鼓吹虎賁班劍
百人太祖元嘉九年詔曰古者明王經國司
勳有典平章以馭德刑班瑞以疇功銘庸於
鼎彝舜配祐祀於清廟是以從饗徽先王義存商
誥祭於大烝禮著周典自漢迄晉世崇其文
王猷既昭幽顯咸秩先皇經緯天地撥亂受終
駿命爰集光宅區宇雖聖明淵運三靈燮揚
亦股肱翼亮之勤祈父宣力之劾故使持節侍
中都督南徐兗二州揚州之晉陵京口諸軍事
太傅南徐兗二州刺史長沙景王故侍中大司
馬臨川烈武王故司徒南康文宣公穆之侍中
衛將軍開府儀同三司錄尚書事揚州刺史華
容縣開國公弘使持節散騎常侍都督沂州豫

州西陽新蔡晉熙四郡軍事征南大將軍開府
儀同三司江州刺史永脩縣開國公道濟故將軍
青州刺史龍驤縣開國侯鎮惡或履道廣流秉
德沖邈或雅量高劭風鑒明遠或識唯知正才
略開邁咸文德以熙帝載武功以隆景業固以
佇蹤姬旦方軌伊邵者矣朕從祀尚關鑒
每惟道勳思遵令典而太常未銘兹嘉禮勒
寐欽屬永言深懷便宜敬是前式憲章垂
功天府配祭廟庭俾示徽章垂美長世戎績逮

太二廿三　宋書傳十一　五　朝

獻永傳不朽道憐六子義欣義慶義融義宗義
賓義其義欣嗣爲員外散騎侍郎不拜歷中領
軍征虜將軍青州刺史魏郡太守將軍如故戍
石頭元嘉元年進號後將軍加散騎常侍三年
以本號爲南兗州刺史七年到彥之率大眾入
河義欣進彭城爲衆軍聲援彥之退敗青齊搖
擾將佐慮寇大至勸義欣委鎮還都義欣堅志
不動遣使持節監豫司雍并四州諸軍豫州刺
史將軍如故給鼓吹一部鎮壽陽于時土境荒

毀人民彫散城郭頹敗盜賊公行義欣綱維補
緝隨宜經理劫盜所經立討誅之制培內畏服
道不拾遺城府庫藏並皆完實遂爲威藩鎮義
時淮西江北長吏悉敘勞人武夫多無政術義
欣陳之曰江淮左右土堆民踈頃年以來荐飢
相襲百城彫幣於今爲甚綏牧之宜必侯良吏
勞人武士不經政術統內官長名非才授東南殷
實猶或簡能況濱接荒垂而可輯柔頓闕願勑
選部必使任得其人庶得不勞而治爲陂艮田萬

太二廿二　宋書傳十一　六　朝

餘頃堤堨父壞秋夏常苦旱義欣遺諮議參軍
殷肅循行修理有舊溝引渠水入陂不治積父
樹木榛塞肅伐木開榛水得通注旱患由是得
除十年進號鎮軍將軍進監爲都督十一年夏
入朝太祖厚加恩禮十六年薨時年三十六追
贈散騎常侍征西將軍開府儀同三司持節都
督刺史如故諡曰成王子悼王瑾字彥瑜官至
太子屯騎校尉三十年爲元凶所殺世祖即位
追贈散騎常侍子粲早夫粲弟纂字元緒嗣

官至步兵校尉順帝昇明二年薨會齊受禪國除
蓬弟祗字彥期大明中為中書郎太宰江夏王義恭
領中書監服親不得相臨表求解職世祖詔曰二王
兩謝俱至崇禮貝今三臺五省咸同此例太宗初為
南兗州刺史都官尚書謀應晉安王子勛為逆伏誅
祗弟楷秘書郎為元凶所殺追贈通直郎楷弟瞻晉
宣城太守子勛同逆瞻弟韞字彥文步兵校尉韞時四
安太守與子勛同逆伏誅瞻弟韞字彥文步兵校尉
方牧守莫不同逆唯韞棄郡赴朝廷太宗嘉其誠以為
黃門郎太子中庶子侍中加荊湘州南兗州刺史吳興
太守侍中領左軍將軍文改領驍騎將軍撫軍將軍
雍州刺史侍中領右衛將軍改領左衛將軍散騎常
侍中領軍昇明二年謀反伏誅韞人才凡鄙以有宣
城之勳特為太宗所寵在湘州及雍州使畫工圖
其出行鹵簿羽儀常自披玩賞以此圖示征西將軍
蔡興宗興宗戲之陽若不解畫者指韞形像問曰
此何人而在輦上輦曰此正是我其庸陋如此
弟彌武昌太守亦與子勛同逆伏誅弟興貞外

散騎侍郎番禺鑑弟勗字彥穌侍中吳興太守
後廢帝元徽元年卒勗弟顒字彥明侍中左衛
將軍冠軍將軍顒弟吳興太守未拜元徽四年卒追
贈右將軍顒弟述東陽太守黃門郎與從弟義慶出
同逆事敗走白山追禽伏誅義欣弟義慶繼
臨川烈武王道規義慶永初元年封桂
陽縣族食邑千戶凡王子為族者食邑皆千戶
義融歷侍左衛軍領太子中庶子五兵尚書領
軍有實缺善於用短楯元嘉十八年卒追贈車
騎將軍諡曰恭族子孝族覬嗣官至太子翊軍
校尉為元凶所殺世祖即位追贈散騎常侍無
子弟襲以子晃繼封昇明二年與負外散騎侍
郎安成戢仁祖荒人王武連羽林副彭元僑等
謀反國除龔字彥德太子舍人安成太守晉安
王子勛為逆龔以子晃據郡距之勖道圍不能下
太宗嘉之以為郢州刺史封建陵縣族食邑五
百戶建陵縣屬蒼梧郡以道遠改封臨澧縣族
太始六年卒於中護軍追贈護軍將軍加散騎

常侍謚曰忠羨襲亦庸鄙在郢州暑月露幘上
聽事綱紀正伏閤怪之訪問乃知襲子旻嗣昇
明二年改封東昌縣羨與兄晃俱伏誅襲弟虎
秘書郎弟宴宗幼為高祖所愛字曰伯奴賜爵
守義融弟義宗幼為高祖所愛卒宴第爽海陵太
新渝縣男永初元年進爵為羨歷黃門侍郎太
子左衛率元嘉八年坐門生杜德靈放橫打人
還第內藏義宗隱敝之免官德靈雅有姿色為
義宗所愛寵本會稽郡吏謝方明為郡方子為
惠連愛幸之為之賦詩十餘首秉流遷歸諸篇
是也又為侍中太子詹事加散騎常侍征虜將
軍南兗州刺史二十一年卒追贈散騎常侍平
北將軍謚曰惠羨愛士樂施兼好文籍世以此
稱之子懷慶嗣琅邪秦郡太守為元凶所殺
追贈散騎常侍無子弟秉以子承繼封秉字彥
節初為著作郎歷羽林監越騎校尉中書黃門
侍郎太宗泰始初為侍中頻從左衛將軍丹陽
尹太子詹事吏部尚書時宗室雖多材能甚寡

秉少自砥砺東甚得朝野之譽故為太宗所委五
年出為前將軍淮南宣城二郡太守不拜還復
本任復為侍中守秘書監領太子詹事未拜
遷使持節都督南徐徐兗豫青冀六州諸軍事
後將軍南徐州刺史加散騎常侍後廢帝即位
改都督郢州豫州之西陽司州之義陽二郡諸軍
事郢州刺史持節常侍如故未拜留為尚書左
僕射參選元徽元年領吏部加兵五百人尋領
衛尉辭不拜桂陽王休範為逆中領軍劉勔
中書令加撫軍將軍常侍如故順帝即位轉尚書
年加散騎常侍丹陽君解吏部封當陽縣侯食
邑千戶與齊王袁粲褚淵分日入直決機事四年遷
出守石頭秉權兼領軍將軍所給加兵自隨入殿二
今中領軍將軍如故時齊王輔政四海屬意愍鼎
命有在密懷異圖粲鎮石頭不識天命沈攸之
舉兵反齊王入屯朝堂粲潛與秉及諸大將黃回等
謀欲作亂本期夜會石頭旦乃舉兵秉素怯騷
動攏不自安再餉後便自丹陽郡車載婦女盡室

奔石頭部曲數百赫弈滿道既至見縈縈驚曰何

遽便來事今敗矣秉曰今得見公萬死亦何恨

從弟中領軍韞直在省與直閤將軍卜伯興

謀其夜共攻齊王會秉去事覺齊王夜使驍騎

將軍王敬則收韞韞已戒嚴敬則率壯士直前

韞左右皆披靡因殺之伯興亦伏誅縈敗秉踰

城出走於領檐湖見擒與二子承侯並死秉時

年四十五秉妻蕭氏誑詒女也元徽中朝廷危

殆妻常懼禍敗每謂秉曰君富貴已足故應為

兒子作計年垂五十殘生何足恡邪秉不能從

秉弟謨奉朝請謨弟遐字彥道亦奉朝請其

分散騎侍郎與嫡母叛養女雲敷私通叛母禁

之叛暴病卒未大斂口鼻流血疑遐潜加毋害

為有司所糾世祖從之始安郡永光中得還太

宗世歷黃門侍郎都官尚書吳郡太守兄秉既

死齊王遺誅之遐人才甚凡自諱名常對賓客

曰孝武無道枉我殺母其頑騃若此秉當權既

累求方伯秉曰我在用汝作州於聽墼不足遐曰

富貴時則云不可相關從坐之日為得免不至

是果死焉宗弟義賓元嘉二年封新野縣侯

六年以新野荒敝改封興安縣侯黃門郎祕書

監左衛將軍位至輔國將軍徐州刺史二十五

年卒追贈後將軍諡曰肅候子惠候琨嗣辛子

憲嗣昇明二年齊受禪國除綜弟琨晉平太守

義賓弟義綦元嘉六年封營道縣候凡鄙無識

知每為始興王濬兄弟所戲弄濬常謂義綦曰

陸士衡詩云營道無烈心其何意苦阿父如此

義綦曰下官初不識何忽見苦其庸塞可笑類

若此歷右衛將軍湘州刺史孝建二年卒贈平

南將軍諡曰僖候子長猷嗣官至步兵校尉昇

平三年齊受禪國除

臨川烈武王道規字道則高祖少弟也少倜儻

有大意高祖奇之與謀桓玄時桓弘鎮廣陵以

為征虜中兵參軍高祖克京城道規亦以其日

與劉毅孟昶共斬弘收眾濟江進平京邑玄敗

走晉大將軍武陵王遵承制以道規為振武將

軍義昌太守與劉毅何無忌追玄西走江陵
圍郭銓何澹之等固守盆口義軍既至賊列艦
距之澹之空設羽儀旗幟於一舫而別在它船
無忌欲攻羽儀所在衆悉不同曰澹之必不在
此舫雖得無益也無忌曰澹之不在此舫固不
須言也既不在此則戰士必弱我以勁兵攻之
必可禽也禽之之日彼必以為失其軍主我徒
咸謂已得賊帥我勇而彼懼懼而薄之破之必
矣道規喜曰此名計也因往彼攻之卽禽此舫
因毅諜倡曰已斬何澹之賊徒及義軍並以為
然因縱兵賊衆奔敗卽克盆口進平尋陽因復
馳進遇玄於峥嶸洲道規等兵不滿萬人而玄
戰士數萬衆並憚之欲退還尋陽道規曰不可
彼衆我寡強弱異勢今若畏懦不進必為所乘
雖至尋陽豈能自固玄雖竊名雄豪內實恇怯
加已經奔敗衆無固心決機兩陳將雄者克昔
光武昆陽之戰曹操官渡之師皆以少制多共
所聞也今雖才謝古人豈可先為之弱因麾衆

而進毅等從之大破玄軍郭銓與玄單舸走江
陵不復能守欲入蜀為馮遷所斬義軍遇風不
進桓謙振復據江陵毅雷巴陵道規與無忌
俱進攻桓謙謐於馬頭桓蔚於寵洲皆破之無忌
欲乘勝直造江陵道規曰兵法屈力殫勇三
苟進諸桓世居西楚羣小皆為竭力振勇冠三
軍難與爭勝且可頓兵銳徐以計策糜之不憂
不克也無忌不從果為振所敗乃退還尋陽繕
治舟甲復進無忌諢戌夏口偽鎮軍將軍馮該戌夏
東岸揚武將軍孟山圖據魯城輔國將軍桓仙
客守偃月壘於是毅攻魯城道規無忌攻偃月
並克之生禽仙客山圖其夕該遁走進平巴陵
謙振遣使求割荆江二州奉歸晉帝不許會南
陽太守魯宗之進至紀南振自往距之使桓謙圍
守江陵城振大破宗之而歸聞城已陷亦走無忌
守時毅道規已次馬頭馳往襲謙奔卽日克
江陵城振大破宗之而歸聞城已陷亦走無忌
翼衞天子還京師道規圍夏口江陵之平也道

規推數為元功無忌為次功自居其末進號輔
國將軍督淮北諸軍事并州刺史義昌太守如
故時荊州湘江豫猶多桓氏餘燼往往屯結復
以本官進督江州之武昌荊州之江夏隨郡義
陽綏安豫州之西陽汝南潁川新蔡九郡諸軍
事隨宜翦撲悉平之以義勳封華容縣公食
邑三千戶遷使持節都督荊寧秦梁雍六州司
州之河南諸軍事領護南蠻校尉荊州刺史將
軍如故辭南蠻以授殷叔文叔文被誅乃復還

領善於為治刑政明理士民莫不畏而愛之劉
敬瑄征蜀不克道規以督統降為建威將軍廬
循寇逼京邑道規遣司馬王鎮之及楊武將軍
檀道濟廣武將軍到彥之等赴援朝廷至尋陽
為賊黨荀林所破循即以林為南蠻校尉分兵
配之使乘勝伐江陵揚聲云徐道覆已克京邑
而桓謙自長安入蜀蕤縱以謙為荊州刺史厚
加資給與其大將譙道福俱寇江陵正與林會
林屯江津謙軍枝江二寇交逼分絕都邑之問

荊楚既桓氏義舊並懷異心道規乃會將士告
之曰桓謙今在近畿聞者頗有去就之計吾東
來文武足以濟事若欲去者欲有不相禁因夜開
城門達曉不閉眾咸憚服莫有去者離州刺史
魯宗之率眾數千自襄陽來赴或謂宗之未可
測道規乃單馬迎之宗之共感悅眾議欲檀道
濟到彥之與宗之共擊道規曰盧循攔隔中流
扇張同異桓謙荀林夏相首尾人懷危懼莫有
固心成敗之機在此一舉非吾自行其事不決

乃使宗之居守委以腹心率諸軍攻謙諸將佐
皆固諫曰今遠出討謙其勝難必荀林近在江
津倘人動靜若來攻城宗之未必能固脫有差
跌大事去矣道規曰諸君不識兵機耳荀林愚
豎無它奇計以吾去未遠必不敢向城吾今取
謙往便克沈疑之間已自還反謙敗則林破
膽豈暇得來且宗之獨守何為不支數日解南
蠻校尉印以授咨議參軍劉遵馳往攻謙水陸
齊進謙大敗單舸走欲下就林追斬之遂至浦

■宋書列傳十二

口林又奔散劉遵率軍追林至巴陵斬之初謙
至枝江江陵士庶皆與謙書言城內虛實悉欲
謀為內應至是臺軍曹仲宗檢得之道規悉焚
不視眾於是大安進號征西將軍先是桓歆子
道兒逃于江西出擊義陽郡與盧循相連結循
使蔡猛助之道規遣臺軍劉基破道兒於大薄
已還襄陽追召不及人情大震或傳循已平京
臨陳斬猛徐道覆率眾三萬奄至破冢魯宗之
師遣道覆上為刺史江漢士庶感焚書之恩無

復貳志道規使劉遵為游軍自距道覆於豫章
口前驅失利道規壯氣愈厲激揚三軍遵自外
橫擊大破之斬首萬餘級赴水死者殆盡道覆
單舸走還盆口初使遵為游軍眾咸云今彊敵
在前唯患眾少不應割削見力置無用之地及
破道覆果得游軍之力眾乃服焉遵字慧明臨
淮海內史母兄蕭氏舅也官至右將軍
宣城內史淮南太守義熙十年卒追贈撫軍將
軍追封監利縣矦食邑七百戶道規進號征西

十七

實

■宋書列傳十二

大將軍開府儀同三司加散騎常侍固辭俄
而寢疾改授都督豫章江二州揚州之宣城
淮南廬江歷陽安豐堂邑六郡諸軍事豫州
刺史持節常侍將軍如故以疾不拜八年閏
月薨于京師時年四十三追贈侍中司徒加
班劍二十人謚曰烈武公平桓謙功進封南
郡公邑五千戶高祖受命贈大司馬追封臨
川王食邑如先道規無子以長沙景王第二
子義慶為嗣初太祖少為道規所養高祖命

紹焉咸以禮無二繼太祖還本而定義慶為
荊州廟主當顗徃江陵太祖詔曰襄崇道勳
經國之盛典尊親追遠因心之所隆故侍中
大司馬臨川烈武王體道欽明至德淵邈廓
哲自天孝友光備爰始協規則翼贊景業
陵威致討則克剪梟鯨逆妖交侵方難孔
棘勢踰累棊人無固志王神謩獨運靈武
宏發輯寧內外誅覆群凶固已化被江漢勳高
微管遠獻俱於二南英雄邁於兩獻者矣朕幼

十八

榮殊愛德廓特隆豊因心懸訓義深情感永惟
仁範感慕纏懐今當擁移襄祐初祀西夏思
崇嘉禮武備徵章庶以昭宣風慶允副幽顯其
追崇永相加殊禮鸞駕轄九旒黃屋左右纛縣給節
錢前後羽葆鼓吹虎賁班劍百人侍中如故
及長沙太妃檀氏臨川太妃曹氏後冤蔡皆給
鸞輅九旒黃屋左右纛縣輻輬車挽歌一部前後部
羽葆鼓吹虎賁班劍百人義慶幼為高祖所知
常曰此我家豊城也年十三襲封南郡公除

給事不拜義熙十二年從伐長安還輔國將軍
北青州刺史未之任徙督豫州諸軍事豫州刺史
復督淮北諸軍事豫州刺史立如故永初
元年襲封臨川王徵為侍中元嘉元年轉散騎
常侍秘書監徙度支尚書遷丹陽尹加輔國
將軍常侍並如故時有民黃初妻趙殺子婦
遇赦應徙送避孫儉義慶曰案周禮父母之仇
避之海外雖遇市朝關不及兵蓋以莫大之冤
理不可奪令合戚枕戈義許必報至於親戚為義

骨肉相殘故道乖常憲記無定准求之法外義
父情且禮有過失之宥律無斷祖之文況趙之
縱暴本由於酒論心即實事盡荒耄之王母
等行路之深讎臣謂此孫忍愧銜悲不遵子義
共天同城無㦬孝道六年加尚書左僕射八年
太白星犯右執法義慶有災禍乞求外鎮太
祖詔壁之曰玄象茫昧既難可了且史家諸占
各有異同兵星王時有所干犯乃主當誅以此
言之益無懼也鄭僕射亡後左執法曾有變王

光祿至今平安曰蝕三朝天下之至忌晉孝
武初有此異彼庸主耳猶竟無他天道輔仁
福善謂不足橫生憂懼兄與後軍各受內外之
任本以維城表裏經之盛義此懷實有申來之
事設若天必降災寧可千里逃避邪既非遠者
之事又不知吉凶定所若在都則有不測去此
必保利貞者豈敢苟違天邪義慶固求解僕
射乃許之加中書令進號前將軍常侍尹如
故在京尹九年出為使持節都督荊雍益寧

梁南比秦七州諸軍平西將軍荊州刺史荊州居上流之重地廣兵彊資實兵甲居朝廷之半故高祖使諸子居之義慶以宗室令美故特有此授性謙虛始至及去鎮迎送物並不受十二年普使內外羣官舉士義慶上表曰詔書曠咨羣司延及連牧旌賢凡陋拔善幽遐伏惟陛下惠折光宣經緯明達皇階藻曜風猷日昇而猶詢衢室之令典遵明臺之叡訓降流廁於管庫紆聖思平之版築故以道邈往載德高前王臣

敢竭虛闇祗承明旨伏見前臨沮令新野庾寔秉貞履約愛敬淳深昔在毋憂毀瘠過禮今羅父疚泣血有聞行成閨庭孝著隣黨足以敦化率民齊教軌俗前徵奉朝請武陵龔祈悟和平昔貞潔純素潛居研志耽情墳籍亦足鎮息頹競獎勵浮動處士南郡師覺才學明敏操介清修業均井渫志固冰霜往年辟爲州祭酒未汗其廬若朝命遠暨玉帛遐臻冀人間出何遠之有義慶留心撫物州統內官長

親老不隨在官舍者年聽遣五吏餉家先是王弘爲江州亦有此制在州八年爲西土所安撰徐州先賢傳十卷奏之又擬班固典叙以述皇代之美十六年改授散騎常侍都督江州之西陽晉熙新蔡三郡諸軍事衛將軍江州刺史持節如故十七年即本號都督南兗州徐兗青冀幽六州諸軍事南兗州刺史尋加開府儀同三司爲性簡素寡嗜欲愛好文義才詞雖不

多然足爲宗室之表受任歷藩無浮淫之過唯晚節奉養沙門頗致費損少善騎乘及長以世路艱難不復跨馬招聚文學之士近遠必至太尉袁淑文冠當時義慶在江州請爲衛軍諮議參軍其餘吳郡陸展東海何長瑜鮑照等並爲辭章之美引爲佐史國臣太祖與義慶書常加意斟酌鮑照字明遠文辭贍逸嘗爲古樂府文甚遒麗元嘉中河清頌當時以爲美瑞照爲河清頌其序甚工其辭曰臣聞善談天者必徵象於人言吉者先考績

於今鴻犧以降遒乎鑠山岳彫篆素昭德
歟勖可謂多矣而史編唐堯之功載格于上下
樂登文王之操稱於昭于天素狐玄王聿彰符
命朴牛大鹹麀麚金石詩人於是不作頌聲為
物不盈皆而美溢金石詩人於是不作頌聲為
之而濬庸非惑嫩自我皇宋之承天命也仰符
慈二十四載道化周流玄澤汪濊地平天成上
英固業光襄代事華前德矣聖上天飛踐極迄
應龍之精佈協河龜之靈君圖寶爍爛現
下舍熙文同軌通表重堤福燿德中區黎庶知
讓觀英運表夷貉懷惠邱勤秩禮罷露臺之金
紆國振民傾鉅橋之粟約遵迫膂奢夫泰甚撅
無留飲敗不盤樂物色異人優游據正顯不失
心幽無怨氣精焇日月事洞天情故不勞杕斧
之臣號今不嚴而自肅無辱鳳翠之便靈怪不
召而自彰萬里神行飇塵不起農商野廬
邊城偃榦冀其馬駠金填委內府馴象西爵
充羅外圍阿紈綦組之饒衣覆宗國漁鹽杞

梓之利傍瞻荒迻士民殷富五陵既有斬德宮
宇宏麗三川莫之能比間開有盈歌咬無絕朱輪
豐轍華晃重肩豈徒世無窮人民獲休息朝呼
韓罷酤鐵而已哉是以嘉祥累仍福應充盈呼
丘之狐丹穴之鳥栖阿閣遊禁園金芝九華木
木六刃秀銅池發骨畝宜以恊調律呂謁薦郊
廟煙霏罪霧集不可勝紀然而聖上猶昧旦夙
興若有望而未至閱規逯圖如有追而莫及神
明之既推而弗居也是以琬碑鏐檢盛典無不
治朝神省方大化抑而未許崇文愶律之士蘊
僊頌於外坐朝陪宴之臣懷揄揚於內三靈佇
聽九壤注心既有日矣藏宮乾維月躔蒼陸長
河巨濟異源同清澄波萬塈潔瀾千里斯誠
曠世偉觀昭啓皇明者也語曰影從表瑞從
德此卅效焉宣尼稱鳳鳥不至河不出圖傳曰
俟河之清人壽幾何此傷不可見也然則古人
所不見者今彌見之矣孟軻曰千載一聖是旦
幕也豈不大哉夫四皇六帝樹聲長世大寶也

澤浹群生國富刑清鴻德也制禮裁我樂傅風遷
俗文教也殊華通鍚束穎絳關武功鳴鳥躍
魚樑穫河渠至祥也大寶鴻德文教武功光宗
如此幽明協贊民祇與能厥應如彼唯天爲大
堯實則之皇哉唐哉曄與爲讓抑又聞之勢之
所單者淺則美矣所傳者近道之所感者深則
慶之所流者遠是以豐功疊命閏色勝策盛
德形容藻被歌頌察之上代則相如王襃之屬
徒鳴王鑾於前視之中古則奚斯吉甫之

[宋傳十一] 二十五 龐智藥

成金羈於後絕景揚光清埃繼路班固稱漢
之世奏御者千有餘篇文章之盛與三代同
風由是言之斯廼臣子舊職國家義義不可
輟也臣雖不敏寧不勉乎世祖以照爲中書
舍人上好爲文章自謂物莫能及照悟其旨
爲文多鄙言累句當時咸謂照才盡實不然
也臨海王子頊爲荊州照爲前軍參軍掌書
記之任子頊敗爲亂兵所殺義慶在廣陵有疾
而白虹貫城野廥入府心甚惡之固陳求還太

祖許解州以本號還朝二十一年薨於京邑時
年四十二追贈侍中司空諡曰康王子哀王燁
字景舒嗣官至通直郎爲元凶所殺追贈散
騎常侍子緯字子流嗣官至步兵校尉昇明
三年反伏誅國除緯弟縉早卒燁弟衍太子
舍人衍弟鏡宣城太守鏡弟穎前將軍穎弟
遵考高祖族弟也曾祖淳皇曾祖武原令混
之弟官至正員郎祖峴海西令父洨子彭城內
倩南新蔡太守

[宋書傳十一] 二十六 泐升

史遵考始爲將軍振武參軍預討盧循封鄉侯
自建威將軍彭城內史隨高祖北伐時高祖諸
子並弱宗室唯有遵考長安平定以督并州
司州之北河東北平陽雍州之新平安定五
郡諸軍事輔國將軍并州刺史領河東太守鎮
蒲坂關中失守南還除游擊將軍遷冠軍將
軍晉帝遜位居秣陵宮遵考領兵防衛高祖
初即大位下推恩之詔曰遵考服屬之親國戚
未遠宗室無多宜蒙寵爵可封營浦縣族食

邑五百戶以本號爲彭城沛三郡太守景平元年遷右衛將軍元嘉二年出爲征虜將軍淮南太守明年轉使持節領護軍入直殿省出爲使持節督雍梁南北秦四州荊州之南竟陵順陽襄陽新野隨六郡諸軍事征虜將軍寧蠻校尉雍州刺史襄陽新野二郡太守遵考爲政嚴暴聚斂無節五年爲有司所糾上不問赦還都七年除太子右衛率加給事中明年督南兗州之江北淮南諸軍事征虜將軍南兗州刺史領廣陵太守又徵爲侍中領後軍將軍從太常九年遷右衛將軍加散騎常侍十二年坐屬疾不待對免常侍以疾領右衛明年復本官十其年監徐兗二州豫州之梁郡諸軍事前將軍徐兗二州刺史未之鎮留爲侍中領左衛將軍五年又領徐州大中正太子中庶子本官如故明年出爲使持節監豫司雍幷四州南豫州之梁郡义陽馬頭荊州之義陽四郡諸軍事前將軍豫州刺史領南梁郡太守二十一年坐統

內旱百姓饑詔加賑給而遵考不奉符旨免官起爲散騎常侍五兵尚書遷吳興太守秩中二千石二十五年徵爲領軍二十七年復出爲使持節監豫州刺史本步率軍出江上假節置三十年節監豫州刺史元凶弑立進號安西將軍遣外監徐安期防守之遵考斬安期等起義兵應南譙王義宣義宣加遵考鎮西將軍夏矦獻率衆至爪步承候世祖又坐免官孝建元年鲁爽臧質反起爲征虜將軍率衆屯臨沂縣仍除吳興太守明年徵爲湘州刺史未行遷尚書左僕射三年轉丹楊尹加散騎常侍復爲尚書右僕射領太子右衛率又除領軍將軍加散騎常侍如故明年復遷尚書右僕射金紫光祿大夫常侍如故明年轉左僕射常侍如故又領徐州刺史大中正崇憲太僕前廢帝即位遷特進右光祿大夫常侍太僕如故景和元年出督南豫州諸軍事安西將軍南豫州刺史太宗即位以爲侍中特進右光祿大夫領崇憲太僕給親

侍三十人崇憲太后崩太僕解餘如故泰始五
秊賜几杖大官四時賜珍味疾病太醫給藥固
辭几杖後廢帝即位進左光祿大夫餘如故元
徽元秊卒時秊八十二追贈左光祿大夫開府
儀同三司侍中如故謚曰元公遵考無才能直
之順帝昇明末貴達澄之弟琨之為竟陵王誕
以宗室不遠故歷朝顯遇秊老有疾失明子澄
司空主簿誕作亂以為中兵參軍不就縶繫數
十日終不受乃殺之追贈黃門郎詔吏部尚書

三州一 ■宋書列傳十一

芃
惠

謝莊為之誄遵考從弟思考亦被遇歷朝官極
清顯為豫章會稽太守益徐州刺史凡經十郡
三州泰始元秊卒於散騎常侍金紫光祿大夫
時秊七十五追贈特進常侍光祿大夫如故
史臣曰餘妖内侮狼西臨苟桓交逼荊楚之
勢范矣必使上略未盡一簣或遺則城壤壓境
上流之難方結敵資三分有二之形比向而爭
天下則我全勝之道未可或知劉武王覽聲才
揚盛策一舉碏勦寇非曰天時抑亦人謀也降

宋傳
十一

三十

臣沈　約　新撰

庾悅

王誕

謝景仁　弟述

袁湛　弟豹

褚叔度

庾悅字仲豫潁川鄢陵人也曾祖亮晉太尉
祖義吳國內史父淮西中郎將豫州刺史悅

二年　【宋傳十二】　一　　方堅

少爲衞將軍琅邪王行參軍司馬從事中轉
右長史桓玄輔政領豫州以悅爲別駕從事史
遷驍騎將軍玄簒位從中書侍郎高祖定京邑
武陵王遵承制以悅爲寧遠將軍安遠護
軍武陵內史以病去職鎮軍府版咨議參軍
遷車騎從事中郎劉毅請爲撫軍司馬不就
轉車騎中軍司馬從征廣固竭其誠力盧循
逼京都以爲督江州豫州之西陽新蔡汝南潁
川司州之松滋六郡諸軍事建威將軍江州刺

史從東道出鄱陽循遣將英糾千餘人斷五畝
嶠悅破之進據豫章曲絕循糧援初毅家在京口
貧約過常嘗與鄉曲士大夫往東堂共射時悅
爲司徒右長史暨至京要府州僚佐共出東堂
毅已先至遣與悅相聞曰身久不游集

甚難君素見人無處不可爲適當以此堂見
讓悅素貴其家倪削不答毅語眾人並避之唯毅留
射如故悅厨饌甚盛不以及毅毅既不去悅甚不歡

俄頃亦退毅又相聞曰身今年未得子鵝當

【宋書傳十二】　二　　洪烟

能以殘炙見惠悅又不答盧循平後毅求都
督江州以江州內地治民爲職不宜置軍府上
表陳之曰臣聞天以盈虛爲道治以損益爲義
時否而政不革民凋而事不損則無以救急病
於已危拯塗炭於將絕自頃戎車屢駕干戈
溢境江州以一隅之地當逆順之衝力弱民慢
而器運所繼自相玄以來驅厲殘毀至乃男不
被養女無對匹逃亡去就不避幽深自非財單
力竭無以至此若不曲心矜理有所改移則靡

遺之歎奮焉必及臣謬荷增統傷慘兼懷夫設
官分職軍國殊用牧民以息務為大武略以濟
事為先今兼而領之蓋出於權事因藉旣久
遂為常則江州在腹心之中憑接揚豫藩屏
所倚實為重複督胡寇縱逸朔馬臨江抗禦
之宜蓋出權計以溫嶠明達事由一已猶覺其

宋書傳十二

蜂論之備悉今江右區區尸不盈數十萬地不
踰數千里而統司鱗次未獲減息大而言之足
為國恥況況乃地在無軍而軍府猶置文武將佐

三

資費非豈所謂經國大情揚湯去火者哉具
州郡邊江民尸遠落加以郵亭嶮關畏阻風波
轉輸往還常有淹廢又非所謂因其所利以
濟其嶄弊者也愚謂宜解軍府移治豫章處
十郡之中屬簡惠之政比及數年可有生氣
且屬縣調散亦有所存而窈役調送迎不得休止
亦謂應隨宜井減以簡衆費刺史庚悅自臨
州部甚有恤民之誠但綱維不革自非綱目所
理尋陽接隸宜有防遏可即州府千兵以助

郡戍於是解悅都督將軍官以刺史移鎮豫章
毅以親將趙恢領千兵守尋陽建威府文武三
千悉入毅府許揖領嚴峻數相挫屈悅不得志恒
發背到豫章少日卒時年三十八追贈廬將
軍以廣固之功追封新陽縣五等男
王誕字茂世琅邪臨沂人太保弘從兄也祖恬
中軍將軍父混大常誕少有才藻晉孝武帝
崩從叔尚書令珣為袁孚文久而未就謂誕曰
猶少序節物一句因出本示誕誕攬筆便益

宋書傳十二

四

之接其秋冬代變後云霜繁廣除風回高殿玥
嗟歎清校因而用之龔爵雉鄉族拜祕書郎
琅邪王文學中軍功曹隆安四年會稽王世
子元顯開後軍府又以誕補功曹尋除宣書更
部郎仍為後軍長史領盧江太守加鎮蠻護軍
轉龍驤將軍琅邪內史長史如故誕結事元
顯聲入張法順故為元顯所寵元顯納妾誕為
之親迎隨府轉驃騎長史將軍內史如故元顯
討桓玄欲悉誅桓氏誕固陳脩等與之志趣不

同由此得免脩誕甥也及玄得志誕將見誅脩
為之陳請又言誕等得免之由乃徙誕廣州盧
循擾廣州以誕為其平南府長史其賓禮之誕
又容思歸乃說循曰下官流遠在此被蒙殊眷
主感知已實思報答本非戎旅在此無用素為
劉鎮軍所識情味不淺若得北歸必蒙任寄公
之時會思報厚恩愈於傳此空稽歲月循其然
私際會思報厚恩於傳此空稽歲月循其將
軍今曾天公私非計孫伯符當不欲留誕華子魚

但以一境不容二君耳於是誕又隱之並得還
除員外散騎常侍未拜高祖請為太尉諮議參
軍轉長史燕心歸奉日夜不懈高祖其委仗之
比伐廣固領隊郡太守盧循自燕州南走劉毅
固求追討高祖持疑未決誕密白曰公既平廣
固復滅盧循則功蓋終古勳無與二如此大威
豈可餘人分之毅與公同起布衣一時相推耳今
既已喪敗不宜復使立功高祖從其說七年以
誕為吳國內史毋憂去職高祖征劉毅起為輔

國將軍誕固辭軍號墨經從行時諸葛長民行
太尉留府事心不自安高祖甚慮之毅既平廣求
先下高祖曰留府長史心有自疑宜便去誕求
曰長民知我蒙公垂眄今輕身單下必當以為
無虞乃可以少安其意高祖笑曰卿勇過賁育
矣於是先還九年卒時年三十九以南北從征迺
謝景仁陳郡陽夏人衛將軍晦從叔也名與
封作唐縣五等族子詢宋世子舍人早卒
高祖同諱故稱字祖據太傳安第二第父允宣

城內史景仁幼時與安相及為安所知始為前軍
行參軍輔國參軍事會稽王世子元顯嬖人張
法順權傾一時內外無不造門者唯景仁不至
年三十方為著作郎桓玄誅元顯見景仁甚
知之謂四坐曰司馬庶人父子六何不敗遂令
謝景仁三十方作著作郎立為太尉以補黃
軍府轉大將軍仍參軍事玄建楚臺以補黃
門侍郎及慕位領驍騎將軍景仁博聞強識著
敘前言往行玄每與之言不倦也玄出行殷仲文

下輦之之後甚騎馬散從而使景仁陪輦高祖為
桓脩撫軍中兵參軍當見謂景仁諮事景仁與
語悅之因留高祖共食食未辦而景仁為玄所
召立性促急俄頃之間騎詔續至高祖屢求去
景仁不許曰主上見待要應有方我欲與客共
食豈當不得待竟安坐飽食然後應召高祖其
感之常謂景仁曰是太傅安孫及平京邑入鎮石
頭也謂景仁與百僚同見高祖高祖目之曰此名公
孫也謂景仁曰承制府須記室參軍人當相屈

以為大將軍武陵王遵記室參軍仍為從事中
郎遷司徒左長史出為高祖鎮軍司馬領晉陵
太守復為車騎司馬義熙五年高祖以內難既
寧思弘外略將代鮮卑朝議此旨謂不可劉毅時
自行宰相遠出傾動根本景仁獨曰公建桓文
之烈應天人之心復皇祚芟夷蘇逆雖業
高振古而德刑未孚宜推亡固存廣樹威略
鮮甲密邇壇甸屢犯邊垂伐罪弔民於是平

在平定之後養銳息徒然後觀兵洛汭痛復圍
寇置有坐長寇虜縱敵貽患者哉高祖納之及
北伐大司馬琅邪王天子母弟屬當儲副高祖
深以根本為憂轉景仁為大司馬司馬專總府
任右衛將軍加給事中又遷吏部尚書令史邪
混為左僕射依制不得臨職高祖啟依僕射王
彪之尚書令史平原太守二官共除安泰以令
安泰為都令史平原太守二官共除安泰以令
史職拜謁陵廟為御史中丞鄭鮮之所糾白衣

領職八年遷領軍將軍十一年轉右僕射仍轉
左僕射景仁性矜嚴整潔居宇淨麗每唾輒唾
左右人衣事畢即聽一日澣濯每欲唾左右爭
來受高祖雅相推重申以婚姻盧陵王義真妃景
仁女也十二年卒時年四十七追贈金紫光祿
大夫加散騎常侍葬日謝景仁殯逝悲痛臨哭之甚慟與
驃騎將軍道憐書曰謝景仁殯逝悲痛摧割不
能自勝汝聞問怳愕亦不可堪其器體淹中情
寄實重方欲與之共康時務一旦至此痛惜兼

深往矣奈何當復奈何子恂鄱陽太守恂子穆
善吹笙官至西陽太守景仁弟純字景戀初為
劉毅豫州別駕毅鎮江陵以為衛軍長史南平
相王鎮惡率軍襲毅毅已至城下時毅疾病佐吏
皆入參承純參承畢已出聞兵至馳還入府左
右引車欲還外解純吮之曰我人吏也逃欲何
之乃入及毅兵敗衆散時已暗夜司馬毛脩之
謂純曰君但隨僕乘小船兩人出火光中為
人所殺純孫沈太宗泰始初為巴陵王休若衛

軍錄事參軍山陰令坐事誅述字景先少有志
行隨兄純在江陵純遇害述奉純喪還都行至
西塞值暴風純喪舫流漂不知所在述乘小船
尋求之經純妻庚舫過庚遣人謂述曰喪
舫存沒已應有在風波如此豈可小船所
冒小郎去必無及寧可存亡俱盡邪述號
泣答曰若安全至岸當須營理如其已致
意外述亦無心獨存因冒浪而進見純喪
毅沒述號叫呼天幸而獲免咸以為精誠

所致也高祖聞而嘉之臨豫州諷中正以
述為主簿甚被知器景仁愛甚第三弟黜
而憎述嘗設饌請知高祖希命黜豫坐而
高祖召述知景仁風意又慮高祖命之請
急不從高祖馳遣呼述須至乃懼及景仁
有疾述盡心營視湯藥飲食必嘗而後
進不解帶不盥櫛者累旬景仁深懷感
愧轉太尉參軍從征司馬休之封吉陽
縣五等侯世子征虜參軍轉主簿宋臺尚

書祠部郎世子中軍主簿轉太子中舍人出
補長沙內史有惠政元嘉二年徵拜中書侍
郎明年出為武陵太守彭城王義康驃騎長
史領南郡太守先是述從兄曜為義康長史
喪官述代之太祖與義康書曰今以謝述代曜
其才應詳練著於歷職故以佐汝汝始親庶
務而任重事殷宜寄懷羣賢以盡弼諧之美
想自得之不俟吾言也義康入相述又為司徒
左長史轉左衛將軍在官清約私無宅舍義

康遇之甚厚尚書僕射殷景仁領軍將軍劉
湛並與述爲異常之交美風安善舉止雍
謂人曰我見謝道見未嘗是道兒述小字也雍
州刺史張邵以賧貨下廷尉將致大辟述上表
陳邵先朝舊勳宜蒙優貸太祖手詔酬納焉
述語子綜曰主上矜邵夙誠將加曲恕吾所
不可之大者也使綜對前焚之太祖後謂邵曰
卿之獲免謝述有力焉爲述有心虛疾性理時或
故特見酬納耳若此疏迹宣布則爲侵奪主恩

乖謬除吳郡太守以疾不之官病差補其興太
守在郡清省爲吏民所懷十二年卒時年四十

土　陸永

六喪還京師未至數十里劉湛同乘迎
赴望船流涕十七年劉湛誅義康外鎮將行歎
曰謝述唯勸吾退劉湛唯勸吾進令述亡而湛
存吾所以得罪約緯綜有才藝善隸書爲太
不至此三子綜約緯綜若存緯尚
子中舍人與舅范曅謀反伏誅約亦坐死緯尚
太祖第五女長城公主素爲約所憎免死徙廣州

孝建中還京師方雅有父風太宗泰始中至正
員郎中
袁湛字士深陳郡陽夏人也祖躭歷陽太守
父文質琅邪內史並知名湛少爲從外祖謝安
所知以其見子玄之女妻之初爲衛軍行參軍
員外散騎通直正員郎中軍功曹桓玄太尉奉
軍事人爲中書黃門侍郎出補相修撫軍長
史義旗建高祖以爲鎮軍諮議參軍明年轉尚
書吏部郎司徒左長史侍中以從征功封晉寧

縣五等男出爲高祖太尉長史遷左民尚書徒
掌吏部出爲吳興太守秩中二千石莅政和理
爲吏民所綵入補中書令又出爲吳國內史秩
中二千石義熙十二年轉尚書右僕射本州大
中正時高祖北伐湛兼太尉與朝議兼司空散騎常
侍同書范泰奉九命禮物拜授高祖高祖沖讓湛
等隨軍至洛陽住柏谷塢泰議受使未畢不
拜晉帝陵湛獨至五陵致敬時人美之初陳郡
謝重[王胡]之外孫於諸舅禮敬多闕重子絢湛

之甥也嘗於公座陵湛湛正色謂曰汝便是兩
世無渭陽之情絢有愧色十四年卒官時年四
十追贈左光祿大夫加散騎常侍太祖即位以后
父追贈侍中以左光祿大夫開府儀同三司晉寧敬
故侍中左光祿大夫開府儀同三司晉寧敬公外
敬公世祖大明三年幸藉田行經湛墓下詔曰
使祭少申永懷又增守墓五戶子淳淳子柏
巡覽千畝遙瞻松隴緬惟徽塵感慕增結可遣
民尊戚素風簡正歲紀稍積墳壘浸遠朕近
屬遷劉毅撫軍諮議參軍領記室毅時建議
丹陽尹孟昶以為建威司馬歲餘轉司徒左西
軍大將軍武陵王遵承制復為記室參軍其年
多覽典籍初為著作佐郎衛軍柏謙記室參
卒湛弟豹字士蔚亦為謝安所知好學博聞
大田豹上議曰國因民以為本民資食以為天
脩其業則教興崇其本則末理寔為治之要道
致化之所階也不敢其本則末業滋章飢寒交
湊則廉恥不立當今接暴偽之末值凶荒之餘

爭源既開彫薄彌啟榮利蕩其正性賦斂醫其
所資良疇無側趾之耦比屋有困餒之患中間
多故日不暇給自卷甲郵馬甫一二年積敝之
黎難用克振實仁懷之所矜恤明教之所發
也然斯業不脩有自來矣司牧之官莫或為務
俗吏庸近猶脩秉常科依勸督之故典迷民情之
屢驟譬猶脩隄以防川忘淵立之改易膠柱於
昔弦忽宮商之垂調徒有考課之條而無豪分
之益不悟清流在於澄源止輪由乎高閣患生
於本治之於末故也夫設位以崇賢疏爵以命
士上量能以審官不取人於浮譽舉則比周道息
游者言歸游子既歸則南畝闢矣分職以任務
置吏以周役不以無任立吏必以非用省官
散者發則萊荒墾矣器以應用商以通財勤耕
麗之巧棄難得之貨則彫偽者賤穀稼重矣
耨勤悴力殷收寡工商逸豫用淺利深增賈販
之稅薄疇畝之賦則末技抑而田畯喜矣居位
無義從之徒在野靡芬之黨給賜非可恩致

力役不入私門則游食者反本肆勤自勸游食
省而肆勤衆則東作繁矣密勿者甄異怠慢者
顯罰明勸課之令峻科違之官則嬾惰無所容
力田有所望力者欣而惰者懼人勸矣凡
此數事亦務力之端趣之也拯之以清心鎮之以
無慾勖之以弗倦翼之以廉謹合日計之小成
期遠致於莫歲則澆薄自淳心化有漸矣豹善
言雅俗每商較古今兼以誦詠聽者忘疲尋轉
撫軍司馬遷　御史中丞鄱陽縣矦孟懷玉上母

檀氏拜國太夫人有司奏許豹以爲婦人從夫
之爵懷王父大司農綽見居列卿妻不宜從子
奏免尚書石僕射劉柳左丞徐羨之郎何邵之
官詔立贖論孟昶卒豹代爲丹陽尹義熙七年
坐使從上錢降爲太尉咨議參軍仍轉長史
討劉毅高祖遣益州刺史朱齡石伐蜀使豹爲
檄文曰夫順德者昌逆德者亡失仁與義難以
求安馮阻負衆鮮兄有成詳觀自古隆替有數
故成都不世祀華陽無興國日者王室多故夷

羿澆紛波振塵駭章及遐裔蔓尔譙縱編户黔
首同惡相求是崇迕延長肆反噬於州相播毒害
於民黎倖我西服隔閡皇澤自義風電靡天光
反煇昭晢舊物烟熅匪寧以庶務草莽未遑九
伐自尔以來奄延十載而野心不革伺隙乘閒
招聚通叛共相封殖侵擾我蠻僚搖盪我疆埸
我是以有治洲之役醜類盡殪僵馬無遺桓謙
折首讙福鳥逝奔伏竄穴引頸待戮當今北狄
露晞南冠埃壒朝風載鼓庶績其凝康哉之歌

日熙比屋之隆可詠孤職是經略思一九有卷
彼禹跡願言懷奉命西行途炭荆郢瞻望巴
漢憤慨交深清江源於濫觴澄氣複於井絡誅
叛柔遠全也其時即命河間太守蒯恩下邳太
守劉鐘精勇二萬直指成都龍驤將軍臧熹我
卒二萬進自墊江益州刺史朱齡石舟師三萬
電曜外水分遣輔國將軍索邈漢中之衆濟自
劍道振威將軍朱客子提寧州之銳渡瀘而入
神兵四臨天綱宏掩衡翼千里金鼓萬張組甲

貝胄景煥波屬華夷百濮雲曾霧臻以此攻戰
誰與爲敵況又奉義而行以順而動者哉今三
陝之隘在我境內非有今彭荊門之險彌入其
阻平衢四達實無鄧艾綿竹之艱山川之形抑
非襄日攻守難易居然百倍當全蜀之彊士民
之富子陽不能自安於庸蜀劉禪不敢窺命於
智延此皆益土前事當今元龜也盛如盧循彊
南中荊邯折謀伯約挫銳故知成敗有數非可
如容超陵威南海跨制比代仙樓船萬艘掩江蓋

汜鐵馬千羣充原塞隰然廣固之攻陸無完雜
左里之戰水靡全舟或顯戮京畿或傳首萬里
故知逆順有勢難以力抗斯又目前殷鑑深切
著明者也梁益人士爲明王化雖驅迫一時本
非奧主從之潘虐日月增播刑殺非罪死以澤
量而待命冠讎之戮敵嘔豺狼之吻豈不邈誠
南凱延首東雲普天有來蘇之幸而一方懷後
子之怨王者之師以仁爲本舍逆取順爰自三
驅齊斧所加縱身而已其有袵甲反接自投軍

門者一無所問士子百姓削肆安堵審擇吉凶
自求多祐大信之明瞰若朝日如其迷復姦邪
守愚不改火燎諸芝艾同爛河決金隄淵丘
同體雖欲悔之亦將何及九年卒官時年四十
一次年以參伐蜀之謀追封南昌縣五等子子
洵元嘉中歷顯官盧陵王紹爲南中郎將江州
刺史年少未親政洵爲長史潯陽太守行府州
事元嘉末爲吳郡太守元凶弑立加洵建威將
軍置佐史會安東將軍隨王誕起義檄洵爲前

鋒加輔國將軍事平頃之卒追贈征虜將軍諡
曰貞子長子顗別有傳少子覬好學善屬文
有清譽於世官至司徒從事中郎武陵內史番
卒洵弟濯揚州秀才番卒濯弟淑濯子㮚並有
別傳

褚叔度河南陽翟人也曾祖裒晉太傅祖歆秘
書監父爽金紫光祿大夫長兄秀之字長倩歷
大司馬琅邪王從事中郎黃門侍郎高祖鎮西
長史秀之妹恭帝后也雖晉氏姻戚而盡心於

高祖遷侍中出補太司馬右司馬恭帝即位為
祠部尚書本州大中正高祖受命徙為太常元
嘉元年卒官時年四十七秀之弟淡之字仲源
亦歷顯官為高祖車騎從事中郎尚書吏部郎
廷尉卿左衛將軍高祖受命方偓殺焉或之兄弟
立盡忠事高祖恭帝每生男輒令方偓殺之兄弟或
誘賂內人或密加毒害後非一及恭帝遜位
居秣陵宮常懼見禍與褚后共止一室慮有酖
毒自煑食於牀前高祖將殺不欲遣人入內令

淡之兄弟視褚后出別室相見兵人乃踰
垣而入進藥於恭帝帝不肯飲曰佛教自殺者
不得復人身乃以被掩殺之後會稽郡缺朝議
欲用蔡廓高祖曰彼自是蔡家佳兒何關人
事可用佛佛淡之小字也乃以淡之為會稽
太守景平二年富陽縣孫氏聚合門宗謀為
逆亂其支黨在永興縣潛相影響求與令羊
恂覺其姦謀以告淡之淡之不信乃以誣
人之罪收縣職局於是孫法亮號冠軍大

將軍與孫道慶等攻没縣邑即用富陽令顧寰
為令加輔國將軍道為建威將軍孫道仲孫公
喜法殺攻永興與永興民屬恭期初與賊同後反善
就羊恂率吏民拒戰力少退敗賊用縣人許祖為
為令恂逃伏江中尋復為賊所得使還行
縣事賊遂磐據更相樹立遂以賀令司馬文寅為
為征西大將軍孫道仲為建旗鳴鼓直攻山陰淡
左司馬與公喜法殺等建旗鳴鼓直攻山陰令陸邵
之自偓凌江將軍以山陰令陸邵領司馬加振

武將軍前員外散騎常侍王茂之為長史前
國子博士孔欣前員外散騎常侍謝莘之並參
軍事召行參軍七十餘人前鎮西諮議參軍孔
審子左光祿大夫孔季恭子山士在艱中皆起
為將軍遣隊主陳願郡議曹揚虞道納二軍
過浦陽江願等戰賊遂摧鋒而前去城二十餘
里淡之遣陸邵督帶戟公石絲廣武將軍陸充
以水軍拒之又別遣行參軍屬恭期等步軍與部
合力淡之率所領出次近郊恭期等與賊戰於

柯亭大破之賊走還求興遣僞寧朔將軍孫倫
領五百人攻錢唐與縣戍軍建武將軍戰於琦
倫敗走還富陽倫因反善殺法步帥卓領十餘人
送首京都詔遣殿中員外將軍徐卓領千人右
將軍彭城王義康遣龍驤將軍徐顯率衆五百
東討司空徐羨之版揚州主簿沈嗣之為富陽
令領五百人於吳興道東出迸未至而賊平吳
郡太守江夷輕行之職停吳一宿進至富陽分
別善惡親送顧從賊餘黨數百家於彭城壽陽

青州諸處二年淡之卒時年四十五諡曰質子
叔度名與高祖同故以字行初為太宰琅邪王
參軍高祖車騎參軍事司徒左西屬中軍咨議
參軍署中兵加建威將軍從伐鮮卑盡其誠力
盧循攻查浦叔度力戰有功循南走高祖版行
廣州刺史仍除都督交廣二州諸軍事建威將
軍領平越中郎將廣州刺史相玄族人開山聚
衆誅擒廣州專覽叔度采平之義熙八年盧循
餘黨熙劉敬道竄迫詣交州歸降交州刺史杜慧

度以事言統府叔度以敬道等路窮請命事非
款誠報使誅之慧度不加防録敬道招集亡命
攻破九真殺太守章民慧度討平之叔度輒
聚慧度號為舊揚將軍惡不先上為有司所糾
詔原之高祖征劉毅叔度遣三千人過嶠荊州
厚加贈遺尋除太尉咨議參軍相國右司馬高
禁錮終身還至都凡諸舊及有一面之款無不
平乃還在任四年廣營賄貨家財豐積坐免官
祖受命為右衛將軍高祖以其名家而能竭盡

心力甚嘉之乃下詔曰夫賞不遺勤則勞臣增
勸爵必疇庸故在功咸達叔度南北征討常管
戎要西夏不虞之誠箸嶺表可封番禺縣男食邑
四百戶尋加散騎常侍求初三年出為使持節
監雍梁鐢校尉南北秦四州之南陽竟陵順陽義
陽新野隨六郡諸軍事征虜將軍雍州刺史
史領寧蠻校尉襄陽義成太守在任每以
清簡致稱景平二年卒時年四十四子
恬之嗣官至南琅邪太守恬之卒子昭

嗣昭卒子瑄嗣齊受禪國除叔度第二子寂之
著作佐郎早卒子授尚太祖第六女琅邪貞長
公主太宰參軍亦早卒子秀之弟湛之字休玄
尚高祖第七女始復尚安哀公主拜駙馬都尉箏作
郎哀公主薨復尚高祖第五女吳郡宣公主
諸尚公主者並用世冑不必皆有才能湛之謹
實有意幹故為太祖所知歷位揚武將軍
南彭城沛二郡太守太子中庶子司徒左長史
侍中左衛將軍左民尚書丹陽尹元凶弒逆以

為吏部尚書復出為輔國將軍丹陽尹統石頭
戍事世祖入代劭自攻新亭壘使湛之率水師
俱進湛之因攜二息淵澄輕船南奔淵有一男
始生為劭所殺世祖即位以為尚書右僕射孝
建元年為中書令丹陽尹坐南郡王義宣諸子
逃藏郡坐免建康令王與之江寧令沈道源下獄
湛之免官禁錮其年復為散騎常侍左衛將
軍俄遷侍中左衛如故以父疾拜散騎常侍光
祿大夫加金章紫綬頭之復為丹陽尹光祿如

故尋為尚書左僕射以南奔賜爵都鄉侯疾大明
四年卒時年五十追贈侍中特進驃騎將軍給
鼓吹一部左僕射如故諡曰敬矣子淵庶生宣
公主以淵有才表為嫡嗣淵早明末為司空
史臣曰高祖雖累葉江南楚言未變雅道風
流無聞焉爾凡此諸子並前代名家莫不塵
請職負羈先路將由庶民之道邪

宋書五十三

臣沈　約　新撰

張茂度 子永
庾登之 弟炳之
謝方明
江夷

張茂度吳郡吳人張良後也名與高帝諱同故
稱字良七世孫爲長沙太守始遷於吳高祖嘉
曾祖澄晉光祿大夫祖彭祖廣州刺史父敞侍
中尚書吳國內史茂度郡上計吏主簿功曹州
從事史並不就琅邪王衛軍參軍貟外散騎
侍郎尚書度支郎父憂不拜服闋爲何無忌鎮
南參軍頃之出補晉安太守盧循爲寇覆浹江
州茂度及建安太守孫蚪之並受其符書供其
命從事史走俱坐免官復以爲始興相郡經賊寇
調役循走俱坐免官復百不存一茂度在郡一
廨宇焚燒民物凋散民戶漸復在郡一周徵爲
太尉參軍尋轉主簿揚州治中從事史高祖西
弟死撫傷收集離散

伐劉毅茂度居守留州事衆委之軍還遷中書
侍郎出爲司馬休之平西司馬河南太守逃下逢高祖
將討休之茂度聞知乘輕船逃下逢高祖於中
路以爲錄事參軍太守如故江陵平驃騎將軍
道憐爲荊州茂度仍爲諮議參軍太守如故還
爲揚州別駕從事史高祖北伐關洛復任留州
事出爲使持節督廣交二州諸軍事建武將軍
平越中郎將廣州刺史綏靜百越嶺外安平
疾求還復爲道憐司馬丁繼母憂服闋除廷尉
轉尚書吏部郎太祖元嘉元年出爲使持
節督益寧二州梁州之巴西梓潼宕渠南
漢中秦州之懷寧安固六郡諸軍事冠軍
將軍益州刺史三年太祖討荊州刺史謝
晦詔益州遣軍襲江陵晦已平而軍始至
白帝茂度與晦素善議者疑其出軍應大
留時茂度弟邵爲湘州刺史起兵應大
駕上以邵誠節故不加罪被代還京師
七年起爲廷尉加奉車都尉領本州中

正入為五兵尚書徙太常以脚疾出為義興
太守加秩中二千石上從容謂茂度易復以
西蜀介懷對曰臣若不遭陛下之明墓木拱
矣頃之解職還家徵為都官尚書加散騎常
侍固辭以疾就拜光祿大夫加金章紫綬茂度
内足於財自絕人事經始本縣之華山以為居
優遊野澤如此者七年十八年除會稽太素
有吏能在郡縣職事甚理明年卒官時年六
十七謚曰恭子茂度同郡陸仲元者晉太尉

三　林

玩曾孫也以事用見知歷清資吏部郎右衛
將軍侍中吳郡太守自玩洎仲元四世為侍
時人方之金張二族弟子真元嘉十年為海
陵太守中書舍人狄當為太祖所信委家在
海陵死還葬橋路毀壞車縣求發民
脩治真不許同徒彭城王義康聞而善之
召為國子博士司徒左西掾州沿中臨海東
陽太守茂度子演太子中舍人演弟鏡新安
太守皆有盛名並早卒鏡弟永

永字景雲初為郡主簿州從事轉司徒主曹
參軍出補餘姚令入為尚書中兵郎先是尚
書中條制繁雜元嘉十八年欲加治撰徙永
為刪定郎掌其任二十二年除建康令所居
皆有稱績又除廣陵王誕北中郎錄事參軍
永涉獵書史又能為文章善隸書曉音律騎射
雜藝觸類兼善又有巧思益為太祖所知紙及
墨皆自營造上每得永表啟輒玩咨嗟自
歎供御者了不及也二十三年造華林園玄

四　圭

武湖並使永監統凡諸制署皆旨受則於永徙
武將軍廣陵南沛二郡太守二十八年又除江
夏王義恭太尉中兵參軍越騎校尉振
為江夏王義恭驃騎中兵參軍沛郡如故永既有
才能所在每盡心力太祖謂堪為將二十九年
以永督冀州青州之濟南樂安太原三郡諸
軍事揚威將軍冀州刺史督樂安太原三郡
諸將經略河南攻碻磝城累旬不能拔其年八
月七日夜虜開門燒樓及攻車士卒燒死及

為虜所殺甚衆永即夜撤圍退軍不報諸
將衆軍驚擾為虜所乘死敗塗地永及申坦
並為統府撫軍將軍蕭思話所收繫於歷城
獄太祖以屢征無功諸將不可任責永等與思
話詔曰虜既乘利方盛冬若脫敢送死兄弟
父子自共當之耳言及增憤可以示張永申坦
又與江夏王義恭書曰早知諸將輩如此恨不
以白刃驅之今者悔何所及三十年元凶弒立
起永督青州之東安東莞二郡諸軍事輔國

將軍青州刺史司空南譙王義宣起義又板
永為督冀州青州之濟南安樂太原三郡諸
軍事輔國將軍冀州刺史永遣司馬崔勳之
中兵參軍劉則二軍馳赴國難時蕭思話在
彭城義宣慮二人不相諧緝與思話書勸與
永坦懷又使永從兄長史張暢與永書曰近
有都信具汝刑網之源可謂雖在縲紲而復
永無愧矣蕭公平厚先無嫌隙見汝翰迹言
心不相傷何其滔滔稱人意邪當今世故艱迫

義氣雲起方藉羣賢共康時難當遠慕廉蘭
在公之德近效平勃忘私之美忽此帶芥刻
申舊情公亦命蕭示以踈達兼令相執共遺
此旨事平召為江夏王義恭大司馬從事中郎
領中兵時使百僚獻讜言永以為宜立諫官
開不諱之路講師旅示安不忘危世祖建元
年藏質反遣永輔武昌王渾鎮京口其年出為
楊州別駕從事史明年召入為尚書左丞時
將士休假年開三番紛紜道路永建議曰臣

聞開兵從稼前王以之兼隙耕戰遞勞先代
以之經遠富今化寧萬里文同九服捐金走
驛於焉自始伏見將士休假多蒙三番程會
既促裝赴在早故一歲之間四馳遙路或失遠
春耕或違要秋登致使公替常儲家闕舊要
考定利害宜加詳改愚謂交代常以一年為
制使正上之念勞未及積遊農之望收功歲
成斯則王度無窮民業斯植矣從之大明元
年遷黃門侍郎尋領虎賁中郎將本郡中正

三年遷廷尉上謂之曰卿飢與釋之同姓欲使
天下頓無冤民加寧朔將軍尚書吏部郎司徒
右長史尋陽王子房冠軍長史四年立明堂永
以本官兼將作大匠事畢遷太子右衞率七年
爲宣貴妃殷氏立廟復兼將作大匠轉右衞將
軍其年世祖南巡自宣城候道東入使永循
行水路是歲旱塗迂不通上大怒免時上寵子
新安王子鸞爲南徐州刺史割吳郡屬徐

州八年起永爲別駕從事史其年召爲御史
中丞前廢帝永光元年出爲吳興太守遷度
支尚書已太宗即位除吏部尚書未拜會四方
反叛復以爲吳興太守加冠軍將軍假節未
拜以將軍假節徙爲吳郡太守率軍東討又
爲散騎常侍太子詹事未拜遷使持節監青
冀幽并四州諸軍事刺軍青冀二州刺史
統諸將討徐州刺史薛安都傳又遷散騎常
素見等事在安都傳又遷散騎常侍將
軍太子詹事權領徐州刺史又都督徐兗青

宋書畺傳十三　七　李王

冀四州諸軍事又爲使持節都督南兗兗徐二
州諸軍事南兗州刺史常侍將軍如故時薛
安都據彭城請降而誠心不款太宗遣軍彭
沈攸之以重兵迎之加督刱鋒軍事進軍彭
城安都招引索虜之兵旣至士卒離散永狼
狽引軍還爲虜所迫大敗復值寒雪士卒離
散永會稽東陽臨海永嘉新安五郡諸軍事
都督會稽太守將軍如故以比討失律固求自貶
降號左將軍永痛悼所失之子有兼常哀厭
制雖除猶立靈座飲食衣服待之如生每出
行常郎具名車好馬號曰侍從有事輒語左
右報郎君以破醉索見功封孝昌縣侯食邑
千戶在會稽宴賓客有謝方童等坐贓下獄死
永又降號冠軍將軍四年遷使持節督雍梁
南北秦四州郢之竟陵隨二郡諸軍事右將
軍雍州刺史未拜傳爲太子詹事加散騎常
侍本州大中正六年又加護軍將軍領石頭戍

宋書傳十二　八　秉

事給鼓吹一部七年遷金紫光祿大夫尋復領
護軍後廢帝即位進右光祿大夫加侍中領
安成王師加親信二十人又領本州中正出為
吳郡太守秩中二千石侍中右光祿如故元徽
二年遷使持節都督南兗徐青冀益五州諸
軍事征北將軍南兗州刺史侍中如故永少便驅
馳志在宣力年雖已老至是氣未衰優遊閒任
意其不樂友有此授喜悅非常即日命駕還
都未之鎮值桂陽王休範作亂永率所領出

屯白下休範至新亭大桁不守前鋒遂攻南
掖門永遠人覘賊既返唱云臺城陷矣永衆於
此潰散永亦棄軍奔走還先所住南苑以永舊
臣不加罪止免官削爵永亦慨歎發病三年卒
時年六十六順帝昇明二年追贈侍中右光祿
大夫子璞昇明末達官永弟辯太宗亦見任
遇歷尚書吏部郎廣州刺史大司農辯弟岱
昇明末吏部尚書

庾登之字元龍潁川鄢陵人也曾祖冰晉司空

祖蘊廣州刺史父廓東陽太守登之少以彊
濟自立初為吾會稽王道子太傅參軍義旗
初又為高祖鎮軍參軍以預討桓立功封曲江
縣五等男參大司馬司徒左西曹屬登之雖
從事中郎大司馬主簿琅邪王軍事豫州別駕
不涉學善於世事王弘謝晦江夷之徒皆相
知友轉太尉主簿義熙十二年高祖北伐至
之擊節驅馳退告劉穆之以母老求郡于時
士庶惶遽速役而登之二三其心高祖大怒

除吏名大軍發後乃以補鎮蠻護軍西陽太
守入為太子庶子尚書左丞出為新安太守
謝晦為撫軍將軍荊州刺史請為長史南郡
太守仍為衛軍長史太守如故登之與晦俱
曹氏墳名位本同一旦為之佐意其不愜到
厩陵唯云即日恭到初無感謝之言每入觀見
備持箱囊几席之屬一物不具不坐晦常優
容之晦欲使登之罒守登之不許語
在晦傳晦既登之以無任免罪禁錮還家元

嘉五年起爲衡陽王義季征虜長史義季年
少未親政衆事一以委之尋加南東海太守入
爲司徒右長史尚書吏部郎司徒左長史南
東海太守府公彭城王義康專覽政事不欲
自下厝懷而登之性剛每陳已意無故因其
悅出爲吳郡太守州郡相臨之時爲臨川
莅任賦貨以事免官弟炳之
登之隨弟之郡優游自適俄而除豫章太守
便道之官登之初至臨川吏民咸相輕侮豫

遠太宗鎮姑孰敕爲衛軍長史卒於豫章太守
追贈侍中
未拜二十年卒時年六十二即以爲贈子沖
歡爲十八年遷江州刺史疾篤徵爲中護軍
章與臨川接境郡又華大儀迕尤赫土人並驚
炳之字仲文初爲祕書太子舍人劉粹征比
長史廣平太守兄登之爲謝晦長史之往
省之晦時位高權重朝士莫不加敬炳之獨
與抗禮時論健之爲尚書度支郎不拜出補

錢唐令治民有績轉彭城王義康驃騎主簿
未就徙爲揚丞炳之旣未到府疑於府公禮
敬下禮官博議中書侍郎裴松之議曰案春
秋八年祭公逆王后于紀公羊傳曰女在
國稱女此其稱王后何王者無外其辭成矣
推此而言則炳之爲吏之道定於受命之日
矣其辭已成在無外名器旣正則禮亦從之
且今宰牧之官拜之民未接之民必有其
敬者以旣受王命則成君民之義故也吏之

被勑猶除者受拜民不以未見闕其被禮吏
安可以未到廢其節乎愚懷所見宜執吏禮
從之遷司徒左西屬左將軍竟陵王義宣未
親府板炳之爲諮議參軍衆務悉委焉後將
軍長沙王義欣鎮壽陽炳之爲長史南梁郡
太守轉鎮軍長史太守如故出爲臨川內史
後將軍始興王濬鎮湘州以炳之爲司馬領
長沙內史濬不之任除南太山太守司馬如
故于時領軍將軍劉湛協附大將軍彭城王

義康而與僕射殷景仁有隙凡朝士遊殷氏者
不得入劉氏之門獨炳之遊二人之間密盡
忠於朝廷景仁稱疾不朝見者歷年太祖常
令炳之銜命去來湛不疑也義康出藩湛伏
誅以炳之為尚書吏部郎與右衛將軍沈演
之俱秉機密頃之轉侍中本州大中正遷吏
部尚書領義陽王師內外歸附勢傾朝野炳
之為人彊急而不耐煩賓客干訴非理者忿
詈形於辭色素無術學不為眾聖所推性好
潔士大夫造之者去未出戶輒令人拭席洗床
時陳郡殷沖亦好淨小史非淨浴新衣不得
近左右士大夫小不整潔每容接之炳之潔反
是沖每以此譏焉領選既不緝衆諭又頗通
貨賄炳之請急還家吏部令史錢泰主客令
史周伯齊出炳之宅諮事泰能彈琵琶伯齊
善歌炳之因留停宿尚書舊制令史諮事不
得宿停外雖有八座命亦不許為有司所奏
上於炳之素厚將恕之召問尚書右僕射何尚

宋書傳十三　十三

之尚之具陳炳之得失又密奏曰夫為國為家
何嘗不謹用前典今苟欲通一人慮非哲王御
世之長術炳之所行非曖眛而已臣所聞旣非
一旦又往往見事如丘山彭彭若此遂縱而
不紏不知復何以為治晉武不曰明主斷而後令
止作城門校尉耳若言炳之有誠於國未知的
事遂能舊發華顒見待不輕發錮累年後起
是何事政當去與殷景仁不失其舊曾與劉湛
亦復不踈且景仁當時事意豈復可蔑朝士
兩邊相推亦復何限縱有微誠復何足掩其
惡今貫充勳烈晉之重臣雖事業不勝不聞
有大罪諸臣進說便遽出之陛下聖叡反更
遲遲於此炳之身上之豐旣自藉藉交結朋
黨構扇是非實足亂俗傷風諸惡綺緯過於
范曄所少賊一事耳伏願深加三思試以諸聲
傳普訪諸可顧問者羣下見陛下顧遇旣重
恐不敢苦相侵傷顧問之日宜布嫌責之言若
不如此亦當不辯有所得失臣奏旣有所啟要

宋書傳十三　十四

宋裕

欲盡其心如無可納伏願宥其觸忤之罪時炳

之自理不謂臺制令史並言停外非嫌太祖

以炳之信受失所小事不足傷大臣尚之又陳

曰炳之呼二令史諮都令史駱宰

宰云不通吏部曹亦咸知不可令史具向炳之

直是苟相留耳由外悉知此而譏於信受群

說不得停之意令之了不聽納之非為不解

情豈了陛下不假為之辭雖是令史出乃遠

虧朝典又不得謂之小事謝晦望實非今者

之囑一事錯誤免侍中官王琇時賢小失相　十五

緝春蒐之諸皆白衣領職況公犯憲制者邪

不審可有同王相白衣例不於任使無損兼可

得以為蕭戒孔萬祀居左丞之局不念相當

語駱宰云炳之貴要異他尚書身政可得無言

耳又云不癡不聾不成姑公敢作此言亦為異也

太祖猶優游之使尚之更陳其意尚之乃備

言炳之愆過曰尚書舊有增置幹二十人以元

凱丞郎幹之假疾病炳之常取十人私使詢

勵幹闌不得時補近得王師猶不遣還臣令人

語之先取人使意常未安今既有手力不宜

復留得臣此信方復遣耳大都為人好率懷

行事有諸紕紜不悉可曉臣思張遼之言關

羽雖兄弟曹公父子豈得不言觀今人憂國

實寡臣復結舌日月之明或有所蔽然不知

臣者當不謂臣有爭競之迹追以悵悵臣與炳

之周旋俱被恩接不宜復生厚薄太尉昨與

臣言說炳之有諸不可非唯一條遠近相崇畏

震動四海凡短人辦得致此更復可嘉虞秀　十六

之門生事之累味珍肴未嘗有之其外別貢

豈可具詳炳之門中不問大小誅求張幼緒幼

緒轉無以堪命炳之先與劉德願殊惡德願

自持琵琶甚精麗遺之便復款然市令盛馥

進歡百口村助營宅恐人知作虛買券劉道

錫驟有所輸傾南偉之半劉雍自謂得其力

助事之如父夏中送甘蔗若新發於州國吏

運載樵荻無報於道諸見人有物鮮或不求聞

劉道考有村便气村見好爥盤便復气之選用
不平不可一二太尉又云炳之都無共事之體凡
所選舉悉是其意政令太尉知年論虞秀之作
黃門太不政若和故得停太尉近與炳之疏欲
用德願見作州西曹炳之乃啟用爲主簿即語
德願德願謝太尉前後漏泄賣恩亦復何極
縱不加罪故宜出之士庶忿疾之非直項羽楚
歌而已也自從裴劉刑罰以來諸將陳力百倍
今日事實好惡可問若赫然發憤顯明法憲
陛下便可閒卧紫闥無復一事也太祖欲出炳
之爲丹楊又以問尚之尚之荅曰臣既乏賈生
應對之才又謝汲公犯顏之直至於侍坐仰酬
每不能盡昨出伏復深祇有愚滯今之事
跡異口同音便是彰著政未測得物之數年可
爲踏罪負恩無所復少且居官失和未有此
比陛下遲遲舊恩未忍窮法爲弘之大莫復
過此方復有尹京赫赫之授恐悉心奉國之
人於此而息貪狼恣意者歲月激其非但虧

黜王化乃治亂所由如臣所聞天下論議炳
之常塵黲累日月未見一豪增輝今曲阿在水
南恩寵無異而恊首郡之榮乃更成其形勢
便是老王雅也古人云無賞罰雖堯舜不能
爲治也陛下豈可坐損皇家之重迷一凡人事
若復在可否之閒亦不敢苟陳宿管令賈誼
直明白灼然而廠王令王反更不悟令賈誼
劉向重生當時亦懼犯觸流涕於聖世邪臣昔啟
范曄當時亦懼犯觸之尤苟是愚懷所把政
得少明國典粗酬四海之諷詈彊如山榮
且外出若能脩改在職著稱還亦不難而可
自不能舒達所謂雖九死而不悔者也謂炳之
任不損炳之若復有彰大之罪誰復敢以聞
述且自非殊勳異績亦何足塞今日之尤歷
觀古今未有衆過藉藉受貨數百萬更得
高官厚祿如今者也臣每念聖化中有此事
未嘗不痛心疾首設令臣等數人縱橫狼藉
復如此不審當復云何處之近啟賈充遠鎮

今亦何足分外出恐是筞之良者臣知陛下
不能採臣言故是臣不能盡巳之愚至耳今
蒙恩榮者不少臣言何爲獨懇懇於斯實是
尊主樂治之意伏願試更垂察又曰臣見劉伯
寵大慷慨炳之所行云有人送張幼緒幼緒語
之值一客雖得一縣貧三十萬錢庚沖遠乃當送
至新林見縛束猶未得解辛苟萬秋嘗詣炳
好馬不又云無政有佳驢耳炳之便苔甚是

非
所欲客出門遂與相聞索之劉道錫云是炳
之所舉就道錫索嫁女具及祠器乃當百萬
數猶謂不然選令史章龍向臣說亦歎其受
納之過言實得嫁女具銅鑪四人舉乃勝細
葛斗帳等物不可稱數在尚書中令奴酷
酒利其百十亦是立臺閣所無不審少簡聖
聽不恐仰傷日月之明臣竊爲之歎息太祖
乃可有司之奏免炳之官是歲元嘉二十五年
也二十七年卒於家時年六十三太祖錄其

宿誠追復本官二子季之逯弘遠
謝方明陳郡陽夏人尚書僕射景仁從祖弟
也祖鐵永嘉太守父沖中書侍郎家在會稽
謝病歸除黃門侍郎不就爲孫恩所殺追贈
散騎常侍方明隨伯父吳興太守邈在郡孫
恩寇會稽東土諸郡皆響應吳興民胡桀郜
驃破東遷縣方明勸邈避之不從賊至被害
方明逃竄遂免初邈遘舅子長樂馮嗣之及此
方學士馮邛仇女達俱往吳興投邈並舍之
壁

郡學禮待甚簡二人並忿懟遂與恩通謀恩
嘗爲嗣之等從者夜入郡見邈衆道不悟本
欲於吳興起兵事趣不果乃遷於會稽及郡
等攻郡嗣之女達並豫其謀劉牢之謝琰等
討恩恩走入海嗣之等不得同去方更聚合
明結逕門生義故得百餘人掩討嗣之等采禽
而手刃之于時荒亂之後吉凶禮廢方明合
門遇禍資產無遺而營舉凶事盡其力用數
月之閒葬送並畢平世備禮無以加也頃之孫

恩重沒會稽謝琰見害恩購求方明甚急方
明於上虞載母妹奔東陽由黃蘗嶠出鄱陽
附載還都寄居國子學流離險厄屯苦備經
而貞立之操在約無改元興元年桓玄尅京
邑丹楊尹下範之勢傾朝野欲以女嫁方
明使尚書吏部郎王騰譬說備至方明終不
回桓玄聞而賞之即除著作佐郎補司徒王
謐主簿從兄景仁畢為高祖中兵主簿方明
事思忠益知無不為高祖謂之曰愧未有瓜

衍之賞且當與鄉共豫章國祿屢加賞賜方
明嚴恪善自居遇雖處闇室未嘗有惰容無
他伎能自然有雅韻從兄混有重名唯歲節
朝宗而已丹楊尹劉穆之權重當時朝野輻
輳不與穆之相識者唯有混方明都僧施蔡
廓四人而已穆之甚以為恨方明廓後往造
之大悅白高祖曰謝方明可謂名家駒直置
便自是台鼎人無論復有才用頃之轉從事
中郎仍為左將軍道憐長史高祖命府內衆

事皆諮決之隨府轉中軍長史尋更加晉陵
太守復為驃騎長史南郡相委任如初嘗年
終江陵縣獄囚事無輕重悉散聽歸家使過
正三日還到罪應入重者有二十餘人綱紀以
下莫不疑懼時晉陵郡送故主簿弘季盛徐
壽之並隨在西固諫以為昔人雖有其事或
是記籍過言且當今民情偽薄不可以古義
相許方明不納一時遣之四及父兄皆驚喜涕
泣以為就死無恨至期有重罪二人不還方明

不聽討捕其一人醉不能歸逮二日乃反餘一囚
十日不至五官朱千期請見欲白討之方明知
為囚軍使左右謝五官不湏入自當反囚遂
巡墟里不能自歸鄉村責讓之率領將送遂
音夕無逃亡者遠近咸歎服為遭母憂去職服
闋為宋臺尚書吏部郎高祖受命遷侍中永
初三年出為丹楊尹有能名轉會稽太守江東
民戶殷盛風俗峻刻強弱相陵姦吏蜂起符書
下文攝相續文罪及比伍動相連坐一人犯吏

則一村廢業邑里蕭然狗吠達旦方明深達治
體不拘文法闊略苛細務存綱領州臺符攝即
時宣下緩民期會展其辦舉郡縣監司不得
妄出貴族豪士莫敢犯禁除比伍之坐判夕繫
之獄前後征伐每兵運不充悉發債士庶事既
寧息皆使還本而屬所刻害或即以補吏守
宰不明與奪乘非人事不至必被抑塞方明
簡汰精當各慎所宜雖服役十載亦一朝從理
東土至今稱詠之性尤愛惜未嘗有所是非

宋書傳十三 二十 二十三 陳湅

使無迹可尋元嘉三年卒官年四十七
子惠連幼而聰敏年十歲能屬文族兄靈運
深相知賞事在靈運傳本州辟主簿不就惠
連先愛會稽郡吏杜德靈及居父憂贈以五
言詩十餘首文行於世坐被徙廢塞不豫榮
伍尚書僕射殷景仁愛其才因言次白太祖臣
小兒時便見世中有此文而論者云是謝惠連
其實非也太祖曰若如此便應通之元嘉七年

方為司徒彭城王義康參軍是時義康
治東府城城塹中得古冢為之改葬使惠連
為祭文留信待成其文甚美又為雪賦亦必高
麗見奇文章並傳於世十年卒時年三十七既
早亡且輕薄多尤累故官位不顯無子弟宣
竟陵王誕司徒從事中郎臨川內史
江夷字茂遠濟陽考城人也祖晉護軍將軍義
散騎驃騎諮議參軍夷少自藻厲為後進之美
州辟主簿不就桓玄篡位以為豫章王文學義

宋書傳十三 二十四 徐湛

旗建高祖板為鎮軍行參軍尋行大司馬琅
邪王軍事轉以公事免頃之復補主簿豫討
桓玄功封南郡陵縣五等侯孟昶建威府司
馬中書侍郎中軍太尉從事中郎征西大將
軍道規長史南郡太守尋轉太尉諮議參軍
領錄事遷長史入為侍中大司馬府琅邪
拜洛陽圍陵進至潼關還領寧遠將軍琅邪國
內史本州大中正高祖初建為五兵尚書高祖受命
事一以委焉宋臺初建為五兵尚書高祖受命

轉掌度支出爲義興太守加秩中二千石以疾去
職尋拜吏部尚書爲吳郡太守營陽王於吳
縣見害夷臨哭盡禮又以兄疾去官復爲丹陽
尹吏部尚書加散騎常侍遷右僕射夷美風
儀善舉止歷任以和簡著稱出爲湘州刺史
加散騎常侍未之職病卒時年四十八遺命薄
斂疏奠務存儉約追贈前將軍本官如故子
湛別有傳

史臣曰爲國之道食不如信立人之要先質後
文士君子富以體正爲基蹈義爲本然後飾
以藝能文以禮樂苟或難備不若文不足而
質有餘也是以小心翼翼可抵事於上帝齊
夫喋喋終不離於虎圈江夷謝方明謝弘微王
惠王球學義之美未足以成名而貞心雅體
廷臣所罕及詩云溫溫恭人惟德之基信矣

列傳第十三　　宋書所十五

宋書五十四

臣沈　約　新撰

孔季恭

羊玄保

沈曇慶

宋書傳十四

一

孔靖字季恭會稽山陰人也名與高祖祖諱同故稱字祖愉晉車騎將軍父誾散騎常侍季恭始察郡孝廉功曹史箸作佐郎太子舍人鎮軍司馬司徒左西掾未拜遭母憂隆安五年於喪中被起建威將軍山陰令不就高祖東征孫恩屢至會稽季恭曲意禮接贍給甚厚高祖後討孫恩時相箸形已箸欲於山陰建義討之季恭以為山陰去京邑路遠且玄未居極位不如待其篡逆事彰釁成惡稔徐於京口圖之不憂不剋高祖亦謂然虞嘯父為征東將軍會稽內史季恭初求為府司馬不得及帝定桓玄以季恭為內史使齋於板拜授季恭相值季恭便舟夜還至即叩扉告嘯父弁令掃拂別齋即

便入郡嘯父本為相玄所授聞玄敗震懼開門請罪季恭慰勉之且安所住明旦乃移季恭到任務存治實敕止浮華前剖遊情由是冠盜襄止境內蕭清徵為右衛將軍加給事中不拜尋除侍中領本國中正從琅邪王大司馬司馬尋出為吳興太守加冠軍先其興頻喪太守二項羽神為下山王居郡聽事二千石至常大守之季恭居聽事竟無害也遷尚書右僕固讓義熙八年復督五郡諸軍征虜將軍會稽內史脩飾學校計課調晉十年復為尚書右僕射加散騎常侍又讓不拜頃之除領軍將軍加散騎常侍本州大中正十二年致仕拜金紫光祿大夫常侍如故是歲高祖北代季恭求從以為大尉軍諮祭酒後將軍從平關洛高祖為相國又隨府還宋臺初建命書以為尚書令加散騎常侍又讓不受乃拜侍中特進左光祿大夫辭事東歸高祖餞之戲馬臺百僚咸賦詩以述其美及受命加開府儀同三司辭讓累年終以不受永初三年薨

宋傳古

二

時年七十六追贈侍中左光祿大夫開府儀同
三司子生歷顯位侍中會稽太守坐小弟駕部
郎道憐通略良家子女白衣領郡
年卒官第元嘉末為南譙王義宣司空
長史南郡太守尚書吏部郎世祖太明初自侍中
為輔國將軍郢州刺史入為丹陽尹山陰縣土
境福狹民多田少靈符表徙無貲家於餘姚
鄭鄉三縣界外餘[?]起湖田上使公卿博議太宰江
夏王義恭議曰夫訓農脩本有國所同土著之

民習翫日久如京師無田不聞從居他縣尋山陰
豪族富室頃畝不少貧者肆力非為無處耕起
空荒無救災歉又緣湖居民魚鴨為業及有居
肆理無樂從尚書令柳元景右僕射劉秀之尚
書王[?]之領凱之顏師伯嗣湘東王諱議曰富戶
溫房無假遷業窮身寒室必應徙甚年卒疏
卓產粒未易充課私則私難
具生計既完葺功自息宜草務三叛通郵及興樂田
者其往絕剗須粗脩乃然後從居侍中沈懷文

宋書傳十四　三　范堅

王景文黃門侍郎劉敳都顗議曰百姓雖不親
農不無貲生之[?]路若驅以就田則坐相違奪且鄰
等三縣去治近遠旣安之民忽徙他邑新垣未
立舊居已毀去留兩困無以自資謂宜適任民
情從徙其所樂開宥通亡且令就業若審成腴壤
然後議還太常王玄謨議曰小民貧賤遠就荒
疇去舊即新糧種俱闕習之旣難勸之未易謂
宜微加貲給使得肆勤明力田之賞申息惰之
罰光祿勳王昇之議曰遠廢之疇力剗荊棘率
課窮之其[?]彌難貧徙粗立徐行無晚上違議
從其從民並成良業靈符自丹陽出為會稽太
守尋加豫章王子尚撫軍長史靈符家本豐產
業其廣又於永興立野周回三十三里水陸地二
百六十五頃含帶二山又有果園九處為有司
所糾詔原之而靈符答對不實坐以免官後復
舊官又為尋陽王子房右軍長史太守如故慇
實有材幹不存華飾毎所莅官政績脩理前廢
帝景和中抵忤近臣為所讒搆遣鞭殺之二子

宋書傳十四　四　范堅

湛之淵之於都賜死太宗即位追贈靈符金紫光
祿大夫淵之夫明中為尚書比部郎時安陸城
縣民張江陵與妻吳共罵母黃令死黃念恨自經
死值赦律父子賊殺傷歐父母梟首罵母棄市
謀殺夫之父母亦棄市值赦免刑補治江陵罵母
之自裁重於傷歐若同殺科則疑重用歐傷及罵
科則疑輕制唯有打母遇赦猶梟首無罵母致死
值赦之科淵之議曰夫題里逆心而仁者不入名且
惡之況乃人事故歐傷呪詛法所不原罵母
則理無可省訊有從輕蓋疑失善求之文旨非此
之謂江陵雖值赦恩故合梟首以義愛非天
屬黃之議呈免棄市
羊玄保太山南城人也祖相尚書都官郎父綏中書
侍郎玄保起家楚臺太常博士遭母憂服闋右將軍
何無忌前將軍諸葛長民俱辟並不就除臨安
令劉穆之舉為高祖鎮軍參軍庫部郎永世令復為高
祖太尉參軍轉主簿丹陽丞少帝景平二年入為尚書右丞

轉左丞司徒長史府公王弘甚知重之謂左長史
康登之吏部尚書王准之曰卿二賢明美朗識會
悟多通然弘懿之望故當異推羊也頃之入為
黃門侍郎姜亦甚恭弈弟第三太祖立吏民亡叛
以補宣城太守先是劉之為宣城立吏民亡叛
制一人不禽符伍里吏送州作部若獲者賞位
二階玄保以為非宜陳之曰臣伏尋亡叛之由
皆出於窮迫未有足以權存而樂為此者也今
立殊制於事為苦臣聞苦節不可貞懼致流弊
昔襲遂壁民於亂繩緩之然後可理黃霸務為
和為用不以嚴刻為先臣愚以謂單身逃役便為
盡戶今一人不測坐者其多既懼重負答為身
計牽挽逃竄必致繁滋又能禽獲叛身類非
謹惜既無堪能坐陵勞吏名器虛假所妨實多
將階級不足供賞服勤無以自勸又尋此制施
一邦而已若其是邪則民離憂患其弊將甚臣恭
邪亦不宜獨行一郡民與天下為一若其非
守所職懼難遵用致率管六冒以陳聞由此此

制得俦玄保在郡一年為廷尉數月遷尚書吏
部郎御史中丞衡陽王義季為荊州長史南東海
太守加輔國將軍又為都官尚書在職將軍加給
事中丹陽尹會稽太守又徙吳郡太守加秩中
二千石太祖以玄保廉素寡欲故頻授名郡為
政雖無幹績而去後常見思不營財利勳家儉薄
太祖嘗曰人仕官非唯須祿羊玄保亦須運命每有
好官缺我未嘗不先憶羊玄保元嘉戮立為吏
部尚書領國子祭酒尋加光祿大夫及世祖入

討朝野多南奔劭集羣僚橫刀怒曰卿等便可
去矣眾戰懼莫敢言玄保谷邑不異徐曰臣以
死奉朝劭乃解世祖即位以為散騎常侍領崇
憲衛尉尋遷金紫光祿大夫又以謹敬見知賜養
甚厚大明初進位光祿大夫五年遷散騎常侍特
進玄保自少至老謹於祭奠四時珍新未得祠薦
者口不妄嘗八年卒時年九十諡曰定子戎
有才氣而輕薄少行檢玄保嘗三此見必亡我
家官至通直郎與王僧達謗議時政賜死死後

世祖引見玄保玄保謝曰臣無曰碑之明以此上
負上美其言戎二弟太祖並賜名曰咸曰粲謂
玄保曰欲令卿二子有林下正始餘風玄保既
善其業而何尚之亦雅好其吳郡褚胤年七歲人
高品及長冠絕當時胤父榮期與臧質同逆胤
應從誅尚之請曰胤弈棋之妙超古冠今魏
雙犯令以才獲免父戮子宥有其例甚多特乞與
其微命使異術不絕不許時人痛惜之玄保兄子
希字泰聞少有才氣大明初為尚書左丞時揚

州刺史西陽王子尚上二言山湖之禁雖有舊科民
俗相因替而不奉燻山封水保為家利自頃以來
頹弛日甚富強者兼嶺而占貧弱者薪蘇無託
至漁採之地亦如茲斯實害治之深弊為政所
宜去絕損益舊條更申恒制有司檢壬辰詔書
占山護澤彊弱兼併雖立科條二丈以上皆棄市
辰之制其禁嚴刻事既難遵理與時宜而占山
封水漸染滋更相因仍便成先業一朝頓易
致嗟怨今更刊革立制五條凡是山澤先常燻

爐種餐竹木雜果爲林及陂湖江海魚梁鮨
鮓場常加功脩作者聽不追奪官品第一第二
聽占山三頃第三第四品二頃五十畝第五第
六品二頃第七第八品一頃五十畝第九品及百
姓一頃皆依定格條上貲薄若先已占山不得
更占先占闕少限占足若非前條舊業一不
得禁有犯者水土一尺以上坐計贓依常盜律論
倖除咸康二年壬辰之科從之益州刺史劉璝
先爲右衞將軍與府司馬何季穆共事不平季
穆爲尚書令建平王宏所親待屢毀璝於宏會
璝出爲益州奪士人妻爲妾使羊希彈之璝
坐免官璝恨希切幽有門生謝元伯往來希閒
瑀令訪訊被免之由希曰此表非我意璝即日到
宏門奉牋陳謝云聞之羊希希坐漏泄免官大
明末爲成陳王直征虜司馬黃門郎御史中
丞泰始三年出爲寧朔將軍廣州刺史希初請
女夫鎮北中兵參軍蕭惠徽爲長史帶南海太
守太宗不許又請爲東莞太守希旣到鎮長史

南海太守陸法眞喪官希又諷惠徽補任詔曰
希甲門寒士累世無聞輕薄多疊歷職徒
以清刻一介擢授嶺南千任遷欲求訴不已可降
號橫野將軍初李萬周爲步兵校尉加寧廣州軍
鄧琬傳廣州事希旣至而萬周等並有異圖希
權行廣州事希遣收之思道行晉康太守領
之希以沛郡劉思道行晉康太守領軍伐俚攻
違節度失利希遣收之思道不受命率所領攻州
希遣平越長史鄧琬於朝亭拒戰軍敗見殺思道
思道已得入城力不敵又敗東莞太守蕭惠徽率
城走思道獲而殺之府參軍鄧曼率數十人襲
郡文武千餘人攻思道戰敗又見殺時龍驤將軍
陳伯紹率軍伐俚還擊思道定之贈希輔國將
軍惠徽中書郎嗣之越騎校尉希子崇字伯遠
尚書王客郎丁母憂裴毀過禮及聞廣州亂即
日便徒跣出新亭不能步涉頓伏江渚門義以小
船致之於是進路父葬畢不勝哀卒

沈曇慶吳興武康人侍中懷文從父兄也父發
員外散騎侍郎早卒吳興太守王韶之為之誅
焉曇慶初辟主簿遭母憂毀致稱長沙王義
欣後軍鎮軍主簿遭母憂毀致稱本縣令諸
葛闡之公解言上服釋復為主簿義欣又請為
鎮軍記室參軍出為餘杭令遷司徒主簿江夏
王義恭太尉錄事參軍尚書右丞時歲有水旱
曇慶議立常平倉以救民急太祖納其言而事
不行領本邑中正少府揚州治中從事史始興王
濬衞軍長史元凱立世祖入討劭遣曇慶還東
募人安東將軍隨王誕收付永興縣獄久之被原
世祖踐阼除東海王禕撫軍長史入為尚書吏部
郎江夏王義恭大司馬長史南東海太守左衞將
軍大明元年督徐兗二州及梁郡諸軍事輔國將
軍徐州刺史時殷中員外將軍裴景仁助戎彭
城本傖人多悉戎荒事曇慶使撰秦記十卷紋
符氏僭偽本末其書傳於世明年復徵為左衞
將軍加給事中領本州大中正三年遷祠部尚書

其年卒時年五十七追贈本官曇慶謹實清
正所莅有稱績常謂子弟曰吾處世無才能政
圖作大老子耳世以長者稱之
史臣曰江南之為國盛矣雖南包象浦西括卬山
至於外奉貢賦內充府實止於荊揚二州自漢氏
以來民戶彫耗荊楚四戰之地五達之郊井邑殘
亡萬戶不餘一也自元熙十一年馬休之于
元嘉末三十有九載兵車勿用民不外勞役寬務
簡氓庶繁息至餘糧栖畝戶不夜扃蓋東西
之極盛也既揚部分析境極江南考之漢域淮
丹陽會稽而已自晉氏遷流迄於太元之世百許年中
無風塵之警區域之內晏如也及孫恩寇亂殲亡
事極自此以至大明之季年踰六紀民戶繁育
將曇曉一矣地廣野豐民勤本業一歲或稔則
數郡忘飢會土帶海傍湖良疇亦數十萬頃膏
腴上地畝直一金鄠杜之間不能比也荊城跨南
楚之富揚部有全吳之沃魚鹽杞梓之利充仞八
方絲綿布帛之饒覆衣天下而田家作苦役難

利薄亘歲從務無或一日非農而經稅橫賦之
資養生送死之具莫不咸出於此穰歲糴賤糴
賤則稼苦饑秄糴貴糴貴則商倍常平之議行
於漢世元嘉十三年東土潦浸民命棘矣太祖
省費減用開倉廩以振之病而不凶蓋此力也
大明之末積旱成災雖敝同往困而救非笞主
所以病未半古死已倍之并命比室口減過半
若常平之計興於中季遂切狀患或不至是若
籠以平價則官民優議屈當時蓋由於此

列傳第十四　　　宋書五十四

列傳第十五

臧燾

徐廣

傅隆

宋書五十五

臣沈約　新撰

臧燾字德仁東莞莒人武敬皇后兄也少
好學善三禮貧約自立操行爲鄉里所稱晉
孝武帝太元中衞將軍謝安始立國學徐兖
二州刺史謝玄舉燾爲明教孝武帝追崇
庶祖毋宣太后議者或謂宜配食中宗燾議
曰陽秋之義毋以子貴故仲子成風咸稱夫人
經云考仲子之宮若配食惠廟則宮無緣別
築前漢孝文孝昭太后並繫子爲號祭於
寢園不配於高祖孝武之廟後漢和帝雖
之毋曰恭懷皇后安帝祖毋曰恭愍皇后雖
不繫子爲號亦祭於陵寢不配章安二帝
此則二漢雖有太后皇后之異至於並不配食
義同陽秋唯光武追廢呂后故以薄后配食高祖

廟又衞后既廢霍光追尊李夫人爲皇后配
孝武廟此非毋以子貴之例直以高武二廟無配
故耳夫漢立寢於陵自是晉制所異謂宜遠准
陽秋考宮之義近墓二漢不配之典尊號既
正則罔極之情申別建寢廟則嚴禰之義顯繫
子爲稱兼明毋貴之所由一舉而允三義固哲
王之高致也議者從之頃之去官以毋老家貧
與弟熹俱棄人事躬耕自業閉服闋除
餘載父毋喪亡居喪六年以毀瘠著稱服闋
臨沂令義旗建爲太學博士參右將軍何無忌
軍事隨府轉鎮南將軍高祖鎮京口與燾書
曰頃學尚廢弛後進頹業衡門之内清風輟
響良由戎車屢警禮樂中息浮夫近志情與
事染豈可不敦崇墳籍敦厲風尚此境人士
子姪如林明發搜訪想聞令軌然荊王舍寶
要俟開塋幽蘭懷馨事資扇發獨習寡悟
義著周典今經師不遠而赴業無聞非唯志
學者鮮或是勸誘未至邪想復弘之參高

祖中軍軍事入補尚書度支郎改掌祠部龍
封高陵侯時太廟鴟尾災嵩謂著作郎徐廣
曰昔孔子在齊聞魯廟災曰必相傳此也今征西
京兆四府君宜在毀落而猶列廟饗此其敬乎
乃上議曰臣聞國之大事在祀與戎料營宮室
宗廟為首古先哲王莫不致嚴恭之誠盡
崇嚴乎祖考然後能流淳化於四海通幽感
於神明固宜詳廢興於古典循情禮以求中者
也禮天子七廟三昭三穆與太祖而七自考廟

以至祖考五廟皆月祭之遠廟為祧有二祧享
嘗乃止去祧為壇去壇為墠有禱然後祭之
此宗廟之次親疎之序也鄭玄以為祧者文
王武王廟蕭以為五世六世之祖尋去祧者
言則祧非文武之廟矣周之祖宗何云去祧
為壇乎明遠廟為祧者無服之祖也又遠廟
則有壇墠之禮去祧則有壇墠之殊明世遠
者其義彌跡也若祧是文武之廟宜同月祭
於太祖雖推后稷以配天由功德之所始非尊

崇之義每有差降也又禮有以多貴者故傳稱
德厚者流光德薄者流甲又云自上以下降
殺以兩禮也此則尊甲等級之典上下殊異
之文而云天子諸侯俱祭五廟何哉又王祭嫡
殤下及來孫而上祀之禮不過高祖推隆恩於
下流替誠敬於尊屬亦非聖人制禮之意也
是以泰始建廟從王氏議以禮父為士子為天
子諸侯祭以天子諸侯其尸服以士子服故上及
征西以備六世之數宣皇雖為太祖尚在子

孫之位至於敬祭之日未申東向之禮所謂子雖
齊聖不先父食者矣今京兆以上既遷太祖始
得居正議者以昭穆未足欲屈太祖於甲坐臣以
為非禮典之旨所與太祖而七自是昭穆既足太
祖在六世之外非為須滿七廟乃得居太祖也議
者又以四府君神主宜永同於殷祫臣又以為不
然傳所謂毀廟之主陳乎太祖謂太祖以下先
君之主也故白虎通云禘祫祭遷廟者以其繼
君之體持其統而不絕也豈如四府君在太祖

洪遵

之前非繼統之主無靈命之瑞非王業之基晉以
世近而又今則情禮已遠而當長饗殷祫永虛
太祖之位求之禮籍未見其可昔永和之初大
議斯禮于時虞喜范宣並以淵儒碩學咸謂
四府君神主無緣永存於百世或欲廢之兩階或
欲藏之石室或欲為之改築雖所秉小異而大歸
是同若宣皇既居群廟之上而四主禘祫不已則
大晉殷祭與世遷當可順而不斷故臣子之情雖

過厚禮與世遷當可順而不斷故臣子之情雖

篤而靈屬之謚彰追遠之懷雖切而遷毀之
禮為用當不有心於加厚顧禮制不可踰爾石
室則藏於廟北改築則未知所處虞主所以依
神神移則有瘞埋之禮四主若饗祀宜廢亦神
之所不依也准傍事例宜同虞主之瘞埋然經
典難詳舉言紛錯非臣卑淺所能折中時學者
多從壽議音未施行遷通直郎高祖鎮軍車
騎中軍太尉諮議參軍高祖北伐關洛大司馬
琅邪王同行除大司馬從事中郎揔留府事義

宋傳十五　五

歆十四年除侍中元熙元年以脚疾去職高祖
受命徵拜太常雖外戚賢顯而彌自沖約茅屋
蔬飱不改其舊所得奉祿與親戚共之求初三
年致仕拜光祿大夫加金章紫綬其年卒時年
七十少帝追贈左光祿大夫加散騎常侍長子
遂護軍司馬宜都太守少子綽太子中舍人新
安太守遂長子諶之尚書都官郎烏程令諶之
弟凝之學涉有當世才具與司空徐湛之為異
常之交秊少時與北地傅僧祐俱以通家子始

為太祖所引見時上與何尚之論鑄錢事凝之
便于其語上因回與論之僧祐引凝之衣令止
凝之大言謂僧祐曰明王難再遇便應正盡所
懷上與往復十餘反凝之詞韻鈴序兼有理證
上甚賞焉歷隨王誕後軍記室錄事參軍欲以為青
州其事不果遷尚書右丞以徐湛之黨為元凶
所殺子鬳尚書主客郎徐羨之征西功曹為收
之盡節事在收之傳凝之第潭之亦有美譽太宗
世歷尚書吏部郎御史中丞後廢帝元徽中為左

宋書傳十五　六　林

民尚書卒官潭之弟澄之太子左積弩將軍元
嘉二十七年領軍於肝眙為索虜所破見殺追
贈通直郎緄子煥順帝昇明中為武昌太守沈
攸之攻郢城煥棄郡赴之攸之敗伏誅僧祐祖
父弘仁高祖鄉里也以中表歷顯官征虜將軍南
譙太守太常鄉子邵員外散騎侍郎妻壽安也
生僧祐有吏才再為山陰令甚有能名末世令
長莫及亦以徐湛之黨為元凶所殺

徐廣字野民東莞姑幕人也父藻都水使者
兄邈太子前衛率家世好學至廣尤精百家數
術無不研覽謝玄為兗州辟廣從事西曹又譙王
司馬恬鎮北參軍以廣博學除為
祕書郎校書祕閣增置職僚轉員外散騎侍
郎領校書如故隆安中尚書令王珣舉為祠部
郎李太后薨廣議服曰太皇太后名位允正體同
皇極理制備盡情禮彌申陽秋之義毋以子貴
既稱夫人禮服從正故成風顯夫人之號僖公
服三年之喪子於父之所生體尊義重且祖不

厭孫固宜遂服無屈而緣情立制若嫌明文不
存則疑斯從重謂應同於為祖母後齊衰三季
服從其議時會稽王世子元顯錄尚書欲使百
僚致敬臺內使廣立議由是內外並執下官禮
廣常為愧恨焉引為中軍參軍遷領軍長
史桓玄輔政以為大將軍文學咨議參軍
祖使撰軍服儀注乃除鎮軍咨議參軍領記室
封樂成縣五等侯轉員外散騎常侍領著作郎
二秊尚書奏曰臣聞在史述言右官書事乘志
顯於晉鄭陽秋著乎魯史自皇代有造中興晉
祀道風典煥乎史策而太和以降世歷三朝
玄風聖迹倏焉疇古臣等參詳宜敕撰作
徐廣撰成國史詔曰先朝至德光被未著方
策空流風綢代永貽將來者也便敕撰集六
秊遷散騎常侍又領徐州大中正轉正員
常侍時有風電為災廣獻書高祖曰風電
變未必為災古之聖賢輒懼而修已所以
興政化而隆德教也嘗乘服事宿春

宋傳十五　八　敏

未志思遏塵露率誠于習明公初建義旗臣復
宗社神武應運信宿平夷且恭謙儉約虛心匪
懈來蘇之化功用若神頃事故既多刑德並用
戰功殷積報敘難盡萬機繁湊固應難速且小
細煩密群下多懼又穀昂豐賤而民情不勸禁
司互設而刻盜多有誠由俗弊未易整而望深
未易炳追思義興之始如有不同何者好安頹
逸萬物之大趣習舊駭新凡識所不免要當俗
順群情抑揚隨俗則朝野歡泰具瞻允康矣言
無可誅頹袗其愚款之志又轉大司農領著作
郎皆如故十二年晉紀成凡四十六卷表上之
遷秘書監初祖玄纂位安帝出宮廣陪列悲慟
哀動左右及高祖受禪恭帝遜位廣又哀感涕
泗交流謝晦見之謂之曰徐公將無小過廣收
哀苍曰身與君不同君佐命與王逢千載嘉運
身世荷晉德實眷戀故主因更歔欷永初元年
詔曰秘書監徐廣學優行謹歷位恭肅可中散
大夫廣上表曰臣年時衰耄朝敬求闕端居都

邑徒增替怠臣墳墓在晉陵臣又生長京口戀
舊懷遠每感慕心息道玄謬荷朝恩忝宰此邑
乞相隨之官歸終桑梓微志獲申殞沒無恨許
之贈賜甚厚性好讀書老猶不倦元嘉二年卒
時年七十四咨禮問百餘條用於今世廣子齡
在良吏傳
傳隆宇伯祔比地靈州人也高祖咸晉司隸校尉
曾祖晞司徒屬父祖早亡隆少孤又無近屬
單貧有學行不好交游義熙初年四十始為之志
昶建威將軍員外散騎侍郎坐辭兼免復為會
稽征虜笑軍家在上虞及東歸便有終焉之志
歷佐三軍首尾八年除給事中尚書僕射丹陽
尹徐羨之置威府以為錄事參軍轉尚書祠
部即丹陽丞入為尚書左丞以族弟亮為僕
射總服不得相臨徒太子率更令盧陵王義真
車騎咨議參軍出補山陰令太祖元嘉初除司
徒右長史遷御史中丞當官而行甚得司直之
體轉司徒右長史時會稽剡縣民黃初妻趙打

息載妻王苑亡遇赦王有父母及息男稱息女
葉俠法從趙三千里外隆議之曰原夫禮律之興
蓋本之自然求之情理非從天隨非從地出也
父子至親分形同氣稱之於載即載之於趙雖
云三世為體猶一未有能分之者也稱雖劉巨
痛深固無僣祖之義若柵可以報趙趙當何以
慮載將父子孫祖互相殘戮懼非先王明罰各
鯀立法之本旨也向使日磾之孫砥鋒挺鍔

宋傳五

不與二祖同戴天日則石碏稈侯何得流名

土　陳邦瞻

百代以為美談者哉舊令云殺人父母徙之
二千里外不施父子孫祖明矣趙當避王恭
功千里外耳令亦云凡流徙者同籍親近欲
相隨者聽之此又大通情體因親以教愛者
也趙既流移載為父子何得不從載徙而稱
行豈名教所許如此稱趙竟不可分趙雖内
愧終身稱當沈痛沒齒孫祖之義自不得永
絕事理固然也從之又出為義興太守在郡
有能名徵拜左民尚書坐正直受節假對人未

至委出白衣領職尋轉太常十四年太祖以新撰
禮論付隆使下意隆上表曰臣以下愚不涉師
訓孤陋闇閭面牆識謬蒙詢逮愧懼流汗承
夫禮者三千之本人倫之至道故用之家國君
臣以之親用之鄉人友朋以之三益賓主以之敬讓
義順用之婚冠少長以之仁愛夫妻以之
所謂極乎天播乎地窮高遠測深厚夏尚於禮
也其樂之聲易之八象詩之風雅書之典誥春
秋之微婉勸懲無不本乎禮而後立也其源遠

宋書十五

流廣其體大而義精非夫叡哲大賢孰能明乎
此哉況遭暴秦焚亡百不存一漢興始微召故
老搜集殘文其體例紕繆首尾脫落難可詳論
幸高堂生頗識舊義諸儒各為章句之說既明
不獨達所見不同或師資相傳共枝別幹故
聞人二戴俱事后蒼俄已分異盧植鄭玄
偕學馬融人各名家又後之學者未達襄時
而問難星繁克斥兼兩摠文列錦煥爛
可觀然而五服之本或差哀敬之制舛雜國

十二　陳慶

典未一於四海家法參駮於縉紳誠宜考詳遠
慮以定皇代之盛禮者也伏惟陛下欽明玄聖
同規唐虞曠谷四岳興言三禮而伯夷未登微
臣竊位所以大懼負乘形神交惡者無忘鳳
夜矣而復猥充博採之數與聞爰發之求實
無以仰酬聖旨萬分之二不敢廢嘿謹率管
穴所見五十二事上呈蚩鄙莊浪伏用竦報明
年致仕拜光祿大夫歸老在家手系釋卷愽
學多通特精三禮謹於奉公常手抄書籍

二十八年卒時年八十三
史臣曰選賢於野則治身業弘求吉於朝則
飾智風起六經奧遠方軌之正路百家淺未捷
至之偏道漢世登士閒黨爲先崇本務學不
尚浮詭然後可以俯拾青組顧蔑篇龥金於是
人厲從師之志家竟專門之術藝重當時所
居一且成市鬻舍嘩啓著錄或至萬人是故仕
以學成身由義立自魏氏應命主愛雕蟲家
棄章句人重異術又選賢進士不本鄉閭銓

衡之寄任歸臺閣以一人之耳目究山川之險情
賢否臆斷萬不值一由是仕憑惜譽學非爲
己崇詭遇之巧速鄙稅駕之遲難士自此委官
之士傳經聚徒之業自黃初至于晉末百餘年
中儒教盡矣高祖受命議創國學官車胤晏
植經各從所務早往晏退以取世資庠序黌校
道未及行迄于元嘉甫獲克就雅風盛烈未
及襄時而濟濟焉頗有前王之遺典天子鸞

旗警蹕清道而臨學館儲后冕旒黼黻北
面而禮先師後生所不嘗聞黃髮末之前觀
亦一代之盛也臧燾徐廣傅隆裴松之何承
天雷次宗並服膺聖哲不爲雅俗推移立名
於世宜矣潁川庾蔚之鷹門周野王汝南周
王子河内向琰會稽賀道養皆託志經書見
稱於後學蔚之略解禮記并注賀循喪服
行於世云

列傳第十六　　　宋書五十六

臣沈　約　新撰

謝瞻　孔琳之

謝瞻字宣遠一名檐字通遠陳郡陽夏人衛將軍晦第三兄也年六歲能屬文為紫石英讚果然詩當時才士莫不歎異初為桓偉安西參軍楚臺祕書郎瞻幼孤叔母劉撫養有恩紀為弟事之同於至親劉弟柳為吳郡將姊俱行瞻不能違解職隨從為柳建威長史尋為高祖鎮軍琅邪王大司馬參軍轉主簿安成相中書侍郎宋國中書黃門侍郎相國從事中郎弟晦時為宋臺右衛權遇已重於彭城還都迎家賓客輻輳門巷填咽時瞻在家驚駭謂晦曰汝名位未多而人歸趣乃爾吾家素以退為業不願干豫時事交遊不過親朋而汝遂勢傾朝野此豈門戶之福邪乃籬隔門庭曰吾不忍見此及還彭城言於高祖曰臣本素士父祖位不過二千石

弟年始三十志用凡近榮冠臺府位任顯密福過災生其應無遠特乞降黜以保衰門前後屢陳高祖以瞻為吳興郡又自陳請乃為豫章太守晦或以朝廷密事語瞻瞻輒向親舊陳說以為笑戲以絕其言晦遂建佐命之功任寄隆重瞻愈憂懼求自摧抑會得病不療幸其不永晦聞疾奔往瞻見之曰汝為國大臣又總戎重萬里遠出必生疑謗時果有訴告晦反者瞻疾篤還都高祖以晦禁旅不得出宿使瞻居府內本晉南郡公主婿羊賁故第在領軍府東門瞻曰吾有先人弊廬何為於此臨終遺晦書曰吾得啟體幸全歸骨山足亦何所多恨弟思自勉厲為國為家遂卒時年三十五瞻善於文章辭采之美與族叔混比靈運相抗靈運父瑍無才能為祕書郎早年而亡靈運好臧否人物混患之欲加裁抑未有方也謂瞻曰非汝莫能也與晦曜弘微等共遊戲使瞻與靈運登車使商較人物瞻謂之曰祕書早亡談者亦彐有同異

靈運黙然言論自此衰止第瞻字宣鏡幼有殊
行年數歲所生母郭氏久嬰痼疾晨昏溫清河
藥捧膳不闕一時勤容戚顏未嘗暫改恐僕役
營疾懈倦躬自執勞毋為病畏蹔氣而語如此
家省毋感瞬至性咸納屨亦行屏氣而語如此
者十餘年初為州主簿中軍行參軍太子舍人
俄遷祕書丞自以兄居權已蒙超擢固辭不
就徐羊之請為司空長史黃門郎元嘉三年從
坐伏誅時年三十一有詔宥其子世平又早卒

無

孔琳之字彥琳會稽山陰人祖沈晉丞相掾父
殷光祿大夫琳之彊正有志力好文義解音律
能彈棊妙善草隸郡命主簿不就後辟本國常
侍輕之尉桓玄時議欲廢錢用穀帛琳之議曰
至要者平若使不以交易百姓用力於為穀則
是妙其為生之業禁之可也今農自務穀工自
務器四民各肆其業禁何嘗致勤於錢故聖王制

無用之貨以通有用之財既無毀敗之費又省
運置之苦此錢所以嗣功龜貝歷代不廢者也
穀帛為寶本充衣食今分以為貨則致損甚多
又勞毀於商販之手耗棄於割截之用此之為
敝著於自襄故鐘繇曰巧偽之民競濕穀以
要利制薄絹以充資魏世制以嚴刑弗能禁也
是以司馬芝以為用錢非徒豐國亦所以省刑
錢之不用由於兵亂積久自至於廢有由而然
漢末是也今既用而廢之則百姓頓亡其財今
括囊天下之食或倉庾充衍或糧
靡斗儲以相通則貧者仰富致之之道實假
於錢一朝斷之便為棄物是有錢無糧之民皆
坐而饑困此斷錢立敝也且據今用錢之處
不為貧用穀之處不為富又錢便於穀民皆
感語曰利不百不易業況又錢便於穀邪魏明
帝時錢廢穀用三十年矣不以復用穀邪魏明
大議精力達治之士莫不以宜復用錢民無異
情朝無異論彼尚舍穀帛而用錢足以明穀帛

之弊著於已試世謂魏氏不用錢久積累巨萬
故欲行之利公富國斯殆不然昔晉文後舅犯
之謀而先成季之信以為雖有一時之勳不如
萬世之益于時名賢在列君子盈朝大謀天下
之利害將定經國之要術若穀實便錢義不昧
當時之近利而廢永用之通業斷可知矣斯實
由困而思革改而更張耳近孝武之末天下無
事時和年豐百姓樂業便自穀帛殷阜幾平家
給人足驗之事實貫錢又不妨民也頃兵革屢興
荒饉若又飢寒未振寔此之由公既援而拯之
大革視聽弘敷本之教明廣豐盛之科敬授民時
各順其業遊蕩反務末自休固以南畝競力
野無遺壤矣然是以往外平必至何衣食之足
邺之以為唐虞象刑夏禹立辟蓋淳薄既異致
琳之謂救弊之術無取於廢錢立又議復肉刑
重言隨時也夫三代風純而事簡故軍踏刑辟
化宜覽猛相濟惟變所適書目刑罰而輕世
季末俗巧而務殷故動陷憲網若三千行於叔

世必省踴貴之尤此五帝不相循法肉刑不可
悉復者也漢文發仁惻之意傷目新之路莫由
革古創制號搆刑唐然名輕而實重反更傷民
故孝景嗣位輕之以緩緩而民慢又不禁邪期
于刑罰中所以見美在昔歷代詳論而未獲
厭中者也兵世荒後革法更多棄市之刑本斬右
趾漢文一謬承而弗革雖小有不同而欲右趾代
未辭鍾縣陳羣之意所以前賢恨恨議之而
棄市若從其言則所活者眾矣降死之生誠為
輕法然人情憚顧而輕昧忽遠而驚近是以盤
孟有銘章弦作佩況在小人尤其所惑或目所
不觀則忽而不戒日陳于前則驚心駭矚由此
言之重之不必不傷輕之不必不懼而可以全
其性命蕃其產育既濟物功亦益眾又今之
所患逋逃為先屬所適身歷所亦以肅戒
未犯永絕惡原至於餘條宜依舊制當曰是以
貴獻官六女好人附悅而琳之不能順旨是以
不見知遷楚臺員外散騎侍郎遭母憂去職服

關除司徒左西掾以父致仕時司馬休之
為會稽內史後將軍仍以琳之為長史父憂去
官服闋內補太尉主簿尚書左丞揚州治中從事
史所居著績眾官方明黜陟逸拔才務農簡序
之於眾議之外別建言曰夫璽印者所以辯章
官爵立契符官莫大於皇帝璽爵莫尊於公侯
而傳國之璽歷代迭用襲封之印弈世相傳貴
在仍舊無改政作今世唯尉一職獨用一印至
謂官各異姓與傳襲柔不同則未若異代之為殊
也若論其名器雖有公卿之貴未若帝王之重
若以或有誅夷之臣忌其凶穢則漢用秦璽延
祚四百未聞以子嬰身戮國亡而棄之不佩
王公侯之尊不疑於傳璽人臣眾僚之甲何嫌
於即印載籍未聞其說推例自乖其准而終年
刻鑄喪功消實金銀銅炭之費不可稱言非所
以因循舊貫易簡之道愚謂眾官即用一印無

煩改作若有新置官又印多少文或零失然
後乃鑄則仰禰天府非唯小益又曰凶門栢裝
不出禮典起自末代積習生常遂成雚俗妾自
天子達于庶人誠行之有由卒革必駭然苟無
關於情而有於禮廢存之未有所明去之未有
所失固當式遵先典憋革後謬況復兼以游費
宣為民患者千凡人士喪儀多出閭里每有此
須動十數萬損民財力而義無所取至於寒庶
則人思自竭雖復室如懸磬莫不傾產彈財所
謂葬之以禮其若此乎謂宜謹遵先典一罷凶
門之式表以素扇足以示凶又曰昔事故飢荒
米穀綿絹皆貴其後米價登復而絹于今一倍
綿絹既貴蠶業者滋雖勸廣兼貴猶不息
愚謂致此良有其由昔事故之前軍器正用鎧
而已至於袍襖裲襠必俟戰陣實在庫藏永無
損毀今儀從直衛及邏使命有防衛送迎悉
用袍襖之屬唯一府眾軍皆然綿帛易敗勢
不支父又晝以禦寒夜以寢閭曾未周年便自敗

裂每絲縣新登易折租以市又諸府競收勳有
千萬積貴不已實由於斯私服為之難貴官庫
為之空盡愚謂若侍衛所須固不可廢其餘則
依舊用鎧小小使命送迎之屬止宜給仗不煩
鎧襖用之既簡則其價自降又日夫雖不恥惡食
唯君子能之有儳尚奢為日久矣今雖改張是
弘而此風未革所甘不過一味而陳必方文適
口之外皆為說目之費富者以之示夸貧者為其
之單產眾所同鄙而莫能獨異愚謂宜粗為其
〔宋書傳十六〕　九

品使奢儉有中若有不改加以貶黜則德儉之
化不日而流遷尚書吏部郎義熙六年高祖領
平西將軍以為長史大司馬琅邪王從事中郎
又除高祖平北征西長史遷侍中宋初建除徐
國侍中出為吳興太守公事免永初二季為
御史中丞明憲直法無所屈橈奏劾尚書令徐
美之曰臣聞事上以奉憲臨下以威嚴為
整然後朝典惟明菹眾必肅斯道或贊則憲綱為
其頹臣以今月七日預皇太子正會會畢車去

并猥臣俘門待閽有何人乘馬當臣車前收捕
驅遣命去何人罵言收捕諮審欲錄每有公事
臣常慮有紛紜語令勿問而何人獨罵不止臣
乃使錄何人不肯下馬連叫大喚有兩威儀走
來擊臣收捕尚書令省事倪宗又牽威儀手力
擊臣下人宗云中丞何得行凶敢錄令公人凡
是中丞收捕威儀悉皆縛取臣令下人一不得
關凶勢輒張有頃乃散又有羣人就臣車側自
〔宋書傳十六〕　十

收捕樊馬子牙行築馬子頓伏不能還臺臣自
錄非本無對校而宗敢乘勢凶恣算奪罪身尚
書令臣羡之與臣列車紛紜若此旣乖國憲禁
而不止又不經通陵犯監司凶聲彭赫容縱宗
等曾無糾問虧損國威無大臣之體不有準繩
風裁何寄羡之內居朝右外司肇轡位任隆重
百辟所瞻而不能弘惜朝章肅是風軌致使宇
下縱肆凌暴憲司凶赫之聲起自京邑所謂已
有短垣而自踰之又宗為篡奪之主縱不糾問

二三釁違宜有裁貶請羨之所居官以公還

第宗等簒基奪之惡已屬堂故御史隨事檢慮

詔曰小人難可檢御司空無所問餘如奏羨之

任居朝端不欲以犯憲示物時羨之領揚州刺

史琳之弟璩之為治中羨父使璩之解釋琳之

傅寢其事琳之不許璩之謂曰我觸

忤宰相正當罪止一身爾沒必不應從坐何須

勤勤邪自是百僚震肅莫敢犯禁高祖甚嘉

之行經蘭臺親加臨幸又領本州大中正遷祠

部尚書不治產業家尤貧素景平元年卒時年

五十五追贈太常子逸有父風官至揚州治中

從事史逸子覬別有傳覬弟道存世祖大明中

歷黃門吏部郎臨海王子頊前軍長史南郡太

守晉安王子勛建偽號為侍中行雍州事事敗

自殺

史臣曰民生所貴曰食食與貨貨以通幣食為民

天是以九棘播於農皇十朋興於上代昔醇民

未離情嗜踈寡奉生瞻已事有易周一夫躬

稼則餘食委室四婦務織則兼衣被體雖檽運

之道通用濟之龜貝之益為功蓋人

變隆敝代起昏作役苦故穡人去而從商商子

事逸末業流而浸廣泉貨所通非復始造之意

於是競收罕至之珍遠蓄未名之貨明珠翠羽

無足而馳絲縷文犀飛不待翼天下蕩蕩咸以

兼本為事豐行則同多稌之資饑凶又減田家

之蓄錢雖盈尺既不療於堯年貝或如輪信無

救於湯世其嚢病亦已深矣固宜一罷錢貨專

用穀帛使民知役生之路非此莫由夫千四為

貨事難於懷璧萬斛為市未易於越鄉斯可使

末伎自禁游食知反而年世推移民與事習或

庫盈朽貫而高廩未充或家有藏鏹而良疇罕

闢若事改一朝廢而莫用交易所寄旦夕無待

雖致平要術而非可卒行先宜削華止偽還淳

反古抵璧幽藪捐珠清壑然後驅一世之民反

耕桑之路使縑粟羨溢同於水火既而蕩滌

圜法銷鑄勿遺立制垂統永傳于後比屋稱

仁豈伊唐世祖玄知其始而不覽其終孔琳之

觀其末而不統其本豈慮有開塞將一往之談

可然乎

列傳第十六　　宋書五十六

目沈約新撰

蔡廓　子興宗

蔡廓字子度濟陽考城人也曾祖謨晉司徒
祖系撫軍長史父綝司徒左西屬廓博涉羣
書言行以禮起家著作佐郎時桓玄輔晉議
復肉刑廓上議曰夫建封立法弘治稽化必隨
時置制德刑兼施貞一以闕其邪敎禁以檢
其慢灑湛露以膏潤屬嚴霜以肅威晞風
者陶和而安恬畏㦸者聞憲而警慮雖復質
文迭用而斯道莫革肉刑之設肇自哲王蓋
由襄世風淳民多惇謹故能勝殘去殺戢
刑人在塗則不逞改操能懷日滋況乎縣
畏之情轉寡終身劇役不足止其姦況平㬥
無爲李末澆僞法網彌密利巧之懷況滋
劓趾能反其善徒有酸慘之聲而無濟治之
益至於棄市之條實非王殺
考律同歸輕重均科減降路塞鍾陳以之抗

言元皇所爲留愍今英輔翼讚道邈伊周雖
閉不已之運庸開而遐遺之難未已誠宜明慎
用刑愛民弘育申哀矜息於將來使斷之骨
體全性命之至重恢息繁息於是乎在遷司
荷更榮於三陽干時之華監而知懼威惠
俱宜感畏偕設全生拯㬥於是乎在遷司徒主
簿尚書度支殷中郎通直郎高祖太尉參軍司
徒屬中書黃門郎以方鯁闓素爲高祖所知及
高祖領兗州廓爲別駕從事史委以州任尋除
中軍諮議參軍太尉從事中郎未拜遭母憂性
至孝三年不櫛沐殆不勝喪服闋相國府復板
爲從事中郎領記室宋臺建爲侍中建議以爲
鞫獄不宜令子孫下辭明言父祖之罪虧敎傷
情莫此爲大自今家人與四相見無乞鞫之訴使
民以明伏罪不須責家人下辭朝議咸以爲允
從之世子左衞率謝靈運輒殺人御史中丞王
准之坐不糾免官高祖以廓剛直不容邪枉補
御史中丞多所糾奏百僚震肅時中書令傅亮

住寄隆 重學冠當時朝廷儀曲皆取定於亮每
證廓然後施行兄意若有不同廓終不爲屈時
疑揚州剌史盧陵王義具朝堂班次亮與廓書
曰揚州自應箸剌史服禮耳然謂坐起班次應在
朝堂諸官上不應依官次坐下足下試更尋之
詩序云王姬下嫁於諸族衣服禮秩不係其夫
下王后一等推王姬下王后一等則皇子居然
在王公之上陸士衡起居法式乾殿集諸皇子
悉在三司上今抄跡如別又海西即位赦文太

三十四 宋書傳十七 二 徐永

宰武陵王第一撫軍將軍會稽王第二大司馬
第三大司馬位既最高又都督中外而次在二
王之下當非下皇子邪此文今具在也永和中
蔡公爲司徒司馬簡文爲撫軍開府對錄朝政
蔡爲正司不應反在儀同之下而于時位次相
王在前蔡公次之耳諸例甚多不能復具跡揚
州反乃居卿君之下恐此失禮宜改之邪廓答
曰揚州位居卿君之下常亦惟疑然朝廷以位
相次不以本封復無明文云皇子加殊禮齊獻

王爲驃騎孫秀來降武帝欲優異之以秀爲驃
騎轉齊王爲鎮軍在驃騎上若如足下言皇子
使在公右則齊王本次自尊何故鎮軍令在驃
騎上明知故依位爲次也又齊王之爲司空賈
充爲太尉俱尚書置事常在充後潘正叔奏
隴西王泰司徒爲中軍而以齊王彤之爲賀在太尉
公羊事千時三錄梁王彤爲衛將軍署在太尉
司馬太傅爲中軍而以齊王柔之爲賀首立安
帝爲太子止禮徐邈爲郎位次亦以太傅在諸

三十 宋書傳十七 四 徐爰

王下又謂李太后宗正尚書符令以高密王爲
首時王東亭爲僕射王徐臣是近世識古今
者足下引式乾公王五吾謂未可爲據其右上出
式乾古傳中彭城王植荀組潘岳秘紹杜斌然
後道足下所疏四王在三司之上反在黃門郎
下有何義且四王之下則云大將軍梁王肜車
騎趙王倫然後玄司徒王戎耳梁趙二王亦是
皇子屬尊位齊在豫章王常侍之下又復不
通蓋書家曰跡時事不必存其班次式乾亦是

私宴異於朝堂如今含章西堂足下在僕
射下侍中在尚書下耳來示又去曾祖與簡文對
録位在簡文下吾家故事則不然今寫如別王
姐身無爵位故可得不從夫而以王女為尊皇
子出任則有位有位則不論夫前後亦參差不
泰和赦文差可為言然赦文前後示之班序唯引
太宰上公自應在大司馬前耳簡文雖撫軍時
巳授丞相殊禮又中外都督故以本任為班不
以督中外便在公右也今護軍撫方伯而位次

故在持節都督下不足下復思之遷司徒左長史
出為豫章太守徵為吏部尚書廓因比地傅隆
問亮選事若悉以見付不論不然不能拜也亮
以語録尚書徐羨之羨之曰黃門郎以下悉以
委蔡五吾徒不復厯懷自此以上故宜共參同異
廓曰我不能為徐干木署紙尾也遂不拜干木
羨之小字也選案黃紙録尚書與吏部尚書連
名故廓去署紙尾也羨之亦以廓正直不欲使
居權要徙為祠部尚書領太祖入奉大統尚書令

傳亮率百僚奉迎廓亦俱行至尋陽遇疾不堪
前亮將進路託謂廓別廓謂營陽在吳宜厚加
供奉營陽不幸卿諸人有弒主之名欲立於世
將可得邪亮巳與羨之議害少帝乃馳信止之
信至巳不及羨之大怒曰與人共計議將之荊州
轉背便賣惡於人及太祖即位謝晦受先帝顧
命任廓別屏人問曰吾其免乎廓曰卿受先帝顧
命以社稷廢昏立明義無不可但殺人二昆
而以比面挾震主之威據上流之重以古推今
自免為難也廓年位並輕而為時流所推重毎

至歲時皆束帶到門奉兄軌如父家事小大皆
諮而後行公禄賞賜一皆入軌有所資須悉就
軌請焉從高祖在彭城妻郗氏書求夏服廓
答書曰知須夏服計給事自應相供無容別寄
時軌為給事中元嘉二年廓卒時年四十七高
祖嘗云羊徽蔡廓可平世三公少子興宗
興宗年十歲失父哀毁有異童兒廓罷豫章郡
還起二宅先成東宅與軌廓亡而館宇未立軌

罷長沙郡還送錢五十萬以補宅直興宗年十
歲白母且家由來豐儉必共今日宅價不宜受
也母悅而從焉軌有愧色謂其子淡曰我年六
十行事不及十歲小兒尋喪母少好學以業尚
素立見稱初爲彭城王義康司徒行參軍太子
舍人南平穆王元軍參軍武昌太守又爲太子
洗馬義陽王友中書侍郎中書令建平王宏爲
中王僧綽並與興宗厚善元凶弑立僧綽被誅
凶威方盛親故莫敢往興宗獨臨哭盡哀出爲

司空何尚之長史又遷太子中庶子世祖踐阼
還先職遷臨海太守徵爲黃門郎太子中庶子
轉游擊將軍俄遷尚書吏部郎時尚書何偃疾
惠上謂興宗曰卿詳練清濁今以選事相付便
可開門當之無所讓也轉司徒左長史復爲中
庶子領前軍將軍遷侍中每正言得失無所顧
憚由是失旨竟陵王誕據廣陵城爲逆事平興
宗奉旨慰勞州別加馬范義與興宗素善在城內
同誅興宗至廣陵躬自收殯致喪還豫章舊墓

上聞之甚不悅廬陵內史周朗以正言得罪鎮
付寧州親戚故人無敢贍送興宗在直請急詣
朗別上知尤怒坐屬疾多日白衣領職尋坐左遷
司空沈慶之長史行兗州事還爲廷尉卿有解
士先者告申坦昔與丞相義宣同謀時坦已死
子令孫時作山陽郡自繫廷尉生猶應宥令孫
昔爲戎首身今尚存累經肆追相誣訐以禮
天屬理相爲隱況人亡事遠追謀當時即應聞啓
律義不合關若士先審知逆謀當時即應聞啓

苟藏積年發因私怨況稱風聲路傳實無定
而干讞欺罔罪合極法又有訟民嚴道恩等二
十二人事未洗正敕以當訊權繫尚方於事爲
訟民本在求理故不加械即若繫尚方興宗以
苦又司徒前劾送武康令謝沈及郡縣尉還職
司十八人坐仲良鑄錢私禽久已判結又送郡
主簿丘元敬等九人或下疾假或去職已久又
加執啓事悉見從出爲東陽太守遷安陸王子
綏後軍長史江夏內史行郢州事徵還未拜留

為左民尚書頃之轉掌吏部時上方盛淫宴庇
侮羣臣自江夏王義恭以下咸加穢辱唯興宗
以方直見憚不被侵嫌尚書僕射顏師伯謂議
曹郎王㝪之曰蔡尚書常免昵戲去人實遠㝪
之曰蔡豫章昔在相府亦以方嚴不狎武帝宴
今日可謂能負荷矣太明末前廢帝即位興宗
告太宰江夏王義恭應須策文義恭曰建立儲
副本為今日復安用此興宗曰累朝故事莫不
竊近永初之末營陽王即位亦有文策今在
尚書可檢視也不從興宗時親奉璽綬嗣主容
色自若了無哀興宗出謂親故曰魯昭在戚
而有嘉容終之以釁結大臣昭子請死國家之
禍其在此乎時義恭錄尚書事受遺輔政阿衡
幼主而引身避事政歸近習越騎校尉戴法興
中書舍人巢尚之專制朝權威行近遠興宗
管九流銓衡所寄每至上朝輙與令錄以下陳
欲登賢進士之意又箴規得失博論朝政義恭

素性恇橈阿順法興常庸失旨聞興宗言輙戰
懼無計先是大明世奢侈無度多所造立賦調
煩嚴徵役過苦至是發詔悉皆除由此紫極殿
南北馳道之屬皆被毀壞自孝建以來至大明
末凡諸制度無或存者興宗於都坐慨然謂顏
師伯曰先帝雖非盛德主要以道未遠而凡諸制
改古典所貴今殯宮始徹山陵未遠而凡諸制
度興造不論是非一皆刊削雖復禪代亦不至
爾天下有識當以此窺人師伯不能用興宗每
陳選事法興義恭及師伯曰主上諒闇不親萬
宗於朝堂謂尚之等輙黜定回換僅有在者興
機而選舉密事多被刪改復非公筆亦不知是
何天子意王景文謝莊等遷接失序興宗又欲
為羨選時辭安都為散騎常侍征虜將軍太子
左率毅常爲中庶子興宗先選安都爲左衛將
軍常侍如故毅常爲黃門領校太宰嫌安都爲
多欲單爲左衛興宗曰卒衛相去唯阿之間且
已失征虜非乃超越復奪常侍頗爲降眨若

謂安都晚達微人本宜裁抑令名器不輕宜有
貫序謹依選體非私安都義恭曰官宜加超授
者勑常便應待中那得為黃門而已興宗又曰
中庶待中相去實遠且安都作率十年勑常曰
以安都為右衛加給事中由是大忤義恭及法
薛慶先等往復論執義恭然後署案既中旨
興等出興呂郡吳郡太守固辭郡執政愈怒又轉
為新安王子鸞撫軍司馬輔國將軍南東海太

■宋書傳十七 十一 徐

守行南徐州事又不拜苦求益州義恭於是大
怒上表曰臣聞慎節言語大易有規銓序九流
無取裁　若乃結黨連羣譏訴互起街談巷議
固顧聽聞乃撤實憲制所宜禁經之巨蠹待中
祕書監臣或自表父疾必求侍養聖旨矜體特
順所陳改授臣府元僚兼帶軍郡雖臣駑劣府
任非輕准之前人不為屈後京郡本以為祿不
計戶之少多遇軼便用無關高下撫軍長史莊
滯府累朝毋陳危苦內職外守稱未堪依唯王

球昔比賜以優養恩慈之厚不近於薄前新除
具郡太守興宗前居選曹多不平允鴻遷含宥
恕其不關改任大都寵均阿輔仍苦靖益州雅
違成命伏尋揚州刺史子尚吳興太守休若並
國之茂戚魯衛攸在猶牧守東山竭誠撫莅而
中丞永昔歲餘趨從恩令授光祿勳臣滄難曰
代臣累經黜默後效未申以何進司徒左長
史孔覬前除右衛尋徙今職回換之宜不為乃

■宋傳十七 十二 陸善

辭擇適情起自庶族遠佐北藩尤無欣荷御史
少竊外談或謂或等咸為失分又聞興宗躬自怨
慰與尚書右僕射師伯疏辭曰甚苦臣雖不見
所聞不虛臣又凡才不應機務謀自幸會受任
三朝進無古人興賢之美退無在下獻替之績
致茲紛紜伏增慚悚然此源不塞此風弗變將
正道塵穢盛歉伏願聖聽賜垂覽察詔曰大
宰表如此省以憮然朕恭承洪緒弘盛烈而
在朝倭競驅扇成風將何以式揚先德克隆至
化公體國情深保藩收託便可付外詳議義恭

因使尚書令柳元景奏曰臣義恭表詔書如右
攝曹辨數尚書袠愍孫牒此月十七日詣僕射
顏師伯語次因又尚書蔡與宗有書固辭今授
仍出疏見公乃者數紙不意悉何所道緣此因
及朝士當今聖世不可使人以為少今牒數之
朝廷處之實得所斫臣等亦自謂得分常多在門
袠愍孫無或措多而愚意欲啟更量出內之宜
上聞亦外人言此令辭慶先列今月十八日往
鷁羌管見願在聞徹選令史宣傳密事故因附

▌宋書傳十七　　十三

尚書袠愍孫論選事愍孫云昨詣顏僕射出蔡
尚書疏見示言辭甚苦又云所得亦少主上踐
昨始爾朝士有此人不多物議謂應芙用乃更
恨少使咨事便啟錄公又謝莊　　時未老其疾
以轉差今居此任復為非宜謂宜中書令才望
為允又孔覬覦南士之美所歷已多近頻授即復
回改於理為屈門下無人此是名選又張求人
地可論其去歲愍戾非為深罪伏其望復門下
一人張淹替忝南下領因休戚雖屢經術黙

事亦已久謂應秘書監帶授與宗手跡數紙文
翰炳然事證明白不假覈辨愍孫任居官人職
掌銓裁若有未允則宜顯言而私加許與自相選署
託云物論終成虛詭隱末出端還為矛楯臣聞
九官成讓虞風垂則誹主怨時漢罪夙斷況義
為身發言謗言朝厚亂政混藏大獣紛紜彰
謬上延詔旨不有霜憲斯淪請解與宗所居
附官須事御收付廷尉法獄治罪免愍孫所居
官詔曰與宗首亂朝典允當明憲以其甚日經近

▌宋書傳七　　尚

侍未忍盡法可令思愆遠封愍孫稿評自已委
咎物議可以子領職除與宗納新昌太守郡屬交
州朝廷莫不嗟駭先是與宗納何戶寺尼智如
為妾姿貌甚美有名京師迎車已去而師伯
密遣人誘之潛往載取與宗不覺反與宗
被徙論者並云由師伯師伯甚病之法與等既
不欲以徙大臣為名師伯又欲止息物義由此
停行頃之法與見殺尚之被繫義恭師伯復
起與宗為臨海王子頊前軍長史輔國將軍南

郡太守行荊州事不行時前廢帝凶暴興宗外
甥袤顗為雍州刺史勸興宗行曰朝廷形勢人
所共見在內大臣朝夕難保舅今出居陝西為
八州事顗在襄沔地勝兵強去江陵咫尺水陸
通便若朝廷有事可共立桓文之功豈與受制
凶狂禍難不測同年而語乎今不去虎口而守
此危禍後求出豈得哉興宗曰吾素門平進
與主上甚疎未容有患宮省內外人不自保會
應有變若內難得弭外釁未必可量汝欲在外
求全我欲居內免禍各行所見不亦善乎時京
城危懼衣冠咸欲遠徙後皆流離外難百不一
存重除吏部尚書太尉沈慶之深慮危禍開門
不通賓客嘗遣左右范羨詣興宗屬事與宗
謂羨曰公閉門絕客以避悠悠請託耳身非有
求何為見拒還造慶之慶之遣羨報命要興宗
令往興宗因說之曰先帝雖無功於天下要能
定平凶逆在位十一年以道晏駕主上紹臨四
海清謐即位正是舉止違衷小小得失耳亦謂

春秋尚富進德可期而比者所行人倫道盡今
所恩憚唯在於公百姓喁喁無復假息之望所
冀正在公一人而已若復坐視成敗者非唯身
禍不測四海重責將有所歸公威名素著天下
所服今舉朝遑遑人人危怖指麾之日誰不景
從如其不斷旦暮禍及僕不佐府蒙眷異常故
敢盡言願公思為其計慶之曰僕皆委
自保但盡忠奉國始終以之正當委天任命耳
加老罷私門兵力頓闕雖有其意事亦無從興
宗曰當今懷謀思奮者非要富貴求功賞各欲
免死朝夕耳殿內將帥正聽外間消息若一人
唱首則俯仰可定況公威風先著統我累朝諸
舊部曲布在宮省宋越譚金之徒出公宇下並
受生成收之恩仁公家口子弟誰敢不從且
公門徒義附立三具勇士宅內奴僮人有數百
陸收之令入東討賊又大送鎧仗在青溪未發
收之公之鄉人驍勇有膽力取其器仗以配衣
字下使收之率以前驅天下之事定矣僕在尚

書中自當率百僚案前世故事東簡賢明以奉
社稷昔太甲罪不加民昌邑虐不及下伊尹霍
光猶成大事況今蒼生窮急禍百往代乎又朝
廷諸所行造民間皆云窮急豫之令亦不免附從之禍車駕
言宜詳其禍福慶之日深感君無已意此事大
非僕所能行事至故當抱忠以沒耳頃之慶之

果以見忌致禍時領軍王玄謨大將有威名邑
里訛言云已見誅市道喧擾玄謨典籤包法榮
者家在東陽與宗故郡民也為玄謨所信使
至興宗因謂曰領軍殊當憂懼法榮曰領軍此
日殆不復食夜亦不眠常言收已在門不保俄
頃與宗領軍憂懼當為方略那得坐待禍至
初玄謨舊部曲猶有三千人廢帝頗疑之徹配
監者玄謨大息深怨啟留五百人嚴山營慕事
猶未畢少帝欲攝又敕喚遠城嚴兵在中堂興

宗勸以此眾舉事曰當今以領軍威名率此為
朝廷唱始事便立剋領軍雖復失腳自可乘輦
處分禍殆不測勿失事機君還可白領軍如此
玄謨遣法榮報曰此亦未易可行期當不泄君
言太宗踐祚玄謨責所親故吏郭季產女壻章
希真等曰蔡尚書令包法榮所道非不會機但大
事難行爾季產言亦何益玄謨有慚色右將
軍劉道隆為帝所寵信專統禁兵乘輿嘗夜幸
季產曰蔡尚書令包法榮

著作佐郎江斆宅興宗車從道隆從車後過
與宗謂曰劉公比日思一閒寫道隆深達此旨
招興宗手曰蔡公勿多言帝每因朝宴捶歐
臣自驃騎大將軍建安王休仁以下侍中袁愍
孫等咸見陵曳唯興宗得免頃之太宗定大事
是夜廢帝橫尸在大歛問口與宗謂尚書右僕
射王景文曰此雖凶悖要是天下之主宜使喪
粗足若言如此四海必將乘人時諸方並舉兵
反國家所保唯丹陽淮南數郡其間諸縣或已

應東兵巳至永世宗首危懼乂集羣臣以謀成
敗興宗曰今普天圖逆人有異志宜鎮以靜以
至信待人此者逆徒親戚布在宮省若繩之以
法則土崩立至宜明罪不相及乂義物情既定
人有戰心六軍精勇器甲犀利以待之胃之兵
其勢相萬耳顧陛下勿憂上從之加游擊將軍
未拜遷尚書右僕射尋領尉兖州大中
正太宗謂興宗曰諸處未定郭琰巳復同逆頃
日人情云何事當濟不與宗曰逆乂之與順臣無

宋書傳七　十九　徐湛

以辨今商旅斷絕而米甚豐賤四方雲合而人
情更安以此上乂清蕩可必但臣之所憂更在
事後猶羊公言既平之後方當勞聖慮耳尚書
褚淵以手板築興宗興宗言之乂巳上曰如卿
言褚坼平臯送袞頓首物從登高披門樓觀之
興宗湛然流涕上不悅事平封興安縣伯邑
食邑五百戶固讓不許封樂安縣伯邑三百戶
國秩吏力終以不受時郭琰據壽陽為逆遣輔
國將軍劉勔攻圍四方既平琰嬰城固守上使

中書為詔薛安都興宗曰天下既定是琰思過之
日陛下宜賜手詔數行以相弘慰今直中書為
詔彼必疑謂非其本是所以速清方難也不從
琰得詔謂劉勔詐造果不敢降經時人乃
歸順先徐州刺史薛安都據彭城反後遣使歸
順天始元年冬遣張永率軍迎之以和即安都
遣使歸順此誠不虛令宜撫之以即安都
乃遣須單使及咫尺書耳若以重兵迎之勢必
疑懼或能招引北虜為患不測叛臣實重必宜

宋書傳七　二十　陳氏

密遣邊關考之國計尤宜馴養如其送叛將生
肝食之憂彭城巉固兵強將勇圍之既難攻不
可拔疆塞之虞三宜慮臣為朝廷要之時張
永巳行不見從安都聞大軍過淮嬰城自守要
取索虜水戰大敗又值寒雪死者十八九遂失
淮北四州其先見如此初永敗問至上在乾明
欲先召司徒建安王休仁又召興宗謂休仁曰
所慚蔡僕射以敗書示興宗曰我愧卿三年春

出為使持節都督郢州諸軍事安西將軍郢州
刺史坐詣尚書切論以何始真為咨議參軍初
不被許後又重陳上怒眠號平西將軍尋又復
號初吳興丘珍孫言論常侵興宗珍孫子景先
人才甚美興宗與之周旋及景先為鄱陽郡值
晉安王子勛為逆轉在竟陵為吳喜所殺母老
女稚流離夏口興宗至郢州親自臨哭致其喪
樞家累令得東還在任三年遷鎮東將軍會稽
太守加散騎常侍尋領兵置佐加都督會稽東陽
新安永嘉臨海五郡諸軍事給散吹一部會稽多
諸豪右不遵王憲又幸臣近習參平宮省封略山
湖妨民害治興宗皆以法繩之會土全實民物殷
阜王公妃主邸舍相望橈亂在所大為民患子息
滋長督責無窮興宗悉啟罷省又陳原諸逋貧解
遣雜役並見從三吳舊有鄉射禮久不復修興宗
行之禮儀甚整先是元嘉中羊玄保為郡亦行鄉
射太宗崩興宗與尚書令表粲右僕射褚淵中領
軍劉勔鎮軍將軍沈攸之同被顧命以興宗為使

持節都督荊湘雍益梁寧南北秦八州諸軍事
征西將軍荊州刺史開府儀同三司荊州刺史加班劔二
十人常侍如故被徵還都詣右軍將軍王道隆
任參內政權重一時躡履到前不敢就席良久
方去竟不呼坐元嘉初中書舍人狄當詣太子
詹事王曇首不敢坐其後中書舍人王弘為太子
當判耳狗劉並雜無所知也若往詣球可稱肯
祖所愛遇上謂曰卿欲作士人得就王球坐乃
就席球舉扇曰若不得爾弘還依事啟聞帝曰
我便無如此何五十年中有此三事道隆等以
興宗彊正不欲使擁兵上流政為中書監左光
禄大夫開府儀同三司常侍如故固辭不拜興
宗幼立風槩家行尤謹奉宗姑事寡嫂養孤兄
子有聞於世太子左率王錫妻范聰明婦人也
有才藻學見與錫弟僧達書詣讓之曰昔謝太
傅奉嫂王夫人如慈母令蔡興宗亦有恭和之
稱其為世所重如此妻劉氏早卒一女甚幼外
甥衰顗始生孪而妻劉氏亦亡興宗姊即顗母

也一姪躬自撫養年齒相比欲為婚姻每
見與宗輒言此意大明初詔與宗女與南平王
敬猷婚與宗以姊生平之懷屢經陳啟答曰卿
諸人欲各行已意則國家何由得婚且姊言豈
是不可違之處邪舊意既乖求录亦他娶其後求
家好不終顏又禍敗求等居名門高冑多欲結
敬猷遇害與宗女無子爱居名門高冑多欲結
姻明帝亦勑適謝氏與宗並不許以女適求比
地傳隆與廓相善與宗修父及敬泰豫元年慶
景玄固辭不受又奏還封表踈十餘上見許詔
曰景玄表如此故散騎常侍中書監左光祿大
夫開府儀同三司樂安縣開國伯與宗忠恪立
朝謀猷宣著往屬時難勳亮帷幄錫珪分壤寔
允通誥而懇誠懇訴備存没廉棐素情有絜
聲軌景玄固陳光志良以惻然雖身典宜全而
哀款難奪可特申不瞑之請永歆克讓之風初
與宗為鄞州府參軍彭城顏竣以式十日亥年
時年五十八遺令薄葬奏還封爵追贈後授子

當作公官有大字者不可受也及有開府之授
而太歲在亥果薨於光祿大夫之號焉文集傳
於世景玄雅有父風為中書郎晉陵太守太尉
從事中郎昇明末卒
史臣曰世重清談論士推素論蔡廓雖業力弘正
而年位末高一世名臣風格皆出其下及其固
辭銓衡恥為志屈豈不知達錄調體素違偏新
乎良以主閽時難不欲居通塞之間也

列傳第十七　　宋書五十七

王惠

謝弘微

王球

宋書傳十八

臣沈約撰

一　余

王惠字令明琅邪臨沂人太保弘從祖也祖劭
車騎將軍父默左光祿大夫惠幼而夷簡為叔
父司徒謐所知恬靜不交遊未嘗有雜事陳郡
謝瞻才辯有風氣嘗與兄弟羣從造惠談論
鋒起文史間發惠時相酬應言清理遠瞻等慙
而退高祖聞其名以問從兄誕誕曰惠後來秀
令鄰宗之美也即以為行太尉參軍府主簿
從事中郎世子建府以為征虜長史仍轉中軍
長史時會稽內史劉懷敬之郡送者傾京師惠
亦造別過從弟球球問向何所見惠曰惟覺
即時逢人耳常臨曲水風雨暴至座者皆馳散
惠徐起姿制不異常日世子為荊州惠長史如
故領南郡太守不異宋國初建當置郎中令高

宋書傳十八

二　余

祖難其人謂傳亮曰今用郎中令不可令減表
曜卿也既而曰吾得其人矣乃以惠居之遷世子
詹事轉尚書吳興太守少帝即位以蔡廓為吏
部尚書不肯拜乃以惠代廓之不拜惠被召事
接客人有與書求官者惠即封如初時異之兄
鑒頗好聚斂廣營田業惠意甚不同謂鑒曰何
用田為鑒怒曰無田何由得食惠又曰亦復何
用食為其標寄如此元嘉三年卒
時年四十二追贈太常無子
謝弘微陳郡陽夏人也祖韶車騎司馬父思武
昌太守從叔峻司空琰第二子也無後以弘微
為嗣弘微本名密犯所繼內諱故以字行童幼
時精神端審時然後言所繼叔父混名知人見而
異之謂思曰此兒深中夙敏方成佳器有子如
此足矣年十歲出繼所繼父於弘微本緦麻親
戚中表素不相識率意承接皆合禮義熙初
襲峻爵建昌縣侯弘微家素貧儉而所繼豐泰

唯受書數千卷國吏數人而已遺財祿秩一不關

諫混閨而驚歎謂國郎中令漆凱之曰建昌國

祿本應與比舍共之國侯既不措意今可依常

分送弘微重違混言乃少有所受混風格高峻

少所交納唯與族子靈運瞻曜弘微並以文義

賞會嘗共宴處居在烏衣巷故謂之烏衣之遊

混五言詩所云昔為烏衣遊戚戚皆親姪者也

其外雖復高流時譽莫敢造門瞻等才辭富

弘微每以約言服之混特所敬貴號曰微子謂

瞻等曰汝諸人雖才義豐辯未必皆愿衆心至

於領會機賞言約理要故當與我共推微子常

云阿遠剛躁負氣阿客博而無檢瞻特才而持

操不篤晦自知而納善不周設復功濟三才終

亦以此為恨至如微子吾無間然又云微子異

宴之餘為韻語以獎勤靈運瞻等曰康樂誕通

度實有名家韻若加繩染刋瑩乃珪璋宣明

體遠識穎達且沈儁若能去方尅穆穆三才順

阿多標獨解弱冠簪華胤質勝誠無文其尚又

能峻通遠懷清悟采標蘭訊直樂蘚不躓抑

用解偏各微子基微尚無勸由暮闌勿輕一簀

少進往將千閒數子勉之哉風流由爾振如不

所知此外無所愼靈運等並有誠厲之言唯弘

微獨盡褒美曜弘微兄多其小字也遠即瞻字

靈運小名客兒晉世名家身有國封者起家即

拜員外散騎侍郎弘微亦拜員外散騎琅邪王

大司馬參軍義熙八年混以劉毅黨見誅妻晉

陵公主改適琅邪王練公主雖執意不行而詔

其謝氏離絕公主以混家事委之弘微混仍世

宰輔一門兩封田業十餘處僮僕千人唯有二女

年數歲弘微經紀生業事若在公錢尺帛出入

昔有文簿遷通直郎高祖受命晉陵公主降為

東鄉君以混得罪刋代東鄉君節義可嘉聽還

謝氏自混亡至是九載而室宇修整倉廩充盈

門徒業使不逮平日田疇墾闢有加於舊東鄉

君嘆曰僕射平生重此子可謂知人僕射為不

亡矣中外姻婭道俗義舊見東鄉之歸者入門
莫不歎息或為之涕流感弘微之義也性嚴正
舉止必循禮度事繼親之童恭謹過常伯叔二
母歸宗兩姑晨夕瞻奉盡其誠敬內或傳語通
訊輒正其衣冠婢僕之前不妄言笑由是尊甲
小大敬之若神太祖鎮江陵宋初封豆都王以琅
邪王球為友弘微為文學母憂去職居喪以孝
稱服闋踰年菜蔬不改除鎮西諮議參軍太祖
即位為黃門侍郎與王華王曇首廚景仁劉湛

等號曰五臣遷尚書吏部郎參預機密尋轉右
衛將軍諸故吏臣佐並委弘微選擬居身清約
器服不華而飲食滋味盡其豐美兄曜歷御史
中丞彭城王義康驃騎長史元嘉四年卒弘微
蔬食積時哀戚過禮服雖除猶不噉魚肉沙門
釋慧琳詣弘微弘微與之共食猶獨蔬素慧琳
曰檀越素既多疾頃者肌色微損即吉之後猶
未復膳若以無益傷生豈所望於得理弘微答
曰衣冠之變禮不可踰在心之哀實未能已遂

廢食感咽歔欷不自勝弘微少孤事兄如父兄
弟友穆之至舉世莫及也弘微口不言人短長
而曜好臧否人物曜每言論弘微常以它語亂
之六年東宮始建領中庶子又尋加侍中弘微
志在素官畏忌權寵固讓不拜乃聽解中庶子
每有獻替及論時事必手書焚草人莫之知上
以弘微能營膳羞嘗就求食弘微與親故經營
既進之後親人問上所御弘微不答別以餘語
酬之時人比漢世孔光八年秋有疾解右衛領

太子右衛率還家議欲解弘微侍中以率加吏
部尚書固陳疾篤得免九年東鄉君覺資財鉅
萬園宅十餘所又會稽吳興琅邪諸處太傅司
空琰時事業奴僮猶有數百人公私咸謂室內
資財宜歸二女田宅僮僕應屬弘微弘微一無
所取自以私祿營葬混女夫殷叡素好樗蒲聞
弘微不取財物乃濫奪其妻妹及伯母兩姑之分以
還戲責內人皆化弘微之讓一無所爭弘微舅子領
軍將軍劉湛性不堪其非謂弘微曰天下事宜有裁

襄卿此不治何以治官弘微笑而不荅或有譏之
曰謝氏累世財產充殷君一朝棄之
此為大卿親而不言譬棄物江海以為廉耳設使
戚爭財為鄙之甚今內人尚能無言豈可導之
元清名而令家內不足亦吾所不取也弘微曰親
使爭今分多共少不至有之身死之後豈復見
關東鄉君葬混墓開弘微牽疾臨赴病遂甚十
年卒時年四十二時有長思寄司馬文宣家云
受遣殺弘微弘微疾增劇輒豫告文宣弘微既

書須劉領軍至可於前燒之慎勿開也書皆是
死與文宣分別而去弘微臨終語左右曰有二封
太祖手勑上甚痛惜之使二衞千人營畢葬事
追贈太常子莊別有傳

王球字倩王琅邪臨沂人太常惠從父弟也父謐
司徒球少與惠齊名美容止除著作佐郎不拜
尋除琅邪王大司馬行參軍轉主簿豫章公世
子中軍功曹宋國建初拜世子中舍人高祖受
命仍為太子中舍人宜都王友轉諮議參軍以

疾去職元嘉四年起為義興太守從兄弘為揚
州服親不得相臨加冠威將軍在郡有寬惠之
美徙太子右衞率入為侍中領軍將軍文領本
州大中正徙中書令侍中如故遷吏部尚書僕
子簡貴素不交遊延席虛靜杜門無異客尚書
射殷景仁領軍劉湛並執重權傾動內外球雖
通家姻戚未嘗往來顏好文義唯與琅邪顏延
之相善居職接客甚希不視求官書疏而銓
衡有序朝野稱之本多羸疾屢自陳解選光祿

大夫加金章紫綬領廬陵王師兄子履進利為
行深結劉湛委誠大將軍彭城王義康與劉斌
孔胤秀等並有畏志球每訓厲不納自大將軍
從事中郎轉太子中庶子流涕訴義康不願違
難以此復為從事中郎太祖甚銜之及湛誅又
履徙跣告球球命為取履先溫酒與之謂曰常
日語汝何如復慄懼不得若球徐曰阿父在汝亦
何憂命左右扶即還齋上以球故履得免死毀
於家十七年球復為太子詹事大夫王師如故未

拜會殷景仁卒因除尚書僕射王師如故素有
脚疾錄尚書江夏王義恭謂尚書何尚之曰當
今之才羣下宜加勠力而王球放恣如此恐宜以
法糾之尚之曰球有素尚加又多疾應以淡退求
之未可以文案索也猶坐白衣領職時羣臣詔覲
多不即前甲踈者或至數十日大臣亦有十餘日
不被見者唯球輒去未嘗肯停十八年卒時年四
十九追贈特進金紫光祿大夫加散騎常侍無子
從孫奐為後大明末吳興太守

或人問史臣曰王惠何如荅之曰令明簡又問王
球何如荅曰情王淡又問謝弘微何智簡而不
失淡而不流古之所謂名臣弘微當之矣

列傳卷第十八　　宋書五十八

臣沈　約　新撰

殷淳　子孚　弟沖　淡

張暢

何偃

江智淵

殷淳字粹遠陳郡長平人也曾祖融祖允並晉
太常父穆以和謹致稱歷官自五兵尚書為
高祖相國左長史及受禪轉散騎常侍國子祭
酒復為五兵尚書吳郡太守太祖即位為金紫
光祿大夫領竟陵王師遷護軍又遷特進右光
祿大夫領始興王師元嘉十五年卒官時年六
十諡曰元子淳少好學有美名少帝景平初為
祕書郎衡陽王文學祕書丞中書黃門侍郎淳
居黃門為清切下直應留下省以父老特聽還
家高簡寡欲蒙有清尚愛好文義未嘗違捨
在祕書閣撰四部書目凡四十卷行於世元嘉
十一年卒時年三十二朝廷痛惜之子孚有父

風世祖大明末為始興相官至尚書吏部郎順
帝撫軍長史淳弟沖字希遠歷中書黃門郎
坐議事不當免復為太子中庶子尚書吏部郎
御史中丞有司直之稱出為吳興太守入為度支
尚書元凶即淳女而沖在東宮為劭所知遇
劭弑立以為侍中護軍遷司隸校尉沖有學義
文辭劭使為尚書符罪狀世祖亦盡力世
祖剋京邑賜死沖弟淡字夷遠亦歷黃門吏部
郎太子中庶子領步兵校尉大明世以文章見知
為當時才士

張暢字少微吳郡吳人吳興太守劭兄子也世父
少有孝行歷官州府為琅邪王國郎中令從琅
邪王至洛還京都高祖封邪王藥酒一甖付禪使密
加酖毒禪受命既還於道自飲而卒暢少與從
兄敷演齊名為後進之秀起家為大守徐佩
之主簿佩之被誅暢馳出奔赴制服盡哀為論
者所美弟牧嘗為剡大所傷醫云宜食蝦基膾
牧甚難之暢含笑先嘗牧因此乃食創亦即愈

州辟從事衡陽王義季征虜行參軍彭城王
義康平北主簿司徒祭酒尚書主客郎未拜又
除慶支左民郎江夏王義恭征北記室參軍晉
安太守又為義季安西記室參軍南義陽太守
臨川王義慶衛軍從事中郎揚州治中別駕從
事史太子中庶子世祖鎮彭城暢為安北長史
沛郡太守元嘉二十七年索虜屠托跋燾南侵
尉江夏王義恭揔統諸軍出鎮彭泗時壽親率
大衆巳至蕭城去彭城十數里彭城衆力雖多
而軍食不足義恭欲棄彭城南歸計議彌日不
定時歷城衆少食多安北中兵參軍沈慶之建
議欲以車營為函箱陣精兵為外翼奉二王及
妃媛直趨歷城分兵配護軍蕭思話留守太尉
長史何勗不同欲席卷奔鬱洲目海道還京都
義恭去意巳判唯二議未決更集羣僚謀之衆
咸遑擾莫有異議暢曰若歷城鬱洲有可致之
理下官敢不高談今城內多之食百姓咸有走情
但以閉扃嚴固欲去莫從耳若一旦動脚則各

自散走欲至所在何由可得今軍食雖實易朝久
猶未窘罄量其欲盡臨時更為諸宜當有捨
萬安之術而就其危亡之道若此計必用下官請以
頸血汙公馬蹄世祖既聞暢議謂義恭曰阿父
既為揔統去留非所敢干道民乘為城主而
威延寇其為愧恧亦巳深矣委鎮奔逃實無顏
復奏朝廷期與此城共其存沒張長史言不可
異世暢言既堅世祖又贊成其議義恭乃止時
太祖遣貞外散騎侍郎徐爰乘驛至彭城取米
穀定最要既去城內遣騎送之書誡聞知即遣數
百騎急追爰巳過淮僅得免初爰去城內聞虜
遣追慮爰見人禽失米最慮知城內食少義恭憂
懼無計猶欲奔走爰既免其日虜大衆亦至彭
城燾始至仍登城南亞父冢於戲馬臺立氈屋
先是讖言虜至則世祖遣將馬文恭向蕭城為虜所
破文恭走得免隊主蒯應見執至小市門曰魏
主致意安北遠來疲乏若有甘蔗及酒可見分
時防城隊主梁法念荅曰當為啟聞應乃自陳

蕭城之敗又問應虜主自來不日來問今何在
應舉手指西南又曰士馬多少荅云四十餘萬
法念以素語自世祖世祖遣人荅曰知行路多
之令付酒二器自甘蔗百挺聞彼有駱駝可遣
送明曰燾又自上戲馬臺復遣遣使至小市門曰
魏主致意安此可暫出門欲與安此相見
我亦不攻此城安此何勞苦將士在城上又驟
驢駱駝是此國所出今遣送并致雜物又語小
而門隊主旣有餉物君可移度南門受之燾

送駱駝驟馬及貂裘雜飲食旣至南門門先閉
請篸未出暢於城上視之虜使問是張長史邪
暢曰君何得見識虜使荅云君聲名遠聞足使
我知暢因問虜使姓荅云我是鮮甲無姓且道
亦不暢又問君居何任荅云鮮甲官位不同
不可輒道然亦足與君相敵耳虜使復問何為
忽忽柱門絕橋暢荅曰二王以魏主營壘未立將
士疲勞此精甲十萬人思致命恐輕相凌踐故且
閉城耳待彼休息士馬然後共治戰場剋日交

戲虜使曰君可當以法令裁物何用發橋復何足
以十萬誇人我亦有良馬逸足君云騎四集亦
可以相拒暢曰侯王設嶮何但法令而已邪我
若誇君當言百萬所以言二十萬者政二王左右
素所育養者耳此城內有數州士庶二徒營伍
猶所未論我之所長誇我之所短馬雖足且冀之北土馬之
君之所長野戰我之所長是守城耳君之恃馬猶如君之
特城耳城內有其思者嘗在此國義恭遣視之
所以有勞孝伯曰此人本尚書吏部郎思因問本尚書苦行
壽識足虜尚書本孝伯思因問本尚書苦行

塗有榮孝伯曰此事應相與共知苦知
所以有勞孝伯曰此既開門暢屏卻
仗出對孝伯并進餉物虜使云貂裘雜與太尉
駱駝驟馬與安此世祖蒲陶酒雜飲叔姪共嘗受之
酒并甘橘暢宣世祖問致意魏主知欲相見常
遲面寫但受命本朝過蒙藩任人臣無境外之
交恨不蹔悉且城中備防邊鎮之常但悅以使
之故勞而無怨且太尉鎮軍得所送物魏主意

知復須甘橘令並付如別太尉以此土寒鄉及綺
褶脫是所須令致魏主螺杯雜粽南土所珍鎮
軍今必相致此信未本嘉復遣使令孝伯傳語
曰魏主有詔語太尉安此近以騎至車兩在後
今端坐無為有博其可見借暢曰博具當為申
啟但向語二王已非遜辭且有詔之言政可施於
彼國何得稱之於此孝伯曰詔之與語朕之與我
並有何異暢曰若辭以通可如來談既言有所
施則貴賤有等向所稱詔非所敢聞孝伯又

曰太尉安此是人臣與非暢曰是也孝伯曰
國之君何為不稱詔於隣國之君暢曰君之此
稱尚不可聞於中華況在諸王之貴而猶曰隣
國之君邪孝伯曰魏主三言太尉鎮軍並晉年少
分闞南信殊當憂邑若欲遣信者當為護送
脫須騎者亦當以馬送之暢曰此方間路甚多
使命日夕往來不復以此勞魏主孝伯曰亦知
有水路似為白賊所斷暢曰君著白賊著白亦知
賊邪孝伯大笑曰今之白賊亦不異黃巾赤眉

暢曰黃巾赤眉似不在江南孝伯曰雖不在江
南亦不在青徐也暢曰今者青徐寧為有賊但
非白賊耳虜使云向借博具何故不出暢曰二
王貴遠啟聞難徹孝伯曰周公握髮吐哺二王
何獨貴遠暢曰握髮吐哺本施中國耳孝伯曰
寧有禮主之暢曰昨見眾賓至門未為有
禮俄頃送博具出因以與之壽又遣人云魏主
致意安此程天祚一介常人誠知非宋朝之美
近於汝陽身被九創落在殿外我手牽而出之

凡人骨肉分張並思集聚輒已語之但其弟苦
辭今令與來使相見程天福謂使令兄受命
汝陽不能死節各在一國何煩相見壽又送氈
各一領鹽各九種并胡豉凡此諸鹽各有所宜
白鹽是魏主自所食黑鹽療治腹脹氣懣細刮取
六銖以酒服之胡鹽治目痛柔鹽不食治馬脊創
赤鹽駮鹽臭鹽馬齒鹽四種並不中食胡豉亦
中啖黃甘辛彼所豐可更見分又云魏主致意
太尉安此何不遣人來至我間彼此之情雖不可

盡要須見我小大知我老少觀我為人若諸佐
不可遣亦可使僅幹來暢又宣旨答曰魏主形
狀才力久為來往所見本尚書親自銜命不患
彼此不盡故不復遣使信又云魏主恨向所送
馬殊不稱意安此若須大馬當更送之脫須蜀
馬亦有佳者暢曰安此不乏良駟送自彼意非
此所求義恭餉壽炬燭十挺世祖亦致錦一匹
曰知更須黃甘誠非所吝但送一軍
向給魏主未應便乏故不復重付壽復求甘
命統軍戎陣之間不容緩服孝伯又曰長史我
將士云何暢曰膏粱之言誠為多愧但以不受
孝伯又曰君南土膏粱何為著屬君而著此使
蕉安石留暢曰石留出自鄴下亦當非彼所乏

三世四　宋書傳十九　九

是中州久處北國自隔華風相去步武我不得
致盡邊皆是此人聽我語者長史當深得我孝
伯又曰永昌王魏主從弟自復常鎮長安全領
精騎八萬直造淮南壽春久閉門自固不敢相
禦向送劉康祖頭彼之所見王玄謨其甚所恡

亦是常才耳南國何意作如此任使以致奔敗
自入此境七百餘里主人竟不能一相拒逆鄒山
之險家所憑前鋒始得接手崔邪利便藏
入穴我閉諸將倒曳腳而出之魏主賜其生命
今從在此復何以輕脫遣馬文恭至蕭縣使塹
風退撓邪君家民入其相怨怨云清平之時賦
我租帛至有急難不能相拯暢曰知永昌已過
謨南土偏將不謂為才但以人為前驅引導耳
淮南康祖為其所破比有信使無此消息王玄

三七四　宋書傳十九　十

大軍未至而河冰向合玄謨置重宜反斾未為失
機但因夜回師致戎馬小亂耳我家玄謨斗城
陳憲小將魏主傾國累旬不剋胡盛之偏裨小
帥衆無一旅始濟融水魏國君臣齊迸僅得免
脫渭臺之師無所多愧鄒山小戍雖有微險河
畔之民多是新附始葚聖化姦盜未息亦使
崔邪利撫之而已今沒虜手何損於國魏主自
以十萬師而制崔邪利方復足言邪聞蕭相百
姓並依山險聊遣馬文恭以十隊示之耳文恭

謂前以三隊出還走後大營吳整玄敬以百騎至
留城魏軍奔敗輕敵致此亦非所卹王境人民
列居河畔二國交兵當平加撫養而魏師入境
肆行殘虐事生意外由彼無道官不負民民何
怨父知入境士百無相拒此自上由大尉神筭次
在鎮軍聖略經國之要雖不豫聞然用兵有機
間亦不容相語孝伯曰魏主當不圍此城自率
衆軍直造瓜步南事若辦彭城不待圍若不捷
彭城亦非所須也我今當南飲江湖以燕渴耳

暢曰去留之事自過彼懷若虜馬遂得飲江便
為無復天道各應反命遲復更恐暢便回還孝
伯追曰長史深自愛荼相去步武恨不執手暢
因復謂曰善將愛戴湯定有期相見無遠君若
得還宋朝全為相識之始孝伯曰得此未期壽
又遣就二王借箜篌琵琶筝笛等器及碁子
義恭荅曰受任方岳初不此經慮且樂人常
曰任居方岳初不此經慮且樂人常器又觀前
鎮府命妓有弦百條是江南之美今以相致世祖

來諸王贈別有此琵琶今以相與恭子亦付孝
伯言辭辯贍亦北土之美也暢隨宜應荅吐屬
如流音韻詳雅風儀華潤孝伯及左右人並相視
歎息虜尋攻彭城南門并放火暢躬自前戰身
先士卒及熹自瓜步北走經彭城下過追人語
城內食盡且去須麥熟更來義恭大懼閉門不
敢追虜期又至議欲芟前苗移民堡聚衆論並
不同復更會議鎮軍錄事參軍王孝孫獨曰虜
不能復來既自可保如其更至此議亦不可立

姓聞在內城饑饉曰又方春之月野採自資入
堡聚餓死立至民知必死何可制邪虜若必來芟
麥無暁四坐默然莫之敢對暢曰孝孫之議實
有可尋鎮軍府典籤董元嗣侍世祖側進曰王
錄事議不可奪實如來論別駕王子夏因曰此
論誠然暢斂板白世祖曰下官欲命孝孫彈子夏
世祖曰王別駕有何事邪暢曰芟麥移民可謂
大議一方安危事係於此子夏親為州端曾無
同異及聞元嗣之言則懾笑酬荅阿意左右何

以事君子夏大憨元嗣亦有憨色議恭之議遂
寢太祖聞賜屢有正議甚嘉之世祖猶停彭城
召賜先反并使履行眕詒城欲立大鎮時虜聲
云當出襄陽故以賜為南譙王義宣司空長史
南郡太守又欲賜代劉興祖為青州及彭城都
督立不果三十年元凶弑逆義宣發哀之日即
便舉兵賜為元佐居僚首舉哀畢改服箸黃葦
綺褶出射堂俯仰槅映當時止莫不矚目見之
者皆顧為盡命事平徵為吏

部尚書夷道縣疾食邑千戶義宣既有異圖蔡
超等以賜民望勸義宣留之乃解南蠻校尉以
授賜加冠軍將領丞相長史賜遣門生苟僧以
寶下都因顏竣陳義宣謀狀僧寶有私貨停巴
陵不時下會義宣起兵逕斷絕僧寶遂不得
去義宣將為逆遣壁人翟靈寶謂賜朝廷簡練
舟甲意在西討今欲發兵自衞賜曰必無此理
請以死保之靈寶知賜不回勸義宣殺以殉衆
即遣召賜止于東齊彌日不與相見賴司馬笙

超以收民望賜雖署文檄而飲酒常醉不省文書
以民保持故獲全免既而進號撫軍別立軍部
隨義宣東下梁山戰敗義宣奔走賜於兵亂自
歸為軍人所掠衣服都盡值右將軍王玄謨東
興出營賜已得敗衣排玄謨上舉玄謨意甚不
說諸將欲殺之隊主張世營救得免送京師下
廷尉削爵土配左右尚方尋見原復起為都官
尚書轉侍中代子淹領太子右衞率孝建二年
出為會稽太守大明元年卒官時年五十顏竣

表世祖張賜遂不救疾東南之秀蚤樹風範聞
問悽愴深切常懷諡曰宣子賜愛弟子輯臨終
遺命與輯合墳子浩官至義陽王昶征北咨議
參軍浩弟淹世祖南中郎主簿世祖即位為黃
門郎封廣晉縣子食邑五百戶太子右衞率東
陽太守逼郡吏燒臂照佛民有辠使禮佛動至
數千拜免官禁錮起為光祿勳臨川內史軍敗
泰始初與晉安王子勛同逆率衆至鄱陽軍敗
見殺賜弟說亦有美稱歷中書吏部郎侍中臨

海王子頊前軍長史南郡太守晉安王子勛建
偽號於尋陽召為吏部尚書與鄧琬共輔偽政
事敗殺琬歸降事在琬傳復為太子庶子仍除
巴陵王休若衛軍長史襄陽太守四年即代休
若為雍州刺史寧遠將軍復為休若征西長史
南郡太守六年太宗於巴郡置三巴校尉以補
之加持節輔師將軍巴郡太守未拜卒

何偃字仲弘廬江灊人司空尚之中子也州辟西
曹從事舉秀才除中軍參軍臨川王義慶平西
府主簿召為太子洗馬不拜元嘉十九年為丹
陽丞除廬陵王友太子中舍人中書郎太子中庶
子時義陽王昶任東宮使偃行義陽國事二十九
年太祖欲更北伐訪之群臣偃議以為胡虜
宣詔逮問北伐伏計賊審有殘福大羊易亂殂
殄非難誠如天旨今雖廟算無遺而未精習緣
鎮戍充實者寡邊民流散多未附業控引所資
取給根本虧根本以殉邊患宜動必萬剋無虞
往歲挫傷續以內實侮亡取亂誠為沛然准

泗數州實亦彫耗流傭未歸創痍未起且攻守
不等客主形異薄之則勢艱圍之則曠日進退
之閒姦虞千起竊謂當今之弊易蜩方來之寇
不深宜含藏疾疹齊天道遷始興王濬征北
長史南東海太守元凶弑立以偃善攝機宜曲得
時譽會世祖即位任遇無改除大司馬長史遷侍
中領太子中庶子時責百官讜言偃以為宜重
誥時尚之為司空尚書令偃居門下父子並處
權要時為寒心而尚之及偃善攝機宜曲得時

農郵本并官省事考課以知能否增俸以除吏
姦責成良守父於其職都督刺史宜別其往改
領驍騎將軍親遇隆密有加舊臣轉吏部尚書
尚之去選未五載偃復襲其迹世以為榮侍中
顏竣至是始貴與偃俱在門下以文義賞會相
得其未歡竣自謂任遇隆密宜居重大而位次與
偃等未殊意稍不悅及偃代竣領選竣愈憤懣
與偃遂有隙竣時勢傾朝野偃不自安遂發心
悸病意慮乖僻上表解職告醫不仕世祖遇

偃既深，備加治療，名醫上藥，隨所宜須，乃得瘥。時上長女山陰公主愛傾一時，配偃子戩。偃素好談玄，注莊子消搖篇傳於世。大明二年卒官，時年四十六。世祖與顏竣詔曰：何偃遂成異世，美志長往，與之周旋，重以姻媾，臨哭傷怨，良不能已。可贈散騎常侍、金紫光祿大夫，本官如故。謚曰靖子。子戩，昇明末爲相國長史。

江智淵，濟陽考城人，湘州刺史夷弟子。父僧安，太子中庶子。智淵初爲著作郎，江夏王義恭太尉行參軍、太子太傅主簿、隨王誕後軍參軍。世祖鎮襄陽，辟爲主簿，甚被知遇。初，智淵伯父夷有盛名，夷子湛又有清譽，父子並貴達。智淵父少無聞，湛禮敬甚簡，智淵常以爲恨，自非節歲不詣湛門。及爲隨王誕佐，在襄陽，誕待之甚厚。時議曹參軍謝莊、府主簿沈懷文並與智淵友善。懷文每稱之曰：人所應有盡有，人所應無盡無者，其江智淵乎。元嘉末，除尚書庫部郎。時高流官序不爲臺郎，智淵門孤援寡，獨有此選，意甚不說，固辭不肯拜。竟陵王誕復版爲

騎軍轉主簿，隨府轉司空主簿、記室參軍，領南濮陽太守，遷從事中郎。誕將爲逆，智淵悟其機，請假先反。誕事發，即除中書侍郎。智淵愛好文雅，詞采清瞻，世祖深相知待，恩禮冠朝。上燕私甚數，多命羣臣五三人游集，智淵常爲其首。同侶未及前，輒獨蒙引進，智淵每以越衆爲慙，未嘗有喜色。每從游幸，與羣僚相隨，見傳詔馳來，知當呼己，聲動慙恧，形於容兒，論者以此多之。遷驍騎將軍、尚書吏部郎。上每酣宴，輒詬羣臣，并使自相嘲訐，以爲歡笑。智淵素方退，漸不會旨。嘗使以王僧朗嘲戲其子景文，智淵正色曰：恐不宜有此戲。上怒曰：江僧安癡人，癡人自相惜。智淵伏席流涕，由此恩寵大衰，出爲新安王子鸞北中郎長史、南東海太守，加拜寧朔將軍，行南徐州事。初，上寵姬宣貴妃殷氏卒，使羣臣議謚，智淵上議曰，以不盡嘉號，甚忤旨。之後車駕幸南山，乘馬至殷氏墓，羣臣皆騎從，上以馬鞭指墓石柱，謂智淵曰：此上不容有懷字。智淵益惶懼大

明七年以憂卒時年四十六子筠太子洗馬
早卒後廢帝即位以后父追贈金紫光祿大夫
季筠妻王平望鄉君智淵兄子鰅早孤養之如
子鰅歷黃門侍郎侍中武陵王北中郎長史
南東海太守行南徐州事後廢帝元徽中卒
史臣曰夫將帥者御衆之名士卒者一夫之用坐
談兵機制勝千里安在平蒙楯前驅履腸涉血
而已哉山濤之稱羊祜曰大將雖不須筋力軍
中猶宜彊健以此爲言則叔子之幹力弱矣杜

預文士儒生射不能穿札身未嘗跨馬一朝統
大衆二十餘萬爲平原都督王戎把臂入林亦
受專征之寄何必山西猛士六郡良家然後可
受脈於朝堂荷推轂之重及虜兵深入徐服
悁震非張暘正言則彭汴危矣當其身犴飛鏑
手折雲衝方足使窮撲假命危城載安平仁者
之有勇非爲臆說

臣沈約

新撰

范泰

王淮之

王韶之

荀伯子

衛將軍謝安驃騎將軍會稽王道子二府參軍
兖二州刺史父寧豫章太守泰初為大學博士
范泰字伯倫順陽山陰人也祖汪安北將軍徐

荊州刺史王忱泰外弟也請為天門太守忱嗜
酒醉輒累旬及醒則儼然端肅泰謂忱曰酒雖
會性亦所以傷生游劇以來常欲有以相戒當
卿沈湎楷言莫由及今之遇又無假陳說忱譬
父之曰見規者衆矣未有若此者也或問忱曰
范伯道何如謝邈忱曰茂度慢又問何如殷覬忱
曰伯道易忱常有意立功謂泰曰今城池既立
軍甲亦充將欲埽除中原以申宿昔之志伯道
意銳當令擢戈前驅以君持重欲相委留事何

如泰曰百年通冠前賢挫屈者多矣功名雖貴
鄙生所不敢謀會忱病卒召泰為驃騎咨議參
軍遷中書侍郎時會稽王世子元顯專權內外
百官請假不復表聞唯齎簽元顯而已泰及前司徒左
為非宜元顯不納父憂去職龍驤將軍
長史王淮之輔國將軍司馬珣之遊居喪禮
玄輔晉使御史中丞祖台之奏泰及前司徒左
泰坐廢從丹徒義旗建國子博士司馬休之為
冠軍將軍荊州刺史以泰為長史南郡太守又

除長沙相散騎常侍並不拜入為黃門郎御史
中丞坐議殷祠事謬白長領職出為東陽太守
盧循之難泰預發兵千人開倉給粟高祖加泰
振武將軍明年遷侍中尋轉度支尚書時僕射
陳郡謝混後進知名高祖嘗從容問混泰名輩
可以此誰對曰王元太一流人也徙為太常初
司徒道規無子養太祖及兗以兄道憐第二子
義慶為嗣高祖以道規素愛太祖又令居重道
規追封南郡公應以先華容縣公賜太祖泰議

曰公之友愛即心過厚禮無二嗣諱宜還本屬
從之轉大司馬左長史右衛將軍加散騎常侍
復爲尚書常侍如故蕪司空與右僕射袁湛授
宋公九錫隨軍到洛陽高祖還彭城與共登城
泰有足疾特命乘輿泰好酒不拘小節通率任
心雖在公言不異私室高祖甚賞愛之然拙於
爲治故不得在政事之官遷護軍將軍以公事
免高祖受命拜金紫光祿大夫加散騎侍明
年議建國學以泰領國子祭酒泰上表曰臣聞
風化興於哲王教訓表於至世至說莫先講習
甚樂必寄朋來古人成童入學易子而教尋師
無遠貧糧忘艱安親光國莫不由此若能出不
由戶則斯道莫從是以明詔爰發巳成邊汗學
制既下遠近遵承臣之愚懷少有未達令惟新
告始盛業初基天下改觀有志景慕而置生之
制取少停多開不來之端非一途而巳臣以家
推國則知所聚不多恐不足以宣大宋之風弘
濟濟之美目謂合選之家雖制所未達父兄欲

其入學理合開通雖小違晨昏所以大弘孝道
不知春秋則所陷或大故趙盾忠而書弒許止
孝而得皋可不懼哉十五志學誠有
其文若秊降無幾而深有志尚者何必限以一
格而不許其進邪揚烏豫玄實在弱齒五十學
易乃無大過昔中朝助教亦用二品潁川陳載
巳辟太保掾而國子取爲助教即太尉淮之弟
所貴在於得才無繫於定品教學不明獎厲不
篤今有職閑而學優者可以本官領之門地二
品宜以朝請領助教旣可以甄其名品斯亦敦
學之一偶其二品才堪自依舊從事會令生到
有期而學校未立覆實覆其速回轍巳淹其
遲事有以賒而宜急者殆此之謂古人重于陰
而賤尺璧其道然也時學貴不立時言事者多
以錢貨減少國用不足欲求市民銅更造五銖
錢泰又諫曰流聞將禁私銅以充官銅民雖失
器終於獲直國用不足其利實多臣愚意異不
寧寢黙目聞治國若烹小鮮擾敝莫若務本百

姓不足君孰與足未有民貧而國富本不足而
末有餘者也故襄漏貯中誠者不吝反求員新
存毛實難以百姓爭利故拔葵所以明治織蒲謂
之家不與百姓爭利故拔葵所以明治織蒲謂
之不仁足以貴賤有章職分無樂令之所憂在
農民尚賈欠昌廩未充轉運無已資食者眾家無
私積難以御荒耳夫化貨存賤易不在少多昔日
之貴今者之賤彼此共之其揆一也但令官民
均通則無患不足若使必貨貨廣以收國用者

宋書傳二十　五　震升

則龜貝之屬自古所行尋銅之為器在用也博
矢鍾律所通者遠機衡所揆者大夏鼎貟圓貫
冠眾瑞晉鐸呈象亦啟休徵器有要用則貴賤
同資物有適宜則家國共急令毀必資之器而
為無施之錢於化貨則切不補勞在用則君民俱
困校之以實損多益少陛下勞謙終日無倦庶
務以身率物勤素成風而頌聲不作板渭不至
者良由基根未固意在遠略伏願思可父之道
賒民速之情弘山海之納擇芻牧之說則嘉謀日

陳聖慮可廣其三存心然後苞桑可繫愚誠一
至用忘寢食景平初加位特進明年致仕解國
子祭酒少帝在位多諸怨失上封事極諫曰伏
聞陛下時在後園顧冒武備鼓鞞在宮聲聞于
外顯武被庭之內謹謹省闥之間不聞將帥之臣
統御之王非徒不以威四夷秪生遠近之怪
近者東寇紛擾旬欲伺國瑕隙令之吳會嘗過

宋書傳二十一　六

二漢開河根本既搖干何不有如水旱成災役
夫不息無冦而戒為費漸多河南非復國有鶉
者也陛下踐阼委政宰臣實同高宗諒闇之美
而更親狎小人不免近習懼非社稷至計經世
之道王言如絲其出如綸下觀而化疾於影響
伏願陛下思弘古道式遵遺訓從理無滯任賢
勿疑如此則天下歸德宗社惟永詩云一人有
慶兆民賴之天高聽卑無幽不察與衰在成
敗易曉未有政治在於上而人亂於下者也臣
蒙先朝過遇陛下殊私竊欲盡心竭誠少報萬

王準

分而惜老已及百疾千生便爲永違聖顏無復
自盡之路貪及視息陳其往鼓舞陛下若能哀其
所請留心瞻察則臣殞于地無恨九泉少帝
雖不能納亦不加譴徐羨之傅亮等與泰素不
平及廬陵王義眞少帝見害泰謂所親曰吾觀
古今多矣未未有受遺顧託而嗣君見殺賢王
戮者也元嘉二年表賀元正并陳早炎曰元正
以履祚吉祥集百福來庭頃旱暵爲虐元陽

改律品物惟新陛下藉日新以茂德仰乾元
恣度通川燥流異井同竭老弱不堪遠汲貧
寡單於貧水租輸既重賦稅無降百姓愁咨臣
年過七十未見此旱陰陽并隔則和氣不交豈
惟凶荒必生疾疫其爲憂虞不可備序雲榮
之典以誠會事巫祝常祈罕能有感上天之
譴不可不察漢東海枉殺孝婦元旱三年及祭
其墓澍雨立降歲以有年是以偷人伐邢師興
而兩伏願陛下式遵遠猷思隆高構推忠恕之
愛矜冤枉之獄遊心下民之瘼厝思幽冥之紀

令謗木豎關諫鼓鳴朝察芻牧之言揔統御之
要如此則苞桑可繫危幾無兆斯而災害不消
未之有也故夏禹引百姓之罪殷湯甘萬方之
過太戊責桑穀以進德宋景責熒惑以修善斯
皆因敗以轉成往事之昭晰也循末俗者難爲
風就正路者易爲雅臣疾惠曰篤夕不謀朝會
及歲慶得一聞達微誠少亮無恨泉壤永違聖
顏拜表悲咽遂輕舟遊東陽忢行止不關朝
廷有司劾奏之太祖不問也時太祖雖當陽親

覽而羨之等猶秉重權復上表曰伏承廬陵王
已復封爵猶未加贈陛下孝慈天至友于過隆
伏揆聖心已自有往但司契以不唱爲高晃旅
以因寄成用臣雖言不足採誠不亮時但狠蒙
先朝忘醜之眷復沾廬陵矜顧之末息晏賀
有兼常歡契闊戎陣顚狽艱危厚德無報令
路絶此老臣兼之不能自已者也朽越局無所
逃刑泰諸子禁之表竟不奏三年羨之等伏誅
進位侍中左光祿大夫國子祭酒領江夏王師

特進如故上以泰先朝舊臣恩禮甚重以有脚
疾起居艱難宴見之日特聽乘輿到坐累陳時
事上每優容之其年秋蝗又上表曰陛下昧
旦不顯求民之瘼明斷庶獄無倦政事理出群
心澤謠民口百姓翕然皆自以為遇其時也災
變雖小要有以致之守宰之失臣所不能究上
天之譴臣所不敢誣有蝗之處縣官多課民捕
之無益於枯苗有傷於殺害臣聞桑穀時二無
假斤斧昭仁愛不縈自擢卓茂去無知之虫

宋均四有異之虎蝗生有由非所宜殺石不能
言星不自隕春秋之旨所宜詳察禮婦人有三
從之義而無自專之道周書父子兄弟罪不相
及女人被宥由來上矣謝晦婦女猶在尚方始貴
後賤物情之所甚苦四婦一室亦能有所感激
臣於謝氏不容有情蒙國重恩寢處思报伏度
聖心已當有在禮春夏教詩無一而闕也臣近
侍坐聞立學當在八年陛下經略粗建意存民
食入年則農功興農功與則田里關入秋治庫序

入冬集遠生二涂並行事不相害天事多以淹
稽為戒不遠為患任臣學官竟無微績徒墜天
施無情自處臣之區區不望目觀成化竊慕子
囊城郢之心庶免荀偃不瞑之恨臣比陳愚見
便是都無可採煩天聽愧怍及側書奏上乃
原謝晦婦女時司徒王弘輔政泰謂弘日天下
務廣而權要難居卿兄弟成滿當深存降挹其
城王帝之次弟宜徵還入朝共參朝政弘納其
言時旱災未已加以疾疫泰又上表曰頓元旦

歷時疾疫未已方之常災實為過差古以為王
澤不流之微陛下昧旦臨朝無懈治道躬自菲
薄勞心民庶以理而言不應致此意以為上天
之於賢君正自殷勤心無已陛下同規禹湯引百
姓之過言動于心道數自遠桑穀生朝而殞殺
惑犯心而退非唯消災弭惠乃所以大啟聖明
靈兩立降百姓改德百姓下下同
近當仰推天意俯察人謀外平之化尚存舊典
顧恩顧不思行與不行耳大宋雖揖讓受終未

積有虞之道先帝登遐之日便是道消之初至
乃嗣主被殺哲藩嬰禍九服徘徊有心喪氣佐
命託孤之臣俄為戎首天下蕩蕩湯王道已淪自
非神英撥亂反正則宗社非復宋有革命之覲
隨時其義尤大是以古今異用循方必雍夫道
隱於小成欲速或未必達深根固帶之術未洽
頑且鄙不達治宜加之以篤疾重之以惜耄言
或非言而復不能無言陛下錄其一毫之誠則

宋書傳二十　〔十二〕　偉沈

臣不知厝身之所泰博臨覽篇籍好為文章愛獎
後生孜孜無倦撰古今善言二十四篇及文集
傳於世蕾年事佛其精於宅西立祇洹精舍五
年卒時年七十四追贈車騎將軍侍中特進王
師如故謚曰宣侯長子昂早卒次子晷官都太
守次晷侍中光祿大夫次曇華太子詹事謀反伏
誅自有傳少子廣淵善屬文世祖無軍諮議
參軍領記室坐曇事從誅
王准之字元曾琅邪臨沂人高祖彬尚書僕射

曾祖彪之尚書令祖臨之父納之並御史中丞
彪之博聞多識練悉朝儀自是家世相傳並諳
江左舊事緘之青箱世人謂之王氏青箱學准
之兼明禮傳贍於文辭起家本國右常侍桓
玄大將軍行參軍玄篡位以為尚書祠部郎義
熙初父為尚書中兵郎遷參高祖車騎中軍軍
事丹陽丞中軍太尉主簿出為山陰令有能名
預討盧循功封都亭侯又為高祖鎮西平北太
尉參軍尚書左丞本郡大中正宋臺建除御史

宋書傳二十　〔十二〕　任欽

中丞為僚友所憚准之父納之祖臨之曾祖彪
之至准之四世居此職准之嘗作五言范泰謝
之曰卿唯解彈事耳准之正色苍猶羌卿世載
雄狐坐世子右衛率謝靈運殺人不舉官高
祖受命拜黃門侍郎永初二年奏曰鄭玄注禮
三年之喪二十七月而吉古今學者多謂得
禮之宜晉初用王肅議祥禫共月故二十五月
而除遂以為制江左以來唯晉朝施用縉紳之
士多遵玄義夫先王制禮以大順羣心喪也寧

戚著自前訓今大宋開泰品物遂理愚謂宜同
即物情以玄義為制朝野一禮則家無殊俗從
之遷司徒左長史出為始興太守元嘉二年為
江夏王義恭撫軍長史歷陽太守行州府之任
綏懷得理軍民便之尋入為侍中明年徙為都
官尚書改領吏部性峭急頗失縉紳之望出為
丹陽尹義康之究識舊儀問無不對時大將軍彭
城王義康錄尚書事每歎曰何須高論玄虛正
得如王准之兩三人天下便治矣然寡之風素

不為時流所重撰儀注朝廷至今遵用之二十年
卒時年五十六追贈太常子興之征虜主簿
王韶之字休泰琅邪臨沂人也曾祖廙晉驃騎
將軍祖羨之鎮軍掾父偉之本國郎中令韶之
家貧父為烏程令因居縣境好史籍博涉多聞
初為衛將軍謝琰行參軍偉之少有志當世
詔命表奏輒目書寫晉安帝陽秋既成時人謂
宜居史職即除著作佐郎使續後事訖義熙九

年善敍事辭論司觀為後代佳史遷尚書祠部
郎晉帝自孝武以來常居內殿武官主書於中
通呈以省官一人管司詔詔任在西省因謂之
西省郎傅亮羊徽相代領西省事轉中書侍郎
安帝之崩也高祖使韶之與帝左右密加酖毒
恭帝即位遷黃門侍郎領著作郎西省如故凡
諸詔奏皆其辭也高祖受禪加驍騎將軍本郡
中正黃門如故西省職解復掌宋書有司奏東
治士朱道民禽三叛士依例放遣部之啟曰尚

書金部奏事如右誠核忘一時權制懼非經
國弘本之令典臣尋舊制以罪補亢凡有十餘
條雖同異不案而輕重實殊至於詐列父母死
誣罔父母淫亂破義反逆此四條宣窮亂抵逆
人理必盡雖復殊刑過制猶不足以塞莫大之
罪既獲全首領大造已隆寧可復遂拔徒隸緩
帶當年自同編戶列齒齊民平臣懼此制永行
所勸實大方今聖化惟新崇本棄末一切之令
宜加詳改愚謂此四條不合加贖罪之恩待中

褚淡之同韶之三條却宜舊韶可又駁貟外
散騎侍郎王悳之請假事曰伏尋舊制群臣家
有情事聽併急六十日太元中政制年賜假百
日又居在千里外聽併請來年限合爲二百日
此蓋一時之令非經通之旨會稽雖塗盈千里
未足爲難百日歸休於事自足若私理不同便
應自表陳解豈且名班朝列而久淹污瀆者道
參議謂不合開許或家在河洛及嶺南屋寺
阻且長猶宜別有條品請付尚書詳爲其制從
之坐璽封謬誤免黃門事在謝晦傳韶之爲晉
史序王珣貨殖王廞作亂珣子弘廞子華並貴
顯韶之懼爲所陷深結徐羨之傳亮等少帝即
位遷侍中驍騎如故景平之年出爲吳興太守
羨之被誅王弘入爲相領楊州刺史弘雖與韶
之不絕諸弟未相識者皆不復往來韶之在郡
常慮爲弘所緬夙夜勤屬政績甚美弘亦卹其
私憾太祖兩嘉之在任積年稱爲良守加秩中二
千石十年徵爲祠部尚書加給事中坐去郡長

取送故免官十二年又出爲吳興太守其年卒
時年五十六七廟歌辭韶之制也文集行於世
子曄尚書駕部外兵郎臨賀太守
荀伯子潁川潁陰人也祖羨驃騎將軍父猗祕
書郎伯子少好學博覽經傳而通率好爲雜戲
遨遊閭里故以此失清塗解褐爲駙馬都尉奉
朝請貟外散騎侍郎著作郎徐廣重其才學
舉伯子及王韶之並爲佐郎助撰晉史及著桓
玄等傳遷尚書祠部郎義熙九年上表曰臣聞
各縣亡後臧文以爲深歎伯氏奪邑管仲所以
稱仁功高可百世不泯濫貟無崇朝宜許故太
傅鉅平侯祐明德通賢宗臣莫二勳參佐命功
成平吳而後嗣闕然丞嘗莫寄漢以蕭何元功
故絕世輒紹愚謂鉅平之封宜同鄴國故太尉
廣陵公陳准黨翼孫秀禍加淮南竊饗大國因
罪爲利値西朝政刑失裁中興復同而不奪今
王道惟新豈可不大判臧否謂廣陵之國宜在
刊除故太保衛瓘本爵蕭陽縣公旣被橫禍及

進弟秩始贈蘭陵又轉江夏中朝八輔多非理
終璀功德不殊亦無緣獨受偏賞宜復本封以
正國章詔付門下前散騎常侍江夏公儁璵上
表自陳自臣乃祖故太保璀於魏咸熙之中太
祖文皇帝為元輔之日封蕭陽侯大晉受禪進
爵為公歷位大保摠錄朝政于時賈庶人及諸
王用事巳璀忠節故楚王瑋矯詔致禍前朝以
璀秉心忠正加以代蜀之勳故追封蘭陵郡公
永嘉之中東海王越食蘭陵換封江夏邑如

舊臣高祖散騎侍郎璨之嫡孫纂承封晉中宗
元皇帝以曾祖故左衞將軍崇承龍飛逮于臣
身伏聞祠部郎荀伯子表欲貶降復封蕭陽夫
趙氏之忠寵延累葉漢祖開封近言以山河伏願
陛下錄旣往之勳垂罔極之施乞出臣表付外
參詳潁川陳茂先亦上表曰祠部郎荀伯子表
臣七世祖太尉淮禍加淮南不應濫賞尋先臣
以剗除賈謐封海陵公事在淮南遇禍之前後
廣陵雖在攙攘之際臣祖乃姬蒙家殊遇歷位元

凱後被遠外乃作平州而猶不至除國良以先
勳深重百世不泯故也聖明御世英輔係興曾
無疑議以為濫賞臣以微弱未齒人倫加始勉
視息封爵兼嗣伏願陛下遠錄舊勳特垂矜察
詔皆付門下並不施行伯子為世子征虜劭曹
國子博士妻弟謝晦薦達之人為尚書左承出
補臨川內史車騎將軍王弘重不華
有平陽侯之風伯子常自矜廕籍之美謂弘曰
天下膏粱唯使君與下官耳宣明之徒不足數

也遷散騎常侍本邑大中正又上表曰伏見百
官位次陳留王在零陵王上臣愚竊以為疑昔
武王剋殷封神農之後於焦黃帝之後於祝帝
堯之後於薊封帝舜之後於陳夏後於杞殷後於
宋杞陳並為列國而薊焦祝無聞焉斯則襄
崇所承優於遠代之顯驗也是以春秋次序諸
侯宋居杞陳之上考之近世事亦有徵曹及太始
九年詔賜山陽公劉康子第一人爵關內侯儒
公姬署宋侯孔紹子一人駙馬都尉又太始三年

太常上博士劉惠等議稱衡公署於大晉在三

恪之數應降稱矦臣以零陵王位宜在陳留之

上從之遷太子僕御史中丞並位職勳恪有胝躬

之稱立色朝正內外憚之凡所奏劾莫不深相

謗毀或延及祖禰示其切直又頗雜謝戲故世

人以此非之出補司徒左長史東陽太守元嘉

十五年卒官時年六十一文集傳於世子赤松

爲尚書左丞以徐湛之黨爲元凶所殺伯子族

弟昶字茂祖與伯子絕服五世元嘉初以文義

爲中書郎昶子萬秋字元寶亦用才學自顯世

祖初爲晉陵太守坐於郡立華林閣置主書主

衣下獄免前廢帝末爲御史中丞卒官

史臣曰夫門令望詩人所以作詠有禮有法

前謨以之垂美苟范二王雖以學義自顯而在

朝之與亮不弘蓋由才有餘而智未足也惜矣哉

列傳第二十

武帝七男張夫人生少帝孫脩華生廬陵孝獻
王義眞胡婕妤生文皇帝王脩容生彭城王義
康袁美人生江夏文獻王義恭孫美人生南郡
王義宣美人生衡陽文王義季義宣別有傳

廬陵孝獻王義眞美儀貌神情秀徹初封桂陽
縣公食邑千戶年十二從征大軍進長安留
守栢谷塢除員外散騎常侍不拜及關中平定
高祖議欲東還而諸將行役既久咸有歸願止
留偏將不足鎮固人心乃以義眞都督雍涼
秦三州之河東平陽河北三郡諸軍事安西將
軍領護西戎校尉雍州刺史太尉諮議參軍京
兆王脩爲長史委以關中之任高祖將還三秦
父老詣門流涕訴曰殘民不沾王化於今百年
矣始覩衣冠方仰聖澤長安十陵是公家墳
墓咸陽宮殿數千間是公家屋宅捨此欲何之

高祖爲之愍然慰諭曰受命朝廷不得擅留感
諸君戀本之意今留第二兒令文武賢才共鎮
此境臨還自執義眞手以授高祖義眞執其子
孝孫二州司州之東安定新平二郡諸軍事領
東秦州刺史時隴上流人多在關中堅固
復得歸本及置東秦州父老知無復經略隴右固
關中之意咸共歎息而佛佛虜寇逼交至沈田
子既殺王鎮惡王脩又殺田子義眞年少賜與
左右不節脩常裁減之左右並怨因是白義眞
曰鎮惡欲反故田子殺之脩令殺田子是又欲
反也義眞乃使左右劉乞等殺脩脩字叔治京
兆灞城人也初南渡見桓玄玄知之謂曰君平
世更部郎才脩既死人情離駭無相統一高祖
遣將軍朱齡石替義眞鎮關中使義眞輕兵
歸諸將競斂財貨多載子女方軌徐行虜追騎
且至建威將軍傳弘之曰公處分亟進恐虜追
擊人也今多將輜重一日行不過十里虜騎追

至何以待之宜棄車輕行乃可以免不從賊追

兵果至騎數萬匹輔國將軍蒯恩斷後不能禁

至青泥後軍大敗諸將及府功曹王賜悉被俘

虜義眞在前故得與數百人奔散日暮虜不復

窮追義眞與左右相失獨逃草中中兵參軍段

宏單騎追尋緣道叫喚義眞識其聲出就之曰

君非段中兵邪義眞喜曰身在此宏大喜負之而歸義眞

謂宏曰今日之事誠無筭略然丈夫不經此何

以知艱難初髙祖聞青泥敗未得義眞審問有

讚 宋書傳廿一 三

前至者訪之並云闇夜奔敗無以知存亡髙祖

怒甚刻日北伐謝晦諫不從又得宏啓事知義

眞巳免乃止義眞尋都督司雍秦幷涼五州諸

軍建威將軍司州刺史持節如故以段宏為義

眞諮議參軍尋遷宋臺黃門郎領太子右衛率

宏鮮甲人也為慕容超尚書左僕射徐州刺史青

髙祖伐廣固歸降太祖元嘉中為征虜將軍青

冀二州刺史追贈左將軍時義眞將鎮洛陽而

河南蕭條未及修理政除揚州刺史鎮石頭永

初元年封廬陵王食邑三千戶移鎭東城髙祖

始踐阼義眞意色不悅侍讀學士蔡茂之問其

故義眞曰安不忘危休泰何可恃明年遷司徒

髙祖不豫以為使持節侍中都督南豫豫司南

秦幷六州諸軍事車騎將軍開府儀同三司南

豫州刺史出鎭歷陽未之任而髙祖崩義眞聰

明愛文義而輕動無德業與陳郡謝靈運琅邪

顏延之慧琳道人並周旋異常云得志之日以

靈運延之為宰相慧琳為西豫州都督徐羨之

宋書傳廿二 四

等嫌義眞與靈運延之暱狎過其故使范晏從

容戒之義眞曰靈運空疎延之隘薄魏文帝云

鮮能以名節自立者但性情所得未能忘言於

悟賞故與之遊耳將之鎮列部伍於東府前既

有國哀義眞所乘舫單素不及毋孫修儀所乘

者義眞與靈運延之慧琳等共視部伍因宴舫

內使左右剔毋舫函道以施已舫而取其勝者

及至歷陽多所求索羨之等每裁量不盡與深

怨執政表求還都而少帝失德羨之等密謀廢

立則次第應在義眞以義眞輕訬不任主社稷
因其與少帝不協乃奏廢之曰臣聞二叔不咸
難結隆周淮南悖縱禍興盛漢莫不義必斷恩
情爲法屈二代之事殷鑒無遠仁厚之主行之
不疑故共叔不斷幾傾鄭國劉英容養豐廣
義眞以忍之性爰自稚弱恣其猖改屬天屬之愛想聞
難深前事之不忘後王之成鑒也案車騎將軍
先朝猶以年在執綺箕能改陽之酷醜聲遠播
革心自聖體不豫以及大漸臣庶憂惶內外屛
氣而縱博酣酒日夜無輟肆口縱言多行無禮
先帝貽厭之謀圖慮固親敕陛下面詔臣等
若逢不悛必加放黜至三言苦厲猶在紙翰而自
茲迄今月月增甚至乃委棄藩屛志還京邑潛
懷異圖希幸非冀轉聚甲卒徵召車馬陵墳未
乾情事猶昨遂箴棄遺旨顯違成規敕旨棹汗舟
以示歸志肆心專已無復諓承聖恩低徊深垂
隱忍屢遣中使苦相敦釋而親對散騎侍郎邢
安泰廣武將軍茅仲思縱其悖馬訕主謗朝此

久播于遠近暴於人聽臣聞原火不撲蔓草難
除青青不伐終致尋斧況憂患著社稷應切
請一遵晉朝武陵舊典使顧懷之旨不墜於武
廟全宥之德獲申於昵親仰尋感慟臨啟悲咽
乃廢義眞爲庶人徙新安郡前吉陽令堂邑張
約之上疏諫曰臣聞仁義之在天下若中原之
有菽理感之被萬物故不繫於貴賤是以考叔
反悔誓於及泉壺關復魂於湖邑當斯之時
豈無尊卿賢輔或以事迫心違或以道壅謀屈
何嘗不願聞善於興隸藥石阿氏哉臣雖草
芥備充黔首少不量力願高殉義之風謂蹈
善於朝聞愈徒生於白首用敢干禁志戮披
叙丹愚伏惟高祖武皇帝誕茲神武撫運龍興
仰清天步則齊德有虞俯廓九州則伴功大
夏故廢順天人尃有萬國雖靈祚修長聖躬弗
永陛下繼明紹統返通一心藩王哲茂四維寧
謐傾耳康哉之詠企踵外平之風竊念盧陵王
少蒙先皇優慈之遇長受陛下睠愛之恩故在心

必言所懷必亮容犯臣子之正道致招驕恣之愆
至於天姿鳳成實有卓然之美宜在容養錄
善奄瑕訓盡義方進退以漸今猥加剝辱幽徙
遠郡上傷陛下棠棣之篤下令遠近惟然失圖
士庶杜口人為身計臣伏思大宋之興
煇魯衡龜策告胙均
符緯而開基造根條未繁宜廣樹藩戚敦睦
以道使兄弟之義比輝魯衛重複勿嫌安危七
百豈不善哉陛下富於春秋慮未重複勿加詢
之遠篳肆不忍於一朝特願留神九思重加詢

宋上考前代興亡之由中存武皇締構之業下
顧著生顯顯之望時開曲宥反王都邑選保傳
於舊老求四友於舉俊引誘情性導達聰明凡
人在苦皆能自屬況王質朗思聰易加訓範且
中賢之人未能無過貴自改罪願自新以武
皇之愛子陛下之懿弟豈可以其一眚長致淪
棄哉謹昧死詣闕伏地以聞惟願丹誠一經天聽
退就斧鑕無愧地下矢書奏以約之為梁州府泰
軍壽又見殺景平二年六月癸未羨之等遣使殺

義真於徙所時年十八元嘉元年八月詔曰前
盧陵王靈柩在遠國封墮替感惟拱慟情若貫
割王體自至極地戚屬尊當可令情禮永淪終
始無寄可追復先封持遣奉迎并孫脩華謝妃
一時俱還言攜哽三年正月誅徐羨之傳亮
等是日故詔曰故盧陵王含章履正英哲自然道
心內昭徽遐遇時多難志三匡權通天未懲
禍運鍾屯險羣山肆醜專竊國柄禍心潛搆釁
生不圖朕每永念讎恥含痛內結遵養莜情

禮未申令王道既李政刑始判宣昭國豈於是
乎在可追崇侍中大將軍王如故爲慰冤魂少
申悲憤又詔曰乃者權臣陵縱兆亂基禍故言
陽令張約之抗疏天言至誠慷慨遂事屈羣醜
殄命退疆志節不申感焉兼至昔關老書
見紀漢策閭纂獻規荷榮晉代考其忠蹇參
述前蹤宜加旌顯式揚義烈可贈以一郡賜錢
十萬布百疋義真無子太祖以第五子紹字休
祐為嗣元嘉九年襲封盧陵王少而寬雅太祖

甚愛之二十年出為南中郎將江州刺史時年
十二三十二年入朝加榮戟進都督江州之
西陽晉熙新蔡三郡諸軍事在任七年改授左
將軍南徐州刺史給鼓吹一部未之鎮仍還揚
州刺史將軍如故索虜至瓜步紹從太子鎮石
頭二十九年疾患解職其年薨時年二十一遺
令斂以時服素棺周身太祖從之追贈散騎常
侍鎮軍將軍開府儀同三司刺史將軍如故無子南平
王鑠第三子敬先為嗣本名敬秀既出繼而紹
妃褚秀之孫女故改為景和二年為前廢帝所
害追贈中書侍郎謚曰恭王無子太宗泰始元
年以世祖第二十一子晉熙王燮字文為
紹嗣封盧陵王為輔國將軍南高平臨淮二郡
太守並未拜為太宗所殺三年更以桂陽王休
範第二子德嗣紹為建威將軍淮陵南彭城二
郡太守後廢帝元徽二年與休範俱伏誅國復
絕三年復以臨澧忠敬襲第三子昌字淵華繼
紹為給事中順帝昇明元年薨謚曰元王又無

子國除

江夏文獻王義恭幼而明穎美姿顏美麗高祖特
所鍾愛諸子莫及也飲食寢卧常不離於側高
祖為性儉約諸子食不過五醆盤而義恭愛寵
異常末須菓食日中無筭得未嘗噉柰以乞與
傍人盧陵諸王未嘗敢求亦不得景平二年
監南豫司雍秦并州諸軍事冠軍將軍南豫
州刺史代盧陵王義真鎮歷陽時年十二元嘉
元年封江夏王食邑五千戶加使持節進號撫
軍將軍給鼓吹一部三年監南徐兗二州揚州
之晉陵諸軍事徐州刺史持節將軍如故進監
為都督未之任太祖征謝晦義恭還鎮京口六
年改授散騎常侍都督荊湘雍益梁寧南秦
八州諸軍事荊州刺史持節都督將軍如故義恭
儀文義而驕奢不節既出鎮太祖與書誡之曰
汝以弱冠便親方任天下艱難家國事重雖曰
守成實亦未易隆焜貴安危在五萬且豈可不感
尋王業大懼負荷今既分張言集未日無由復

得動相規誨宜深自砥礪恩而後行開布誠心
厯懷平當親禮國士友接佳流識別賢愚鑒察
邪正然後能盡君子之心收小人之力汝神意爽
悟有日新之美而進德脩業未有可稱吾所以
恨之而不能已已者也汝性褊急裘太妃亦說
如此性之所滯其欲必行意所不在從物回改
此最弊事宜應慨然立志念自裁抑何至丈夫
方欲贊世成名而無斷者哉今粗疏十數事汝
別時可省也遠大者當具言細碎復非筆可

盡禮賢下士聖人垂訓驕佟矜尚先哲所去谿
達大度漢祖之德猜忌褊急魏武之累漢書稱
衛青云大將軍遇士大夫以禮與小人有恩西
門安于矯性齊美關羽張飛任偏同弊行已
舉事深宜鑒此若事興今日嗣子幻蒙司徒便
當周公之事汝不可不盡祗順之理苟有所懷
密自書陳若形迹之閒深宜慎護至於爾時安
危天下决汝二人耳勿忘吾言今旣進裘太妃供
給計足充諸用此外一不須復有求取近亦具

白此意唯脫應夫餉致而當時遇有所乏汝自
可少多供奉耳汝一月日自用不可過三十萬
若能省此益美西楚殷曠常宜早起接對實
侶勿使留滯判急務訖然後可入問訊旣觀顏
色審起居便應卽出不須久停以廢廳事也下
日及夜自有餘閑府舍住止園池堂觀略所諳
究計當無須改作司徒亦云爾若脫於左右之
宜須小回易當以始至一治爲限不煩紛紜
日求新異凡訊獄多决當時難可逆慮此實爲

難汝復不習殊當未有次第訊前一二日取訊
簿密與劉湛輩共詳大不同也至訊日虛懷博
盡愼無以喜怒加人能擇善者而從之美自歸
已不可專意自决以矜獨斷之明也萬一如此
必有大咎非唯訊獄君子用心自不應爾刑獄
不可擁滯一月可再訊凡事皆應愼密亦宜
豫敕左右人有至誠所陳不可漏泄以負忠信
之歎也古人言君不密則失臣臣不密則失身
或相譖構忽輕信受每有此事當善察之名器

深宜慎惜不可輕以假人昵近晉賜充應裁量
吾於左右雖為少恩如聞外論不以為非也以
貴陵物物不服以人人不厭此易達事耳
聲樂嬉游不宜令過搜漁獵一切勿為供用奉
身皆有節度奇服異器不宜興長汲嬪侍左右
已有數人既始至西未可忽忽復有所納又誠
之曰宜佐史非唯臣主自應相見不數復何
則彼我不親不親則無因得盡人人不盡相見
由知其衆事廣引視聽既益開博於言事者

又差有地也九年徵為都督南兗徐兗青冀幽
六州豫州之浹郡諸軍事征北將軍開府儀同三
司南兗州刺史鎮廣陵時詔內外百官舉才義
恭上表曰臣聞雲和備樂英髦人情及陋幽
驂服則致遠斯效陛下順簡寅化文明在躬王
衡既正泰階載一而猶發震
谷空同顯者揚屈是以潛虬登鱗衍利見之期翔
鳳弭翼應來儀之感竊見南陽宗炳操履閑遠
思業貞純砥節丘園息實盛世貧約而苦內無

改情軒冕屢招磪爾不拔若以蒲帛之聘感以
大倫之美庶投竿釋褐翩然來儀嶷能毗變九
官宜贊百揆尚書金部郎臣徐森之臣府中直
兵參軍事臣王天寶並局力允濟忠諒欵誠往
年逆臣叛逆華陽失守森之全境寧民績章危
棘前者經略伊洹元戎喪旅北勤河朔東
據營立勳昭心事兼竭雖蒙襃敘未盡
才宜並可授以邊藩展其志力交阯遼邈界未喪
藩將政刑毋關撫莅惟艱南中負速風謠迴
謂森之可交州刺史天寶可寧州刺史庶足威
懷荒表肅清服昔魏戊之賢功存薦士趙武
之明事彰管庫臣識愧前良理謝先哲率舉所
知仰酬採訪退懼鼓貝言無足覯獎十六年進位
司空明年大將軍彭城王義康有罪出藩徵義
恭為侍中都督揚南徐兗三州諸軍事司徒錄
尚書領太子太傅持節如故給班劍二十人置
佐加兵明年解揚南兗二十一年進太尉領司徒

餘如故義恭既小心恭愼且戒義康之失雖爲
總錄奉行文書而已故太祖安之相府年給錢
二千萬官物倍此而義恭性奢用常不足太祖
又別給錢率千萬二十年領國子祭酒時有獻
五百里馬者以賜義恭二十七年春索虜寇豫
州太祖因此欲開定河洛虜遂深入徑至瓜步
義恭與世祖閉彭城自守二十八年春虜退走
自彭城北過義恭震懼不敢追其日民有告虜

■宋書傳十一　　十五

驅廣陵民萬餘口夕應宿安王陵去城數十里
今追之可悉得諸將並請義恭又禁不許經宿
太祖遣驛至使悉力急追義恭乃遣鎮軍司馬
檀和之向蕭城虜先巳聞知乃盡殺所驅廣陵
民輕騎引去初虜深入上慮義恭不能固彭城
備加誡勤義恭答曰臣未能臨瀚海濟居延庶
免劉仲本逃之恥及虜走賴衆議得
停事在張暢傳降義恭號驃騎將軍開府儀
同三司餘悉如故魯郡孔子舊鈌有栢樹二十

四株經歷漢晉其大連抱有二株先折倒士人
崇敬莫之敢犯義恭悉遣人伐取父老莫不歡
息又以本官領南兗州刺史增督南兗豫徐兗
青冀司雍泰幽并十一州諸軍事并前十三州
移鎮盱眙修治館宇擬制東城二十九年冬還
朝上以御所乘蒼鷹船上迎之遭太妃憂改授
大將軍都督揚南徐二州諸軍事南徐州刺史
持節侍中錄尚書太子太傅如故還鎮東府辭
侍中未拜值元凶肆逆其日劭召義恭先是詔

■宋書列傳二十一　　十六

召太子及諸王各有常人慮有詐妄致害者至
是義恭求常所遣傳詔劭遣之而後入義恭請
罷兵几府內兵伏並送還臺進位太保進督會
州諸軍事服侍中又領大宗師世祖入討劭
疑義恭有異志使入住尚書下省分諸子立住
神虎門外侍中下省劭聞世祖巳次近路欲悉
力逆之決戰中道義恭慮世祖船乘陋小劭矛突
中流容能爲患乃進說曰割棄南岸柵斷石頭此
先朝舊法以逸待勞不憂不破也劭從之世祖前

鋒至新亭勦挾義恭出戰悼録在左右故不能
自拔戰敗使義恭於東堂簡義恭先使人具
舩於東冶渚因單馬南奔始濟淮追騎已至北
岸僅然得免勦大怒遣始興王濬就西省殺義
恭十二子世祖時在新林浦義恭既至上表勸
世祖即位曰臣聞治亂無兆倚伏相因乾靈降
禍二凶極逆深酷臣痛終古未有陛下忠孝自
天赫然電發投袂泣血四海順軌是以諸庶雲
赴數均八百義奮之旅其會如林神祇明德有

所底止而沖居或躍未登天祚非所以嚴重宗
社紹延七百昔張武抗辭代王順請耿純陳欵
光武正位況今罪逆無親惡盈釁暴滿兵安忍
戮善崇姦履地戴天畢命俄頃宜早定尊號以
固社稷景平之本實惟樂推王室之亂天命有
在故抱拜兆於聖壁赤龍表於雲徵伏惟大明
無私遠存家國七廟之靈近首茶炭之切
時陟帝祚永慰羣心負舋興罰訓偷生人壤幸
又寬政待罪有司敢以漏刻視息披露肝膽世

祖即祚授便持節侍中都督揚南徐二州諸軍事
太尉録尚書六條事南徐徐二州刺史給鼓吹
一部班劒二十人又假黃鉞事寧進位太傅領
大司馬增班劒為三十人以在藩所服王琤大
綏賜之增封二千戶上不欲致禮太傅諷有司
表曰聖旨謙光尊師重道欲拜太傅斯誠弘
茲遠風駭聞盛則然周之師保實稱三吏晉因
於魏特加其禮帝道嚴極既有常尊考之史載
未見玆典故下壼孫楚並謂人君無降尊之義

遠稽聖典近即羣心臣等參議謂不應有加拜
之禮詔曰間漸纂統是憑師軏思盡虔恭以承
道訓所奏稽往代謂無拜禮據文旣明便從
所執世祖立太子東宮文棐使先經羣義恭孝建
元年南郡王義宣據質魯爽反加黃鉞曰直
百人入六門事平以臧質七百里馬賜義恭增
封二千戶世祖以義宣亂逆由於彊盛至是欲
削弱王族義恭希旨乃上表省録尚書曰臣聞
天地設位三極同序皇王化則九官咸事時亮

之績昭於虞典論道之風宣於周載台輔之設坐
調陰陽元凱〈置起蓬百揆所以變鍼矢言侵
官是誠陳平抗辭匪職罔咎漢承秦後庶僚稍
改爵因時變任與世移總錄之制本非舊體列
代相沿茲仍未革今皇家中造事遵前文宜憲
章先代證文古則得省條錄以依昔典六使物競
思存人懷勤壹則名實雁悠庸即必紀臣謬典
國重虛荷崇位興替宜知敢不輸盡上從其議
又與驃騎大將軍竟陵王誕奏曰臣聞俏懸有

數等級異儀珮笏有制甲高殊序斯蓋上哲人
洪辜軼世之明訓而時至彌流物無不弊儇俊
由俗軼度非古吾代東徙舊法淪落侯牧典章
歷年所令樞機更造皇風載新耗弊未免百用
稍與事廣名實一差以卒變章服崇濫多
思約宜備品式之律以定損厭之條臣等地居
枝昵位參台輔邁正之首請以爵先致貶之端
宜從戚始輒因暇日共參愚懷應加省易謹陳
九事雖懼匪冘庶竭微欵伏願陛下聽覽之餘

薄垂昭納則上下相安表裏和穆矣詔付外詳
有司奏曰車服以庸虞書茂典名器慎假春秋
明誠是以尚方所制漢有嚴律諸侯竊服雖親
必罪降于頃世下僭滋極哭服裝飾樂章容
通於王公達于眾庶上下無辨民志靡壹共附益
所陳宴允禮度九條之格猶有未盡謹共義恭
凡二十四條聽事不得南向坐施帳弁藩國官
正冬不得跪登國殿及夾侍國師傳令及汕戰
公主王妃傳令不得朱服舉不得重楣鄣扇不

得雉尾劍不得鹿盧形𥔻耻不得孔雀白鷖夾
轂隊不得絳襖平乘誕馬不得過二四胡伎不
得綠衣舞伎正冬箸衹衣不得裝更冬會不得
鐸舞枊枓舞長蹻透狹舒鋼博山緣大橦升
五案自非正冬會奏舞曲不得舞諸妃主不得
著組綬帶信幡非臺省官悉用絳郡縣內史相
及封內官長於其封君既非三罷官則不復
追敬不合稱臣宜止下官而已諸鎮常行車前
後不得過六隊白直夾轂不在其限刀不得過

銀銅爲飾諸王女封縣主諸王子孫龍襲封之王
妃及封庶者夫人行並不得卤簿諸王子繼體
爲王者婚葬吉凶悉依諸國公庶之禮不得同
皇弟皇子車非輅車不得油幢平乘船皆下兩
頭作露平形不得擬象龍舟悉不得朱油帳鏤不
得作五花平形及豎箭形詔可是歲十一月還鎮京口
二年春進督東南兖二州其冬徵爲揚州刺史
殊禮又解持節都督侍中義恭撰要記五卷
餘如故加入朝不趨贊拜不名劍履上殿固辭

起前漢訖晉太元表上之詔付祕閣時西陽王
子尚有盛寵義恭解揚州以避之乃進位太宰領
司徒義恭常慮爲世祖所疑及海陵王休茂於襄
陽爲亂乃上表曰古先哲王莫不廣植周親以
屏帝宇諸庶受爵亦願永固邦家至有管蔡
梁燕致禍周漢上乖顯授之恩下亡血食之業夫豈
善積慶深宜專長久而歷代寖衰乎四庶當
異姓皆賢宗室悉不賢由生於深宮不覩稼穡
左右近習未值田蘇富貴驕奢自佻而至聚毛

折軸遂乃危禍漢之諸王垃置傳相猶不得禁
逆七國連謀寔由彊盛晉氏列封正足成永嘉
之禍尾大不掉終古同疾不有更張則其源莫
救日者庶人恃親殞斃傾王業去歲西寇藉龍幾
敗皇基不圖異舋楚復生今蓼良以地勝兵勇獎
成凶惡前事之不忘後事之明非陛下大明紹
祚垂法萬葉臣見禪崇萬一竊謂諸王貴
長懃慨內深思表管見禪崇萬一竊謂諸王貴
重不應居邊至於華州優地時可輒出既以有

州不須置府若位登三事止平長史椽屬若宜鎮
御別差扞城大將若情樂沖虛不宜逼以戎事若
捨文好武尤宜禁塞僚佐文學足充話言遊梁之
徒一皆勿許文武從鎮以時休止妻子室累不煩
自隨百僚詣謁亦遵晉令悉須宣令齊到備列
賓主之則衡泌之士亦無煩千候貴王器甲於
私爲用蓋寶自金銀裝刀劍戰具之服皆應輸送
還本曲突徙薪防之有素庶善者無懼惡者止
姦時世祖嚴暴義恭不見容乃事辭曲意盡

禮祗奉且便辭善附會俯仰承接皆有容儀每
有符瑞輒獻上賦頌陳詠美德大明元年有三
眷茅生石頭西岸界表勸封禪上大悅三年省
兵佐加領中書監以崇藝昭武永化三營合四
百三十七戶給府更增吏僅千七百人合為二
千九百六年解司徒府太宰府依舊辭召又
年給三千匹布七年從巡兼尚書令解中書監
八年閏月又領太尉其月世祖崩遺詔義恭解
尚書令加中書監柳元景領尚書令入住城內

事無巨細悉關二公大事與沈慶之參決若有
軍旅可為揔統尚書中事委顏師伯外監所統
委王玄謨前廢帝即位詔曰揔錄之典著自前
代孝建始年雖暫弁省而因革有宜理存濟務
朕眷獨在胙未涉政道百揆庶務允歸尊德太
宰江夏王簫義恭新除中書監太尉地居宗重受
遺阿衡實深憑倚用康庶績可錄尚書事本官
監太宰王如故侍中驃騎大將軍南兗州刺史
巴東郡開國公新除尚書令元旦同臬顧誓翼

錢者輒題後作原字善騎馬解音律游行或
百萬小有忤意輒追奪之大明時資供豐厚而
用常不足賒市百姓物無錢可還民有通辭求
無度不愛財寶左右親幸者一日乞與或至二
終屢遷第宅與人遊款意好亦多不終而奢侈
命固辭殊禮義恭性曉暗不怡日時移變自始至
公如故又增義恭班劍為四十人更申殊禮之
同三司領兵置佐一依舊准領丹陽尹侍中領
輔皇家贊業宣風緊公見賴可即本號開府儀

三五百里世祖恣其所之東至吳郡登虎丘山又
登無錫縣烏山以望太湖大明中撰國史世祖自
為義恭作傳及永光中雖任宰輔而承事近臣
戴法興等常若不及前廢帝狂悖無道義恭
元景等謀欲廢立永光元年八月廢帝率羽林
兵於第害之弁四子時年五十三斷析義恭支
體分裂腸胃挑取眼精以蜜潰之以為鬼目糭
太宗定亂令書曰故中書監太宰領太尉錄尚
書事江夏王道性淵深睿鑒通遠樹殼耳列藩

宣風欽德位隆婭輔任屬負圖勤勞國家万嘿
託付之重盡心毗道導永融雍之化而凶醜忌
威奋加寃害夷戮穷無聞慎達幽醜痛
貫朝野朕荃衷家險在難含哀莫申幸賴宗祐之靈
克篡祈天之祚仰惟勳威靈辰慚于厥心昔梁王
徵庸警踵備禮東平好善黄屋在廷況公德猷
弘懋轟典未殊者也可追崇使持節侍中都督
中外諸軍事丞相領太尉中書監錄尚書事王
如故給九旒鸞輅虎賁班剑百人前後部羽葆
鼓吹輼輬車泰始三年又下詔曰皇基崇建也
剥維難弘啟熙載底績忠果故從饗世祀勤勳
宗蘚世祖寧亂定業寔資翼其故使持節侍中
都督中外諸軍事丞相領太尉中書監錄尚書
事江夏文獻王義恭故使持節侍中都督南豫
江豫三州軍事太尉南豫州刺史巴東郡開國
忠烈公元景故侍中司空妙興郡開國襄公慶
之故持節征西將軍雍州刺史洮陽縣開國蕭
侯愻或體道沖玄歿祉康世或盡誠致效庚難

龕龍逆宜式遵國典陪祭廟庭義恭長子朗字元
明出繼少帝封南豐縣王食邑千戶為湘州刺史
持節侍中領射聲校尉為元凶所殺世祖即位追
贈前將軍江州刺史考建元年以宗室袛長子
歆繼封袛伏誅歆還本泰始三年更以宗室韜
第二子銑繼封為秘書郎與韜俱死順帝昇明
二年復以宗室琨子績繼封三年薨會齊受禪
國除朗弟叡字元秀太子舍人為元凶所害追
贈侍中諡宣世子大明二年追封安隆王以第
四皇子子綏字寶孫繼封食邑二千戶追
曰宣王以子綏為都督郢州諸軍事冠軍將軍
郢州刺史進號後軍將軍加持節太宗泰始元
年進號征南將軍改封江夏王食邑五千戶改
叡為江夏宣王子綏未受命與晉安王子勛同
逆賜死七年太宗以第八子躋字仲升繼義恭
為孫封江夏王食邑五千戶後廢帝即位督會
稽東陽新安臨海永嘉五郡諸軍事東中郎將
會稽太守進號左將軍齊受禪降為沙陽縣

公食邑二千五百戶謀反賜死叡弟韶字元和
封新吳縣矦官至步兵校尉追贈中書侍郎諡
曰烈矦韶弟元坦字元度平都懷矦坦弟元諒江
安愍矦元諒弟元粹興平都愍矦坦弟元諒並
追贈散騎侍郎元粹弟元仁元方旒元淑元
胤與朗等凡十二人並為元凶所殺元胤弟伯
禽孝建三年生義恭諸子既遇害為朝廷所哀
至是世祖名之曰伯禽以擬魯公伯禽周公旦
之子也世官至輔國將軍湘州刺史又為前廢帝

宋書列傳二十一　二七　子成

所殺諡曰哀世子又追贈江夏王政諡曰愍伯
二郡太守仲容封求脩縣矦族叔子封淮齊陽
寶及仲容叔子並為前廢帝所殺諡仲容叔子
泣曰殤矦
衡陽文王義季幼而夷簡無鄙近之累太祖為
荊州高祖使隨往江陵由是特為太祖所愛元
嘉元年封衡陽王食邑五千戶五年為征虜將
軍八年領石頭戍事九年遷使持節都督南徐

州諸軍事右將軍南徐州刺史十六年代臨川
王義慶都督荊湘雍益梁寧南北秦八州諸軍
事安西將軍荊州刺史持節如故給鼓吹一部
先是義慶在任值巴蜀亂擾師旅應接府庫空
虛義季躬行節儉畜財省用數年間還復充實
隊主續豐母老家貧無以充養遂斷不食肉義
季哀其志給豐每月白米二斛錢一千并制豐

宋書列傳二十一　二八　其美

名而已二十年加散騎常侍進號征西大將軍
噉肉義季素拙書上聽使餘人書啟事唯自署
領南蠻校尉義季素嗜酒自彭城王義康廢後
遂為長夜之飲略少醒日太祖累加誥責義季
引愆陳謝上詔報之曰誰能無過改之為貴義季
此非唯傷事業亦自損性命世中比比皆汝所
譖近長沙兄弟皆緣此致故將軍蘇徹骯酒成
疾旦夕待盡吾試禁斷并給藥膳至今能立此
自是可節之物但嗜者不能立志裁割耳晉元
帝人主尚能感王導之諫終身不復飲酒汝既
有美尚加以吾意殷勤何至不能慨然深自勉

屬乃復須嚴相割裁坐諸絰絰然後少止者幸
可不至此一門無此酣酒汝於何得之臨書歎
塞義季雖奉此旨酣縱如初遂以成疾上又詔
之曰汝飲積食少而素羸多風常慮至此今果
委頓縱不能以家國為懷近不復顧性命之重
可歎可恨豈復一條本堪能以理自厲未欲相止
耳今遣孫道胤就楊佛等以理自厲性命之重
湯食奇開懷虛受愼勿隱避吾飽嘗見人斷酒
無它慊以益是當時甘嗜困巳之意耳今者愛
恒政在性命未暇及美業復何為吾煎毒至此
邪義季終不改以至於終二十一年為都督南兗
徐青冀幽六州諸軍事征北大將軍開府儀同三
司南兗州刺史持節常侍如故登舟之日帷帳
器服諸應隨刺者悉留之荊楚以為美談二
十二年進督豫州之梁郡遷徐州刺史持節常
侍都督如故明年索虜侵逼北境擾動義徽
義康禍難不欲以功勤自業無它經略唯飲酒
而巳太祖又詔之曰杜驥申怙倉卒之際尚以

弱甲瑣卒徽寇作援彼為元統士馬相相既不
懷舊發連被意旨猶復逡巡豈唯大乘應赴之
宜實孤百姓之望且匈奴輕漢將自此而始職
初起逸未知指趨故且裝束兼存觀察耳少日
勢漸可見優應大有經略何合安然遂不敢動
遣軍政欲乘際會拯危急以申威援本無驅馳
平原方幅爭鋒理易馮何以畏首尾迴
弱若謂事理政應如此者進大鎮聚甲兵徒為
煩耳二十四年義季病篤上遣中書舍人徐湛之
省疾召還京師未及發薨於彭城時年三十三
太尉江夏王義恭表解職迎喪不許上遣東海
王禕北迎義季喪追贈侍中司空持節都督
史如故子恭王嶷字子岐嗣中書侍郎太子中
庶子世祖大明七年薨追贈冠軍將軍豫州刺
庚子伯道嗣順帝昇明三年薨其年上齊受禪
國除
史臣曰戒懼乎其所不親恐畏乎其所不聞在
於愼所忽也江夏王高祖寵子位居上相大明

之世親典冠朝屈體降情樂辟於軒檻之上明
其爲甲約亦已至矣得使虐朝暴主一顧無猜色
歷載踰十以尊戚自保及在求光幼主南面公
旦之重屬有所歸自謂踐冰之慮已除太山之
安可恃曾未云幾而碟體分肌古人以隱微致
戒斯爲篤矣

列傳第二十一　　宋書六十一

羊欣

張敷

王微

臣沈　約　新撰

羊欣字敬元泰山南城人也曾祖忱晉徐州刺
史祖權黃門郎父不疑桂陽太守欣少靖默無
競於人美言笑善容止況覽經籍尤長隸書不
疑初為烏程令欣時年十二時王獻之為吳興

〔頁五十〕　　宋書傳二十二　〔一〕　〔章文二〕

太守甚知愛之獻之嘗夏月入縣欣著新絹裙
晝寢獻之書裙數幅而去欣本工書因此彌善
起家輔國參軍府解還家隆安中朝廷漸亂欣
優游私門不復進仕會稽王世子元顯每使欣
書常辭不奉命元顯怒乃以為其後軍府舍人
此職本用寒人欣意貌恬然不以高甲見色論
者稱焉欣嘗詣領軍將軍謝混混拂席改服然
後見之時混族子靈運在坐退告族兄瞻曰望
蔡見羊欣遂易衣改席欣由此益知名桓玄輔

政領平西將軍以欣為平西參軍仍轉主簿參
頂機要欣欲自疎時沛郡劉肅密賢其此意愈重
之以為楚臺殿中郎謂曰尚書政事之本殿中
禮樂所出卿昔處股肱方此為輕也欣拜中第
日稱病自免屏居里巷十餘年不出義熙中第
徽被遇於高祖高祖謂諮議參軍鄭鮮之曰羊
徽一時美器世論猶在兄後恨不識之即板欣
補右將軍劉藩司馬轉長史中軍將軍道憐諮
議參軍出為新安太守在郡四年簡惠著稱除

〔大三冊光緒〕　　宋書傳二十二　〔二〕　〔章文〕

臨川王義慶輔國長史廬陵王義真車騎諮議
參軍並不就太祖重之以為新安太守前後凡
十三年游玩山水甚得適性轉在義興非其好
也頃之又稱病篤自免除中散大夫素好黃
老常手自書章有病不服藥飲符水而已兼善
醫術撰藥方十卷欣以不堪拜伏辭不朝覲高
祖太祖並恨不識之自非尋省近親不妄行詣
行必由城外未嘗入六關元嘉九年卒時年七
十三子俊早卒弟徽字敬猷世譽多欣高祖鎮

京口以為記室參軍掌事八年遷中書郎直西
省後為太祖西中郎長史河東太守子瞻元嘉
末為世祖南中郎長史尋陽太守卒官
張敷字景胤吳郡人吳興太守邵子也生而母
沒年數歲問母所在家人告以死生之分敷雖
童蒙便有思慕之色年十許歲求母遺物而散
施已盡唯得一畫扇乃緘錄之每至感思輒開
笥讀玄書兼屬文論少有盛名高祖見而愛之
好流淨見從母常悲哽咽性整貴風韻甚高
以為世子中軍參軍數見接引求初初遷秘書
郎嘗在省直中書令傅亮貴宿權要聞其好學
過候之數臥不即起亮怪而去父邵為湘州去
官侍從太祖版為西中郎參軍元嘉初為員外
散騎侍郎秘書丞江夏王義恭鎮江陵以為撫
軍功曹轉記室參軍時義恭就太祖求一學義
沙門此沙門求見發遣會敷赴假還江陵太祖
謂沙門曰張敷應西當令相載及敷辭上謂曰
撫軍須一意懷道人卿可以後編載之道中可

得言晤敷不奉旨曰臣性不耐雜上甚不說遷
正員郎中書舍人狄當周赴並管要務以敷同
省名家欲詣之赴曰彼若不相容便不如不往
詎可輕往當曰吾等並已員外郎矣何憂不
得共坐敷先設二牀去壁三四尺二客就席訓
接甚歡既而呼左右曰移我遠客敷之性如此
去其自標遇如此善持音儀盡詳緩之致與人
別執手曰念相聞餘響久之不絕張氏後進至
全慕之其源流起自敷也遷黃門侍郎始興王
濬後軍長史司徒左長史未拜父在吳興亡報
以疾篤敷往奔省自發都至吳興成服凡十餘
日始進水漿葬畢不進鹽菜遂毀瘠成疾世父
茂度每止譬之輒更感慟絕而復續茂度曰我
冀汝有益但更甚耳自是不復往未葬而卒
時年四十一琅邪顏延之書弔茂度曰賢弟子少
履員規長懷理要清風素氣得之天然言面以
來便以忘年之好比雖艱隔成阻而情問無睽薄
莫之人冀其方見慰說豈謂中年奄為長往聞問

悼心有兼恫痛足下門教敦至兼實家實旦
喪失何可爲懷其見重如此世祖即位詔曰司
徒故左長史張敷員心簡立幼樹風規居哀毀
滅孝道淳至宜在追甄於以報美可追贈侍中
於是改其所居稱爲孝張里無子

王微字景玄琅邪臨沂人太保弘弟子也父孺
光祿大夫微少好學無不通覽善屬文能書畫
兼解音律醫方陰陽術數年十六州舉秀才衡
陽王義李右軍參軍並不就起家司徒祭酒轉
圭簿始興王濬後軍功曹記室參軍太子中舍
人始興王友父憂去官服關除南平王鑠右軍
諮議參軍微素無宦情稱疾不就仍除中書侍
郎又擬南琅邪義興太守並固辭吏部尚書江
湛舉微爲吏部郎微與湛書曰弟心病亂度非
但塞躄而已此處朝野所共知騶會忽扣華門
閭里咸以爲祥怪君多識前世之載天值何其
易傾弟受海內駭笑不過如燕石柷鶩邪未知
君何以自解於良史邪今雖王道鴻毭或有激

晉十九　宋書傳世三　五

朗於天表必欲探援潛寶傾海求珠自可卜肆
巫祠之間馬棧牛口之下賞劇孟於博徒拔卜
式於芻牧亦有西戎孤臣東都戎士上窮範駟
之御下盡詭遇之能兼鱗襲者必不乏於世
矣且盧於承明署平金馬皆明察之官又賢於
管庫之末何爲劫勒通家疾病人塵穢難其之
選將以靖國不亦益哉書云任官維賢才而
君擇士先疹廢芃芃桃橛似不如此且弟曳遣
兄姊迄將十載姊時歸來終不任輿曳入閣

三百二十四　宋書傳二十二　六　吳祥

守金城永不堪扶抱就路若不偂疾非性僻而
何比君曰妻襄無假長因飛耳也常謂生遭太
公以馮衍即華士之戮幸故棄而不齒諸葛孔明云
武以馮衍才浮其實故棄而不齒諸葛孔明云
來敕亂郡過於孔文舉況無古人之才躲敢干
周漢之常刑彼二三英賢足爲曉治與否恐君
逢此時或亦不免高閣乃復假名不知已者豈
欲自比儁賜邪君欲高蹈山公而以仲容見處
徒以搥提禮學本不參選鄙夫瞻彼固不任下

06-958

走未知新省何如州陵耳而作不師古坐亂官
政誣飾蚍蜉冀招神龍如復託以真素者又不
宜居華留名有官俗君亦不至期人如此若
交以為人賜舉未以巳勞則兩販之事又連所
不忍聞也豈謂不肖易權貪者可誘凡此數者
君必居一焉雖假天口於齊駢藉鬼說於周季
公孫碎毛髮之文莊生縱濠濮之極終不能舉
其契為之辭矣子將明魂必靈咍於萬里波頹
餘彥將拂衣而不朝浮華一開風俗或從此而爽

鬼谷以揣情為最難何君忖度之輕謬今有此
書非敢叩擬中散誠不能顧影負心純盜虛聲
所以綿絡累紙本不營尚書晝虎瓜板也成童便
性來居舍晨省復經周旋加有諸甥亦何得頓
絕慶市然生平之意自於此都盡君平公云我
名者殺我身天爵且猶滅名安用搢紳者不
舉可陋其事不經非獨搢紳者不道僕要皆將
哂之忽忽不樂自知壽不得長且使千載知弟
不詐譏耳微既為始與王濬府吏濬數相存慰

微奉荅戚書輒飾以辭采微為文古其頗抑投
袁淑見之謂為訴屈微因此又與從弟僧綽書
曰吾雖無人鑒要是早知弟每共宴語前言何
嘗不以止足為貴且持盈畏滿自是家門舊風
何為一旦落漠至此當局苦迷將不然邪誑容
都不先聞或可不知耳衣冠胄胄如吾者甚至
於䂓矩細行難可詳料疹疾日滋縱恣益甚才
能固不足道唯不傾側謟詐以此容之頗多
道所貴廢不復脩幸值聖明兼容置之致外且

舊恩所及每蒙寬假吾亦自撥疾疹重侵難復
支振民生安樂之事心死久矣所以解日偷存盡
於大布糲粟半夕安寢便以自度血氣盈虛不
復稍道長以大散為和羹弟為不見之邪疾廢
居然且事一巳上不足貶俗傷化下不至毀辱家
門泊爾尸居無方待化凡此二三皆是事實吾
與弟書不得家中相欺也州陵此舉為無所因
反覆恩之了不能解當見吾近者諸賤邪良可
怪笑吾少學作文又晚節如小進使君公欲民

拂吾云是巖穴人巖穴人情所高吾得當此則
雞鶩變作鳳皇何爲干飾廉隅秩秩見於面目
所惜者大耳諸閣門皆蒙時私此既未易陳
道故常因含聲不言至兄弟尤爲叨竊臨海頻
煩二郡謙亦越進清階吾高枕家巷逐至中書
郎此足以闔棺矣又前年優旨自申雖夏
后撫幸人周宣及鯀寡不足過也語皆禎檢校
迹不爲虛飾也作人不阿諛無緣頭髮見白稍
學諂詐且吾何以爲足不能行自不得出戶頭不耐

乃云語勢所至非其要也弟無懍居今地萬物
初不以相非然此內懍疑弟豫有力於素論何
府之人誰非然此內懍疑弟豫有力於素論何
旦見客小防自來盈吉亦不煩獨舉吉也此輩
便是通辭訴屈爾者真可謂真素竟吳其數
一往視之如似多意當見居非求志清論所排
怨思抑揚則流澹無味好古貴能連類可悲
不偷每加存飾訓對尊貴不厭敬恭且文詞不
如哉則吾長陀不死終談盛壯也江不過吹

三百三十五　宋書列傳三十二　九　吳

於義與吾常謂之見知然復自怪鄙野不參風
議廬爲微所咨與書自陳微報之曰鄉昔稱吾
付手時論者或云書自陳微報之曰鄉昔稱吾
相見亦不勝讀此書也親屬機江何僅亦豫其
半日亦不見吾既惡勞不得多語皆幸非所長
心無人可寫此回乃具與弟書便覽成本以當
日望弟來屬病終不起何意向與江書粗布骨
塞群賢矣兼悉怒此言自顧家任見故能也日
與直傷兩不關吾心又何所耿介弟自宜以解

滿城府吾猶自知表陽源董當平此不飾詐之
吾何辨致而下英俊夫奇士必龍居深藏與
肯聽聰奉膠記彫琢獻文章居家近市厘親戚
蝦爲伍於勳其猶難之林宗董不足識也似不
何容易哉州陵亦自言明聽聰而返區區與蛙
畏人之多言也管子晉賢乃關人主之輕重此
選官設作此舉於吾亦無斁戟之傷所以憨憨
盜跖居此亦不能兩展其足妄意珍藏也正令
風故不可扶曳家本貧餒至於惡衣蔬食設使

三十四　宋書傳三十二　十　吳志

流未有一介觀悉於事何用獨識之也近日何見
緯送鄉書雖知如戲知鄉固不能相哀苟相哀之
未知何相期之可論鄉少陶玄風淹雅暢自是
正始中人吾真庸性人耳自然志操不倍王樂
小見時尤麤笨無好常從博士讀小小章句覔
無可得日吃不能劇讀迷絕意於尋來至二十
左右方復就觀小說往來者見床頭有數秩書
邪尚獨愧咲揚子之愛贍猶恥辭賦為君子若

吾家刻非亦其矣鄉諸人亦當尤以此見議或
謂言深博作一段意氣鄙薄人世初不敢然是
以每見世人文賦書論無所是非不解處即日借
問此其本心也至於生一平好服上藥起年十二時
病虛耳所撰服食方中粗言之矣自此始信攝
養有徵故門冬昌朮隨時象進寒溫相補欲以
扶護危羸見冀自首家貧乏一役至於春秋令節
輒自將兩三門生入草采之吾實倦遊醫部頗
曉和藥尤信本草欲其必行是以躬親意在取

精世人便言希仙好異慕不羈不同家頗有
罵之者又性知畫績蓋亦鳴鵠識夜之機盤紆
紕紛或記心目故兼山水之愛一往跡求皆仿像
也不好詣人能忘榮以避跡由來有此數
止因卷懃自保不能勉其所短耳宜自密應對舉
條二三諸賢因復架累致之高塵詠之清蜜憂
礫有資不敢輕廁金銀也而頃年嬰疾沉淪無
巳區區之情惕於生存自恐難存復而先命猥加
魂氣塞莽常人不得作常自處疾苦正亦卧思

巳熟謂有記自論既仰天光不天庶類兼望諸
賢共相哀體而鄉首唱誕言布之翰墨萬石之
慎或未然邪好盡之累當其如此緯大駭歎便
是闔朝見病者吾本儜人加疹意惜一旦聞此
便惶怖矣五六日來復苦心痛引喉狀如匈中惡
腫甚自憂力作此咎無復條貫貴布所懷落漠
不舉鄉既不可解立欲便別且當笑微常佳門
屋一閒尋書玩古如此者十餘年太祖以其善
籤賜以名著弟僧謙亦有才譽舉為太子舍人

遇疾微躬自慮治而僧謙服藥失度遂卒微深
自咎恨發病不復自沍哀痛謙不能已以書告
靈曰弟年十五始居於外不為榮慧之譽獨
沉浮好書聆琴輒有過目之能討測文典
斟酌傳記襄暑未交便卓然可述吾長病或有
名邦黨稱方隆志嗣美前賢何圖一旦奄然長
往酷痛煩冤心如焚裂尋念平生裁十年中耳
然非公事無不相對一字之書必共詠讀一句
文無不研賞濁酒愁圖籍相慰吾所以窮而
不戚實賴此耳奈何罪釁禍然獨坐憶往年散
發極目流涕吾不舍日夜又恨慮吾羸病豈圖
奄忽先歸窅窅反覆萬慮無復一期音顏眇眇
觸事歷然弟今何在令吾悲窮普仕京師分張
六旬耳其中三過誤云今日何意不來鍾念懸
心無物能譬方欲共營林澤以送餘年念茲有
何罪戾見此夭酷沒於吾手觸事痛恨吾素好
醫術不使弟子得全又尋思不精致有枉過念

此一條特復痛酷痛酷奈何吾罪奈何弟窆志
奉親孝事兄順雖僮僕無所叱咄可謂君子不
失色於人不失口於人沖和淹通內有皂白舉
動尺寸吾每咨之常云兄文骨氣可推英麗以
自許又兄為人矯介欲過宜每以文
至於思戀不可懷及聞吾病肝心寸絕謂當以
耳萬世不復一見奈何唯十紙手迹封坼儼然
幅中薄葬之事柬汝奈何反相殯送弟由來意
謂婦人雖無子不宜踐二庭此風若行便可家
有孝婦仲長昌言亦其大要劉新婦以刑傷自
誓必留供養殷太妃感栢舟之節不奪其志僕
射篤順范夫知禮求得左率第五兒廬位有主
此必何益窅然之痛豈吾
之人平生意志弟實知之存者意耳吾窮疾
正賴弟耳過中未來已自怛望今云何得立自
省惛毒無復人理比煩冤困憊不能作刻石文
若靈響有識不得吾文豈不為恨儻意慮不
遂謝能思之如狂不知所告誄明書此數紙無

復詞理略道阡陌萬不寫一阿謙何圖至此誰
復視我誰復懣羲我他日寶者三光割嗜好以祈
年今也唯速化耳吾豈復支冥冥中竟復云何
弟懷隨和之寶未及光諸文章欲收作一集不
知忽忽當辨此不令已成服吾臨靈取常共飲
栝酌自釀酒寧有仿像不宽冤痛元嘉二十
薄葬不設轜旐鼓挽之屬施五尺牀為靈二宿
年卒時年二十九僧謙卒後四旬而微終遺令

十五

便毀以嘗所彈琴置牀上何長史來以琴與之
何長史者僵也無子家人遵之所著文集傳於
世世祖即位詔曰微棲志貞深文行悖洽生自
華宗身安隱素足以貞兹丘園悖是薄俗不幸
蚤世朕甚悼之可追贈秘書監

史臣曰燕太子吐二言田先生吞舌而死安邑令戒
屠者閔仲叔去而之沛良由內懷耿介峻節不可輕
千衰淑笑謔之間而王微弟詞連情湍蓋好弟之
士欲以身為珪璋皦皦然健羅

列傳第二十二

王華

王曇首

殷景仁

沈演之

宋書六十三

臣沈約奉敕撰

王華字子陵琅邪臨沂人太保弘從祖弟也祖
廙衛將軍會稽內史父廞太子中庶子司徒左
長史居在吳晉隆安初王恭起兵討王國寶時

二百四十五　宋書列傳二十三　一　吳

廞丁母憂在家恭檄令起兵廞即聚衆應之以
女為貞列將軍以女人為官屬國寶旣死恭檄
廞起兵之際多所誅戮至是不復得已因舉兵
以討恭為名恭遣劉牢之擊廞廞敗走不知所
在長子泰為恭所殺廞時年十二在軍中與廞
相失隨沙門釋曇永逃竄時年之掩檢貲北華甚
急曇永使華提衣幞隨後津邏感疑焉華行遲
衆乃罵云奴子怠懈行不及我以杖捶華數十
求乃不疑由此得免遇赦還吳少有志行以父

存亡不測布衣疏食不交游如此十餘年為時人
所稱美高祖欲收其才用乃發廞喪問使華制
服服闋高祖北伐長安鎮西將軍北徐州刺
史辟華為州主簿仍轉鎮西中郎主簿治中從事
歷職箸稱太祖征江陵以為鎮西主簿遷咨
議參軍領錄事太祖進號鎮西復隨府轉太祖
未親政政事悉委司馬張邵華性尚物不欲人
在己前邵至乃驚華出入乘牽
車從者不過二三以矯之嘗於城內相逢華陽

三百三十　宋書列傳二十三　二　吳

不知是邵謂左右此鹵簿甚盛必是殿下出行
乃下牽車於道側及邵至乃驚邵自服登城
為華所糾坐被徵華代為司馬南郡太守行府
州事太祖入奉大統以少帝見害疑不敢下華
建議曰羨之等受寄崇重未容便敢背德廢主
若存其將來受禍致此殺害盖由每生情多
寧敢一朝頓懷逆志且三人勢均莫相推伏不
過欲握權自固以少主仰待耳今日就徵萬無
所慮太祖從之留華總後任上即位以華為侍

中領驍騎將軍未拜轉右衛將軍侍中如故先
是會稽孔寧子為太祖鎮西咨議參軍以文義
見賞至是為黃門侍郎領步兵校尉寧子先為
高祖太尉主簿陳損益曰隆化之道莫先於官
得其才枚上之方莫若人慎其舉雖復因革有
同損益有物求賢審官未之或改師錫僉曰烆
欽明之誥掕茅征吉箸於幽贊之交晉師有
成瓜衍竹賞楚乘無入蔿賈不賀全舊命惟新
幽人引領韶之盡美已備於振綱武之未盡或
存於理雖九官之職未可備舉親民之選九
宜在先愚欲使天朝四品官外及守牧各舉一
人堪為二千石長吏者以付選官隨缺叙用得
賢受賞失舉任罰夫惟帝之難豈庸識所易
然舉爾所知非求多人因百官之明執與一識
之見執咎在己豈容徇物之私今非以選曹所
銓果於求謗眾職所舉必也惟良蓋宜使求賢
闕其廣塗考績取其少殿若才實按舉進宣尚
德治阿之宰不必計年免徒之守豈限資秩自

此以還當才均以資資均以地宰莅之官誠
曰吏職然監民瘼發異化宣風則隱厚之求急
於刀筆能事之功接於德心以此論才行之年
歲豈惟政無秕蠹民庇手足而已將使公路日
清豈請漸塞士多心競仁必由己處士砥自求
昧陳愚退懼違謬寄子與華並有富貴之穎首
之節仕子藏交馳之情寄子庸識不識治體嘗
羨之等秉權日夜構之於太祖寄子曾東歸至
金昌亭左右欲泊船寄子命去之曰此弒君亭
不可泊也華每閑居諷詠常誦王粲登樓賦曰
冀王道之一平假高衢而騁力出入逢義之等
每切齒憤咤歎曰當見太平時不元嘉二年寄
子病卒三年誅義之等華遷護軍侍中如故宋
世惟華與南陽劉湛不為飾讓得官即拜以此
為常華以情事異人未嘗預宴集終身不飲酒
有燕不之諸若宜有論事者乘車造門主人出
相就之及王弘輔政而弟曇首為太祖所任與華
相埒華嘗謂已力用不盡每歎息曰宰相頓有

數人天下何由得治四年卒時年四十三追贈
散騎常侍衞將軍九年上思誅羨之之功追封
新建縣侯食邑千戶諡曰宣侯世祖即位配饗
太祖廟庭子宣侯嗣官至左衞將軍卒子長嗣
廢帝元徽三年終上表乞以封澴長許之齊受
太宗泰始二年坐馬母奪爵以長弟終紹封後
禪國除華從父弟鴻五兵尚書會稽太守
王曇首琅邪臨沂人太保弘少弟也幼有業尚
除箸作郎不就兄弟分財曇首唯取圖書而已
辟琅邪王大司馬屬從府公修復洛陽園陵與
從弟球俱詣高祖時謝晦在坐高祖曰此君並
青梁盛德乃能屈志戎旅曇首答曰既從神武
之師自使懦夫有立志晦曰仁者果有勇高祖
悦行至彭城高祖大會戲馬臺豫坐者皆賦詩
曇首文先成高祖覽讀因問弘曰卿弟何如卿
弘答曰若但如臣門戶何寄高祖大笑曇首有
識局智度喜愠不見於色閨門之內雍雍如也
手不執金玉婦女不得爲飾玩自非祿賜所及

一毫不受於人太祖爲冠軍徐州刺史留鎮彭
城以曇首爲府功曹太祖鎮江陵自功曹爲長
史隨府轉鎮西長史高祖甚知之謂太祖曰王曇
首沈毅有器度宰相才也汝毎事咨之景平中
有龍見西方半天騰上麾上麾五綵雲京都遠近聚
觀太史奏曰西方有天子氣太祖入奉大統上
及議者皆疑不敢下曇首與到彥之從兄華固
勸上猶未許曇首又固陳弁言天人符應上乃
下率府州文武嚴兵自衞臺所遣百官衆力不
得近部伍中兵參軍朱容子抱刀在平乗戶外
不解帶者數旬旣下在道有黃龍出負上所乘
舟左右皆失色上謂曇首曰此乃夏禹所以受
天命我何堪之及即位又謂曇首曰非宋昌獨
見無以致此以曇首爲侍中領右衞將軍領
驍騎將軍以朱容子爲右軍將軍誅徐羨之等
平謝晦曇首及華之力也元嘉四年車駕出北
堂嘗使三更竟開廣莫門南臺云應須白虎幡
銀字棨不肯開門尚書左丞羊玄保奏免御史

中丞傅隆以下曇首繼啟曰旣無墨敕又闕慚
榮雖稱旨不異單刺元嘉年二年雖有再開
門例此乃前事之遠今之守舊未為非禮但旣
城舊使應有疑却本末曾無此狀猶宜反啟其
不請白虎幡銀字榮致門不時開由尚書相承
之失亦合糾正上特無所問更立科條遷太子
詹事侍中如故晦平後上欲封曇首等曾諸集
舉酒勸之因拊御牀曰此坐非卿兄弟無復今
日時封詔已成出以示曇首曰近日之事
譬難將成賴陛下英明速斷故罪人斯戮臣等
雖得仰憑天光效其毫露豈可因國之災以為
身幸陛下雖欲私臣當如直史何上不能奪故
封事遂寢時兄弘錄尚書事文為楊州為故
首為上所親委任兼兩宮彭城王義康與弘並
錄意常怏怏又欲得楊州形於辭旨以曇首居
中分其權任愈不悅曇首固乞吳郡太祖曰豈
有欲建大廈而遺其棟梁者哉賢兄比屢稱疾
固辭州任將來若相申許者此處非卿而誰亦

何吳郡之有時弘久疾屢遜位不許義康謂賓
客曰王公久疾不起神州詎合卧治曇首勸弘
減府兵之半以配義康義康乃悅七年卒太祖
為之慟中書舍人周赳侍側曰王家欲奪賢者
先殞上曰直是我家襄耳追贈左光祿大夫加
散騎常侍詹事如故九年以預誅羨之等謀追
封豫寧縣侯邑千戶諡曰文彧世祖即位配饗
太祖廟庭子僧綽嗣別有傳少子僧虔昇明末
為尚書令
郗景仁陳郡長平人也曾祖融晉太常祖茂散
騎常侍特進左光祿大夫父道裕蚤亡景仁少
有大成之量司徒王謐見而以女妻之初為劉
毅後軍參軍高祖太尉行參軍建議宜令百官
舉才以所薦能否為黜陟遷宋臺秘書郎世
子中軍參軍轉主簿又為驃騎將軍道憐主簿
出補衡陽太守入為宋世子洗馬仍轉中書侍
郎景仁學不為文敏有思致口不談義深達理
體至於國典朝儀舊章記注莫不撰錄識者知

其有當世之志也高祖甚知之遷太子中庶子
少帝即位入補侍中累表辭讓又固陳曰臣志幹
短弱歷著出處值皇塗隆泰身荷恩榮階牒推
遷日月頻積失在饕餮患不自量而奉聞今授
固守愚心者竊惟殊次之寵必歸器望喉脣之
任非才莫居三省諸躬無以克荷豈可苟順甘
榮不知進退當上虧朝舉下貽身咎求之公私未見
其可顧涯審分誠難庶踰方越序易以誠懼
所以俯仰周惶無地寧處若惠澤廣流蘭艾同
潤回改前曰賜以降階雖實不敢敢忘循命臣
迕違之忿既已屢積寧當徒尚浮采塵黷天聽
丹情悾款仰希照察詔曰景仁退挹之懷有不
可改除黃門侍郎以申君子之請尋領射聲頃
之轉左衞將軍太祖即位委遇彌厚俄遷侍中
左衞如故時與侍中右衞將軍王華侍中俱居
將軍王曇首侍中劉湛四人並時為侍中
門下皆以風力局幹冠冕一時同外之美近代
莫及元嘉三年車駕征謝晦司徒王弘入居中

書下少省景仁長直共堂留任晦平代到彥之為
中領軍侍中如故太祖所生蘇氏甚謹六年蘇氏卒章太后早亡上奉親性臨
哭下詔曰朕夙罹偏罰討情事兼常每思有以光
隆慈戚少申罔極之懷而禮文遺逸在心未遂蘇
監之前代用否又殊故惟疑累年在心未遂蘇
日月有期將上屯爰便欲粗依春秋以貴之義
夫人奄至傾殂情禮莫奪追思遠恨恨與事而深
武遵二漢推恩之典但勳籍史筆傳之後昆稱
心而行或容未允可時共詳論以求其中執筆
永懷益增感寒景仁議曰至德之感靈啟歟祥
文母倪天實照皇祚王圭遵先典號徽崇
以貴之義禮盡於此蘇夫人階緣戚屬情必事
深寒泉之思宜冥感聖懷明詔愛發詢求殿中謹
尋漢氏推恩加爵于時承泰之弊儒術蔑如自
君作故固或前典懼非盛明所宜軌路晉監二
代朝政之所因君舉必書哲王之所慎體至公
者懸爵賞於無私奉天統者毋屈情以申制所

以作乎萬國貽則後昆臣豫蒙博速謹露庸
短上從之丁毋憂葬竟起爲領軍將軍固辭上
使綱紀代拜遣中書舍人周赳興載還府九年
服闋遷尚書僕射太子詹事劉湛代爲領軍與
景仁素善皆被遇於高祖僕位遇本不踰已而
居任會王弘華曇首相係亡景仁引湛還朝
共參政事湛既入以景仁不可移奪

乃深結司徒彭城王義康欲倚宰相之重以傾
旦居前意甚憤憤知太祖信伏景仁不可移一

之十二年景仁復遷中書令護軍僕躬如故尋
復以僕躬領吏部護軍如故湛愈忿怒義康納
湛言毀景仁於太祖太祖遇之益隆景仁對親
舊歎曰引之令入便噬人乃稱疾解職表疏
累上不見許便停家養病發詔遣黃門侍郎省
疾湛議遣人若劫盗者於外殺之以爲太祖雖
知當有以終不能傷之若親之愛上微聞之遷景
仁於西掖門外晉鄱陽主第以爲護軍府密邇
宮禁故其計不行景仁卧疾者五年雖不見上

而密表去來日中以十數朝政大小必以問焉
影迹周密莫有窺其際者收湛之日景仁使拂
拭衣冠僾疾既父左右皆不曉其意其夜上出
華林園延賢堂召景仁酋稱腳疾小林輿以就
坐誅討勰分一皆委之代義康爲揚州刺史拜畢
躬領吏部護道使者授印綬主簿代拜拜畢
便覺其情理乖錯性本寬厚而忽更奇暴問
左右曰今年男婚多是女嫁多是冬大雪景仁乘
輿出聽事觀望忽驚曰當閤何得有大樹既而

司我誤邪疾轉篤太祖謂不利在州司使還住
僕躬下省爲州凡月餘卒或云見諡湛爲崇時
年五十一追贈侍中司空本官如故諡曰文成
公上與荊州刺史衡陽王義季書曰殷僕躬
疾患少日奄忽不救其識具經遠奉國竭誠周
游繾綣情兼常痛民望國器遇之爲難悼歎之深
不能已汝亦同不佳矣如何世祖大明五年行幸
經景仁墓詔曰司空文成公景仁德量淹正風識明
充救績忠謨夙達先照東政茂實是留民屬近瞻

兵壙感往興悼可遣使致祭子道矜幼而不慧
官至太中大夫道矜子恒太宗世為侍中度支
尚書屬父疾積父為有司所奏詔曰道矜生便
有病無更橫疾恒因愚曹惰父妨清序可降為
散騎常侍
沈演之字臺具吳興武康人也高祖充晉車騎
將軍吳國內史曾祖勁冠軍陳祐長史戍金墉
城為鮮甲慕容恪所陷不屈節見殺追贈東陽
太守祖赤黔廷尉卿父叔任少有幹質初為楊

〔版心〕宋傳王三　十三　應華

州主簿高祖太尉參軍吳山陰令治皆有聲朱
齡石伐蜀為齡石建威府司馬加建威將軍平
蜀之功亞於元帥即本號為西夷校尉巴西梓
潼郡太守戍涪城東軍既反二郡彊宗聚族羅
奧聚眾作亂四面雲合遂至萬餘人攻城急叔
任東兵不滿五百推布腹心眾莫不為用出擊
大破之近黨皆平高祖討司馬休之齡石遣叔
任率軍來會時高祖領鎮西將軍命為司馬及
軍還以為楊州別駕從事史以平蜀全涪之功

封寶新縣男食邑四百四十戶出為建威將軍
益州剌史以疾還都義熙十四年卒時年五十
長子融之蚤卒演之年十一尚書僕射劉柳見
而知之曰此童終為令器家世為將而演之折
節好學讀老子日百遍以義理業尚知名襲
父別爵吉陽縣五等侯郡命主簿州群從事史
西曹主簿舉秀才嘉興有能名入為司徒祭
酒南譙王義宣左軍主簿錢唐令復有政績
為司徒主簿丁母憂起為武康令固辭不免到

〔版心〕宋書列傳二十三　古　朱

縣百許日稱疾去官服闋除司徒左
揚州治中從事史元嘉十二年東諸郡大水民人饑饉
吳義興及吳郡之錢唐升米三百以演之及尚
書祠部郎江邃竝兼散騎常侍巡行拯卹以
便宜從事演之乃開倉廩以賑饑民民有生子
者口賜米一斗刑獄有疑枉悉制遣之百姓賴
轉別駕從事史領本郡中正深為義康所待故
在府州前後十餘年後劉湛劉威等結黨欲排
廢尚書僕射殷景仁演之雅仗正義與湛等不

同淇因此讒之於義康嘗因論事不合旨義康
變色曰自今而後我不復相信演之與景仁素善
盡心於朝庭太祖甚嘉之以爲尚書吏部郎十
七年義康出藩誅淇等以演之爲右衞將軍
景仁尋卒乃以後軍長史范曄爲左衞將軍與
演之對掌禁旅同參機密二十年遷侍中右衞
將軍如故太祖謂之曰侍中領衞望實優顯此
蓋宰相便坐卿其勉之上欲伐林邑朝臣不同
唯廣州刺史陸徽與演之贊成上意及平賜羣
臣黃金生口銅器等物演之所得多上謂之

〈宋傳十三〉　十五　〈應〉

日廟堂之謀卿參其力平此遠夷未足多建芽
土廓清京都鳴鸞東岱不亦河山不開也二十
一年詔曰揔司戎政翼贊東朝惟允之舉匪賢莫
授侍中領右衞將軍演之清業貞審器思沈
濟右衞將軍畢于應通敏理懷清要並美彰出
內誠亮在公能克懋厥績所莅演之可中
領軍畢可太子詹事畢懷逆謀演之覺其有異
言之太祖畢尋事發伏誅遷領國子祭酒本州

大中正轉吏部尚書領太子右衞率雖未爲宰
相任寄不異也素有心氣疾病歷年上使臥疾
治事性好舉才申濟屈滯而謙約自持上賜女
伎不受二十六年車駕拜京陵演之以疾不從
上還宫召見自勉到坐出至尚書下省恭卒時
年五十三太祖痛惜之追贈散騎常侍金紫光
祿大夫謚曰貞演之昔與同使江遂字玄遠
濟陽考城人頗有文義官至司徒記室參軍撰
文釋傳於世演之子睦至黃門郎通直散騎常
侍世祖大明初坐要引上左右俞欣之訪評殿省

〈宋傳二十三〉　十六　李正

內事文與弟西陽王文學勃忿閱不睦坐徙始興
郡勃免官禁錮勃好爲文章善彈琴能圍棊而
輕薄進〈利歷尚書殿中郎太宗泰始中爲太子
右衞率加給事中時欲北討使勃還鄉里募人
多受貨賄上怒下詔曰沈勃琴書藝業素有美
稱而輕躁耽酒幼多罪愆自恃吳興士豪比門義
十聲酬放縱無復剀限過度妓女數
故脅說士庶告索無已又輒聽募將委役僮私

託注病叛遂有數百旅門生競受財貨少者
至万多者千金考計贓物二百餘萬
敕法以正典刑故光祿大夫演之昔受深遇忠
績在朝尋遠矜懷能無引律可徙西垂令一思
短悔於是從付梁州廢帝元徽初以例得還結
事阮佃夫王道隆等復為司徒左長史為廢帝
所誅順帝即位追贈本官勃弟統大明中為著
作佐郎先是五省官所給幹僮不得雜後太祖
世坐以免官者前後百人統輕役過差有司奏
免世祖詔曰自頃幹僮多不祇給主可量聽行
杖得行幹杖自此始也演之兄融之子暢之龍
宋新縣男大明中為海陵王休茂止中郎諮議
參軍為休茂所殺追贈黃門郎子曇嗣齊受禪
國除
史臣曰元嘉初誅滅宰相蓋王華孔審子之力
也彼羣公義雖往結恩實令踈而任即是襄意
非昔主居上六之窮父當來寵之要轍龍顛覆所
基非待他釁況於廢殺之重其階易乘乎夫殺

十七　　　圭

人而取其璧不知在己顧累傾物而移其寵不忘
自我難持若二子求年亦未知來禍所止也有能
戒彼而悟此則所望於來哲

列傳第二十三　　　　　　宋書六十三

十八

臣沈　約　新撰

鄭鮮之
裴松之
何承天

鄭鮮之字道子滎陽開封人也高祖渾魏將作
大匠曾祖襲大司農父導尚書郎襲初為江乘
令因居縣境鮮之惟讀書絕交游之務初為
桓偉輔國主簿先是兗州刺史滕恬為丁零翟
遼所沒屍喪不反恬子美仕宦不廢議者嫌之
桓玄在荊州使羣僚博議鮮之議曰名教大極
忠孝而已至乎變通抑引每事輒殊本而尋之
皆足求心而遺跡跡之所乘遭遇或異故聖人
或就跡以助教或因跡以成罪屈申與奪難可
等齊其阡陌皆可略言矣天可逃乎而伊尹
廢君君可脅乎而鬻權見善忠可愚乎而箕子
同仁自此以還殊實而齊聲異譽而等美者不
可勝言而欲令百代之下聖典所關正斯事於

一六十五　宋書列傳二十四　一

一朝豈可易哉然立言明理以古證今當使理
厭人情如滕羡情事者或終身隱處不關人事
或異朝理務無譏前哲通勝者則以無譏為證
塞勝者則以隱處為美折其兩中則異同之情
可見矣然無譏前哲者厭情之謂也若王陵之
爵也凡此二賢非滕之諭夫聖人立教猶有
為榮也鮑勛塞譖魏朝亡身為效觀其志非貪
毋見身於楚陵不退身窮居終為社稷之臣非
禮無時君子不行有禮無時政以事有變通不
可守一故耳若滕以此二賢為證則恐人人自
賢矣若不可人人自賢何可獨許其議識者兼
在於人不但獨證其事漢魏以來記關其典尋
臻則七年不除喪三十餘年不關人事溫公則
見遍於王命庾左丞則終身不著牒高世遠則
為王右軍何庾所勸割無有如滕之易者也
若以緣麻非吊哀之主無所復言矣文皇帝以
東關之役尸骸不反者制其子弟不發婚宦明此孝

三〇三十　宋書列傳二十四　二

子已不自同於人倫有識已審其可否矣若其
不爾居宗輔物者但當即聖人之教何所復
制於其間哉及至永嘉大亂之後王敦復申東
關之制於中興原此是爲國之大計非謂訓範
人倫盡於此也何以言之父雖明不同戴天日
而爲國不可許復雖此自以法奪情即是東
仕之理而雜以情議謂宜在貶裁耳若多引前
明教者自謂世非橫流凡士君子之徒無不可
關永嘉之喻也何妨綜理王務者布衣以處之
至斯會輒發之於宰物是心可不喻乎且夫求
理當先以遠大若滄海橫流家國同其淪溺若
不仕也則人有餘力人有餘力則國可至乎三家可
帝無所立制於東關王敦無所明之於中興每
事以爲通證則孝子可顧法而不復雖矣文皇

至乎滅當斯時世婦猶言其身況大丈夫哉既其
不然天下之才將無所理滕但當盡陟岵之哀
擬不仕者之心何爲證喻前人以自通乎且名
爲大才之所假而小才之所榮榮與假乘常已有

憨德無欣工進何有情事乎若其不然則工進
無欣何足貴於千載之上邪苟許小才榮其位
則滕不當顧常疑以自居乎所謂柳下惠則可
我則不可也且有生之所宗者聖人聖人之爲
教者禮法即心而言則聖人之法猶之能蔽漢文除肉刑莫之
秦以郡縣治天下而言則聖人之法不可改也而
能復彼聖人之爲法見改於後王況滕賴前
人而當必通乎若人皆仕未知斯事可俟後聖
與不況仕與不仕各有其人而不仕之所引每

感三年之下見議者弘通情紀每傍中庸又云
若許議滕則恐亡身致命之仕以此而不畏斯
言之過與夫忠烈之情初無計而後動若計而
後動則懼法不盡命若有不盡則國有常故
古人軍敗於外而家誅於內苟忠發自內或懼
法於外復有踟躕顧望之地邪若有功不賞有
罪不誅可致斯喻耳無有名教翼其子弟而
第不致力於所天不致力於所天則王經忠不能
救主孝不顧其親是家國之罪人耳何所而稱

平夫恩宥十世非不隆也功高賞厚非不報也
若國憲無貟於滕恬則羨之通塞自是名教之
所及豈是勸沮之本平議者又以唐虞邈矣就
知所歸尋言求意將所貟者多平後漢
知所歸尋言求意將所貟者多平後漢亂而不
立前史猶謂數公之力魏國將建荀令君正色
異議董昭不得枕蘇則之郯賈充受辱於厥純
斯歎哉若以時非上皇便不足復言多者則夷
齊於醻望子房於四人亦無所復措其言矣至
於陳平默順避禍以權濟屈皆是衛生免害非
為榮也滕全生無所衛鞭塞已冥義安在平昔
陳壽在喪使婢丸藥見責鄉閭隂居哀騎驢偷
雖事有驚俗而理必獲申都說葬母後園而身
後乎且賢聖抑引皆是究其始終定其才行故
婢身處王朝豈可以阮獲通於前世便無疑於
餐宦所以免責以其孝也曰碑殺兒無譏以其
忠也今豈可以二事是忠孝之所為便可許殺
兒葬母後園乎不可明矣既其不可便當究定

五

朱

滕之才行無所多辯也滕非下官親又不周
旋才能非所能悉若以滕謀能決敵才能周用
此自追蹤古人非議所及若是士流故謂宜如
子夏受曾參之詞可謂善矣而子夏無不孝之
稱也意之所懷都盡於此自非名理何緣多其
往復如其折中裁之居宗栢偉進號安西轉補
功曹舉陳郡謝絢自代曰益聞知賢弗推藏文
所以竊位宣子能讓晉國以之獲寧鮮之猥承
人之謬蒙過眷既恩以義隆遂再叨非服知進
之難屢以上請然自退之志未獲暫申凤夜懷
冰敢忘其懼伏見行參軍謝絢清悟番正理懷
通美居以端石雖未足舒其柔章升庸以漸差
可以位擬人請乞愚短甘充下列授為賢教實
副羣望入為外散騎侍郎司徒左西屬大司
馬琅邪王録事參軍仍遷御史中丞性剛直不
阿强貴明憚直繩甚得司直之體外甥劉毅權
重當時朝野莫不歸附鮮之盡心高祖獨不屈
意於毅毅甚恨焉義熙六年鮮之使治書侍御

六

文

史丘渲秦彈毅曰上言傳詔羅道盛輒開戕遂
盜發密事依法棄市奏報行而毅以道盛身
有疾爵輒侵傅宥按毅動德光重任居次相旣
殺之非巳無緣生之自由又奏之於毅舅甥
於後閫外出疆非此之謂中丞鮮之於先而弗請
制不相糺臣請免殺官詔無所問時新制長吏
以父毋疾去官禁錮三年山陰令沈叔任父疾
去職鮮之因此上議曰夫事有相權故制有與
奪此有所屈而彼有所申未有理無所明事無

所獲而爲求制者也當以去官之人或容詭託
之事詭託之事誠或有之豈可亹天下之大敎
以未傷本者平且設法蓋以衆苟寡而不以寡
違衆況防杜去官而塞考愛之實且人情趨於
則奔競互生故杜其欲速之情以申考績之實
榮利群官本非所防所以爲其制者苞官不久
省父毋之疾而加以罪名悖義疾理莫此爲大
謂宜從舊於義爲允從之於是自二品以上父
毋沒者墳墓崩毀及疾病族屬輒去並不禁錮

劉毅當鎮江陵高祖會於江寧朝士畢集毅素
好攝搏於是會戲高祖與毅敍各得其半籌
錢隱人毅呼高祖併之先擲得雉高祖甚不說
良久乃答之四坐傾矚旣擲五子盡黑毅意色
大惡謂高祖曰知公不以大坐席與人鮮之大
喜徒跣繞牀大叫聲聲相續高祖甚不平謂之曰
此鄭君何爲者無復甥舅之禮高祖少事戎旅
不經涉學及爲宰相頗慕風流時或言論人皆
倰違之不敢難也鮮之難必切至未嘗寬假要

須高祖辭窮理屈然後置之高祖或有時慙恧
變色動容旣而謂人曰我本無術學言義尤淺
比時言論諸賢多見寬容唯鄭不爾獨能盡人
之意其甚以此感之時人謂爲格佞自中丞轉司
徒左長史太尉咨議而補侍中復爲太
尉咨議十二年高祖北伐以爲右長史鮮之嘗
祖墓在開封相去三百里乞求拜省高祖復以騎
送之宋國初建轉奉常佛佛虜陷關中高祖復
欲北討行意甚盛鮮之上表諫曰伏思聖略深

遠臣之愚管無所措其意然臣愚見竊有所懷
虜凶狡情狀可見自關中再敗皆是師違律
非是內有事故致外有敗虜聞殿下親御六
軍必謂見伐當重兵潼關其勢必若陵威長
驅臣實見其未易若輿駕頓洛則不足上勞聖
躬如此則進退之機宜在執應賊不敢乘勝若
師慮懼大威故也今盡用兵之筭事從屈申遣
陝遠討而南夏清晏賊方懼將來求不敢動若
之患此既必然江南顯顯傾注輿駕忽聞速伐
不測師之深淺必以殿下大申威靈未還人情
恐懼事又可推往年西征劉鍾危殆前年劫盜
破廣州人士都盡三吳心腹之內諸縣屢敗皆
由勞役所致又聞勳勵大水加遠師民敝敗散
自然之理殿下在彭城劫盜破諸縣事非偶爾
皆是無賴凶愚凡順而撫之則百姓思安違其
所願必為亂矣古人所以救其煩穢正在於斯
漢高身困平城呂后受匈奴之辱魏武軍敗赤

壁宣武喪師枋頭神武之切一無所損況偏師
失律無虧於廟堂之上者邪即之事實非反覆思
謂唯齡石等可念耳若行也或速其禍反覆思
惟愚謂不煩殿下親征小刧西虜或為河洛之
患今正宜通好北虜則河南安河南安則濟泗
靜伏願聖鑒察臣愚懷高祖踐阼遷太常都官
尚書鮮之為人通率在高祖坐言無所隱時人
甚憚焉而隱厚篤實贍邮親故性好游行命駕
或不知所適隨御者所之尤為高祖所狎上嘗
於內殿宴飲朝貴畢至唯不召鮮之坐定謂群
臣曰鄭鮮之必當自來俄而外啟尚書鮮之詣
神獸門求啟事高祖大笑引入其被親遇如此
永初二年出為丹楊尹復引入為都官尚書加散
騎常侍以從征功封龍陽縣五等子出為豫章
太守秋中二千石元嘉三年王弘入為相舉鮮
之為尚書右僕射四年卒時年六十四追贈散
騎常侍金紫光祿大夫文集傳於世子憕位至
尚書郎始興太守

襄松之字世期河東聞喜人也祖昧光祿大夫
父珪正員外郎松之年八歲學通論語毛詩博
覽墳籍立身簡素元年二十拜殿中將軍此官直
衛左右晉孝武太元中革選名家以參顧問始
用琅邪王茂之會稽謝輶皆南北之望舅庾楷
在江陵欲得松之西上除新野太守以事難不
往拜貞外散騎侍郎義熙初為吳興故鄣令在
縣有績入為尚書祠部郎松之以世立私碑有
乖事實上表陳之曰碑銘之作以明示後昆自
非殊功異德無以允應茲典大者道動光遠世
所宗推其次節行高妙遺烈可紀若乃亮采登
庸績用顯著數化所在惠訓融遠述詠所寄有
賴鑱勒非斯族也則幾乎僭黷矣俗敝偽興華
煩已久是以孔悝之銘行是人非蔡邕制文每
有愧色而自時厥後其流彌多預有臣吏必為
建立勒銘寡取信之實刊石成虛偽之常眞假
相蒙殆使合義者不貴但論其功約費又不可
不加禁裁其猥無已以為諸欲立碑者宜悉令

言上為朝議所許然後聽之庶可以防過無徵
顯彰茂實使百世之下知其不虛則義信於仰
止道孚於來葉由是詔斷高祖北伐領司州刺
史以松之為州主簿轉治中從事史既克洛陽
高祖敕之曰裒松之廊廟之才不宜久尸邊務
今召為世子洗馬與殷景仁同可令之于時
議立五廟樂松之以妃廟樂亦宜與四廟
同除零陵內史徵為國子博士太祖元嘉三年
誅司徒徐羨之等分遣大使巡行天下通直散
騎常侍裒渝司徒左司掾孔邈使揚州尚書三
公郎陸子眞起部甄法崇使荊州貞外散騎常
侍范雖司徒主簿龐遵使南兗州前尚書右丞
孔默離北二豫州撫軍參軍王歆之使徐州
子默院長之使雖州前竟陵太守殷道鸞使益
中郎貞外散騎常侍李耽之使廣州郎中殷斌使
梁州南泰州前貞外散騎侍郎阮圍客使交州
駙馬都尉奉朝請潘思先使寧州竝兼散騎常

侍班宣詔書曰昔王者巡功羣后述職不然則
有存省之禮覲覜之規所以觀民立政命事考
績上下偕通遐邇咸被故能功昭長世道歷遠
年朕以寡闇屬承洪業黃畏在位昧于治道夕
惕惟憂如臨淵谷懼國俗陵頹民風凋僞屬
違和水旱傷業雖勤躬庶事思弘俾宜誠素弗
惟殿顧循多闕政刑乖謬未獲具聞豈誠素弗
乎使羣心莫盡納隍之愧在予一人以歲時多
難王道未壹下征之禮廢而未脩眷被詆庶無

忘欽恤今使兼散騎常侍渝等申令四方周行
邦邑親見刺史二千石官長申述至誠廣詢治
要觀察吏政訪求民隱旌舉操行存問所疾禮
俗得失一依周典每各爲書還具條奏俾朕昭
然若有谷謀焉大夫君子其各悉心敬事無隱
力其有谷謀焉圖謹言中誠陳之使者無或隱
遺方將敬納良規以補其闕勉勗之稱朕意
焉松之友使奏曰臣聞天道以下濟光明君德
以廣運爲極古先哲后因心溥被是以文思在

躬則時雖離自洽禮行江漢而羨化斯遠故能從
大哉之休詠廓造周之盛則伏惟陛下神叡玄
通道契曠代之晃澆華堂愁心八表咨敬敷之未
純慮明揚之靡閒下民哀此鰥寡澳焉是大
號周爰四達遠獸形於雅詰惠訓播平退陋是
故率土仰詠重譯咸說莫不謳吟踊躍式銘皇
風或有扶老攜幼稱路由亭毒蒙鋒仕乎
忘其自至千載一時於是乎在臣謬蒙鋒仕乎
廁顯列猥以短之思純八表無以宣言肅

明風化黜陟無序揆揚寡聞慙懼屏營不知
所措奉二十四條謹隨事爲牒伏見癸卯詔書
三國志松之鳩集傳記增廣異聞既成奏上
善之曰此爲不朽矣出爲求嘉太守勤恤百姓
吏民便之入補通直爲常侍復領二州大中正
尋出爲南琅邪太守十四年致仕拜中散大夫

之轉中書侍郎司冀二州大中正上使注陳壽
事爲書以繫之後松之甚得奉使之義論者羨
禮俗得失一依周典每各爲書還具條奏謹依

壽領國子博士進大中大夫博士如故續何承
天國史未及撰述二十八年卒時年八十子馴
南中郎參軍松之所著文論及晉紀馴注司馬
遷史記竝行於世

何承天東海郯人也從祖倫晉右衞將軍承天
五歲失父母徐氏廣之姊也聰明博學故承天
幼漸訓義儒史百家莫不該覽叔父肜為益陽
令隨肜之官隆安四年南蠻校尉桓偉命為參
軍時殷仲堪桓玄等互舉兵以向朝廷承天懼
禍難未已解職還益陽義旗初長沙公陶延壽
以為其輔國府參軍遣通敬於高祖因除瀏陽
令承去職還都撫軍將軍劉毅鎮姑孰版為行
參軍毅嘗出行而鄱陵縣史陳滿射鳥箭誤中
直帥雖不傷人劇法棄市承天議曰獄貴情斷
疑則從輕昔驚漢文帝乘輿馬者張釋之劾以
犯蹕罪止罰金何者明其無心於驚馬也故不
以乘輿之重加以異制令滿意在射鳥非有心
中人按律過誤傷人三歲刑況不傷乎微罰可
也

出補死陵令趙恢為寧蠻校尉尋陽太守請
為司馬尋去職高祖以為太尉行參軍高祖討
劉毅留諸葛長民為監軍長民密懷異志劉穆
之屏人問承天曰諸葛公將行濟當云何承天
憂西不時別有一慮耳公昔年自左里還入石
頭甚脫爾今還穆之曰非君不聞此
言項丹徒劉郎恐不復可得也除太學博
士義熙十一年為世子征虜參軍轉西中郎中
軍參軍錢唐令高祖在壽陽宋臺建召為尚

書祠部郎與傅亮共撰朝儀永初末補南臺治
書侍御史謝晦鎮江陵請為南蠻長史時有尹
嘉者家貧母能自以身貼錢為嘉償臺臣二不孝
當死承天議曰被府宣令普議尹嘉大辟事稱
法吏葛滕籤母告子不孝欲殺者許之其所告
違犯教令敬恭有虧父母欲殺皆許之謂
惟取信於所求而許之謹尋事原心嘉母辭自
求質錢為子還責嘉雖虧犯教義而熊無請
殺之辭熊求所以生之而今殺之非隨所求之謂

始以不孝為劾終於和實結刑伺旁兩端毋子俱
罪勝鐵法又為非其條意嘉所存者大理在難申
但明教爰發矜其愚蔽夫明德慎罰文王所以
恤下議獄緩死中孚所以垂化言情則毋為子
隱語敬恭之節禮所不及今捨尒宥之評依請殺之
條責敬恭之節於飢寒之隸誠非罰疑從輕寧
失有罪之謂也愚以謂降嘉之死以普春澤之
恩赦熊之怨以明子隱之宜則蒲亭雖陋可比
德於盛明豚魚微物不獨遺於今化事未判值
赦迺免晦進號儒將軍轉諮議參軍領記室元
嘉三年晦見討其弟黃門郎瞻密信報之晦
問承天曰若果爾卿令我云何承天曰以王者之
重舉天下以攻一州大小旣殊逆順又異境外求
全上計也其次以腹心領兵戍義陽以出比境其次
衆於夏口一戰若敗卽嬰義陽以出比境其次
也晦良久曰荊楚用武之國兵力有餘且富決
戰走不曉也使承天造立表檄晦以湘州刺史
張邵必不同巳欲遣千人襲之承天以為邵意

趣未可知不宜便討時邵兄茂度為益州與晦
素善故晦止不遣兵前益州刺史蕭墓之前巴
西太守劉道產去職還江陵晦將殺之承天盡
力營救肯得全免晦旣下承天留府不從及到
彥之至馬頭承天自詣歸罪彥之以其有誠宥
之使行南蠻府事七年彥之北伐請免刑責以
補尚書殿中郎兼左丞吳興餘杭民薄道擧為
劫制同籍甚親補兵道擧從弟代公道生等並
為大功親非應在補謫之例法以代公等毋存
為甚親則子宜隨毋補兵承天議曰尋劫制同
籍甚親補兵大功不在例婦人三從旣嫁從夫
夫死從子今道擧為劫若其叔尚存制應補謫
夫死從子今道擧為劫若其叔尚存制應補謫
妻子營居固其宜也但為劫之時叔父巳沒代
公道生並是從弟大功之親不合補謫今若以
叔毋為甚親令代公隨毋補兵旣違大功不謫
之制又失婦人三從之道由於主者守甚親之
文不辨男女之異遠嫌畏負以生疑懼非聖朝

恤刑之旨謂代公等母子並宜見原故司徒掾
孔邈奏事未御邈已喪殯議者謂不宜仍用邈
名更以見官奏之承天又議曰既沒之名不合
奏者非有它義正嫌於近不祥耳奏事一郎動
經歲時盛明之世事從簡易曲嫌忌皆應蕩
除承天為性剛慢不能屈意朝右頗以所長侮
同列不為僕射殷景仁所平出為衡陽內史昔
在西與士人多不協在郡又不公清為州司所
糾被收繫獄值赦免十六年除著作佐郎撰國
史承天年已老而諸佐並名家年少穎川荀伯
子謐之常呼為妳母承天曰卿當云鳳凰將九
子妳母何言邪尋轉太子率更令著作如故時
丹楊丁況等父喪不葬承天議曰禮所云還葬
當時荒儉一時故許其稱財而不求備丁況三
家數一年中葬輒無棺槨實由淺情薄恩同於
禽獸者耳竊以為丁寶等同伍積年未嘗勸之
以義繩之以法十六年冬既無新科又未申明
舊制有何嚴切欻然相糾或由鄰曲分爭以興

此言如聞在東諸劇比例既多江西淮北尤為
不少若但適此三人殆無整肅開其一端則互
相恐動里伍縣司競為姦利財賂既逞訟必
繁懼窮聖明耳鮮之義臣愚謂況等三家且可
勿問因此附定制言若民人葬不如法列於伍當
即糾言三年除服之後不得追相告列於事為
且十九年立國子學以本官領國子博士皇太
子講孝經承天與中庶子顏延之同為執經頃
之遷御史中丞時索虜侵邊太祖訪碁臣威我
之略承天上表曰伏見北藩上事虜犯青
兗天慈降鑑矜此黎元悑速臺策經綸戎政臣
以愚陋預聞訪及竊尋狡虜告難爰自上古有
周之盛聞仲出車漢氏方隆衛霍宣力雖飲馬
瀚海楊旌祁連事難役繁天下騷動委輸負海
賢又舟車凶菰倔強未肯受弱得失報復裁不
相補宣帝末年值其殫亂推亡固存始獲稽服
自晉喪中原戎狄僭擾百餘年間未暇以虜
為念大宋啟祚兩曜靈武而懷德畏威

用自款納陛下臨御以來羈縻導養十餘年中
貢譯不絕去歲三王出鎮思振遠圖獸心易駭遂
生猜懼背違信約深攜隙貪禍恣毒無因自
反恐烽燧之驚言必自此始臣素庸懦才不經武
率其管窺謹撰安邊論意及淺末懼無可採若
得詢之朝列辨覈同異庶或開引羣慮研盡眾
謀短長畢陳當否可見其論曰漢世三備匈奴
之策不過二科武夫盡征伐之謀儒生講和親之
約課其所言平有速志加塞漠之外胡敵制肘 〔宋書傳二十四〕
必未能摧鋒引日規自開張當由往年與土之民 〔二十二〕
附化者眾二州臨境三王出藩經略既張宏圖將
舉士女延望華夷慕義故昧於小利且自矜後外
示餘力內堅偽眾今若務存遵養許其自新雖未
可羈致北闕猶足鎮靜邊境然和視事重當官無廟
笄誠非愚短所能究言若追蹤衞霍澥海之志時
事不等致功亦殊寇雖習戰未久又全擄燕趙
跨帶秦魏山河之險終古如一自非大田淮泗內
實青徐使民有贏儲野有積穀然後分命方召

惣率虎旅精卒十萬使一舉邊夷則不足稍勤王
師以勞天下何以言之今遺黎習亂志在偷安
非皆恥為左衽遠慕冠冕徒以殘害言剝膚視息
無寄故綴負歸國先後相尋虜既不能校勝循
理攻城略地而輕兵掩龍衰急在驅殘是其所以
速怨召禍滅亡之曰今若遣軍追討報其侵暴
大前幽冀屠城破邑則聖朝愛育黎元方潛之
以道若但欲撫其歸附伐罪弔民則駿馬奔走
不肯來征徒興巨費貫無損於彼復奇兵深入殺 〔二十二〕
敵破軍苟陵患未盡則困獸思鬥報復之役將
遂無已斯秦漢之末策輪臺之所悔也安邊固
守於計為長臣以安邊之計備在史策李牧言
其端嚴尤申其要天略舉矣曹孫之霸才均
智敵江淮之間不居各數百里魏捨合肥退保
新城江陵移民南淡濡須之戍家偉羨溪及麦
陵之屯民夷散雜晉宣王以為宜從江南以此
岸曹爽不許果三相中此皆前代之殷鑑也何者
斥候之郊非畜牧之地非耕桑之邑故堅壁清

野以候其來整甲繕兵以乘其敝雖時有古今
勢有強弱保民全境不出此塗要而歸之有四
一曰移遠就近二日浚復城隍三日篡偶車牛
四曰計丁課伏良守疆其土田驍帥振其風略
蒐獵宣其號令沮豆訓其廉恥縣爵以廢之設
禁以威之徭稅有程寬猛相濟此及十載民知
義方然後簡將授奇揚旌雲朔風卷河冀電埽
萬恆燕弧折卻代馬摧足秦首斬其右臂吳踵
絕其左肩銘功於燕然之阿饗徒於金微之曲

三二四 　宋書列傳二四 　二十三 　朱

冠雖亂亡有徵眛弱易取若天時人事或未盡
符抑銳俟機宜審其筭若邊戍未增星居布野
勤惰異教貧富殊資疆場之民多懷彼此虜在
去就不根本業難可驅率易往振湯又狡虜之
性食肉衣皮以馳騁為儀容以游獵為南畝非
有車輿之安宮室之衛櫛風沐雨不以為勞之
宿草寢維其常性勝則競利敗不羞走彼來或
驟而此巳奔疲且今春踰濟既獲其利乘勝忸
伏未虞天誅此及秋末容更送死焱騎蟻聚輕

兵鳥集竝蹊禾稼枕戈聞井雖邊將多略未審
何以禦之若盛師連屯廢農必眾馳車奔駟起
役必遲散金行賞捐費必大換土客戍怨曠必
繁就若因民所居竝修農戰無動眾之勞有扞
衛之實其為利害優劣相縣也一曰移遠就近
以實內地今青兗舊民冀州新附在界首者二
萬家此寇之資也今悉可內徙青州民移東萊
田良野沃西阻蘭陵北阻大峴四塞之內其號
正昌北海諸郡太山以南至下邳左沭右沂

三三十 　宋書列傳二四 　二十四

險固民性重遷閒於圖始無虞之時喜生怨怨
今新被鈔掠餘懼未息若曉示安危居居以樂土
宜其歌抃就路梘遷如歸二曰浚復城隍以增
阻防舊秋冬收歛民人入保所以警備暴客使
防衛有素也古之城池劇皆有全雖積毀之
可脩治粗計戶數量其所容新徙之家築場還
內假其經用為之閒伍納稼築場還在一劇婦
子守家長吏為師丁夫匹婦春夏佃牧冠至之
時一城干室堪戰之士不下二千其餘蠃弱猶

能發陣鼓譟十則圍之兵家舊說戰士三千足
抗犖虜三萬矣三曰篡偶車牛以飾戎械計千
家之資不下五百耦牛爲車伍伯兩參合鉤連
以衛其眾設使城不可固平行趨險賊所不能
干既已族居易可檢括號令先明民知夙戒有
急徵發信宿可聚四曰計丁課仗勿使有闕千
家之邑戰士二千隨其便能各自有仗素所服
習銘刻由已還保輸之於庫出行請以自衛弓
餘利鐵民不辦得官以漸充之數年之內軍

用粗備矣臣聞軍國異容旋於封畿之內兵農
立情在於疆場之表攻守之宜皆因其習任其
怯勇山陵川陸之形寒暑溫涼之氣各由本性
易則害生是故成申作師遠屯清濟勞費既重
詹怨亦深以臣料之未若即用彼眾之易也管
子治齊寄令在民商君爲秦設以耕戰終申威
定霸行其志業非苟任強實由有數梁用走卒
其邦自滅齊用役擊歐眾亦離漢魏以來茲制
漸絕蒐田非復先王之禮治兵從逞耳目之欲

有急之日民不知戰至乃廣延責募奉堂秩
發遠奔救天下騷然方伯刺史拱手坐聽自無
經略唯望朝廷遺軍此皆忘戰之害不教之失
也今移民實內浚治城隍族居聚廬課其騎射
長吏簡試差品能不甲科上第漸就優別明其
勳才表言州郡如此則屯部有常不遷其業內
護老弱外通官塗朋曹素定同憂等樂情由
習親顙困事篝晝戰見夜戰聞聲由
相救斯教戰之一隅先哲之遺術論者必以古

城荒毀難可脩復今不謂頹便加功整麗如舊
但欲先定民營其間術墉鏨存者因而即之其
有毀缺權時柵斷足以禦寇輕兵防過游騎假
以方將漸就只立車牛之賦課仗之宜攻守所
資軍國之要令因民所利導而率之耕農之器
爲府庫之實田蠶之垠兵強而敵不戒國富而
之兵萬戶具全軍之眾本兵強而敵不戒國倍旅
民不勞比於優復隊伍坐食廩糧者不可同年而
校矣今承平來久邊令弛縱弓矟利鐵既不都

斷往歲棄甲垂二十年課其所住理應消壞謂
宜申明舊科嚴加禁塞諸商賈往來幢隊挾藏
者皆以軍法治之又界上嚴立關侯杜廢闌踐
城保之境諸所課伏並加雕鏤別造程式若有
遺鏃亡刃又私為竊盜者皆可立驗於事為長
又鉅野湖澤廣大南通洙泗北連青齊有舊
縣城正在澤內宜立式修復舊堵利其埭過給
輕艦百艘寇若入境引艦出戰左右隨宜應接
據其師津毀其航漕此以利制車運我所長亦
微徹敵之要也承天與尚書左丞謝
賜以局子承天奉表陳謝元素頗用廢事太祖
非張武之金邪承天又能彈箏上又賜銀裝箏
一面承天與尚書左丞謝元素不相善二人競
伺二臺之違累相糺奏大尉江夏王義恭素奢
資費錢三千萬布五萬匹米七萬斛義恭素奢
後用常不充二十一年逆就尚書換明年資費
而舊制出錢二十萬布五百四以上並應費
元軏命議以錢二百萬給太尉事發見元乃

三百廿 [宋書傳二五] 二十七 沈約

使令史取僕射孟顗命元時新除太尉諮議
參軍未拜為承天所紀上大怒遺元長歸田里
禁錮終身元時又舉承天實茭四百七十束與
官屬求貴價承天坐白衣領職元字有宗陳郡
陽夏人臨川內史靈運從祖弟也以于學見知
卒於禁錮二十四年承天遷廷尉未拜上欲以
為吏部已受密旨承天宣漏之坐免官卒於家
年七十八先是禮論有八百卷承天刪減并合以
類相從凡為三百卷幷前傳雜論纂文論並

三百廿六 [宋書傳二五] 二十八

傳於世又故定元嘉歷語在律歷志
史臣曰治邊之術前世言之詳矣夫戎狄猾黠
飄迅難虞必宜完其嶂塞謹其烽斥使來逐可
防去塗易梗然後乃能禁暴止姦養威攝寇漢
世案秦舊迹嚴塞以限外夷吳魏交戰亦以江
淮為疆場莫不先憑地險却保民和且守且耕
伺隙乘釁分高祖受命王略未遠雖綿河作守
而兵孤援闊盛衰既兆用啟戎心蓋由王業始
經創多闕先內後外以至於此乎自茲以降分青

沈約

置境無圍守之宜關耕戰之略恃寇不來遂無
其備周漢二策在宋頓亡遂致胡馬橫行曾無
藩落之固使士民蹈蒼天蹐厚地繫虜俘囚
而無所控告豈哀哉承天安邊論博而篤矣載
之云爾

列傳第二十五

宋書六十五

臣沈　約　新撰

吉翰

劉道產

杜驥

申恬

吉翰字休文馮翊池陽人也初為龍驤將軍道
憐參軍隨府轉征虜左軍參軍員外散騎侍郎轉道憐
隨道憐北征廣固賜爵建城縣五等男轉道憐
驃騎中兵參軍從事中郎為將佐十餘年清謹
剛正甚為高祖所知賞永初三年轉道憐太尉
司馬太祖元嘉元年出督梁南秦二州諸軍事
龍驤將軍西戎校尉梁南秦二州刺史三年仇
池氏楊興平遣使歸順并兒弟為質翰遣始
平太守龐諮據武興仇池大帥楊玄遣弟難當
率衆詭諮又遣將強鹿皮向白水詭擊破難當
等並退走其年從督益寧二州梁之巴西梓潼
宕渠南漢中秦州之安固懷寧六郡諸軍事益

州刺史將軍如故在益州箐美績甚得方伯之
體論者稱之六年以老疾徵還除彭城王義康
司徒司馬加輔國將軍時太祖經略河南以翰
為持節監司離并三州諸軍事司州刺史持節
將軍如故會前鋒諸軍到彥之等敗退明年復
為司徒司馬將軍如故其年又假節監徐二
州豫州之梁郡諸軍事徐州刺史將軍如故時
有死罪囚典籤意欲活之因翰入關齋呈其事
翰省訖語今且去明可便呈明旦典籤不敢復
入呼之乃來昨所呈事視訖謂之曰卿意當
欲宥此囚死命昨於齋坐見其事亦有心活之
但此因罪重不可全貸既欲加恩卿便當代任
其罪因命左右收典籤付獄殺之原此囚生命
其刑政如此其下畏服莫敢犯禁明年卒官時
年六十追贈征虜將軍太尉咨議參軍簡之
劉道產彭城呂人太尉咨議參軍簡之子也
之事在弟子康祖傳道產初為輔國參軍又為
錫令在縣有能名高祖版為中軍行參軍又為

道憐驃騎參軍龍襲父爵晉安縣五等侯廣州群
盜因刺史謝欣死爲寇攻沒州城道憐加道
產振武將軍南討會始興謙之巳平廣州道產
未至而反元年除寧遠將軍巴西梓潼二郡太
守郡人黃公生任肅之張石之等並護縱餘燼
與姻親族羅奧等招引曰水氐規欲爲亂道
產誅公生等二十一家宥其餘黨還爲彭城王
義康驃騎中兵參軍元嘉三年督梁南秦二州
諸軍事寧遠將軍西戎校尉梁南秦二州刺史
在州有惠化關中流民前後出漢川歸之者甚
多六年道產表置龍西宋康二郡以領之七年
徵爲後軍將軍明年遷竟陵王義宣左將軍咨
議參軍仍爲持節督雍梁南秦三州荊州之南
陽竟陵順陽襄陽新野隨六郡諸軍事寧遠將
軍寧蠻校尉雍州刺史襄陽太守善於臨民在
雍部政績尤著蠻夷前後叛戾不受化者並皆
順服悉出緣沔爲居百姓樂業民戶豐贍由此
有襄陽樂歌自道產始也十三年進號輔國將

軍十九年卒追贈征虜將軍諡曰襄侯道產惠
澤被於西土及蠻經諸蠻皆備衰絰號哭追送
至于沔口荊州刺史衡陽王義季啓太祖曰故
輔國將軍劉道產惠著荊雍遂不救道產自鎮
漢南境接凶寇政績既箸威懷無舉年時猶可
方宣其用奄至殞沒傷惜深伏惟聖懷慇惜
兼至長子延孫別有傳延孫弟延慶因延孫
廕至長史黃門郎臨海義興太
守泰始初與四方同反伏誅道產弟道錫巴西
梓潼二郡太守元嘉十八年爲氐寇所攻道錫
保城退敵太祖嘉之下詔曰前者兵寇逼邊
情波駭廣威將軍巴西梓潼二郡太守劉道錫
將率文武盡心固守保全之績厥效可冠
軍咨議參軍前建威將軍晉壽太守申坦孤城
弱衆屬志致果死傷爻半壯氣不衰雖力屈隍
沒在誠亘甄可建威道錫募吏民守城復租
初氐寇至城內衆寡道錫募更民守城復租布
二十年及賊退朝議賊雖攻城一戰便走聽依

本要於事為優若衛將軍沈演之丹楊尹羊玄
保後軍長史范曇立謂宜隨功勞裁量不可全
用本誓多者不得過十年從之二十一年遷揚
烈將軍廣州刺史二十七年坐貪縱過度自枉
治中苟齊文垂死乘輿出城行與阿尼同載為
有司所糾值赦明年散徵又以赦後餘贓收下
廷尉被宥病卒

杜驥字度世京兆杜陵人也高祖預晉征將
軍曾祖軌避難河西因仕張氏苻堅平涼州父

祖始還關中兄坦頗涉史傳高祖征長安席卷
隨從南還太祖元嘉中任遇甚厚歷後軍將軍
龍驤將軍青冀二州刺史南平王鑠右將軍司
馬晚庶北人朝廷常以傖燕遇之雖復人才可
施每為清塗所隔坦以此愾然常與太祖言及
史籍上曰金日磾忠孝淳深漢朝莫及恨今世
無復如此輩人坦曰日磾之美誠如聖詔
假使生乎今世養馬不暇豈辦見知上變
色曰卿何量朝廷之薄也坦曰請以臣言

之臣本中華高族亡曾祖晉氏喪亂播遷涼
土世葉相承不殞其舊直以南度不早便以荒
傖賜隔日磾之身為牧圉便超入內侍齒列
名賢聖朝雖復胡人身臣恐未必能上嘿然此
土舊法問疾必遣子弟驥年十三父使候疾具
韋華華子玄有高名見而異之以女妻焉桂
陽公義員鎮長安辟為州主簿
車騎行參軍員外散騎侍郎江夏王義恭撫軍
刑獄行參軍當書都官郎長沙王義欣後軍錄事

參軍元嘉七年隨到彥之入河南加建武將軍
索虜撤河南戍悉歸河北彥之使驥守洛陽
陽城不治既又無糧食及彥之敗退驥欲棄
城走慮為太祖所誅初高祖平西洛致鍾虡舊
器南還一大鍾墮洛水至是太祖遣將姚聳夫於
領十五百人迎致之時遣夫政率所領產鍾於
洛水驥乃詐之曰虜既南渡洛城勢弱今脩理
城池並已堅固軍粮又足所少者人耳君率眾見
就共守此城大功既立取鍾無晚聳夫信之率

所領就驥既至見城不可守又無粮食於是引
眾去驥亦委城南奔白太祖曰本欲以死固守姚
督夫及城便走人情沮敗不可復禁上大怒使
建威將軍鄭順之殺督夫於壽陽督夫吳興
武康人勇果有氣力宋世扁裨小將莫及始隨
到彥之北伐與虜遇從督夫手斬託跋燾叔父
英文特勒首燾以馬百匹贖之以燾為通直郎
射聲校尉世祖征虜諮議參軍十七年出督青
冀二州徐州之東莞東安二郡諸軍事寧遠將

大三百二十四　宋書傳二十五　七　肖春

軍青冀二州刺史在任八年惠化著於齊土自
義熙至于宋末刺史唯羊穆之及驥為吏民所
稱詠二十四年徵左軍將軍兄坦代為刺史北土
以為榮焉坦長子琬為員外散騎侍郎太祖嘗
有函詔敕坦琬輒開視信未發又追取之敕函
已發大相推檢丞都咎云諸郎開視上遣主書
詰責驥答曰開函是臣第四子季文伏侍刑坐
上特原不問二十七年卒時年六十四長子長
文早卒第五子幼文薄於行太宗初以軍功為

驍騎將軍封邵陽縣男食邑三百戶尋坐巧使
奪爵後以發太尉盧江王褘謀反事拜黃門侍
郎出為輔國將軍梁南秦二州刺史廢帝元徽
中為散騎常侍幼文所莅貪橫家累千金女伎
數十人絲竹畫夜不絕與沈勃孫超之居止接近
常相從又遊與阮佃夫厚善佃夫死廢帝深疾
之帝微行夜出輒在幼文門牆間聽其弦管積
父轉不能平於是自率宿衛兵誅幼文勃超之
等幼文兄叔文為長水校尉及諸子姪在京邑
方鎮者並誅唯幼文兄本文弟希文等數人
逃亡得免

三〇門七　宋書傳二十五　八

申恬字公休魏郡魏人也曾祖祖鍾為石虎司徒
高祖平廣固恬父宣宣從父兄永皆得歸國並
以幹用見知永歷青兗二州刺史高祖踐阼拜
太中大夫宣太祖元嘉初亦歷兗青二州刺史
恬兄謨與朱脩之守滑臺為虜所沒後得叛還
元嘉中為竟陵太守恬初為驥道憐長兼參
軍高祖踐阼拜東宮殿中將軍度還臺百省十

載不請休息轉員外散騎侍郎出爲綏遠將
軍下邳太守轉在北海加寧遠將軍所至皆有
政績又爲北譙梁二郡太守寧遠將軍如故郡境邊
接任榛屢被寇抄恬到密知賊來仍伏兵要害
出其不意悉皆禽殄元嘉十二年遷督魯東平
濟北三郡軍事太山太守將軍如故威惠兼著
吏民便之臨川王義慶鎮江陵爲平西中兵參
軍河東太守衡陽王義季代義慶又度安西府
加寧朔將軍召拜太子屯騎校尉母憂去職二
十一年冀州移鎮歷下以恬督冀州青州之濟
南樂安太原三郡諸軍事楊烈將軍冀州刺史
明年加濟南太守時又遷揆諸郡守恬上表曰
伏聞朝恩當加濟南太守仰惟優旨荒心散
越臣碎谷之餘遭蒙踰忝寵私崗已復兼授
豈其愚迷所能上答臣近至止即履行所統究
其形宜河濟之閒應置戍扞其中四處急須俗
立寇口故城又是要所宜移太原委以邊事緣
山諸邏並得除省防衛綏懷利便非一呂緜誠

效益箸深同臣意百姓聞者咸皆附說急有同
異二三求宜但房紹之蒞郡經年君民粗狎改
以帶任有乘求事遠牽太原於民爲苦而瓮口
之計復成交互人情非樂容有不安疆場威刑
惠不聞廣苦得依先劇分公私允緝上從之詔
有司曰恬所陳當是事宜近諸除授可悉停北
年起爲通直常侍是歲索虜破被徵還都二十七
虜人寇恬摧擊之爲虜所破南寇其民武昌王
青州道恬援東陽因與輔國司馬齊郡太守龐
秀之保城固守蕭斌遣青州別駕解榮之率垣
護之還援恬等仍偽南山得入賊朝來登城日
晚輒退城內乃出車北門外環斬朝欲挑戰
賊不敢逼停五日東過抄略清河郡及驛道南
數千家從東安東莞出下邳太守垣閬閉
城距守保全二千餘家虜退以恬爲寧朔將軍
山陽太守善於治民所蒞有績世祖踐阼遷
青州刺史將軍如故尋加督徐州齊地之東莞
安二郡諸軍事明年又督冀州齊地連歲興

兵百姓凋弊恬初防衛邊境勸課農桑二三
年間遂皆優實性清約頻處廬州郡妻子不免飢
寒世以此稱之進號輔國將軍建二年遷督
豫州軍事寧朔將軍豫州刺史孝建二年遷督
於道卒時年六十九死之日家無遺財子宴南
譙郡太守子謨早卒謨子元嗣海陵屬陵太守
元嗣弟謙太始初以軍功歷軍校官至輔國將
軍臨川內史永子坦自巴西梓潼遷梁南二
州刺史元嘉二十六年爲世祖鎮軍諮議參軍

與王玄謨圍滑臺不剋免官青州刺史蕭思板
行建威將軍濟南平原二郡太守復攻磑磑敗
退下歷城蕭思話起義討元凶假坦輔國將軍
爲前鋒世祖至新亭坦亦進剋京城孝建初爲
太子右衛率寧朔將軍徐州刺史大明元年慮寇
兗州世祖遣太子衛率薛安都新除東陽太守
沈法系北討至兗州虜已去坦建議任榛云命
屢犯邊民軍出無功宜因此前罪撲上從之云命
先已聞知舉村逃走安都與法系坐白衣領職

坦棄市羣臣爲之請莫能得將行刑始興公沈
慶之入市抱坦慟哭曰卿無罪爲朝廷所枉誅義
之入市亦當不久市官以白上乃原生命繫尚方尋
守少帝初二命司馬靈期之千餘人圍東
被有復爲驍騎將軍病卒于令孫前廢帝景和
中爲永嘉王子仁左軍司馬廣陵太守太宗以
爲寧朔將軍徐州刺史討薛安都行至淮陽即
與安都合爲弟闖時爲濟陰太守戍雎陵城奉順
不同安都安都攻圍不能克會令孫至遣性雎陵
令說闖降腫既隆殺之令孫亦見殺先是清河崔

譚亦以將吏見知高祖永初宋爲振威將軍東萊大
萊謹擊之斬靈期等三十級太祖元嘉中至青
州刺史
史臣曰漢之良吏居官者或長子孫孫曹
之世善職者亦二三十載皆敷政以盡民和
與讓以存簡久及晚代風烈漸衰非才有起
伏蓋所遭之時異也劉道產之在漢南歷年
踰十惠化流於樊沔頗有前世遺風故能樹

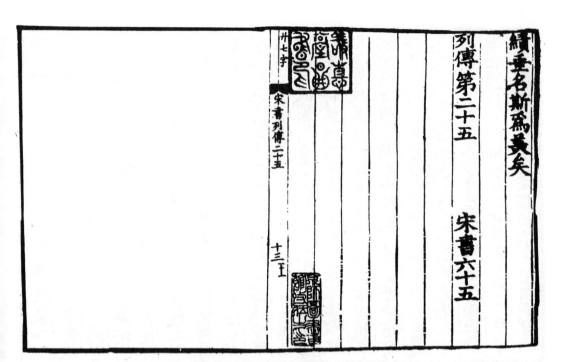

續垂名斯爲美矣

列傳第二十五　　宋書六十五

臣沈約　新撰

王敬弘
何尚之

宋書傳二十六

王敬弘琅邪臨沂人也與高祖
諱同故稱字曾祖
厥至驃騎將軍胡之司州刺史父茂之晉陵太
守敬弘少有清尚起家本國左常侍衛軍參軍
性恬靜樂戶水為天門太守敬弘妻桓玄姊世敬
弘之郡玄時為荊州遣信要令過敬弘妻相玄至巴陵謂
弘曰靈寶見要正當欲與其姊集聚耳我不能為
相氏贅壻乃遣別船送妻往江陵妻在相氏彌年不
迎山郡無事恣其遊適累日不回意甚好之轉相
偉安西長史南平太守去官居作塘縣界玄輔政
及篡位屢召不下高祖以為車騎從事中郎徐州
治中從事史征西將軍道規並以事外相期當其酣飲致醉
宗協亦有高趣道規即更引還重申
敕弘因醉失禮為外司所白道規即更引還重申
初譁召為中書侍郎始攜家累自作塘還京邑久

一

錢

宋書傳二十六

之轉黃門侍郎不拜仍除太尉從事中郎出為
吳興太守舊居餘杭縣悅是舉也寻徵為侍中
高祖西討司馬休之敬弘奉使慰勞通事人令史
潘尚袷之道疾病敬弘單船送還都存亡不測有
司奏免官詔可未及釋朝服值赦復官宋國初
建為度支尚書遷太常高祖受命補宣訓衛尉
加散騎常侍永初三年轉吏部尚書常侍如故
敬弘每被除召便祇奉甄到宜退旋復解官
高祖嘉其志不苟違也復除廬陵王師加散騎
常侍自陳無德不可師範令王固讓不拜又除
祕書監金紫光祿大夫加散騎常侍本州中正
又不就太祖即位又以為散騎常侍金紫光祿
大夫領江夏王師元嘉三年為尚書僕射關署
文案初不省讀嘗豫聽訟上問以疑獄敬弘不
對上變色問左右何故不以訊牒副僕射敬弘
曰臣乃得訊牒讀之政自不解上甚不悅六年
遷尚書令敬弘固讓表求還東上不能奪改授
侍中特進左光祿大夫給親信二十人讓侍中特

二

進求減親信之半不許及東歸車駕幸治其餞

送十二年徵喬為太子少傅敬弘詣京師上表曰

伏見詔書以臣為太子少傅承命震惶憙懼交

悸臣抱疾東荒志絕榮觀不悟重恩猥復加寵

東宮之重四海瞻望非臣薄德所可居之令內

外英秀應選者多且板築之下豈無高逸而近

私愚拂污辱清朝嗚呼微臣永非復大之一物

矣所以牽曳闕下者實瞻望聖顏貪繫之之

旨臣如此而歸夕死無恨詔不許表疏屢上終以

不拜東歸上時不豫自力見焉為十六年以為左光

祿大夫開府儀同三司侍中如故又詣京師上

表曰臣比自啟聞謂誠已達天臨玄邈未蒙在

宥不敢宴處牽曳載馳臣聞君子行道志其為

身三復斯言若可庶勉顧惜耆老志與願違禮

年七十老而傳家家道（猶然況於在國伏願陛

下濟愚心盡矣竟不拜東歸二十三年重申

道下矜臣西夕愍臣一至特過聖恩賜反其所則天

前命文表曰臣躬耕南澧不求聞達先帝拔臣

三

求裕

於疆荊之域賜以國士之遇陛下嗣位微特蒙眷眷

齒由是感激委質聖朝雖懷犬馬之誠遂無塵

露之益年向九十生理殆盡永絕天光淪沒丘

壑謹冒奉表傷心父之明年夢於餘杭之舍亭

山時年八十追贈本官順帝昇明二年詔曰天

塗祕寓標貞芳載越微猷沈遠懋禮彌昭故侍

中左光祿大夫開府儀同三司敬弘神韻沖簡

誠寓標峻德敷象魏道謂丘園高挹榮覿疑

心塵外清光粹範振俗淳風兼以冕朝延賞聲

華在諫而言蘗柔闕文獻策韻裏尚想遙芬興

懷寢寤便可詳定輝諡式旌追典於是諡為文

貞公敬弘形狀短小而坐起端方相對謂之彈碁

八勢所居舍其山林澗環周備於臨之美時人

謂之王東山太祖嘗問為政得失敬弘對曰天

下有道庶人不議上高其言左右常使二老婢

戴五條五辦著青紵襦飾以朱粉女適尚書

僕射何尚之弟述之敬弘嘗往何氏看女值尚之

不在寄齋中臥俄頃尚之還敬弘使二婢守閤不

四

求裕

聽尚之入云正熱不堪相見君可且去尚之於
是移於它室子恢之被召為祕書郎敬弘為求
奉朝請與恢之書曰祕書有限故有競朝請無
限故無競吾欲使汝處於不競之地太祖嘉而
許之敬弘見兒孫歲中不過一再相見見輒克
日恢之嘗請假還東定省敬弘克日見之至日
輒不果假日將盡恢之於閤外拜辭流涕而去
至閤復不見恢之乞求奉辭敬弘乎前既
至新安太守中大夫恢之弟瓚之世祖大明中

吏部尚書金紫光祿大夫謚曰貞子瓚之弟昇之都
富高書昇之子延之昇明末高尚書左僕射江州刺史
何尚之字彥德廬江灊人也曾祖準高尚不應
徵辟祖恢南康太守父叔度恭謹有行業姨適
沛郡劉璩與叔度毋情愛甚篤叔度毋蚤卒奉
姨有若所生姨亡朔望必往致哀开設祭奠食
並珍新躬自臨視若朔望應有公事則先遣送
祭皆手自料簡流涕對之公事畢即徃致哀以
此為常至三年服竟義熙五年吳興武康縣民

王延祖為劫父睦以告官新制凡劫身斬刑家
人棄市睦既自告於法有疑時叔度為尚書議
曰設法止姦本於情理非一人為劫闔門應刑
所以罪及同產欲開其相告以出為惡之身睦
父子之至容可悉共逃亡而割其天屬還相縛
送螫毒在手解腕求全於情可憫理亦宜宥使
凶人不容於家逃亡無所訴乃大絕根源也睦
糾送則餘人無應復告並全之後為金紫光祿
大夫吳郡太守加秩中二千石太保王弘稱其

清身潔已元嘉八年卒尚之少時頗輕薄好摴
蒲既長折節蹈道以操立見稱為陳郡謝混所
知與之遊處家貧起為臨津令高祖領征南將
軍補府主簿從征長安以公事免還都因患
疾積年飲婦人乳乃得差以從征之勞賜爵都
鄉族少帝即位為廬陵王義真車騎諮議參軍
義真與司徒徐羡之尚書令傅亮等不恊每有
不平之言尚之諫戒不納義真被廢入為中書侍
郎太祖即位出為臨川內史入為黃門侍郎尚

書吏部郎左衛將軍父憂去職服闋復為左
衛領太子中庶子尚之雅好文義從容賞會甚
為太祖所知十二年遷侍中中庶子如故尋政
領游擊將軍十三年彭城王義康欲以尚之為尹立
長史劉斌為丹陽尹上不許乃以尚之為尹立
宅南郭外置玄學聚生徒東海徐秀廬江何
曇玉黃回領川苟子華太原孫宗昌王延秀魯
郡孔惠宣並慕道來遊謂之南學女適劉湛子
黯而湛與尚之意好不篤湛欲領丹陽乃徙尚子

二十卅　〔宋傳二十六〕　〔七〕　〔葛巽〕

之為祠部尚書領國子祭酒尚之甚不平湛誅
遷吏部尚書時左衛將軍范曄任參機密尚
之察其意趣異常白太祖宜出為廣州若在內
聲成不得不加以鈇鉞屢誅大臣有虧皇化上
曰始誅劉湛等方欲超昇後進畢事跡未彰便
豫相黜斥萬方將謂卿等不能容十以我為信
受謗說但使共知如此不憂致大變也畢後誅
反伏誅上嘉其先見國子學建領國子祭酒又
領建平王師乃從中書令中護軍二十三年遷

尚書右僕射加散騎常侍是歲造玄武湖上欲
於湖中立方丈蓬萊瀛洲三神山尚之固諫乃止
時又造華林園並盛暑役人工尚之又諫宜加休
息上不許乃曰小人常自暴背此不足為勞時上
行幸還多侵夕尚之又表諫曰奴來宜重尊不
可輕此聖心所鑒實有未寧清道而動帝王成則
夜警情傾側實有未寧宜假臣啟輿駕比出還多冒
古今深誠安不忘危若值汲黯必將少採愚誠
切諫但臣寺碌碌毋存順嘿耳伏願少採愚誠

三百卅六　〔宋傳二十六〕　〔八〕　〔葛巽〕

納之先是惠伐貧重鑄四銖錢民間頗盜鑄多翦
鑿古錢以取銅上惠之二十四年錄尚書江夏王
義恭建議以一大錢當兩以防翦鑿議者多
思垂省察不以廢過可以慰四海之望亦優詔
同尚之議曰伏覽明命欲改鑄制不勞採鑄其
利自倍實救弊之弘算增貨之良術來之實淺
猶有未壁夫泉貝之興以估貨為本事存交易
宣假數多數少則幣輕數多則物重多少雖異
濟用不殊況復以一當兩徒宗虛價者郛凡創

制改法宜從民情未有違衆矯物而可久也泉

布廢興驟議前代亦尟白金俄而罷息六貨憒

亂民泣於市良由事不畫一難用遵行致常泥且

病權時宜守久長之業煩政曲雜遂常泥且

貨偏則民病故先王立井田以一之使富不溢俟貧

不過匱茲法久廢不可頓施要宜而近粗相

放擬若今制遂行富人貲貨自倍貧者彌增

其困懼非所以欲均之意又錢之形或大小多品

直六大錢則未知其格若止於四銖五銖則文

三百二　宋書傳卅六　九　李仲

皆古篆既非下走所識加或漫滅尤難分明公

私交亂爭訟必起此最是其深疑者也〇旨兼

慮朝鑒旦多以至消盡鄙意復謂殆無此嫌民

巧雖密要有蹤跡且用錢貨銅事可尋檢直由

屬所急縱紏察不精致使立制以來發覺者寡

今雖有懸金之名竟無酬與之實若申明舊科

者擇焉猥參訪逮敢不輸盡吏部尚書庚炳之

侍中太子左衞率華閔思詡中護軍趙伯符御

史中丞何承天太常顏敬叔並同尚之議中領

軍沈演之以為龜貝行於上古泉刀興自有周

皆所以阜財通利實國富民者也歷代雖遠

資用彌便但鎔鑄久廢兼喪亂殷仍糜散漂滅

何可勝計晉遷江南疆境未廓或土習其風錢

不普用其數本少為患尚輕今王略開廣聲教

退錄貴金鏹所布委貪愈狹加復競竊剪鑿銷毀

之矣用彌曠而貨念狹迫服昔所不及悉已流行

滋繁刑禁雖重姦避方密遂使歲月增貴貧室

三百四　宋書卅六　十　仲

日處瞽作肆力之氓徒勤不足以贍誠由貨貴

物賤常調未革弗思釐改為幣轉深斯實親

教之良時通變之嘉會愚謂若以大錢當兩則

國傳難朽之實家贏一倍之利不俟加憲巧源

自絕施一令而衆美兼無興造之費莫盛於茲

矣上從演之議遂以一錢當兩行之經時公私非

便乃罷五年遷左僕射領汝陰王師常侍如故

二十八年轉尚書令領太子詹事二十九年致

仕於方山著退居賦以明所守而議者咸謂尚

之不能固志太子左衞率東淑與尚之書曰
昨遺修問承文人巳晦志山田雖曰年禮宜遵
亦事難斯貴倦踈通美於削策龍襲員
山備淪斬乎曩篇規迎班邴魏通美於削素懷滯果
幽之歡畢棲玄之適但淑逸操偏迴野性慶滯果
茲沖寂慾沈樂忘歸然而巳議塗聞者謂文人
徽明未耗興言業方籍儻能屈事康道降節殉
務金南瀨之操淑此行求決矣望眷有積納曰
無誤尚之宅在南澗寺側故書云南瀨毛詩所

謂于以採蘋南澗之瀨也詔書敦勸巳又與江
夏王義恭詔曰今朝賢無多且羊孟尚不得告
謝尚之任遇有殊便未宜申許邪羨義恭曰尚之
清忠貞固歷事唯免雖年在縣車而體獨克壯未
相申許下情所同尚之復攝職羊即羊玄保孟
即孟顗宇夫重本昌安兄昶貴盛顗不就徵
辟昶死後起家爲東陽太守遂歷吳郡會稽丹陽三
郡侍中僕射太子詹事復爲會稽太守卒官贈
左光禄大夫子劭尚太祖第十六女南郡公主女

適彭城王義康巳陵哀王休若尚之旣還往事
上待之愈隆是時復遣軍北伐資給戎旅悉以
委之元凶弒立進位司空領尚書令時三方興義
將佐之元在都巳劭悉欲誅之尚之誘說百端立
得免世祖即位復爲尚書令領吏部遷待中左
光禄大夫領護軍將軍尋辭護軍加特進復以
質反義宣司馬竺超民藏質長史陸展兄弟並
本官領尚書令丞相南郡王義宣軍騎將軍藏
應從誅尚之上言曰刑罰得失涉亂所由聖賢留

心不可不慎竺超民旣逃走一夫可禽若反
覆昧利即當取之非唯免惑亦可要不義之賞
而超民曾無此意微足觀過知己爲官保全
城府謹守庫藏端必持續公敢及兄弟與向始
末無論者復成何異陸展盡質復灼灼使圓
巨逆於事爲重臣豫蒙顧待自殊凡隸荷有所
懷不敢自黙超民坐者由此得原時欲分荊州
置郢州議其所居江夏王義恭以爲宜在巴陵
尚之議曰夏口在荊江之中正對沔口通接梁攻

寔為津要由來舊鎮根基不易今分取江夏武
陵天門竟陵隨五郡為一州鎮在夏口既有見
城浦大容舫竟陵出道取荊州雖水路與去江
夏不異諸郡至夏口皆從流竝為利便湘州所
領十一郡至巴陵邊帶長江去夏口密邇既分
湘中乃更其巴陵屬新州於事為允

上從其議荊揚二州戶口半天下江左以來揚州
根本委荊以闚外至是並分欲以削臣下之權而
荊揚竝因此虛耗尚之建言復合二州上不許大
明二年以為左光祿開府儀同三司侍中如故
尚之在家常著鹿皮帽及拜開府天子臨軒百
僚陪位沈慶之於殿廷戲之曰今日何不著鹿皮
冠慶之累辭爵命朝廷敦勸甚篤尚之謂曰主
上虛懷側席詎宜固辭慶之曰沈公不效何公
去而復還也尚之有愧色愛尚文義老而不休
與太常顏延之論議往及傳於世立身簡約車
服率素妻亡不娶又無姬媵秉衡當朝畏遠權
柄親戚故舊一無薦舉既以致怨亦以此見稱

復以本官領中書令四年疾篤詔遣侍中沈懷
文黃門侍郎王彧問疾薨于位時年七十九追
贈司空侍中中書令如故諡曰簡穆公子偃別
有傳尚之弟愷之義興太守侍中太常與琅邪
王微相善偃之卒微與偃書曰吾與直恨
不能唯賢叔耳君子知我若夫嘉我興余
翌之都官尚書愉之子顗之尚太祖第四女臨

海惠公主宗世官至通直常侍
史臣曰江左以來樹根本於揚越任推轂於荊
楚揚土自廬蠡以北臨海而極大江荊部則包
括湘沅跨巫山而懷鄧塞民戶境域過半於天
下晉世幼主在位政歸輔臣荊揚司牧事同陝
宋室受命權不能移二州之重咸歸密戚是以
義宣藉西楚彊富因十載之基嫌隙既樹遂
規問鼎而建鄴分揚矯枉過直藩城既剖盜寔
人單闚外之寄於斯而盡若長君南面威刑自出
至親在外事不患彊若運經盛衰時艱主弱雖

近臣懷禍止有外憚呂宗不競寔由齊楚興
喪之源於斯尤箸尚之言并合可謂識治也矣

列傳第二十六　　　　　宋書六十六

謝靈運

臣沈　約　新撰

謝靈運陳郡陽夏人也祖玄晉車騎將軍父瑍
生而不慧為祕書郎蚤亡靈運幼便穎悟玄甚
異之謂親知曰我乃生瑍瑍那得生靈運靈運
少好學博覽羣書文章之美江左莫逮從叔混
特知愛之襲封康樂公食邑二千戶以國公例
除員外散騎侍郎不就為琅邪王大司馬行參
軍性奢豪車服鮮麗衣裳器物多改舊制世共
宗之咸稱謝康樂也撫軍將軍劉毅鎮姑孰以
為記室參軍毅鎮江陵又以為衛軍從事中郎
毅伏誅高祖版為太尉參軍入為祕書丞坐事
免高祖伐長安驃騎將軍道憐居守版為諮議
參軍轉中書侍郎又為世子中軍咨議黃門侍
郎奉使慰勞高祖於彭城作撰征賦其序曰益
聞昔明殊位貞晦異道雖景慶回革亂多治寡
是故升平難於恒運剝喪易以橫流皇晉

河汾來遷吳楚數歷九世年踰十紀西秦無一
援之望東周有三辱之憤可為積禍纏釁易固以
久矣況廼陵墜幽翳情敬莫遂曰月推薄帝心
彌遠慶靈將升時來不爽相國宋公得一居貞
回乾運軸內匡霎表外清避陬每以區宇未統
側席盈廬值天祚收興昧弱授機龜筮元謀符
瑞景徵於是仰柢俯順天從兆興止戈之師
躬暫勞之討以義熙十有二年五月丁酉敬戒
九伐申命六軍治兵于京畿次師于汜上靈檣

千艘儲輻萬乘羽騎盈塗飛旍蔽日別命羣帥
誨謨惠策法奇於三略義祕於六韜所以鉤棘
未曜殲前禽於金墉威弧始殼走鈎隼於滑臺
曾不踰月二方獻捷宏功懋德獨絕古今天子
感東山之劬勞慶格天之光大明發興於鑒寐
使臣導于原隰余攝官承乏謬充殊役皇華愧
於先雅靡監頡於征人以仲冬就行分春反命
途經九守路踰千里沿江亂淮遡薄泗汭詳觀
城邑周覽丘墳眷言古迹其懷已多昔皇祖作

藩受命淮徐道固於桑勳由仁積年月多歷市
朝已改永為洪業纏懷清曆於是采訪故老尋
優往迹而遠感深慨痛心殞涕遂寫集聞見作
賦撰征俟事運遷謝託此不朽其詞曰
系烈山之洪緒承火正之明光立熙載於唐后
申譜事於周王疇庸命而順位錫寶珪以徹德
歷尚代而平顯降中葉以繁昌業服道而德徽
風行世而化揚投前蹤以求冀省輔質以遠傷
聯謀始于譽蔡達用舍於行藏庇常善之固業

三

陳

憑曲成之不遺昭在幽而偕昫賞彌久而愈私
顧晚草之薄弱仰青春之歲蕤引蔓穎於松上
擢纖枝於蘭遂施隆貸而有渥報消塵而無期
歡太階之休明穆皇道之緝熙惟王建國辨方
定隅內外既正華夷有殊惟昔小雅逮于班書
戎蠻孔熾是殛所以宣王用棘於獫狁高
帝方事於匈奴然侵鎬至涇自塞及平關郊伺
鄙

募攜王之矯處喪亂之未寧窮疆
泰之三輔陷隆周之兩京雄崤瀧以制險攘繞靁而作

局家永懷於故壤國願言於先塋侯太平之曠
期屬鷹運之聖明坤寄通於四瀆乾假照於三辰
水潤土以顯比火炎天而同人惟上相之散哲當堂
昧而經綸揔九流以貞觀恊五十而平分時來之
機悟先於介石納隍之誡援於生民龜筮允
藏人鬼同情順天行誅訊典詳刑樹牙選徒秉
鈇抗旗於弧矢馨楚孝之心智戈棘單吳子之精
靈迅三翼以魚麗襄兩服以鷹逝陣未列於都
甸威已振於秦薊灑嚴霜於渭城被和風於洛

四

徐文

沕就終古以比獸考墳冊而莫契昔西怨於東
祖今北伐而南悲豈朝野之恬情動萬乘之幽
思歌零雨於豳風興採薇於周詩慶金塘之凱
定卷戎車之遷時佇千里而感遂涉弦望而懷
期詔微臣以勞問奉王命於河湄夕飲餞以倏
裝且出宿而言辭歲既晏而將邁而戀
乖闕敬恭於桑梓復長於庭階冒沈雲之晻
藹迎素雲之紛霏淩結湍而凝清風衿籟以揚
哀情在本而易卓物雖未而難懷眷余勤以就

路苦夐來其城頹爾乃經雉門啓浮梁睅鍾巖

越查塘覽永嘉之粢維尋建武之緝綱于時內

慢神器外侮戎狄君子橫流庶萌分析主晉有

祉福祿來格明兩降覽三七辭厄元誕德以膺

繟肇回光於陽宅明思服於下武興繼代以消

逆簡文因心以秉道故沖用而刑廢孝武捨己

以杖賢亦窒外而治內觀日化而就損庶雍熙

之可對閔隆安之致寇傷龜王之毀碎漏妖凶

於滄洲纏釁難爲依於晉鄭國有蹴

宋書傳二十七　五　徐爰

於百里賴英謨之經營弘兼濟以忘已主寰內

而緩虐澄海外以漬澤至如昏稜敵景鼎祚傾

基泰離有歎鴻無期瞻天命之貞符秉順動

而履機率駿民之思效普邦國而同歸滏積霾

之穢氛啓披陰之光暉及平陵之杳謐復七廟

之依俙務役簡而農履勤毋勞賞而忠甄燮時雍

於祖宗

掃逋醜於漢渚滌僭逆

於岷山驅巢處於西木引鼻飲於源淵惠要秣

而思魑援冠弁而來處視治城而比屬懷文獻

之收揚匪元首之康哉赧股肱之惟良譬觀曲

而識節似綴組以成章業彌纏而彌微事愈有

而莫傷炎頭塈之雙岸究孫氏之初基幸漢庶

之漏綱憑江介以抗維初鵲起於審春果鯨躍

於川湄匝三世而國盛歷五偽而宗夷察成敗

之相仍猶曆亡而幽寒載十二而謂紀莒蜀滅

而吳安眾咸眛於謀兆芊獨悟於理端請廣武

以誨情襄陽以作藩捨建業其如遺泌萬里

而誰難疾魯亢元之波辭惡京陵之讚言責當朝

宋書傳二十七　六　沈壽

之憚毖對襄籍而興歎敢怗寵而判違敵旣勍

而國坯彼問鼎而何階必先賊於君子原性分之

異託雖殊塗而歸美或卷舒以愚智或治亂其

如矢謝眛迹而託規卒安身以全里周顯節而

犯逆抱正情而喪巳薄四望而尤眛歎王路之中

鯁春蠢干越之妖燼敢陵踖於五領崩雙豰於

流擬凶威於荆郢隱雷霆於帝坐飛若鏃於

宮省干時朝有遷都之議人無守死之志師旅

痛於父勤城埤關於素備安危鞁勢在不佯眾寡

形於見事於赫淵謀研其神策緩戀待機追

奔蹶邏遇雷池而振曜次彭蠡而礪滌穆京甸

以清晏撤多壘而窗役造白石之祠壇對二豎

之無戔披庭以幽辱凌桃社而火焚悠文康

於仁訓落皇之饗旅索舊棲於吳餘迹階阨

而不見横榱卉以荒除彼生成之樂辰亦猶今

之在余愾齊吟於爽鳩悲唐歌於山樞弔僑孫

於徐首率君臣以奉疆時運師以伐罪偏投書

於武王迄西北之落紐乏東南以振綱誠鉅平之

先覺寶中興之後祥據左吏之收徵胡影迹之

可量過江乘而責始知遇雄之無謀厭紫微之宏

凱甘陵波而遠遊越雲夢而南泝臨浙河而東浮

殼連營於川上倏蛟龍於中流戔薄方與迺屆歐

陽入夫江都之域次平廣陵之鄉易千里之晏曼

沂江流之湯湯泝赤圻以經復越二門而起滙卷

此路以與思看東山而治目林叢薄路逶迤石參

羌山盤曲水激瀨而皦本日映石而知旭審兼照

之無偏怨歸流之難濯羡輕鮙之涵泳觀翔鷗

之落啄在飛沈其順從顧微躬而緬邈於是抑

懷蕩慮揚搉易難利涉以吉天險以艱于敵伊

阻在國斯便勾踐行霸於琅邪夫差爭長於黃

川葛相發歎而思正曹后愧心於千魂登高堞以

駴聖藉臨盤鐵之劂皇臨淮楚之飄輕盛几杖而

詳覽知吳禪之衰盛戒東南之逆氣成劉后之

弭心怒抵局而遂爭忿戔盜之扶禍惜徒傷於

家令匪條戾之忠毅將七國之陵正襄漢海之治

民迺訪賢以招明庶文辯其誰在曰鄒陽與枚生

據忠辭於吳朝執義說於梁庭敷高才於兔園

雖正言而免刑闕里既巳千載深儒流於末學欽

仲舒之睟容遵縫掖於前躅對圍圉而不闚下

帷愃而論屬端非乏兩驕遭弘偃之雙慝恨有

道之無時步險途以側足聞宣武之大閱反師旅

於此厭百皇運之都東始昌業以濟難抗素旆於

秦嶺揚朱旗於巴川懼帝系之隆緒故黜旨而崇

賢嘉收功以垂世嗟在嗣而覆旅德非陟岵而繼宰

亹踰禹其必顚造步兵而長想欽大傳之遺武
思嘉遁之餘風紹素復之落緒民志應而願稅
國屯難而思撫璧言乘舟之待楫象揠釣之假縷
摠出入於和就兼仁用於黙語弘九流以揲四維
復先陵而淸舊宇却西州之成功指東山之歸
子惜圖南之啟運恨鵬翼之未舉發津潭而迴
邁逗白馬以愬愾貫射陽而望邗溝濟通淮而
薄甬城城坡陁兮淮驚波平原遠兮路交過面
芃野兮悲橋梓遡急流兮苦磧沙夐千里而無

夫

山緬百谷而有居被宿莽以迷徑覩生煙而知墟
於荒餘
　　　　謂信美其可娛身少長於樂土實曾歎
具瘁値歲寒之窮節視曾雲
之崔巍聆悲飆之掩屑彌晝夜以滯淫怨疑陰
之方結望新晴於落日起明光於踦月眷轉蓬
之辭根悼朝鴈之赴越披微物而疚情此思心其
可說問佇役其幾時駭閱景於與沒感目歸於
采薇子來思於兩雪豈初征之懼對甡鶴鳴之
在垤
　　　踰宿駕吾楫於邳鄉奚車正以

事夏氏左相以輔湯綿三代而享邑剋戊土之
一臣嗟仲幾之龍侮遂捨存以徵亡喜薛宰之善
對美士彌之能綱外曲垣之逡迤訪淮陰之所都
原入跨之達恥侯遭時以遠圖捨西楚以擇木道
期而知賢張揖景亞不信本文成之素志要王子
於雲仍豈無累於淸霄直有檗於貞客始熙
始智而終焉迄近上而偉栊登高坦而不進石幽
靈威於齊橫振餘猛於龍且觀讓通而告狷昌
南漢以定謨亂孟津而魏滅縶幷隰而趙播

夫

續於武闗卒敷功於皇龐處夷險以解挫弘憂
虞以時順祗若華之醫啓長飛驁之落駿傷粒
食而興念眷逸翩而思振戾臣山而東顧美相公
於淮曲暴鰥孤於泗濫訖未命
　　　　　　　　　雲莫翼靈武
之比闊惟授首之在晨當盛暑四選徒蕭嚴威
以振響漸溫澤而沾腴既雲撤於胸城遂席卷
於齊都曇四闗其奚阻道一燮而晏孚傷炎季
之山崩施長逆布以滔天假父子以詐愛借兄弟以

偽恩相魏武以譎狂奮賁於東藩樗未諜於
東郭身已馘於樓門審貢牧於前說謐所作於
舊徐聆泗川之浮磬覩夷水之蠙珠草漸苞於
熾壞桐孤榦於嶧陽隅慨禹迹於尚世惠遺文於
夏書紛征邁之淹留彌懷古於舊章商伯文於
故服咸徵名於彭殤眺靈壁之曾峯投昌縣之
迓梁想蹈水之行歌雖齊汩其何傷啟仲尼之
嘉問告性命以依方豈苟然於迂論聆寓言於
達莊於是濫石橋登戲臺策焉釣渚息巒城隅
永感四山零淚雙渠怨物華之推驛慨舟壑之
遞遷謂徂歲之悠闊結幽思之方根感皇祖之
微德爰識沖而量淵降俊明以鏡鑑迴風猷以
昭宣道既底於國難惠有賈於稌元士頌歌於
政教民謠詠於渥恩兼採芭之致美協漢廣之
發言彊虎氏之博翼濁雲網於所禁驅黔萌以
蘊崇取圍陵而湮沈錫殘落於河西序淪脣於
漢陰攻方城而折局優護穎其誰任世闕才而
貽亂時得賢而興治救祖考之邦壞在幽人而

宋書傳二十七

枉志體飛書壹 遠情悟惕師之通識追明達之
高覽契古今而同事拔淵謨於潛機騁神鋒於
雲旆驅斥澤而風靡蹴坑谷而焉寬中華免夫
左柱江表此焉襖帶旣剗黜於肥六叉作鎮於
沛曇皇塗於國內震天威於河外掃東齊而巴
寧指西崤而將泰偵東均代而興謝寔大業之
廢心無忝於樂生事有像於燕惠抱明哲之不
伐奉宏勳而是稅拊七州以委來歸五湖以投
袂風盛績於平生申遠期於暮歲訪昌襄戴於
鄙採陽秋於魯經晉申好於東吳鄭馮威於南
荊故反師於曹門將以塞於夷庚納五叛以長寇
伐三邑以侵彭美西鉏之忠辭快韓厥之奇兵
追項王之故臺迹霸楚之遺端擬宏志於摠角
奮曹英勢於羿彄氣蓋天而倒日力拔山而傾湍
始飈起於勾越中電激於衡關興偏慮於收者
忘即易於所難忌陳錦而莫照恩反鄉而有歎
且夫殺義害嬰而憯豐疑縱賢不策夫位誰時
造理屈而愈開方怨天而懷非心對駿驪以發憤傷

宋書傳二十七

虞誅於末詞陟亞父之故營諒謀始之非託遭
衰嬴之崩綱值虓炎之結絡迄皓首於阜陵猶
謬覺於然諾視一人於三傑豈在己之庸弱置
豐沛而不舉故自同於詛鑠發下口而游歷迄
西山而弭變觀終古之幽憤懷元王之冲粹丁
楚族之休烈傳芳素於來祀疆見譽於清虛德
三儒以成類潔流始於初源累仁基於前美撥
戰國之權爭方括心於道肆學浮丘以就德友
致稱於千里或避寵以辭姻或遺棠而不仕政

直言以安身駿絕才以喪已驅信道之成終表
昧世之虧始悟介之已盤則不俟於終日既
防萌於未著雖念德其何益爾乃孟陬發節雷
隱蟄驚散葉羹柯芳蘺茚麥薑蔞於尨丘柳
依依於高城相睢鳩之集河觀鳴鹿之食莘沂
泗遠兮清川急秋冬近兮緒風襲風流蕙芳水
增瀾諺愁衿兮鑑咸顏愁盈根而蘊陰戚發條
而成端嗟我行之彌日待征邁而言旋荷慶雲
之優渥周雙七於此奉陶逸豫於京甸違險難

宋書傳王毛 十三

於行川轉歸弦而眷戀望脩橋而流連願關鄴
之端清遲華靈之凱旋穆溥風於六合溥洪澤
於八埏頒賢愚於大小順規矩於方圓固四民
之獲所互稅稷於萊田苦邯鄲之難步庶行迷
之易產長守朴以終稔亦拙者之政焉仍除宋
輒殺門生免官高祖受命降公爵為侯食邑五
國黃門侍郎遷相國從事中郎世子左衛率坐
百戶起為散騎常侍轉太子左衛率靈運為性
褊激多愆禮度朝廷唯以文義處之不以應實
相許自謂才能宜參權要既不見知常懷憤憤
盧陵王義真少好文籍與靈運情款異常少帝
即位權在大臣靈運構扇異同非毀執政司徒
徐羨之等患之出為永嘉太守郡有名山水靈
運素所愛好出守既不得志遂肆意游遨徧歷
諸縣動踰旬朔民間聽訟不復關懷所至輒為
詩詠以致其意焉在郡一周稱疾去職從弟晦
燿弘微等並以書止之不從靈運父祖並葬始
縣并有故宅及墅遂移籍會稽脩營別業傍山

宋書傳二十七 十四

帶江盡幽居之美與隱士王弘之孔淳之等縱
放為娛有終焉之志每有一詩至都邑貴賤莫
不競寫宿昔之間士庶皆徧遠近欽慕名動京
師作山居賦并自注以言其事曰古巢居穴處
曰巖棲楝宇居曰山居在林野曰丘園在郊
郭曰城傍四者不同可以理推言心也意屋實不殊於
汾陽即事也山居良以異乎市廛抱疾就閒順從生
情敢率所樂而以作賦揚子雲詩人之賦麗以
則文體宜兼以成其美今所賦既非京都宮觀

宋書傳十七　　　十五　　孫竒

遊獵聲色之盛而敘山野草木水石穀稼之事
十三昔人心放俗外詠於文則可勉而就之求麗
覿以遠矣臨章有廢張左之艷辭尋臺皓之深
意去飾取素儻值其心耳意實言表而書不
盡遺迹索意託之有賞其辭曰謝子臥疾山頂
覽古人遺書與其意合悠然而笑曰夫道可重
故物為輕理宜存故事斯志古今不能革質文
咸其常合宮非綺雲之館衢室豈放勛之堂邁
深心於鼎湖送高情於汾陽嗟文成之卻粒願追

松以遠遊嘉陶朱之鼓棹迺諼種以免夏愛判身
名之有辨權榮素其無留馱如牽犬之路旣寞
聽鶴之塗何由哉理以相得為通古人遺書與其意
室以瑤琁致美則白賁以丘園殊世惟上託於巖

宋書傳二十七　　　十六　　沈約

築楔而餚朴兩逝之以宮室上棟下宇以蔽風雨蓋
取諸大壯斑堂自是素故曰白賁最是斯堂而不為巢穴斯免
應璩作書邛阜洛川勢有偏側地關鳳貝銅陵
之奧卓氏冗鈯槻之端金谷之麗石子致音徼之
觀徒形域之蒼蔚惜事異於栖盤至若鳳業二
臺雲夢圭竇丘漳渠淇園橘林長洲雖千乘之
珍苑執嘉遯之所遊且山川之未備亦何議於兼
求溝池自環竹木周場圃在前果園在後應據與程

06-1010

文信書云故求道田在關之西南臨洛水北據邙山託榮
岨以為宅因茂林以為蔭謂二家山居不得采掘山之美揚
雄蜀都云玤王孫扶山鑄銅故漢書貨殖傳云卓
氏之臨邛陵卬公擅山川楊雄方言梁益之
裂帛為衣此槩金谷石崇過邇裁木為器云鈄
木池沼水碓其鎮下邙時遊賦詩一代咸集謂二地雖林
巖然制作非捆盤之意也鳳臺秦女所居以致
襄史叢喜趙公時華女所居二地雖林
箎谷飲賦之別盧在河南界以山川雖林
後楚之雲夢大中居長飲賦之濤南望
荊喜之上前方淮之波左洞庭之
平山之阿遂造章華之臺亦見諸史淮南青丘齊之海外皆望
魏所司馬相如云齊楚之事橘柚竹園在淇水之澳詩人所載
獵山蜀之園林揚子雲蜀都賦亦云楠林左太沖謂戶有橘柚
橘林蜀之園林吳之苑囿秋田乎青丘枵惶乎海外渟糖浦之所
之園長洲吳之苑囿江海洲渚以為苑柚
圃左亦謂長洲之茂苑因江謂表此園之玲瓏千乘燕糖

總止之且山川亦覽明達之撫運乘機緘而理
不能兼茂隨地勢所遇耳

非
園

默指歲暮而歸休詠宏微於刊勒狹三閭襄江
矜望諸之去國選自然之神麗盡高捷之意得
余祖車騎建大功准肥江左得免橫流之禍後及太傅既薨
建圖已輟於是便交解駕東歸以避君側之亂發興隱顯
當是賢達之意經始山川寶基於此仰前哲之遺訓俯性
申高捷之意經始山川寶基於此謂經

情之所便奉躬以宴息自事以乘閑愧珎玤王
生之鳳悟懃尚子之晚研年與疾而偕來志乘
拙而俱旋謝平生於知遊捷清曠於山川
入宴莊周云自事其此二是其所越班嗣本不染向晦
故曰鳳悟尚平未能去累故曰事井可山
疾至志寒求拙日事井可山居與知遊別故回謝平生襄

就山川清故
曰撲山川噴故其居也左湖右江往渚還汀面山背
阜東阻西傾抱含吸吐欵跨纖縈縣聯邪豆側
直齊平楚扶采日左右湖江
勢湖而城也此二江右懺江左都當右湖
近東則上田下湖西谿南谿石
塙馮長源於遠江泒深㴾於近濱
麓石澖閞硎黃竹決飛泉於百仞森高薄於千
庭馬頭閞硎黃竹泒飛泉入田口西谿水出寧縣名為湖

郭之是近山之最高峯者西漢便為壑故謂為壑石
巖之東比至外竅封墮十數里皆飛流激水自西
上巖飛下面南入九墮十數丈激水左
下右注巖壁緣田黃竹閞硎在石淘之東也遙近南則
以雙流縈以三洲表襄回游離合山川㟁崩
會於東峭槳傷薄於西阡拂青林而激波揮白
飛而生連雙流謂雙流縈合流注下小江此二水同會於
沙而生連雙流謂雙流縈合流注下小江此二水同會於
沙積岑成此山南洲渚之表襄回游離合江小
排回江岑在其山居渾合之表襄青林而冶之白
之中行者莫不駭本竞渚岀跳沙者在江
西則楊眉接峯唐皇連縱室壁帶谿曾孤臨江
近

二巫結湖兩岨通沼橫石判壑林周分表引脩隄之遠迤吐　近北則

竹緣浦以被綠石照澗而映紅月隱山而成陰木鳴柯以起風

泉流之浩瀁山礒下而回澤瀨石上而開道

遠東則天台桐栢

方石太平二岯四明五奧三菁麥神異於緯蹼感應於慶

六八十　宋書傳二十七　十九

靈淩石橋之海苔越栖谿之紆縈

漫石崒嶰對嶺龍孟分隔入極浦而還回迷不知其所適

上崚崎而蒙籠下深沈而洸潡

遠南則松箴樓雜唐崛

漢秀竹迴開巨石有趣之極此中多諸浦澗傍依遠

茂林迷不知所通嶔崎深沈處處皆然不但一壑

西則

遠北則長江永歸巨海延納崐

漲緬曠島嶼綱沓山縱橫以布護水迴沈而縈

洰信荒極之綿眇究風波之聯合

興濤作水勢奔壯于歲春秋在月朔望湯湯驚

知浅洪濤滿則曾石沒淸瀾減則沈沙顯及風

波滑潝駭浪電激雷崩飛流灑淥淩絕壁而起姿

橫中流而連薄始迤轉而騰天終倒底而見窊此

楚貳心醉於吳客河靈懷慙慙於海若

門前對江三轉曾山路窮四明對岸西面常日生巇此二

南術之　生巇　成衍　岸測深相渚

史書傳二十七　二十　徐泳

爾其舊居曩宅今園拊

故枚乘雲氣也江中有孤石沈隨水增減春秋朝望是其盛時

懼於莊周秋水篇

06-1012

樹尚援基井具存曲術周乎前後直陌矗矗其東西

豈伊臨谿而傷沼迥抱阜而帶山之考封域之靈異實

蕠境之最然葺室粱於巖麓棲孤棟於江源敞南

水而通阡〔其室在宅裏山之美三間故謂之駢粱門前一棟枕嶺〕

戶以對遠嶺東窗以矚近田田連岡而盈疇嶺南

〔此二館屬望殆無優劣也〕

渠引流脉散溝井尉蔚曹秋迭炎香杭送夏蚕秀

迎秋晚成兼有陵陸麻麥粟稌候時覬節遞遞覿覿

執供粒食與飲謝工商與衡牧生何待於多資理取

〔自園之田自田之湖泛濫川上〕

〔許由云偃鼠飲河不過滿腹謂人生食足須邪工商衡牧似多須〕

足於滿腹〔則歡有餘何待多須邪工商衡牧似多須〕

縵迴水區濬潭洞而窈窕除孤洲之纖餘怨溫泉於

春流馳寒波而秋狙風生浪於蘭渚日倒景於椒塗

飛漸樹於中沚取水月之歡娛旦延陰而物清夕棲

芬而氣數顧情交之永絕觀雲客之暫如〔此皆湖中之美〕

〔但慮言不盡意萬不寫一耳諸澗出源入湖故曰湖中之纖餘〕

〔者若水私寡欲充命而足但非甘無以立耳〕

水草則萍藻蘊菼萑蒲芹蓀兼菰蘋蘩縱行

也水草則萍藻蘊菼萑蒲芹蓀兼菰蘋蘩縱行

菱蓮雜備物之偕美獨扶渠之華鮮播綠葉之萋萋

或含紅敷之繽翻怨清香之難酉矜盛容之易闔必

充紿而後塞豈蕙草之空殘卷欸弦之逸曲感江南

之哀歡奏筝倡而湖游往唐上奏而舊愛還舉出離

〔是采菱歌江南是相和曲云江南采蓮秦倡筝亦有詩笳〕

〔篇唐上奏蕭生詩皆感物致賦臭薰蘋蘩若人之詠亦有詩笳〕

〔人之詠不復具敘〕

本草所載山澤不一羃桐是別和綾是悉

參核六根五華九實二冬並稱桐萬代異形而

〔...〕

而不殞伏苓千歲而方知稱林蘭近雪而揚猗卷柏異形而

同出水香送秋而擢舊林蘭近雪而揚猗卷柏異形而

紫枝既佳年而增靈亦驅妖而斤飛

〔本草所出藥處⋯於今不復依⋯〕

味水石別谷巨細各臝倄徠而便娟亦蕭森而翁

碧灈而挺翠葭上林與淇澳騐東南之所遺企山陽

蔚露夕沾而懷陰風朝振而清氣玄捎雲以拂抄臨

之游踐巉嵒寫二棲託憶崑閬之悲調悵怳伶倫之哀

篇御女行而思歸詠楚客放而防露作

〔蕭大葉一箭一者若〕

〔土所生耳此竸出藥甚多靈公桐君古之良工故曰別悉參核者雙核挑杏六根者董〕

〔苟七根五茄根蕘根野葛者前實桓〕

〔兔絲覆華荊草木二冬蛇附天子雄烏頭水香蘭草林蘭〕

〔天門麥門冬三建皆神農其竹則二箭殊葉四菩齊〕

〔凡此支子桑桑葚悉於〕

箏箭細葉四苦青苦白苦紫苦黃苦水竹依水生甚細密
吳中以爲宅援石竹本科叢大以充屋榱巨者竿挺之屬
細者無箐之流也脩竦便娟蕭森蓊蔚皆竹貟也上林關
中之禁苑淇澳衛地之竹園方此皆不如東南會稽之竹
箭惟此地最富焉山陽竹林之游鸑鷟棲食之所崑山之
竹任爲笛黃帝時伶倫斬其厚均者吹之爲黃鍾之宮衛
女思歸作竹竿之詩楚人放
逐東方朔感江潭而作七諫其木則松柏檀櫟　桐榆
㯌柘穀棟楸梓檉樗剛柔性異貞脆質殊卑高沃墝
各隨所如榦合抱以隱岑杪千仞而排虛夌岡上而喬
竦蔭澗下而扶疏沿長谷以傾柯攢積石以挿衢華映
水而增光氣結風而回敷當嚴勁而蔥倩承和煦而
芬腴送墜葉於秋晏遲含蕚於春初皆木之類選其美
者載之山春曰岡

岡之間下長谷積石各隨其方離騷云
青春者謝白日昭只詩云蕚不韡韡也植物既載動類亦
繁飛泳騎透胡可根源觀貟相音備删山川寒燠順
節隨宜匪敦草木竹植物魚鳥獸動物獸有相種有
騰者有走者走者騁騰者透謂種類既
繁不可根源但觀其貟狀相其音聲則知
川之好與節隨宜自然之數非可敦戒也小魚則鰻鱧
鮒鱮鱒鯇鰱鯿魴鮪魦鱖鱨鯉鯔鱣輯采雜色錦爛
雲鮮唼藻戲浪汎符流漪或皷鰓而湍躍或掉尾而波
旋鱸鮆乘時以入浦鱵鮅沿瀨以出泉鰻音優鱧音禮
鮒音附鱮音敘
鱒音寸袞反鯇音睆鰱音連鯿音毙仙反魴音房鮪音
痏魦音沙鱖音居綴反鱨音上羊反鯔音比之反鱣音
竹亦反皆說文字林音詩云錦衾有爛故云錦爛鱸
鮆一時魚鱵音感鮅音迅皆出谿中曰上恒以爲䟽鳥

則鵾鴻鶂鵠鶖鷺鶬鴇雞鵻繡質鶻鸐綬章晨鳬朝
集時鷮山梁海鳥違風朔禽避涼鶯生歸北霜降客
南接響雲漢侶宿江潭聆清哇以下聽載王子而上
參薄回涉以弁翰映明壑而自耽鵾音昆鴻音洪鶂
音左傳云六鶂退
飛字如此鵠音下笠反鶖音秋鶬音路鴇音保鷮音
相唐公之馬與此鳥色同故謂爲鷮音相鷫鸘鳥
見張敖先博物志鸐音翟亦雉之美者此四鳥並美
采質鳧音符野鴨也常待晨而飛鷮音巳消反長尾
雉也論語云山梁雌雉時哉時哉海鳥爰居臧文仲
不知其鳥以爲神也寒見左傳朔禽雁也寒月轉往
衡陽禮記霜始降雁來賓歲莫云歲北向政是陽初
生時鶯生歸北霜降客南山映水自翫其羽儀者
山上則猨猑貍貛犴獌猰猛山下則熊羆豺虎麢鹿

麡麖擲飛枝於窮崖踔空絕於深硎蹲谷底而長嘯
攀木杪而哀鳴猨音袁猑音魂貍音力之反貛音火
丸反犴音立悬反獌音曼似貛而長
狼之屬一曰貙猰音安黠反猛音弋生反貍之黃黑
者一曰似豹音在皆反貗音元野羊大角麢音鬼
珉反麖音京能踔擲虎
長嘯猨哀鳴鳴聲可翫緡綸不投罝羅不披磻弋靡
用蹄筌誰施鑑虎狼之有仁傷遂欲之無崖顧弱齡
而涉道悟好生之咸宜率所由以及物諒不遠之在斯
撫鷗鯈而悅豫杜機心於林池八種皆是魚獵之具自
少不殺至乎白首故在
山中中而此歡永發莊周云虎狼仁獸豈不父子相親
廿云虎狼暴虐者政以其如禽獸而人物不自悟其毒
害而言虎狼可疾之甚苟其遂欲豈復崖限自弱齡奉
法故得免殺生之事苟此悟萬物好生之理易云不遠

復無祇悔庶乘此得以入道莊周云海人有機心鷗鳥舞而不下今無害彼之心各人也於

敬承聖詣恭窺前經山野昭曠豈
落釐腥故言大慈之弘誓挹羣物之淪傾豈
寓地而空言必有貸以善成欽鹿野之華
苑羨靈鷲之名山企堅固之貞林希薝羅
之芳園雖緇容之緬邈謂哀音之恒存建
招提於幽峯振錫之息肩廢鐙王之贈
席想香積之惠餐事在而思通理匪絶而
可溫

宋書傳二十七 二五

譯不及成父老子云善居止也經教欲令在山
中皆真諦物堅固苑說泥洹廢羅圍說般若法
華廢說也鹿苑說法般若說不思若法
雖絓今緬邈哀音制若存仿佛在皆想
積常住者出維摩經論語云溫則可
待絶為已之日用則也
澗水涉登嶺山行陵頂不息窮泉不停櫛
風沐雨犯露乘星研其淺思整其短規非
龜非筮擇良選奇翦榛開逕尋石覓崖四
山周回雙流遶逶迤面南嶺建經臺倚北阜築講

堂傍危峯立禪室臨浚流列僧房對百年之高
本納萬代之芬芳抱終古之泉源美膏液之清
長謝麗塔於郊耶殊世間於城傍欣見素必抱
樸果甘露於道場云初經略躬自履行備諸苦辛
飯不以麗為美所以即安笫茨而已是以謝郊
郭而殊城傍然清虚寂漠實是得道之所也
僧明發懷抱事絶人徒心通世表是以遊是憩倚石
構草寒暑有移至業莫矯觀三世以其夢撫六
度以取道乘恬知以寂泊含和理之窈窕指東山
以冥期實西方之潛兆雖一日以千載猶恨相遇

宋書傳二十七 二六

之不早謂曇降法流二法師也二公辭思愛棄妻子輕
本樂入山外綠都絶魚肉不入口糞掃必在體物者其亦亦
見之紀歎而法師奧之夷然詩人西發不勝造道者其始
如此往石門瀑布中路高樓之游昔告難之始期生東山
沒存西方相遇之欣實以謝郊
一日為千載猶慨恨不早
彼促年愛是長生冀浮丘之誘接望安期之招
迎甘松桂之苦味夷皮褐以賴形羨蟬蛻之匪
日撫雲蜺其若驚羨陵名山而屢甜過巖室而興
披情雖未階於善道且絪絕於世纓指松菌而與
言良未齊於殘彭此一言敘仙學者雖未及佛道之
喬師安期先生是馬明生師二事出於列仙傳洞真經云今
學仙者亦明師以自發悟故不辭苦味類形也莊周云和

錢宗

06-1015

以天見者崖也數經歷名山過余巖室被露
其情性且獲長生方之松菌殤彭遽然有間也

不以一牧資待各徒隨節競逐陟嶺刊木除榛　山作水役
伐竹抽筍自筐摘筥于谷揚掦所拮秋冬扁苦
獲野有蔓草獵涉頴莫亦醞山清介闚景楄苦
以木成甘以播熟慕椹高林剥芰巖椒掘筍
陽崖摘擷陰摽晝見塞芽宵見索綯芰孤罩
蒲以薦以菱飯坭既堶品收不一其灰成各有律

六月採蜜八月撲栗備物為繁略載靡悉　此一

　　　　　　　　　　　　　　　　　　　　廿七
月食鬱及黃獺涉字出爾雅木木酒味甘擂擂酒味甘
並至美兼以療病擂治㿈核木冶痰冷㯮音甚味似孤
菜而勝列木而作之謂之慕芰音及採以㯮各為紙薦音情
採以為㽅音鬱採以為㽅音鬱採蜜撲栗各隨其月也
　〔宋書傳二十七〕　　　　　　　　　　　　人云六

章謂是山作及水役採拾諸事也然漁獵之事皆不載
楊楊桃也山間謂之木子福音覆字出字林詩人云

南山則夾渠二田　兩居
若迤南北兩居水通陸阻觀風瞻雲方知厥所　所謂南
此兩奧有居止峯崿阻絕水道
通耳觀風瞻雲然後方知其處

周嶺三死九泉別㵎五谷異㠘羣峯參差出其　〔南山〕
間連岫榱陸成其坂衆流漑灌以環近諸堤擁
抑以接遠堤兼陌近流開湍淩阜泛波水往步
還遶回往匝枉渚貞巇呈美表趣胡可勝單杭
北頂以萁館舴南峯以啓軒羅曾崖於戶裏列

　　　　　　　　　　　　　　　　　　錢宗

鏡瀾於窻前因因丹霞以頳楣附碧雲以翠樣
視奔星之俯顧　之末牽鵾鴻翻者蓊而
莫及何但槎為雀之翩翶沈泉傍出淥淩於東擔
榤壁對峙碗碢於西雷爾俏竹葳薤以薱薈灌木
森沈以蒙茂蘿蔓延以攀援花茮薰而媚秀目
月投光於柯間風露披清於嶺岫夏涼寒燠隨
時取適階基回互橑乘隒此焉宴寢靄水弄
之如借眇邈逸於羣長寄心於雲霓　南山是闗
石通即回眺終葳囷戡傷美物之遂化怨浮齡
劉卜居之

　　　　　　　　　　　　　　　　〔宋書傳三十七〕

處也從江樓步路跨越山嶺綿亙田野或升或降當三里　五十六
別戴其事綠谷凡有三口万壁西南二里
許遙路所經既見則喬木茂竹彌阜橫波眛於東
飛流以為雪旦之美觀及至所居之處左東西路南山相
山二里有餘南悉連嶺都青翠可迃于東
川如鏡倒景澳於池南皆平道近枕下則清
壯狹處交過水石林竹之美巖岫曲之好備盡之失列
南傍山渠展轉詰曲如縈帶林去澗可二十支許
館望對窻巖半嶺逈有一橫迥望得遠嶺曾峯附
鏡湖對窻戶綠崖下者密竹蒙遶從此直南悉是竹園周迴
西百丈南北百五十五丈壯倚近峯南眺遠嶺四山周迴
開築此焉居處細趣散非可具記故較言之失列其側傍細
大勢耳越山列其表側傍細　　　為異觀也　因以小湖

鄰於其隈衆流所湊萬泉所回沈㴇異形首紆
　　　　　　　　　　　　　　　　　二十八

右半（上欄，自右至左）：

求其路迤界此山棧道傾廁磴閣連卷復
沈濫肥坼皆是泉名事見於詩云此萬泉所湊名有

有水迤繚繞迴圖灂灂平湖泓泓澄淵孤岸竦秀

長洲芊綿皖皖瞻皖眺曠矣悠然及其二川合流

異源同口赴隩俱會山首瀨排沙以積岳峯

倚渚以起阜石傾瀾而稍巖後隱叢木映波而結數逕南

潯以橫前轉北崖而攢後隱叢灌故悉晨暮託

星宿以知左右
往反經過自非巖澗便是水逕洲島相對皆有趣也

石州岸草木皖標異於前章亦列同於後牘　山川澗

二九一　宋書傳二十七　二九

眶砠而晃岵川有清而無濁石傍林而插巖泉協
二十

澗而下谷澗轉渚而散芳岸靡沙而映竹草迎
八

冬而結葩樹凌霜而振綠向陽則在寒而納煦面

陰則當暑而含雪連岡則積嶺以隱峯與峯則
土山載石曰砠山有林曰岵

羣峯以巇巆浮泉飛流以寫空沈波潛溢於洞

穴凡此皆異所而咸善節而俱悅

帖此章謂山川衆美亦不必有故物也　春秋有待朝夕

須貪既耕以飯亦桑貿衣藝菜當有採藥救
敘其最居山之後事亦皆有尋求也

額自外何事順性靡違法音晨聽放生夕歸硏

左半（下欄，自右至左）：

書貴理數文奏懷凡厭意謂揚摧且列于

言誠特此推
謂塞待綿績暑待絺綌朝夕養歡設此諸業以待之蓋以療疾又在其外事之相推自不得不然至於聽講放生之藥以療疾又在其外所好韓非有揚敦班固亦云揚較古今其義一也左思所為左右揚較而陳之

遠羅行布株迎草候晚狷蔚溪澗森陳崖巘

壇棲圃橘林栗圃桃李多品梨柰殊所杷
北山二園南山三苑百果備列作近

吐町所藝蓋葵蒜

林檎帶谷映渚楂梅流芬於回巒榧柿被枇杷
之園桃李所庭甚多棗栗云橘林左大沖亦云戶有橘柚

長浦
莊周云漁父見孔子杏壇之上雜摩詰經榛樹
圃楊雄蜀都賦云橘林榛自供不待外求者也
河詠之間淮潁諸奧故云殊所也

藉芳葵藂葭齊封菲蘇薑綠葵春節以懷露

白蘘感時而貢霜葱摽倩以陵陰春藿吐若
斲菲見詩柏舟中管子曰北伐山戎詰經摽葱

以近陽
庚闐云寒葱摽圃灌韰自供不待外求者也

弱質難恒頹齡易喪攄情生悲視顏自傷承

清府之有術冀在袞之可壯尋名山之奇藥越

靈波而頡轉採石之地黃摘之溪探訪鍾乳於洞穴訊丹
嶺之細平扶幽澗之淺探訪鍾乳下之天門撫曾
此皆往年之藥即近山之可消病也　安居二時冬夏

陽於紅泉
所出有來拾歡以消病也

三月遠僧有來近泉無關法鼓郎響頌偈清發

宋書傳二十七　三十

小二十二二九三

散華兮繽紛流香飛越杵曠劫之微言說像法之遺音

乘此心之一豪濟彼生之萬理啓善趣於南昌歸清

暢於北机非獨恩於眄生之心訴炎感於君子山兮清寂

羣紛兮自絕周聽兮眄多得理啓俱悅寒風兮播屑

面陽兮常爇炎炎兮隆熾對陰兮霜雪愓風兮播屑

雲根坐澗下兮越風穴在茲城而詣賞傳古今之不滅僧

之篤以我而觀懼命之盡咎景之懼分一往之仁心接萬族

好生

雲物於天端覩騰翰之頑頏覩毂鷚之往還馳騁者懼能

狂熱猜害者或可理舉 知彼之情好生但以我而軼便可

也能放生者但有一往之仁心便可拔萬族之險難水性於

以忍害爲心見放生者者怕 悲水性於江流吸

之理或可得悟也 哲人不存懷抱誰質糟粕猶在啓滕

剖裘見柱下之經二親濠上之篇七乘未散之全樸較已

積於道術憂天六魏以宣聖教九流以訓賢徒國史以

載前紀家傳以申世模篇章以陳笑刺論難以覈有無

丘披醫曰蟲袋夢之法風角家宅筭數律曆之書或

若山林矣乃肯見寡人無乃問君紲嗜欲屏好惡則
耳目察矣常來芽栗老萊子耕於蒙山之陽箸書十
五篇言道家之事箸葉四皓避秦亂入商洛深
山漢祖召不能出司馬長卿高才而厭世不樂預
卿大事

遠與第子別於山阿終身不反梁伯鸞傭
霸陵山中耕織以自娛後從入會稽山臺孝威居武
安山下依崖為土室采藥自給高文通居西唐山從
容自娛也暨其窈窕幽漠寂寥遠事與情乖理與形反
既耳目之靡端豈足跡之所踐縕終古於三季候通
明於五眼權近應以停筆抑茂知而絕簡人跡所求
絕商不徙多云冀夫實音悟夫此旨也太祖登祚誅
徐羨之等徵為秘書監再召不起上使光祿大夫范

泰與靈運書敦獎之乃出就職使整理秘閣書補足
闕又以晉氏一代自始至終竟無一家之史令靈運
撰晉書粗立條流書見任遇靈運意不平多稱疾
朝直穿池援種竹樹菫驅課公役無復期度出郭
游行或一日百六七十里經旬不歸既無表聞又不
請急上不欲傷大臣諷旨令自解靈運乃上表陳疾
上賜假東歸將行上書勸伐河北曰自中
原喪亂百有餘年流離寇戎淪没殊類先
帝聰明神武袞濟羣生將欲盪定趙魏大

同文軌使久淪反於正化偏俗歸於華風
運謝事乖理違願絕仰德抱悲恨存生
盡況陵塋未幾凶廬伺隙預在有識誰
不憤歎而景平執事竝非其才且遘紛
京師豈應託付遂使孤城窮陷莫肯遣
忠烈皆先朝之所開拓一旦淪亡此國
恥空雪被於近事者也又北境自淶逆
鎮戎囚朔漠縣河三千翻為寇有晚遣
虜窮苦備罹徵調賦斂靡有止已所求

不獲輒致誅殞身禍家破閨門比屋此亦
仁者所為傷心者也咸云西虜舍末遠師
隴外東虜乘虛呼可掩襲西軍既反得
據關中長圍咸陽還路已絕雖遣救援
停住河東遂乃遠討大城欲為首尾而
西寇深山重阻根本自固徒棄巢窟未
足相拯師老於外國虛在於茲日若相持
莫復過此觀兵耀威實在茲日若相持
未已或生事變忽值新起之衆則異於今

苟乖其時難為經略雖兵食倍多則萬全無必
矣又歷觀前代類以兼弱為本古今聖德未之
或殊當不以天時人事理數相得與亡之度定期
居然故古人云既見天殃又見人災乃可以謀昔
魏氏之彊平定荊襄乃乘衰劉之弱晉世之盛
拓開吳蜀亦因葛陸之衰此皆前世成事著於
史策者也自光平之後天下亦謂虜當俱滅
長驅滑臺席卷下城奮銳氣哦魄指日就盡但
長安違律潼關失守用緩天誅假延歲月日來

三五

夫

至今十有二載是謂一紀囊有前言況五胡代
數齊世虜期餘命盡於來年自相攻伐兩取其
田下莊之令役仰望聖澤有若渴飢法志
南雲為日巳久來蘇之輩實歸聖明此而弗乘
後則未兆即日府藏誠無兼儲然凡造大事待國
富兵彊不必乘會於我為易聖貝在得時器械既
充衆力粗足方於前後乃當有優常議損益又
諮冀州已數百萬有餘田賦之沃箸自貢典先才
經創基趾猶存澄流引源桑麻蔽野彊富之

實昭然可知為國長久之計耿耿一往之費邪或
懲關西之敗而謂河北難守二垣形勢表裏不
同關西雜居種類不昔在前漢屯軍霸上通
火甘泉況乃舊戌之軍值新故交代之際者平
河北悉是舊耳差無人連嶺阻三關作險
若遊騎長驅則沙漠風靡若非嚴兵守塞則冀
方山固昔隴西傷破鼠錯興言匈奴慢侮賈誼
憤歎方於今日皆為餘矣貝武中主耳值孫皓
虐亂天祚其德亦由鉅平奉策荀賈折謀故

三六

吳祐

能業當崇當年區于一統況今陛下聰明哲天
下歸仁文德與武功並震霜威共素風俱協
以宰輔賢明諸王美令岳牧宣烈虎臣盈朝而
天或遠命亦同敵不滅矧伊頑虜假日而已哉
伏惟深機志務久定神謨臣甲賤之封雖之相如
穴實仰希史談之憤以此謝病暫違棼禁消
之筆庶免希太平之道傾覩代京叫萬無恨矣
久欲上陳懼在觸置蒙賜恩假暫違棼志省
渴十年常慮朝露抱此愚志昧死以聞靈運

以疾東歸而遊娛宴集以夜續晝後為御史中
丞傳隆所奏坐以免官是歲元嘉五年靈運既
東還與族弟惠連東海何長瑜潁川荀雍太山
羊璿之以文章賞會共為山澤之游時人謂之
四友惠連幼有才悟而輕薄不為父方明所知
靈運去永嘉還始寧時方明為會稽郡靈運嘗
自始寧至會稽造方明過視惠連大相知賞時
長瑜教惠連讀書景亦在郡內靈運又以為絕
倫謂方明曰阿連才悟如此而尊作常見遇之
何長瑜嘗令仲宣而餳以下容之食尊既不能禮
賢宜以長瑜還靈運載之而去荀雍字道
雍官至員外散騎郎璿之字曜璠臨川內史為司
空見陵王誕所遇誣敗誅長瑜文才之美亞
於惠連雍璿之不及也臨川王義慶招集文士
長瑜自國侍郎至平西記室參軍嘗於江陵
寄書與宗人何勗以韻語序義慶州府僚佐
云陸展染鬢欲以媚側室書青不解父星星
行後出如此者五六句而輕薄少年遂演而廣之

凡厥人士並為題目皆加劇言其文流行義
慶大怒白太祖除為廣州所統曾城令及義慶
薨朝士詣第叙哀何勗謂表淑曰長瑜便可還
也淑曰國新喪宗英未宜便以流人為念廬陵
王紹鎮尋陽以長瑜為南中郎行參軍掌記之
任行至板橋遇暴風溺死靈運因父祖之資生
業甚厚奴僮既眾義故門生數百鑿山浚湖
功役無已尋山陟嶺必造幽峻巖嶂千重莫不
備盡登躡常著木履上山則去前齒下山去其
後齒嘗自始寧南山伐木開逕直至臨海從者
數百人臨海太守王琇驚駭謂為山賊徐知是靈
運乃安又要琇更進琇不肯靈運贈琇詩曰邦
縣邑太守孟顗事佛精懇而為靈運所輕嘗
謂顗曰得道應須慧業文人生天當在靈運前
君難地嶮旅客易山行在會稽亦多徒眾驚動
成佛必在靈運後顗深恨此言會稽東郭有回
踵湖靈運求決以為田太祖令州郡履行此湖去
郭近水物所出百姓惜之顗堅執不與靈運既不

得迴踵又求始寧崨嶨湖為田顗又固執靈運
謂顗非存利民正慮決湖多害生命言論毀傷
之與顗遂構釁隙因靈運橫恣百姓驚擾乃表
其異志發兵自防露板上言靈運馳出京都詣
闕上表曰臣自防疾歸山于今三載居非郊郭事
乖人間幽棲窮嚴外緣兩絕守分養命庶畢餘
年忽以去月二十八日得會稽太守臣顗二十七日
疏云比日異論嘖嗟此雖相了百姓不許寂默今
微為其防披疏駭愕不解所由便星言奔馳歸

骨陛下及經山陰防衛彭赫彭排馬斷截衢
巷偵邏縱橫戈甲竟道不知微臣罪為何事及
見顗雖曰見亮而裝防如此唯有罔懼臣昔忝近
近侍豫蒙天恩若其罪跡炳明文字有證非但顗
戮司敗以正國典普天之下自無容身之地今
虛聲為罪何酷如之夫自古讒謗聖賢不免然
致謗之來要有由趣或輕死重氣結黨聚羣或
勇冠鄉邦劍客馳逐未聞俎豆之學欲為逆節
之罪山棲之士而構陵上之釁今影迹無端假謗

空設終古之酷未之或有聊其生實悲其痛誠
復內省不疚而抱理莫申是以牽曳疾病束骸歸
欸仰憑陛下天鑒曲臨則死之日猶生之年也臣
憂怖彌曰羸疾發動尸存恍惚不知所陳太祖
知其見誣不罪也不欲使東歸以為嘉為有司
加秩中二千石在郡遊放不異求嘉為臨川內史
紛司徒遣使隨州從事鄭望生收靈運靈運執
錄望生興兵叛逸遂有逆志為詩曰韓亡子房
奮魯連恥帝營運恥本自江海人忠義感君子追討

禽之送廷尉治罪廷尉奏靈運率部眾反叛論
正斬刑上愛其才欲免官而已彭城王義康堅執
謂不宜恕乃詔曰靈運罪釁累仍誠合盡法但
謝玄勳參微管宜宥及後嗣可降死一等徙付
廣州其後秦郡府將宗齊受至除口行達桃墟
村見有七人下路飲酒疑非常人還告郡縣遣兵
隨齊受撲討遂共格戰悉禽付獄其一人姓趙
名欽山陽縣人云同村薛道雙先與謝康樂共事
以去九月初道雙因同村成國報欽云先作臨川

郡犯事徙送廣州謝給錢令買弓箭刀楯等物
使道雙要合鄉里健兒於三江口算要謝若得
者如意之後功勞是同遂合部黨要謝不及既
還飢饉緣路為劫盜有司又奏依法收汋太祖詔
於廣州行華市刑臨追詩曰龔勝無餘生李
業有終蓋藐公理既追霍生命亦殞懷悽淩霜
葉綱衝風菌邂逅賣幾何脩短非所悠送心
自覺前斯痛又巳忍恨我君子志不獲嚴上泯
詩所稱龔勝李業猶削詩子房魯連之意也
蚤卒
時元嘉十年四十九所箸文章傳於世子鳳

史臣曰民稟天地之靈含五常之德剛柔迭用
喜慍分情夫志動於中則歌詠外發六義所因
四始攸繫升降謳謠紛披風什雖虞夏以遺
文不觀稟氣懷靈理無或異然則歌詠所與宜
自生民始也周室既衰風流彌著屈平宋玉導
清源於前賈誼相如振芳塵於後英辭潤金石
高義薄雲天自茲以降情志愈廣王襃劉向揚

班崔蔡之徒異軌同奔遞相師祖雖清辭麗曲
時發乎篇而蕪音累氣固亦多矣若夫平子艷
發文以情緯絕唱高蹤久無嗣響至于建安曹
氏基命二祖陳王咸蓄盛藻甫乃以情緯文以
文被質自漢至魏四百餘年辭人才子文體三變
相如巧為形似之言班固長於情理之說子建仲
宣以氣質為體並標能擅美獨映當時是以一
世之士各相慕習原其飈流所始莫不同祖風騷
徒以賞好異情故意製相詭降及元康潘陸特
秀律異班賈體變曹王縟旨星稠繁文綺合
綴平臺之逸響採南皮之高韻遺風餘烈事
極江右有晉中興玄風獨振為學窮於柱下博
物止乎七篇馳騁文辭義單乎此自建武暨乎
義熙歷載將百雖綴響聯辭波屬雲委莫不
寄言上德託意玄珠遒麗之辭無聞焉爾仲文
始革孫許之風叔源大變太元之氣爰逮宋氏顏
謝騰聲靈運之興會標舉延年之體裁明密並
方軌前秀垂範後昆若夫敷衽論心商榷前藻

工拙之數如有可言夫五色相宣八音恊暢由乎
玄黃律吕各適物宜欲使宮羽相變低昂互節
若前有浮聲則後須切響一簡之內音韻盡殊
兩句之中輕重悉異妙達此旨始可言文至於先
士茂製諷高歷賞子建函京之作仲宣霸岸之
篇子荊零雨之章正長朝風之句並直舉胷情
非傍詩史正以音律調韻取高前式自騷人以
來此秘未覩至於高言妙句音韻天成皆闇與
理合匪由思至張蔡曹王曾無先覺潘陸謝顏
去之彌遠世之知音者有以得之知此言之非謬如
旦不然請待來哲

列傳第二十七　　宋書六十七

武二王

　彭城王義康
　南郡王義宣

宋書傳六十八

彭城王義康，年十二，宋臺除督豫司雍并四州
諸軍事、冠軍將軍、豫州刺史。時高祖自壽陽被
徵入輔，留義康代鎮壽陽，又領司州刺史。進督
徐州之鍾離、義陽諸軍事、南豫州諸軍事。永初元年，封
彭城王，食邑三千戶，進號右將軍。二年，徙監南
豫司雍并五州諸軍事、南豫州刺史，將軍如
故。三年，遷使持節、都督南徐兗二州揚州之晉
陵諸軍事、南徐州刺史，將軍如故。太祖即位，增
邑二千戶，進號驃騎將軍，加散騎常侍，給鼓吹
一部。尋加開府儀同三司。元嘉三年，改授都督
荊湘雍梁益南北秦八州諸軍事、荊州刺史，給
班劍三十人，持節、常侍、將軍如故。義康少而聰
察，及居方任，職事修理。六年，司徒王弘表義康

空還入輔，徵侍中、都督揚南徐兗三州諸軍事、
司徒、錄尚書事、領平北將軍、南徐州刺史，持節
如故。二府並置佐領兵，與王弘共輔朝政。弘既
多疾，且委事推謙，自是內外眾務一斷之義康。
太子詹事劉湛有經國才，義康昔在豫州，湛為
長史，既素經情款，至是意委特隆。人物雅俗，舉
動事宜，莫不咨訪之，故前後在藩多有善政，為
遠近所稱。九年，弘薨，文領揚州刺史。其年，太妃
薨，解侍中、辭班劍。十二年，又領太子太傅，復加

宋書傳二十八

侍中、班劍。義康性好吏職，銳意文案，糾剔是非，
莫不精盡。既專總朝權，事決自己，生殺大事以
錄命斷之。凡所陳奏，入無不可。方伯以下迻筆
義康授用。由是朝野輻湊，勢傾天下。義康亦自
強不息，無有懈倦。府門每旦常有數百乘車，雖
復位甲人微皆被引接。又聰識過人，一聞必記，
常所暫遇，終生不忘。所以記人姓名，每標所憶以示
聰明。人物益以此推服之。愛惜官爵，未嘗以階
級私人。凡朝士有才用者，皆引入己府，無施及

忤旨即度為臺官自下樂為竭力不敢欺負

太祖有虜勞疾寢頓積年每意所想便覺心中

痛裂屬纊者相係義康醫藥盡心衛奉湯藥欲

食非口所嘗不進或連夕不寐彌日不解衣內

外眾事皆專決施行十六年進位大將軍領司

徒辟召掾屬義康素無術學聞於大體目謂兄

弟至親不復存君臣形迹率心逕行曾無猜防

私置僮義康而以次者供御上嘗冬月噉甘歡

三百十　｜　宋書傳二十六　｜　三　｜　俞榮

上品薦義康部六千餘人不以言臺四方獻饋皆以

仁為末義康在坐曰今年甘殊有佳者遺

人還東府取甘大供御者三十尚書僕射殷景

其形味並劣義康所寵與太子詹事劉湛素善而意好

三百廿

之宗也有涉俗才用為義康所知自司徒右長

晚義湛常欲因宰輔之權以傾之景仁為太祖

所保持義康屢言不見用湛愈憤南陽劉斌湛

史權為左長史從事中郎琅邪王履主簿沛郡

劉敬文祭酒魚郡孔胤秀並以傾側自入見太

祖疾篤比旦謂宜立長君上疾嘗危尼殆使義康具

顧命詔義康還省流涕以告湛及殷景仁湛曰

天下艱難詎是幼主所御義康景仁並不答而

胤秀等輒就尚書議曹索晉咸康末立康帝舊

事義康不知也及太祖疾豫微聞之而斌等既

為義康所寵又威權盡在宰相欲傾移朝廷

使神器有歸遂結為朋黨伺察省禁若有盡忠

奉國不與己同志者必搆造異愆加以罪黜每

採拾景仁短長或虛造異同以告湛自是主相

三百廿　｜　宋書傳二十八　｜　四　｜　俞榮

之勢分內外之難結矣義康欲以斌為丹陽尹

言次啟太祖陳其家貧上覺其旨義康未卒

曰以為吳郡後會稽太守羊玄保求還義康又

欲以斌代之又啟太祖曰羊玄保欲還不審以

誰為會稽上時未有所舍卒曰我已用王鴻

十六年秋不復幸東府上以嫌隙既成將致大

禍十七年十月乃收劉湛付廷尉伏誅又誅斌

及大將軍錄事參軍劉敬文賊曹參軍孔邵秀

中兵參軍邪懷明主簿孔胤秀丹陽丞孔文秀

司空從事中郎司馬亮為程令咸臺泰等徙尚

書庫部郎何默子餘姚令韓景之永興令顏遙
之湛弟黃門侍郎素斌弟給事中溫於廣州王
履廢於家亂秀始以書記見任漸預機密文秀
邵皆其兄也司馬亮孔氏中表並由亂秀而進
懷明曇臺泰為義康所遇默子景之遙之劉湛黨
也其日刺義康入宿留止中書省其夕分收湛
等青州刺史杜驥勒兵殿內以備非常遣人宣
旨告以湛等罪豐義康上表遜位曰臣幼荷國
靈爵遇踰等陛下推恩睦親以隆棠棣愛忘其
鄙寵授遂崇任摁內外位兼台輔不能正身率
下以蕭庶僚眤近失所漸不自覺致令毀興違
實賞罰謬加由臣才弱任重以及傾撓令雖罪
人即戮王猷載靜養豐貽垢實由於臣鞠躬慄
悚若憤豁宵有何心顏而安斯寵輒解所職待
罪私第改授都督江州諸軍事江州刺史桂陽侯
侍中將軍如故出鎮豫章傅省十餘日桂陽侯
義融新喻侯義宗祕書監徐湛之往來慰視於
省奉辭便下渚上唯對之慟哭餘無所言上又

五　第

遣沙門釋慧琳視之義康曰弟子有還理不慧
琳曰恨公不讀數百卷書耳徵虜司馬蕭斌昔為
義康所眤劉斌等害其寵諼斥之乃以斌為諮
議參軍領豫章太守事無大小皆以委之司徒
主簿謝綜素為義康所狎未敗東府聽事前井
愛念者並聽隨從至豫章見許增督廣交
二州湘州之始興為義康資奉優厚信賜相係
朝廷大事皆報示之義康未敗東府聽事前井
水忽涌溢野雉江鷗並飛入所住齋前龍驤參
軍邑東扶令育詣闕上表曰蓋聞哲王不逆切
旨之諫以博聞為道人臣不忌殲夷之罰以盡
言為忠是故周昌極諫馮唐面折孝惠所以克
固儲嗣親尚所以復任雲中彼二臣豈好逆主
千時犯顏違色者哉又爰盎之諫孝文曰淮南
王若道遇死則陛下有殺弟之名柰何文帝不
用追悔無及臣草莽微臣竊不自揆敢抱葵藿
傾陽之心仰慕周易匪躬之志故不遠六千里
願言命侶謹貢丹愚希垂察納伏惟陛下躬執

六　第

大象首出萬物王化咸通三才必理關大人之
路開大道之門搜殊逸干巖究招奇英於側陋
窮谷無白駒之倡喬岳無遺寶之噬豈特羅飛
翳于垂天綱沈鱗於溟海沉於彭城王義康先
朝之愛子陛下之次第哉一旦黜削遠送南祕
恩絕于內形隔於遠躬離明主身放聖世草萊
黔首皆爲陛下爲興廢之臣追惟景平元嘉之靈幾
於危殆三公託以興廢之空竄懷不臣之計台
輔伺隙於京甸強楚宛寄於上流或顯逆而陵

主有生之所懼恐神祇之所忿忌也賴宗社靈
長廟筭流遠麗滌塵埃殲醜類氛霧時靖四
門載清當爾之時義康豈不預皇謀均此休
否哉且陛下舊楚形勝非親勿居遂以驃騎之
號任以藩夏之重撫政南郢綏民過寇播皇宋
之澤以洽幽荒陛下之潤被之九有豈直南荊
之民沾渥而已焉遂召之以宰輔又寄之以和
味既居三事又牧徐揚所以幽顯齊歡人神同
拚莫不言陛下授之爲得義康受之爲是也今

如何信疑貌之似闚兄弟之恩乎若有迷謬之
愆可責之罪正可數之以善惡道之以義方且
盧陵王往事足以知今此乃陛下前車之殷鑒
後乘之靈龜也夫曾子之不殺忠臣之篤壁二
告而猶織仁王之令範故詩云無信人之言人
實不信又云兄弟雖閼不廢親百姓尚書曰克明
俊德以親九族九族既睦兄弟安
可棄乎臣伏願陛下上尋往代黜廢之禍下惟
近者讒言之豐盧陵王既申寃魂於后土彭城
王亦弭疑逆於宋京豈徒皇代當留之計蓋乃
良史萬代之美也且謠諑難辨見非易顯福始
禍先古人所畏故愛身之士自爲己計莫不結
舌杜口鞫肯曰月忠于主哉臣以頑昧獨獻微管
所以勤勤懇懇必訴丹誠者實恐義康年窮命盡
奄忽于南遂令陛下有棄弟之責臣雖微賤竊
爲陛下羞之況書言記事史官必能屈典謨而譚
哉脫如臣慮陛下恨之何益揚子雲曰獲福始
大苟失先於和穆遘禍之深莫過於內難每服斯

言以爲懲戒矧今親王室大事豈得韜筆默爾
而已哉臣將恐天下風靡離間是懼遂令宇内
遷觀民庶革心欲致康哉實爲難也陛下徒云
惡枝之宜伐當悟伐柯之傷樹乃往古之所悲
當今所宜改也陛下若蕩以平聽屏此猜情垂
訊翦葺之謀曲察狂瞽之言一發意之詔遽訪
博古之士速召義康返于京甸兄弟協和君臣
望塞讒説之道消矣何必司徒公揚州牧然後
緝穆息宇内之譏絶多言之路如是則四海之

可以安彭城王哉若臣所啓違憲於國爲非請
即伏誅以謝陛下雖復分形赴鑊糜體其屍始
顧所甘當不幸其素表即收付建康獄賜死會
稽長公主於兄弟爲長太祖至所親敬義康南
上後久之嘗就主宴集其懼主起再拜稽顙
悲不自勝上不曉其意自起扶之主曰車子歲
暮必不爲陛下所容今特請其生命因慟哭上
流涕舉手指蔣山曰必無此慮若違今誓便負
初寧陵即封所飲酒賜義康幷書曰會稽姊飲

宴懼弟所餘酒今封送車子義康小字也二十
年太子詹事范曄等謀反事連義康事在曄
傳有司上曰義康昔擅國權恣心凌廷朋樹黨
納凶邪重疊彰著事合明罰特遭陛下仁愛深
至敦惜周親封社不削爵寵無貶四海之心朝野
之議咸謂皇德雖厚實橈典刑而義康曾不思
此大造之德自出南服詭飾情貌外示知懼内
實不悛窮好極欲干請無度聖慈含弘每不折
舊矜釋屢加恩曠已往而陰敢行李方啓交通

之謀潛資左右以要死士之命崎嶇伺隙不忘
窺窬時猶隱忍罰止僕侍狂疾之性永不懲革
兇心遂成悖謀仍構遠投群醜千里相結再議
宗社重關鼎柞賴陛下至誠感神宋曆方永故
姦事昭露罪人斯得周公上聖不辭同氣之刑
漢文仁明無親友道自棄大地臣等參議請下有司
過淮南背親反道自棄大地臣等參議請下有司
削義康王爵收付廷尉法獄治罪詔特宥大辟
於是免義康及子泉陵侯九女始寧豐城益陽

四縣王爲庶人絕屬籍徙付安成郡以寧

朔將軍沈邵爲安成公相領兵防守義康在安

成讀書見淮南厲王長書廢書歎曰前代乃有

此我得罪爲宜也二十四年豫章胡誕世前吳

平今表懼等謀反復欲奉章太守桓隆南昌令

諸葛智之聚衆據郡復欲奉戴義康太尉錄尚

書江夏王義恭等奏曰戴義康貪豎雅篇流

極之教事在書典庶人義康負豐深重罪不容

戰聖仁不忍屢加遷回宥其大辟賜遷近旬斯

【宋書傳二八】　　　土　　范華

乃至愛發天趨遐終古曾不遇怨甘引而讒言

同衆很悖微幸每形辭色内宣家人外動民聽

不逞之族因以生心胡誕世假竊名號搆成凶

逆杜漸除微古今所務況禍機驟發庸可忽乎

臣等參議宜徙廣州遠郡放之邊表有防絕

奏可仍以安成公相沈邵爲廣州事未行值邵

病卒索虜來冠爪步天下擾動士庶異志者或

奉義康爲亂世祖時鎮彭城累啓宜爲之所太

子友尚書左僕射何尚之並以爲言二十八年正

月遣中書舍人嚴龍齋藥賜死義康不肯服藥

曰佛教自殺不復得人身便隨宜處分乃以

被掩殺之時年四十三以侯禮葬安成六子允

肱珣昭方曇辯允初封泉陵縣侯食邑七百戶

昭方並早天允等留安成元凶弑逆遣殺之世

祖大明四年義康女王秀等露板辭曰父凶滅

無狀孤負天明存荷優養没蒙加禮明對羽山

未足勸法烏鳥微心昧死上訴乞反葬舊塋廉

骨鄉壞詔聽并加資給前廢帝永光元年太宰

【宋書傳二八】　　　士

江夏王義恭表曰臣聞泰祖遠之猶惑慮親降

霆咎眚斥義重令戚故嚴道疾終嗣啓方字阜陵

愆屏身遲晚恩竊惟故庶人劉義康昔昧釁回

自貽非命沈魂漏籍垂誡來典運革三朝歲盈

三紀天地改朔日月再升陶形賦氣咸蒙更始

義康妻息漂没早違盛化衆女孤弱永淪黔首

即情原豐本非已招感事衰煢術增傷咽敢緣

陛下聖化融泰春澤覃被慈育羣生仁被泉

草實希洗宥還藍帝宗則施及陳荄榮施污

壞臣特懼國私冒以誠表塵觸靈威伏紙悲悸
詔曰太宰表如此公緣情追遠覽以憎慨豈准楚
推恩胙流支兖抑法弘親百令成準使以公表付外
依旨奉行故泉陵侯允橫羅凶虐可特為置後太宗
泰始四年復絕屬籍還為庶人
南郡王義宣生而呐短澀於言論元嘉元年年十二封
竟陵王食邑五千戶仍拜左將軍鎮石頭七年遷使
持節都督徐兖青冀幽五州諸軍事東徐州刺史將軍
如故猶戍石頭八年又改都督南兖兖州刺史將軍當
鎮山陽未行明年遷中書監進號中軍將軍加
散騎常侍給鼓吹一部時竟陵舉蠻充席役刻
民散改封南譙王又領石頭戍事十三年出都
督江州豫州之西陵晉熙新蔡三郡諸軍事鎮
南將軍江州刺史初高祖以荊州上流形勝地
廣兵彊遺詔諸子次第居之謝晦平後以授彭
城王義康義康入相次江夏王義恭又以臨
川王義慶宗室令望且臨川武烈王有大
功於社稷義慶又居之其後應在義宣

上以義宣人才素短不堪居上流十六年以衡陽
王義季代義慶而以義宣代義季為南徐州刺
史都督南徐州軍事征北將軍持節如故加散
騎常侍而會稽公主每以為言上遲回久之二十
一年乃以義宣都督荊雍益梁寧南北秦七州
諸軍事車騎將軍荊州刺史持節常侍如故先
賜中詔曰師護以在西久比表求還出內左右自
是經國常理亦何必其應於一往今欲聽以
汝代之護雖無殊績潔己節用通懷期物不恣
群下此信未易非唯聲著西土朝野以為美談
在彼已有次第為士庶所安論者乃謂未議遷
之今一回換更在欲為汝耳汝與護年時一輩
各有美物議亦乒有少劣若令向事脫一減之
者既於西夏交有巨礙遷代之譏必歸責於吾
矣復當為護怨非但一誚而已也則公私俱
損為不可不先共善詳此事亦易勉耳無為
使人動生評論也師護義季小字也義宣至鎮
勤自課厲政事脩理白皙美鬚眉長七尺五寸

髻帶十圍多畜嬪媵後房千餘尼媼數百男女
三十人崇飾綺麗費用殷廣進位司空侍中
領南蠻校尉二十七年索虜南侵義宣應冠至
欲奔上明及虜退太祖詔之曰善循民務不須
營潛逃計也三十年遷司徒中軍將軍揚州刺
史侍中如故未及就徵值元凶弒立以義宣為
中書監太尉領司徒侍中如故義宣聞之即時
起兵徵聚甲卒傳檄近遠會世祖即位以
參軍徐遺寶率眾三千助為前鋒世祖遣

三〇四　宋書傳二六　十五　陳

義宣為中書監都督揚豫二州刺史加羽葆鼓
吹給班劍四十人持節侍中如故改封南郡王
食邑萬戶進諡義宣所生為獻太妃封次子宜
陽侯愷為南譙王食邑千戶義宣固辭內任及
陽王爵於是改授都督荊湘雍益梁寧南北秦
八州諸軍事荊相二州刺史持節侍中丞相如
故降愷為空陽縣王義宣將佐以下立加賞秩
長史張暢事在本傳咨議參軍蔡超專掌書記
并參謀除尚書吏部郎仍為丞相咨議參軍南

郡內史封汝南縣疾食邑千戶司馬竹超民為
黃門侍郎仍除丞相司馬南平內史其餘各有
差義宣在鎮十年兵疆財當既首荊大義威名
蓋天下凡所求欲無不必從朝廷所下制度意
所不同者一不遵承嘗獻世祖酒先自酌飲封
送所餘其不識大體如此初藏賀陰有異志以
義宣凡弱易可傾後欲假手為亂以成其姦自
襄陽往江陵見義宣便盡禮事在賀傳及至江
州每審信說義宣以為有大才負大功挾震主

三〇五　宋書傳二六　十六　王藏

之威自古甚有全者空在人前蚤有慮分且萬
物莫不係心於公整眾入朝內執不欣戴不
待一旦受禍悔無所及義宣陰納賀言而世祖
闈庭無禮與義宣諸女滛亂義宣因此發怒窴
治舟甲克芬建元年秋冬舉兵報豫州刺史魯
爽兗州刺史徐遺寶使同爽狂酒失旨其奉正
月便反遺寶亦勒兵向彭城義宣及賀狼狽起
子羽儀遺寶補天子并送天
兵二月二十六日加都督中外諸軍事置左右

長史司馬使僚佐悉稱名遣傳奉表曰臣聞博
陸毗漢獲疑宣后昌國翼燕見猜惠王常謂異
姓震主嫌隙易構葭孚戚昭亮可期臣雖庸
懦少希忠謹值巨逆酖天忘家殉國雖歷臣有
歸毀績不樹竭誠盡愚貫之幽顯而微疑莫監
積毀日聞投杼之聲紛紜盈聽諒緣歝臣交亂
成是貝錦夫澆俗之季少貞節之臣冰霜競至
靡後彫之木並寢劇凶世甘榮僞朝皆纓晃之
所乘投畀之所取至乃超昔寵任參大政惡

圖傾宗社藏質去歲忠節勳高古賢賢爽協同
大義志契金石此等猜毀必欲禍陷昔汲黯尚
存劉安寢志孔父旣逝華督縱逆臣雖不武績
郡僚勞不足紀横叨天功以爲已力同弊相扇
直醜勳妄生邪說疑惑明主誣罔視聽又南從
著艱難復肆讒狨規見誘召宗祀之危綴旒非
所臣託體皇基連暉日月王室顛墜咎在微躬
敢忘抵鼠之忌甘受犯埔之責輙徵召甲卒分命
衆藩使忠勤申憤義夫效力勦此凶醜謝愆闕

廷則進不負七廟之靈退無愧二朝之遇臨表
感愧辭不自宣上詔荅曰皇帝敬問朕以不天
招罹屯難家國阽危朝及所以身先八百
雪清冤恥遠憑高等共濟艱難遂登寡闇嗣
奉洪祀尊戚酬勳是表心事粃政闕職所願匡
拯而甚言羹聞末德先著勤王之績未終毀晃
之圖已及減質嶮躁無行見襄人倫以此不識惡
在問鼎凶意將逞先借附從扇誘欺熾成此亂
階如使羣逆並濟衆邪競逐將恐瞻烏之命未

紛朕以至道無私杜過疑議推誠信理推誠於遜
遹不虞物變難籌醜言遂驗是用悼心失圖忽
崇姦迷昵讒醜還謀社稷雖履霜有日諳議紏
忘寢食今便親御六師廣命羣牧告靈誓衆直
造此杀桀梟輒元惡以謝天下然後誓踵清江嶠
靈斲路投戈襲袞面覃規勵有宋不造家禍仍
纏昔歲事寧方承遠訓冀以虛薄永弭嚴艱豈
謂曾未朞稔復觀斯釁二祖之業將墜于淵仰

瞻鴻基但深感慟太傅江夏王義恭文與義宣書曰頃聞之道路云二魯舉叛致之有由謂不然之言絕於智者之耳忽見來表將興晉陽之甲驚愕駭惋未寤所由若主幼臣強政移冢宰或時昏下縱在上畏逼然後賢藩忠槩觀難赴機未聞聖主御世百辟順軌稱兵於言興之初扶危於既安之日以此取濟竊爲大弟惑多矣歲二凶構逆四海同奮弟協宣忠孝奉戴明主元功感德既已昭著皇朝欽嘉又亦優渥水相

伍猿人臣江左空授門兩王舉世希有表倍推誠竟於見事出納之宜唯意所欲襄升進益方省後命一旦棄之可謂運也吾等荷先帝慈育得及人群思報厚恩昊天罔極竭力盡誠猶懼無補奈何妄聽邪說輕造禍難國靡流言遠歸您於二叔世無昌錯仍襲轍於七藩棄漢眷之令範違齊問之敗跡往時仲堪假兵靈寶旋害其族孝伯授之劉牢忠誠逝踵些皆襄代之成事當今之殷鑒也臧質少無美行弟所具悉憑恃

三畫　宋書傳二六　十九　聊谷

末戚並有微勤承之推遷遂起倫伍藉西楚彊力圖濟其私凶謀若果恐非復池中物魯宗父子世爲國冤太祖方弘遐略故來等均被雍齒之封令據有五州虎兒出於此須爲劉淵耳徐遺寶是坦護之婦弟前因護之歸於吾苦求此出不樂是徐冲舅適有密信誓倒戈自虜侵境以來公私彫弊安以撫之庶可寧靜弟復隨而擾亂吾恐邊鄙貪孌未泰宜遠尋高祖創業艱難近

念家國比者禍豐時息兵戈共安社稷責躬謝誅除險佞追保削動傳美竹昔梁孝悔景帝垂恩具質改過書蕭宗降澤忠焉之誨希往言禍福之機明者具祭主上神武英斷群風如林忠臣發憤虎士投袂雄騎布野舳艦蓋川吾以不十秃犾權卽鈇鉞賫群帥首戎我先指晨電興式清南服所以積行緩期冀弟不遠而悟如其遂溺姦說者天寶爲之臨書慷溉不識次第義宣移檄諸州郡加進號位遣參軍劉諶之尹

三畫　宋書傳二八　二十　畫週

周之等率軍下就臧質雒州刺史朱脩之起兵
奉順義宣二月十一日率眾十萬發自江津舳
艫數百里是日大風船胲覆沒僅得入中夏口
以第八子愷為輔國將軍置鎮江陵遣魯秀朱
曇韶萬餘人此討朱脩之秀初至江陵見義宣
既出拊膺曰阿兄誤人事乃與癡人共作賊今
年敗矣義宣至尋陽與質俱下質為前鋒至雒
頭聞徐遺寶敗魯爽首相視失色世
祖使鎮北大將軍沈慶之送爽首示義宣并與
書儀荷任一方而蠶生所統近聊率輕師指往
翦撲軍鋒裁穴賊爽授首公情契異常或欲相
見及其可識指送相呈義宣質立駭懼上先遣
豫州刺史王玄謨舟師頓梁山洲內東西兩岸
為御月城營柵甚固義宣屢與玄謨書要令降
玄謨書報曰頻奉二誨伏對戰駭先在彭泗聞
諸將皆云必有今日之事以鄙意量謂無此理
去年九月故遣參軍先僧琰脩書表心并密陳
入相之計欲使周旦之美復見於今豈意理數

難推果至於此督因幸會蒙國士之顧思報厚
德甘起泉壤豈謂一旦事與願違公崇長姦回
自放西服信邪細之說惑大節之重溺流茨之
志滅君親之恩狎玩極寵越希覬非觀祖宗世祀
之圖顛覆瞑目行事未有如斯之甚者也乃復
鑑赤城幽志盧感於平日環念周回始悟知已
枉軍書機遠見招此則丹心微款未亮於高
之為難也公但念提職在督不思善教有本徒
見徐魯去就未知使義有人豈不惜哉有臣則
欲其忠誘人而導諸逆君子忠恕其如是乎苟
不忠則擇木之翰有所不集委夫挑妻者愛
其易來妻則敬其難若承命如鄉將焉用之原
較存與無禮必及竊恐荊郢之士已當潛貳其
懷非皇都陋臣秉義不徙公雖心迷迹往猶願
勉建良圖抑撫軍忠牲懷慨亮誠有素新亭之
勳莫與為等而妄信姦虛坐相貶謫不亦惑哉
幸承人之夙誠前驅精甲已次近路鎮軍駱驛
繼發天傳驃騎嗣董元戎乘輿親御六師威靈

退振人百其氣慕義如林舟騎雲回赫弈千里
輒屬讙秉銳與執事周旋授命當仁理無所讓
夫君道既盡民禮示絕執筆裁苦感慨交懷撫
軍杈元景據姑熟為大統偏帥鄭琨武念戍南
浦賀巡入梁山去玄謨一里許結營旦義宣屯蕪湖
五月十九日西南風猛賀乘風順流攻玄謨西
壘冗從僕射胡子友等戰失利棄壘霑渡就水死
質又遣將龐法起數千兵從洲外趨南浦仍使
自後掩玄謨與現念相遇法起戰大敗赴水死

略盡二十一日義宣至梁山質上出軍東岸攻玄
謨玄謨分遣游擊將軍垣護之竟陵太守薛安
都等出墨奮擊大敗質軍軍人一時投水護之
等因風縱火焚其舟乘風勢猛感烟爛覆江義
宣時屯西岸延火燒營殆盡諸將乘風火之勢
縱兵攻之一時奔潰義宣與質相隨者船舸
迸走東人士庶並歸順西人適滅質子過尋陽入城取女
舸猶有百餘載女先
載以西奔至江夏聞巴陵有軍被抄斷回入迸

【宋書傳二十八】【二十三】

口步向江陵衆散目盡左右唯十許人腳痛不
復能行就民懈露車自載無復食緣道求告至
江陵郭外遣人報竺超民具羽儀兵衆迎
之時外猶自如舊帶甲尚萬餘人義宣既入城
仍出聽事見客左右翟靈寶誠使撫慰衆賓以
後圖質違指授之空用致失利今治兵繕甲而
藏質屯漢高百敗終成大業而笑魯秀竺超民
言誤質云項羽千敗衆咸掩口而笑魯秀竺超民
等猶為之爪牙欲收合餘燼愛圖一決而義宣
悟塹無復神守入內不復出左右腹心相率奔
叛魯秀北走義宣不復自立欲隨秀去乃於內
戎服勝囊盛糧帶佩刀攜息悒及所愛妾五人
皆著男子服相隨城內擾亂白刃交橫義宣天
懼落馬仍便步地超民送城外更以馬與之超
民因還守城義冀及秀望諸將送此入虜既
失秀所在未出郭將士逃散盡唯餘悒及五妾
兩黃門而已夜還向城入南郡空廨無林席地至
遣黃門報超民超民遣故軍一乘載送刺姦義宣止

【宋書傳二十八】【西】

止獄尸坐地歡曰臧質老奴誤我始與五妾俱
入獄五妾弄被遣出義宣號泣語獄吏常曰
非苦今日分別始是苦大司馬江夏王義恭諸
公王八座與荊州刺史朱脩之書曰義宣及道
叛恩自陷極逆大義滅親古今同准無將之誅
猶或囚殺況醜文悖志宣灼退通鋒指縫關兵
軀近郊畺逼臾深目主盱食賴朝略震明祖宗
靈慶罪人斯得七廟弗隤司刑定罰典辟攸在
而皇慈速下愍其愚迷抑法申情屬奏不省人
神悚邊省心震惕義宣自絕於天理無容受社
稷之慮臣子責深便宜專行大戮以紓國難但
加諸斧鉞有傷聖仁示以弘恩使自為所上全
天德下一洪憲臨書悲慨不復多云書未達脩
之至江陵已於獄盡焉時年四十世祖聽還葬
義宣子悰惕恢憬悰悼怕實業悉達法導
僧喜慧正慧知明彌虜妙譽寶明凡十八人愊
恢悰悼並於江寧墓所賜死恢悉達早卒餘並
與義宣俱為朱脩之所殺燕超及諮議叅軍顏

樂之徐壽之等諸同惡並伏誅超濟陽考城人
父茂之侍盧陵王義真讀書官至彭城王義康
驃騎從事中郎始與太守超少有才學初為兗
州主簿時令百官舉才超與前始寧令同郡江
淳之前征南叅軍會稽賀道養為興安庲義
實所表薦長少而辯慧義宣甚愛重之年十一拜
度皖嫡民青州刺史笠纏子也恢字景
南譙王世子除給事中義宣為荊州常朔都邑
太祖欲令還西乃以為河東太守加寧朔將軍
頃之徵為黃門侍郎元凶弒立恢為侍中義宣
起義劭收恢及弟憕恢憬憕犖半外散騎郎
沈煥防守之煥密有歸順意謂恢等曰禍福與
諸郎同之願勿憂及藏質自白下上趨廣莫門
劭令煥殺恢等煥乃解其桎梏率所領數十人
與恢等向廣莫門欲出門者岠之煥曰臧公已
至凶人走矣此司空諸郎並能為諸君得富貴
非徒免禍而已勿相疑亦值至因以得出恢
至新亭即除侍中俄遷侍中散騎常侍西中郎將

湘州刺史義宣并領湘州轉恢侍中領衛尉晉
氏過江不置城門校尉及衛尉官孝武欲重城
禁故復置衛尉卿衛尉之置自恢始也轉右衛
將軍侍中如故義宣舉兵反恢與兄弟姝妹一時
逃亡恢藏江寧民陳銑家有告之者錄付廷尉
恢子善藏與恢俱死愷字景穆生而養於宮內
寵均皇子十歲封宜陽縣侯仍為建威將軍南
彭城沛二郡太守還步兵校尉轉黃門侍郎太
子中庶子領長水校尉元凶以愷為散騎常侍
世祖必以為祕書監未拜遷輔國將軍南彭城下
邳二郡太守其年轉五兵尚書進爵為王義宣
反問至愷於尚書寺內著婦人衣乘問訊車授
臨汝公蓋謂謂於妻室內為地窖藏之事覺收
付廷尉誅伏誅恢封臨武縣侯年十八卒謐曰悼
侯悰封湘南縣侯悰封祁陽縣侯徐遺寶字石
儁高平金鄉人初以新亭戰功為輔國將軍衛
軍司馬河東太守不之官遷兗州刺史將軍如
故戍湖陸封益陽縣侯食邑二千五百戶義宣

既沒遣使以遺寶為征虜將軍徐州刺史率軍
出瓜步遺寶遣長史劉雍之襲彭城寧朔司馬
明僧暠擊破之更遣高平太守王玄謨與雍之後
逼彭城時徐州刺史蕭思話未之鎮因詔安北
司馬夏侯祖權率五百人馳往助僧暠既至擊玄
謨楷眅敗亦潰散遺寶葉城奔魯爽爽敗逃東
海郡界土人斬送之傳首京邑夏侯祖權讓人
也以功封祁陽縣子食邑四百戶大明中為建
武將軍兗州刺史卒官謐曰烈子
史臣曰襄陽龐公謂劉表曰若使周公與管蔡
處茅屋之下食菽藿豈有若斯之難夫天
倫由子共氣分形寵愛之分雖同富貴之情則
異也追味尚長之言以為太息

列傳第二十八　　宋書六十八

劉湛

范曄

臣沈約　新撰

劉湛字弘仁南陽涅陽人也祖耽父柳並晉左
光祿大夫開府儀同三司湛出繼伯父淡襲封
安眾縣五等男少有局力不尚浮華博涉史傳
諳前世舊典弱年便有宰世情常自比管夷吾
諸葛亮不為文章不喜談議本州辟主簿不就
除著作佐郎又不拜高祖為太尉行參軍賞遇
甚厚高祖領鎮西將軍荊州刺史以湛為功曹
仍補治中別駕從事史復為太尉參軍世子征
虜西中郎主簿父柳云於江州州府送故甚豐一
無所受時論稱之服終除祕書丞出為相國參軍
謝晦王弘並稱其有器幹高祖入受晉命以第
四子義康為冠軍將軍豫州刺史留鎮壽陽以
湛為長史梁郡太守義康弱年未親政府州軍
事悉委湛府進號右將軍仍隨府轉義康以本

號徙為南豫州湛改領歷陽太守為人剛嚴用
法斬吏犯贓百錢以上皆殺之自下莫不震肅
盧陵王義真出為車騎將軍南豫州刺史湛又
為長史太守如故義真時居高祖憂使帳下備
膳湛禁之義真乃使左右索魚肉珍羞於齋內
別立廚帳會湛入因命臑酒炙車螯湛正色曰
公當今不宜有此設義真曰旦甚寒至湛因起
何傷長史事同一家望不為異酒既至湛因起
曰既不能以禮自處又不能以禮處人景平元
年召入拜尚書吏部郎遷右衛將軍出督廣交
二州諸軍事建威將軍平越中郎將廣州刺史
嫡母憂去職服闋為侍中撫軍將軍江夏王義
恭鎮江陵以湛為使持節南蠻校尉領撫軍長
史行府州事時王弘輔政而王華王曇首任事
居中湛自謂才能不後之而不願外出是行也謂
為弘等所斥意甚不平常曰二王若非代邸之
舊豈無以至此可謂遭遇風雲湛有其志氣常慕
汲黯崔琰為人故名長子曰黯字長孺第二子

曰琰字李珪琰於江陵病卒湛求自送喪還都
義恭亦為之陳請太祖答義恭曰吾亦得湛啟
事為之酸懷乃不欲苟遠所請但汝弱年新涉
庶務八州殷曠專斷事重瞻諮許令答湛啟權
得其人量筭二三未獲便相順許令答湛實國
器吾乃欲引其令還直以西夏任重且停此
事耳汝慶賞黜陟豫關失得者必宜悉相委寄
義恭性甚俏陸年又漸長欲專政事每為湛所
裁主佐之間嫌隙遂搆太祖聞之密遣使詰讓

[宋書傳三十九] 　三　 [蕭]

義恭井使深加諧緝義恭具陳湛無居下之禮
又自以年長未得行意雖奉詔已顧有怨言上
友于素篤欲加酬順乃詔之曰事至於此其為
可歎當今之才委授已爾宜盡相弥縫取其可
取棄其可棄汝疏云泯然無際如此甚佳彼多
猜不可令萬一覽也汝年已長漸更事物且群
情瞻望不以幼昧相期何由故如十歲時動止
諮問但當今所專必是小事耳亦恐量此輕重

未必盡得彼之疑怨兼或由此邪先是王華既
止曇首卒又卒領軍將軍殺景仁以時賢零落白
太祖徵湛八年召為太子詹事加給事中本州
大中正與景仁竝被任遇湛常云今世宰相何
難此政可富我南陽郡漢世刱曹耳明年景仁
轉尚書僕射領選護軍將軍湛與景仁素欸又以其建
十二年又領詹事被時遇猜隙漸生以景仁
徵之甚感說及俱被時遇猜隙漸生以景仁
專管內任謂為間己時彭城王義康專秉朝權

[宋書列傳三十九] 　四　 [任]

而湛昔為上佐遂以舊情委心自結欲因宰相
之力以回主心傾黜景仁獨當時務義康屢稱
之於太祖其事不行義康寮屬又湛諸附隸潛
相約勒無敢歷殺氏門者湛黨劉敬文父成未
悟其機詣景仁求郡敬文遽往謝湛曰老父悖
差遂就殺鐵干祿由敬文閒淺上負生成合門
慙懼無地自處敬文之姦諂無愧如此義康擅
勢專朝威傾內外湛愈推崇之無復人臣之禮
上稍不能平湛初入朝委任甚重日夕引接恩

禮綢繆善論治道并譜前世故事叙致銓理聽
者忘疲每入雲龍門御者便解駕左右及羽儀
隨意分散不夕不出以此為常及至晚節驅煽
義康軟輒朝廷上意雖內離而接遇不改上嘗
謂所親曰劉班初自西還吾與語常看旦早晚
慮其當去比入吾示看旦亦看旦早晚慮其不去湛小
字班虎故云班也遷丹楊尹金紫光祿大夫加
散騎常侍詹事如故十七年所生毋云時上與
義康形迹旣乖豐難將結湛亦知無復全地及
至丁艱謂所親曰今年必敗常曰正賴口舌爭
之故得推遷耳今旣窮毒無復此望禍至其能
父乎十月詔曰劉湛階藉門蔭少叨榮位往佐
歷陽舒詖鳳著謝晦之難潛使密告求心即事
又宜誅屏朕所以棄罪略瑕庶收後効寵秩優
泰踰越倫匹而凶忍旣克剛愎歷厭無君之心
觸遇斯發遂乃合黨連群搆扇同異附下蔽
上專弄威權薦子樹親互為表裏邪附者榮
曜九族乘理者推陷必至旋觀舒匪懲為日巳

久猶欲弘納遵養臯或悛革自邇以來凌縱滋甚
悖言懟容罔所顧忌陰謀潛計聯昳睨兩宮豈唯
彰暴國都亦達于四海比年七曜違度震蝕
表災侵陽之徵事符幽顯摺紳含憤義夫興
歎普齊賈不綱禍傾邦國昭宣電斷漢祚方延
便收付廷尉蕭明刑典於獄伏誅時年四十九
子黯犬將軍從事中郎黯又二弟亮儼並從誅
湛弟素表黃門侍郎徙廣州湛初被收歎曰
是亂邪仍又曰不言無我應亂殺我自是亂法
耳入獄見素曰乃復及汝邪相勸為惡惡不可
為相勸為善正見今日如何湛生女輒殺之為
士流所怪
范曄字蔚宗順陽人車騎將軍泰少子也毋
如厠產之額為塼所傷故以塼為小字出繼從
伯弘之襲封武興縣五等族少好學博涉經史
善為文章能隸書曉音律年十七州辟主簿不
就高祖相國掾彭城王義康冠軍參軍隨府轉
右軍參軍入補尚書外兵郎出為荊州別駕從

事史尋召為祕書丞父憂去職服終為征南大
將軍檀道濟司馬領新蔡太守道濟比征曄憚
行辭以脚疾上不許使由水道統載器仗部伍
軍還為司徒從事中郎頃之遷尚書吏部郎元
嘉元年冬彭城大妃薨將葬祖夕僚故並集東
府曄弟廣淵時為司徒祭酒其日在直曄與司
徒左西屬王深宿廣淵許夜中酣飲開北牖聽
挽歌為樂義康大怒左遷曄宣城太守不得志
乃刪衆家後漢書為一家之作在郡數年遷長
沙王義欣鎮軍長史加寧朔將軍兄暠為宜都
太守嫡母隨暠在官十六年毋云報之以疾曄不
時奔赴及行又攜妓妾自隨為御史中丞劉損所
奏太祖愛其才不罪也服闋為始興王濬後軍
長史領南下邳太守及濬為揚州不親政事悉
以委曄曄之遷左衛將軍太子詹事曄長不滿
七尺肥黑禿眉頭善彈琵琶能為新聲曄上欲聞
之屢諷以微旨曄偽若不曉終不肯為上彈嘗
宴飲歡適謂曄曰我欲歌卿可彈曄乃奉旨上

歌既畢曄亦止弦初魯國孔熙先博學有縱橫
才志文史星筭無不兼善為員外散騎侍郎不
為時所知久不得調初熙先父默之為廣州刺
史以贓貨得罪下廷尉大將軍彭城王義康保
持之故得免及義康被黜熙先密懷報效欲要
朝廷大臣未知誰可動者以曄意志不滿欲引
之而熙先素不為曄所重無因進說曄外甥謝
綜雅為曄所知熙先嘗經相識乃傾身事綜與
之結厚熙先籍嶺南遺財家甚富足始與綜諸
弟共博故為拙行以物輸之綜等諸牟少既屢
得物遂日夕往來情意稍款綜乃引熙先與曄
為數曄又與戲熙先故為不敵前後輸曄物莫
多曄既利其財實又愛其文藝熙先素有詞
辯盡心事之曄遂相與異常昵莫逆之好始以
微言動曄曄不回熙先乃極辭譬說曄素有
閨庭論議朝野所知故門胄雖華而國家不與
姻婁熙先因以此激之曰丈人若謂朝廷相待
厚者何故不與丈人婚為是門戶不得邪人作

犬家相遇而丈人欲為之死不亦惑乎曇默然

不答其意乃定時曇與沈演之竝為上所知待

每被見多同曇若先至必待演之俱演之先至曇

獨被引曇以此為怨曇累經義康府佐見待素厚

及宣城之授意好乖離曇綜為義康大將軍記室

參軍隨鎮豫章綜還申義康意於曇求解晚陳

復致往好曇既有逆謀欲探時旨為言於上曰

臣歷觀前史二漢故事諸蕃王政以誅詛幸災

便正大逆之罰況義康釁心豐跡彰著遍疆而

至于無羔臣竊惑為且大梗常存將重階亂膏

肓之際人所難言臣受恩深重故冒犯披露上

不納熙先素善天文太祖必以非道晏駕當

由骨肉相殘江州應出天子以為義康當之綜

父述亦為義康所遇綜弟約又是義康女夫故

太祖使綜隨從南上既為熙先所獎說亦有酬

報之心廣州人周靈甫有家兵部曲熙先以六

十萬錢與之使於廣州合兵靈甫一去不反久

將軍府史仲承祖義康舊所信念屢銜命下都

亦潛結腹心規有異志聞熙先有誠密相結納

丹揚尹徐湛之素為義康所愛為曇物色過

子弟承祖因此結事湛之告以密計承祖南下

申義康意然蕭思話及曇去本欲與蕭結婚恨

始意不果與范本情不薄中間相失傍人為之

耳有法略道人先為義康所供養內皆被知待又

有王國寺法淨尼亦出入義康家內皆感激舊

恩規相拯拔並與熙先往來使法略罷道本姓

孫改名旦京玄以為臧質寧遠參軍熙先善綦

病兼能診脈法靜尼妹夫許耀領隊在臺宿衛

殿省甞有病因法靜尼就熙先乞治為合湯一

劑耀疾即損耀自往酬謝因成周旋熙先以耀

膽幹可施深相待結因告逆謀耀許為內應豫

章胡遵世藩之子也與法略甚歙亦密相酬和

法靜尼南上熙先遣婢採藻隨之付以牋書陳

說圖讖法靜還義康餉熙先銅匕銅鑷袍段棊

奩等藏質見與異常歲內當還已報質乘攜門生

等藏質見與異常歲內當還已報質乘攜門生

義故其六亦當解人此旨故應得健兒數百質與

蕭思話款密當伏要之二人竝受大將軍眷遇

必無異同思話三州義故衆力亦不減質郡中

文武及合諸處偵邏亦當不減千人不憂兵力

不足但當勿失機乃略相署置湛之爲撫軍

將軍揚州刺史畢中軍將軍南徐州刺史熙先

左儒將軍其餘皆有選擬凡素所不善及不附

義康者又有別簿竝入死目熙先使弟休先爲

檄文曰夫休否相乘道無恒泰狂狡肆逆明哲

是殛故小白有一匡之勳重耳有翼戴之德賢

景平肇始皇室多故大行皇帝天誕英姿聰明

報哲拔目藩國嗣位統天憂勞萬機亞心庶務

是以邦內安逸四海同風而比年以來姦釁竪亂

政刑罰詞乖淫陰陽違舛致使疊起蕭牆厄禍萃

集賊臣趙伯符積怨含毒遂縱凶肆兵犯蹕

禍流儲宰崇樹非類傾隊皇基皇基罪百涘過十

玄荑開闢以來未聞斯比率土叩心華夷涕泣血

感懷亡身之誠同思麻軀之報湛之畢與行中

領軍蕭思話行護軍將軍臧質行左衞將軍孔

熙先建威將軍孔休先忠貫白日誠著幽顯義

痛其心事傷其目投命奮戈萬殞莫顧即日

斬伯符首及其黨與雖狂狼即戮王道惟新而

普天無主群萌莫繼彭城王體自高祖聖明在

潛德格天勳溢區宇世路威夷孔化豈唯東

征有鳲鳩之歌陝西有勿翦之思哉靈祇告徵

祥之應記表帝者之符上荅天心下愜民望

正位辰極非王而誰今遣行護護將軍臧質等

齊皇帝璽綬星馳奉迎百官備禮嚴鑾繼進竝

命群帥鎮成有常若干撲義徒有犯無貸昔年

使反湛之奉賜手勑逆誅禍亂預覩斯萌今宣

示朝賢共拯危溺無斷謀事失於後機遂使聖

躬淹酷大變奮集哀恨朋裂撫心摧哽不知何

地可以厝身覿膚顛死而後已熙先以既

為大事宜須觀義康意且畢乃作義康與湛之書

宣示同黨曰吾凡人短才生長富貴任情用已

有過不聞，與物無恒，喜怒違實，致使小人多怨，士類不歸，敗已成猶不覺悟，違加尋省方知，自招刻肌刻骨，何所復補，笑至於盡心奉上，誠賈凶頑，拳拳謹慎，惟恐不及，乃可悸寵驕貴，貴不敢故為欺岡也，其苞藏逆心，以招灰滅，所以吾事深乙凶愚不齒，扇長無賴，丙丁趣委小子，議論遂致讒巧潛搆，眾惡歸藪，甲軒險好利，負推誠自信，不復防護，異同率意信心，不顧萬物，唯知謟進，伺求長短，共造虛說，致令禍陷骨肉

誅戮無辜，凡在過賞，竟有何徵，而刑罰所加，同之元惡，傷和柱理，感徹天地，吾雖幽逼，日苦命在漏刻，義慨之士，時有音信，每知天文人事，及外間物情，土崩瓦解，必在朝夕，是為纂耗擊壁，濫延國家，風夜憤踊，心腹交戰，朝之君子及士庶，自異懷義秉理者，寧可不識時運之會，而坐待横流，邪除君側之惡，非唯一代，況此等狂亂辜親，終古所無，加之謀戮，易於權朽，邪可以吾憲宣示眾賢，若能同心奮發，族製逆黨，豈非功

均刱業重造宋室平，但共凶戰危，或致侵濫，若有一豪犯順，誅及九族，處分之要，委之群賢，皆當謹奉，朝廷動止，聞啟往日嫌怨，一時豁然，後吾當謝舉北關，就戮有司，苟安社稷，瞑目無恨，勉之勉之，二十二季九月，征北將軍衡陽王義季，右將軍南平王鑠，出鎮上於武帳岡祖道，舉等期以其日為亂，而鑠互不得發，於十一月徐湛之上表曰，臣與范舉，本無業舊，中泰門下，與之鄰省，屢來見就，故漸成周旋，此舉以來意

態轉見傾動險，已當賢情深，自謂任遇未高，遂生怨望，非唯攻伐朝士，譏誚聖時，乃上議朝廷，下及藩輔，驅扇同異，恣口肆心，如此之事，已具上簡，近員外散騎侍郎孔熙先，忽令大將軍府吏仲承祖，騰舉及謝綜等意，欲收合不逞，規有所建，以臣咨蒙義康接眄，又去歲舉小為臣安生風塵，謂必嫌懼，深見勸誘，兼云舉自來復具陳，不可失，讖緯天文並有徵驗，舉尋自來復具陳，此并說臣論議轉惡，全身為難，即以啟聞被敕

使相酬引寃其情狀於是恐出檄書選事及同
惡人名手墨翰跡謹封上呈凶悖之甚古今罕
此由臣聞於交士聞此逆謀臨啓震惶荒情無
撘詔曰湛之表如此良可駭惋晷素無行檢少
怨憤每存容養冀能悛革不謂同惡相濟狂悖
遂參清顯而險利之性有過谿壑不識恩遇猶
至此便可收掩依法窮詰其夜先呼晷及朝臣
集華林東閤止於客省先巳於外收綜及嬰先
兄弟竝皆款服千時上在延賢堂遣使問晷曰
以卿猶有文翰故相任擢名爵期懷於僭非少
遣問曰卿與謝綜徐湛之孔熙先謀逆竝巳答
已云何乃有異謀晷倉卒怖懼不卽首款上重
款猶未死徵據見存何不依實晷對曰今宗
室磐石蕃嶽張跱設使竊發僥倖方鎭偬來討
伐幾何而不誅夷且臣位任過重一階兩級自然
必至如何以滅族易此古人云左手據天下之

圖右手刎其喉愚夫不爲臣雖尼下朝廷許其
桶有所及以理而察臣不容有此上復遣問曰
熙先近在華林門外寧欲面辨之乎晷辭窮乃
曰熙先苟誣引臣臣當如何熙先聞晷不服笑
謂熙中將軍沈邵之曰尸諸處分符檄書疏皆
范晷所造及治定云何於今方作如此抵蹋邪
上示以墨迹晷乃具陳本末曰父欲上聞逆謀
未箸又冀其事消弭故推遷至今負國皇重分
甘誅戮其身上使尙書僕射何尙之視之問曰
卿事何得至此晷曰君謂是何尙之曰卿自應
解晷曰外人傳庚尚書見惜計與之無惡謀逆
之事聞孔熙先說此輕其小兒不以經意今忽受
責方覺爲晷君方以道佐世使天下無寃弟就
死之後猶望君奭此心也卽日仗士送晷付廷
尉入獄問徐丹楊所在熒後知爲湛之所發熙
先望風吐款辭氣不橈上奇其才遣人慰勞之
曰以卿之才而滯於集書省理應有異志此乃
我負卿也又詰責前吏部尙書何尙之曰使孔

罴先奉將三十作散騎郎郡不作賊罴先於獄
中上書曰因小人狷狂識無遠慨徒狥意氣之
小感不料逆順之大方與第二弟休先首為姧
謀干犯國憲縫膽腫醢無補亢戾陛下大眇含
弘量苟天海錄其一介之節猥垂優遽之詔恩
絕纓之臣懷壁投書之士其行至賤其過至微
由識不世之恩以盡軀命之報卒能立功齊魏
非望始沒有遺榮終古以來未有斯比夫盜馬
致勳秦楚囚身陷禍逆名節俱喪笑少也忱
慨竊慕此士之遺風但墜崖之木事絕升踔復
盍之水理乘收汲方當身骨鈇鉞誥誠方來若
使兎而有靈結草無遠蔝區冊抱不負風心
智之所周力之所至莫不窮攬寃其幽微考論
貪又視息少得申賜自惟性愛舉書心解數術
既往誠多審驗謹略陳所知條牒如故別狀願
且勿遺棄存之中書若四死之後或可追存廢
九泉之下少塞豐愛責所陳泣天文占候識上有
骨肉相殘之禍其言深切華在獄與綜及罴先

異處乃稱疾求移考堂欲近綜等見聽與綜等
果得隔壁遙問綜曰始被收時疑誰所告綜云
不知華曰乃是徐童童徐湛之小名仙童也在
獄為詩曰禍本無兆性命歸有極必至定前
期誰能延一息在生已可知來緣懍無識好醜
共一丘何足異枉直豈論東陵上寧辨首山側
雖無稺生琴展同夏侯色寄言生存子此路行
復卽華本意謂入獄便死而上窮治其獄遂經
二旬華變有生望獄吏因戲之曰外傳詹事或
當長繫華聞之驚喜綜罴先笑之曰詹事當可
共瞋事時無不攘袂瞋目及在西池射堂上躍
馬顧盼自以為一世之雄而今擾攘紛紜畏死
乃爾設令今時賜以性命人臣圖主何顏可以
生存華謂衞獄將曰憒哉貜如此人將曰不忠
之人亦何足惜華曰大將言是也將出市華最
在前於獄門顧謂綜曰今日次第當以位邪綜
曰賊帥為先在道語笑初無暫止至市問綜曰
時欲至未綜曰勢不復久華既食又苦勸綜綜

曰此異病篤何事彊飯曇家人悉至市監刑職
司問須相見不曇問綜曰家人以來幸得相見
將不哲別綜曰別與不別亦何所存來必當號
泣正足亂人意曇曰別人向見於是呼
故相瞻望亦殊勝不見吾意欲相見親
前曇妻先下撫其子回罵曇曰君不為百歲阿
家不感天子恩遇身死固不足塞罪奈何枉殺
子孫曇乾笑去罵至而巳曇所生母泣曰主上
念汝無狀汝曾不能感恩又不念我老今日奈何

仍以手擊曇頸及頰曇顏色不忤妻去罵人阿
家莫念妹及姊妾來別曇悲涕流連綜曰舅
殊不同夏侯色曇收淚而止綜曰母以子弟自踏
逆亂獨不出視曇語綜曰姊今不來勝人多也
曇轉醉子藹亦醉取地土及果皮以擲曇呼
曇為別駕數十聲曇問曰汝憲我邪藹曰今日
何緣復憲但父子同死不能不悲耳曇常謂死
者神滅欲著無鬼論至是與徐湛之書云當相
訟地下其謬亂如此又語人寄語何僕射天下

決無佛鬼若有靈自當相報收曇家樂器服玩
竝皆珍麗妓妾亦盛飾母住止單陋唯有一厨
盛樵薪新弟子冬無被叔父單布衣曇及子藹逼
叔藜孔熙先及弟伏先景先熙先子桂甫所連
及謝綜弟緯從廣州蒍子魯連吳興昭公主外
桂甫子白民謝綜及弟約仲承祖許曜諸所連
及竝伏誅曇時年四十八曇兄弟子父巳亡者
孫請全生命亦得遠徙從世祖即位得還曇性精
微有思致觸類多善衣裳器服莫不增損制度

世人皆法學之撰和香方其序曰麝本多忌過
分必害沈實易和盈斤無傷零藿虛燥詹唐
黏濕甘松蘇合安息欝金棕多和羅之屬竝
被珍於外國無取於中土又棗膏昏鈍甲煎淺
俗非唯無助於馨烈乃當彌增於尤疾也此序
所言悉以此類明士庶所本多忌比庾炳之棗膏昏鈍
虛爆比何尚之詹唐黏濕比沈演之棗藿零藿
比羊玄保甲煎淺俗比徐湛之甘松蘇合比慧
琳道人沈實易和以自比也曇獄中與諸甥姪

書以自序曰吾狂言實復減豈後可言汝等當

以皐人棄之然平生行已在懷猶應至於

能不意中所解汝等或不悉知吾少嬾學問晚

成人年三十許政始有向耳自爾以來轉為心

化推老將至者亦當未已也往往有微解言乃

不能自盡為性不尋注書心氣惡小苦思傯憒

悶口機又不調利以此無談功至於所通解處

皆自得之於囪懷耳文章轉進但才少思難所

以每於操筆其所成篇殆無全稱者常恥作文

士文患其事盡於形情急於藻義牽其旨韻移

其意雖時有能者大較多不免此累政可類工

巧圖繢竟無得也常謂情志所託故當以意為

主以文傳意以意為主則其旨必見以文傳意

則其詞不流然後抽其芬芳振其金石耳此中

情性旨趣千條百品屈曲有成理自謂頗識其

數嘗為人言多不能賞意或異故也性別宮商

識清濁斯自然也觀古今文人多不全了此處

縱有會此者不必從根本中來言之皆有實證

非為空談奉少中謝莊最有其分手筆墨易文

不拘韻故也吾思乃無定方特能濟難適輕重

所稟之分猶當未盡但多公家之言少於事外

遠致以此為恨亦由無意於文名故也本未關

史書政恒覽其不可解由既造後漢轉得統緒

詳觀古今筆述及評論殆少可意者班氏最有

所得唯志可推耳博贍可不及之整理未必愧

高名既任情無係不可甲乙辨後贊於理近無

也吾雜傳論皆有精意深旨既有裁味故約其

詞句至於循吏以下及六夷諸序論筆勢縱放

實天下之奇作其中合者往往不減過秦篇嘗

共此方班氏所作非但不愧之而已欲徧作諸

志前漢所有者悉令備雖事不必多且使見文

得盡又欲因事就卷內發論以正一代得失意

復未果贊自是吾文之傑思殆無一字空設奇

變不窮同合異體乃自不知所以稱之此書行

故應有賞音者紀傳例為舉其大略耳諸細意甚

多自古體大而思精未有此也恐世人不能盡

之多賚古賤今所以稱情狂言耳吾於音樂聽
功不及自揮但所精非雅聲為可恨然至於一
絕處亦復何異邪其中體趣言之不盡弦外之
意虛響之音不知所從而來雖少許處而旨態
無極亦嘗以授人士廢中未有一豪餘者此永
不傳矣吾書雖小小有意筆勢不快餘竟不成
就每慚此名輩自序竝實故存之謚幼而整潔
衣服竟歲未嘗有塵點死時秊二十畢少時兄
晏常云此兒進利終破門戶終如晏言

二百五十七　【宋書傳二十九】　二十三

史臣曰古之人云利令智昏甚矣利害之相傾
劉湛識用才能實苞經國之略豈不知移弟為
臣則君臣之道用變兄成主則兄弟之義殊乎
而義康數懷奸計苟相崇說與夫推長戟而犯
魏闕亦何以異哉

袁淑

袁淑字陽源陳郡陽夏人丹陽尹豹少子也
少有風氣年數歲伯湛謂家人曰此非凡兒至
十餘歲為姑夫王弘所賞不為章句之學而
博涉多通好屬文辭采遒豔縱橫有才辯本
州命主簿著作佐郎太子舍人並不就彭城王
義康命為軍司祭酒義康不好文學雖外相
禮接意好甚踈劉湛淑從母兄也欲其附己而
淑不以為意由足大相乖失以父疾免官補衡
陽王義季右軍主簿遷太子洗馬以脚疾不拜
衛軍臨川王義慶雅好文章請為諮議參軍
頃之遷司徒左西屬出為宣城太守入補中書侍
郎以母憂去職服闋為太子中庶子元嘉二十
六年遷尚書吏部郎其秋大舉北伐淑侍從
容曰今當鳴鑾中岳席卷趙魏檢玉岱宗今
其時也臣逢千載之會願上封禪書一篇太

祖笑曰盛德之事我何足以當之出為始興王
征北長史南東海太守淑始到府瞻引見謂
曰不意舅遂垂屈佐淑答曰朝廷遣下官本
以先公府望還為御史中丞時索虜南侵遂
至瓜步太祖使百官議防禦之術淑上議曰臣
聞函車之獸離山必斃絕波之鱗宕流則枯竭
寇遺醜趨致畿甸蟻萃蚉集聞己崩殞殄天險
巖曠地限深退故全魏戰其圖盛晉輟其議
情屈力殫氣挫勇竭諒不虞於來臨本無怵
於能濟矣乃者爰定攜遠阻違授律由將有
弛拙故士少關志圍潰之衆匪寇傾淪攻制之
師空自班散濟西勁騎忿戰戇旅淮上訓卒簡
備靡旗是由綏敖正寔東戎昭多昧遂使栲潞
入患泉伊來擾紛殄姬風泯圭毋禹績騰書有
伏匿先彰校索夜能譎詭既　顯綿地千里彌
渭陰之迫懸烽均咸陽之警然而切擣虛實
行阻深表重蹟碬後先介過搰陵衍之習競
湍沙之利今虹見萍生土膏泉動津陸陷溢

疵禍洊興勢莫能巳單米粟莫係水寓袗氈進
必傾霣河隍固退亦墮塗滅所謂栖烏於烈火
之上養魚於叢棘之中或謂損綏江右寬繕淮
内竊謂拯扼閩城舊史爲允棄遠凉土前言
稱非限此要荒猶弗委割況聨被京國咫尺神
甸數州摧掃列邑殲痍山淵反覆草木塗地今
立賦千乘井竿萬集肩摩履倍於長安百
於臨淄什一而籍寔慷詆願履叡以税既協農
和戶競戰心人舍銳志皆欲贏粮請奮雷釋緯乘

城謂宜懸金鑄印要壯果之士重幣甘辭招推
史之將舉薦板築之下抽登臺皂之間賞貝之以
焚書報之以相爵俄而昭才賀關異能聞至戎
之宜犯軍志之極害觸兵家之甚諱咸畜憤矣
貪而無謀肆而不整迷乎向背之次謬於合散
千犅行潛掩偃旗裏甲鉗馬銜枚橧稽而起
劍策戰矣稱願影從謠言緡命宜選敢悍數
晨厭壘未陣雄譟亂舉火鼓四臨使景不暇移
塵不及起無不禽鍛獸龍言冰解霧散掃洗哨類

漂國浮山如有決罣漏綱逸窳逼穴命淮汝戈
船過其還逐死部勁卒梗其歸塗必剗刃兀雄懸
首麈下乃將隻輪不反戰轄無旋矣於是信臣
騰威武士繕力緹組接陰鞭析聯鄉豈若其偽遁
贏張出没無際楚言漢施顯默如神固巳日月
命憑城借土則當因威席卷乘機戈劉泗沐秀
蔽虧川谷蕩賀負塞殘孽阻山爐黨牧險竊
吉星流電爛徐旱嚴兵雨湊雲集麾亂桑溪之
比搖潰澣海以南絕其心根勿使能植衝索之

枯幾何不蠱是由涸澤而漁焚林而狩若浚風
之儻輕撞杲日之拂浮霜既而尉佗荷掠外之餘
望吊網悲之鬼然後天行樞運焱舉煙升青蓋
西巡幸華東幸經啓州野滁一軹策俾高關冊
勒燕然後銘方乃莫山沈河創禮輯策闡燀炎
具夫之遺則貫軼商夏之舊文今衆賈拳勇而將
術躓恬意者稔泰日積承平歲久邑無驚赴之
急家綏餽饌戰之勤關閲訓之禮簡參屬之飾且
亦薦捄之法庸未飫歟若乃邦造里選權論深

切窮擾盡幽斬帶尋遠設有沉明能照後偉
息宜誠感泉雨流通金石氣懍飛貢知窮首起
審邪正順逆之數達昏明益損之宜能睽食
心愚歆物性登丹堰而敷策蹕青蒲而揚
謀上說展鑑下弭素言足以安民紓國救災
恤惠則宜拔過寵貴之上褒升感舊（右別其
斨章榮其班祿出得專與譽使不稟命降席折
節同廣武之請設壇致禮均准陰之授必有要
盟之功竊符之捷夷裔暴很內外侮莫始附之

衆分茂無序蠱以威利勢必攜離首順之徒
靡然自及今淶繹故典壃土繾綣翦翦焉播折
首凶狡是猶眇者願明瘻之思步動商遄會
功終易感劫晉在於善覘全鄭實寄良謀多
縱反間泪感心耳發險易之前抵興要）衍衝
其猜伏拂其嫌嗜泪以連率之貴餌以析壞之
資鏨筆端之用展辭鋒之銳振辯則堅圍可
解馳羽而嚴邑易傾必府萬南土崩枝幹友裂
故燕樂相悔項范交疑矣或乃言約功深事通

應廣所圍反駕趙養還君盍與誦之道異能
事之効臣幸得出內層禁游息明代澤與身泰
恩隨年行無以逢迎昌運潤飾鴻法今途有遺
鏤蕙蕙未息蜂敢思涼識少酬閟茏但坐莫飽
昭文免冑不能致果竊觀都護之邊論屬國之
兵諒終晃之抗辭杜耿之言事咸五及經之辣猶
關卆燭邪之敬裁收下策自耻懦木智不綜
微敢露昧見無畣昭採淑喜爲誇誕每爲時
人所謝始與王濬嘗送錢三萬餉淑一宿復道

追取謂使人謬誤欲以戲淑淑與濬書曰春司
直之視館敢寓書於上國之宮尹曰者猥枉泉
賦降委敝邑敬事不虞君是遑無或違貳懼非
郊贈之禮觀饗之資不虞君王惠之於是也
是有憮焉弗圖旦夕發恐尺之記籍左右而
請以為冠授失旨爰速先幣嘗是附庸臣
委末學孫聞者如之何勿疑且亦聞之前志
巳七年之中一與一奪義士猶或非之況密通
旬次何其衰益之巫也藉恐二三諸侯有以

觀大國之政，是用敢布心腹，弊室弱生，砥節清
廉，好是潔直，以不邪之故，而貧間天下，寧有眯
天嗟金者哉。不腆供賦，束馬先璧，以俟命唯執
事所以圖之。遷太子左衛率。元凶將為弒逆，謂其
夜淑在直，二更許，呼淑及蕭斌等流涕謂曰：
主上信讒，將見罪廢，省內無過，不能受枉。明
旦便當行大事，望相與勠力。淑及斌立曰：自古
無此，願加善思。劭怒變色，左右皆動。斌懼乃曰：
臣昔忝伏事，常思效節，況憂迫如此，輒當竭
身奉令。淑吒之曰：卿便謂殿下真有是邪？殿下
幼時嘗患風，或是疾動耳。劭愈怒，因問曰：事
當克不？淑曰：居不疑之地，何患不克，但既克之
後，為天地之所不容，大禍亦旋至耳，願急息之。
劭左右引淑等袴褶，又就主衣取錦，截三尺為
一段，又中破，分斌淑及左右，使以縛袴。淑出環
省繞牀行，至四更乃寢。劭將出，已與蕭斌同載，
呼淑甚急，淑眠終不起。劭停車奉化門，催之相
續。淑徐起至車後，劭使登車，又辭不上。劭因命左右

與手刃見殺於奉化門外，時年四十六。劭即位，
追贈太常，賜贈甚厚。世祖即位，使顏延之為
誄曰：夫輕道重義，亟聞其教，世弊國危，希遇
其人，自非達義之至，識正之深者，孰能抗心衛
主，遺身固節者哉。興言嗟悼，不移平心，宜在
洽秉，尚貞愨，當要遍之切，意色不橈，厲辭道
逆，氣震匈黨，虐交至，取斃不橈，厲平心宜在
隕難，未出其右者焉，可贈侍中太尉，諡曰忠憲，
加禮永旌，宋有臣焉。
公文詔曰：表淑以身殉義，忠烈邁古，遺孤在
疚，特所矜懷，可厚加賜邮，以慰存亡。淑及徐
湛之、江湛、王僧綽、卞天與四家，於是長給稟祿，
文集傳於世。子幾散稜，疑標敬，世祖步兵校尉，
疑太宗世御史中丞，出為晉陵太守。太宗初與
四方國及兵敗歸降，以補劉湛冠軍府主簿。淑
諸子並早卒。
史臣曰：天長地久，人道則異，於斯舞華朝露，
未足以言也，其間天遠曾何足云，宜任心去留

不以存沒嬰心徒以靈化悠遠生不再來雖天
行路嶮而未之斯遇謂七尺常存百年可保也
所以據洪圖而輕天下恓寸陰而賤尺璧若乃
義重平生空炳前誥投軀殉主世罕其人若
無陽源之節丹青何貴焉尔

臣沈約　新撰

徐湛之　———

江湛　———

王僧綽　———

徐湛之字孝源東海郯人司徒羡之兄孫其
郡太守佩之弟子也祖欽之祕書監父逵之尚
高祖長女會稽公主為振威將軍彭城沛二郡
太守高祖諸子並幼以達之姻戚威將大任之欲
先令立功及討司馬休之使統軍為前鋒配以
精兵利器事剋當即授荊州休之遣魯宗之子
軌擊破之於陣見害追贈中書侍郎湛之幼孤
為高祖所愛常與江夏王義恭食不離於側
永初三年詔曰永興公主一門嫡長早罹辛苦
孫湛之特所鍾愛且致節之情實兼常可
封枝江縣矦食邑五百戶年數歲與弟淳之共
車行牛奔車壞左右馳來赴之湛之先令取其
眾咸歎其幼而有識又長頗涉大義喜自特持

事祖母及母並以孝謹聞元嘉二年除著作佐
郎員外散騎侍郎並不就六季東宮始建起家
補大子洗馬轉國子博士遷奮威將軍南彭城
沛二郡太守徙黃門侍郎祖母年老辭以朝直
不拜復授二郡加輔國將軍遷祕書監領右軍
將軍轉侍中加驍騎將軍復為祕書監加散騎
常侍驍騎如故會稽公主身居長嫡為太祖所
禮家事大小必咨而後行西征謝晦使公主留
止臺內總攝六宮忽有不得意輒號哭上甚懼
之初高祖微時貧陋過甚嘗自新洲伐荻有納
布衫襖等衣皆敬皇后手自作高祖既貴以此
衣付公主曰後世若有驕奢不節者可以此衣
示之湛之為大將軍彭城王義宣所愛與劉湛
等頗相附協及劉湛得罪事連湛之太祖大怒
將致大辟湛之憂懼無計以告公主公主即日入宮既見太祖
因號哭下牀不復施臣妾之禮以錦囊盛高祖納衣擲地
以示上曰汝家本貧賤此是我母為汝父作此納衣舍
有一頓飽食傻欲殘害我兒子上亦號哭湛之由此得

全也遷中護軍未拜又遷太子詹事尋加侍中
湛之善於尺牘音辭流暢貴戚豪家產業甚
厚室宇園池貴遊莫及伎樂之妙冠絕一時門
生千餘人皆三吳富人之子姿質端妍衣服鮮
麗每出行遊塗巷盈滿泥兩日悉以後車載之
太祖嫌其後縱每以為言安成公何勗嘗與
之子也臨汝公孟靈休昶之子也並各奢豪與
湛之共以肴膳器服車馬相尚京邑為之語曰安
成食臨汝公飾湛之三事之美兼於何孟勗嘗至

侍中追論荒公靈休善彈某官至秘書監湛
之遷冠軍將軍丹陽尹進號征虜將軍加散騎
常侍以公主憂不拜過葬復授前職湛之表
啟固辭又詣廷尉受罪上詔獄官勿得受就
命固辭常侍許之二十二年范曄等謀逆湛之
始與之同後發其事所陳多不盡為曄等訟辭
所連乃詣廷尉歸罪上慰遣本還郡湛之上表
曰賊臣范曄孔熙先等連結謀逆法靜尼宣分
往惑與大將軍臣義康共相脣齒備於鞫對伏

尋仲承祖始達熙先等意便極言姦狀而臣
見女近情不識大體上聞之初不務指斥紙翰
所載尤復漫略者實以凶計既麥逆事歸露
又仰緣聖慈不欲窮盡言勢依違未敢縷陳
情旨無隱已昭天鑒及羣凶收禽各有所列曄
等口辭多見評謗承祖覯言紛紜特甚乃亙臣
與義康有密契在省之言期以為定潛通姦
意報示天文末玄熙先縣指必同以詐或以
智勇見稱或以愚懦為目既美其信懷可覆復駭

其動止必啟凡諸詭妄還自達伐多與事端不
究源統齊傳之信無有主名所徵之人又已死沒
首尾乖互自為矛楯即臣誘引之辭以為始謀
之誣銜臣紏告嘗見容縱肆狂言覺禍陷伏
自探省亦復有由昔義康南出之始敕臣入相伴
慰旦晨久觀對經旬日逆圖成謀雖無顯然對
容異意頗形言遺臣利刃期以際會臣苦相諫
譬言深加距塞以為怨憤所至不足為慮便以關啟
懼成虛妄思量及覆實經愚心非為納受曲相

敢匿又令申情范蔓釋中間之憾致懷蕭思話
恨婚意未申謂此僥幸亦不宜達陛下敦惜天
倫彰於四海藩禁優簡親理咸通文昔蒙眷顧
不容自絕音翰信命時相往來或言少意多曰
深文滅辭色之間往來難測臣每懼異聞皆略
而不答惟心無邪悖故不稍以自嫌懷懷丹實
具如此啓惟至於法靜所傳及熙等謀知實不
早見關之日便即以聞雖展光幽燭曲昭窮款
裁以正義無所逃刑束骸北闕請罪司寇乾施

宋傳三十一

含宥未加治考中旨頻降制使還往御衿荷私
哀惶失守臣映積罪深丁罹酷罚久應屏弃永
謝人理況姦謀所淶忠孝頓闕智防愚淺間於
禍萌士類未明其心羣庶謂之同惡朝野側目
衆議沸騰專信讒隙之辭不復稍申體臣
雖鶩下情非木石豈不知醜黜難嬰伏劍爲易
而靦然視息忍此餘生實非苟求微命假延漏
刻誠以負戾灰滅貽惡方來食及視息少自披
訴冀幽誠丹款儻或昭然雖復身膏草芥无朵

［五］［王欲］

無恨顯居官次垢穢朝班寧厚顏何地可以自處乞
蒙隨例放伏待鈇鑕上優詔不許二十四年服闋
轉中書令領太子詹事出爲前軍將軍南
兗州刺史善於爲政威惠竝行廣陵城舊有
高樓湛之更加修整南望鍾山城北有陂澤水
物豐盛湛之更起風亭月觀吹臺琴室果竹繁
茂花藥成行招集文士盡遊玩之適一時之盛
也時有沙門釋惠休善屬文辭采綺豔湛
之與之甚厚世祖命使還俗本姓湯位至揚州

宋書傳三十二　［六］

從事史二十六年復入爲丹陽尹領太子詹
事將軍如故二十七年索虜王瓜步湛之領兵
置佐與皇太子分守石頭二十八年春魯爽
兄弟華部曲歸順爽等魯軌子也湛之以爲
廟笑遠圖特所將納不敢苟申私怨乞屏居
田里不許轉尚書僕射領護軍將軍時尚書令
何尚之辭訴一不料省湛之亦以職官記及令文尚
諸辭訴一不料省內事無不擅令缺則僕射摁任又
書令軼奏出內事無不擅令缺則僕射摁任又

以事歸尚之互相推委御史中丞表淑並奏免官詔
曰今僕治務所寄不共求體當而互相推委斜之
是也然故事殘斛所以致茲疑執特無所問時詳
正之乃使湛之與尚之並受辭謝尚之雖為令
而朝事悉歸湛之初劉湛伏誅毅景仁卒太祖
委任沈演之庾炳之范曄等後又有江湛何瑀
之輩誅炳之免演之瑀二凶巫蠱事發上欲廢
部尚書與湛之並居權要世謂之江徐馬上每
有疾湛之輒入侍醫藥

劭賜濬死而世祖不見寵故累出外蕃不得停
京尃南平王鑠建平王宏竝為上所愛而鑠妃
即湛妹勸上立之元嘉末徵鑠自壽陽入朝既
至又失旨欲立宏嫌其非次是以議父不決與
湛之屏人共言論或連日累夕每出外蕃不得停
自秉燭繞壁檢行慮有竊聽者勸入弒之旦其
夕上與湛之屏人語至曉猶未滅燭湛之驚起
趣比戶未及開見害時季四十四世祖即位追
贈司空加散騎常侍本官如故諡曰忠簡公又

詔曰徐湛之江湛王僧綽門戶粲酷遭孤流寓
言念既往感痛兼深可令歸居本宅厚加恤賜
於是三家長給廩三千斛之謙之為元凶所殺
恒之嗣廞尚太祖第十五女南陽公主蠶卒無
子幸之子孝嗣紹封齊受禪國除

江湛字徽淵濟陽考城人湘州刺史夷子也居喪以
孝聞愛好文義喜彈棊鼓琴兼明算術初為著作
佐郎遷彭城王義康司徒行參軍南譙王義宣左軍
功曹後為義康司徒主簿太子中舍人司空檀
道濟為子求湛妹婚不許義康有命又不從時
人重其立志義康欲引與日夕湛固求外出乃
以為武陵內史還為司徒從事中郎遷太子中
庶子尚書吏部郎隨王誕為北中郎將南徐州
刺史以湛為長史南東海太守委之政事委之元嘉
二十五季徵為侍中任以機密領本州大中正
遷左衞將軍時政選學職以太尉江夏王義恭
領國子祭酒湛及侍中何攸之領博士二十七
季轉吏部尚書家貧約不營財利餉饋盈門

一無所受無兼衣餘食嘗為上所召值韓衣稱
疾經日衣成燖熱牛餓馭人求草湛良久曰
可與飲在選職頗有刻覈之議而公平無私不
受請謁論者以此稱焉上大舉北伐舉朝為不
可唯湛贊成之索虜至瓜步領軍將軍劉遵考
率軍出江上以湛兼領軍軍事處分一以委焉
虜遣使求婚上召太子劭以下集議眾並謂宜
許湛曰戎狄無信許之無益劭怒謂湛曰今三
王在阮詎宜茍執異議聲色其屬坐散俱出劭
使班劒及左右推之殆將側倒劭又謂上曰北
伐敗辱歙州淪破獨有斬江湛可以謝天下上
曰比伐自我意江湛但不異耳劭後燖集未嘗
命湛常謂上曰江佞人不宜親也上乃為劭
長子偉之娉湛第三女欲以和之上將廢劭使
湛具詔草勖之入秫也湛直上省聞叫譟之聲
刀匿傷小屋中劭遣收之舍吏給云不在此兵
士即殺舍吏乃得湛之湛之據窗受害意色不
撓時年四十六湛五子恁怒憨愻法壽皆見殺

初湛家數見怪異未敗少日所眠牀忽有數升
血世祖即位追贈左光祿大夫開府儀同三司
加散騎常侍本官如故諡曰忠簡公長子恁尚
太祖第九女淮陽長公主為著作佐郎
王僧綽琅邪臨沂人左光祿大夫曇首子也幼
有大成之度弱季報以國器許之好學有理思
練悉朝典年十三太祖引見下拜儀流涕嗚咽
上亦悲不自勝襲封豫章縣庚尚太祖長女東
陽獻公主初為江夏王義恭司徒參軍轉始興
王文學祕書丞司徒左長史太子中庶子元嘉
二十六秊徙尚書吏部郎參掌大選究識流品
諳悉人物拔才舉能咸得其分二十八秊遷侍
中任以機密僧綽沈深有局度不以才能高人
先是父曇首與王華並為太祖所任華子嗣
才既劣位遇亦輕僧綽嘗謂中書侍郎蔡興宗
曰弟名位應與新建齊超至今日益由姻戚所
致也新建者嗣也及為侍中時秊二十九
始與王濬嘗問其本僧綽自嫌蚤達逡巡良久

乃答其謙虛自退若此元嘉末太祖頗以後事
為念以其奉少方欲大相付託朝政小大皆與
蓼馬從兄微清介士也懼其太盛勸令損抑僧
綽乃來吳郡及廣州上並不許會二凶巫蠱事
泄上獨先召僧綽具言之及將發立使尋求前
朝舊典勘於東宮夜饗將士僧綽密以啓聞上
又令撰漢魏以來廢諸王故事擬畢送與江湛
徐湛之湛之欲立隨王誕江湛欲立南平王鑠
太祖欲立建平王宏議久不決誕妃即湛之女

鑠妃即湛妹太祖謂僧綽曰諸人各為身計僅
願以義割恩略小不忍便應坦懷如初無
無與國家同憂者僧綽曰建立之事仰由聖懷
煩疑論淮南云以石投水吳越之善沒取之事
臣謂唯宜速斷不可稽緩當斷不斷反受其亂
機雖密易致宣廣不可使難生慮表取笑千載
上曰卿可謂能斷大事此事重不可不殷勤三
思且庶人始亡人將謂我無復慈愛之道僧綽
曰臣恐千載之後言陛下唯能裁弟不能裁見

上默然江湛同侍坐出閤謂僧綽曰卿向言將
不太傷切直僧綽曰弟亦恨君不直及勸弒逆
江湛在尚書上省聞變歎曰不用僧綽言以至
於此勘既立轉為吏部尚書委以事任事在二
僧綽所啓饗士并廢諸王事乃收害焉時年三
十一因此陷北第諸王庶以為僧綽有異志升
殺僧綽門客太學博士賈匪之奉朝請司馬文
穎建平國常侍司馬仲秀等世祖即位追贈散

騎常侍金紫光祿大夫諡曰愍侯初太社西空
地一區吳時丁奉宅孫晧流徙其家江左初為
周顗蘇峻宅其後為表悅宅又為章武王司馬
秀宅皆以凶終後給臧燾亦頗遇喪禍故世稱
為凶地僧綽常以正達自居謂宅無吉凶請以
為第始就造築未及居而敗子儉嗣昇明末為
齊國尚書右僕射

史臣曰甚矣宋氏之家難也釁纍所鍾親地兼
極雖復傾天滅道迹非嫌路而災隙內兆邪蠱

外興天性既離愛敬同盡探雀請熊非無
前霧猜防之道有未足乎世祖弱年輕躁夙
無朝寵累任邊外未嘗居中當璧之重將由
愛立臣主回疑事無蚤斷若使守器以長命不
待賢則密禍自銷危機可免聖哲之訓豈
欺我哉昔山濤舉羊祐為太子太傅蓋欲以
後事委之而羊公短世僧綽綢繆圭志將任
以國重而宮車晏駕二臣竝以道德謙沖名
高兩代胙未中年功謝成日惜矣哉

文九王

文帝十九男元皇后生劭潘淑妃生濬路淑媛生
孝武帝吳淑儀生南平王鑠高脩儀生廬陵昭
王紹殷脩華生竟陵王誕曹婕妤生建平宣簡
王宏陳脩容生東海王褘謝容華生晉熙王昶
江脩儀生武昌王渾沈婕妤生明帝楊脩儀生
建安王休仁邢美人生晉平王休祐蔡美人生

二十六　宋書傳三十二　一

海陵王休茂董美人生鄱陽哀王休業顏美
人生臨慶沖王休倩陳美人生新野懷王夷甫
荀美人生桂陽王休範羅美人生巴陵哀王休
若劭濬誕褘渾休茂休範別有傳紹出繼廬
陵孝獻王義真

南平穆王鑠字休玄文帝第四子也元嘉十七
年都督湘州諸軍事冠軍將軍湘州刺史不之
鎮領石頭戍事二十二年遷使持節都督南豫
豫司雍泰并六州諸軍事南豫州刺史時太祖

方事外略乃罷南豫并壽陽即鑠為豫州刺
史尋領安蠻校尉絳鼓吹一部二十六年進號
平西將軍讓不拜索虜大師託跋燾燾南侵陳頓
遂圍汝南懸瓠城行汝南太守陳憲保城自固
賊晝夜攻圍之憲且守且戰矢石無時不交虜
多作高樓施弩以射城內飛矢兩下城中負戶
以汲又毀佛浮圖取金像以為大鈎施之衝車
端以牽樓堞城內有一沙門頗有機思輒設
奇以應之賊多作蝦蟆車以填塹因薄攻城憲

宋書傳三十二　二

督厲將士固女墻而戰賊之死者屍與城等遂
登屍以陵城短兵相接銳氣愈奮戰士無
不一當百殺傷萬計汝水為之不流相拒四十
餘日鑠遣安蠻司馬劉康祖與寧朔將軍藏質
救之虜燒攻具走二十七年大舉北伐諸蕃並
出師鑠遣中兵參軍胡盛之出汝南上蔡向長
社長社戍主曾㜏委城奔走既克長社遣悝主
王陽兒張略等進據小索偽豫州刺史僕蘭於
大索率步騎二千攻陽兒陽兒擊大破之到坦

之等進向大索勞楊氏鄭德玄張和各起義以
應坦之僕蘭奔虎牢會王陽兄等至即據大索
因向虎牢鑠又遣安蠻司馬劉康祖繼坦之虜永
昌王宜勤仁庫真救虎牢之敗見殺虜乘勝逐
進於尉氏津逢康祖康祖戰敗走虜
陽因東過與壽會於江上二十八年夏虜荊州
月鑠所生吳淑儀薨鑠歸京師葬畢還攝本任
刺史魯爽及弟秀等率部曲詣鑠歸順其年七
時江夏王義恭領兗州刺史鎮盱眙丁母憂還

京師上以兗土彫弊荒罷南兗併南徐州當別置
淮南都督住肝胎開劍屯田應接遠近欲以授
鑠既而改授散騎常侍撫軍將軍領兵戍石頭
元凶弒立以為中軍將軍護軍常侍如故世祖
入計劭屯兵京邑使鑠巡行撫勞劭還立南兗
以鑠為使持節都督南兗徐兗青異幽六州諸軍
事征虜將軍開府儀同三司南兗州刺史常侍
如故柳元景至新亭劭親自攻之挾鑠自隨江
夏王義恭南奔使鑠守東府以腹心防之進授

侍中驍騎將軍錄尚書事餘如故邵迎蔣
神於宮內疏世祖年諱祝祈請假授位號使
鑠造策文及義軍入宮鑠與潛俱歸世祖潛
即伏法上迎鑠入營當時倉卒失國璽事寧更
鑄給之進侍中司空領兵置佐以國哀未闋讓
侍中鑠素不推事世祖又為元凶所任上乃以藥
内食中毒殺之時年二十三追贈侍中司徒三
子敬猷敬淵敬先敬猷嗣官至黃門即敬初
封安南縣侯至後軍將軍敬先繼廬陵王紹

前廢帝景和末召鑠妃江氏入宮使左右於前
逼迫之江氏不受命謂曰若不從當殺汝三子
江氏猶不肯於是遣使於第殺敬猷敬淵敬先
鞭江氏一百其夕廢帝亦殞太宗即位追贈敬
猷侍中諡曰懷王追贈敬淵黃門侍郎諡曰悼
淵改封孝武帝第十八子臨賀王子產字孝仁
為南平王繼鑠後未拜被殺泰始五年立晉平
王休祐第七子宣曜為南平王繼鑠休祐死宣
曜被廢還本後廢帝元徽元年立衡陽恭王嶷

第二子伯玉為南平王繼鑠後官至給事中昇
明二年謀反誅國除

建平宣簡王宏字休度文帝第七子也早喪
母元嘉二十一年年十一封建平王食邑二千
戶少而閑素篤好文籍太祖寵愛殊常為立
第於雞籠山盡山水之美建平國職高他國一
騎將軍元凶弒立以宏為左將軍丹楊尹又以
虜將軍江州刺史二十八年徵為中書令領驍
階二十四年為中護軍領石頭戍事出為征

為散騎常侍鎮軍將軍江州刺史世祖入討
劲錄宏殷內世祖先嘗以一手板與宏遣左
右親信周法道齎手板詣世祖事平以為尚書
左僕射使奉迎太后還加冠軍將軍中書監僕
射如故臧質為逆宏以仗士五十人入六門為
人謙儉周慎禮賢接士明曉政事上甚信仗之
時普責百官讜言宏議曰臣聞建國之道咸殊
興王之政不一至於開諫防口取禍固前
正同軌後圭共則秦殷之敗語戮刺亡周漢之

盛謗升箴顯陛下以至德神臨垂精思治進儒
禮而崇寬教哀獄法而黜嚴刑表忠行而舉貞
節辟處士而求賢異修廢官而出滯賞而易膳
而重農食禁貴遊而弛權酤通山澤而易關
梁固已海內仰道天下知德今復開不諱之塗
將直辭之路四海希風普天幸甚舉蒙操問敢
不悉心謹條鄙見置陳如左辭理違謬伏備修
龍言天用兵之道自古所慎頃干戈未戢備宣
而卒不素練兵非夙習且戎衞之職多非其才

或以資厚素加或以祿薄帖或寵由權門恩
自私假既無將領虛尸榮祿至於邊城舉燧羽
驛交馳而莘其擐甲推鋒立功閫外壁緣木求
魚不可得矣常謂命師皆出倉卒驅烏合
之衆隸造次之主貌踈情乖有若胡越嘗能使
其同力拔危濟難故奔北相望覆敗繼有令欲
改選將校皆得其人分臺見將各以配給領護
二軍為其捴統令撫養士卒仗恩信先加農隙
校獵以習其事三令五申以齊其心使動止應

上段（右起）

規進退中律然後童銳觀舉因時而動權愷
堅折衝于外孫子曰視卒如赤子故可與之共
死所以張卷效爭先之心呢雖致必盡之命豈
不由恩著者士輕其生令明者卒畢其分考心
述事如或有在妄陳膚知追懼乖謬轉進尚書
令加散騎常侍將軍如故給敬吙一部尋進號
衛將軍中書監尚書令如故宏少而多病大明
二年疾動求解尚書令以本號開府儀同三司
加散騎常侍中書監如故未拜其年薨時年二
三百廿　宋書傳三十二　〔七〕　陸曾九
十五追贈侍中司徒中書監班劒二十
人上痛悼甚至每朔望輒出臨靈自為墓誌銘
并序與東揚州刺史顏竣詔曰宏風情業尚素
心令續雖年未及壯願言兼申謂天道可倍輔
仁無妄雖寢患淹時慮不至禍豈圖祐善虛設
一旦永謝驚悢摧慟五內交殞平生未遠舉目
如昨而賞對接娛緬同千載哀酷纏綿實增痛
切卿情均休戚重以周旋坏少時奄成今古
聞問傷慌當何可言五年益諸弟國各千戶先

下段（右起）

薨者不在其例唯宏追贈益子景素少愛文義有
父風大明四年為寧朔將軍南濟陰太守徙歷
陽南譙二郡太守將軍如故中書侍郎不拜監
南豫豫二州諸軍事輔國將軍南兗州刺史又
不拜太守大宗初太子中庶子領步兵校尉太子左
衛率加給事中冠軍將軍南兗州刺史將
吳興太守使持節監湘州諸軍事湘州刺史將
軍並如故進號左將軍泰始六年都督荊湘雍益
梁寧子南北秦八州諸軍事左將軍荊州刺史持
三十　宋書傳三十二　〔八〕　朱曾九
節如故徵為散騎常侍後將軍太常未拜授使
持節都督南兗徐兗青冀六州諸軍事鎮軍
將軍南徐州刺史桂陽王休範為逆景素雖慮集
兵眾以赴朝廷為名而陰懷兩端及事平進號
鎮北將軍齊王為南兗州景素解都督時太祖
諸子並盡俎眾孫唯景素為長建安王休祐諸
子並廢徙無在朝者景素好文章書籍招集
才義之士傾身禮接以收名譽由是朝野翕然
莫不屬意焉而後廢帝狂凶失道內外皆謂景

素宜當神器唯廢帝所生陳氏親戚疾忌之而
楊運長阮佃夫並太宗舊隸貪幼少以父其權
慮景素立不見容於長主深相忌憚元徽三年
景素防閤將軍王季符失景旨怨恨因單騎
奔京邑告運長佃夫六景素欲及運長等便欲
遣軍討之會運長及衛將軍袁粲以下並保持之
謂為不然也景素亦馳遣世子延齡還都具自
申理運長等乃從袁符於梁州又奪景素征北
將軍開府儀同三司自是廢帝狂悖日甚朝野

【宋書傳三十二】 【九】 【閩】

立蜀心景素陳氏及運長等彌相猜疑景素因
此稍為自防之計與司馬盧江何季穆錄事參
軍陳郡殷瀰記室參軍濟陽蔡履中兵參軍
略陽垣慶延左右賀文超等謀之以參軍沈顒
毋丘文子左暄州西曹王潭等為瓜牙季穆薦
從弟豫之為參軍景素遣豫之潭文超等去來
京邑多與金帛要結才力之士由是冠軍將軍黃
回游擊將軍高道慶輔國將軍曹欣之前軍將軍
清長水校尉郭蘭之羽林監垣祗祖並皆響附

其餘武人失職不得志者莫不歸之時廢帝單
馬獨出遊走郊野曹欣之謀據石頭韓道清郭
蘭之欲談齊王使同若不回者圖之候廢帝出行
因衆謀難事克奉景素景素每禁駐之未欲
忽忽舉動運長遣儉人周天賜偽投景素勸
為異計討景素知為運長所遣即斬之遣司馬孫
謙送首還臺元徽四年七月垣祗祖率數百人
奔景素云京邑已潰亂勸令速入景素信之即
便襲兵負戈至者數千人運長等常疑景素有

【宋書傳三十二】 【十】 【昇】

異志及聞祗祖版走便宣嚴備辦齊王出屯玄
武湖冠軍將軍任農夫黃回左軍將軍李安民
各領步軍右軍將軍張保率水軍並比討冠軍
將軍南豫州刺史段佛榮為都統其餘衆軍相
繼進冠軍將軍齊世子鎮東府城齊王知黃
回有異圖故使安民佛榮俱行以防之景素欲
斷據竹里以拒臺軍垣慶延祗祖沈顒等曰今
天時旱熱臺軍遠來疲困引之使至以逸待勞
可一戰而克也殷瀰等固爭不能農夫等既至

放火燒市邑而垣慶延等各相顧望並無鬥志
景素本之威略惶怵不知所為時張保水軍泊
西渚景素左右勇士數十人並荊楚使手自相
要結擊水軍應時摧陷斬張保而諸將不相應
赴復為臺軍所破臺軍既薄城池顯先衆叛走
垣祗祖次之其餘諸軍相係奔敗左暄驍果有
膂力欲為景素盡節而所配兵力甚弱猶力戰
不退於萬歲樓下橫射臺軍不能禁然後退散
右衛殿中將軍張倪奴前軍將軍周盤龍攻陷
京城倪奴禽景素斬之時年二十五即斬京口
垣慶延祗祖左暄賀文超並伏誅毅澗發履從
梁州何季穆先還官故不及禍其餘比皆逃亡值
赦得免景素既敗曹欣之及告韓道清郡蘭之
之謀景素子延齡及二少子並從誅其年冬封長
沙成王義欣子曠第三子恬為種歸縣疾食邑
千戶繼宏後順帝昇明二年卒國除張倪奴以
禽景素功封筑陽縣疾食邑千戶景素敗後故

記室參軍王蝝主簿何昌寓並上書訟景素
之冤齊受禪建元初故景素秀才劉璡文上書
曰臣聞曾子孝於其親而沈平水尒生忠於其
主而焚於火何則仁也不必可依信也不必可
特昔者墨翟議雲梯於荊臺之下宋人逐之吏
叔為衛軍隱難於晉公子殞之李牧北逐彊胡
之旗南拒全秦之卒趙左不圖其功賜以利劍
陳蕃白首固義忘生事主漢靈不明其忠卒被
刑戮彼數子者比見身抱青雲之上而困於泥塵
之裏誠以危行不容於衰世孤立聚尤於衆人
加讒諂蟲蠹其中謗隙蜂飛而至故也臣聞浸
潤之行骨肉離絕疑似之至君臣易心此中山所
以歔欷奏樂孟博所以慷慨襄頭者也臣毎
惟故舉將宋建平王之禍自啟運人神改物生罪尚宥死寃必申臣
今斑非啟運人神改物生罪尚宥死寃必申臣
誠不忍王之貪謗而不雪故敢明言其理臣聞
孝悌為志者不以犯上曾子不逆薪而爨知其
不為暴也素仁獲麗豈知其可為傳也臣聞王之

事獻太妃也朝夕不違養甘苦不見色帳下進
珍饌太妃未食王投箸輟飯太妃起居有不安
王傍行蹙歔臣聞求忠臣者於孝子之門安有
孝如王而不忠者乎其可明一也當泰始元徽
中王公貴人無謁景寧陵者王獨抗情而行不
以趨時捨義出鎮景寧陵者王尚不棄
先君豈背今君乎其可明二也王博聞而容眾
與諫而憂士與人言呴呴若有傷聞人之善譽
而進之見人之惡掩而誨之李蔚之蓬廬之寒

素也王枉駕而訪之何李穆等宣簡王之舊也
王提挈必外之王虛己以厚天下之士尚不欲傷
一人之心何乃親戚圖相菹醢乎其可明三也
臣此自以法曹參軍奉訊於聽朝之末王每斷獄
降聲辭和顏色以待士女之訟時見夏伯必童
子縲紲執王憯然改貌用不加刑徐州嘗歲飢王
散秩粟俸帛以繼民之乏醫理冤疑息繇務
所在皆有愛於民臣聞善人國之紀也安有仁
於民庶而虐其宗國者乎其可明四也王修身

潔行言無近雜內去聲酌之娛外無田弋之好
每所臨踐不加穿築直衛不嚴禾第宅無改荊州
高齋刻楹柏構王廢而不慮昔朝廷欲賜王東
陵甲第文辟而不當兩宮所遺珍玩炊筥儀
無它嬖私不恥內寵姬嬙數人皆詔令所賜王
身食不踰一肉器用尾素時有獻鏤玉器顧
謂何昌寓曰我持此安所用哉乃謝而反之王
恭己蹈義者此其可明五也王之在荊州也時
獻太妃初薨宋明帝新棄天下京畿諸王又相

繼非命王乃徵入為太常楚下人士並勸勿下
王謂為臣而距先皇之命不忠為子不奉親之
寵寀不孝於是棄西州之重而匍伏比關王若
志欲偪彊偃蹇應高挹江漢何為屈折而受制於
人乎其可明六也王名高海內義重太山者幼
懷仁士厥慕德故從昏者忌明同枉者毀正撝
弦為鉤張(一作百行)坐歎嚶皆生風塵會王季
人之權醜相扇鴟梟舊
翼王雖遭愍離山而誠分彌散情中乎揮席
符負翟流譖事會讒人之心權醜相扇鴟梟舊

滿素虜玩之衝使歸旋世子入質京邑續解徐
州請身東第後會稽降偕外撫虜殷實
為詮譯誠心殷勤備罄聖聽王若俯張跋扈何
事若斯其可明七也自是以後日同殊論君梧
之衰德既彰群小之姦願彌廣下盈其毒上不
可依時長王竝見誅鋤公如踞虎尾衆人翕
翕莫不在仰於王廟閽諸人同謀異志王心不
從利忠不皆本執周天賜而斬之以距王空與
等遣司馬孫謙歸歆朝廷王若欲擬非觀寧當

【宋書傳三十二】 　　十五

如此乎其可明八也又是年五月以後道路皆
謂阮佃夫等欲潛圖呂禁因兵比襲而黃回高
道慶等傅構其事武人獎比墨相恐骨至六月
而京師徵賦車徒將講衆比墨都鄙疑駭僉言
朅作垣柢袒因民情翼湯揚聲比奔紿辭惑衆
窮亂極禍曾州人自都還說掖門已閉殊不知
臺中安不王既素籍異論謂為信然收率疲弱
志在投散冰炭在懷但恐遲後何圖兵以順出
翻為逆動乎夫往來之人諠譁幻惑皆出輩轂

非從徐州起也且臺以六月晦夜無何呼北兵
己至皆登陴抽叉而朱方七月朔猶緩帶從容
其晚聞都鑾亂始乃鳩兵簡甲耳王豈先造
禍哉其可明九矣王聞京室有難坐不安食不
甘言及太后未嘗不交巾掩泣之際撫
檻而嘆曰吾恐三才於斯絕矣茲豈不誠在本
朝以天下為憂乎自非深忠遠躁豈能身滅之
不恤獨眷眷國家安危哉其可明十也夫王起
兵之日止在臣救昏難放殄妖盜非它故也請

【宋書傳三十二】 　　十六

較言之當時君臣之道汋亂云何楊運長阮佃
夫為有皐為無皐邪若其無皐何故為戮若
其有皐討之何辜王豈不知君親之無將乎顧
以救火之家豈邊先白丈人非不恭也徒以運
屬陵喪智力無所用之蹉跌傾覆此乃時也豈
謂反乎果然今日王凶明日宋凶王何負於社
稷何媿於天下哉臣聞武王克商未及下車而
封王子之墓漢高定天下過大梁蹕韰代儲
信陵之祀存望諸之裔晉世受命亦追王陵

忌魏之疑臣也樂毅燕之逃將也彥雲齊之
賊而晉害之也適逢聖明之君革運創制昭功
誠蕩嫌怨請議以天下之善也或殊世而相
明故四賢咸濟其令問三后馳光於萬葉而
榮其輝小人服其義今陛下尊英雄之高軾振
逸世之奇聲何至仍襄世之異議以掩賢人之
名哉若王之中外不明終始蹈德目懼方今之
人不復為善矣且世之興襄何代無令齊苗

三百廿四 宋書傳三十二 十七 葉末

裔萬世之後其能無污隆平苟前良可廢何以
勸後之能者伏願上同周漢西晉之如彼下為
來胤垂範之如此儻能降明詔箋枉道使往王
得洗謗議拯貞魂賜以王禮反葬則民之從義
猶若回風之卷草也臣聞鶴鳴皐壃則降陰吐
兩騰蛇聲躍而沈雲欝具但傷臣言輕落毛
身如橫芥神高聽邈終焉莫省直欲內不負
心庶將來知王之意耳又不省至今上即位乃
下詔曰宋建平王劉景素名父之子少敦清尚

雖末路失圖而原心有本年流運改宜弘優澤
可聽以王禮遷葬舊墓

晉熙王昶字休道文帝第九子也元嘉二十二
年年十歲封義陽王食邑二千戶元凶弑立加
輔國將軍南彭城下邳二郡太守元凶弑立加
散騎常侍世祖踐祚遷太常出為東中郎將會
稽太守尋監會稽東陽臨海永嘉新安五郡諸
軍事孝建元年立東楊州昶為刺史東中郎
將如故進號後將軍大明元年徵為祕書監領

三百廿七 宋書傳王 十八 葉末

驍騎將軍加散騎常侍遷中軍將軍南彭城下
邳二郡太守又出為都督江州郢州之西陽豫
州之新蔡晉熙二郡諸軍事前將軍江州刺史
三年徵為護軍將軍給鼓吹一部增邑千戶轉
中書令中軍將軍尋以本號開府儀同三司加
散騎常侍太常從世祖南巡坐斥皇太后龍舟
免開府尋又以加授前廢帝即位出為使持節
都督徐兗南兗青冀幽六州豫州之梁郡諸軍
事征比將軍徐州刺史加散騎常侍開府如故

昶輕詐禍急不能祗事世祖大明中常被嫌責
民間喧然常去昶當有異志永光景和中此聲
轉甚廢帝既誅羣公彌縱狂悖常語左右曰我
即大位來遂未常戒嚴使人邑邑江夏王義恭
誅後昶表入朝遣典籤遽法生銜使帝謂法生
曰義陽太宰謀反我正欲討之今知求還其善
又屬譴問法生義陽謀反何故不啓法生懼禍
叛走還彭城起兵統內諸郡並不受命斬昶使
至昶即聚眾起兵率眾過江法生既

將佐文武悉懷異心昶知其不捷乃夜與數十
騎開門北奔索虜弃母妻唯攜愛妾一人作
丈夫服亦騎馬自隨昶家還都二妾各生一
子時太宗已即位名長者曰思遠小者曰懷遠
尋並卒追封懷遠為池陽縣侯食邑千戶泰
始六年以第六皇子燮字仲綏繼昶改封為
晉熙王燮襲爵食邑三千戶燮既以愛子繼
昶乃下詔曰夫虎狼護子猴援貟孫毒性薄情
亦有仁愛故識念氣類尚均君羊品況在人倫可

忘天屬闔晉熙太妃謝氏沈刻無親物理寧比征
北公雖孝道無替而遭此不慈自少及長關恩
鞫之　乃至休尢莫關寒溫不訪晨昏屏塞定
省闈因事無違忤動致誚責毒句發口人所
難聞加惡備苦過於雠隙遂事憤於宗姻義
傷於行路公故妃希氏婦禮無違逢此嚴酷遂
以憂卒用天盛年又謝氏食則豐珍衣則文麗
奉巳之餘播覃之手縱以任軍之路遇其所生弃
飢付於姆姅之手縱以任軍之路遇其所生弃

若茲冀主繼縷比於重四窮困過於下使誠皇規
方遠沙塞將一公脩短不諱亦難豫圖兼姜妾
累弱一弟領王防閑之道人理斯急朕所以詔
第六子燮奉公為繼欲以毗整一門為公繼紹
但謝氏待骨肉至親尚相弃蔑況以義合免苦
為難患萌防漸危機須斷便可還其本家削
絕蕃秩先是改謝氏為射氏時主幼時難宗室
寞弱元徽元年燮年四歲以為使持節監郢州
豫州之西陽司州之義陽二郡諸軍事征虜將

軍鄣州刺史以黄門郎王奐為長史揔府州之
任明年太尉江州刺史桂陽王休範舉兵逼朝
廷燮遣中兵參軍馮景祖龑尋陽休範留中兵參
軍毛惠連州別駕程㝏之居守開門詣景祖降
謝氏為晉熙帝國太妃四年又進燮鎮西將軍加
進燮號安西將軍加督江州諸軍事復加
鼓吹一部順帝即位徵燮為使持節都督揚南
徐二州諸軍事撫軍將軍揚州刺史先是齊世
子為燮安西長史行府州事時亦被徵為左衛
將軍與燮俱下會荆州刺史沈攸之舉兵反世
子因奉燮鎮尋陽之盆城據中流為內外形援
收之平燮還京邑齊王為南徐州燮解督南徐
進督南豫江州諸軍事進號中軍將軍開府儀
同三司遷司徒齊受禪解司徒降封隆安縣庆食
邑千五百戶謀反賜死

始安王休仁文帝第十二子也元嘉二十九
年十歲立為建安王食邑二千戶孝建三年為
祕書監領步兵校尉尋都督南兗徐二州諸軍

車冠軍將軍南兗州刺史大明元年入為侍中
領右軍將軍四年出為湘州刺史加散騎常侍
加號平南將軍八年遷使持節都督江州南豫州
之晉熙新蔡鄣州之西陽三郡諸軍事安南將
軍江州刺史未拜徙為散騎常侍太常又不拜
仍為護軍將軍常侍如故景和元年又遷使持節都
督雍梁南北秦四州諸軍事安西將軍寧蠻校
領軍將軍常侍如故前廢帝永光元年遷
尉雍州刺史未之任留散騎常侍護軍將軍
加特進左光祿大夫給鼓吹一部時廢帝狂悖
無道誅害羣公怠惲諸父竝四之殷內殿捶凌
曳無復人理休仁及太宗山陽王休祐形體並
肥壯帝乃以竹籠盛而稱之以太宗尤肥號為
猪王號休仁為殺王休祐為賊王以三王年長
尤所畏憚故常錄以自近不離左右東海王褘
凡劣號為驢王桂陽王休範巴陵王休若年少
故竝得從容嘗以木槽盛飯內諸雜食攪令和
合掘地為坑阱實之以泥水裸太宗內坑中和

槽食置前令太宗以口就槽中食用之為歡笑欲
害太宗及休仁休祐前後以十數休仁多計數
每以笑調使諫悅之故得推遷常於休仁前使
左右淹逼休仁所生楊太妃左右並不得巳順
命以至右衛將軍劉道隆歡以奉旨盡諸醜狀
時廷尉劉矇妾兄臨月迎入後宮冀其生男欲
立為太子太宗當忤旨帝怒乃倮之縛其手脚
以杖貫手脚內使人擔付太官曰即日屠豬休仁
笑謂帝曰猪今日未應死帝問其故休仁曰待
皇太子生殺猪取其肝肺帝意乃解曰且付廷
尉一宿出之帝將南遊荊湘二州明旦欲殺諸誂
便發其夕太宗克定禍難殞難明旦休仁出住東府
即日推崇太宗便執臣禮明旦休仁出住東府
時南平盧陵敬先兄弟為廢帝所害猶未殯
殞休仁休祐同載臨之開帷歡笑奏鼓吹往反
時人咸非焉先是廢帝進休仁為驃騎大將軍
開府儀同三司常侍如故末拜太宗令書以為
使持節侍中都督揚南徐二州諸軍事司徒尚

書令揚州刺史加班劍二十人給三望至十五乘
時劉道隆為護軍休仁請求解職曰臣不得與
此人同朝上乃賜道隆死尋諸方逆命休仁都
督征討諸軍事增班劍二十人出據虎檻進據
赭圻尋領太子太傅摠統諸軍隨宜應接中
流平定休仁之力也初太宗與休仁書曰此段殊得
以求神助及事平太宗報休仁書曰此段殊得
蘇峻兄弟力增休仁邑四千戶固辭乃受千戶
上流雖平薛安都據彭城招引索虜復都督
軍事休祐出領江陵休仁代督西討諸軍事泰
比討諸軍事又增邑三千戶不受時豫州刺史
殷琰據壽陽未平晉平王休祐先督諸征討
始五年進都督豫司二州休仁與太宗隣亞
俱好文籍素相愛友及廢帝世同經危難太宗
又資其權謀之力泰初初四方逆命兵至近畿
休仁親當矢石大勳克建任總百揆親寄甚隆
朝野四方莫不輻湊上漸不悅休仁悟其旨甚
冬表解揚州見許六年進位太尉領司徒固讓

又加滊輪車劍履太宗末年多忌諱猜害稍
甚休仁轉不自安及殺晉平王休祐憂懼彌切
其年上疾篤與楊運長等為身後之計慮諸弟
彊盛太子幼弱將來不能秉權彌贊
休仁一旦居周公之地其輩不得秉權彌贊
成之上疾嘗暴甚內外莫不屬意於休仁主
書以下皆往來東府休仁所親信豫自結納其或
直不得出者皆忿懼上既宿懷此意至是又聞
物情回之乃召休仁入見既而又謂曰旦可停
當書下省宿明可早來其夜遣人齎藥賜休仁
死時年三十九寢疾久內外開絕慮人情有
同異自力乘輦出端門休仁死後乃詔夫無
將之誅諒維通典知咎自引是有偏介劉休仁
地屬密親位居台重朕友寄特深寵秩兼茂
不能弘贊國猷裨宣政道而自處相任妄生猜
嫌側納羣小之說內懷不逞之志晦景故迹無
事陽愚因近疾沉篤內外憂悷休仁短逼禁
兵謀為亂逆朕曲推天倫未忍明法申詔誥礪

辨穀事原休仁勳恩懼罪遂自引決追尋悲痛
情不自勝思屈法科以申矜悼可宥其二子并
全封爵但家國多虞豐起台輔永尋既往感
慨追深有司奏曰臣聞明罰無親情屈於綱
國典有經咸申於義滅是以梁趙之誅跂出稱
過來言之罰克入致動謹案案劉休仁苞藏禍
事蔽於天明竄匿姦宣越常於民聽自以屬居
戚近早延恩睦異禮殊義望越特以親攝仰遺略
南討本非才命啟行濃湖特以親攝仰遺略
俯藉眾効屬承泰運竊附成勳而毆叨天功
多自藏伐既聖明御寓躬覽萬機百司有紀官
方無越而休仁矜勳帖貴自謂應惣朝權遂妄
生疑難深自猜外故司空晉平刺王休祐少無
令業長滋貪暴菇任陝荊毒流西夏編戶嗟
散列邑彫虛聖澤舍弘未明正憲丕與休仁論
其惣迹辭意既密不宜傳廣遂飾容巨能為
勸激休祐以休仁位居朝右任遇優崇必能為
已力援故深相黨結休祐於是輸金蘊寶承顏

接意造郤之間必論朝政遂無日不俱行無時
不同宿聲酬聚集密語清閒休仁舍姦扇惑善
於計數說休仁使外託專慎之法密行貪詐之
心謂朝廷不覺人莫之悟休仁遂乃外積怨懼
內恊禍心既得贊激凶愿轉熾與休仁共為姦
謀潛伺機隙圖造釁釁規肆凶狡休仁致殞舍
卒廷維天誅而晉平國太妃姜邪不能追懟子
惡上感曲恩變懷不逞巫蠱祝詛休仁因聖躬
不和猥謀姦逆隆及常莫斯為甚殂肆朝市
庚申國刑而法網未加自引厥命天慈矜厚減
法崇恩賜全二息及其爵封斯誠弘風曠德貫
絕通古㣊非所以棄惡流釁懲懼亂臣者也臣
等參議謂空追隆休仁為人絕其屬籍見息
悉徙遠郡休祐愆謀始露亦宜裁黜徙削之科
一同舊準收邢付獄依法窮治詔曰邢匹婦狂
愚不足與計休仁知罪自引情有追傷可特為
降始安縣王食邑千戶并停伯融等流徙聽襲
封爵伯猷先紹江夏國令還本賜爵鄉侯上旣

殺休仁慮人情驚動與諸方鎮及諸大臣詔曰
休仁致殞卿未具悉事之始末今疏以相示休
祐貪恣非政法網之所不容管漢梁孝王淮南
屬王無忌釁悖正以越漢制度耳況休祐吞嚙
聚斂為西歔州之蝗取與鄙虐無復人情屢得
王景文褚淵沈攸之等啟陳其皋惡轉不可容
吾篤兄弟之恩不欲致之以法且每恨大朗兄
弟情薄親見休祐屯苦之時始得寬寧彌不忍
問所以改授徐州冀其去朝廷近必應能自悛
革及拜徐州未及之任便徵動萬端畐瀆愈甚
既每為民畫不可復全休仁身粗有知解兼為
宰相又吾與其兄弟情昵特復異常頻與休仁
論休祐釁狀休祐以休仁為吾所親必應知吾
意又云休仁言對能為損益遂多與財賂深相
結事乃寖必同宿行必共車休仁性軟易感說
遂成釁縫兵為一家是吾所吐密言一時倒寫
吾與休仁少小異常唯虛心信之初不搆疑雖
爾猶慮清閒之時非意脫有聞者吾近向休祐

推情戒訓嚴切休祐雖不復致疑休祐死後吾
將其內外左右問以情狀方知言語漏泄并具
之由彌日懊恍心神差勤休仁又說休祐云汝
但作使此法自足安我常秉許爲家從來頗得
此力但試用看有有驗不休祐從之於是大有獻
奉言多乖實旣不可恕自休祐殞凶之始
吾之推意初無有聞休仁貪愚爲天下所疾致
休仁欵曲共知休仁旣無臬鬢主相本若一體
殞之本爲民除患兄弟無後多人彌應思弟不

三州

感益相親信休祐平生狼抗無賴吾慮休仁往
哭或生崇禍且吾爾日本辦仗往哭晚定不
行吾所以爲說方偃呼入往省而休仁得吾
召入大自驚疑遂入辟楊太妃顏色狀意
甚與常異旣至省楊太妃驟遣監子去來
參察從此日生嫌懼而吾之推情初不疑
覺從休祐死後吾再幸休仁第飲啜極日
排闥入內初無猜防休仁坐生嫌畏一日
吾春中多期射雉每休仁清閑多往雉場

中或敕使陪輦及不行日多不見之每值宵
休仁輒語左右云我已復得今一日及在房內
見諸妓要恒語我去不知朝夕見底若一旦死
去作鬼亦不取汝取汝正足亂人耳休祐死時
伏野中吾遣人召之稱云腹痛不堪遠呼車
諸王車皆停在離門裏敕呼來下油幢絡繞以
吾衣書車近在朱雀門裏日旣瞑不暇遂呼車
載之吾由來譜悉其體有冷患聞腹痛知必

是冷乃敕太醫十省送供御高梁薑飲以賜之休
仁得飲忽大驚告左右稱敗今日了左右答曰此
飲是御師名封題休仁乃令左右先飲竟猶不甚
信乃僶俛嚥之裁進一合許妄先嫌貳事事如是
由來十日五日一就問太妃自休祐死後每吾認
先至楊太妃問如分別狀休仁由來自營府國
興生文書二月中史承祖齎文書呈之勿語承
祖云我得成許那何煩將來吾虛心如舊不復
見信旣懷不安大自嫌恐惟以情理不容復有

善心休仁既經南討與宿衞將帥經習狎共事
相識者布滿外內常日出入於厢下經過與諸相
識將帥都不交言及吾前者積日失適休仁出
入殿省諸衞主帥裁相悉者無不和顏厚相撫
勞尓時吾既甚惡意不欲見外人悠悠所傳互
言差劇休仁規欲聞知方便使曰雲度道人及勞
彥遠屢求啓聞覩吾起居及其所啓皆非急事
吾意亦不厭疑吾與休仁親情實異年少以來
恒相追隨情向大趣亦往往多同難否之日每
共契闊休仁南討為都統既有動績狀之於心
亦何極已但休仁於吾望既不輕小人無知亦
多挾背向既生猜貳不復自寧夫禍難之由皆
意所不悟如其意趣人莫能測事不獲已反覆
思惟不得不有近日處分夫兄弟之情不能
無厚薄休祐之亡雖復悼念猶可以理割遣交
休仁之殞悲愍特深千念不能已擧言傷心
事之細碎既不可曲載詔文恐物不必即解
兼欲存其兒子不欲窮法為詔之辭不得不云

有兵謀非事實也故相報卿知上與休仁素厚
至於相害慮在後嗣不安休仁既死痛悼甚至
謂人曰我與建安季時相鄰少優狎從景和泰
始之間勳誠實重事討交切不得不相除痛念
之至不能自己今有一事不如與諸族共說懷
適之方於今盡矣因流涕不自勝子伯融有醫
氏所生殷氏吳興太守冲女也范陽祖翻有醫
術姿見又美殷氏有疾翻入視脉說之遂通好
事泄遣還家賜死伯融歷南豫州刺史琅邪臨

淮二郡太守寧朔將軍廣州刺史不之職廢徙
丗楊縣後廢帝元徽元季還京邑襲封江夏王邑二
弟伯猷初出繼江夏惔王伯禽封始興王
千戶休仁死後還本與伯融俱徙丗楊縣後廢
帝元徽元季賜爵都鄉矦建平王景素為逆楊
運長等畏忌宗室稱詔賜伯融等死伯融時奉
十九伯猷季十一
晉平刺王休祐文帝第十二子也孝建三季季
十一封山陽王食邑二千戶大明元季為散騎

常侍領長水校尉壽遷東揚州刺史未拜徙湘
州刺史加號征虜將軍四年還為祕書監領右
軍將軍增邑千戶遷中文遷左中郎將都官
尚書又為祕書監領驍騎將軍出為使持節都
督豫司二州南豫州之梁郡諸軍事右將軍豫
州刺史景和元年入朝進號鎮西大將軍仍遷
散騎常侍鎮軍大將軍開府儀同三司太宗定
亂以為使持節都督荊湘雍益梁寧南北秦八
州諸軍事驃騎大將軍荊州刺史開府常侍如
故又改都督江郢雍湘五州江州刺史文改都
督江南豫司州南豫州刺史改都督豫江司三
州豫州刺史時豫州刺史戮琰瓊壽陽及叛休
祐之休祐復徙都督荊湘雍益梁寧南北秦八
祐出鎮歷陽督劉勔等討琰琰未平勔築長圍
守之休祐領常侍將軍開府並如
故增封二千戶受五百戶以山陽荒儌改封晉
平王休祐素無才能疆梁自用大明之世牽犖
未得自專至是貪淫好財色在荊州裒刻所在多

嘗財貨以短錢一百賦民田登就求白米一斛米
粒皆令徹白若有破折者悉删簡不受民間糶
此米一升一百至時又不受米評米責錢凡諸
求利皆悉如此百姓敖然不復堪命泰始六
年徵為都督南徐南兖徐兖青冀六州諸軍事
南徐州刺史加侍中持節將軍如故上以休祐
貪虐不可莅民留之京邑遣上佐行府州事休
祐恨戾彊梁前後忤上非一在荊州時左右
景達善彈恭上召之休祐留不遣上怒詰責之
曰汝剛戾如此當豈為下之義積不能平且慮休
祐將來難制欲方便除之七年二月車駕於巖
山射雉有一雉不肯入場日暮將反令休祐射
之上既還前驅清道休祐人從悉分散不復相
從者並在部伍後休祐便馳去上遣左右數人隨
之語云不得雜勿歸休祐時從在黃麾內左右
得上因遣壽寂之等諸將追之日巳欲闇與休
祐相及遍令隊馬休祐素勇壯有氣力奮拳
左右排擊莫得近有一人後引陰因頓地即共

殿拉殺之乃遣人馳白上行唱驃騎落馬上曰
驃騎體大落馬殊不易即遣御醫賈絡驛相係頃
之休祐左右人至久已絕去車肺輿以還第時
年二十七追贈司空持節侍中都督刺史如故
給班劍二十八人三望車一乘時巴陵王休若在
江陵其日即馳信報休若曰吾與驃騎南山射
雉驃騎馬驚與直閣夏文秀馬相蹄文秀墮地
驃騎失鞚馬驚觸松樹隨地落砌中時頓悶不
識人故馳報弟其年五月追免休祐爲庶人長
子士簪早卒次子宣翊爲世子爲寧朔將軍湘
州刺史未拜免廢還本次士弘繼鄱陽哀王休業襲
封被廢還本次宣彥封原豐縣侯爲寧朔將軍
彭城太守未拜免廢次宣諒次宣曜出繼南平
穆王鑠封被廢還本次宣景次宣賢次
宣受次宣則次宣直次宣梵次宣嬰次
平郡太宗尋病見休祐爲崇乃遣前中書舍
人劉休至晉平撫慰宣翊等士遂山崩後廢帝元
徽元年聽宣翊等還都順帝昇明三年謀反立

賜死
鄱陽哀王休業文帝第十五子也孝建二年年
十一封鄱陽王食邑二千戶三年薨追贈太常
大明六年以山陽王休祐次子士弘嗣封被廢
還本國除
臨慶沖王休倩文帝第十六子也孝建元年年
九歲疾篤封東平王食邑二千戶未拜薨大明
七年立第二十七皇子子嗣爲東平王紹休倩
後太宗泰始二年還本國絕六年以第五皇子
智丹爲東平王繼休倩未拜薨其年追改休倩
爲臨慶王以臨賀郡爲臨慶國立第八皇子躋
爲臨慶王食邑二千戶繼臨慶國後明年還本國
休倩太祖所愛故前後屢加紹聞嗣
新野懷王夷父文帝第十七子也元嘉二十九
年薨時年六歲太宗泰始五年追加封諡
巴陵哀王休若文帝第十九子也孝建三年年
九歲封巴陵王食邑二千戶大明二年爲冠軍
將軍南琅邪臨淮二郡太守徙南彭城下邳二

郡太守將軍如故四年出為都督徐州諸軍事
刺史將軍如故增督豫州之梁郡增邑千戶明
年徵為散騎常侍太守復徵為
散騎常侍太常未拜前廢帝吳永光元年遷左衛
將軍太宗泰始元年遷散騎常侍中書令領衛
尉未拜復為左衛將軍常侍衛尉如故又未拜
出為使持節都督會稽東陽永嘉臨海新安
五郡諸軍事領安東將軍會稽太守率眾東討
進督吳興晉陵三郡尋加散騎常侍進號衛
將軍給鼓吹一部又進督晉安二郡諸軍
事一年遷雍梁南北秦西州荊州之竟陵隨二
郡諸軍事寧蠻校尉雍州刺史持節常侍將
軍如故增邑二千戶受三百戶前在會稽錄事
參軍陳郡謝沈以謟使事休若多受賄賂時內
外戒嚴並著褲褶沈居母喪被起聲樂酣歡不
異吉人衣冠既無殊異並不知沈居喪皆目稱
孤子眾乃駭愕休若與沈藝贈致有姦私降
號鎮西將軍又進衛將軍典籤夏寶期事休若

無禮繫獄啟太宗殺之慮不被許啟未報輒於
獄行刑信反果錮送而實期巳死上大怒與休
若書曰孝建大明中汝敢行此邪休若母加杖
三百降號左將軍貶使持節都督為監行雍州
刺史使寧蠻校尉削封五百戶四年遷使持節
都督湘州諸軍事行湘州刺史如故六年遷使持
刺史晉平王休祐入以休若監荊州事進號征
南將軍湘州刺史仍為都督荊湘雍梁寧南
北秦八州諸軍事征西將軍荊州刺史持節如
故尋加散騎常侍又進號征西大將軍開府儀
同三司七年晉平王休祐被殺建安王休仁見
疑京邑謠言云有至賢之表太宗以言報之休
若內甚憂懼會被徵代休祐為都督南徐兗
徐兗青冀六州諸軍事征北大將軍南徐州刺
史持節常侍開府如故休若為腹心將佐咸謂還
朝必有大禍中兵參軍京兆王敬先固敬先既
入勸割據荊楚以距朝廷休若偽許之敬先
出執錄馳使白太宗敬先坐誅死休若至京口

建安王休仁又見害公懷危慮上以休若和善
能諧緝物情慮將來傾勦主欲遣使殺之慮不
奉詔徵入朝又恐猜駭乃偽遷休若為都督江
郢司廣交豫州之西陽新蔡晉熙湘州之始興
四郡諸軍事車騎大將軍江州刺史持節常侍
開府如故徵還召拜手書殷勤使赴七月七日
即於第賜死時年二十四贈侍中司空持節都
督刺史如故給班劍二十人三聖車一乘休若
既死上與驃騎大將軍桂陽王休範書曰外間

三頁下　宋書傳三十二　三十九　楊明

有一師姓徐名紹之狀如狂病自云為塗步郎
所使去三月中忽云神語道巴陵王應作天子
從便巴陵王密知之於是師便訪覓休若左
右人不能得東宮典書姓何者相識數去來
師解神語東宮典書具道神語東宮典書皆
去我識巴陵開一左右當為汝向道數日東
宮典書復來語師云我巳為汝語巴陵左右
道因達巴陵巴陵具知云莫聲但聽又頃者史
官奏天文占候頗去休若應挾異端神道芒昧

乃不可全信然前後相推略亦不無舛駮且帖
肆閒自大明以來有若好之謠于今未止認若
百重章句皆配以美辭美事諸不遜之徒咸
云是休若且知道路有異音里巷有若
好之謠是休若寄奇好之言近
休祐休仁被誅休若彌不自安又左右多是不
相當負罪之徒恒說以道路之言叩動之相與
唱云萬民之心屬在休若感激其意尋休若
從來心迹殊有可嫌劉亮閒為次祖汝一應識

三頁下　宋書傳三十二　四十

此人當給休若休若在東縱恣羣下無本末還
朝被退爵位退次祖被亮使歸過問訊大泣
語次祖云我東行是一段功在郡橫為羣小
輩過失大被降我實憤怨不解劉輔國何
意不作次祖答云劉輔國蒙朝廷生成之恩豈
容有此理推此巳是有奇意吾使諸王在蕃名
正令優游而巳本不以武事而休若在西廣名
弓馬健兒都不啟聞又戾道明等昔親為賊
罪應萬死休若至西大信遇之乃潛將往不啟

京吾知汝意謂休若處奉本因事事何如心迹
既不復可測因其還朝在第與書事事詰諸
於內許密自引分狀如暴疾致故差得於其名
位及見子悉得全也休若既是汝弟使其狼心
得申者汝得守冶城邊作太尉公邪非但事關
計亦於汝甚切汝可密白苟太妃令知廬江王
禕昔在西州故上云冶城邊也休若子冲始襲
封順帝昇明三年薨會齊受禪國除

史臣曰詩云不自我先不自我後古人畏亂世
也太宗晚途疑隙內成尋釁所加先自至戚晉
刺以獷暴摧軀巴哀由和良酖體保身之路
未知收適昔之戒子慎勿爲善將遠有以乎

列傳第三十二　　宋書七十二

列傳第三十三

臣沈約撰

顏延之

顏延之字延年琅邪臨沂人也曾祖含右光祿
大夫祖約零陵太守父顯護軍司馬延之少孤
貧居貧郭室巷甚陋好讀書無所不覽文章
之美冠絕當時飲酒不護細行年三十猶未婚
妹適東莞劉憲之穆之子也穆之既與延之通
家又聞其美將仕之先欲相見延之不往也後
將軍吳國內史劉柳以為行參軍因轉主簿豫
章公世子中軍行參軍義熙十二年高祖北伐
有宋公之授府遣一使慶殊命參起居延之與
同府王參軍俱奉使至洛陽道中作詩二首文
辭藻麗為謝晦傅亮所賞宋國建奉常鄭鮮
之舉為博士仍遷世子舍人高祖受命補太子
舍人雁門人周續之隱居廬山儒學著稱永初
中徵詣京師開館以居之高祖親幸朝彥畢至
延之官列猶單引升上席上使問續之三義續

之雅仗辯辭延之每折以簡要既而連挫續之上
又使還自敷釋言約理暢莫不稱善徙尚書儀
曹郎太子中舍人時尚書令傅亮自以文義之
美一時莫及延之負其才辭不為之下亮甚疾
焉盧陵王義真頗好辭義待接甚厚徐羨之
等疑延之為同異意其不悅少帝即位以為正
負郎兼中書侍郎出為始安太守領
軍將軍謝晦謂延之曰昔荀勗忌阮咸斥為始
平郡今卿又為始安可謂二始黃門郎殷景仁

亦謂之曰所謂俗惡俊異世疵文雅延之之郡
道經汨潭為湘州刺史張卲祭屈原文以致其
意曰恭承帝命建旟舊楚訪懷沙之淵得捐
佩之浦弭節羅潭餐艤舟汨渚敬祭楚三閭大夫
屈君之靈蘭薰而摧玉貞則折物忌堅方人譖
明潔日若先生逢辰之缺溫風迨時飛霜急節
嬴芊遘紛昭懷不端謀折儀尚貞蒭椒蘭身絕
郢關迹遍湘干比物荃蓀連類龍鸞聲溢金
石志華日月如彼樹芬實穎實發望汨心欷

瞻羅思越籍用可塵昭忠難闕元嘉三年羨之
等誅徵為中書侍郎尋轉太子中庶子頃之領
步兵校尉賞遇甚厚延之好酒疏誕不能斟酌
當世見劉湛殷景仁專當要任意有不平常云
天下之務當與天下共之豈一人之智所能獨了
辭甚激揚每犯權要嘗謂湛曰吾名器不外當由
作卿家吏湛深恨焉言於彭城王義康出為永
嘉太守延之甚怨憤乃作五君詠以述竹林七賢
山濤王戎以貴顯被黜詠嵇康曰鸞翮有時鎩

宋書傳三十三　[三]　徐良

龍性誰能馴詠阮籍曰物故可不論途窮能無
慟詠阮咸曰屢薦不入官一麾乃出守詠劉伶曰
韜精日沉飲誰知非荒宴此四句蓋自序也湛
及義康以其辭旨不遜大怒時延之已拜欲黜
為遠郡太祖與義康詔曰降延之為小邦不政
有謂其在都邑當宣動物情罪過彰著亦士庶共
悉直欲選代今思衍里間猶復不悛當驅往東
土乃志難恕自可隨事錄治殷劉意咸無異也
乃以光祿勳車仲遠代之延之與仲遠世素不

協屏居里巷不豫人間者七載中書令王球名
公子遺務事外延之慕焉球亦愛其材情好甚
款延之居常蕪圃球軱瞻之晉恭思皇后葬應
須百官湛之醉投札於地曰顏延之未能事生焉
能事死閑居無事為庭誥者施於閨庭之內謂不遠也
其正著于篇曰庭誥者施於閨庭之內謂不遠也
五旦年居秋方盧先草木故遠以未聞誥爾在庭
若立履之方規鑒之明已列通人之規不復續論

宋書傳三十三　[四]

今所載咸其素畜本乎生靈而致之心用夫選言
務一不尚煩密而至於備議者蓋以網諸情非
古語曰得為鳥者羅之一目而一目之羅無時得鳥
矣此其積意之方道者識之公情者德之私公
通可以使神明加嚮私塞不能令妻子移心是
以昔之善為士者必捐情及道合公屏私壽尺
之身而以天地為心數紀之壽常以金石為量
觀夫古先垂戒長老餘論雖用細制每以不朽
見銘繕築末迹咸以可又承志況樹德立義收

族長家而不思經遠乎曰身行不足遺之後人欲
求子孝必先慈將責弟悌務為友雖孝未待慈
而慈固植孝悌非期友而友亦立悌夫和之不備
或應以不和猶信不足焉必有不信懍知恩意
相生情理相出可使家有參柴人皆由損夫內
居德本外夷民譽言高一世處之逾嘿器重一時
體之茲沖不以所能干衆不以所長議物淵泰
入道與天為人者士之上也若不能遺聲謙秒踞
己知柄在虛求不可校得敬慕謙通畏避秒踞
思廣監擇從其逐獸文理精出而言稱未達論
問宣茂而不以居身此其亞也若乃聞實之為
貴以辯畫所克見榮謂爭奪可獲言
不出於戶牖自以為道義久立才未信於僕妾
而我有以過人於是感苟銳之志馳傾敏之聲
豈悟己挂有識之裁入脩家之誠乎記所至千人
所指無病自死者也行近於此者吾不願聞之
矣凡有知能預有文論不練之庶士校之羣言通
才所歸前流所剽與焉得以成名乎若呻吟於牆

〔宋書傳三十三〕　〔五一〕

室之內喧鬭於當軰之閒竊議以迷寡聞姐語
以敵要說是短笇所出而非長見所上適值算
明臨座稠覽博論而言不入於高聽人見葉於衆
視則慌若迷塗失偶壓羆如深夜撤燭衡聲茹氣
腆嘿而歸當識向之奮慢祇足以成今之沮喪邪
此固少壯之廢爾其戒之夫以然誹為心者未有
達無心救得喪多見誚於君子者寧可不務勉邪
量之為事哉是以德聲令氣愈上每高怨言對
議每下愈發有尚於君子者
曰恒人之情不能素盡故當以遠理勝之么笨除之
豈可不務自異而取陷庸品乎富厚貧薄之
懸也以富厚之身親貧薄之人非可一時勮然昔
有守之無怨安之不悶者蓋有理焉夫既有
富厚必有貧薄當其譜然時乃天道若人厚富
是理無貧薄貧然乎又必不然也若謂富厚在我則
亘貧薄在人可乎又不可矣道在不然義在不
可而橫意去就諉生希幸以為未達至分蠚溫
農飽民生之本躬稼難就上以僕役為資當施

〔三百六〕　〔宋書傳三十三〕　〔六〕

其情願亢其衣食定其當治遣其優劇出之休
饗後之捶責雖有勸恤之勤而無露曝之苦務
前公稅以遠吏讓無笇傍費以息流議量時發
斂視歲穰儉省以瞻已損散以及人此用天之
善御生之得也率下多方見情為上立長多術
晦明為懿雖及僕妾情見則事通雖在畎畝明
晦則功博若奪其常然役其煩務使威烈雷霆
猶不禁其欲雖棄其天用窮其細瑕或明灼日
月將不勝其邪故曰辱焉則差的焉則闇是以

禮道尚優法意從刻優則人自為厚刻則物相
為薄耕收誠鄙此用不愁所謂野陋而不以居心
也含生之泯同祖一氣等級相傾遂成差品遂使
業習移其天識世服沒其性靈至夫願欲情嗜
宜無閒殊或役人而養給然是非大意不可侮
也隅奧有竈齊侯羹寒犬馬有秩管燕輕饑若
能服溫厚而知穿弊之苦明周之德厭滋已而
識寡嗛之急仁恕之功豈與夫比肌膚於草石
方手足於飛走者同其意用哉罰慎其鹽惠戒

其偏罰濫則無以為罰惠偏則不如無惠雖爾
眇末猶扁庸保之上事思及已動類念物則其
情得而人心塞矣挢蒱塞會眾之事諧調哂
譴適坐之方然失敬致侮皆此之由方其剝瞻而
彌喪端儼況遭非鄙慮將醜折豈若拒其容而
簡其事靜其氣而遠其意使言必譖懕賓友清
耳噱不傾撫左右怳目非鄙無因而生侵侮何從
而入此亦持德之管籥爾其謹哉嫌惑疑心誠

亦難分豈唯厚貌敝智之明深情怯剛之斷而
已哉必使猜怨愚賢則嚬嗟入戾期纆犬馬則
步顧成妖況動容竊斧束裝濫金又何足論是
以前王作典明慎讞獄而儻濫易意朱公論璧
光澤相如而倍薄異價得在可久失在輕絕久由相敬
雖廣交義為長得在可久失在輕絕絕由相
絕由相狎愛之勿勞當扶其正性忠而勿誨必
藏其枉情輔以藝業會以文辭使親不可藝疎
不可閒毎存大德無挾小怨率此往也足以相
終酒酌之設可樂而不可嗜嗜而非病者希病

而逐旹者幾何既病將羨其正若存其性
紓其妄發其唯善成乎聲樂之會可簡而可
達達而不背者鮮矣其而非弊者反矣既弊
背將受其殷必能通其礙而節其流意可為和
中矣善施者唯發自人心乃出天則與不待積
必先使施如王丹愛如杜林亦可與言交矣浮華
怪飭滅質之具奇服麗食棄素之方動人勸慕
傾人顧眇可以遠識奪難用近欲從若觀其淫

怪知生之無心為見奇麗能致諸非務則不抑
自貴不禁自止夫數相者必有之衒既聞之術
人又驗之吾身理可得而論也人者非氣二德稟
體五常二德有奇偶五常有勝殺及其為人寧
無叶沴亦猶生有好醜死有天壽人皆知其縣
天至於丁年乖遇中身迁合者豈可易地哉是
以君子道命愈難識道愈堅古人恥以身為溪
鑿者屏欲之謂也欲者性之煩濁氣之薰蒸故
其為害則燻心智耗真情傷人和犯天性雖生

必有之而生之德猶火舍煙而妨火桂懷蠹而殘
桂然則火勝則煙滅蠹收則桂折故性明者欲
簡嗜繁者飛惕去明即惕難以主言其以中
外摹聖建言所默儒道言所默儒道衆智淺所以豎道多
之者不患深故樂之者怕苦術淺所以豎道多
而義寘頓盡誠難毎指可易能易毎指亦明
之末廉嗜之性不同故畏慕之情或異從事亦明
人者無一我心不以已之所善謀人為有明矣
不以之所務失我能有守矣已所謂然而彼

定不能孕其之弊悅彼之可而忘我不可學頓
之弊將求去弊者念通怍介而已流言謗議有
道所不免況在關海難用筭防接應之方尤
必出己或信不素積嫌間所襲或性不和物尤
然所聚有一于此何處逃毀苟能反悔其事日省
無責於人必有達鑒昭其情遠識迹其事日省
吾躬月料吾志寬嘿炎居潔靜以期神道必在
何恤人言嗟曰富則盛貧則病矣貧之病也不
唯形色麗黮壓黑或亦神心沮厥豈但交友踈棄

必有家人誚讓非廉深識遠者何能不移其植

故欲蠲憂患莫若懷古懷古之志當自同古人

見通則憂淺意遠則怨浮昔琴歌於編蓬之中

者用此道也夫信不逆彰義必出隱交賴相盡

明有相照一圖見盲則情固立岳言中志則意人

所榮瑩稹者就之艱艱則物之所鄙艱易阨

如或與立茂思無忽祿利者受之易易則人之

待宂其榮實乃將議報厚之籯笥然後圖終

淵泉此事上水火可蹈以此託及金石可弊豈

有勤倦之情榮鄙又間向背之意此二塗所為

陵侮不作懸企不萌所謂賢鄙宜華野同

泰人以有惜為質非假嚴刑有恬為德不慕厚

貴有惜者以理自葬有恬者與物終世有位去則

自埋於民自事其生則督妻子而趨耕織必使

及也以勞定國以功施人則役徒屬而擅豐麗

情盡斯無惜矣又有務謝則心移斯不恬矣又

非徒若此而巳或見人休事則勤斷斷結納又聞

否論則虛彰離貳附會以從風隱竊以成譽朝

吐口與膏暮行背毀昔同稽款今猶叛戾斯為

甚矣又非唯若此而巳或弗人惠訓藉戎立燹

餘論依人揚聲曲存稟仰甘赴塵軌襄沒畏遠

巳聞影迹又蒙之毀之無度心短彼能私樹

拙自崇恃輩岡顧高識有人至此實蠢大倫每

思防避無通閭伍觀驚異之事或無涉傳遭卒

迫之變反思安順若異從巳發將尸謗人迫而又

迯愈使失度能夷異如裝退可稱士乎

喜怒者有性所不能無常起於褔量而止於引識然善

過則不重怒過則威能以恬漠為體寬愉為

器者大喜蕩心微抑則定其怒煩性小忍即歇

動無㮣容舉無失度則物將自懸人將自止習

之所變亦大矣當豈唯蒸性染身乂乃將移智易

之化矣與不善人居如入鮑魚之肆久而不覺其

臭與之變矣是以古人慎所與處唯夫金真玉

粹者乃能盡而不汙爾故曰丹可滅而不能使

慮故曰與善人居如入芷蘭之室久而不知其芬

無亦石可毀而不可使無堅苟無丹石之性必慎

浸染之由能以懷道為人必存從理之心道可懷
而理可從則不議貴議所樂爾或去貧何由樂
此未求道意道者贍富貴同貧賤理固得而自
我喪之未為通議苟議不喪夫何不樂或曰溫
飽之貴所以榮王饑寒在躬空從道取諸其
身將非篤論此又通理所用凡生之具豈開定實
或以膏腴天性有以菽藿歲年中散其
不由外是以稱體而食貧愈嗛量腹而炊豐
家餘食非粒實耗意有盈虛爾況心得後

十三

劣身獲仁富明白入素氣志如神雖十旬九飯不
能合饑業席三屬不能為寒豈不信然且以已
為度者無以自通彼量渾四游而斡五緯天道
弘也振河海而載山川地道厚而
流貫人靈茂也昔之通平此數者不為剖判之
能望塵請友則義士輕身一遇拜親則仁人投分
故室塵請友則義士輕身一遇拜親則仁人投分
此倫序通允禮俗平上獲其用下得其和世
務雖移前休未遠人之適主吾將及本三人至

生輕有之識幼壯驟過襄耗篤及其間天彎既
難勝言假獲存遂又去無幾柔麗之身丞委土
木剛清之才遂為丘壤回邊顧慕雖數紀之中
爾以此持榮曾不可留以此服道亦何能平進
退我生遊觀所達得貴為人將在合理含理之實
惟神與交幸有心靈義無自惡偶信天德逝不上
懃欲使人沈來化志符往忿勿謂是賒日鑒斷
密者通此意吾將忘老如固不然其誰與歸值
懷所撰略布眾脩君備舉情見顧未書一瞻

十四

身之經別在田家節政奉終之紀自著樂居畢
義兼劉湛誅起延之為始與王濬後軍諮議參軍
御史中丞在任縱容無所舉奏遷國子祭酒司
徒左長史坐買人田不肯還直尚書左丞荀
赤松奏之曰求田問舍前賢所鄙延之唯利是
視輕貨賈陳間依傍詔恩拒捍餘直垂及周年猶
不甲了昧利為得無所顧忌之昔坐事屏斥
復家抽進而嘗不悛革怨誹無已交遊闐荜沈
迷麴蘗橫興譏謗訕毀朝士仰竊過榮增憤薄

之性私恃顧盼成彊梁之心外示寬柔內懷奔
競干祿祈遷（不知極已預讖班肆罵上席山
海含容每存遵養愛兼彤蟲未忍遽棄而驕
放不即日月彌著臣聞聲問過情孟軻所恥
況聲非外來問由已出雖心智薄劣而高自比擬
賓客虛張曾無愧畏豈可復弼亮五教增曜
台階請以延之訟田不實安于天聽以彊凌弱
免所居官訟持復為祕書監光祿勳太常時沙
門釋慧琳以才學為太祖所賞愛每召見常

外獨榻延之甚疾焉因醉白上曰昔同子參乘
袁絲正色此三台之坐豈可使刑餘居之上變
色延之性既褊激兼有酒過肆音直言曾無
免隱故論者多不知云居身清約不營財利布
衣蔬食獨酌郊野當其為適傍若無人二十九年
上表自陳曰臣聞行百里者半於九十言其末
路之難也愚心常謂為虛方今乃知其信臣延
之人薄寵厚宿塵國言而空效無從榮謀增廣
歷盡身彫日叨官次雖容載有塗而妨穢滋積

早欲啓請餘筭屏蔽醜老但時制行及歸慕無
賒是以愀悵愍您非簡息干黷耗歇難支質用有
限自去夏侵暑入此秋變頭齒眩疼根痼漸劇
手足令痺左胛尤甚素不能食頃向減半本猶
賴服此倦悴晚年疾所催驚引日臣班叨首
卿位尸封典薦躬親息臰庸顧眾事
有以疾悤宮府觀慰嬰任而陵廟眾過
宰近邑回澤爰降實加將監乙解所職隨就
藥養伏願聖慈特垂矜許票恩明世負報實暮

仰企端闈上戀囹極不許明年致事元凶弒立
以為光祿大夫先是子竣為世祖南中郎諮議
參軍及義師入討竣參定密謀兼造書檄勦名
延之示以檄文問曰此筆誰所造延之曰竣之筆
也又問何以知之延之曰竣筆體臣不容不識勦
又曰言辭何至乃爾延之曰竣尚不顧老父何
能為陛下勘意乃釋由是得免世祖登阼以為
金紫光祿大夫領湘東王師子竣旣貴重權傾
一朝凡所資供延之一無所受器服不改宅宇如

舊常乘羸牛笨車逢竣鹵簿即屏往道側又好
騎馬遨游里巷遇知舊輒據鞍索酒得酒必酣
然自得常語竣曰平生不喜見要人今不幸見
汝竣起宅謂曰善爲之無令後人笑汝拙也表
解師職加給親信三十人孝建三年卒時年七
十三追贈散騎常侍持進金紫光祿大夫如故
謚曰憲子延之與陳郡謝靈運俱以詞彩齊名
自潘岳陸機之後文士莫及也江左稱顏謝焉
所箸並傳於世竣弟惻亦以文章見

《宋書傳三十三》　十七　董

知官至江夏王傅義恭大司徒錄事參軍叠卒
太宗即位詔曰延之咨師訓朕躬情契兼款前
記室參軍濟陽太守襲伏勤蕃朝綢繆恩舊可
擇爲中書侍郎奐延之第三子也
史臣曰出身事主雖義在忘私至於君親兩旣
事無同濟爲子爲臣各隨其時可也若夫馳文
道路軍政恆儀成敗所因非繫乎此而攄筆數
皇陵讎犯逆餘之慈親垂之虎吻以此爲忠無
聞前誥夫自忍其親必將忍人之親自怨其孝

期以申人之孝食子放鹿斷可識矣記云八十
者一子不從政九十者家不從政豈不以年薄
桑榆憂患將及雖有職王朝許以辭事況顛沛
之道廬在未測者乎自非延年之辭允而義愿
夫豈或免

列傳第三十三　　宋書七十三

宋書傳三十三　大

臧質

魯爽

沈攸之

臣沈約　新撰

▲宋傳三十四

臧質字含文東莞莒人父憙字義和武敬皇后
弟也與兄憙竝好經籍隆安初兵革屢起憙乃
習騎射志在立功嘗至溧陽溧陽令阮崇與憙
共獵值虎突圍猛獸並奔散憙直前射之應弦
而倒高祖入京城憙族子穆斬相儔進至京邑
王家雖復不肖無情於樂高祖笑曰聊以戲卿
爾行參高祖鎮軍事員外散騎侍郎重參鎮軍
庫有金飾樂器高祖問憙卿得無欲此乎憙正
色曰皇上幽逼播越非所將軍首建大義勤勞
軍事領東海太守以義功封始興縣五等侯又
參高祖軍騎中軍軍事高祖將征廣固議者多
不同憙從俗言曰公若凌威北境拯其塗炭寧

▲宋傳三十四　　二

一六合未為無期高祖曰卿言是也及行憙求
從不許以為建威將軍臨海太守郡經兵寇百
姓不存一憙緻絹綱紀招聚流散歸之者千餘家
孫季高海道龍衣廣州路由臨海憙資給發遣得
以無乏徵拜散騎常侍母憂去職項之討劉毅
起為寧朔將軍從征平高祖遣朱齡石統大
衆代蜀命憙司馬出中水以本號領建平巴東
二郡太守蜀主譙縱遣大將譙撫之萬餘人屯
牛脾又遣譙小苟重兵塞打算憙至牛脾撫之
戰敗退走追斬之小苟聞撫之死即便奔散成
都既平憙遇疾義熙九年卒於蜀郡牛脾縣時
年三十九追贈光祿勳憙少好鷹犬善蒲博意
錢之戲長六尺七寸出臼露足禿頂奉髮年未
二十高祖以為世子中軍行參軍永初元年為
員外散騎侍郎從班例也母憙去職服闋關為江
夏王義恭撫軍以輕薄無檢為太祖所知從為
給事中會稽宣長公主每為憙言乃出為建平太
守其得蠻楚心南蠻校尉劉湛遠朝稱為良守

遷寧遠將軍歷陽太守仍遷青陵江夏內史復
為建武將軍巴東建平二郡太守吏民便之質
年始出三十屢居名郡涉獵史籍尺牘便敏既
有氣幹好言兵權太祖謂可大任欲以為益州事
未行徵為使持節都督徐兗二州諸軍事寧遠
將軍徐兗二州刺史在鎮奢費善畫謀及量
司所糾遇赦與范曄徐湛之等厚善晝興太守
質必與之同會事發復為建威將軍義興太守
元嘉二十六年太祖謁京陵質朝丹徒與何勖
檀和之並功臣子時共上禮太祖設熱盡歡賜
布千匹二十七年春遷南譙王義宣司馬寧朔
將軍南平內史未之職會索虜大師拓跋燾圍
汝南汝南戍主陳憲固守告急太祖遣質輕往
壽陽即統被軍與安蠻司馬劉康祖等救震虜
退走因使質伐汝南西境刀壁等山蠻大破之
獲萬餘口還太子左衛率坐前伐蠻枉殺隊主
嚴祖又納面首生口不以送臺免官是時上大
舉北討質白衣與驃騎司馬王方回等率軍出

三

許洛安司馬王玄謨攻滑臺不拔質請乘驛代
將太祖不許虜侵徐豫拓跋燾率大眾數十萬
遂向彭城以質為輔國將軍假節置佐率萬人
北救始至盱眙壽已過淮冗從僕射胡崇之領
質府司馬崇之副太子積弩將軍毛熙祚亦受
統於質盱眙城東有高山質虜將軍攻崇之澄
之澄之二軍營於盱眙城南虜攻崇之澄崇
之二營崇之等力戰不敵眾散並為虜所殺虜
又攻熙祚熙祚所領悉北府精兵橦圭李灌率

四

厲將士殺賊甚多隊主周胤之外監揚方生又
率射賊賊垂退會熙祚被創死軍遂散亂其日
質案兵不敢救故二營時覆沒初仇池之平
也以崇之為龍驤將軍北秦州刺史宋方頎行
至濁水為索虜所客舉軍敗散崇之及將佐以下
皆為虜所執後得叛還至是又為虜所敗焉熙
祚司州刺史脩之兄子也崇之熙祚並贈正員
郎澄之事在祖父壽傳三營既敗其多質軍亦
奔散棄輜重器甲單七百人投盱眙盱眙太守沈

共守虜初南出後無資粮以百姓為命及過
淮食平越石鼈二屯穀至是抄掠無所人馬饑困
聞肝眙有積粟欲以為歸路之資既破崇之等
一攻城不拔便引衆南向城內增修守備莫不
完嚴二十八年正月初虜自廣陵北返循便
攻肝眙就質求酒質封濱便與之虜怒其築長
圍一夜便合開攻道趣城東北運東山土石填之
虜又恐城內水路遁走乃引大船欲於君山作

宋傳三十四　五　梁升

浮橋以絕淮道城內乘艦逆戰大破之明旦賊
更方舫為桁桁上各嚴兵自衞城內更擊不能
禁遂於君山立桁水陸路並斷虜與質書曰吾
今所遣關兵盡非我國人城東北是丁零與胡
南是三秦氏羌設使丁零死者正可减常山趙
郡賊胡死正减并州賊氐羌死正减關中賊卿
若殺丁零胡無不利質若書曰省具來姦姦懷
爾自恃四脚屢犯國疆諸如此事不可具說王
玄謨退於東梁坦散於西爾謂何以不聞童謠

言邪虜馬飲江水佛狸死卯年此期未至以二軍
開飲江之徑爾寅使然非復人事寡人受命
相滅期之白登師行未速爾自送死豈容復令
生全鄉食有桑乾哉但爾往攻此城假令寡人不
能殺爾爾由我而死爾若有幸得為亂兵所殺
爾若不幸則生相鏹縛載以一驢直送都市我
本不圖全若天地無靈力屈於爾甕之粉之屠
之裂之如此未足謝本朝爾識智及衆力豈能
勝苻堅邪頃年展爾陸梁者是爾未飲江大歲

三廾　宋傳三十四　六

未乂故爾斛蘭昔深入彭城值少日兩隻馬不
返爾豈憶邪即時春兩已降四方大衆始就雲
集爾但安意攻城莫走糧食闕乏者吾當出
廩相飴得所送劍刀欲令我揮之爾身邪其苦
人附比來各自努力無煩多云其時虜中童謠曰
輜車死虜欲渡江天不從故質引虜大怒力
石濟死虜欲渡江水虜虜主花歸
作鐵床於其上施鐵鑊云破城得質當坐之此
上質又與虜衆書曰示詔虜中諸士庶狸伐見

與書如別等正朔之民何爲乎力自取如此大丈夫
豈可不知轉禍爲福邪全寫臺格如別書自思
之時購斬縣封開國縣侯食邑一萬戶賜布絹
各萬匹虜以鈎車鈎埤樓城內繫以弶組數百
人叫喚引之車不能退旣夜以木桶盛人懸出
城外截鈎能獲之明日又以衝車攻城城土堅
密海至頹落不過數外虜乃肉薄登城分番
相代陸而復升莫有退者殺傷萬計虜死者
與城平又射殺高梁王如此三旬死者過半壽

三六　[宋傳三十四]　[七]

聞彭城斷其歸路京邑遣水軍自海入淮且疾
疫死者甚衆二月二日乃解圍遁走上嘉質功
以爲使持節監雍梁南北秦四州諸軍事冠軍
將軍寧蠻校尉雍州刺史封開國子食邑五百
戶明年太祖又北伐使質率所統見力向潼關
質頓兵近郊不肯時發獨遣司馬柳元景屯兵
培上不時進軍質又顧戀壁要棄營單馬還
城散用臺庫見錢六七百萬爲有司所糾上不
問也元凶弑立以質爲丹陽尹加征虜將軍質

家遣門生師顗報質具大祖崩聞質跡顗所言
馳告司空義宣又遣州祭酒從事田顗起銜命
報世祖率衆五千馳下討逆自陽口進江陵義
宣質諸子在都邑聞質舉義並逃亡劭欲相
慰悅乃下書曰臧敦等無困自駭急便竄逸迷
昧過甚良可怪歎質國戚勳臣忠誠篤亮方當
顯位秩貿翼京輦而子弟波迸傷其乃懷可遣宣
譬令還咸復本位劭尋録得敕使大將軍義恭
行訓杖三十厚給賜之義宣得質報即日舉兵

三二五　宋傳三十四　[八]　[沈昌]

馳信報世祖板進質號征北將軍質迎起尋陽
與世祖同下世祖至新亭即位以質爲都督江
州諸軍事車騎將軍開府儀同三司江州刺史
加散騎常侍持節如故使質率所領自白下步
上直至廣莫門者不守薛安都程天祚等亦
自南掖門入與質同會太極殿生禽元凶劭使
質留守朝堂甲伏百人自防封始興郡公食邑三
千戶之鎭舫千餘部伍前後百餘里六平乘
並施龍子幡時世祖自攬威柄而質以少主遇

之是事專行多所求欲又至尋陽刑政慶賞不
復證畫朝廷盆口鉤圻米輒散用之臺符屢加
檢詰質漸猜懼自謂人子足爲一世英傑始聞
國禍便有異圖以義宣見闇易可制勒欲外相
推奉以成其志又至江陵便致拜稱名質於義
宣雖爲兄弟質每慮事泄及至新亭又拜江夏
意拜弟質事中宜然時義宣已推崇世祖
故其計不行質無問質所以質曰天下屯危禮
王義恭義恭愕然問質所以質曰天下屯危禮

三九　宋傳三十四　九　王定

異常日前在荆州亦拜司空會義宣有憾於世
祖事在義宣傳質因此密信說誘陳朝廷得失
又謂震主之威不可持父主相勢均事不兩立
全專據闔外地勝兵彊持疑不決則後機致禍
質女爲義宣子採妻謂質無復異同納其說且
義宣腹心將佐蔡超民之徒咸有富貴之情願
義宣得欲倍質威名以成其業又勸將分義宣
宜時未受丞相質子敦爲黃門侍郎奉詔敦勸
道經尋陽質令敦具更廣說并言世祖短長義

宣乃意定馳報豫州刺史魯爽期孝建元年秋
同舉爽奉旨即便起兵遣人至京邑報弟瑜瑜
席卷奔叛瑜弟弘爲質府佐世祖遣報質質於
是執臺使狼狽舉兵上表曰臣聞執藥隨親非
情諜於甘苦揮斤斬毒豈忘痛於肌膚蓋以先
疑後順忠焉必往忍小存大雖愛必從丞相臣
義宣貢拊台鉉拊聲聯服定主勤王之業動越
平齊晉宗戚懿親之寄望崇於魯衛而惡直
醜正寔繁有黨或染凶作僞疾壹元功或藉勞

三世二　宋傳三十四　十一

挾寵乘威縱恣目知衍深釁重必貽剝戮乃成
紫毀朱交閧忠輔崇樹私徒招聚羣惡念舊愛
老無一而存豈不凶醜相扇志肆讒慝感陛下
垂慈狎達不稍惟疑遂令負扆席圖蔽於流議
投杼市虎成於十夫臨古揆今實懷危逼故投
袂樊葉立節於本朝揮戈晉陽孫清十君側臣
誠庸懦奉教前朝雖戀緇衣好賢之美敢希巷
伯惡惡之情固已藉風聽而宵憤撫短策而馳
念況乃宏命爰格誠係宗社今奉旨削邁星言

啟行臣本凡瑣少無遠略際會遂班楸鼎
素望既盈慊心實足豈雁徽功非冀更希異寵
直以葛藟難除去惡宜速是以無顧夷險慮不
又身仰恃天春寔究丹款苟血誠不照甘心罪
戮伏願陛下先鑒元輔匪躬茂節未錄庸奉
國微誠不遂洪忍之情以失四海之望昭戮馬
劍顯肆市朝則結雄向國全鋒凱歸九流疑序
三光平耀斯則仰說宗廟俯慊北民裁表感慨
涕言無已加魯弘輔國將軍卞戎大雷馳報義

宣義宣遣諸議參軍劉諶之萬人就弘世祖遣
撫軍將軍柳元景統豫州刺史王玄謨等水軍
屯梁山洲內兩坼築僵月鼉水陸待之殿中將
軍沈靈賜領百舸破其前軍於南陵生禽軍主
徐慶安軍副王僧質至梁山亦夾陣兩岸元景
檄書宣告曰夫革道應運基命之洪符嗣業興
邪紹曆之明筭并自非瑞積神衷德充民軝能
外臨寶位景屬天居大宋啟期理高中世皇根
帝業永流無彊夷陵遘來遘茲凶難國禍寃深

人綱樛滅主上聖略聰武孝感通神義難章木
哀動精緯躬幸南郢親掃大逆道援橫流德模
靈造三光重照七廟載興藏質少負疵釁衷冠
不齒昧利誣天著於腷事受任述職不以宣劾
為心專方拯民惟以侵剝居官自賄至族以
貨傾是以康周陟命層宗宪達苤具那伯
西門遺出自皁隸寵越州朝往莅東守彌爵三
千率辛西討綿俘取黜荷恩彭泗負虐以逞阮
戮邊泯忽若草芥傾竭倉庾割沒軍糧作牧漢

南公益府董矯易支簿專行欺妄及受命比代
憚役緩期師出有辰顧懷私愛匹馬棄衆宵行
獨返遂復攜嬪擁姬淫宴軍幕孔范之褻顯於
逆辭凡此諸釁具彰著者於憲簡振曝於觀聽
歲義衆雖豫誠款而淹留西楚私相崇戴奉書
致命形於心迹新亭之捷大難已夷凶命假存
已懸在晷刻廣莫之軍曾無遺矢重關自開偏裨
於朝議而虛張功伐扇動怨辭自謂斯舉勳莫
已潰賀猶復濫相衝突後騎陳師勞不足甄定

己若初踐殿守志犬馬之情奔趣帑藏頓傾天
府山海弘直芭荒藏疾録其一介之心掩其不逞
之興賣逮爵首元等職班盛級優榮溢寵草莫與
為疇自恣醜薄困知涯浹于謁陳聞曾無紀極
請樂窮太子之英求器盡官府之選徐司空匪
及受命南祖臨路滋甚逼奪妻孍略市金帛怨
動京邑醜聞都鄙棄逐舊故委蔑忠勤為尚期
撫孤之仁惟聞陵侮之酷尺田寸寶靡有孑遺
躬王室遭罹凶禍質與之少長親交兼常曾無

尹周之徒心腹所倚泣訴於御筵素同連子敬
之曠爪牙所杖一逝而不反雖上旨頻煩屢求
勞牒質但稱代在己不遽僚隸託咎朝廷歸罪
有司國士解心有識莫附何文敬趨走斯養天
性愚狡質迷其姦詭寘懷委杖逐外擅威刑内
遊房室質生與釁俱不可詳究擢長數罪會何
足言丞相威重位尊任居分陝宗國倚賴實兼
恂情而不及謙沖之途弗見逆順之訓敝同郡至
理乖范爽逐乃遠忽世祀近受欺構杖納姦疏

還謀社稷目者宴安土流坐觀成敗示遣疲卒
衆裁三千戎馬不供軍糧靡獻皇朝直以親秩
之重酬寵兼極近漸別子禮越常均苟識無所
守功弗由已必為義不全終於敗德令兹放命
恨心於本推諸迹是誠非矣且家國夷險
情事異常豫是臣子耻不星起而玩寇忘會
怨盈塗國謗彌歲又賊劭未禽凶威猶彊將毀
甚婭妾百房尼僧千計敗道傷俗悖亂人神
無奔塗蕃十稔惠政既聞重賦深掠縱慾已

速不日告平釋怨毒之心解倒懸之急論恩叙
德造育為董援入自助入快讒怙亂疑功未
其私墳戮其諸子圖成駭機垂頼義舉捷期云
聞其比僕以不肖過蒙榮私荷佩升越光絕倫
伍家本比邊志存慷慨常甘投生以殉難棘惟
恩思難激氣衝襟故以眺三湘而求慨望九江而
返憤若使身死國康誓言在殞命況仰冀聖略俯
翰義徒萬全之形愚夫所照夫薜音陵控率突
騎陸道步馳檀石衛申右率垣游擊整勒銳師

飛輪槍路王豫州方舟繕甲久已前驅僕訓卒
利兵淩波電逝鎮軍蕭安南接舳連旌首尾
風合驃騎竟陵王懿親人譽問望收歸大司馬
江夏王道略明遠微猷茂世並旆鉞臨塗雲驅
齊引群兵竸邁祕駕徐啓八蠻搖颺五牛舒旆
千乘雷動萬舳雲回騰威發號星流漢轉以上
臨下昭然易觀諸君或世荷恩幸或身聞教義
同心昭然易觀加以三謀協從七緯告慶幽顯
當知君臣大節誓不可犯屨屨至誨難用倒設

三九　宋傳三十四　十五　王禧

履安奉順聲泰事全軌與附逆居危身霄名醜
慈親垂白受飛弱子興孩就誅所以有詔遲回
未震雷霆者正為諸君身拘寇手或懷刃心吉
凶由人無謂為遠命而不殞後悔何及授檄之
日心馳賊庭義宣亦相次至江夏王與義宣
書曰昔柘玄借兵於仲堪有似今日義宣由此
與質相疑質進計曰今以萬人取南州則梁山
中絕萬人綴玄謀必不敢動質浮舟外江直向
石頭此上略也義宣將從之腹心劉諶之曰質

求前馳此志難測不如盡銳攻梁山事剋然後
長驅萬安之計也質遣將尹周之攻胡子反柳
叔政於西壘時子反渡東岸就玄謨計事聞賊
至馳歸周之攻壘其急劉季之水軍殊死戰賊
勢盛求救於玄謨不遣崔勳之固爭刀遣
勳之救之比至城已陷勳之戰死季之收眾而
退子反叔政奔還東岸玄謨斬子反軍副李文
仲質欲仍攻東城義宣黨顏樂之說義宣曰君
復拔東城則大功盡歸之矣宜遣麾下自行義

三九五　宋傳三十四　十六　王禧

宣遣劉諶之就質陳軍城南玄謨留嚴弱守城
悉精兵出戰薛安都騎軍前出垣護之督諸將
繼之戰久賊陣小拔騎得入劉季之宗越又
陷其西北眾軍乘之刀大潰因風放火船艦悉
見焚燒延及西岸質求義宣欲一計事密已出
走矣質不知所為亦走眾悉降散質至尋陽焚
燒府舍載妓妾西奔使所寵何文敬領兵居前
至西陽西陽太守魯方平質之黨世至是懷貳詐
文敬曰傳詔宣敕唯捕元惡一人餘並無所問文

敬棄衆而走質先以妹夫羊沖爲武昌郡質往
投之旣至沖已爲郡丞胡庇之所殺無所歸乃
入南湖逃竄無食摘蓮啖之追兵至窘急以荷
覆頭自沈於水出鼻軍主鄭俱兒望見射之中
心兵刃亂至腸胃纏繁水草隊主裴應斬質首
傳京都時年五十五錄尚書江夏王臣義恭左
僕射臣宏等奏曰臧質底棄下才而藉遇深重
窮愚悖常構煽凶逆釁至滔天志圖泯夏違恩
叛德皐過恒科梟首之憲有國通典懲戾思永

去惡妥深臣等參議須幸日限意使依漢王莽
事偷漆其頭首藏于武庫庶爲鑑戒昭示將來
詔可質初下義宣以質子敦爲征虜將軍雍州
刺史質雷子敞爲監軍將軍敦自隨至是竝爲武
昌郡所執送敦官至黄門郎敦弟敫司徒屬敫
弟敬太子洗馬敞弟敦子仲璋質之二子二
孫未有名同誅質之起兵也豫章太守任薈之
臨川内史劉懷之鄱陽太守杜仲儒竝爲盡力
發遣郡丁幵送糧運伏誅任薈之字處茂樂安

人也歷世祖南平王鑠撫軍右軍司馬長史行
事太祖稱之曰望雖不足才能有餘杜仲儒杜
驥兄子也豫章望蔡子相孫沖之起義招質質
遣將郭會虞山夫討之爲沖之所破世祖發
詔以爲尚書都官郎中沖之太原中都人晉
南平縣男食邑三百戶贈崔勳之通直郎大司
馬參軍劉天賜亦梁山戰亡追贈給事中
祕書監盛曾孫也官至右軍將軍巴東太守後
事在劉琬傳沈靈賜以破質前軍於南陵功封

魯爽小名女生扶風郿人也祖宗之字彦仁晉
孝武太元末自鄉里出襄陽歷官至南郡太守
義熙元年起義襲雍州刺史封宵城縣疾食邑
千五百戶桓謙苟林逼江陵宗之率衆馳赴事
以功爲輔國將軍雍州刺史祖翁進向江陵
在臨川烈武王道規傳進號平北將軍高祖討
劉毅與宗之同會江陵進號鎮北將軍封南陽
郡公食邑二千五百戶子軌一名象齒爽之父
也便弓馬筋力絶人爲竟陵太守宗之自以非

高祖舊隸屬建大功有自疑之心會司馬休之
見討猜懼遂與休之
盡力衛送出境盡室入羌頃之病卒高祖定長
安軌為寧南將軍荊州刺史襄陽公鎮長社世
祖鎮襄陽軌遣親人程整奉書規欲歸順自拔
致誠以答殺劉康祖徐湛之父故不歸太祖累
遣招納許以為司州刺史爽少有武藝虜主拓
跋燾知之常置左右元嘉二十六年軌死爽為
寧南將軍荊州刺史襄陽公鎮長社幼染殊俗
無復華風麤中使酒數有過失爽將誅之爽有
七弟秀小字天念頗有意略才力過爽爽以充
宿衛甚知待之偽高梁王阿叔泥為芮芮所圍
甚急使秀往救爽自率大眾繼其後爽未及至
秀已擊破秀之枝阿叔泥而又爽壯其功以為中
書郎封廣陵疾或告爽鄰民欲據城反復遺檢
察并燒石虎殘宮殿秀常乘驛往反是時病還
進為爽所詰讓秀復恐懼爽尋南寇因從渡
河先是程天祚為虜所沒爽引置左右與秀

相寬勤令歸降秀納之天祚廣平人為殿中將
軍有武力元嘉二十七年助戎彭城曾世祖遣
府劉泰之輕軍龍驤虜於汝陽天祚督戰敗被
罰為虜所復天祚妙善針術爽深加愛賞或與
同興常不離於側封為南安公爽北畧番天祚
為爽所愛舉虜並畏之莫敢問因得逃歸後
祚為爽所愛若受使督切後軍者所至輕罰天
因其沈醉偽爽隨永昌王庫仁真向壽陽與
為山陽太守太宗初興四方同反事在薛安都
傳爽始南行遣爽隨永昌王
弟瑜共破劉祖於尉武仍至瓜步始得與秀定
歸南之謀爽還至湖陸爽等請曰奴與南有讎
三百騎往界上爽聽騎去爽率腹心夜擊餘虜
每兵來常慮禍及墳墓乞共迎喪還葬國都
虜羣下於其主稱奴猶中國稱臣也爽許之長
社戍虜有六七百人爽誦之曰南更有軍可遣
盡殺之馳入虎牢爽唯第三弟在北餘家屬悉
自隨率部曲及願從合千餘家奔汝南遺秀從
計昌還壽陽奉辭於南平王鑠曰爽秀得罪晉

朝貢舉一二世生長絕域遠身胡虜兄弟闚門淪

黠偽授殞命不可還國無因近係南雲傾屬東

日益猶疾姣人思步首者願暊蒿霍咫尺江河匪

遠夷庚難□塞隔同天地痛心疾首慷宵悲虜

主猖狂射豕其忠虐徧華戎恣結幽顯自盱眙

旋軍凶磧過半昏酣沈湎恣性肆身爽秀等因

民之憤籍絡將旋之願齊義奮梟皼醜徒馮恃

皇威肅清通穢牢洛諸城指期克定規以涓塵

微雪風負方當束骸北關待戮司寇懔節未申

伏心邊表眄盼大王殿下以巖茂居蕃文武兼姿

遽邇欽傾承風聞德願垂援拯以慰虔望老弱

百口先遣歸庇逼迴丹心仰希懷遠謹遣同義

潁川聶元初奉詞陳聞鑣馳驛以聞上大說下

詔曰偽寧南將軍魯爽中書郎魯秀志幹削到

忠誠久著撫茲福先闚門效款招集義銳梟夷

裒醜蕭定邊城獻馘象魏雖宣孟之去翟歸晉

賴當之出胡入漢方之此日曾何足云朕實嘉

之空即授任逞其忠略爽可督司州陳留東郡

濟陰濮陽五郡諸軍事征虜將軍司州刺史秀

可輔國將軍管陽潁川二郡太守其諸子弟及

同契士庶委征虜府以時申言詳加酬叙爽至

汝南加督豫州之義陽宋安二郡軍事領義陽

內史將軍刺史如故秀參右將軍南平王鑠軍

事汝陰內史將軍如故餘弟姪竝授官爵賞賜

資給甚厚爽北鎮義陽北來部曲凡六千八百

八十三人是歲二十八年也虜毀其墳墓剄本

四月入朝時薨巳死上變謀經略五月遣爽秀

程天祚等率步騎弁荊州軍甲士四萬出許洛

八月虜長社戍主永平公禿髪幡乃同棄城走

進向大索戍主為豫州刺史跋僕蘭曰爽勇

而無防我今出城必輕來據之設伏檀山必可

禽也爽果夜進秀諫不止馳徃繼之比曉虜騎

夾發賴秀縱兵力戰虜乃退還虎牢爽因進攻

之本期舟師入河斷其水門王玄謨攻碻磝不

拔敗退水軍不至爽亦收眾南還轉關數百里

至曲彊虜候其饑疲盡銳來攻爽身自奮

擊虜乃退走三十年元凶弒逆南譙王義宣起兵
入討奭即受命率部曲至義陽與雍州刺史臧
質俱詣江陵義宣進奭號平北將軍領巴陵太
守度支校尉本官如故留奭停江陵事平以奭
為使持節督豫司雍秦并五州諸軍事左將
軍豫州刺史奭至壽可陽便曲意賓客尉命支人
謂秀曰我為卿誅徐湛之矣方相委任以為右
蕭仗聚馬如寇將至元凶之為逆也秀在京師
軍將軍配精兵五千使攻新旹蠱將戰秀命打
退軍故因此歸順世祖即位以為左軍將軍出
督司州豫州之新蔡汝南汝陽潁川義陽六陽
六郡諸軍事輔國將軍司州刺史領汝南太守
奭與義宣及質相結已又義宣亦欲貳其勇力
情契甚至孝建元年二月義宣報奭秘富同舉
奭在酒乖謬即日便起兵馳信報弟瑜將家奔
版皆得西歸奭使其眾載黃標補建平元年繑
造法服登壇自號疑長史章勳穆中兵參軍揚
元駒治中庚騰之不與已同殺之義宣質聞奭

已處分便狼狽反進義奭號征北將軍奭於是送
所造輿服詣江陵版義宣及臧質等並起征北府
戶曹版文曰丞相劉補天子名義宣車騎臧令
補行義宣驃騎奭所送法物並雷竟陵俱版到
奉承相名質平朱今補車騎名脩之皆版到
進奭直出歷陽自采石濟軍與質水陸俱下奭
遣弟瑜守蒙龍歷陽太守張幼緒請擊瑜世祖
配以兵力遣左軍將軍垣護之代幼
水軍入淵分路並會安都進次大峴奭已立營
世祖以賊彊疆墨固未可輕拔使量宜進止幼緒
便引軍還遠下獄愛遣驍騎將軍垣護之代幼
相遇於小峴奭親自前將戰而飲酒過醉安都
緒據歷陽鎮軍將軍沈慶之係安都進軍與奭
刺奭倒馬左右范雙斬首傳送京都瑜亦為部
下所斬送進平壽陽子弟並伏誅義宣初舉兵
召秀加節進號征虜將軍當繼諶之俱下離州
刺史朱脩之起兵奉順愛道秀擊脩之王玄謨
聞之喜曰魯秀不來臧質易與耳秀至襄陽

大敗而反會益州刺史劉秀之遣軍龍襲江陵秀
擊破之義宣遣還江陵秀與共北走衆叛且盡秀
向城上射之中箭赴水死軍人宗敬叔康僧念之
斬首傳京邑贈韋劇穆揚元騎給事中庾騰之
員外散騎侍郎奕初南歸秀以來武人不閑吏
職白太祖請劇穆為長史以輔奕太祖以補司
馬後轉長史云

軍領隊又隨義季鎮彭城慶征北府攸之亦
被發既至京都詣領軍將劉遵考求補白丁隊
貧元嘉二十七年索虜南寇三吳民丁攸之少孤
主導考謂之曰君形陋不堪隊主因隨慶之征
討二十九年征西陽蠻始補隊主巴巳建義南
中郎府板長史兼行參軍新亭之戰身被重
劉軍寧為太尉行參軍封平洛縣五等侯隨府
轉大司馬行參軍晉世京邑二岸楊州舊置都
部從事分掌二縣非違求初以後罷省孝建三

年復置其職攸之掌焉岸會稽孔璪掌南岸後
又罷攸之遷員外散騎侍郎又隨慶之征廣陵
屢有功被箭破骨世祖以其善戰配以仇池步
稍事平當加厚賞為慶之所抑遷太子旅賁中
郎攸之甚恨之廿七年遭母憂丁起為龍驤將
軍武康令前廢帝景和元年除豫章王子尚車
騎中兵參軍且閤與宗越譚金等並為廢帝所
寵誅戮羣公攸之等皆為之用會封東興縣侯
食邑五百戶攸之遷右軍將軍增邑百戶太宗即

道以攸之為寧朔將軍尋陽太守率軍據虎檻
時王玄謨為大統未發刖鋒有五軍在虎檻五
軍後又絡驛繼至每夜各立姓號不相曉受攸
之謂軍吏曰今衆軍姓號不同若有耕夫漁父
夜相呵叱便致駭取敗之道也乃就一軍請號
衆咸從之殷孝祖為前鋒都督而大失人情攸
之內撫將士外詣羣帥衆並倚賴之時南賊前

鋒鍾沖之薛常寶等屯據赭圻殷孝祖率衆軍攻之爲流矢所中死軍主范潛率五百人投賊人情震駭並謂攸之宜代孝祖爲統時建安王休仁屯虎檻摠統衆軍聞孝祖死遣寧朔將軍江方興龍驤將軍劉靈遺各率三千人赴赭圻攸之以爲孝祖既死賊有乘勝之心明日若不更攻則示之以弱乃率諸軍主詣方興謂之曰四方並反國家所保無復百里之地唯有殷孝祖爲朝廷所委賴鋒鏑裁交遽戶而反文武喪氣朝野危心事之濟否唯在明旦一戰若不捷則大事去矣詰朝之事諸人咸謂吾應統之自卜懦薄幹略不辦及卿令輒相推爲統俱當相與勠力爾力與其悅攸之既出諸軍主並以攸之之曰卿忘廉頗藺相如之事邪吾本以濟國活家豈計彼此之外且我能下彼必不能下共濟艱難豈可自歷同異明旦且進戰自寅訖午大破賊於赭圻城外追奔至姥山分遣水軍乘勢

逃討又破其水軍拔胡白二城尋假攸之節進號輔國將軍代孝祖前鋒諸軍事薛常寶在赭圻食盡南賊大帥胡屯濃湖以囊盛米繫流查及船腹陽覆船順風流下以餉赭圻攸之疑其有異遣人取船及流查大得囊米攸之從子懷寶爲賊帥在赭圻道親人楊公讚賫密書招誘攸之攸之斬公讚封懷寶書呈太宗尋剋赭圻遷使持節督雍梁南北秦四州郢州之竟陵諸軍事冠軍將軍率寧蠻校尉雍州刺史袁顗復率大衆來入鵲尾相持既久軍主農興世越鵲尾上據錢溪劉胡自攻之攸之率諸將率濃渡湖道人傳唱錢溪已平衆並立懼旦不然若錢溪實敗萬人中應有逃亡得還者必是彼戰失利唱空聲以惑衆耳勒等中不得妄動錢溪信尋至果大破賊攸之諸軍送胡軍耳鼻示之顗駭懼急追胡還彼之諸軍悉力進攻多所斬獲日暮引歸鵲尾食盡遁千人在南陵迎米爲臺軍所破燒其資寶胡於是

棄衆而奔頭亦叛走趙坼濃湖之平也賊軍委棄資財珍貨財積諸軍各競收歛以彊弱為少多唯攸之張興世勠勒所部不犯秋毫諸將以此攸之進平尋陽從監郢州諸軍事前將軍郢州刺史持節如故不拜遷中領軍封貞陽縣公食邑二千戶時四方比巳平定徐州刺史薛安都據彭城請降上雖相酬許而辭旨簡略攸之前將軍置佐吏假節與鎮軍將軍張永以重兵徵安都安都懼要引索虜為大衆援

穆之為虜攻覆米船又破運車於武原攸之等之攸之等米船在呂梁文遣軍主王穆之上民口引退為虜所乘又值寒雪士衆隨指十三留長水校尉王玄載守下邳積射將軍沈韶守宿預睢陵淮陽亦置戍攸之還淮陰免官以公領職復求進討上不聽送米下邳并斃四周深斬遣三年六月自率運送米下邳并斃四周深斬遣龍驤將軍垣護之領民口還淮陰時軍主陳顯達當領千兵守下邳攸之留持顯達至虜遣清

泗閒人詐告攸之云安都欲降求軍迎接攸之副吾喜納其說咸謂宜遣千人參之既而來者轉多喜所執彌固攸之乃集來者告之語曰薛徐州早宜還朝今能爾深副本望若能與薛來便當遣大軍相接君諸人既有志心若能與薛子弟俱來即假君以本鄉縣唯意所欲如其不爾無為空勞往還自此一去不反其年秋太宗復令攸之進圍彭城攸之以清泗既乾糧運不繼固執以為非宜往反者七上大怒詔攸之曰卿春中求代彭城吾恐軍士疲勞且去冬奔散邪卿若不行便可使吳喜獨去攸之懼乃奉旨人心未宜復用不許卿所啟今便不肯為吾行進軍行至遲墟上悔追軍令反攸之還至下邳而陳顯達於睢口為虜所破龍驤將軍姜產之司徒參軍高道慶世戰沒虜追攸之其急因交戰被稍創會暮引軍入顯達墮夕衆散八月十八日也攸之棄衆南奔初吳興丘珝弼丘隆先沈誣沈柴守吳陸道量並以文記之書隨攸之及張

永北討永一奔收之再敗幼弱等並皆陷沒彼之
還淮陰以為持節假冠軍將軍行南兗州刺
史追贈姜產之左軍將軍高道世屯騎校尉四
年徵收之為吳興太守辭不拜乃除左衛將軍
領太子中庶子五年出為持節監鄞州諸軍鄞
州刺史為政刻暴或鞭士大夫上佐以下有忤意
輒面加詈辱將吏自圍捕往無不得一日或得兩三若
欺聞有虎輒自圍捕

宋傳三十四　　三十一

餘人而曉達吏事亡叛同籍伍充代者十
遍暮不獲禽則宿昔圍守滇曉自出賦斂嚴苦
徵發無度繕治船舸營造器甲自至夏口便有
異圖六年進監豫州之西陽司州之義陽二郡
軍事進號鎮軍將軍泰豫元年太宗崩收之與
蔡興宗在外藩同豫顧命進號安西將軍加散
騎常侍給鼓吹一部未拜會巴西民李承明反
執太守張澹蜀土驚擾時荊州刺史建平王景
素被徵新除荊州刺史蔡興宗未之鎮乃遣收
之權行荊州事收之既至會承明已平乃以收

之都督荊湘雍益梁寧南北秦八州諸軍事鎮
西將軍荊州刺史持節常侍如故至荊州政治
如在夏口營造舟甲常如敵至時幼主在位羣
公當朝收之漸懷不臣之迹朝廷制度無所遵
奉江州刺史桂陽王休範作天公書一函題云沈丞
收之使道士陳公昭密有異志以微旨送之
相送付收之門者收之不開書推得公昭送之
朝廷後廢帝元徽二年休範舉兵襲京邑收之
謂僚佐曰桂陽今反朝廷必聲云與收之同若

宋傳三十四

不顧沛勤王必增朝野之惑於是遣軍主孫同
沈懷奧興軍馳下受鄞州刺史晉興王燮節度
同等始過夏口會休範平還進收之號征西大
將軍開府儀同三司固讓開府收之自擅閫外朝
廷疑憚之累欲徵入不受命乃止羣公稱皇太
后令遣中使間收之日久勞于外宜還京輦然往
寄之重換代殊為未易還止之宜一以相委欲
以觀察其意收之答曰荷國重恩名器至此自
惟凡陋本無廊廟之姿至如成防一番撲討蠻

蠻可彊充斯任雖目上如此豈敢厝心去留歸
還之事伏聽朝旨朝廷逾憚懼徵議遂息四年
建平王景素據京城反攸之復應朝廷素尋平
初元嘉中巴東建平二郡軍府富實與江夏竟
陵武陵並為名郡世祖於江夏置郢州郡罷軍
府竟陵武陵亦並殘壞巴東建平為峽中蠻所
破至是民人流散存者無幾其年春攸之遣軍
入峽討蠻帥田五郡等及景素及攸之急追峽
中軍巴東太守劉攘兵建平太守劉道欣並疑

攸之自有異志阻兵斷峽不聽軍下時攘兵元
子天賜爲荊州西曹攸之遣天賜說之令其
解甲一無所問攘兵見天賜知景素實及乃釋
甲謝愆攸之待之如故後以攘兵爲府司馬劉
道欣堅守建平攘兵壁言說不回乃與代蠻軍攻
之破建平斬道欣其壁言直閣高道慶家在江陵攸
之初至州道慶時在家牒其親戚十餘人求州
從事西曹攸之爲用三人道慶大怒自入州取教
毀之而去及還都不詣攸之(別道慶至都云攸

有不同故其事不果其秊十一月乃發兵反叛
示攸之元琰旣至江陵攸之僞有異志腹心議
之長子司徒左長史元琰齋廢帝剗剗之以
騎大將軍開府儀同三司加班劍二十人遣攸
後刺客事發廢帝旣殞順帝卽位進攸之號車
攸之自出格殺之忽有流矢集攸之馬障泥其
府佐吏進其階級時有象三頭至江陵城北數里
與道慶密遣刺客齋廢帝手詔以金餅賜攸之州
之聚衆繕甲姦逆不久楊運長等常相疑畏乃

攸之素畜士馬資用豐積至是戰士十萬鐵馬
二千遣使要雒州刺史張敬兒梁州刺史范伯
季司州刺史姚道和湘州行事庾佩玉巴陵內
史王文和等敬兒文和斬其使馳表以聞伯季
道和佩玉懷兩端密相應和十二月十二日攸
之遣其輔國將軍中兵參軍督前鋒軍事孫
同率寧朔將軍中兵參軍武寶龍驤將軍騎
兵參軍朱君拔寧朔將軍沈慧真龍驤將軍中
兵參軍王道起又遣司馬冠軍將軍劉攘兵率

寧朔將軍外兵參軍公孫方平龍驤將軍騎兵
參軍朱靈寶龍驤將軍騎兵參軍沈僧敬龍驤
將軍高茂又遣輔國將軍騎兵參軍沈僧秀輔
國將軍寧朔將軍外兵參軍揚景穆相繼下
軍王珍之寧朔將軍中兵參軍王靈秀輔
收之自率輔國將軍錄事參軍兼司馬武茂宗輔
賢寧朔將軍中兵參軍沈昭寧朔將軍中兵參
國將軍中兵參軍沈昭之龍驤將軍中兵參
軍東門道順閏十月四日至夏口攻之將發江陵使

沙門釋僧朱篁曰不至京邑當自郢州回還意甚
不悅初江津有雲氣如塵霧從西北來正蓋軍
上至沌口各當間訊安西頻泊黄金浦既登岸郢城
出軍擊之收之聞齊世子據盆口震懼不敢下
因攻郢城時齊王輔政遣衆軍西討尚書符征西府
旦尊冠賊屢君臣之位奉順忌逆成敗斯兆未
有憑陵我郊圻侵軼我河縣而不效師殪甲靡
旗亂轍者也沈攸之少長庸賤擢自閭伍邀百戰
之運乘一捷之功鶱山裂地腰金拖紫竊貴於

國極富於家擁旄蕃伯便無北面之禮受督志
屏即有專征之寶橘柚窒入箕賦深
斂毒被南郢枉緬矯墨害者西荆驟發其心谿
罄其性卒結釁處外城迯死中甸是而可忍軏不
懷令遣新除使持節督郢州之義陽諸軍事平
西將軍郢州刺史聞喜縣開國侯黄回員外散
騎常侍冠軍將軍驃騎將軍南臨淮太守重安縣開
國子軍主王敬則輔國將軍屯騎校尉長壽縣
承叔輔國將軍左軍將軍南濮陽太守葛陽縣
開國男王宜與輔國將軍南高平太守軍主陳
開國男軍主彭文之龍驤將軍驃騎行參軍軍
游擊將軍湘南縣開國男新除使持節督湘州
主召寧精甲二萬前鋒雲騰又遣散騎常侍領
諸軍軍事征虜將軍湘州刺史軍主呂安國屯騎
校尉寧朔將軍崔慧景輔國將軍軍主任候伯
輔國將軍驃騎馬軍主蕭順之輔國將軍游
擊將軍軍主垣崇祖寧朔將軍虎賁中郎將軍

主尹略屯騎校尉南城令曹虎頭舳艫二萬驍
驛繼邁文遣輔國將軍後軍將軍右軍中兵參
軍事軍主荀元賓寧朔將軍撫軍中兵參軍事
軍主郭文孝龍驤將軍撫軍中兵參軍事軍主
龍輔國將軍後軍統馬軍主張文恬龍驤將軍
將軍廣州刺史統馬軍主沌陽縣開國子周艦
越寧湘州之廣興諸軍事領平越中郎將征虜
程隱雋輕艓一萬截其津要新除持節督廣交
軍主辭道淵冠軍將軍游擊將軍并州刺史南

三十七　陶

清河太守太原公軍主王敕勤龍驤將軍射聲
校尉王洪執龍驤將軍宄從僕射軍主成置等
鐵馬五千龍驤後隊凡此諸帥莫不勇力動天
勁志駕日接衝按距鷹瞵鶚視顧眄則前後風生
喑嗚則左電起以此攻城何城不克以此赴敵
何陳能堅然後鑒戎薄臨龍席百萬六軍齊軌五
輅舒斾丹檻發照素甲生波樓煩白羽役靈岳
漁陽黑騎浴鐵為羣芝艾同焚悔將何及符到之
日革加三省其鋒陳管壁之主驅逼寇手之人若

有投命軍門一無所問或能因罪立績終不爾
欺斬裾射球唯是與能斬送之之首封三千
戶縣公賜布絹各五千匹信如河海皎然無貳
飛火軍攝文書千里驛行齊王出頓新亭馳檄
地多力安施何則逆順之勢定殊禍福之驗易
數攸之罪惡曰夫彎弓射矢未見能至揮戈擊
原也是以遂乎天者思神不能使其成會乎人
者聖哲不能令其毀故劉瀈賴七國連兵之勢
傀罷恃跨阿據隴之資毋丘儉伐其踰海越島

三十八　林

之功諸葛誕矜其待士愛民之德彼四子者皆
當世雄傑以犯順取禍覆窊傾巢為豎子笑
況乎行陳凡斗筲小器而懷問鼎之志敢搆
無君之逆哉逆賊沈攸之出自萊畝寂寥累世
故司空沈公從父宗愛之若子夙翼吹噓得
升官秩發帝皆悖猜畏柱臣攸之貪競乘機凶
忍趣利躬行及噬請衛誅旨又攸之與譚金童
太壹等並受寵任朝為牙爪同功共體世號三侯
當時親昵情過管鮑遭仰革運凶黨懼戮攸之

狁猾用數圖全賣禍既殺從父又害良朋雖呂
布賊君酈寄賣友方之斯人未足為酷此其不
信不義言詐翻覆諸夏之所未有夷狄之所不
為也泰始開關網漏吞舟略其凶險取其搏噬
故得階亂獲全因禍保福攸之空淺躁而無謀
濃湖崩挫本非已力及北伐彭泗望賊宵奔重
討下邳一鼓而遁再鄙王師又應肆法先帝英
聖量深河海宥其回黠之敗冀收曲嶠之捷故
得推遷立會頓升崇顯內端戎禁外臨方牧聖
靈鼎湖遠顧顧命託寄崇深義感金石而攸之
知本國諱喜見于容普天同哀已以為慶此其
樂禍幸災大逆之皇一也又攸之累蕃自
郢遷荊晉興殷下以皇弟代鎮地尊望重攸之
肆情陵侮斷割候迎料擇士馬簡籌器甲精器
銳士並取自隨郢城所甾十不遺一專擅略之
二也又攸之踐荊以來恒用姦數既欲發兵空
岡顧國典此其苞藏禍志不恭不虔大逆之罪
有因假遂乃爰迫群蠻騷擾山谷揚聲討伐盡

戶發上蟻聚郭邑伺國盛衰從來積年求不解
甲遂使四野百縣路無男人耕田載租皆驅女
弱自古酷虐未聞有此其侮蔑朝廷大逆之罪
三也去筲桂陽奇兵炎起京師內襲宗廟貼危
攸之住居上流兵彊地廣救援顛沛寔宣悉力
國家倒懸方思身慮威遣弱卒三千並皆羸老
使就郢州稟受節度欲令判否之日委皇晉燮
何其平日輙張實輕周邸彌時泰謹虛重皇威
此其伏膺詐持疑兩端大逆之皇四也又攸之
之累據方州跋扈滋甚招誘輕狡往者咸納羈
絆行侶過境必留仕子窮困不得歸加其鄉商人
畢命無由還其土叛亡入境輒加攔護通逃出
界必遣窮追此其大逆之皇五也又攸之自任
專恣恃行慘酷視民若離遇民如草菅太半之
賦暴橫毒之刑鞭撾國士全用虐法一人逃亡
闔宗補代毒嬰孩虐加斑白獄囚恒滿市血
常流男不得耕女不得織奔馳道路號哭動天
皇朝赦令初不道奉欲殺欲擊故曠蕩之澤長

隔彼州此其無君陵上大逆之皋六也蒼梧狂凶釁深桀紂猜貳外蕃鴟目西顧酋其長息元琰以為交質父子分張彌積奉稔賴社稷靈長獨夫端戮收之豫票心靈空同歡辛遂迷惑顢倒戈相嗟愴舉言辰桀揚聲吠兢此其不辨是明代盛典交廣先到梁秦蚤及而收之密通非罔識善惡違情背理大逆之皋七也廢昏立內毉川塗弗遠驛書至止晏若不聞未遺章表奮積旬朔防風後至夏典所誅此其大逆之皋

八也昇明肇曆恩深澤遠申其父子之情裕其骨肉之恩馳遣元琰銜使西歸並加崇授寵貴收之以谿壑之性含梟鴟之腸直置天壤巳稱之恩不荷盛德反生讎釁此其大逆之皋九也重疊元琰達西便應反命收之得此集聚豢誰醜穢況乃舉兵內侮逞肆姦回斯寔惡孰皇成之厎決灕潰疽之日幕府過荷朝寄義百常憤董司元戎襲行天罰今皇上聖明將相仁厚約法三章輕刑緩賦年登歲阜家給人足上有惠

和之澤下無樂亂之心收之不識天時妄圖姦逆舉無名之師驅怨之黨是以朝野審其易取合識判其成禽熊羆爪牙攫鷙之心虎豹摩牙起吞噬之憤鼓怒則冰原激電奮發則霸野奮霆以此定亂豈移晷劉雖復眾徒櫻陸舉郡阻川何足以抗沸海之濤當燒山之燄彼土士民罷毒日久逃竄無路常所憫然今後相逼起接鋒刃交戰之日蘭艾難分土崩倒戈宜為蚤計無使一人迷眛而九族就禍也弘宥之典

有如皦日收之盡銳攻郢州行事柳世隆隨宜距應屢摧破之收之與武陵王贊歲曰江陵一總八州地居形勝鎮撫之重宜以上歸本欲仰移節蓋政臨荊部所以未具上聞者欲待至止面自咨申不圖重關擊柝觀接莫由若使臣朝之誠終藹於聖祭龍襲遠之舉近接於郢都則無以謝熨士之心何用塞義夫之志役不犯關陵漢期一接奉耒耜斬蛟陷石之卒劉駱卷鐵之將煙騰飆迅容或驚動左右苟不獲巳敢不先布下情又曰

下官位重分陜富兼金穴子弟勝衣爵命巳及
親黨辨蔎抽序便加耳倦紈歌口厭粱肉布衣
若此復欲何求當不知俛眉苟安保養餘齒何
爲不計百口甘冒危難誠感歷朝之遇欲報之
於皇室爾眜理之徒謂下官懷無厭之願既貴
難太祖勠勞日貽十世不盡七百之期宗社巳
不立政復閨門碎滅百死無恨但高祖王業艱
誠於白日不復明心於殿下若使天必喪道忠節
成他人之有家國之事未審於聖心何如攸之

三九五　宋傳三十四　四十三　王誠

遣中兵參軍公孫方平馬步三千向武昌太守
臧渙棄郡投西陽太守王瑶奔于盆口方平因
據西陽建寧太守張謨率二守千人攻之方平
破走攸之攻郢城久不決衆心離沮昇明二年
正月十九日夜劉攘兵燒營入降郢城衆於是
離散不可復制將曉攸之斬劉天賜率大衆過
江至魯山諸軍因此散走還向江陵未百餘里
聞城巳爲雍州刺史張敬兒所據無所歸乃與
第三子中書侍郎文和至華容界爲封人所斬

送攸之初下留元琰守江陵張敬兒剋城元琰逃
走攸之第五子幼和幼和弟元琰和子法先懿子
文和子法徵幼和子法茂並爲敬兒所禽伏誅
初文和尚齊王女義興公主憲公主早薨有二女
至是齊王迎還第二子懿攸之及諸子
沈文秀所收斬登之第雍之鄱陽太守先攸之
收之弟登之新安太守去職在家爲吳興太守
喪還葬墓攸之第二子洗馬先攸之卒
卒詔以雍之孫僧照爲義興公主後雍之與攸

三九一　列傳三十四　四十四　王誠

之異生諸弟中最和謹尤見親愛攸之性儉素
子弟不得妄用財物唯恣雍之所須輒取齋中
服飾分與親舊以此爲常雍之第榮之尚書庫
部郎亦先攸之卒攸之晚好讀書手不釋卷史
漢事多所諳憶常歎曰早知窮達有命恨不十
年讀書及攻郢城夜遇風浪米船沉没倉曹參
軍崔靈鳳女劬適柳世隆子攸之正色謂曰當
今軍糧要急而卿不以在意將由與城内婚姻
邪靈鳳荅曰樂廣有言下官豈以五男易一女攸之

歡然意解初收之招集才力之士隨郡人雙泰
眞有幹力召不肯來後泰眞至江陵賣買有以
告收之者收之因留之補隊副厚加料理泰眞
無停志少日叛走收之遣二十人被甲追之逐討
其急泰眞殺數人餘者不敢近欲過家將母而
事迫不獲單身走入蠻追收之既失之錄其母
去泰眞既失毋乃出自歸收之不罪曰此孝子
也賜錢一萬轉補隊主其矯情任笇皆如此初
收之賤時與吳郡孫超之全景文共乘小船出
京都三人共上引埭有一人止而相之曰君三人皆
當至方伯收之曰豈有三人俱有此相相者曰骨
法如此若有不驗便是相書誤耳其後收之為
郢荆二州超之廣州景文豫州刺史收之為
郢州有順流之志府主薄宗儼之勸攻郢城功
曹臧寅以為攻守勢異非旬日所拔若不時舉
挫銳損威今順流長驅計日可捷既傾根本則
郢城豈能自固收之不從既敗諸將帥皆奔散
惟寅曰我委質事人豈可苟免我之不負公猶

公之不負朝廷也乃投水死寅字士若東莞營
人也先是收之在郢州州從事輒與府錄事鞭
收之免從事官而更鞭錄事五十謂人曰州官
鞭府職誠非體要由小人凌侮士大夫參
軍事邊榮為府錄事所辱收之自為榮鞭殺
錄事收之自江陵下以榮留府司馬守城張
敬兒收之使詣敬兒降榮曰受沈公
厚恩共如此大事一朝緩急便改易本心不能
行也城敗見敬兒敬兒問曰邊公何不早來榮
曰沈公見留守城而委城求活所不忍也本不
靳生何須見敬兒曰死何難得命斬之歡笑
而去容無異色太山程邕之者素依隨榮至是
抱持榮曰與邊公周遊不忍見邊公前死乞見
殺兵不得行戮以告敬兒曰求死甚易何
為不許先殺邕之然後及榮三軍莫不垂泣曰
奈何一日殺二義士比之臧洪及陳容榮金城人
也慶帝之殯也收之欲起兵問其智星人葛珂
之珂之曰自古起兵皆候太白太白見則成伏

則敗眚挂陽以太白伏時舉兵一戰授首此近
世明驗今蕭公廢昏立明政值太白時此與天
合也且太白寡出東方東方利用兵西方不利
故攸之止不反及後舉兵珂之又曰今歲星守
南斗其國不可伐攸之不從凡同逆丁珍東孫
同裴茂仲武宗儼之並伏誅攸之表檄文疏皆
儼之詞也臧渙詣盆城自歸今皇帝命斬之餘
同惡或為亂軍所殺或遇赦得原

史臣曰臧質雖貪虐凶樹間望多關泰義治流
本無吞噬之志也徒欲以幼君弱政期之於世
祖據有中流嗣桓庚之業既主異穆哀臣皆代
黨雖禮秩外厚而疑防內深功高位重終非自
安之地至於陵天犯順其出於此乎攸之伺隙
西郢奉逾十載擅命專威無君已積及天厭宋
道鼎運將離不識代德之紀獨迷樂推之數公
休既覆其族攸之亦屠嚴身天以囊亂自終圖
異代如一也

列傳第三十四

宋書七十四

王僧達

顏竣

王僧達琅邪臨沂人太保弘少子兄錫質訥之
風采太祖聞僧達爰惠召見於德陽殿問其書
學及家事應對閑敏上甚知之妻以臨川王義
慶女少好學善屬文季未二十以爲始興王濬
後軍參軍遷太子舍人坐屬疾於楊削橋觀鬭

二十六　宋書傳三五　一

鴨爲有司所糾原不問性好鷹犬與閭里少年
相馳逐又躬自屠牛義慶聞如此令周旋沙門
慧觀造而觀之僧達陳書滿席與論文義慧觀
酬答不服深相稱美與錫不協諱家貧求郡太
祖欲以爲秦郡史部郎庚炳之曰王弘子旣不
宜作秦郡僧達亦不堪莅民乃止尋遷太子洗
馬母憂去職凡錫罷臨海郡還送故及奉祿百
萬以上僧達一夕令奴輦取無復所餘服闋爲
宣城太守性好游獵而山郡無事僧達肆意馳

騁或三五日不歸受辭訟多在獵所民或相逢
不識問府君所在僧達曰近在後元嘉二十八
季春索虜寇邊都邑危懼僧達求入衛京師見
許賊退又除宣城太守頃之徙任義興三十季
元凶弒立世祖入討普檄諸州郡又符郡發兵
僧達未知所從容說之曰方今釁逆滔天古今
未有爲君計莫若承義師之檄移告傍郡使工
言之士闡示禍福茍在其心誰不響應此策上
也如其不能可躬率向義之徒詳擇水陸之便

三三六　宋書傳三五　二

致身南歸亦其次也僧達乃自候道南奔世
祖於雉頭即命爲長史加征虜將軍初世祖發
尋陽沈慶之謂之曰王僧達必來赴義人問其所
以慶之曰虜馬飲江王出赴難見在先帝前議
論開張執意明決以此言之其至必也上即位
以爲尚書右僕射尋出爲使持節南蠻校尉加
征虜將軍時南郡王義宣求配江陵南蠻不解
不成行仍補護軍將軍僧達自負才地謂當時
莫及上初踐阼即居端右一二季間便望宰

相及為護軍不得志乃啟求徐州曰臣衰索餘

生逢辰籍業先帝追念功臣睠及遺賤飾短拍

陋布筭稠采從官袞褐十有一載早憑慶泰脫

親戚明而有志於學無獨見之敏有務在身無

所懷陛下孝誠發衷義順動物自龍飛以來實

恩不可終報尸素難可久處故獨狂藥謬每陳

偏鑒之識固不足建言世治備辨時宜窮以天

應九服同歡三光再朗而臣偃視巷里借聽民

謠黎珉　未締其感遠近風議不獲稍進

三卅　宋傳三十五　三

臣所用夙宵疾首寤寐忱忱者也臣取之前載

譬之於今當漢文之時可謂藉已成之業據既

安之運重以布衣菲食憂勤治道而賈誼披露

痌誠猶有歡哭之諫況今承顯沛萬機惟始恩

未及普信未遑周臣又聞前達有言天下重器

也一安不可卒危一危亦不可卒安陛下神思

淵通亦當鑒之聖慮縞謂今之務惟在萬有

為已家國同憂免彼庶心從民之欲民有咨瘼

之聲君表納隍之志下有懲弊之苦上無俊豫

之情又應官酌其才帝嘯其犖犖與失不賞罹失

不刑至若樞任重司藩扞要鎮治亂倏寄動靜

所歸百度惟新或可因而弗革事在適宜無或

定其出處天下多才在所用之臣非惟寄觀世

路謨識其難即之於身詳見其弊尚何者臣雖得

免牆面書不入於學伍行無愆戾自無近於才

能直以應託門世風列榮齒且近雖奔進江路

歸命南闕竟何功効可以畫實而頻出內籠陛

下綢繆數旬之中累發明詔自非才略有素聲

三國九　宋傳三十五　四

實相任豈可聞而弗驚履而無懼固宜退省身

分識恩之厚不知報荅當在何期夫見危致命

死而後已皆殷勤前誥重其忘生獲其志死得

言恩在必効之地使生獲其志死得其所如使

臣享厚祿居重榮衣狐坐熊而無事於世者固

所不能安也今四夷猶警國未戰辦釁詭

尤宜載防閒者天兵未獲已肆其輕漢之心恐

戎狄貪惏猶懷匪遯脫以神州暫擾中夏兵飢

容或遊魂塞內重窺邊鄙且高秋在節胡馬興

威之圖其易番爲之所臣每一日三省志在報
效遠近小大觀其所安受效偏方得司者則慮
之所辨情有不疑若首紈軍政董勤天兵既才
所不周實誠亦非願陛下矜諒已厚願復曲體
此心護軍之任臣不敢勵彭城軍府即時過立
且臣本在驅馳非希崇願輕智小虩足以自安
願承鑑怒特賜申獎則內外榮荷符没銘將軍
不許僧達三皆固陳上甚不說以爲征虜將軍
吳郡太守某歲五遷僧達彌不得意吳郭西臺
寺多富沙門僧達來須不稱意乃道主簿顧曠
率門義刻寺內沙門竺法瑤得數百萬荊江友
叛加僧達置佐領兵臺符聽置千人而輒立三
十隊隊八十人又立宅於吳多役公力坐免官
初僧達爲太子洗馬在東宮愛念軍人朱靈寶
及出爲宣城靈寶已長僧達作列死以寄宣城
左永之籍注以爲已子改名元序啓太祖以爲
武陵國典衛令又以補竟陵國典書令建平國
中將軍孝建元年春事發又加禁錮上表陳謝云

不能因佞左右傾意權貴上愈怒僧達族子確
年少美姿容僧達與之私款叔父休爲永嘉
太守當將確之郡僧達欲逼留之確知其意避
不復往僧達大怒潛於所住屋後作大坑欲誘
確來別因殺而埋之從弟僧虔知其謀禁呵乃
止御史中丞劉瑗奏請收治上不許孝建三年
除太常意尤不悅頃之上表解職曰臣自審庸
短少闕官情兼宿抱重疾年月稍甚生平素念
願開衡廬先朝追遠之恩早見榮齒恩者以親
貧須養偏俛從祿解褐後附十有餘旬俄遷舍
人始不朝直實無緣坐關宸寵尸爵家庭情計
三三屢經聞啓終獲允亮反初服還私未用
又擢爲洗馬意旨優隆其令且拜許有郡鼓當
務處冝置會琅邪遷改即蒙敕往反神翰慈誘
殷勤令裝成即自隨靈寶往年淪覆長溪因彼
散失仰感沉恩俯銘浮寵臣釁積禍升仍丁艱罰
聊及視息即蒙逮問具啓以奉營情事負舉很
多賜莊宣城極其窮躓仲春移任方冬便值慮

南侵臣忝同肺腑情為義動苦求還都待衛輦
轂至止之日戎旗已寰在郡雖淺而負得分了
方拂農衣還事耕牧宣城民庶詣闕見請彌時
敕凶從兄僧綽宣見罷之旨闔任野心素
積仍附啓苦且旋任還務未期凶兄臣錫奄
見棄背啓解奔赴賜帶郡還都曾未淹積復除
義典臣自天飛海涘豈假鱗翼徒思橫施與日
而深自處官以來未嘗有涓豪之積巍疾闊疚
又無人一諾而性狎林水偏愛禽魚議其所託
動事治要姒收崖欽分無忘俄頃寔由有待難
供上裝來立東郡奉輕西郊祿重具陳斯懇伋
執初願置乞江湘遠郡一二秊中庶反耕之日
糧藥有寄即蒙亮許當賜衿權遭逢厄運冥天也
崩離世寰聖朝門情之顧及在臣身復荷殊識
義雖君臣恩猶父子臣誠庸蔽心過草木奉諭
崩臨危盡生微朝露不察如絲信順所扶得獲
之日不覺拚身單軀弱嗣千里共氣繼罹凶塗
全瀋再見天地重覩三光于時兄子僧亮等幽

窘醜逆盡室獄戶山川嶮岨吉凶路塞悠遠之
恩誰能勿勞賞膽濡足是其公願分心挂腹實
亦私苦幸屬聖武尅復大業宇宙廓清四表
靖晏臣父子叔姪同獲泰辰造情追奉歸骨之
本欲以死明心誤有何勳庸而頻煩恩榮動
終古常節智力無效何辰情願已展避逆向順
蹄分次俱忽病之曰不敢固辭故吞訴於方鵲渚
飲愧於新亭及元凶既殄人神獲又端右之授
即具陳請天慈優渥毋越常倫南轅重軍旬
月私授臣三省非分必致孤負居常輕任尚懼
網黑況參要內職承寵外識其取覆折不假
識見故披誠啓訴表跖相屬或乞輕高就卑或
願以閑易要言誓致苦播於醫牘誠知固陋當
觸明科去歲往年累犯刑禁理無申可罪有
恒典虛穢朝序黷累家業臣甘其終物議其
盡陛下棄其身瑕疵其貴賕迂略法憲曲相全
養臣一至之感已此何忘利伊恩升加以今佇當時
霞驚駭收足失所本忘閭情不敢閭命內慮於已

外訪於親以為天地之仁施不期報再造之恩
不可妄屬故洗拂灰壤登沐膏露上廁聖澤下
愛生辰合芳離蛻遐邇改觀但偷榮託幸忽移
此歲自見妨長轉不可寧安其沈放志事俱盡
伏願陛下承次自引聖朝厚終始之恩及臣狂蔽
未至得於榮次自引聖朝厚終始孤臣保
不泯之澤夫讓切為高臣無功而讓專素為美
臣榮采已積婢以是求返誠亦可愍又妻子為居
更無餘累婢僕十餘粗有田入歲時是課足繼

衛惜底心氣恂弱神志衰散念此根疢不支歲
月公私誠願安蒙諒許乞徇餘辰以終瑣運白
水皎日不足為譬願垂秋鑑以申此請僧達文

朝昏兼此日眩瞢更甚風虛漸劇湊理合開棨
旨抑揚詔付門下侍中何偃以其詞不遜啓付
南臺又坐免官頃之除江夏王義恭太傅長史
臨淮太守又徙太宰長史太守如故大明元年
遷左衛將軍領太子中庶子以歸順功封寧陵
縣五等侯二年選中書令先是南彭城番縣民

高閣沙門釋曇標道方等共相誑惑自言有鬼
神龍鳳之瑞常聞簫鼓音與秣陵民藍宏期等
謀為亂又要結殿中將軍苗允外散騎侍郎
嚴欣之司空參軍閻千纂太宰府將軍程天恰
等謀剋二年八月一日夜起兵攻宮門晨掩太宰
江夏王義恭分兵襲殺諸大臣僧達以聞為天子事
發覺凡黨與死者數十人僧達屢經狂逆上
以其終無悛心因高閣事陷之下詔曰王僧達
餘慶所鍾早登榮觀輕險無行暴於世談值國

志趣東區公行剽掠顯奪凶黨倚結臺惡誣亂
內身窮榮寵曾無在洋食棋懷音乃協規西楚
道中艱盡室願效甄其薄誠貰其鴻罷爵遍外
視聽朕無容隱恩加蕩雪曾無犬馬感恩之志而
炎火成燎原之勢洎流北江河之形遂脣齒高
閣契規蘇寶搜詳妖圖覘察象緯逮賊長臨
梟餘黨就鞠咸布辭獄牒宣言其矯構風塵志希
忍法為情屈小醜紛紜人奪方虛市猶欲隱
非覬固已達諸公卿彰于朝野朕焉得輕宗社

之重行匹夫之仁殄山誅邪聖典所同戮諷翦
律漢法收尚便可收付廷尉蕭正刑書故太保
華容文昭公弘契闊歷朝網繆眷遇豈容忿茲
勳德忽其世祀門爵國姻一不愍絕於獄賜死
時季三十六子道琰徙新安郡前廢帝即位得
還京邑後廢帝元徽中為廬陵國內史元嘉中
立國子學為毛詩助教為太祖所知至南臺
卒蘇寶者名寶生本寒門有文義之美元嘉中
侍御史江寧令坐知高閣及不即啟聞與閣共

伏誅

顏竣字士遜狼邪臨沂人光祿大夫延之子也
太祖問延之卿諸子誰有卿風對曰竣得臣筆
測得臣文臭得臣義躍得臣酒竣初為太學博
士太子舍人出為世祖撫軍主簿甚被愛遇竣
亦盡心補益元嘉中上不欲諸王各立朋黨將
召竣補尚書郎吏部尚書江湛以為竣在府有
稱不宜回改上乃止遂隨府轉安北鎮軍北中
郎府主簿二十八季虜自彭城北歸復求互市

竣議曰愚以為與虜和親無益已然之瞗效何
以言其然夷狄之欲侵暴苦力之不足耳未
嘗拘制信義用報其謀筈季江上之役乃是和
親之所招稔交騁遂求國婚朝廷羈縶之義以
若言互市則復開囊敝之萌議者不過言互市
忽怒故至於深入幸今因兵交之後華戎隔判
依違不絕既積歲月漸不可諲獸心無厭重
之利在得馬今復棄此所重得彼下駟千匹以上
尚不足言況所得之數裁不十百邪一相交關

卒難開絕寇負力玩勝驕黠已甚雖云互市實
覘國情多瞻其端則桀慢閉已通而為禦則必
生邊虞不如塞其端漸杜其釁望內修德化外
經邊事保境以觀其釁勇於事為長初沙門釋僧
舍粗有學義謂竣曰貪道粗見識當有真人
應符名稱次第屬在殿下竣在彭城嘗有向親人
叙之言遂宣布聞於太祖時元凶巫蠱事已發
故上不加推治世祖鎮尋陽遷南中郎記室參
軍三十季春以父延之致仕固求解職不許賜

儋南山

06-1122

假未發而太祖崩閭至世祖舉兵入討轉咨議
參軍領錄事任總外內并造檄書世祖發尋陽
憒有疾領錄事任自沈慶之以下並不堪相見唯
竣出入卧內斷決軍機時世祖屢經危篤不任
咨稟凡厥報事竣皆專斷施行世祖踐阼以為
侍中俄遷左衛將軍加散騎常侍舉常見許
封建城縣疾食邑二千戶孝建元年轉吏部尚
書領驍騎將軍竣心選舉自彊不息任遇既隆
奏無不可其後謝莊代竣領選舉意多不行竣容

兒嚴毅莊風姿其美賓客喧謔帝歡笑答之時
人為之語曰顏竣嗔而與人官謝莊笑而不與
人官南郡王義宣藏竣等反以竣兼領軍義宣
質諸子藏匿建康秣陵湖熟江寧縣界世祖大
怒免丹陽尹褚湛之官收四縣官長以竣為刑
楊尹加散騎常侍先是竣未有子而大司馬江
夏王義恭諸子為元山所殺至是並各產男上
自為制名名義恭子為伯禽以比魯公伯禽周
公旦之子也名竣子為辟彊以比漢侍中張良

之子先是元嘉中鑄四銖錢輪郭形制與五銖
同用費損無利故百姓不盜鑄及世祖即位又
鑄孝建四銖三季尚書右丞徐爰議曰貴貨無
民載自五政開鑄流圜法成九府民富國實教
立化先及時賤易則通變適用是以周漢傚
遷隨世輕重降及後代財豐用足因前寶無
復改物季歷既遠喪亂屢經埋焚剪之大之謂
減貨薄民貧公私俱困不有革造將往策今
應或導古典收銅繕鑄納贖刑箸在

空以銅鑄刑隨罰為品詔可鑄錢形或薄小輪
郭不成於是民間盜鑄者雲起雜以鈆錫並不
牢固又剪鑿古錢以取其銅錢轉薄小稍遷官
式雖重制嚴刑民吏官長坐死免者相係而盜
鑄彌甚百物踊貴民人患苦之乃立品格薄小
無輪郭者悉加禁斷始興郡公沈慶之立議曰
昔泰常過重高祖是患晉令民鑄錢改造楡莢而
貨輕物重又複乖時太宗放鑄貨誼致諫誠以
采山術存銅多利重耕戰之器量襄時所用四民

競造為害或多而孝文弗納民鑄遂行故能朽
貫盈庶天下殺富況今耕戰不用采鑄歷久銷
泊所資多因成器功艱利薄絕吳鄧之資農民
不習無釋耒之患方今中興開運聖化惟新雖
復偃甲銷戈而倉庫未實公私所乏唯錢而已
愚謂宜聽民鑄錢郡縣開置錢署樂鑄之家皆
居署內平其雜式去其雜偽官斂輪郭藏之以
為永寶去春所禁新品一時施用今鑄悉依此
格萬稅三千嚴檢盜鑄并禁剪鑿數年之間公

三百三十 十五

私贍銅盡事息姦偽自止且禁鑄則銅轉成
器開鑄則器化為財剪華利用於事為益上下
其事公卿太宰江夏王義恭議曰伏見沈慶之
議聽民私鑄樂鑄之室皆入署居平其准式去
其雜偽愚謂百姓不樂與官相關由來甚又又
多是人士益不願入署凡盜鑄為利在偽雜
偽雜既禁樂入必寡云斂取輪郭藏為永寶愚
謂上之所貴下必從之百姓聞官斂輪郭輪郭
之價百倍大小對易誰肯為之彊制使換則

狀似遍奪又春所禁新品一時施用愚謂此
條在可開許又云今鑄宜依此格萬稅三千又
云嚴檢盜鑄不得更造愚謂禁制之設非惟直
昧利犯憲羣庶常情不患制輕患在目犯今入
署必萬輸三千私鑄無十三之稅遂利犯禁居
然不斷又云銅盡事息姦偽自止禁又謂亦縣內
銅非可卒盡比及銅盡姦偽已積又云禁鑄則
銅轉成器開鑄則器化為財然所患患於

形式不均加以剪鑿 又 鈆錫眾珍耳越若止

三百卅 十六 一臺

於盜鑄銅者亦無須苦禁竟議曰泉貨利用近
古所同輕重之議定於漢世魏晉以降未之能
改誠以物貨既均政之偽生故也世代漸父斃蓮
頓至因革之道宜有其術今云開署放鑄誠所
欣同俱慮採山事絕器用日耗銅既轉少器亦
彌貴設器直一千則鑄之減半為之無利雖令
不行又云去春所禁一時施用是欲使天下豐
財若細物必行而不從公鑄利已既深情偽無
極私鑄剪鑿書不可禁五銖半兩之屬不盈一

年必至於盡財貨未贍大錢已竭數歲之間悉
為塵土豈可令取弊之道基於皇代今百姓之
貨雖為轉少而市井之民未有嗟怨此新禁初
行品式未一須更自止不足以垂聖慮唯府藏空
匱實為重憂今縱行細錢官無益賦之理百姓
雖瞻無解官乏唯簡費去華設在節儉求贍
之道莫此為貴然錢有定限而消失無方前鑄
雖息終致窮盡者亡雁官開取銅之署絕器用
減錢式以救交弊賑國紓民愚以為不然今鑄二
銖恣行新細於官無解於乏而人姦巧大興天
下之貨將靡碎至盡空五嚴禁而利深難絕不
過二三年間其弊不可復救其甚不一也今
鎔鑄有頓得三億理縱復得此必待彌年歲
暮稅登財幣蹔革日用之費不贍數月雖權
徵助何解乏邪徒使姦民意驟而貽厥怨謀此

又甚不可二也民懲大錢之改兼畏近日新禁
井之間必生喧擾遠利未聞切身利及官吏商得
志貧民困窘此又甚不可三也若使交益深重
尚不可行況又未見其利而眾弊如此失筭當
時取諸百代廢帝即位鑄二銖錢形式轉
細官錢每出民間即模効之而大小厚薄皆不
及也無輪郭不磨鑪如今之前鑿者謂之耒子
景和元年沈慶之啟通私鑄由是錢貨亂敗一
千錢長不盈三寸大小稱此謂之鵝眼錢少於
此者謂之綖環錢入水不沉隨手破碎市井不
復料數十萬錢不盈一掬斗米一萬商貨不行
太宗初唯禁鵝眼綖環其餘皆通用復禁民
鑄官署亦廢工尋復並斷唯用古錢故自散騎
常侍阮陽尹加中書令丹陽尹如故表議中書
令曰虛竊國靈坐招禁要聞命慙惶形魂震越
臣東州凡鄙生微於時長自間閻不窺官轍間
無富貴志絕華伍直以委身韁紲每飢寒交切先
朝陶鈞庶品不遺愚賤得免耕稅之勸厠仕進

之末陛下盛德居蕃總攬英異越以不才超塵
清軌奉躬歷稔効勞効莫書仰恃曲成之仁畢願
守幸之秩豈期天地中關殼曼好聖倚待與運
權景神塗雲飛海涑冠絕倫等曾未三青殊命
身諝而制書摄下爵樹彌隆臣小人也不及遠
侔貴方欲諷歈皇朝降階盛序微已國言少徹
八革詳料貴賤則書損彌隆臣不應科瞻言勤臣與
識災謫之興懼必在邇今之過授以先微身苟
謀龍利之來何能居約徒以上瀆天聰下泊葷
其疾願絕會收恩以全愚分則造化之施方茲
為漕見許時歲旱民饑竣上言禁餉一月息米
近萬斛後代謝莊為吏部尚書領太子左衛率
之舊極陳得失上自即吉之後多所興造竣諫
未拜丁憂起為右將軍丹楊尹如故竣藉蕃朝
爭懇切無所回避上意甚不說多不見從竣自
謂才足幹時恩舊莫比當懷力役居中丞執朝政

〔宋書傳三五〕 十九

而所陳多不被納疑上欲踈之乃求外出以占
時旨大明元年以為東楊州刺史將軍如故所
求既許倦憂懼無計至州又丁母艱不許去職
聽送喪還都恩待猶厚竣不自安每對親故
頗懷怨憤又言朝事違謬人主得失及王僧達
被誅謂為竣所譖構臨死陳竣前後忿忿對懷
言不見從僧達所言頗有相符據上乃使御史
中丞庾徽之奏曰臣聞人臣之奉主毀家光
國竭情無私若乃無禮陵人怙富甲上是以王
叔作戒子哲為戮未有背本塞原好利忘義而
得自容盛世濁亂清流者也名將軍東楊州刺
史建城縣開國疾竣因附風雲諜蒙翼長天
地更造拔以非次聖朝親攬萬務一歸而窺覬國
柄潛圖秉執任選曹驅扇滋甚出尹京輦形
輒加鞭辱罔顧威靈莫此為甚嚴詔屢發當官
責效竣權恣不行怨懟彌起懷挾姦數苞藏陰
應預聞中旨罔不宣露罰則委上恩必歸己荷

〔宋書傳三五〕 二十

遇之門即加謗辱受謫之室曲相哀撫翻戾朝
紀狡惑視聽督懼上宰激動間間未上慮聞內懷
猜懼僞請東牧以卜天旨既獲出蕃怨誓方肆
反屑腹誹方之巳輕且時有啓奏必協姦私宣
示親朋動作羣小前冬毋亡詔賜還葬事畢不
去盤桓經時方構閒勳貴造立同異又表示危
家早負世議速身居崇寵奉兼萬金榮以奉親
外國道將顛覆精懷抱惡窮爵色兼行關於
懼深營身觀曲訪大臣慮不全立遂以巳被斥

祿不充養宿慙毋弟恃貴輒戰天倫怨毒親交
震駭凡所莅任皆關政刑輒開丹楊庫物貸借
吏下多假資禮解爲門生充朝滿野殆將千計
驕放自下妨公害私取監解見錢以供帳下賓旅
酬歌不異平月街談道說非復風聲竣代都文
吏特荷天私棄瑕錄用豫參要重勞無汗馬賞
班河山出內寵靈踰越倫伍山川之性日月彌滋
溪壑之心在盈彌麥虎箆狼貪未足爲譬今皇
明開耀品物咸亨傷俗點化寞唯害焉宜加顯

盛化請以見事免竣所居官下太常削
爵士須事御收付廷尉法獄擧上未欲優加大
戮且止免官竣頻啓謝罪并乞性命上愈怒詔
答曰憲司所奏非宿昔所以相期卿受榮遇故
當極此訕許怨憤巳孤本望乃復過煩恩慮懼
不自全豈爲下事上誠節之至邪及竟陵王誕
爲逆因此陷之召御史中丞庾徽之於前爲奏
奏成詔曰竣孤負恩養乃可至此於獄賜死妻
息宥之以遠子辟強徙送交州又於道殺之竣

文集行於世
史臣曰世祖弱歲臨蕃涵道未廣披青解帶義
賞僚及運鍾傾陂身危慮切摧膽抽肝猶患
言未盡也至於馮玉貢宸行萬物欲有必從
事無暫失既而憂歡異日甘苦變心主挾今情
臣追昔欸宋昌之報上賞巳行同舟之慮下望
愈結嫌怨旣前誅責自起竣之取釁於世蓋由
此乎爲人臣者若能事主而捐其私立功而忘
其報雖求顛隕不可得也　宋書七十五

朱脩之

宗愨

王玄謨

臣沈約　新撰

宋書七十六

朱脩之字恭祖義與平氏人也曾祖燾晉平西將
軍祖序豫州刺史父謀益州刺史脩之自州主簿
遷司徒從事中郎文帝謂曰卿曾祖昔為王道子
丞相中郎卿今又為王弘中郎可謂不忝爾祖

矣後隨到彥之北伐彥之自河南回留脩之戍滑
臺為虜所圍數月糧盡將士熏鼠食之遂陷
於虜初脩之母聞其被圍既久常憂之忽一旦乳
汁驚出每號泣告家人曰吾今已老忽復有乳
汁斯不祥矣吾兒其不利乎後問至脩之果以
此日陷沒其託跋燾嘉其守節以為侍中妻以宗
室女脩之潛謀南歸妻疑之每流涕問其意脩之
鄭嘉其義竟不告也後鮮卑馮弘稱燕王治黃
龍城託跋燾伐之脩之與同沒人邢懷明並從又

有徐卓者復欲率南人竊發事泄被誅脩之
懷明懼奔馮弘弘不禮留一年會宋使傳詔至
脩之名位素顯傳詔見即拜彼國敬傳詔謂為
天子邊人見其致敬於脩之乃始加禮時魏屢代弘
或說弘遣脩之歸求救遂遣之泛海至東萊遇
猛風柁折垂以長索船望見飛鳥
知其近岸須臾至東萊元嘉九年至京邑以為
黃門侍郎累遷江夏內史雍州刺史劉道產卒
羣蠻大動脩之為征西司馬討蠻失利孝武初

為寧蠻校尉雍州刺史加都督脩之在政寬簡
士衆悅附及荊州刺史南郡王義宣反檄脩之
舉兵脩之偽與之同而遣使陳誠於帝帝嘉之
以為荊州刺史加都督義宣聞脩之不與己同
乃以魯秀為雍州刺史擊襄陽脩之命斷馬鞍
山道秀不得前乃退及義宣敗於梁山單舟南
走脩之率衆南定遺寇時竺超民執義宣之
至乃殺之以功封南昌縣侯脩之治身清約凡所
贈賜一無所受有餉或受之而旋與佐吏賭之終

不入已唯以撫納羣蠻爲務徵爲左民尚書轉領
軍將軍去鎮秋毫不犯計在州然油及牛馬穀草
以私錢十六萬償之然性儉剋少恩情姊在鄉
里飢寒不立慤之未嘗供贍嘗往視姊姊欲
激之爲設菜羹廳餚慤飾之曰此乃貧家好食致
饒而去先是新野庾彥達爲益州刺史攜姊之鎮
分祿秩之半以供贍之西稱爲慤之後陞車折
脚辭尚書領崇憲太僕仍加特進金紫光祿大
夫以脚疾不堪獨行特給扶侍卒贈侍中特進
夫故謚貞侯

宗慤字元幹南陽人也叔父炳高尚不仕慤年
少時炳問其志慤曰願乘長風破萬里浪炳曰
汝不富貴即破我家矣兄泌娶妻始入門夜
被劫慤年十四挺身拒賊十餘人皆披散不
得入室時天下無事士人並以文義爲業炳素
不爲鄉曲所稱江夏王義恭爲征北將軍南兗
州刺史慤隨鎮廣陵時從兄綺爲征北府主簿
高節諸子羣從皆好學而慤獨任氣好武故

綺嘗入直而給吏牛泰與綺姦私通慤殺泰綺
壯其意不責也元嘉二十二年伐林邑慤自奮
請行義恭舉慤有膽勇乃除振武將軍爲
安西參軍蕭景憲軍副隨交州刺史檀和之
圍區粟城林邑遣將范毗沙達來救區粟慤乃
遣偏軍拒之爲賊所敗又遣慤慤乃分軍爲數
道偃旗潛進討破之拔區粟入象浦林邑王范
陽邁傾國來拒以具裝被象前後無際士卒
不能當慤曰吾聞師子威服百獸乃製其形與
象相禦象果驚奔衆因潰散遂克林邑收其
異寶雜物不可勝計慤一無所取衣櫛蕭然文
帝甚嘉之後爲隨郡太守雍州蠻屢爲寇建
威將軍沈慶之率慤及柳元景等諸將分道
攻之羣蠻大潰又南新郡蠻帥田彥生率部曲
反叛焚燒郡城屯據白楊山元景攻之未能下
慤率其所領先登衆軍隨之羣蠻由是畏服
三十年孝武伐元凶以慤爲南中郎諮議參
軍領中兵孝武即位以爲左衛將軍封洮陽

戾功次柳元景孝建中累遷豫州刺史監五州
諸軍事先是鄉人庾業家其富豪方丈之膳
以待賓客而慇至設以菜葅粟飯謂客曰宗軍
人慣噉麑麟食慇致飽而去至是業為慇長史
年竟陵王誕據廣陵反慇表求赴討乘驛詣
都面受節度傅興慰勉慇督趣躍馬數十左右
其衆云宗慇助我及慇至躍馬繞城呼曰我宗
顧貺上壯之及行隸車騎大將軍沈慶之初誕誑
不堪朝直入為光祿大夫加金紫慇有佳牛堪進
御官買不肯賣坐免官明年復職廢帝即位為
寧蠻校尉雍州刺史加都督卒贈征西將軍諡
曰肅慇太始二年詔以慇配食孝武廟子羅雲
卒子元寶嗣

王玄謨字彥德太原祁人也六世祖宏河東太守
綿竹戾以從叔司徒免之難棄官北居新興仍為
新興鴈門太守其自敘云爾祖牛仕慕容氏為

上谷太守陷慕容德居青州父秀早卒玄謨幼
而不羣世父柔有知人鑒常笑曰此兒氣凌高亮
有大尉彥雲之風武帝臨徐州辟為從事史與
語異之少帝末謝晦見原元嘉中補長沙
武昌太守晦敗以非大帥見原請為南蠻行參軍
王義欣鎮軍中兵將軍領汝陰太守時虜攻陷
滑臺執朱脩之以歸玄謨上疏曰滑臺豈惟將之不
淪塞非惟天時抑亦人事虎牢滑臺始開隨復
良抑亦本之不固本之不固皆由民憚遠役臣請
以西陽之魯陽襄陽之南鄉發甲卒分為兩道
直趣濟滬征士無遠徭之思吏有屢休之歌若
欲以東國之衆經營牢洛道途既遠獨克實難玄
謨每陳北侵之策上謂殷景仁曰聞王玄謨陳說
使人有封狼居意後為興安侯義賓輔國司馬
彭城太守義賓薨玄謨上表以彭城要兼水陸
請以皇子撫臨州事乃以孝武出鎮及大舉北征
以玄謨為寧朔將軍前鋒入河受輔國將軍蕭
斌節度玄謨同碻磝戍主奔走遂圍滑臺積旬

不克虜主託跋燾率大眾號百萬鞞鼓之聲震
動天地玄謨軍眾亦盛器械甚精而玄謨專依
所見多行殺戮初圍城城內多茅屋眾求以火箭
燒之玄謨恐損亡軍實不從城中即撤壞之空
地以為窟室及魏救將至眾請發車為營又不
從將士多離怨又營貨利一四布責人八百梨
以此倍失人心及託跋燾軍至乃奔退庵下散
亡略盡蕭斌將斬之沈慶之固諫曰佛狸威震
天下控弦百萬豈玄謨所能當且殺戰將以自弱
非良計也斌乃止初玄謨始將見殺夢人告曰誦
觀音經千遍則免既覺誦之得千遍明日將刑
誦之不輟忽傳呼停刑遣代守碻磝江夏王義恭
為征討都督以為碻磝不可守召令還還為魏軍所
追大破之流矢中臂二十八年正月還至歷城義
恭與玄謨書曰聞因敗為成臂上金瘡得非金印
之徵也元凶弒立玄謨為益州刺史孝武伐逆立
謨遣濟南太守垣護之將兵赴義義事平除徐州
刺史加都督及南郡王義宣與江州刺史臧質

反朝廷假玄謨輔國將軍拜豫州刺史與柳元
景南討軍屯梁山夾岸築壘月壅水陸待之
義宣遣劉諶之就臧質陳軍城南玄謨留老弱
守城悉精兵接戰賊遂大潰加都督前將軍封
曲江縣侯中軍司馬劉沖之白奏武言玄謨在梁
山與義宣通謀上意不能明使有司奏玄謨多取
寶貨其虛張戰簿與徐州刺史垣護之並免疚方
復為豫州刺史淮上亡命司馬黑石推立夏侯方
進為圭改姓本名弘以惑眾玄謨討斬之遷寧
蠻校尉雍州刺史加都督雍土多僑寓玄謨請
土斷流民當時百姓不願屬籍罷之其年玄謨
又令九品以上租使貧富相通境內莫不嗟怨民
開訛言玄謨欲反時柳元景當權元景弟僧景
為新城太守以元景之勢制令南陽順陽上庸
新城諸郡並發兵討玄謨玄謨令內外戒嚴以
解眾惑馳啟孝武具陳本末帝知其虛馳遣
主書吳喜公撫慰之又答曰梁山風塵初不介
意君臣之際過足相保聊復為笑伸卿眉頭玄

謨性嚴未嘗妄笑時人言玄謨眉頭未曾伸故

帝以此戲之後為金紫光祿大夫領太常及建

明堂以本官領起部尚書又領北選孝武卹羣

臣隨其狀貌各有比類每至集會多所戲者謂之羊顏師伯羣

齒號之曰鱭劉秀之儉嗇呼為老慳黃門侍郎宗

靈秀體肥拜起不便每至集會多所賜與欲其瞻

謝傾踣以為歡笑又刻木作靈秀父光祿勳叔獻

像送其家應事柳元景坦護之並北人而玄謨獨

受老傖之目凡所稱謂四方書疏亦如之嘗為玄

謨作四時詩曰董荼供春膳葵藿充夏食鮑醬

調秋菜白醝解冬寒文寵一崛崙奴子名曰主常

在左右令以杖擊羣臣自柳元景以下皆罹其

毒玄謨尋遷平北將軍徐州刺史加都督時北

土飢饉乃散私穀十萬斛牛千頭以振之轉領

軍將軍孝武崩前廢帝即位景和中玄謨以外監

事委玄謨時朝政多門玄謨以嚴直不容徙青

冀二州刺史加都督少帝既誅顏師伯柳元景

等往悖益甚以領軍徵玄謨子姪咸勸稱疾玄謨

曰吾受先帝厚恩豈可畏禍苟免遂行及至屢表

諫諍又流涕請緩刑去殺以安元元少帝大怒明

帝即位禮遇甚優時四方反叛以玄謨為大統領

水軍南討以腳疾聽乘輿出入尋除大將軍江州刺

史副司徒建安王於都坼賜以諸葛亮筩袖鎧頃

之為左光祿大夫開府儀同三司領護軍遷南豫州

刺史加都督玄謨性嚴剋少恩而將軍宗越御下

更奇酷軍士謂之語曰寧作五年徒不逢王玄謨

猶自可宗越更殺我年八十薨謚曰莊公子深卒

卒子續嗣

史臣曰脩之宗慤皆以將帥之材懷廉契之操有

足稱焉玄謨雖苟剋少恩然觀其大節亦足為

美當少帝失道多所殺戮而能冒履不測傾心

輔弼斯可謂忘身徇國者歟

列傳第三十六　宋書七十一

柳元景
顏師伯
沈慶之

臣沈　約　新撰

宋書七十七

柳元景字孝仁河東解人也曾祖卓自本郡遷
於襄陽官至汝南太守祖恬西河太守父憑馮
翊太守元景少便弓馬數隨父伐蠻以勇稱蠻
言有器質荊州刺史謝晦聞其名要之未及往

二六十五　宋書傳三十七　一　煥

而晦敗雍州刺史劉道產深愛其能元景時居
父憂未得加命會荊州刺史江夏王義恭之
道產謂曰久見貴王有召難輒相雷乖意
以為惆悵服闋補江夏王國中軍將軍遷殿中
將軍復為義恭司空行參軍隨府轉司徒太尉
城局參軍太祖見又嘉之先是劉道產在雍州
有惠化遠蠻悉歸懷皆出緣沔為村落戶教
盛及道產死羣蠻大為寇暴世祖西鎮襄陽義
恭以元景為將帥即以為廣威將軍隨郡太守

既至而蠻斷驛道欲來攻郡郡內少糧器杖又
乏元景設方略得六七百人分五百人屯驛道
或曰蠻將逼城不宜分衆元景曰蠻聞郡遣重
戍詣城內兵少且表裏合功於計為長會蠻
垂至乃使驛道為備潛出其後戒曰火舉馳進
前後俱發蠻衆驚擾投鄖水死者千餘人斬獲
數百郡境肅然無復寇抄朱脩之討蠻元景又
與之俱後又副沈慶之征郇山進克太陽除世
祖安北府中兵參軍隨王誕鎮襄陽為後軍中

三三二十　宋書傳三十七　二　竹

兵參軍又朝廷大舉北討使諸鎮各出軍二十
七年八月誕遣振威將軍尹顯祖出貲谷舊武
將軍魯方平建武將軍薛安都略陽太守龐法
起入盧氏廣威將軍田義仁入魯陽加元景建
威將軍總統羣帥後軍外兵參軍龐季明已
七十三秦之冠族羌人多附之求入長安招懷
關陝乃自貲谷入盧氏盧氏人趙難納之弘農
強門先有內附意故委季明投之十月魯方平
薛安都龐法起進次白亭時元景猶未發法起

率方平安都諸軍前入自脩陽亭出熊耳山李
明進達高門木城值永昌王入弘農乃回還盧
氏據險自固頃之招盧氏少年進入宜陽苟公
谷以扇動義心元景以其月率軍繼進閏月法
起安都方諸軍入盧氏斬縣令李封以趙難
為盧氏令加舊武將軍難驅率義徒以為衆軍
鄉導法起等度鐵嶺山次開方口李明出自本
城與法起相會元景大軍次曰口以前鋒深入
縣軍無繼馳遣尹顯祖入盧氏以為軍援元景

以軍食不足難可曠日相持乃束馬懸車引軍
上百文崖出溫谷以入盧氏法起諸軍進次方
伯自去弘農城五里賊遣兵二千餘人覘候法
起縱兵夾射之賊騎退走諸軍造攻具進兵城
下偽弘農太守李初古拔嬰城自固法起安都
方平諸軍鼓譟以陵城李明趙難竝率義徒相
繼而進衝車四臨數道俱攻士皆殊死戰莫不
奮勇爭先時初古拔父子據南門督其處拒戰
弘農人之在城內者三千餘人於北樓竪白幡

或射無金箭安都軍副譚金薛係孝率衆先登
生禽李初古拔父子二人魯方平入南門生禽
偽郡丞百姓皆安堵元景引軍廆季明率方平
頓軍弘農法起進據潼關季明方平趙難軍
向陝西七里谷中將軍鄧盛幢主劉驥亂使
人入荒田招宜陽人劉寬紏合義徒二千餘
為虜永昌王長史勇冠戎類永昌聞其死若失
左右手諜又遣長流行參軍姚範領三千人向

弘農受元景節度十一月元景率衆至弘農營
然開方口仍以元景為弘農太守置吏佐初安
都雷任弘農而諸軍已進陝元景既到謂安都
曰無為坐守空城而令寵公深入此非計也宜
急進軍可與顯祖并兵就之吾須督租畢尋後
引也衆竝造陝下即入郭城列營於城內以逼
之竝大造攻具賊城臨河為固恃險自守李
明安都方平顯祖趙難諸軍頻三攻未拔虜
洛州刺史地河公張是提衆二萬度嶮來

救安都方平各列陳城南以待之顯祖勒精卒
以為後桂李明率高明宜陽義兵當南門而陣
趙難領盧氏樂從少年與李明為掎角賊兵大
合輕騎挑戰安都瞋目橫矟單騎突陣四向奮
擊左右皆辟易不能當殺傷不可勝數於是眾
軍並鼓譟俱前士皆殊死戰虜初縱突騎眾軍
患之安都怒甚乃脫兜鍪解所帶鎧唯著絳
納兩襠衫馬亦去具裝馳奔以入賊陣猛氣咆
嘘所向無別當其鋒者無不應刃而倒賊忿之夾
射不能中如是者數四每一入眾無不披靡元
景令將曹元保守函谷關賊眾既盛元保不能
自固乃率所領作函箱陣多列旗幟綠險而還
正會安都諸軍與賊交戰三虜郎將見元保軍
從山下以為元景大眾至且且莫賊於是奔退
驍多得又城賊之將至也方平遺驛騎告元景時
軍糧盡又只餘數日食元旦京方督義租并驅馬
以為運糧之計而方平信至元景遣軍副柳元
怗簡步騎二千以赴陝急卷甲兼行一宿而至

詰朝賊眾又出列陳於城外方平諸軍並成列
安都并領馬軍方平悉勒步卒左右掎角之餘
諸義軍並於城西南列陳方平謂安都曰今就
敵在前堅城在後是吾取死之日卿若不進我
當斬卿我若不進卿當斬我也安都曰善卿言
是也我豈惜身命乎遂合戰時元怗方至悉僵
旗鼓士馬皆銜枚潛師伏甲而進賊未之覺也
方平等方與虜交鋒而元怗勒衆從城南門函
道直出北向結隊雄旗甚盛鼓譟而前出賊不
意虜衆大駭元怗與幢主宗越率手下猛騎以
衝賊陳一軍皆馳之安都方平等督諸軍一時
齊奮士卒無不用命安都不堪其憤橫矟直前
出入賊陳殺傷者甚多流血凝肘矟折易之復
入軍副譚金率騎從而奔之自詰旦而戰至于
日昃虜衆大潰斬張是提又斬三千餘級投河
赴塹死者甚衆面縛軍門者二千餘人元景輕
騎晨至虜兵之面縛者多河內人元景詰之曰
汝等怨王澤不決請命無所今並為虜盡力便

是本無善心順附者存拯從惡者誅滅欲知王
師正如此爾皆曰虜虜見驅後出赤族以騎蹴
步未戰先死此親將軍所見非敢背中國也諸
將欲盡殺之元景以為不可曰今王旗北掃當
令仁聲先路乃悉釋而遣之家在關襄者符守
關諸軍聽出皆稱萬歲而去誕以崤陝既定其
地宜撫以弘農劉寬虹行東弘農太守給元景

鼓吹一部法起率衆次于潼關先是建義將軍
華山太守劉槐糾合義兵攻關城拔之力少不
於封陵自列三營以擬法起法起長驅入關行
衆法起與槐即據潼關虜蒲城鎮遣僞帥何難
賊關城戍主妻須望旗奔潰衆溺於河者甚
王檀故壘虜謂直向長安何難率衆欲濟河以
截軍後法起回軍臨河縱兵射之賊退散關中
諸義徒並處處蜂起四山羌胡咸皆請舊誕又
遣揚武將軍康元撫領二千人出上洛受元景
節度援方平於函谷元景去賊衆向關時軍中

食盡元景回據白楊嶺賊定未至更下山進弘
農入湖關口虜蒲阪戍主沃州刺史杜道生率
衆二萬至閿鄉水去湖關二百二十里元景募
精勇一千人夜斫賊營迷失道天曉而反道生
率手下驍銳縱兵射之鋒刃既交虜又奔散時
北討諸軍王玄謨等敗退虜遂深入太祖以元
景不宜獨進且令班師元景乃率諸將自湖關
度白楊嶺出于長洲安都斷後宗越副之法起
自潼關向商城與元景會季明亦從胡谷南歸

竝有功而入士馬旌旗甚盛誕登城望之以鞍
下馬迎元景除寧朔將軍京兆廣平二郡太守
於樊城立府舍率所領居之統行北蠻事龐季
明為定蠻長薛安都為後軍行參軍魯方平為
寧蠻參軍臧質為雍州除元景為冠軍司馬襄
陽太守將軍如故魯爽向虎牢復使元景率安
都等此出至關城關城棄戍走即據之元景至
洪關欲進與安都濟河攻杜道生於蒲阪會爽
退復還再出北討威著於境外又使率所領進西陽

會伐五水蠻世祖入討元凶以為諮議參軍領中
兵加冠軍將軍太守如故配萬人為前鋒宗愨
薛安都等十三軍皆隸焉元旦與朝士書曰國
禍冤深凶人肆逆民神崩憤若無天地南中郎
親率義師剪討元惡司徒臧冠軍並同大舉舳
艫千里購賞之利備之元景不武忝佐行間捴勒精
勇先鋒道路勢乘上流衆兼百僚諸賢并世忠
義身為國良皆受遇先朝荷榮日又拘逼逆冠
廷莫申効想聞今問悲慶兼常大行屆道廊
清惟始企遲面對展雪哀情時義軍舩率小陋
慮水戰不敵至蕪湖元景大喜倍道兼行聞石
頭出戰艦乃於江寧步上於板橋立柵以自固進
據陰山遣薛安都率衆馬軍至南岸元景潛至新
亭依山建壘東西據險世祖復遣龍驤將軍行
參軍程天祚率衆赴之天祚又於東南據高丘
也此若柵凡歸順來奔者皆勤元景速進元景曰
不然理順難恃同惡相濟輕進無防實啓寇心當
倚我之不可勝豈幸寇之不攻哉元景營壘未

立為龍驤將軍詹叔兒覘知之勸勉出戰不許
經日乃水陸出軍勉自登朱雀門督戰軍至庵
官寺與義軍游邏相逢游邏退走賊遂薄壘勉
以元景壘塹未立可得平地決戰既至柴柵巳
堅倉卒無攻具便使肉薄攻之元景宿令軍一
曰鼓繁氣易衰叫數力易竭但各銜枚疾戰一
聽吾營鼓音賊步將魯秀王羅漢劉簡之騎將
常伯與等及其士卒皆殊死戰劉簡之先攻西
南頻得燒草舩略病人程天祚柴末立亦為所
推王羅漢等攻壘北門賊艦亦至元景水陸受
敵意氣彌厲麾下勇士悉遣出戰左右唯噐數
人宣傳分軍助程天祚天祚還得固柴因此破
賊元景察賊衰竭乃命開壘鼓譟以奔之賊衆
大潰透淮死者甚多勉更率餘衆自來攻壘復
大破之其所殺傷過於前戰勉手斬退者不能
禁奔還宮僅以身免蕭斌被劉簡之
陳猶未散元景後出薄之乃走競投死馬澗澗
為之滿斬簡之及軍主姚叔藝王江寶朱明智

諸葛邈之等水軍主褚湛之副劉道存來歸
順上至新亭即位以元景為侍中領左衛將軍
轉使持節監雕梁南北秦四州荊州之竟陵隨
三郡諸軍事前將軍如繼校尉雕州刺史上在
巴口問元景事平何所欲對曰若有過恩願還
鄉里故有此授初臧質起義以南譙王義宣闔
弱易制欲相推奉元景使率所領西還元
景即以質書呈世祖語其使曰臧冠軍當是未
知殺下義舉爾方應逆不容西還質以此恨
之又元景為雕州刺史質慮其為荊江後患建
議爪牙不宜遠出上重違其言更以元景為護
軍將軍領石頭戍事木拜徙領軍將軍加散騎
常侍曲江縣公食邑三千戶孝建元年正月魯
爽反遣左衛將軍王玄謨討之加元景撫軍假
節置佐後玄謨復以為都督雕梁南北秦四州
荊州之竟陵隨二郡諸軍事撫軍將軍領雕蠻
校尉雕州刺史持節如故臧質義宣並反玄謨
南據梁山夾江為壘垣護之薛安都渡據歷陽

元景出屯采石玄謨聞賊盛遣司馬管法濟求
益兵上使元景進屯姑熟念至擊破之法起前進
質遣將龐法起龍襲姑熟玄謨使垣護之告元景
船走質攻陷玄謨西壘玄謨使垣護之告元景
曰今餘東岸萬人賊軍數倍強弱不敵謂宜還
就節下協力當之元景謂護之曰師有常刑不
可先退賊眾雖多猜而不整全當卷甲赴之護之
曰逆徒皆云南州三萬人而麾下裁十分之一
若徒造賊虛實見則賊氣成矣元景納其言
悉遣精兵助玄謨以羸弱居守所遣軍多張旗
幟梁山望之如數萬人皆曰京師兵悉至於是
克捷上遣丹陽尹顏竣宣旨慰勞與沈慶之俱
以本號開府儀同三司封晉安郡公邑如故先
固讓開府儀同復為領軍太子詹事加侍中尋
轉驃騎將軍本州大中正領軍侍中如故大明
二年復加開府儀同三司又固讓明年遷尚書
今太子詹事侍中中正如故以封在嶺南秋輸
艱遠改封巴東郡公五年又命左光祿大夫開

府儀同三司侍中中正如故又讓開府乃與
沈慶之俱依晉密陵侯鄭袤不受司空故事
在慶之傳六年進司空侍中中正如故又固
讓乃授侍中驃騎將軍南兗州刺史雷衛顏師
世祖晏駕與太宰江夏王義恭尚書僕射顏師
伯並受遺詔輔幼主還尚書令領丹陽尹侍中
將軍如故給班劍二十人固舜班劍元景起自
在朝勳要多事產業雖非所長而有弘雅之美時
將帥及當朝理務唯元景獨無所營南岸有
數十畝菜園守園人賣得錢二萬送還宅元景
曰我立此園種菜以供家中噉爾乃復賣菜以
取錢奪百姓之利邪以錢乞守園人世祖嚴暴
異常元景雖荷寵遇怕憲及禍太宰江夏王義
恭及諸大臣莫不重足屏氣未嘗敢私往來世祖
崩義恭元景等並相謂曰今日始免橫死義恭
義陽等諸王元景與顏師伯等常相馳逐聲樂酣
酒以夜繼晝前廢帝少有凶德內不能平殺戴法興
後悖情轉露義恭元景等憂懼無計乃與師伯等

謀廢帝立義恭日夜聚謀而持疑不能速決
永光年夏元景邁使持節督南豫之宣城諸軍
事即本號開府儀同三司南豫州刺史侍中令如
故未拜發覺帝親率宿衞兵自出討之先稱
詔召元景在右本告兵刃非常元景知禍至整
朝服乘車應召出門庭弟車騎司馬叔仁我服
率左右壯士數十人欲拒命元景苦恭至之既出
巷軍士大至下車受戮容色恬然時年六十長
子慶宗有幹力而情性不倫世祖使元景送還
襄陽於道中賜死次子嗣宗豫章王子尚軍騎
從事中郎嗣宗弟紹宗共宗孝宗文宗仲宗成
宗季宗叔仁弟衞軍諮議參軍僧珍等諸弟姪
在京邑及襄陽從死者數十人元景少子承及
嗣宗子纂並在孕獲全太宗即位令曰故侍中
尚書令驃騎大將軍巴東郡開國公新除開府
儀同三司南豫州刺史元景風度弘簡體局深
沈正義亮時恭素範物幽明道盡則首贊考
圖盛運開曆則毗嶽皇化方任子漢輔業樊殷衡

而蜂豺肆濫顯加禍毒兔勦烈悲深朕貫
承七廟之靈纂臨寶業情典既申痛悼彌宜
崇資徽冊以旌忠懿可追贈使持節都督南豫
江三州諸軍事太尉侍中刺史國公如故給班
劍三十人羽葆鼓吹一部謚曰忠烈公叔仁為
梁州刺史黃門郎以破臧質功封宜陽侯食邑
八百戶元景從兄元怙大明末代叔仁為梁州
與晉安王子勛同逆事敗歸降元景從父弟先
宗大明初為竟陵王誕司空參軍誕作亂殺之

追贈黃門侍郎元景從祖弟光世先雷鄉里索
虜以為折衝將軍河北太守封西陵男光世姊
夫偽司徒崔浩虜之相也元嘉二十七年虜主
拓跋燾南寇汝頴浩密有異圖光世坐連謀河北
士為浩應謀泄被誅河東大姓坐謀夷滅
者甚衆光世南奔得免太祖以為振武將軍前
廢帝景和中左將軍直閤太宗定亂光世參謀
以為右衞將軍封開國縣侯食邑千戶既而四
方反叛同閤宗越譚金又誅光世乃北奔薛安

都安都使守下邳城及安都招引索虜光世率
衆歸降太宗宥之以為順陽太守子欣尉謀反
光世賜死顏師伯字長淵琅邪臨沂人東揚州
刺史竣族兄也父邵剛正有局力為謝晦所知
晦為領軍以為司馬廢立之際
江陵請為咨議參軍領錄事軍府之務悉委焉
邵慮晦將有禍求之竟陵太守未及之郡值晦
見討晦與邵謀起兵距朝廷邵歆樂死師伯少
孤貧好獵書傳頗解聲樂道產為離州以為

輔國行參軍第師仲妻臧質女也質為徐州辟師
伯為主簿衡陽王義季代質為徐州質薦師伯於
義季義季即命為征西行參軍與安侯義賓代義
李世祖代義賓仍為輔國安北行參軍王景文時
乃以為徐州主簿善於附會大被知遇及去鎮師
伯以主簿送故世祖鎮尋陽啓太祖請為南中郎
府主簿世祖不許謂典籤曰中郎府主簿那得用
顏師伯世祖啓為長流正佐太祖又曰朝廷不

能除之郎可自板亦不宜署長流世祖乃板為參軍
事署刑獄及入討元凶轉世祖踐阼以為黃門
侍郎隨王誕驃騎長史南郡太守琰為驃騎大將軍長
史南濮陽太守御史中丞藏質及出為寧遠將軍東
陽太守領兵置佐以備東道事寧復為黃門侍郎
領步兵校尉改領前軍將軍從御史中丞遷侍中上
方結疑懦者眾故散騎常侍太子右率龐秀之履巇
能貞首暢義節用使校狀先聞軍備夙固醜逆時
殄頗有力焉追念厥誠無忘于懷侍中祭酒顏師伯
侍中領射聲校尉亥愍孫豫章太守王謙之太子前
中庶子領右衛率張澹爰始入討預參義謀契闊
大難宜蒙殊報秀之可封樂安縣伯食邑六百戶師
伯平都縣子愍孫興平縣子謙之石陽縣子澹廣晉
縣子食邑各五百戶師伯遷右衛將軍毋憂去職
二年起為持節督青冀二州徐州之東安琅元兗
州之濟北三郡諸軍事輔國將軍青冀二州刺史
其年索虜拓跋燾遣偏散騎常侍鎮西將

軍清水公拾貲敕文率眾寇清口戍主振
威將軍傳乾愛率前貲外將軍周盤龍等擊大
破之世祖遣虎貲主寵孟剋等虜窟環公五軍公等馬
等赴討受師伯節度師伯遣中兵參軍苟思達
與孟剋合力行達沙構虜窟環公五軍公赴水死
步數萬迎軍拒戰孟剋等奮擊盡日孟剋手斬
者千計虜又遣河南公黑水公濟州公青州刺
史張懷之等屯據濟岸師伯又遣中兵參軍江
方興就傳乾愛擊破之斬河南公樹蘭等虜別
帥宅門又遣萬餘人攻清口戍乾愛等方興出
城拒戰即斬宅門餘眾奔走虜清水公又率二
萬人復來逼城乾愛等出戰又破之追奔至赤
龍門殺賊甚眾上嘉其功詔曰虜驅率犬羊規
暴邊塞輔國將軍青冀二州刺史師伯宣略命
師合變應機濟戍奮怒一月四捷支軍異部騁
勇齊效頻梟名王大殲羣醜朕用嘉嘆良深于
懷可遣使慰勞并符輔國府詳考攻最以時言

上苟思達龐孟虯等又遣虜至杜梁虜衆多四
面俱合平南參軍童太一及苟思達等竝軍騎
出盪應手披靡孟虯等繼至虜乃散走透河死
者甚多既而虜更合衆大至孟虯等又散走透河死
祖又遣司空參軍天生助師伯張懷之據麋溝
城師伯遣天生等破之懷之據麋溝遇
軍主劉懷珍白衣客朱士義殿中將軍孟繼祖
等擊之懷之敗走入城懷以身免繼祖於陳遇
害追贈郡守又虜龐西王等屯據申城背齊向
三千 【宋書傳三十七】 十六 娛
河三面險固天生又率衆攻之朱士義等貫甲
先登賊赴河死者無筭即日陷城虜天水公又
攻樂安城建威將軍平原樂安二郡太守分武
都與卜天生等拒擊大破之虜乃奔退追戰克
捷直至清口虜攻圍傳乾愛乾愛隋方拒對孝
祖既至虜徹圍遁走師伯進號征虜將軍三
年竟陵王誕反師伯道長史薛玄敬率五千人
赴難四年徵為侍中領右軍將軍親幸隆密羣
臣莫二遷吏部尚書右軍如故上不欲威柄在

人親臨庶務前後領選者唯奉行文書師伯專
情獨斷奏無不可遷侍中領右衛將軍七年補
尚書右僕射時分置二選陳郡謝莊琅邪王曇
生竝為吏部尚書師伯子舉周旋寒人張奇為
公車令上以奇資品不當使兼市買奇先
到公車不施行奇兼市買丞事師伯坐以子領
濟之石道兒黃難周公選等抑道惠敕使奇先
惠代之令史潘道栖道惠顏禪之元從夫任
職莊曇生免官道栖道惠兼市禪之等六八報
三千 【宋書傳三十七】 九 娛
杖一百師伯尋領太子中庶子雖被黜挫受任
如初世祖臨崩師伯受遺詔輔幼主尚書中事
專以委之帝即位復還即其領衛尉師伯居
權日久天下輻輳游其門者爵位莫不踰分多
納貨賄家產豐積奢妾婬恣為衣冠所嫉又遷尚
第宅冠絕當時驕侈婬恣盡天下之選園池
書右僕射領丹楊尹廢帝欲親朝政發詔轉師
伯為左僕射尋常侍以吏部尚書王景文
為右僕射奪其京尹又分臺任師伯至是始懼

尋與太宰江夏王義恭柳元景同誅時年四十
七六子並幼皆見殺弟師仲中書郎晉陵太守
師叔司徒主簿南康相太宗即位詔曰故散騎
常侍懌射領丹陽尹平都縣子師伯答逢代運
豫班榮賞遭罹厄會隕命遙刑宗嗣殄絕良用
矜悼但其心漬貨宜貶贈典可紹封社以尉冤
魂謚曰荒子師仲子幹繼封齊受禪國除

沈慶之字弘先吳興武康人也兄敞之為趙倫
之征虜參軍監南陽郡擊蠻有功遂即真慶之

宋書傳三十七　廿一古賢员

少有志力孫恩之亂也遣人寇武康慶之未冠
隨鄉族擊之由是以勇聞荒擾之後鄉邑流散
慶之躬耕壟畝勤苦自立年三十未知名佳襄
陽省兄倫之見而賞之倫之子伯符時為竟陵
太守倫之命伯符版為寧遠中兵參軍竟陵蠻
屢為寇慶之為設規略每擊破之伯符由此致
將帥之稱伯符去郡又別討西陵蠻不與慶之
相隨無功而反求初二年慶之除殿中員外將
軍又隨伯符隸到彥之此伐伯符病歸仍隸檀

道濟道濟還白太祖稱慶之忠謹曉兵上使領
隊防東掖門稍得引接出入禁省戍錢唐新
城及遷領淮陵太守領軍將軍劉湛之知之欲
相引接謂之曰卿在省年月久比當相論慶之
正色曰下官在省十年自應得轉不復以此仰
累尋轉正員將軍及湛之被收之夕上開門召
慶之慶之戎服履襪縛絝入上見而驚曰卿何
意乃爾急裝慶之曰夜半喚隊主不容緩服遣
收吳郡太守劉斌殺之遷始興王濬後軍行參

宋書傳三十七　廿三王

軍員外散騎侍郎元嘉十九年雍州刺史劉道
產卒舉蠻大動征西司馬朱脩之討蠻失利以
慶之為建威將軍率衆助脩之脩之失律下獄
慶之專軍進討大破緣沔諸蠻禽生口七千人
進征湖陽又獲萬餘口遷廣陵王誕北中郎中
兵參軍領南東平太守又為世祖撫軍中兵參
軍世祖以本號為雍州隨府西上時蠻寇大甚
水陸梗礙世祖停大隄不得進分軍遣慶之掩
討大破之降者二萬口世祖至鎮而驛道蠻反

殺深式還慶之又討之王玄謨領荊州王方回
領臺軍竝會平定諸山獲七萬餘郎山蠻最
彊盛魯宗之屬討不能克慶之剪定之禽三萬
餘口還京師復為廣陵王誕北中郎中兵參軍
加建威將軍南濟陰太守雒州蠻又為宛慶之
以將軍太守復與隨王誕入沔既至襄陽竝後
軍中兵參軍柳元景隨郡太守宗慇振威將軍
劉順司空參軍魯尚期安北參軍顧彬馬文恭
左軍中兵參軍蕭景嗣前青州別駕崔目連安
蠻參軍劉雎之奮威將軍王景式等二萬餘人
伐沔北諸山蠻宗慇自新安道入太洪山元景
進慶之取五渠頃破隄以為衆軍節度前後伐
式由延山下向赤圻阪目連尚期諸軍八道俱
從均水據五水嶺文恭出蔡陽口取赤係隄景
石有用以是屢無功慶之乃會諸軍於茹丘山
下謂衆曰今若緣山列旆以攻之則士馬必損
去歲蠻田大稔積穀重巖未有饑弊卒難禽剪

今令諸軍各率所領以營于山上出其不意諸
蠻必恐恐而乘之可不戰而獲也於是諸軍竝
斬山開道不與蠻戰皷譟上山衝其腹心先據
險要諸蠻震擾因其懼而圍之莫不奔潰自冬
至春因糧蠻頃之南新郡蠻帥田彥生率部
曲十封六千餘人反攻圍郡城慶之遣元景
率五千人赴之軍未至郡已被破焚燒城內舍
儲及廨舍蕩盡并驅略降戶屯據白楊山元景
追之至山下衆軍悉集圍山數重宗慇率其所
領先登衆軍齊力急攻大破威震諸山舉蠻皆
稽顙慶之患頭風好著狐皮帽蠻甚畏惡之號曰
蒼頭公每見慶之軍輒畏懼曰蒼頭公已復來
矣慶之引軍自茹丘山出撿城大破諸山斬首
三千級虜生蠻二萬八千餘口降蠻二萬五千
口牛馬七百餘頭米粟九萬餘斛慶之復率衆軍討諸山
降受停二城於白楚慶之復率衆軍討諸山
大羊蠻緣險築重城施門櫓甚峻山多未石積
以為礌立部曲建旌樹長帥鐵馬成舉慶之

連營山中開門相通又命諸軍各穿池於營內
朝夕不外汲兼以防蠻之火頃之風甚蠻夜下
山人提一炬以燒營營內多慢屋及草菴火至
輒以池水灌滅諸軍多出弓弩夾射之蠻散走
慶之令諸軍斬山開道攻之而山高路險暑雨
而還蠻被圍守日久並饑乏自後稍出歸降慶
之前後所獲蠻並移京邑以為營戶二十七年
遷太子步兵校尉其年太祖將比討慶之諫曰

三百三十 ▋宋書傳三十七 廿五 吳

馬步不敵為日已久矣請舍遠事且以檀到言
之道濟再行無功彥之失利而返今料王玄謨
等未踰兩將六軍之盛不過徃時將恐重厚王
師難以得志上曰小醜竊據河南僣復王師再
屈自別有以亦由道濟養寇自資彥之中塗疾
動虜所恃唯馬夏水浩汗河水流通泛舟北指
則磧必走滑臺小戍易可覆拔克此二戍相
穀乎民虎牢洛陽自然不固比及冬間城守相
接虜馬過河便成禽也慶之又固陳不可升楊

尹徐湛之吏部尚書江湛並在坐上使湛之等
難慶之慶之曰治國譬如治家耕當問奴織當
訪婢陛下今欲伐國而與白面書生輩謀之事
何由濟上大笑及比討慶之與玄謨向磧戍
主棄城走玄謨圍滑臺慶之與蕭斌畐磧戍仍
領斌輔國司馬玄謨攻滑臺慶之進討慶之乃
跋壽率大衆南向斌道慶之率五千人救玄謨
慶之曰玄謨兵疲衆老虜寇已逼各軍營萬人乃
可進耳少軍輕徃必無益也斌固遣令去會玄謨

三百四十 ▋宋書傳三十七 廿六 吳

退斌將斬之慶之固諫乃止太祖後問何故諫斌
殺玄謨對曰諸將奔退莫不懼皋自歸而死將至
逃散且大兵至未宜自弱故以攻為便耳蕭斌以
前驅敗績欲死固磧戍慶之曰夫深入寇境規求
所欲退敗如此何可久住今青冀虛弱而坐守窮
城若虜衆東過清東非國家有也磧戍孤絶復作
朱脩之滑臺耳會詔使至不許退諸將並謂宜畐
斌復問計於慶之慶之曰閒外之事將所得專詔
從遠來事勢已異節下有一范曾而不能用空議

何施斌及坐者並笑曰沈公乃更學問慶之厲聲
曰眾人雖見古今不如下官耳學也玄謨自以退
敗求戍礦斌乃還歷城申垣坦護之共據清口
慶之乘驛馳歸未至上驛詔止之使還救玄謨留
會虜屬巳至彭城不得向北太尉江夏王義恭率
領府中兵參軍拓跋燾至郊山義恭遣慶之率
三千拒之慶之以為虜分皆合事且惟恨不乘礦
太祖後謂之曰河上奧分皆合事必見恨不肯行
磣耳卿在左右父偏解我意正復違詔濟事亦

無嫌也二十七年使慶之自彭城徙沭民數千
家於瓜步征比參軍程天祚徙江西沭民於南
州亦如之二十九年復更北伐慶之固諫不從以
立議不同不使比出是時命司馬黑石盧江叛
更夏侯方進在西陽五水誘動羣蠻冒淮汝至于江
沔咸羅其患十月遣慶之督諸將討之詔豫
荊雍並遣軍受慶之節度三十年正月世祖出
次五洲揔統羣帥慶之從巴水出至五洲諸受
軍略會世祖曲篏董元嗣自京師還陳元凶弒

逆世祖遣慶之還山引諸軍慶之謂腹心曰蕭
斌婦人不足數其餘將帥並是所采皆易與耳
東宮同惡不過三十人此外屈逼必不爲用今
輔順討逆不憂不濟也眾軍既集假慶之征
虜將軍武昌內史領府司馬世祖還至尋陽慶
之及柳元景等並以天下無主勸世祖即大位不
許賊欲遣慶之門生錢無忌齎書說慶之爲領軍將
慶之執无忌白世祖踐阼以慶之爲領軍將
軍加散騎常侍尋出爲使持節督南兗徐

兗四州諸軍事鎮軍將軍南兗州刺史常侍如
故鎮肝眙上一伐逆定亂曲心將帥之功下詔曰朕以不
天有生圖二涖千里志復深逆鞠旅代罪義氣
雲踊群帥仗節指難如歸故曰未積司宗徽戴
穆遂以眇身猥當茂大統永念茂庸思崇徽錫新
除使持節散騎常侍都督南兗豫徐兗四州諸
軍事鎮軍將軍南兗州刺史沈慶之新除散騎
常侍領軍將軍柳元景新除散騎常侍右衞將
軍宗愨督兗州諸軍事輔國將軍兗州刺史徐

遺寶寧朔將軍始興太守沈法系驃騎諮議參
軍顧彬之或盡誠謀初宣綜戎略或受命元師一
戰寧亂或稟奇軍統協規効捷偏師奉律勢振
東南皆忠國忘身義高前烈功載民聽誠簡朕
心定賞策勳茲焉收在宜列土開邑永蕃皇家
慶之可封南昌縣公元景曲江縣公並食邑三千
戶慤洮陽縣侯食邑二千固縣侯彬之陽新縣侯並
邑二千五百戶又特臨軒召拜又使慶之自盱眙還鎮
食邑千戶法系平固縣侯寶益陽縣侯食

廣陵孝建元年正月魯爽反上遣左衞將軍
王玄謨討之軍次淮向壽陽揔統諸將尋聞荊
江二州並反徵慶之入朝率所領屯武帳岡甲仗
五十人入六門魯爽先遣弟瑜進據蒙籠歷
陽太中張幼緒率軍討瑜值爽至衆散而反乃
遣慶之濟江討爽爽聞慶之至連營稍退自
留斷後慶之與薛安都等進與爽戰安都臨陣
斬爽進慶之號鎮北大將軍進督青冀幽三州
給鼓吹一部前軍破賊轉位等後至追躡階尋

（三百四　宋書傳三七　二十九　章綬）

與柳元景俱開府儀同三司辭事封始興郡公戶
邑妃故慶之以年滿七十固請辭事上嘉其意
許之以為侍中左光祿大夫開府儀同三司又固
讓上不許表疏數十上又面陳曰張良名賢漢
高猶許其退身有何用必為聖朝所須乃至稽
顙曰陳言輒沚沸上不能奪聽以郡公罷就第
月給錢十萬米百斛衞史五十人大明元年又
申前命復固辭司空見陵王誕據廣陵反
復以慶之為使持節都督南兗徐兗三州諸軍
事車騎大將軍開府儀同三司南兗州刺史率
衆討之至歐陽誕遣客慶之宗人沈道愍齎
書說慶之餉以玉鐶刀慶之遣道愍反數以罪
惡慶之至城下誕登樓謂之曰沈君白首之年
何為來慶之曰朝廷以君狂愚不足勞少壯故
使僕來耳上慮誕此奔使慶之斷其走路慶之
穋營白土去城十八里又進新亭誕果出走不
得去還城事在誕傳慶之進營洛橋西焚其
東門值雨不克慶之兄子僧榮時為兗州刺

（三百光　宋書傳三七　三十　崔倡）

史鎮瑕丘遣子懷明率數百騎詣受慶之節度
慶之塞漸造攻道立行樓土山井諸攻具時夏兩
不得攻城上使御史中丞庾徽之奏免慶之官
以激之詔無所問誕餉慶之食提挈者百餘人
出自比門慶之不問悉焚之誕於城上授㽵春情
慶之為送慶之曰我奉詔討賊不得為汝送表
汝必欲歸死朝廷自應開門遣使吾為汝送之
每攻城輒身先士卒上戒之曰卿為統任當令處
分有方何蒙楯城下身受矢石邪脫有傷挫為
損不少自四月至于七月乃屠城斬誕進慶之
司空又固讓於是與柳元景並依晉密陵侯鄭
冲故事朝會慶之伍次司空元景在從公之上
給邨吏五十人門施行馬四年西陽五水蠻得為
寇慶之以郡公統諸軍討之攻戰經年皆平定
獲生口數萬人居清明門外有宅四所室宇甚
麗又有園舍在妻湖慶之一夜攜子孫從居
之以宅還官悉移親戚中表於妻湖列門同開
馬廣開田園之業每指地示人曰錢盡在此中

身亘子大國家素富厚產業累萬金奴僮千
計再獻錢千萬穀萬斛以始興優近求改封南
海郡不許妓妾數十人並美容工藝慶之優游
無事盡意歡愉非朝賀不出門每從遊幸及
校獵據鞍馳驎不異少壯太子妃上世祖金鑾
殿筯箸及杆杅上以賜慶之曰卿勤匪殊歡宴
宜等且觴酌之賜宜以大夫為先也上嘗賈歡飲
普令羣臣賦詩慶之手不知書眼不識字上逼
令作詩慶之曰臣不知書請口受師伯上即令
顏師伯執筆慶之口授之曰微命值多幸得逢
時運昌朽老筋力盡徒步還南崗辭榮此聖
世何媿張子房上甚悅眾坐稱其辭意之美
世祖晏駕慶之與柳元景並受顧命遺詔
若有大軍旅及征討悉使委慶之前廢帝即
位加慶之几杖給三望車一乘慶之每朝賀常
乘猪鼻無幰車左右從者不過三五人騎馬
行園田政一人視馬而已每農桑遽月或時無人
遇之者不知三公也及加三望車謂人曰我每遊

屢田園有時人與馬成三無入則與馬成二令
乘此車並勸慶之乎及几杖逆固讓屢帝狂悖無
道眾並勸慶之屢帝立及柳元景等連謀以告慶
之慶之與江夏王義恭素不厚發其事帝誅義
恭元景等以慶之為侍中太尉封次子中書郎
文季建安縣侯食邑千戶義慶之為侍中中書郎
帝度江總統眾軍少子文耀年十餘歲善騎射
帝愛之又封永陽縣侯食邑千戶帝凶暴日甚
慶之猶盡言諫爭帝意稍不說及誅何邁慮慶
之不同量其必至乃閉清谿諸橋以絕之慶之
果性不得度而還帝乃遣慶之從子攸之齎藥
賜慶之死時年八十是年初慶之夢有人以兩
匹絹與之謂曰此絹足度謂人曰老子今年不
免兩匹八十尺也足度無盈餘矣及死賜與甚
厚追贈侍中太尉如故給轀輬車前後羽
葆鼓吹諡曰忠武公未及葬帝殂太宗即位追
贈侍中司空諡曰襄公長子文叔歷中書董
門郎景和末為侍中慶之之死也不肯飲藥

攸之以被擒殺之文叔密取藥藏錄或勸文叔
逃避文叔見帝斷截江夏王義恭支體慮奔
亡之日帝怒容致義恭之變乃飲藥自殺子
祕書郎昭明亦自縊死太始七年改封蒼梧郡
公元年還復先封時攸始與為廣興慶之弟劭之
亮龍玄廣興郡公齊南中郎行參軍討建安
元嘉中為盧陵王紹南中郎行參軍討建安
揭陽諸賊病卒兄子僧榮敞之之子也孝建
初為安成相荊江反叛發兵拒藏質質遣其
安成相臧眇之討僧榮擊破之大明中為兗
州剌史景和中徵為黃門郎未還卒子懷
明太宗泰始初居父憂起為建威將軍東征
南討有功封吳興縣子食邑四百戶歷位黃
門侍郎再為南兗州剌史元徽初丁母艱去
職桂陽王休範為逆起為冠軍將軍統水軍
防固石頭朱雀失守懷明委軍奔走頃之憂
卒慶之從弟法系字體先亦有將用初為趙
伯符將佐後隨慶之征五水蠻世祖伐逆以為

南中郎參軍加寧朔將軍領三千人前發與柳
元景旦至新亭元景居中營宗慇居西營法系
居東營東營據岡賊攻元景法系臨射之所殺
甚眾法系整外樹悉伐之令倒賊劭來攻緣樹
以進彭排多開隙選善射手的發無不中死者
交橫事平以為寧朔將軍始與太守討蕭簡於
廣州聞臺軍將至簡誑其眾曰臺軍是賊劭所
遣迻信之前征北參軍顧邁被賊徒在城內善
天文云荊江有大兵城內由此固守初世祖先
遣鄧琬圍簡唯治一攻道法系至曰宜四面並
攻若守一道何時可拔琬慮功不在已不從法
系曰更相申五十日日盡又不克乃從之八道
俱攻一日即拔斬蕭簡廣州平封庫藏付鄧琬
而還官至驍騎將軍尋陽太守新安王子鸞北
郎司馬劭之子文秀別有傳慶之舉從姻戚由
之在列位者數十人
史臣曰張釋之云用法一偏天下獄皆隨輕重
縣衡於上四海共稟其平法亂於朝民無所措

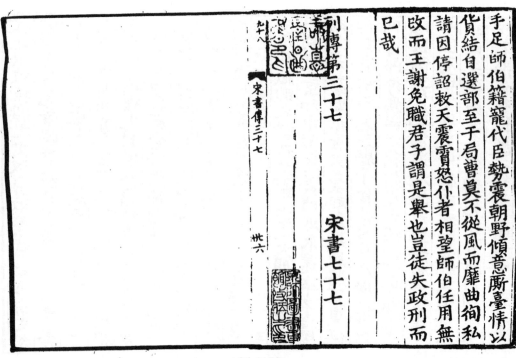

手足師伯籍寵代臣勢震朝野傾意廁臺情以
貨結自選部至于局曹莫不從風而靡曲徇私
請因停詔敕天震霄怒仆者相望師伯任用無
玫而王謝免職君子謂是舉也豈徒失政刑而
已哉

列傳第三十七　宋書七十七

蕭思話

劉延孫

宋書傳三十八　一　滕

蕭思話南蘭陵人孝懿皇后弟子也父源之字
君流歷中書黃門郎徐兗二州刺史冠軍將軍
南琅邪太守求初九年卒追贈前將軍思話年
十許歲未知書以慱誕遊遨爲事好騎屋棟打
細腰鼓侵暴隣曲莫不患毒之自此折節數年
中遂有令譽好書史善彈琴能騎射高祖一見
便以國器許之年十八除琅邪王大司馬行參
軍轉相國參軍父憂去職服闋拜羽林監領石
頭戍事龔爵封陽縣侯轉宣威將軍彭城沛
二郡太守涉獵書傳頗能隸書解音律便号
馬元嘉三年謝晦爲荊州刺史拒
之五年遷中書侍郎仍督青州徐州之東莞諸
軍事振武將軍青州刺史時年二十七云命司馬
朗之元之可之兄弟聚黨於東莞發千縣謀爲冦

亂思話遣北海太守蕭汪之討斬之餘黨悉平
八年除竟陵王義宣左軍司馬南沛郡太守思話未
及就徵索虜南冦檀道濟北伐既而迴師思話
之戍下邳聞思話奔亦委城走虜定不至而東
懼虜大至乃棄鎮奔走虜由是徵下廷尉仍繫尚
陽積聚已爲百姓所焚由是徵下廷尉仍繫尚
方初在青州常所用銅斗覆下得二死
崔思話曰斗覆而雙雀殞其不祥乎既而被繫
九年仇池大饑益梁州豐穰梁州刺史甄法護

宋書傳三十八　二　全

在任失和氐帥楊難當因此冦漢中乃自徙中
起思話督梁南秦二州諸軍事橫野將軍梁南
秦二州刺史既行間法護已委鎮北奔西城遣
司馬建威將軍南漢中太守蕭譚五百人前進
又遣西戎長史蕭汪之係之譚緣路收合士衆
得精兵千八十人正月進據磝頭難當妖掠漢
中引衆西還留其輔國將軍梁秦二州刺史趙
溫守梁州魏興太守薛健據黃金譚進屯磝頭
遣陰平太守蕭坦赴黃金薛健副姜寶據鐵城

鐵城與黃金相對去二里所樹塞道坦進攻二戍
拔之三月趙溫又率薛健及其寧朔將軍馮翼
太守蒲早子來攻坦營坦舊營擊大破之坦被創
賊退保西水譚司馬錫父祖進據黃金蕭汪之
步騎五百相繼而至平西將軍臨川王義慶遣
龍驤將軍裴方明三千人赴譚等進黃金早子
健等退保下桃話先遣行參軍王靈濟率偏
軍出洋川因向南城傷陵江將軍趙英堅守險
靈濟擊破之生禽英南城空虛因資無所復引

軍還與譚合三月譚率衆軍進據峨公固難當
遣人子和率趙溫蒲蚕子及左衞將軍呂平寧
朔將軍司馬飛龍步騎萬餘跨漢津結柴其
聞立浮橋悉力攻譚合圍數十重短兵接戰弓
矢無復用賊悉衣犀革戈矛所不能加譚乃截
稍長數尺以大斧椎之二稍輒貫十餘賊賊不
能當因大敗燒柴走走退據大桃閏月譚及方
明臺軍至龍驤將軍楊平與幢主殿中將軍梁
坦直入角弩追之賊又敗走殺傷虜獲甚多漢

中平悉收没地置戍葭萌水先是栢玄質墓晉以
栢布為梁州刺史敗走氐楊盛據有漢中刺史范
元之傳散悉治魏興唯得魏興上庸新城三郡
其後索邈為刺史氏乃治南城為賊所焚燒不
可固即思話遷鎮南城加節進號寧朔將軍徵
譚為太子屯騎校尉法護中山無極人過江寓居
護委鎮之罪統府所收於獄賜死太祖以法護
南郡弟法崇元嘉十年自少府為益州刺史法
受任一方令獄官言法護病卒太祖使恩話上平

定漢中本末下之史官十四年遷使持節臨川
王義慶平西長史南蠻校尉太祖賜以弓琴手
敕曰丈人頃何所作事務之暇故以琴書為娛
耳所得不日義每春想念不忘情想亦同之
是戴顒意於彈撫賞韻殊勝直所嘉也并往桑
前得此琴音物亦有名京邑已今以相借因
弓一張材理乃快先所常用既久廢射又多病
略不能制之便成老公令人歎息良材美器宜
在盡用之地丈人真無所與讓也十六年衡陽王

義季哀義慶又除安西長史餘如故十九年徵
為侍中領前軍將軍未就徵復先職明年遷
節監雍州梁南北秦四州荊州之南陽竟陵順
陽襄陽新野隨六郡諸軍事寧蠻校尉雍州
刺史襄陽太守二十二年除侍中領太子右率二
十四年改領左衛將軍嘗從太祖登鍾山北嶺
中道有磐石清泉上使於石上彈琴因賜以銀
鍾酒謂曰相賞有松石間意又領南徐州大中
正明年復監雍州梁南北秦州荊州之竟陵隨
二郡諸軍事右將軍寧蠻校尉雍州刺史如故
二十六年徵為吏部尚書詔思話曰沈尚書暴
病不救其體業自審立朝盡公年時尚可方相
委任奄忽不永痛悼特深銓管要機通塞所
寄文人才用體國二三惟允思話以去州無復事
力倩府軍身九人太祖戲之曰丈人終不為田父
於里閭何應無人使邪未拜二十七年遷護軍
將軍是年春虜攻懸瓠太祖將大舉北討朝士
僉同莫或異議思話固諫不從乃領精甲三千

助鎮彭城虜退即代世祖為持節監徐兗青冀
四州豫州之梁郡諸軍事撫軍將軍兗徐二州
刺史二十九年統揚武將軍冀州刺史張永泉
軍圍碻磝初鎮軍諮議參軍申垣與王玄謨圍
滑臺不克免官青州刺史蕭斌板垣行建威將
軍濟南平原二郡太守歷城令任仲仁又為坦
副並前鋒入河五月發沿口永率青州軍來會七月
將軍齊郡太守胡景世率青州軍來會七月思
話及眾軍並至碻磝治三攻道太祖遣員外散
騎侍郎徐爰宣旨督戰張永胡景世富東攻道
申垣任仲仁西攻道崔訓南攻道賊夜地道出燒
崔訓樓及幕軍又燒胡景世樓及攻具尋又毀
崔訓攻道城不可拔思話馳來退師攻城凡十八
日解圍還歷下崔訓以樓見燒又不能固攻道
被誅碻磝永垣並繫獄詔曰得撫軍將軍思話
啟事碻磝不拔士卒疲勞且班師清滌更圖進
討此鎮山川嚴阻控臨河朔形勝之要擅名自
古宜除其授以允望實思話可解徐州為莫州

餘如故鼓城文武復量分配即鎮歷城尋為江夏王義恭所奏免官元凶弒立以為使持節監徐兗冀四州豫州之梁郡諸軍事徐兗二州刺史將軍如故思話即率部曲還彭城起義以應世祖遣使奉牋曰下官近在歷下始奉國諱所承使人不知關陝既還在路漸有所聞猶謂人倫無容有此私懷感慨未敢在言奉被令教果出盧表重增衰惋不能自勝此實天地所不覆載人神所不容忍率土民泯莫不憤咽况下

官蒙荷榮渥義兼常志此月五日被驛使追命騎還朝切齒拊心輒已鍾疾雖百口在都一非所顧正欲遣啓受規略會奉令旨悲懼策情伏承司徒英圖電發殿下神武霜斷臧質忠義立到不謀同時仗順沿流席卷江甸前驅臧質風邁已應在近下官復練始集遣輔國將軍申坦為統便以將軍梁坦二軍分配精甲五千申坦為統便以即日水陸齊下官悉率文武略驛繼發憑威策懦勢同振朽開泰有期悲欣交集世祖至新

亭坦亦進克京口上即位徵為散騎常侍尚書左僕射固辭不受拜改為中書令丹楊尹常侍如故時京邑多有劫掠二旬中十七發引谷陳遜不許明年出為使持節都督徐兗青冀幽五州豫州之梁郡諸軍事安北將軍徐州刺史加鼓吹一部未行而江州刺史臧質反復以為使持節都督江州事平分荊江豫三州置郢州諸軍事江州刺史事平分荊江豫三州置郢州諸都督郢湘二州諸軍事鎮西將軍郢州刺史持

節常侍如故鎮夏口孝建二年卒時年五十追贈征西將軍開府儀同三司持節常侍都督刺史如故諡曰穆疾思話宗戚令望雖無嶽見任待凡歷州十二枚節監都督九焉所至雖無鐵鐵清節亦無穢黷之累愛才好士人多歸之長子惠開嗣別有傳次子惠明亦有世譽歷黃門郎御史中丞司徒左長史吳興太守後廢帝元徽末卒官第四子惠基順帝昇明末為侍中源之從父弟摹之丹陽尹追贈征虜將軍子斌亦為太祖所

遇彭城王義康鎮豫章以為大將軍諮議參軍
豫章南蠻校尉侍中輔國將軍青冀二
州刺史元嘉二十七年統王玄謨等衆軍北伐斌
遣將軍崔猛攻廣青州刺史張准之於樂安准
之棄城走先是猛與斌參軍傅融分取樂安及
碻磝樂安水道不通先并定碻磝至是又克樂
安既而攻圍滑臺不拔斌追還歷下事在王玄
謨傳二十八年亡命司馬順則詐稱晉室近屬自
號齊王聚衆據梁鄒城又有沙門自稱司馬
百年號安定王亡命秦凱之祖元明等各據村
屯以應順則初梁鄒戍主宣威將軍樂安海
二郡太守崔勳之出州故順則因虛竊據勳之
羅文昌等諸軍討順則不克勳之等始謂
司馬曹敬會拒戰不敵出走斌即遣勳之率行
建威將軍濟南平原二郡太守申坦長流參軍
羅文昌等諸軍之不克勳之等始謂
城內出於逼附軍至即應奔逃而並為賊堅守
殺傷官軍甚多斌又遣府司馬建武將軍齊郡
太守龐秀之摠諸軍祖元明又據安丘城斌更

遣振武將軍劉武之及軍主劉回精兵千人討
司馬百年斬之順則既失據衆稍離阻文昌遣
道連偽投賊賊信納之潛以官賞格示永城內
賊黨李繼叔等並有歸順心道連謀洩為賊所
殺繼叔踰城出降賊黨共是大離乃四面進攻
衝車所衝輒三五文崩落時南門樓上擲下一級
則所投首是也賊並放仗云向已斬順
分垂縋釣取外人上賊坐滑臺退敗
免官久之復起為南平王鑠右軍長史其後事
述在二凶傳斌弟簡歷位長沙內史廣陵王誕
為廣州未之鎮以簡為安南諮議參軍南海太
守行府州事東海王褘代誕簡仍為前軍諮議
太守如故世祖入討元凶遣輔國將軍南海太
守劉玩討簡固守經時城陷伏誅斌簡諸子並誅
滅龐秀之河南人也以斌故吏於新亭時劭諸將未有降
者唯秀之先至事平以為梁州刺史秀之子弟
為劭所殺者將十人而酣讌不廢坐免官後又

為徐州剌史太子右衛率孝建元年卒追贈本
官加散騎常侍子彌之順帝昇明末廣興公相
秀之第況之太宗世亦為始興相
劉延孫彭城呂人雖州剌史道產子也初為徐
州主簿舉秀才彭城王義康司徒行參軍尚書
都官郎為錢唐令世祖撫軍廣陵王誕北中郎
中兵參軍南清河太守世祖為徐州補治中從
事史時索虜圍縣斂分軍送所掠民口在汝陽
太祖詔世祖遣軍龔之議者舉延孫為元帥固

辭無將用舉劉泰之自代泰之既行太祖大怒
免延孫為世祖鎮軍北中郎中兵參軍南中
郎浴議參軍領錄事世祖伐遞府缺上佐轉補
長史尋陽太守行酾府事世祖即位以為侍中
領前軍將軍下詔曰朕籍羣能之力雪莫大之
恥以眇眇之身託于王公之上思所以策勳樹
良永寧世烈新除侍中領前軍將軍延孫率懷
忠敏器局沈正協贊義初誠力俱盡左衛將軍
竣立志開亮理思清要茂策忠慕經綸惟始俾

積基更造咸有勤焉宜顯授龜社大啓邦家延
孫可封東昌縣疾竣建城縣疾食邑各二千戶
其年侍中改領衛尉孝建元年遷丹楊尹斂貿
反叛上深以東土為憂出為冠軍將軍吳興太
守置佐史事平徵為尚書右僕射領徐州太中
正遣至江陵分判枉直行其誅賞三年又出為
南兗州剌史加散騎常侍仍徙為使持節監雖

梁南北秦四州郢州之竟陵隨二郡諸軍事鎮
軍將軍寧蠻校尉雖州剌史以疾不行酾為侍
中護軍又領徐州大中正素有勞患其年增篤
詔遣黃門侍郎宣旨問疾大明元年除金紫光
祿大夫領太子詹事中正如故其年又出為鎮
軍將軍南徐州剌史事先是高祖遺詔京口要地
去都邑密邇自非宗室近戚不得居之延孫與
帝室雖同是彭城人別屬呂縣劉氏居彭城縣
者又分為三里帝室居綏興里左將軍劉懷肅
居安上里豫州剌史劉懷武居叢亭里及呂縣
凡四劉雖同出楚元王由來不序昭穆延孫於

帝室本非同宗不應有此授時司空竟陵王誕
爲徐州上深相畏忌不欲使居京口遷之於廣
陵廣陵與京口對岸欲使腹心爲徐州據京口
以防誕故以南陵授延孫而與之合族使諸王
序親三年南宛州刺史竟陵王誕有辠不受徵
延孫馳遣中兵參軍杜幼文率兵起討旣至誕
已閉城自守乃還誕遣使劉公泰齎書要之延
孫斬公泰送首京邑復遣幼文率軍渡江受沈
慶之節度其年進號軍騎將軍加散騎常侍給
鼓吹一部五年詔延孫曰舊京樹親由來常準
卿前出所有別議今此防久弭當以還授小兒
徵延孫爲侍中尚書左僕射領護軍將軍延孫
疾病不任拜起上使於五城受封版乘船自青
谿至平昌門仍入尚書下舍又欲以代朱脩之
爲荆州事未行明年卒時年五十二上甚惜之
下詔曰故侍中尚書左僕射領護軍將軍東昌
縣開國矦延孫風局簡正體識沈明綢繆心膂自
蕃升朝勢闕唯舊幾將二紀靈業中圮則首贊出

圖義令旣舉則佳均蕭寇器允棟幹實佐時
及累司馬兩官出內尹牧惠政茂課著自民聽
忠謀令節簡平朕心方慶來台階永畀國道奄
至薨殞震慟兼深考終定典盡哀敬可贈
司徒給班劍二十人侍中僕射侯如故有司奏謚
忠穆詔爲文穆又詔曰故司徒文穆公延孫居
身寡約家素貧虛每念清美良深悽歎葬送
資調固富闕乏可賜錢三十萬米千斛子質嗣
太宗泰始中有罪國除延孫弟延熙美義與太
守在孔覬傳
史臣曰延孫按歆蕃曰固出頗衰矣風颴局力
又無等級可言而隆名盛寵必擇而後授何哉
良以休運甫開沈疾方被雖宿恩内積而安私
外簡夫侮因事狎敬由近踈踈必相思狎必相
厭厭思一殊榮禮自隔遂得爲一世宗臣蓋由
此也子曰事君數斯疏矣然乎然乎

列傳第三十八　　宋書七十八

列傳三十九　宋書七十九

文五王　　　臣沈　約　新撰

竟陵王誕
廬江王褘
武昌王渾
海陵王休茂
桂陽王休範

〈宋書傳三十九〉

竟陵王誕字休文文帝第六子也元嘉二十年
年十一封廣陵王食邑二千戶二十一年監南兗
州諸軍事北中郎將南兗州刺史出鎮廣陵尋
以本號徙南徐州刺史二十六年出為都督雍梁
南北秦四州荊州之竟陵隨二郡諸軍事後將
軍雍州刺史以廣陵彫斃改封隨郡王上欲大
舉北討以襄陽外接關河欲廣其資力乃罷
江州軍府文武悉配雍州湘州臺稅租雜物
悉給襄陽及大舉北代命諸蕃並出師莫不
本敗唯誕中兵參軍柳元景先克弘農關陝

三城多獲首級關洛震動事在元景傳會諸
方並敗退故元景引還徵誕還京師遷都督廣
交二州諸軍事安南將軍廣州刺史當鎮興
未行改授都督會稽東陽新安臨海永嘉五郡
諸軍事安東將軍會稽太守給鼓吹一部元凶
弑立以誕為揚州浙江西屬司隸校尉浙江東五郡立
會州以誕為刺史世祖入討遣沈慶之兄子僧榮為

〈宋書傳三十九〉

誕遣參軍劉季之與彬之并勢自頓西陵以為
聞報誕又遣寧朔將軍顧彬之自會顯東入受
人多齎籃展於孫㪣中夾射之欽等大敗事平
曲阿之奔牛塘路甚狹左右皆悉入菰薱彬之軍
後繼勁遣將華欽庾導東討與彬之弟相逢於
諸軍事衞將軍開府儀同三司荊州刺史誕以
位號正與潛同惡之請求回改乃進號驃騎將
徵誕為持節都督荊湘雍益寧梁南北秦八州
軍加班劍二十人餘如故南譙王義宣不肯就徵
以誕為侍中驃騎大將軍揚州刺史開府如故
改封竟陵王食邑五千戶顧彬之以奔牛之功

顧達

封陽新縣侯食邑千戶季之零陽縣侯食邑五
百戶明年義宣舉兵反有荊江兗豫四州之力勢
震天下上即位日淺朝野大懼上欲奉輿駕法
物以迎義宣誕固執不可然後處分誕節即仗士
五十人出六門上流平定誕之力也初討元凶
與上同舉兵有奔牛之捷至是又有殊勳上性
多猜顏相疑憚而誕造立第舍窮極工巧園池
之美冠於一時多聚才力之士實之第內精甲利
器莫非上品上意愈不平建平二年乃出為使

持節都督南徐兗二州諸軍事太子太傅南徐
州刺史侍中如故上以京口去都密邇猶疑之
大明元年秋又出為都督南兗南徐兗青異幽
六州諸軍事南兗州刺史餘如故誕既見猜亦
潛為之備至廣陵因索虜寇邊修治城隍聚
糧治伏嫌隙既著道路常云誕反三年建康
民陳文紹上書曰私門有幸亡大姑元嘉中蒙
入臺六宮薄命早亡先朝賜贈美人又聽大姑
二女出入問訊父饒司空誕取為府史恒使入

山圖畫道路勤劇備至不敢有辭不復聽歸消
息斷絕姑二女去年冒啓歸訴蒙陛下聖恩賜
敕解饒吏名誕見符至大怒喚饒入交問汝欲
死邪訴臺求解官比不聽通家信消息
斷絕若是姊為啓聞所不知誕問饒得
入臺饒被問依實啓答既出誕主衣莊慶畫師
王強語饒令年敗汝妹誤汝官云小人輩敢
持臺語饒逼我饒因叛走歸誕即遣王強將數人
逐突入家內縛錄將還廣陵至京口客舍乃隊死

井中託云饒懼皋自殺抱痛懷冤冒死歸訴吳
郡民劉成又諧闕上書告誕謀反稱息道龍昔
伏事誕親見姦狀又見誕在石頭城內修乘輿
法物誕又倡警蹕道龍私獨憂懼向伴侶言之語
頗漏泄誕使大吏令監內執道龍逸走誕
怒鞭殺監道龍又豫章民陳談之上書
訴枉稱弟詠之昔蒙誕采録隨從歷鎮大駕南
下為誕奉送牋書經涉危險時得上間聖明登
阼恩澤周普回歧小人使命微勤賜署臺位詠

之恒見誑與左右小人莊慶傳元祀潛圖姦逆
言詞醜悖每云天下方是我家有汝等不憂不
富貴又常疏陛下年紀姓諱往巫覡師愧家祝
詛諛之既聞此語又不見其事恐一旦事發橫
羅其辜寮以告建康右尉黃宣達并有啟聞希
以自免元祀即第知詠之乘酒罵詈遂被害自顧冤
漏泄即具以告詠之大怒令左右飲詠之酒遍
使大醉因言詠之乘酒罵詈遂被害自顧冤枉
事有可哀其年四月上乃使有司奏曰臣聞神
極尊明大儀所以貞觀皇天峻邁玄化所以幽
宣故能經緯眇俗大庇黔首道被八紘不遺
疏賊之賞威格天區豈漏親貴之罰此不刊之
鴻則古今之恒訓謹按元嘉之末天網崩褫人
神哀憤含生喪氣司空竟陵王誕義兼臣子任
居藩維進不能泣血提戈忘身徇節退不能閉
關拒險焚符斬使遂至拜受偽爵欣承榮寵沈
淪姦逆肆于昏放以妻故司空臣湛之女誅亡
餘類單舟遺被猖千里事哀行路賊忍無親

莫此為其故山陰傳僧祐誠亮國朝義均休戚
重門峻嶠不能撕之使嚴險千里不能庇
匹夫之身乃更助虐馮凶抽兵勒刃遂使頓仆
牢穿死不旋踵妻子播流庭筵莫立見之者流
涕聞之者含嘆及神鋒首路攙東指風卷之
獄電埽三江誕猶持疑兩端陰規進退陛下頻
遣書檄告譬殺勤方政姦圖末乃奉順分遣弱
旅求塞符文宴安所往身不越境悖禮忘情不
顧物議彎弧躍馬務是畋游致奔牛有朋砕之
陳新亭無獨克之術假威義銳乞命皇旅竟有
何勞而論功伐旣祿褫廓清大明升曜幽顯宅
心遠邇雲集誕忽星行之悲違開泰之慶遲回
顏望淹踰旬朔逆黨陳叔兒等泉寶鉅億資貨
不貲誕收籍所得不歸天府辭稱天軍實入私
室又太官東傳舊有獻御喪亂旣平猶加斷過
珍羞庶品回充私瞻於號諱之辰忠孝兩忘敬愛俱盡
當惟新之姤絕苞苴之貢忠滋敬滋之品
乃徵引巫史潛考圖緯自謂體應符相富貴可

期悖意醜言不可勝載遂復遍諷朝廷占求官
爵悔歲宗室詆毀公卿不義不眠人道將盡荷
任神州方懷姦慝每闚向宸御妄生規亨多樹
滛祀顯肆詋詛遂在石頭潛修法物傳警稱暉
擬則天行皆巳駭暴觀聽彰布朝野昔內難甫
寧珍瑋散佚有御刀利刃擅價諸夏天府禁器
歷代所珍詆密加贓賞頓藏私室賊義宣初平
餘黨逃命詋舍縱囚忌私竊招納名工納巧悉
匪私第又引義宣故將裴興為巳腹心事既彰
露猶執欺罔公文面啓矯稱舊隸加以管于制
榮典軍誕以廣托宅宇地坊蓺植輒逼遣孤追
館僭擬天居引石徵材專擅興發驅迫士族役
同興阜殫木土之姿窮本并之勢故會稽宜長
公主受遇二祖禮級尊崇臣湛之亡身徇國追
傷行路掩涕又緣谿兩道積代通衢詆拓宇神
頓相驅徙遂令神主宵遷改卜委巷宗戚舍
開垣擅斷其一致使徑塗擁隔臨川陸阻礙神
怒民怨毒徧幽顯故丞相臨川烈武王臣道

規名德茂親勳光常策異禮殊榮受自先旨
者嗣王臣義慶受任西夏靈寢斬蓺先帝親枉
蘯興拜辭路左恩冠終古事絕常班誕又以廟
居宅前固請毀換改詔旨不許怨對彌地有覻面
目犴狼為性規牧江都希廣兵力天德尚弘甫
申所請仍謂應住東府宜為中台會貪冒無厭人
莫與比雖聖慈全救每垂容納而虐戾不悛姦
詖彌其受命還鎮猜怨愈深忠規正諫必加鳩
毒諂瀆膚躁是與比周又矯稱符勑設牓開募
事發辭寢委罪自下及錄事徐靈壽以常署受
坐將就囚執詔韓近恭中護軍遣吏真嗣伯密
相屬請求寬枉且王僧達臨刑之啓事高閭
即斁之辭皆稱潛驛往來遙相要契醜聲穢問
宣著遐邇含識能言軏不憤歎又獲吳郡民劉
則姦情猜志歲月增積昔周德初外公宜有流
言之豐曹道方泰季子斷遠泉之誅近則誰
厲覆車於前義康龍襄軏於後變發柴奇禍成

范謝亦皆以義奪親情為憲屈況乃上悖天經
下誣政道結釁於無妄之辰希幸於文明之日皇
穹所不覆厚土所不容夫無禮之誠臣子所宜
服膺千紀之刑有國所應慎守臣等參議宜下
有司絕誕屬籍削爵付廷尉法獄治罪諸
所連坐別下考之論伏願遠尋宗周之重近監興
亡之由割恩棄私俯順羣議則卜世靈根於茲
克固鴻勳盛烈永永無窮陛下如復隱忍於垂
三恩則覆皇基於七百撅生民於塗炭此臣等
所以夙夜危懼不敢避鈇鉞之誅者也上不許

有司又固請乃貶爵為侯遣之國上將誕
以義與太守垣閬為兗州刺史配以羽林禁兵遣
給事中戴明寶隨閬襲誕使閬以之鎮為名
閬至廣陵誕未悟也明寶夜報誕典籤蔣成
使明晨開門為內應成以告府舍人許宗之宗
之奔入告誕誕驚馳起呼左右及素所畜養數百
人執將成勒兵自衛明旦將曉明寶與閬率精
兵數百人卒至明而門不開誕已列兵登陴自

在門上斬蔣成梟兵籍收作部徒繫囚開門遣
腹心率壯士擊明寶等破之閬即遇害明寶奔
逃自海陵界得還上乃遣車騎大將軍沈慶之
率大眾討誕誕焚燒郭邑驅居民百姓悉使入
城分遣書檄要結近遠時山陽內史梁曠家在
廣陵誕執其妻子遣使要曠曠斬使拒之誕
怒滅其家誕妻子遣投之城外曰往年元凶禍逆
陛下入討臣此凶起順可謂常節及承相構難

臧魯惙從朝野悅惚感憂懼陛下欲百官羽
儀星馳推奉臣前後固執方賜允俞社稷獲全
是誰之力陛下接遇懃懃累復賜加榮寵騎揚州
旬月移授恩秩頻繁此何忘庶希偕老永相娛
餞送臣一遇之感感懷此何忘庶希偕老永相娛
襲不任狂酷即加誅翦雀鼠貪生仰達詔令
慰豈謂陛下信用讒言逐令無名小來相掩
親勒部曲鎮扞徐兗先經何福同生皇家今有
何怨便成胡越陵鋒奮戈萬沒豈顧湯定以
期冀在且名軍宣蘭爰及武昌皆以無罪並

遇柱酷臣有何過復致於此陛下宮帷之醜豈
可三緘臨紙悲塞不知所言世祖忿誕左右腹
心同籍莘親立誅之死者以千數或有家人已
死方自城內叛出者車駕出頓宣武堂內外纂
嚴慶之進廣陵誕禋王韓道元來會誕中豫州刺史
宗慶之徐州刺史劉道隆率衆來會誕中兵參軍
柳光宗參軍何康之劉元邁撞主索智朗謀開
城北門歸順未期而康之所鎮隊主石貝子先
衆出奔康之懼事泄夜與智明斬關而出誕禽
光宗殺之光宗柳元景從弟也康之母在城內
亦為誕所殺誕見銀軍大集欲棄城北走雷中
兵參軍申靈賜居守自將騎步數百人親信竝
隨聲云出戰邪趙海陵道誕誕周豐生馳慶
之慶之遣龍驤將軍武念追躡誕行十餘里衆
竝不欲去請誕還城誕曰我還卿能為我盡
力不衆皆曰顧盡力左右揚承伯牽誕馬曰
死生且還保城欲持此安之速還尚得入不
然敗矣慶之所遣將戴寶之單騎前至刺誕

殆獲誕懼乃馳還武念去誕遠未及至故誕得
向城既至曰城上白頭非沈公邪左右曰申兵
誕乃入以靈賜為驃騎府錄事參軍王璵之
為中軍長史世子景粹為中軍將軍州別駕是
范義為中軍長史其餘府州文武皆加秩先
右備將軍垣護之左軍將軍崔道固屯騎校尉
廣陵番斜太子旅賁中郎將殼孝祖破索虜廣
龐孟斜並使受慶之節度司州刺史劉季之誕
故佐也驍果有膂力梁山之役又有戰功增邑
五百戶在州貪殘司馬瞿弘業諫爭甚苦季之
積忿置毒藥食中殺之少年時宗慤為豫州刺史
為誕所遇疑其同逆因邀道隆之送首詣道隆
手悔加慤慤深銜恨至是慤為豫州刺史都督
會誕反季之肝盱盱太守鄭瑗以季之素
司州季之慮慤為禍乃委官聞道欲歸朝廷
時誕亦遣聞信要季之及季之首至沈慶之送
以示季之缺齒垣護之亦缺誕謂衆曰此垣
護之頭非劉季之也太宗初即位鄭瑗為山陽

王休祐縣騎中兵參軍豫州刺史殷琰與晉安
王子勛同逆休祐遣瑗及左右邢龍符說琰琰
不受鄭氏壽陽強瑗瑗即使琰鎮軍子勛責
琰舉兵進晚琰欲自解釋乃殺龍符送首瑗兄
爭不能得及壽陽城降瑗隨輩同出龍符為劉
僧愍時在城外謂瑗構殺龍符輒殺虜於淮西戰死此四
人者並由橫殺旅受身禍論者以為有天道焉誕
勔所錄後見原僧愍以義擊瑗即為誕
橦主公孫安期率兵隊出降誕初開城拒使記

室參軍賀弼固諫再三誕怒抽刃向之乃止或
勸弼出降弼曰公舉兵奇朝廷此事既不可從
荷公厚恩又義無違背唯當死明心耳乃服藥
自殺弼字仲輔會稽山陰人也有文才贈車騎
將軍山陽海陵二郡太守長史如故憧主王璵
之賞募數百人從東門出攻龍驤將軍程天祚
營斷其弩弦天祚擊破之即走還城誕又加申
靈賜南徐州刺史軍主馬元子踰城歸順追及
殺之乃於城內建列立壇誓誕將歃血其所署

輔國將軍王秀曰陛下親歡臺臣皆禰萬歲
初誕使黃門呂曇濟與左右素所信者將世子
景粹藏於民間謂曰事若濟斯命全脫如其不
免可深埋之分以金寶餅送出門並各散走唯
曇濟不去攜負景粹十餘日乃為沈慶之所捕
得斬之誕所署平南將軍虞孝充又出降書上
使慶之於桑里置烽火三所誕又遣千餘人自北
門攻強弩將軍苟思達營龍驤將軍宗越擊
破之開東門掩攻劉道隆營後為殺孝祖及貞

外散騎侍郎沈攸收之所破誕及加申靈賜左長
史王與之右長史范義母妻子並在城內有勸義出
司馬右將軍范義左司馬將軍孟王秀右
降義曰我人吏也且豈能作何康活邢義字明
休濟陽考城人也早有世譽五月十九日夜有
流星大如斗杅尾長十餘丈從西北來隆城內
是謂天狗占曰天狗所墜下有伏尸流血誕又
遣二百人出東門攻劉道產營別遣疑兵二百
人出北門沈攸之於東門奮短兵接戰大破之門

者又為苟思達所破誕又遣數百人出東門攻
寧朔司馬劉勔營收之又破之廣陵城舊不開
南門云開南門者不利其主至誕乃開焉於彭城
邵領宗在城內陰結死士欲襲誕先欲布誠於
慶之乃說誕求為閒諜見許領宗既出致誠畢
復還城內事泄誕鞭二百考問不服遂支解之
上遣章二紐其一曰竟陵縣開國侯食邑一
千戶慕賞禽誕其二曰建興縣開國男三百戶
慕賞先啟若克外城舉一烽克內城舉兩烽禽
誕舉三烽上又遣屯騎校尉譚金前虎賁中郎
將鄭景女率羽林兵隸慶之誕復遣三百人自
南門攻劉勔土山為勔所破慶之填漸治攻道
值夏雨不得攻城上每璽書催督之前後相繼
及晴再怒使太史擇發日將自濟江太宰江夏
王義恭上表諫曰誕素無才略畜養又寡自拒
王命士庶離散城內乏糧器械不足徒賴兵
倉頭三四百人造次相附恩怨離結臣始短慮謂
一旬可殄而假息流遷七十餘日上將受律羣蕃

兵峻銳卒精旅動以萬計大威所震未有成功
臣雖凡怯猶懷憤踴陛下人前翦封豕出討長蚺
兵不血刃再興七百而蕞爾小醜遂延暴漏致
皇赫斯怒將動乘輿此實臣下素食駑之責
行留百司莫不仰慚俯愧今盛暑被甲日費
千金天威麾斾不幸甚臣伏尋晉文王征淮
南淹師出二百日方能制寇令誕糇糧垂竭背
逆者多慶之等轉悟遷重之非漸見乘機之利
且成旨頻降必應旦夕夷殄愚又以廣陵塗近
人信易達雖為江水約示不難且觀理者實闇
塞者眾忽見雲旗移次京都既當祇悚四方
之志必有未達臣愚伏計今寧不當計小
難期王者尚不乘危況乃汎不測之水昔魏文
醜省生命以安退邁之情又以長江險闊風波
濟江遂有遺州之名今雖先天天不違動千休慶
龍舟所幸理必利涉然居安慮危不可不懼私
誠款款冒啟赤心迫用悚汗不自宣盡七月二
日慶之率衆軍進攻剋其外城乘勝而進又剋

小城誕聞軍入與申靈賜走趨後園隊主沈
儇之義征客周滿胡思祖馳至誕執王鑛刀與
左右數人散走儇之等追及誕於橋上誕舉刀
自衞之傷誕面因隊求引出殺之傳首京邑
時年二十七因葬廣陵賂姓留氏同黨悉誅殺
城內男京觀死者數千女口為軍賞誕母殺妻
徐並自殺追贈殺長寧圍淑妃嘉梁曠誠節攉
為後將軍封周滿山陽縣侯食邑四百五十戶
儇之未陽子食邑三百五十戶胡思祖高平縣男食
邑三百戶臨川內史羊濟之以先協附誕伏誅誕
為南徐州刺史在京夜大風飛落屋瓦城門又
㳷倒覆誕忿惡之又遷鎮廣陵入城衝風暴起
揚塵晝晦又中夜閑坐有赤光照室見者莫不
怪愕左右侍直眠中夢人告之曰官須髮為鞘
耿既覺巳失髻矣如此者數十人誕甚怪懼大
明二年發民築治廣陵城誕循行有人千興揚
聲大罵曰大兵尋至何以辛苦百姓誕執之間
其本末荅曰百姓夷名孫家在海陵天公去年與

道佛共議欲除此閒民人道佛苦諫得止大禍
將至何不立六慎門誕門六慎門云何荅曰古時
有言禍不入六慎門誕以其言狂悖殺之又五
音士忽狂見鬼驚怖啼哭曰外軍圍城城上
張白布帆誕執錄二十餘日乃赦之城陷之日
雲霧晦暝曰虹臨此門屬城內八年前廢帝
陵上表曰竊聞淮南中霧眷求遺緒楚英流
即位義陽王昶為征北將軍徐州刺史道廣
殛愛存丘墓並難結兩臣義開二主法雖事斷
禮或情申伏見故賊劉誕稱戈犯節自貽逆命
膏斧嬰戮在憲巳彰但尋屬禾皇枝位切列
辟一以罪終魂骸莫赦生均宗籍死同四竪
旅宂委雜封樹不修今歲月愈邁愍流壟往
踐境興懷感事傷目垡下繼明升運咸弧惟新
大德方臨哀孫未及夫麋布哭市義犯雷霆田
叔鉗趙志於夷戮況在天倫何獨無感伏願稽
若前准降申丹志气薄改楄枏微表窀穸剛朽
骨知榮窮泉識荷臨紙嗺慟辭不自宣詔征

比表如此省以慨然誎及妻女並可以庶人禮葬
并置守衛太宗泰始四年又更改葬祭以少牢
盧江王褘字休秀文帝第八子也元嘉二十二
年年十歲封東海王食邑二千戶二十六年以
為侍中後軍將軍領石頭戍事遷冠軍將軍
南彭城下邳二郡太守散騎常侍領戍如故出
為會稽太守將軍如故二十九年遷使持節都
督廣交二州荊州之始興臨安三郡諸軍事車
騎將軍平越中郎將廣州刺史元凶弒立進號
安南將軍未之鎮世祖踐阼復為會稽太守加
撫軍將軍明年徵為秘書監加散騎常侍尋加
出為撫軍將軍江州刺史進號平南將軍置更
大明二年徵為散騎常侍中書令領驍騎將軍
給鼓吹一部常侍如故又出為南豫州刺史常侍
將軍如故以本號開府儀同三司領國子祭酒
常侍如故五年詔曰昔韓衛異姓宗周之明憲
三封殊級往晉之令典唯皇家創典盡弘斯義
朕應天命光宅四海思所以憲章前式崇建懿

親永垂畫一箸于甲令諸弟國封立可增益千
戶七年進司空常侍祭酒如故前廢帝即位加
中書監太宗踐阼進太尉加侍中中書監給班
劍二十人改封盧江王太祖諸子褘尤凡劣諸
兄弟蚩鄙之南平王鑠蠶覓鑠子敬淵褘往
視之白世祖借伎世祖答曰婚禮不舉樂且敬
淵等孤苦倍非宜也至是太宗與諸王休仁
詔曰人既不比數西方汝便為建安王之長時
褘住西州故謂之西方公也泰始五年河東柳
欣慰謀反欲立褘褘與相訓和欣慰要結征北
咨議參軍杜幼文左軍參軍宋祖珍前郡令王
隆伯等褘使左右徐虎兒以金合一枚餉幼文
銅鉢二枚餉隆伯幼文具奏其事上乃下
詔曰昔周室既盛二叔流言漢祚方隆七番迷
叛斯寔事彰佌代難與自古雖聖賢御寓內
紓患太尉盧江王褘慶皇枝蚤升寵樹幼無立
德長缺修聲淡薄親情厚結行路狎昵羣細
疏澁人士自朕撥亂定宇受命應天實尚敦

睦克敦友干故崇殊爵超居上台而公常懷不

平表於事迹公若德深望重宜膺大統朕初平

暴亂豈敢當豈自然推符奉璽天柞有歸且

朕雖居尊極不敢自恃宗室之事無不諮公不

虞志欲難滿妄生親怨積慮在衿遂謀社稷要

者四方遘禍兵斤戢甸搢紳憂惶親賢同憤

唯公獨幸厭災側耳視陰企賊休問司徒仁等並

縱酒弦歌側耳視陰問司徒仁等並

各令弟事兼家國推鋒履險各伐方蒙霜踐

期凶逆道申以圖輔相及皇威既震羣凶肅蕩

九有同慶萬國含欣而公容氣更沮下惟晦迹

每覘天察宿懷愀左道呪詛禱請謹事邪巫

尚有信分公未嘗有一函之使遺半紙之書志

棄五弟以餌讎賊自謂身非勳烈義不參謀必

辣辛勤巳甚況身被矢石否泰難虞悠悠之人

整敬事如神令其祝詛孝武并及崇憲祈皇室

危弱統天稱巳巫稱神旨必得如顧後事發覺

委皇所生微幸戢嘔得自免近公不知慙懼

寶為公見信事既彰露肆之于法公不知慙懼

猶加營理遣左右二人主殯舍顯行邪志固

顧吏司又挾閹豎陳道明交關不逞傳驛音邊

投金散寶以為信誓又使府史徐虎兒招引邊

將要結禁旅規害台輔圖犯宮掖公受性不仁

才非治用昔忝江州無稱被徵前詣會稽以皇

左黜公稽古嘉聞嚴而無理言不暢塞暑惠不

及帷房朝野所輕搢紳同侮豈堪輔相之地寧

任莅民之職非唯一朝有自來矣大明之世迄

于永光公常雷中未嘗有自來何以在今方起嫌

怨公少即長人情無哀威侍拜長寧從祀宗廟

顏無戚狀淚不垂臉兄弟長幼靡有愛心昔因

孝武御筵置酒心誠不箸于時義陽念遇本薄

遭公此讚益被猜嫌朕當時狼狽不暇自理賴

崇憲太后辨解百端少蒙申亮得免俠責景和

知吉凶能行厭呪大設供養朝夕拜伏衣裝嚴

或加之矢刃或專之鼎鑊公在江州得一漢女云

狂主醜毒橫流初誅宰輔尉志方扇於建章宮
召朕兄弟通酒使醉公因酒勢遂肆苦言云朕
及休仁與太宰親數往必清閑贈貺豐厚朕當
時惶駭五內崩墜于其語次勃得小止往又經
在尋陽長公主第兄弟共集勿中坐忿怒厲色
見指以朕行止出入每不能固若得稱心規肆
忿懻惟公此旨蚤欲見滅而天道受善朕獲南
面不長惡逆挫公毒心自大明積費國弊民凋
加景和奢虐府藏罄盡朕在位甫爾郵義具瞻
仍值終阻蜂起日耗萬金公卿庶民傾産歸獻
積受台奉貲畜優廣朕踐阼之初公請故太宰
東傳餘錢見入數百萬內不充養外不助國散
賜詔諫編惠趙隸推心考行事類斯比舉小交
構遂生異圖籍籍之義轉盈民口公君地居衡
寄任專八柄德育於民勳高於物勢不自安於
事爲可公旣才均櫟木牽以曲全因高無民得
守虛靜而坐作凶咎自　深靈由朕誠感無素
爰至於此永尋多難慨慷實深凡人所行各有

本志朕博愛尚仁爲日巳久尚能含懺怨辠著
于觸事朕豈容於公不相隱忍但禍萌易漸去惡
宜疾負何之重寧得坐觀且蔓草難除燎火須
撲狡扇之徒宜時誅剪巳詔司戮肅正典刑公
身居戚屬禮兼至淮之常科顧有惻怛宜少
申國憲以弟不藏今以淮南宣城歷陽三郡還
立南豫州降公爲車騎將軍開府儀同三司南
豫州刺史削邑千戶侍中王如故出鎮宣城止
遣腹心楊運長鎮兵防衛同黨柳欣慰徐虎兒
陳道明籌敬之閻立遇之樊平祖孟敬祖垃伏
誅明年六月上又令有司奏褘怨有怨言請
免官削爵付宛陵縣獄依法窮治不許乃遣
大鴻臚持節兼宗正奉詔責褘逼令自殺
時年三十五即葬宣城子充明輔國將軍南彭
城東莞二郡太守廢徙新安歙縣後廢帝即位
聽還京邑順帝昇明二年卒時年二十八無子
武昌王渾字休淵文帝第十子也元嘉二十四
年年九歲封汝陰王食邑二千戶爲後軍將軍

加散騎常侍索虜南寇破汝陰郡從渾為武
昌王少而凶庚嘗出石頭怨左右人接防身
刀斫之元凶弒立以為中書令山陵久羸身
露頭徃散騎省戲因彎弓射通直郎周朗中
其枕以為笑樂世祖即位授征虜將軍南彭
城東海二郡太守出鎮京口孝建元年遷使
持節監雍梁南北秦四州荊州之竟陵隨二
郡諸軍事寧蠻校尉雍州刺史將軍如故渾
至鎮與左右人作文檄自號楚王號年為求

光元年備置百官以為戲笑長史王翼之得
其手迹封呈世祖上使有司奏免為庶人下
太常絕其屬籍徒付始安郡上遣負外散騎
侍郎戴明寶詰渾曰我與汝親則同氣義則
君臣遣任西蕃以同盤石云何一旦反欲見
文檄處分事迹炳然不忠不義乃可至此豈
唯天道助順逆志難克如其凶圖獲逞天下
誰當相容前事不遠足為鑑戒加以頻歲
釁難非起外人唯應相與厲精以固七

百汝忽復構此艮可悲慨國雖有典我亦何忍極
法好自將養以保松喬之壽逼令自殺即葬襄陽
時年十七大明四年聽還葬毋江太妃莫夭天宗即
位追封為武昌縣侯王翼之字季弼琅邪臨沂人
晉黃門侍郎徽之孫世官至御史中丞會稽太守
廣州刺史諡曰肅子

海陵王休茂父文帝第十四子也孝建三年年十一封海
陵王食邑二千戶大明二年以為使持節都督雍梁
南北秦四州郢州之竟陵隨二郡諸軍事北中郎將

寧蠻校尉雍州刺史進號左將軍增邑千戶時司馬
庚深之行府事休性急疾欲自專恣之又主帥每
案之常懷忿怒左右張伯超至所親愛多罪過主
帥常呵責伯超懼罪謂休茂曰主帥密疏官罪過
欲以啟聞如此恐無好休茂曰為何計伯超曰唯當
殺行事及主帥且舉兵自備此去都數千里縱六事
不成不失入虜中為王休茂從之夜挾伯超及左
右黃靈期蔡捷世滕穆之王實龍來承道彭叔
兒魏公子陳伯見張馬奴揚興劉保余雙等率

夾轂隊於城內殺典籤戴揚慶出金城殺司馬庚
深之典籤戴雙集徵兵眾建牙馳檄使佐吏
上車騎大將軍開府儀同三司加黃鉞侍讀博
士苟諗諫爭見殺伯超專任軍政殺崔邑已休
茂左右曹萬期挺身斫休茂破剖走見殺休茂
出城行營諮議參軍沈暢之等率眾開門拒
之休茂馳還不得入義成太守薛繼考為休茂
盡力攻城殺傷甚眾暢之不能自固遂得入城
斬暢之及同謀數十人其日參軍尹玄慶起義
攻休茂生禽之將出中門斬首時年十七毋妻
皆自殺同黨悉伏誅城中撓亂無相統領時尚
書右僕射劉秀之弟恭之為休茂中兵參軍
眾共推行府州事繼考以兵脅恭之使作啟事
云音義自乘驛還都上以為永喜茄王子仁比中
郎諮議參軍河南太守封冠軍縣侯食邑四百
戶尋覃卹伏誅恭之坐繫尚力以玄慶為射聲
校尉有司奏絕休茂屬籍毗姓為留上不許即
葬襄陽庚深之字彥靜新野人也以事先朝見

知元嘉二十九年自輔國長史為長沙內史南
郡王義宣為荊湘二州加深之寧朔將軍督湘
川七郡明年義宣為逆深之據巴陵拒休茂司
馬見害之旦子孫亦死追贈深之冠軍將軍雍
州刺史苟諗員外散騎侍郎曹萬期始平太守
桂陽王休範文帝第十八子也孝建三年年九
歲封順陽王食邑二千戶大明元年出為江
州刺史尋加征虜將軍領
前軍將軍南徐州刺史加給事中前廢帝
永元元年轉中護軍領崇憲衛尉太宗定亂以
為使持節都督南徐徐兗四州諸軍事鎮
共將軍南徐州刺史給鼓吹一部時薛安都據
彭城反叛遣從子索兒南侵休範進據廣陵
督北討諸軍事加南兗州刺史進征北大將軍
加散騎常侍還京口解兗州增邑二千戶受五
百戶泰始五年徵為中書監中軍將軍揚州刺
史常侍如故明年出為使持節都督江郢司

廣交五州豫州之西陽新蔡晉熙湘州之始興

四郡諸軍事征南大將軍江州刺史尋加開府

儀同三司未拜改授都督南徐徐南兗青異

六州諸軍事驃騎大將軍南徐州刺史持節常侍

開府如故未拜以驃騎大將軍還為江州進號

越州諸軍事給三聖車一乘太宗遺詔位司

空改常侍為侍中加班劒三十人休範素凡謂

少知解不為諸見所幽遇太宗常指左右人謂

王景文曰休範人才不及此以我弟故生便富

貴釋氏願生王家良有以也及太宗晚年晉平

王休祐以狠戾致禍建安王休仁以權遍不見

容巴陵王休若素得人情又以貴卓唯休範

謹澁無才能不為物所向故得自保而常懷

憂懼恒慮禍及太宗晏駕為主幼時覬素族

當權近晉秉政休範自謂宗戚莫二應居宰

輔事既不至然憤彌結招引勇士繕治器械行

人經過者莫不降意折節重加問遺

留則傾身接引厚相資給於是遠近同應至者

如歸朝廷知其有異志密相防禦雖未表形迹

而疊難已成母前太妃薨葬廬山以示不還之

志解侍中時夏口關鎮朝議以居尋陽上沅欲

樹置腹心重其兵分元徽元年力以第五皇弟

晉熙王燮為郢州刺史長史王奐行府州事配

以資力出鎮夏口慮為休範所撥留自太洑去

不過尋陽休範大怒欲舉兵龍驤朝廷密與典

籤新蔡人許公輿謀之表治城池修起樓堞多

解榜板擬以備用其年進位太尉明年五月遂

舉兵反虜發百姓船乘使軍隊稱力請受付以

榜解板合手裝治二三日間便悉整辦率眾二

萬鐵騎數百匹發自尋陽晝夜取道書與表

桀楮淵劉秉曰夫治政任賢宜親踈相輔得其

經緯則結繩可及失其規矩則危亡可期漢承

戰國之餘傷周室衰殄正磐石之宗而致七國

之亂魏革漢典創於前失遂使諸王絕朝聘之

禮是以根踈葉枯政移異族令宗室衰微自昔

未有秦寧之世足以為壁言孤子忝枝皇族預關

興毀雖欲忘言其可得乎高祖武皇帝升叡三
光濬紛四表太祖文皇帝欽明冠古爰貫乾承曆
秉鉞西服鳴鑾東京搜賢選能納音賞異考
武皇帝岐嶷天縱先機雷發陵波靜亂安業中
興儲嗣不膺遂貽禍難于時建安王以家難頻
遠宣立長主明皇帝恢勗淵懿仁潤含遠奉戴
南面允合天人而太尉以年長居早怨心形色
抑恢慰等規行不軌事迹披猖驃騎以忤顏失
旨應對不順在蕃刻削怨結人鬼先帝明於號

令豈枉法為親二王之豐實自由已但司徒巴
陵王勞謙為國中流事難有不世之勳奉時如
天事兄猶父非唯令友信為國器唐叔之忠而
受眚蔡之罪親戚哀憤行路嗟歎王地籍光潔
德厭民望並無寸罪受毀讒邪先帝穆於友于
留心親戚去昔事平之後面受詔誨禮則君臣
樂則兄弟升級賜賞動不移年撫慰孜孜如
不足豈容一旦閱牆致此禍害良有由也先帝
寢疾彌年體疲膳少雖神照無虧而慮有失

德補闕拾遺貴在左右于時出入臥內唯有運長
道隆羣細無狀因疾見上不和知無瘳拯
虛晏駕之曰長王作輔奪其寵柄不得自專
是以內假帝上旨外託朝議誅辭詭貌人誣千端
升進姦回屠斥賢哲矯夫則內誣人鬼是以
星紀違常義姿夫度昔魏顯擇命春秋美之
奉翁殉良詩有明刺呂之即得失必書不及
匡諫猶以為罪交間蒼蠅驅扇禍毀爵必貶
重于更負輕先帝舊人無罪默落薦致鄉親

偏布朝省詔諫親狎者盜竊主除靜立貞粹
者柴門生草事先關已雖非必行若不諮詢雖
是必抑海內遠近人誰不知未解執事不加斧
鉞遂致先帝有殺弟之名醜聲遺於君父格
以古義豈得為忠先帝崩殂若無天地理痛常
情便應赴泣但兄弟枉酷已陷讒細孤子已下
復觸菆機是以羊陵墳而摧裂想鑒娇而抽
慟雖復于遠哥寵而地屬負荷顧命之辰曾
不見及分崩之際詔出兩堅天誘其衷得居乎

外若受制群邪則玉石同碎矣以宇宙之基一
且受制甲瑣劉氏家國使小人處分終古以來
未有斯酷昔石顯曹節方今為優而望之仲
舉由以致斃至於遭逢醜鷹豈有古今之者乎諸
賢曹籍冠冕忠貞佐非恩樹動豈寵結
夏憂國勤王社稷之鎮豈可含縱讒凶坐觀傾
覆自惟宋室未殞得以推移者正內頼諸賢防
勤教輒外有孤子跨據中流而人非金石何能
支久走一麾落則本根莫庇當今主上沖紉宜

明典章征虜之鎮不見慰尔自逆旅往來尚有顧
眄骨肉何雛遍使離闕禽獸之心橫生疑貳
經由此者每加約截同惡相求有若市賈以孤
子知其情狀恒恐以此乘之鉗勒州郡過見防
御近遣西南二使統內宜傳不容恐懼即遣啓
并有別書若以孤子有過便應鳴敵見伐如其
不爾宜令冬有所歸與殺不辜憲有常辟三公
之使無罪而斬鄙雖不肖天子之季子甲小主
者敢不如是乎孤子承奉令上如事先朝鳳宵

三十二　祥

恭謹散心雲日晦望表驛相從江衢有何虧違
頓至於此既已甘心其可再往來所說以
孤子納士為尤此輩懼其身罪豈為國計在昔
四豪列國公子猶博引廣納門客三千況孤子
位居鼎司捍衛畿甸且今與昔異室襄微邪憯用
虜陵掠江淮侵逼主上年穉宗室卒歷年怨思
命親賢結舌齊猶致禍況長淮戍卒夫有勤役之
勞瓜時不代齊室襄塗炭之苦歷夫有勤役思
不務拓逺強邊而先事國君親戚以此求心何

事非亂又以繕治盆墨復致䚊聲自晉宋之災
積貯百萬孤子到鎮曾不數千里且修城池整
郭邑為治常理復何足致嫌邪若以中流清蕩
則任農夫不應實力強兵作鎮姑熟俱防寇害
豈得獨嫌於此昔成王之明而為流言致惑若
使金縢不開則周公無以自保樂毅歸趙不忍
謀燕況孤子禮則君臣恩猶父子者乎所以枕
戈泣血衽以兄弟之雛爾觀其不逞之意豈可
限量設使遂其虐志諸君欲安坐得乎脣亡齒

三三十　戢　兵

寒理不難見桂蠹必除人邪必翦枉突徙薪何
勞多力望便執錄二豎以謝冤魂則先帝不失
順悌之名宋世無枉筆之史此州地居形要路
枕九江控弦跨馬越關而至重氣輕死排藪競
出練甲照水總戈成林剝此纖隸何患不克但
罪天闕同奉溫清齊心庶事伊霍之任非君而
外息爾功有所歸不亦可乎便當投命有司謝
千鈞之弩不為鼷鼠發機欲使薰猶內辨晉陽
誰周邵之職頗以自許左提右挈無愧古人昔

平勃剛斷產祿盜誅張溫趙文臺扼腕事之
樞機得失俄頃性車令轍庶無惑焉近持此意
申之沈收其憤難不解諸王致此既知禍原銳
然奮發蓋舉兵厲卒以俟同舉張興世發都日受
制凶黨方大惆悵追恨前逆比者信使每申勤款
姦禍揚飄直逝遂不見遇孤子近遣信申述
王奐佐郢兵權在握厥督屠狂朝野嗟痛猶
父之怨寧可與之比肩孤子此舉增其忡惋
義之所勸其應猶響諸君或未得此意故先

告懷徙倚一隅遲迴委問孤子良疾厄毀窮盡
無日庶規史繡死不忘本臨紙荒嗄言不詮第
大軍戍主杜道欣馳下告綴道欣至一宿休範
已至新林朝廷震動平南將軍齊王出次新
亭豐城領軍將軍劉勔前兗州刺史沈懷明據
石頭征北將軍張永屯白下儔將軍隨將士意取
褚淵當晝左僕射劉秉等入衛殿省時事起倉
卒不暇得更處分開南北二武庫隨將士意取
休範於新林弐止及新其壘自臨城南於臨滄

觀上以數十人自備屯騎校尉黃回見其可乘
乃偽往請降并宣齊王意旨休範大悅以二子
德宣德嗣付回與為質至即斬之回與越騎校
尉張敬兒真前斷休範首持還左右亞齊散初
休範自新林分遣同黨杜耳丁文豪杜墨蠡等
直向朱雀門休範雖死墨蠡蠡等守不相知聞王
道隆率羽林兵在朱雀門內聞賊至急召劉勔
動自石頭來赴仍進衍南戰敗死之墨蠡蠡等唱
勖直入朱雀門王道隆為亂兵所殺墨蠡蠡等唱

云遣隊主陳靈寶竇瓌自詣臺道逢賊棄首於
水挺身得達雖唱云已平而無以為據衆愈疑
感張永棄衆於白下沈懷明於石頭奔散撫軍
典籤茅恬開東府納賊墨蟲迺至杜姥宅中
書舍人孫千齡開承明門出降宮省恇擾無復
固志時庫藏賞賜已盡皇太后剔取宮內
金銀器物以充用羽林監陳顯達率所領於杜
姥宅與墨蟲戰破之至宣陽御道諸賊一時奔
散斬墨蟲於靈家及同黨姜伯玉柳仲虔任天助
等許公輿走還新茶村民斬送之晉熙王覿自
夏口遣軍平尋陽德嗣弟青牛智藏並伏誅
詔建康秣陵二縣收斂諸軍死者并殺賊屍並
加藏埋
史臣曰語有之投鼠而忌器信矣阮佃夫王道
隆專用主命臣行君道識義之徒咸思戮以馬
劒休範馳兵象及君忠臣義士莫不銜
膽爭先夫以邪附君猶或自免況於仗正順以
爭主哉

孝武帝二十八男文穆皇后生廢帝子業豫
章王子尚陳淑媛生晉安王子勛阮容華生安
陸王子綏徐昭容生皇子深何淑儀生松滋
矦子房史昭華生臨海王子頊貴妃生始平
孝敬王子鸞次永嘉王子仁與皇子子深同生
何婕妤生皇子子鳳謝昭容生始安王子真江

■宋書傳四十　一　張敳

婕妤生皇子子玄史昭儀生邵陵王子元次齊
敬王子師與始平孝敬王子鸞同生江美人生
皇子子衡楊婕妤生淮南王子孟次皇子子况
與皇子子玄同生次南平王子產與永嘉王
子仁同生次晉陵孝王子雲次皇子子文並與
始平孝敬王子鸞同生次廬陵王子興與淮南
王子孟同生次南海哀王子師與始平孝敬王
子蠻同生淮陽思王子霄與皇子子况次
皇子子雝與始安王子真同生次皇子子趨與

皇子子鳳同生次皇子子期與皇子子衡同生
次東平王子嗣與始安王子真同生杜容華生
皇子子悅安陸王子綏南平王子產廬陵王子
興並出繼皇子子深子鳳子玄子衡子况子文
子雝未封早天子趨子悅未封為明帝
所殺

豫章王子尚字孝師孝武帝第二子也孝建三
年年六歲封西陽王食邑二千戶西都督南徐
兖二州諸軍事北中郎將南兖州刺史其年

■宋書傳四十　二　張敳

遷揚州刺史大明二年加撫軍將軍三年浙江
西立王畿以浙江東為揚州命王子尚都督
揚州江州之鄱陽晉安建安三郡諸軍事揚
州刺史將軍如故給鼓吹一部五年改封豫章
王戶邑如先領會稽太守七年加使持節進號
車騎將軍其年又加散騎常侍以本號開府儀
同三司時東土大旱鄞縣多畛田世祖置子尚
上表至鄞縣勸農又立左學召生徒置儒林祭
酒一人學生師敬伍佰州治中文學祭酒一人

比西曹勸學從事二比祭酒從事前廢帝即位罷王繢復舊徵子尚都督揚南徐二州諸軍事領尚書令解督軍揚州餘如故初孝建中世祖以子尚太子母弟上甚留心後新安王子鸞以母幸見愛子尚之寵稍衰既長人才凡劣凶暗有廢帝風太宗殂廢帝稱太皇后令曰子尚頑凶極悖行乖天理楚王姪亂縱惡義絕人經並可於第賜盡子尚時年十六楚王山陰公主也廢帝改封為會稽郡長公主食湯沐

宋書傳四十　三　徐中

邑二千戶給鼓吹一部加班劍二十人未及拜受而廢帝敗楚王肆情淫縱以尚書吏部郎褚淵親美請自待十日廢帝許之淵雖承旨而行以死自固楚王不能制也

晉安王子勛字孝德孝武帝第三子也大明四年年五歲封晉安王食邑二千戶仍都督南州徐州之東海諸軍事征虜將軍南兗州刺史七年改督江州南豫州之晉熙新蔡郢州之西陽三郡諸軍事前將軍江州刺史八年遷使

持節都督雍梁南北秦四州郢州之竟陵隨二郡諸軍事鎮軍將軍寧蠻校尉雍州刺史未拜而世祖崩以鎮軍將軍還為江州本官如故眼惠風為世祖所不愛景和元年加使持節時廢帝任凶多所誅害前軍諮議參軍何邁少公主帝詐云主薨殺宮人代之顯加殯葬而納主於後宮深忌邁邁慮禍及謀因帝出行為變迎立子勛事泄帝自率宿衛兵誅邁使

宋書傳四十　四　徐中

好武頗招集才力之士邁先尚太祖女新蔡八座奏子勛與邁通謀又手詔子勛曰何邁殺我立汝汝自計勛若孝武邪可自為其所遣左右朱景雲送藥賜子勛死景雲至盆口停不進遣信使報長史鄧琬琬等因本子勛起兵以廢正為名太宗定亂進子勛號車騎將軍開府儀同三司琬等不受命傳檄京邑泰始二年正月七日奉子勛為帝即偽位於尋陽城年號義嘉元年備置百官四方並嚮應威震天下是歲四方貢計並詣尋陽遣左衛將軍孫沖

之等下據淅又遣豫州剌史劉胡率大衆來
屯雞尾又遣安北將軍顗總統泉軍臺軍屯
據前谿斷顗等糧援胡道攻之大敗於是焚
營遁走顗聞胡去亦棄衆南奔沈攸收之諸軍至
尋陽誅子勛及其母同逆皆夷滅子勛死時年
十一即葬尋陽廬山

松滋戻子房字孝良孝武帝第六子也大明四
年五歲封尋陽王食邑二千戶仍爲冠軍將
軍淮南宣城二郡太守五年遷豫州剌史將軍
淮南太守如故六年改領宣城太守七年進號
右將軍解宣城餘如故前廢帝永光元年遷東
揚州剌史將軍如故景和元年罷東揚州子房
以本號督會稽東陽新安臨海永嘉五郡諸軍
事會稽太守如故又徵爲撫軍領太常長史孔顗
將軍太守如故又徵爲撫軍領太常長史孔顗
不受命舉兵反應晉安王子勛即僞位進子房
號車騎將軍開府儀同三司吳晉陵並受命
於顗太宗遣儜將軍巴陵王休若督諸將吳喜

等東討戰無不捷以次平定上虞令王晏起兵
殺顗顗囚子房送還京都上宥之旣爲松滋縣戻
食邑千戶司徒建安王休仁以子房兄弟自終古
禍難勸上除之乃下詔曰不虞之釁荐自親遠
情爲法屈聖達是遵朕痛定傾再全審業遠
惟鴻基猥當負何思弘治道務盡敦睦而妖豎
遘扇妄造異圖路休之兄弟專作謀主規與禍亂
凶蜜相屑齒路休之兄弟專作謀主規與禍亂
令含人嚴龍覬覬宮省以羽林出討宿衞單鑿
俟隙伺間將謀竊發劉祗在蕃規相應援通言
北寇引令過淮頃休範濟江潛欲拒捍賴卜祚
靈長姦回弗遑陰應已露宣盡憲辟寔以方難
未夷曲加遵養今王化帖泰宜辨忠邪消流不
壅燦火難滅便可委之有司肅正刑典松滋戻
子房等淪陷逆徒協同醜悖逐與籤帥擧小潛
通南蠻連結祇等遠圖朕躬雖各庚已彰在法
無宥獪子之情良所未忍可廢爲庶人徙付遠
郡於是並敕之子房時年十一路休之等以崇

慧太后既崩自慮將來不立不自安劉祗在南
死州有志為逆嚴龍太祖元嘉中已為中書舍
人南臺御史世祖又以為舍人甚見委信景和
泰始之際至越騎校尉右軍將軍至是懷異端
故及於誅

臨海王子頊字孝列孝武帝第七子也大明四
年五歲封歷陽王食邑二千戶仍為冠軍將
軍吳興太守五年改封臨海王戶邑如先其年
遷使持節都督廣交二州湘州之始興安臨
【宋書傳四十】
賀三郡諸軍事征虜將軍平越中郎將廣州刺
史未之鎮從征荊州刺史如故明帝即位解督
南北秦八州諸軍事刺史如故八年進號前
將軍前廢帝即位以本號都督荊湘雍益梁寧
雍州以為鎮軍將軍丹楊尹尋雷本任進督雍
州又進號平西將軍長史孔道存不受命舉兵
反以應晉安王勛即偽位進號衛將軍至
開府儀同三司雉尾奔敗吳喜張興世等至
子頊賜死時年十一葬巴陵

始平孝敬王子鸞字孝羽孝武帝第八子也大
明四年年五歲封襄陽王食邑二千戶仍為東
中郎將吳郡太守其年改封新安王戶邑如先
五年選北中郎將南徐州刺史領南琅邪太守
母殷淑儀寵傾後宮子鸞愛冠諸子見為上所
盼遇者莫不入子鸞之府團及為南徐州又割吳
都以屬之六年丁母憂追進淑儀為貴妃班亞
【宋書傳四十】
皇后諡曰宣貴妃給轀輬車虎賁班劍鑾輅九旒
黃屋左纛前後部羽葆鼓吹上自臨南掖門臨
過喪車悲不自勝左右莫不感動上痛愛不已
之因感而會焉迺靈周之殘冊略鴻漢之遺象
擬漢武李夫人賦其詞曰朕以至事棄日開覽
弔新宮之奄映嗟虛臺之無蹤賦流波以謠思
莆王詞死見李夫人賦懷其有懷亦以嗟詠久
詔河濟以崇典雖媛德之有載竟滯悲其何道
訪物運之榮落訊雲霜之舒卷念桂枝之秋實
惜瑤華之春前劉桂枝折兮沿歲傾瑤華碎兮思
聯情形殷兮素塵積翠陀藏兮紫菭生賓羅暗

今春幌垂簾空今夏幬高秋臺慟予今碧煙凝
冬宮列兮朱火青流律有終深心無歇徙倚雲
日褰回風月思王步於鳳墀想金聲於礦闕竭
方池而飛傷摶圜淵而流咽端蕃朝之晨罷泛
縞館之晚清輈南陸躍閶闔輢比津警承明面
貌女而悲生雖哀終其已切將何慰於爾靈存
飛業於景路沒申藻於服車垂襟旒於昭術竦
鸞劍於清都朝有儷於微羣禮無替於粹圖闕
瑤光之宓陛宮虛梁之餘陰矦玉羊之晨照正
金雞之夕臨升雲鷖以引思鏘鴻鐘以節音文
七星於霜野旗二燿於寒林中雲枝之天秀寓
坎泉之曾岑屈封羸之自古申反周乎在今遣
雙靈今達年思附孤魂今展慈心伊鞠報之必
至諒顯晦之同深予棄西楚之齊化略東門之
遙褛淪漣兩拍之傷奄抑七萃之箴又諷有司
曰典禮云天子有后有夫人檀弓云舜菲蒼梧
二妃不從昏義云后立六宮有三夫人然則三

妃則三夫人也后之有三妃猶天子之有三公
也按周禮三公八命諸矦七命三公既導於列
國諸矦三妃亦貴於庶邦夫人傳導於仲子
非魯惠公之元嫡尚得考彼別宮今貴妃蓋天
秩之崇顯班理應翔立新廟尚書左丞徐爰之又
議宣貴妃既加殊命禮絕五宮考之古典顯有
成據廟堂克構宜選將作大匠卿葬畢詔子鸞
攝職禮儀並依正公又加都督南徐州諸軍事一
部禮司依本官兼司徒給鼓吹一
八年加中書令領司徒前廢帝即位解中書
令領司徒加持節之鎮帝素疾子鸞有寵既
誅羣公乃遣使賜死時年十歲子鸞臨死謂
左右曰顧身不復生王家同生弟妹並死仍
葬京口太宗即位詔曰夫紆冤申痛雖往必
追緣情惻愛感事彌遠故使持節都督南
徐州諸軍事撫軍將軍南徐州刺史新安王
子鸞鳳表成器蚤延殊寵方樹美業克光藩
維而凶心肆忌奄罹橫禍興言永傷有無常

沈約

懷冀族天秀以靈沈魂可贈使持節侍中都督
南徐兗二州諸軍事司徒南徐州刺史全如故第
十二皇女第二皇子子師俱嬰謬酷有增酸悼
皇女可贈縣公主師優先封為南海王並加
徽謚又曰良枉追遠仁道所弘興滅繼典
斯貴朕務古田公治恩禮必數異族猶敦況在近
戚故新除使持節侍中都督南徐兗二州諸
軍事司徒南徐州刺史新安王子鸞為年雖冲
弱性識早茂鍾慈世祖寵冠寵列蕃值景和凶虐

[宋書傳四十] [十一]

橫羅酷禍國殤衄圭冤祀莫寄尋念痛悼風
軫子懷可以建平王景素息延年為嗣追改子
竄封為始平王食邑千戶改苑弈秣陵縣龍山延
三十六
年字德沖泰始四年薨時年四歲謚曰沖王
明年復以長沙王纂子延之為始平王紹子纘
後順帝昇明三年薨國除
永嘉王子仁字孝和孝武帝第九子也大明五
年年五歲監雍梁南比秦四州郢州之竟陵隨
一郡諸軍事北中郎將寧蠻校尉雍州刺史

封永嘉王食邑三千戶仍遷東中郎將吳郡太
守六年又遷丹陽尹七年兼衛尉前廢帝即位
加征虜將軍領衛尉尋出為左將
軍南兗州刺史景和元年遷南徐州刺史將軍
如故泰始元年又遷中軍將軍領太常未拜徙護
軍將軍四方平定以為使持節都督湘廣交三
州諸軍事平南將軍湘州刺史太宗遣主書趙
扶公宣旨於子仁曰汝一家門戶不建幾覆社
稷天未三宋景命集我上流迷愚相扇四海同

[宋書傳四十] [十二]

三百出
惡若非我脩德御天下三祖基業一朝墜地汝
輩便應淪於異族之手我昔兄弟近二十人零
落相繼存者無幾唯司徒年長令德作輔皇
家門戶所憑唯我與司徒二人而已尚未能厭
百姓茲怨餘諸王亦未堪贊治我惟有太子一
人司徒世子年又幼弱桂陽巴陵並未有繼體
正賴汝輩兄弟相倚為彊庶使天下不敢覬覦
王室汝輩始十餘歲栽知仰當今諸舍細弱
殆不免人輕陵若非我為主劉氏不辦今日汝

[王百九]

諸兄弟沖眇為羣凶所遷誤遂與百姓還圖骨
肉於汝在心不得無媿即日四海就寧恩化方始
方今奧汝湘州汝年漸長足知善惡當每思刻
之情著於萬物汝亦當知好憶我敕旨時司徒
建安王休仁南討猶未還既還自上以將來非社
厲奉朝廷為心爵秩自然與年俱進我猶子
稷計宜並為之所未拜賜死時年十歲
始安王子真字孝貞孝武帝第十一子大明五
年年五歲封始安王食邑二千戶仍為輔國將
軍吳興太守七年遷使持節監廣交二州始興
始安臨賀二郡諸軍事平越中郎將廣州刺史
將軍如故不之鎮還征虜將軍南彭城太守領
石頭戍事景和元年為丹陽尹將軍如故尋復
為南兗州刺史將軍如故泰始二年遷左將軍
丹陽尹未拜賜死時年十歲
邵陵王子元字孝善孝武帝第十三子也大明
六年年五歲封邵陵王食邑二千戶八年以為度
支校尉泰南沛二郡太守仍為冠軍將軍南琅

邪泰山二郡太守景和元年出為湘州刺史將軍
如故未之鎮至尋陽值晉安王勛為逆留不
之鎮進號撫軍將軍事平安王子勛賜死時年九歲
齊敬王子羽字孝英孝武帝第十四子也大明
二年生三年卒追加封謚
淮南王子孟字孝光孝武帝第十六子也大明
七年年五歲封淮南王食邑二千戶時世祖改豫
州之南梁郡為淮南國罷南豫州之淮南郡并
宣城前廢帝即位二郡並復舊名子孟仍國名
度食淮南郡景和元年為冠軍將軍南琅邪
彭城二郡太守泰始二年改封安成王戶邑如先
未拜賜死時年八歲
晉陵孝王子雲字孝舉孝武帝第十九子也
大明六年年四歲封晉陵王食邑二千戶未拜
其年薨
南海哀王子師字孝友孝武帝第二十二子也大
明七年年四歲封南海王食邑二千戶未拜景和
元年為前廢帝所害時年六歲太宗即位

淮陽思王子霄字孝雲齊武帝第二十三子也

大明五年生八年薨追加封謚

東平王子嗣字孝叔孝武帝第二十七子也大

明七年生仍封東平王食邑二千戶繼東平沖

王休倩休倩母顏性理嚴酷泰始二年子嗣所

生母景寧園昭容謝上表曰故東平沖王休倩

託茲瑶極岐嶷鳳表降年弗永遺儀莫傳所奉

皇帝救妾子臣子嗣出繼為後既承國祀方奉

二百九十五　宋書傳四十　十五

丞為庶軍設慶武延千遠而妾顏訓養非恩撫

導乖理情關引進義違負蜾昔世祖平日詭申

用傷人倫愛懇行路妾天屬冥至感切實深伏

奄自茲以後專縱嚴酷寔顯布宗感宣灼宮闈

慈愛崩背未幾賞性便發猶逼畏崇少欲藏

顧乾渥廣臨垂照賜復改命還依本屬則妾

母子雖隕之辰猶生之願許之其年賜死時年

四歲

武陵王贊字仲敷明帝第九子也泰始六年

生其年詔曰世祖孝武皇帝雖特尊情惠勳

狹政弛樂飲無厭食事因於寧泰任威縱費豐義

於務寡故以積怨動天流殃殄胤嗣景和肇含生

嘉成禍世祖繼體陷憲無遺昔皇家中扗含生

懼滅賴英孝感舊掃雪冤耻動纘隊歷拯斯

慈今以第九子智隨奉武陵郡大明

典今以第九子智隨奉武陵王食邑五千戶

之世事均代邦可封智隨武陵王食邑五千戶

尋世祖一門女累不少既無蘋捃義須防開諸

三百十　宋書傳四十　十六

侯雖不得祖稱天子而事有一家之切且歸寧

有所疢疾相營得失是任閨房有稟朕應

天在位恩深九族庶此兄弟申睦之懷敷愛之

旨後廢帝元徽四年出為使持節督南徐兗

青冀五州諸軍事北中郎將南徐州刺史順

帝昇明元年遷持節督郢州司州之義陽

諸軍事前將軍郢州刺史二年為沈攸之

諸軍事安西將軍荊州刺史持節如故收

所圍從都督荊湘雍益梁寧南北秦八州

之平乃之鎮其年薨時年九歲國除

列傳卷第四十　　　　宋書八十

知弱義在於此也

九域沸騰難結天下而世祖之亂亦殲焉彊不

史臣曰晉安諸王提挈羣下以成其纂亂遂至

宋書八十一

臣沈約　新撰

劉秀之
顧琛
顧覬之

劉秀之字道寶東莞莒人司徒劉穆之從兄子
也世居京口祖爽尚書都官郎山陰令父仲道
高祖克京城以補建武參軍與孟昶留守事定
以為餘姚令卒官秀之少孤貧有志操十許歲

▉宋書傳四十一　　　　一

時與諸見戲於前渚忽有大蛇來勢甚猛莫不
顛沛驚呼秀之獨不動衆並異焉為東海何承天
雅相知器以秀之兄欽之女妻之朱齡石右軍參
軍隨齡石敗沒秀之哀戚不歡宴者十年景平
二年除尉馬都尉奉朝請家貧求為廣陵郡丞
仍除撫軍江夏王義恭平北彭城王義康行參
軍出為無錫陽羨茱為程令竝著能名元嘉十六
年遷建康令除尚書中兵郎重除建康性纖密
善糾摘微隱政其有聲吏部尚書沈演之每稱

之於太祖世祖鎮襄陽以為撫軍錄事參軍襄陽
令襄陽有六門堰良田數千頃堰久決壞公私
廢業世祖遣秀之修復雍部由是大豐改領廣
平太守二十五年除督梁南北秦二州諸軍事
寧遠將軍西戎校尉梁南秦二州刺史時漢川
飢儉境內騷然秀之善於為政躬自儉約先是
漢川悉以絹為貨秀之限令用錢百姓至今受
其利二十七年大舉北伐遣輔國將軍楊文德
巴樊潼二郡大守劉弘宗受秀之節度震蕩汧

▉宋書傳四十一　　　　二

隴秀之遣建武將軍錫千秋二千人向子午谷
南口府司馬竺宗之三千人向駱谷南口威遠
將軍梁尋十人向斜谷南口氐賊楊高為寇秀
之討之斬高兄弟元凶弒逆秀之聞問即日起
兵求率衆赴襄陽司空南譙王義宣不許事寧
還使持節督益寧二州諸軍事寧朔將軍益州
刺史折留俸祿二百八十萬付梁州鎮庫此外
蕭然梁益二州土境豐富前後刺史莫不營聚
貨貲南者致萬金所攜賨寮並京邑貧士出為郡

縣皆以苟得自資秀之為治整肅以身率下遠
近安悅焉南譙王義宣據荊州為逆遣參軍王
曜徵兵於秀之即日斬曜戒嚴遣中兵參
軍韋山松萬人襲江陵出峽並超民遣將席天
生逆之山松一戰即梟其首進至江陵為曾奕
所敗山松見殺其年進號征虜將軍改督為監
持節刺史如故以起義功封康樂縣族食邑六
百戶明年遷監郢州諸軍事郢州刺史將軍如
故未就大明元年徵為右衞將軍明年遷丹陽
尹先是秀之從叔穆之為丹陽與子弟於廳事
上飲宴秀之亦與焉廳事柱有一穿穆之謂子
弟及秀之曰汝等試以栗遙擲此柱若能入穿
後必得此郡穆之諸子並不能中唯秀之獨入穿
焉時餘市百姓物不還錢市道嗟怨秀之以為
非宜陳之甚切雖納其言音不從用廣陵王誕
為逆秀之入守東城其年遷尚書右僕射四年
改定制令疑民殺長吏科議者謂值赦宜加徒
選秀之以為律文雖不顯民殺官長之旨若值

赦但止徒送便與彼怨懟殺人曾無一異民敬官
長比之父母行害之身雖遇赦謂宜長付尚方
窮其天命家口令補兵從之明年領太子右衞
率五年雍州刺史海陵王休茂反為土人所誅
遣秀之以本官慰勞分別善惡事畢還都出為
使持節散騎常侍都督雍梁南北秦四州郢州
之竟陵隨二郡諸軍事安北將軍寧蠻校尉雍
州刺史上車駕幸新亭視秀之發引將徵為左
僕射事未行八年卒時年六十八上甚痛惜之
詔曰秀之識局明遠才應通暢誠著蕃朝績宣
累嶽往歲臣逆交搆首義萬里及職司端尹贊
戎兩宮嘉謀徽算寔彰朝軒漢南法繁民喿屬
佇良牧故斬輒心膂外弘風規出未踰其德庇
西服詳考古烈旅觀終始淳心忠懃無以尚茲
方式亮皇猷入衞根本奄至薨逝震慟于朕心
生榮之典弗窮寵數畢終之禮宜盡崇飾兼履
謙守約封社弗廣與言悼往益增痛恨可贈侍
中司空持節都督刺史校尉如故并增封邑為

千戶誕爲忠成公秀之野率無風采而心力堅
正上以其莅官清潔家無餘財賜錢二十萬布
三百匹子㬎遠嗣官至前軍將軍景遠卒子儁
敞愛禪國除秀之弟粹之晉陵太守
顗琛字弘韡吳郡吳人也曾祖和晉司空祖履
之父愻並爲司徒左西掾琛請少帝景平中太皇
太后崩除大匠丞彭城王義康右軍驃騎參軍
家州從事駙馬都尉奉朝請琛謹慤不尚浮華起
晉陵令司徒參軍尚書庫部郎本邑中正元嘉
七年太祖遣到彥之經略河南大敗委棄兵
甲武庫爲之空虛後太祖宴會有荒外歸化人在
坐上問琛庫中仗猶有幾許琛詭荅有十萬人
仗舊武庫仗秘不言多少上既發問追悔失言
及琛詭對上其喜尚書寺門有制八座以下門
生隨入者各有差不得雜以人士琛以宗人顧
碩頭寄尚書張茂度門名而與碩頭同廨坐朙年
坐遣出免中正凡尚書官大罪則免小罪則遣
出遣出者百日無代人聽還本職琛仍爲彭城

五　　　　　圭

王義康所請補司徒錄事參軍山陰令復爲司
徒錄事參軍遷少府十五年出爲義興太守初義康
請琛入府欲委以腹心琛不能承事劉湛故尋義康
見斥外十九年徙東陽太守欲守大將
軍彭城王義康固辭許旨廢黜還東
海王禪冠軍司馬行會稽郡事隨王誕代禪復
爲誕安東司馬元凶弒立分會稽五郡置會州
以誕爲剌史即琛爲會稽太守加五品將軍置
將佐誕起義加冠軍將軍事平遷吳興太守孝
建元年徵爲五兵尚書未拜復爲寧朔將軍吳
郡太守以起義功封永新縣五等侯大明元年
吳縣令張闓坐居母喪無禮下廷尉錢唐令沈
文秀判劾遣謬應坐被彈琛宣言於眾闓被劾
之始屢稱申明又云當啓文秀留縣世祖聞之
大怒謂琛賣惡歸上免官琛母老仍停家琛及
前西陽太守張牧並司空竟陵王誕故佐琛及
琛等素厚三年誕據廣陵反遣客陸延稔齎書

六　　　　　圭

板琛為征南將軍牧為安東將軍琛子前尚書
郎寶素為諮議參軍寶素弟前司空參軍寶先
為從事中郎牧兄前吳郡丞濟為冠軍將軍從
弟前司空主簿晏為諮議參軍時世祖以琛素
結事誕或有異志遣使就吳郡太守王曇生誅
琛父子會延稔先至琛等即斬之遣二子送
延稔首啓世祖曰劉誕猖狂逆凡在含
齒莫不駭臣等頂荷國恩特百常憤忽以今
月二十四日中獲賊誕疏欲見邀誘臣即共執
錄偽使并得誕輿撫軍長史沈懷文揚州別駕
孔道存撫軍中兵參軍孔璨前司兵參軍孔柏
之前司空主簿張晏書具列本郡太守王曇生
臣即日便應星馳歸骨輦轂臣母年老身在侍
養輒遣息寶素東骸詣闕世祖所遣誅琛
使其日亦至僅而獲免上嘉之召琛出以為西
陽王子尚撫軍司馬牧為撫軍中兵參軍琛母
孔氏時年百餘歲晉安帝隆安初琅邪王廞於
吳中為亂以女為貞烈將軍杂以女人為官屬

以孔氏為司馬及孫恩亂後東土飢荒人相食
孔氏散家粮以賑邑里得活者甚眾生子皆以
孔為名焉琛仍為吳興太守明年坐郡民多翦
錢及盜鑄免官六年起為大司農都官尚書新
安王子鸞共中郎司馬太守行南徐州事
隨府轉撫軍司馬太守如故前屬帝即位復為
吳郡太守太宗泰始初與四方同及兵敗自殺
弇會稽臺軍既至歸降寶素與琛相失自殺琛
尋十一母憂服闋起為員外常侍中散大夫後廢
帝元徽三年卒時年八十六寶先大明中為尚
書水部郎先是琛為左丞荀萬秋所劾及寶先
為郎萬秋猶在職自陳不拜世祖詔曰敕違糾
慢憲司之職若理有不公自當更有釐正而自
頃劾無輕重輒致私絕此風難長主者嚴為其
科寶素蓋依附世准不足問先是宋世江東貴
達者會稽孔季恭吳興丘淵之及
琛吳音不變淵之字思玄吳興烏程人也太祖
從高祖北伐留彭城為冠軍將軍徐州刺史淵

之為長史太祖即位以舊恩歷顯官侍中都官
尚書吳郡太守卒於太常追贈光祿大夫
顧覬之字偉仁吳郡吳人也高祖追贈晉
平原內史陸機姊夫祖崇大司農父黃老司徒
左西掾覬之初為郡主簿謝晦愛其雅素深相知
待王弘辟為揚州主簿仍為弘衛軍參軍臨
蠻功曹覬之晦為荊州以為南
令衡陽王義季右軍主簿尚書都官郎軍司
馬時大將軍彭城王義康秉權殷劉之隙已著

三世
宋書傳四十一
九
右昌

其後義康徙廢朝廷多以異同吳禍復為東遷
山陰令山陰民戶三萬海內劇邑前後官長畫
覬之不欲與殷景仁久接事乃辭脚疾自免歸
在家每夜常於牀上行脚家人竊異之而莫曉
夜不得休事猶不舉覬之理繁以約縣用無事
書曰垂簾門階閴寂自宋世為山陰務簡而績
俗莫能尚也還為揚州治中從事史廣陵王誕
廬陵王紹北中郎左司馬揚州別駕從事史尚
書吏部郎嘗於大祖坐論江左人物言及顧榮

袁淑謂覬之曰卿南人怯懦豈能作賊覬之正色
曰卿乃復以忠義笑人淑有愧色元凶弒立朝
士無不移任唯覬之不徙官世祖即位遷御史
中丞孝建元年出為義陽王昶東中郎長史寧
朔將軍行會稽郡事尋徵為右衛將軍領本邑
中正明年出為湘州刺史善於蒞民治甚有績
大明元年徵守度支尚書領本州中正二年轉
吏部尚書四年致仕不許時沛郡相縣唐賜往
比邾朱起母彭家飲酒還因得病吐蠱蟲十餘

三十四
宋書傳四十一
十
右昌

枚臨死語妻張死後刳腹出病後張手自破視
五藏悉糜碎郡縣以張忍行刳剖賜子副又不
禁駐事起赦前法不能決律傷死人四歲刑妻
傷夫五歲刑子不孝父母棄市並非科例三公
郎劉勰議賜妻痛往遵言見識謝及理考事原
心非在忍害謂宜哀矜覬之議曰法移路尸猶
為不道況在妻子而忍行凡人所不行不宜曲
通小情當以大理為斷謂副為不孝張同不道
詔如覬之議加左軍將軍出為吳郡太守八年

復為吏部尚書加給事中未拜欲以為會稽不
果還為吳郡太守辛臣戴法興權傾人主而覬
之未嘗降意左光祿大夫蔡興宗與覬之善嫌
其風節過峻覬之曰辛毗有云孫劉不過使吾
不為三公耳及世祖晏駕法興遂以覬之為光
祿大夫加金章紫綬太宗泰始初四方同反覬
之家尋陽尋陽王子房加以位號覬之不受曰
禮年六十不服戎以其筋力衰謝非復軍旅之
日沉年將八十殘生無幾守盡家門不敢聞命
孔覬等不能奪時普天叛逆莫或自免唯覬之
心迹清全獨無所與太宗甚嘉之東土既平以
為左衛將軍真郡太守加散騎常侍泰始二年復
為相州刺史常侍將軍如故諡曰簡子覬
六追贈鎮軍將軍常侍刺史如故諡曰簡子覬
之家門雍睦為州鄉所重五子約緝綽繢繝綽
私財其豐鄉里士庶多負其責觀之每禁之不
能止及後為吳郡誘綽曰我常不許汝出責定
患貧薄亦不可居民閒與汝交關有幾許不盡

及我在郡為汝督之將來豈可得凡諸卷書皆
何在綽大喜悉出諸文券一大廚與覬之觀之
悉焚燒宣語遠近負三郎責皆不須還凡券書
非智力所移唯應恭己守道信天任運而闇者
悉燒燒矣唯覬之常謂秉命有定分
不達妄求僥倖徒虧雅道無關得喪勞以其意
命弟子原著定命論其辭曰仲尼云死生有命
命也道之將廢命也立明又稱天之所壞不可
壞天之所壞不可支上商亦曰死生有命富貴
在天孟軻則以不遇魯侯為辭斯則運命奇偶
生數離合有自來矣馬遷劉向揚雄班固之徒
箸書立言咸以為首世之論者多有不同嘗試
申之曰夫生之資氣清濁異源命之稟數盈虛
乖致是以心貌詭賀性運舛殊故有邪正昏明
之差脩天榮枯之序皆理定於萬古之前事徵
於千代之外冲神寂鑒一以貫之至乃卜相末
技巫史賤術猶能豫顯興亡逆表成敗禍福指
期識照不能徙吉凶素箸威儒不能防若夏垍

宅生於帝宮豈蠲殘傷之祟漢臣行貨於天府
寧免頳顙斃之魂且又善惡之理雖詳而禍福之
驗常昧逆順之體誠分而吉凶之效常隱智絡
天地猶羅沈痾之災明照日月必嬰深臣之難
增信積德離患於長飢蓆義枕仁徵禍於促筭
何則理運苟其必至聖明其猶病諸況乃蕞迹
流惑之徒投心顓蒙之域而欲役慮以揣利害
策情以筭窮通其為重傷豈不惑甚是以通人
君子閑泰其神沖綏其度不矯俗以延聲不依

十三　全

世以期榮審平無假自求多福榮辱脩天夫何
為哉問曰夫書稱惠迪貽吉易載履復逢祐前
哲餘議亦以將迎有會淪塞無兆宣攝有方天
閟無命善游銷魂於深梁工騎爐生於曠野明
珠招駿於聞至蟠木取悅於先容是以罕樂以
陽施長世景惠以陰德遯紀彭實以繕衞延命
盈忌以荒酒促齡陳張稱台鼎之崇嚴辛衍軍
司之盛若乃遊惡蹈凶虔禍昭史策雖難徵理
以研正至如神仙所序天竺所書事雖難徵理

未易詰留滯傾光思聞通裁對曰子可謂扶繩
而辨循刻而議若乃宣攝有方豈非吉運所屬
將迎有會賚亦凶數自挺若夫陽施陰德長世
退年撲厭所原軌往非命運復來旨讎校往說
起子惟商未識所異賚生稟運參差萬殊逆順
吉凶理數不一原夫飡椒非養生之術咀嚼豈
或嬰惠深澗乖徵寵之經命之所延人肉其骨而含嚼骨梁嘗
衞性之經命之所延人肉其骨空谷絕探榮之輟運
之所集物稀其枯而俯竿牘終然離沮爾乃

十四　刘

蹐跼橫行曾步步湯周延世詡邑絕緒吉凶
徵應糾纏若茲畢萬保軀密賤珢領梁野之言
宣不或妄穀南魯北甘此促生彭翁實叟將以
何術晉平趙敬淫放已該漢王魏相奚獨傷天
同異若斯是非軌正至如雷演凝分挫志遠圖
棘津陰拱振功高世樊生沖矯鑣旌善之文華
子高抗銘徵非之策皆士衡所云同川而異歸
者也殊塗均致寔繁有徵即理易推在言可略
昔兩都全盛六合殷昌霧集貴寵之間雲動權

豪之術鈞貽詒談豈唯陳張而已觀夫二子才

未越衆而此以藉榮揮價彼獨擅景淪聲通否

之運斷可知矣嚴辛不安時任命而委罪兇直

亦厭驗未筭李覃董芬其效安在喬松之侶

雲飛天居夷列之徒風行水息良由理數懸挺

實乃鍾茲景命天竺遺文星華方策因造前定

果報指期貪豪莫差脩天無斁有兖瑣辭無愆

鄙說統而言之孰往非命冥期前定各從所歸

善惡無所矯其趨愚智焉能殊其理若乃得議

其工失蚩其拙操之則慄舍之則悲斯固溺情

於近果豈不貽誚於通識問曰清論光心英辯

溢目求諸鄙懷良有未盡若動止皆運險易自

天理定前期彌非闇至玉門犁丘歡識弗免豈

非聖人夫聖人懷虛以涵育疑明以洞照惟虛也

故無往而不通惟明也故無來而不燭涸海流

金弗染溫涼之塑嚴丘猛兒無累爪刃之災忘

生而生愍全遺神而神彌暢若玉門犁丘蓋同

迹於人故同人有患然而均心於天亦均天無

害大賢則體備形器盧盡藏假靜默以居否深

拱以達礦皆數在清全故鍾茲妙識是以稟仲

尼之道不在奔車之上貪伯夷之運弗處覆舟

之下若乃越趨險邈巡弗獲屨危踐機僞倪

動是非奸倖倚伏移賀故北宮意逆而功順東

門心晦而迹明宣應遺筭而逢吉張松恊數而

遘禍且智防有紀患累無方爾乃禰狗逐而華

子奔腐鼠遺而虞氏滅匿獲逸而林木殘橫珠

亡而池水竭凡厥條流曲難詳備形役思其

劾安徵當王若澡雪靈府洗練神宅據道爲心依

德爲廬使迹窮則義斯暢身泰則理兼通豈不

美哉何必遺此而取彼問曰夫建極開化樹聲

貽則典防之興由來尚矣必乃幽符懸兆豈數

指期善惡前徵是非素定名教之道不亦幾乎

息哉對曰天生蒸民樹之物則教義所稟豈非

冥數何則形氣之具必有待而存頹蒙之倫豈
無因而立必假纖紞以安生藉梁蓁以延祀資
信禮以繕性秉廉義以劭情聖人聰明深懿履
道測化通體天地同情日月仰觀俯察撫運裁
風於是乎昭日星之紀正霜雨之度張雲霞之
明衍風露之渥浮舟翼滯騰駕振幽又乃甄理
三才辨綜五德弘鋪七體之端宣昭八經之緒
是以時雍在運羣方自通抱德煬和全真保性
故信食相資代為脣齒富教相假遞成輔車今
弛棄纖紞損絕梁蓁必云徽生委命豈不已曉
其迷至乎運斥廉義屏黜信禮責以祈存推數
遂乃未辨其惑連類若斯乖妄滋甚然則教義
之道生運所資寵辱榮枯常由此作斯固命中
之一物非所以為難也問曰循復前旨既以理
命縣兆生數冥期研覆後文又云依杖名教師
循訓範若函矢則放情蕩思拘訓馴範則
防慮檢喪函矢異適雙美之談豈能
兩遂對曰夫性運乖舛心見詭殊請布末懷署

言其要若乃吉命所鍾縱情蹈道訓性而順因
心則靈凶數所挺率由蹈逆聞言不信長惡無
悅此愚智不移聲訓所遺者也其有見善如不
及從諫如順流是則命待教全運須化立譬以
良醫之室病者所存至如澄神清魂平心實氣
無妄之痾勿藥有喜所謂縱情蹈道無假隱括
若膏育之疾桑不治體府之病陰陽慶弗理此
則率由蹈逆自絕調御至乃趙儲之命宜永須
偏雖而後全齊后之數必延待文摯而後濟亦
猶運鍾循奬彝範所興善惡無主唯運所集而
鉗椎昇羃思服巢許之情撫勒曾史言膺蹞距
異膏梁方丈沈疾弗顧瑤碧盈尺阽危弗存夫
靜躁之容造次必於是曲直之性顛沛不可移
是以夷惠均聖而異方邊諫通而殊事雖復
習雖存陵惰其可得乎故運屬波流勢無防慮
之慮不然之事斷可知也必幽符叶鑽仰冥數脩
命徽山立理無放情用殊函矢雙美炎蹟談異
尋戈兩濟何傷問曰夫君臣恩深師資義固所以

露裝塗飾提荷聲故剗心流腸捐生以九節
火妻衣子罷名以償義若幽期天兆則明敫可
遺眞數自實則感効且絕其然乎對曰論之
所明原本以爲理難之所疑即末以爲用蓋陰
閉之巧不傳萌漸之調長絕故知妄言賞理古
人所難吾所謂命固以綿絡古今彌貫終始爰
及君臣父子師友夫妻皆天數冥合神運玄至
逮乎暌愛離會既命之所甄昬爽順戾亦運之
所漸爾乃松柳異質蕎茶殊性故疾風知勁草
嚴霜識貞木何異忠孝之質資行風昭至於剗
志酬生題誠復施殉節投命馴義忘已亦由石
雖可毀堅不可銷丹雖可磨亦不可滅因斯而
言君臣師資既幽期自實心力感効亦冥數天
兆夫獨何怪哉願字子恭父淵之散騎侍郎愿好
學有文辭於世大明中舉秀才對策稱旨擢爲
著作佐郎 太子舍人早卒
史臣曰孝建啓基西楚放命難連淮濟勢盛江
服朱脩之著節漢南劉秀之推鋒萬里立誠載

難
一忠惟帝念而踰峴之鋒戰有獨克出硤之
師舟無隻反雖霜霰並時而計功則異世及定
終之命等數相懸蓋由義結蕃朝故恩有厚薄
雖故舊不遺聞之前訓隆名爽實亦無取焉

列傳第四十一　　　宋書八十一

周朗　　　　臣沈約

沈懷文　　　新撰

周朗字義利汝南安成人也祖文黃門侍郎父
淳宋初貴達官至侍中太常兄盧向高祖第四
女宣城德公主二女適建平王宏盧江王偉以貴
戚顯官元嘉末爲吳興太守賊劭弒立隨王誕素
舉義於會稽劭加嶠冠軍將軍誕檄又至嶠素

三百七頁　宋傳四十二　　一　　胡頌

明其本心國婚如故朗少而愛奇雅有風氣與嶠
志趣不同嶠甚疾之初爲南平王鑠冠軍行參
軍太子舍人司徒主簿坐請急不待對除名又
爲江夏王義恭太尉參軍元嘉二十七年春朝
議當遣義恭出鎭彭城爲北討大統朗聞之
解職又義恭出鎭府主簿羊希從行與朗書戲
之勸令獻奇進策朗報書曰羊生足下豈當適
使人進哉何卿才之更茂也宅生結意可復佳耳

屬華比綵何更工邪視已反覆慰亦無已觀諸
紙上方審卿復逢知已動以何術而能每隆恩明
豈不爲足下欣邪然更憂不知卿死所處耳夫
匈奴之不誅有日皇居之亡辱舊矣天下孰不
憤心悲腸以忿胡人之患廉衣食以望國家
之師自智士鉗口雄人苦茵氣不得議邊之事
者艮淹歲紀今天子以炎軒之德家輔以姬呂

三百洪九　宋傳四十二　　二　　胡頌

之賢故赫然發怒將以匈奴釁旗惻然動仁欲
使餘氓被惠又取士令朝發宰士暮登英豪
調兵之詔夕行主公旦升雄俊延賢人者固非一
志氣選奇茅菡異將進善於所天非但有建國之
謀不及安民之論不與至反以孝潔生議於卿
曲忠烈起謗於君寰身不繼王臣之錄名不厠通
人之班顧倒國門湮銷丘里者自數十年以往豈
一人哉若吾身無他伎而出值明君變官望主
歲增恩價竟不能柔心飾帶取重左右校於向
士則榮已多料於今識則笑亦廣而足下方復

廣吾以馳志之時求予以安邊之術何足下不知言
也若以賢未登則令之登賢如此以才應進則
吾之非才若是豈可欲以殉海之鱗望鼓鰓於
豎鱗之肆墜風之羽覬振翻於軒轟之間其不
能俱陪淥水並負青天可無待於明見若乃關
奇謀深智之術無悅主狎俗之能亦不可復稍
爲卿說但觀以上國再毀之臣望府一逐之吏
當復是天下才否此皆足下所親知吾雖疲冗
亦嘗聽君子之餘論豈敢忘之凡士之置身有

三耳一則雲戶岫寢轢危桂柴秫芝浮霜菌
松沈雪憐肌苤苗髓寶氣愛黿非但玉石侯卿
腐鳩梁錦實迤苻意天后睨目羽人次則剴心
掃智剖命驅生橫議於雲臺之下切辭於宣室
之上衍王德而批民患進貞白而酘姦猜委玉
入而齊聲禮揭金出而烹勃寇使車軌一風甸
道共德令功日濟而已無跡道日富而君難名
致諸簇斂手天子改觀其末則壓食粗而出望旂
而入結冤兩宮之下鼓袖六王之間俛眉脅肩言

天下之道德瞑目扼腕陳從橫於四海理有泰則
止而進調覺近則反而還閑居違官交造頓罷
捐慕遺憂夷毀銷譽呼喻以補其氣繕辭以輔
其生凡此三者皆志士仁人之所行非吾之所能
也若吾幸而病不及死役不至身蓬藜既滿方杜
長者之轍穀稼是諮自絕世豪之顧塵生林帷
苦積堦月又檐中山木時華月深池上海草歲
榮白蔓且室閒軒左幸有陳書十簇席隅奧
右頗得宿酒數壺按絃拭徽鱗方校石時復陳局

露初真爵星晚驪然不覺是義軒後也近春田
三頃秋園五畦若此無奕山裝可具候振歙之罷
侯封勒之畢當敬觀邠酆肅尋伊鄗傍睨燕
隴邪履遠衞覘我周之輗迹弔他賢之憂天當
其少涉未休此欲但理實其意詭固物好交加或徵勢
而笑其言或觀謀而害其意夫楊朱以此猶見
嗟於梁人況才減楊子之器物甚魏君之意者
哉若如漢宗之言本廣此固許天下之有才文
知天下之時非也豈若嘗巷閭里之閒已見貞

士之遭遇便謂是臧獲庸人之徒耳固顧呈心於
其主露奇於所歸鄉相末事也若廣者何用侯爲
至迺復有致謁於爲亂之日被訕於害正之徒心
奇而無由露事直而變爲枉豈不痛哉當正之徒心
哉若足下可謂冠負日月籍踐淵海心支身首
無不通照今復出入燕河交關姬衛整笱振豪
已議於帷筵之上提鞭鳴劍復呵於軍場之間
身超每深恩之所集心動必明主之所亮可不直
議正身輔人君之過誤明目張膽謀軍家之得

亍王 五　　宋傳四十二　黃戊

馬首之鏑關必固之壓交死進之戰使身分而
失操志勇之將薦俊正之士此迺足下之所以報
也不闟便操甲脩戈徘徊左右衛君王之身當
奴於北闕無日矣但默默窺寵而坐謂子有
主諫寇滅而兵全此亦報之次也如是則繫匈
心敢書薄意朗之辭意個儻類皆如此復起
爲通直郎世祖即位除建平王宏中軍錄事參
軍時普責百官讜言朗上書曰昔仲尼有言治
天下若實諸掌豈徒言哉方策之政息舉在人

蓋當世之君不爲之耳況乃運鍾澆暮世膺亂
餘重以宮廟遭不更之酷江服被有之痛千
里連死萬井共泣而秦漢餘澈尚行於今魏晉
遺謬猶布於民是而望國安於今化崇於古卻
行及前之言積薪待然之譬臣不知所以方然
陛下旣基之以孝又申之以仁民所疾苦不
略薦厎治者何哉爲教而已今教衰已久民不
知則又隨以刑逐之豈爲政之道歟欲爲教者
宜二十五家選一長百家置一師男子十三至

宋書傳四十二　六　中偽

十七皆令學經十八至二十盡使脩武訓以書
記圖律忠孝仁義之禮廉讓勤恭之則授以兵
經戰略軍部舟騎之容挽彊擊刺之法官長皆
月至學所以課其能習經者五年有立則言之
經不明五年而勇不達則更求其言政置謀述
司徒用武者三年善藐亦升之司馬若七年而
其心術行優復不足取者雖公卿子孫長歸農
畝終身不得爲吏其國學則宜詳考占數部定
子史令書不煩行習無糜力凡學雖凶荒不宜

廢也農桑者實民之命為國之本有一不足則
禮節不興若重之宜罷金錢以穀帛為賞罰然
愚民不達其權議者好增其異凡自淮以北萬
匹為市從江以南千斛為貨亦不患其難也今
且聽市至千錢以還者用錢餘皆用絹布及米
其不中度者坐之如此則墾田非膠水皆播麥菽地
盜鑄者罷人死必息又田自廣民資必繁
堪滋養飛艷絟麻藋苧緣藩必樹桑柘列庭接
宇唯植竹栗若此令既行而善其事者庶民則
叙之以爵有司亦從而加賞若田在草間木物
不植則撻之而伐其餘樹在所以次坐之又取
稅之法宜計人為輸不應以贅云何使富者不
盡貪者不綱乃令桑長一尺圍以為價田進一
誠廢以為錢屋不得凡皆青皆實民以此樹不
敢種土長妄艱棟焚穰露不敢加泥豈有剝善
害民禁衣惡食若此苦者方今若重斯農則宜
務削姦法凡為國不患威之不立患恩之不下
不患土之不廣患民之不育自華夷爭殺戎夏

七　中尚

競威破國則積屍音邑屠將則覆軍滿野海內
遺生蓋死者弗望半重以急政嚴刑天災歲疫省者
但供吏死者弗望鍾鏤居有不願娶生子每不
敢舉又戍淹遙久妻老嗣絕及嬌奔所乃子皆復
悲魂慟哭太息者法雖有禁殺子之科設蚤娶
知復百年間將盡以草木為世州邪此最是驚心
不收是殺人之日有數途生人之歲無一理不
之令然觸刑罪忍悼痛而為之豈不有酷甚處
邪今宜家寬其役戶減其稅女子十五不嫁家
人坐之特雄可以婢妻妾夫布可以事舅姑若
待足而行則有司加料凡宮中女隸必擇不復
字者庶家內役皆令各有所配要使天下不得
有終獨之生無子之老所謂十年存育十年教
訓如此則二十年間長戶勝兵必數倍矣又亡
者亂郊饉人盈甸皆是不為其存計而任之遷
流故饑寒一至慈母不能保其子欲其不為寇
盜豈可得邪既御之使然復止之以殺彼於有
司何酷至是且草樹既死皮葉皆枯是其

八　明

為荒窟伊洛神基蔚成茂草豈可不懷歟歷
下泗關何足獨戀議者必以為胡衰不足避而不
知我之病甚於胡矣若謂民之既徙狄必就之
若其來從我之願也胡若能來必非其種不過
山東雜漢則是國家由來所欲覆育既華得
坐實我空百遠其為來利固善也今空守孤城
徒費財役亦行見淮比非境服有矣不亦重
屯喪哉使虜但發輕騎三千更互出入春來犯
麥秋至侵禾水陸漕輸居然復絕於賊不勞而

三十 宋傳四十二 九 陳仁五

令西歸故毒之在體必割其綏處函渭靈區閭
孰可移之復舊淮以比惡使南過江東旅客盡
家立社計地設閭檢其出入督其游惰須待大
私遊手歲發佐農令堤湖盡修原陸並起仍量
食者來今就佃淮南多其長帥給其粮種凡公
賞爵一級不過千家故近食五十口一年者
之處須官與役宜募遠近能食十萬口矣使其受
矣比至陽春生其餘幾今自江以南在所皆穰有食
梁肉盡矣冰霜已厚苦蓋難資是其衣求裘敗

比以進階賞有差邊亭徼驛一無發動又將
者將求其死也自能執干戈幸矣而不亡筋力
盡於戎役其於望上者固已深矣重有澄風
掃霧之勤驅波滌塵之力此所自矜九復為甚
近所功賞人知其濃然似頗謬虛實怨怒寔
眾垂臀而反唇者往往為部耕語而呼望者
處成羣凡武人意氣特易崩沮設一旦有變
則向之怨者為敵也今宜國財與之共竭府要
與之同罄去者雁遣連派加寵尉發所在祿之將

三十 宋傳四十二 十 陳仁五

使養馬一匹者縇人役三疋者除一人為吏自
以馬少也既兵不可去車騎應若用今宜募天下
之中年能事胡者以馬多也胡之後服漢者亦
車弱卒與肥馬悍胡相逐其不能濟固宜矣漢
皆反此也今人知不以羊追狼蟹捕鼠而令重
戰守之法當恃人之不敢攻頃年兵之所以敗
以歸國家矣誠如此則徐齊終逼亦不可守且夫
胡滅則中州必有興者決不能有奉土地率民人
邊已困不至二年卒散民盡可蹙足而待也設使

秋未充餘費宜闕他事負輦長不應與唯可教

以蒐狩之禮習以鉦鼓之節君假勇以進務黜

其身老至而罷賞延於嗣又緣淮城壘皆宜興

復使烽鼓相達若邊民請以師皆宜莫

許遠夷貢至止於報答語以國家之未暇示以

然後越淮窮河踰隴出漠亦何適而不可又教

十萬而國中不擾取穀宜支二十歲而遠邑不驚

何事而非君須內教既立徐料寇形騎卒四

之不敢一至於是今士大夫以下父母在而兄弟

宋傳四十二　十一

異計十家而七矣庶人父子殊產亦八家而五

矣凡甚者乃危三不相知飢寒不相郴又嫉謗

讒害其聞不可稱數明其禁以革其風先有

善於家者即務其賞自今不改則沒其財又

三年之喪天下之達要以其衰涖裹出故制同

外典日久均痛故愈癃齊典漢民節其臣則

可矣薄其子則亂也云何使衰且之容盡鳴

號之音息夫佩玉啟旒深情弗忍晃珠視朝不

亦其乎凡法有變於古而刻於情則莫能順

焉至乎敗於禮而安於身必遽而奉之何乃厚於

惡薄於善歟今陛下以大孝始基宜反斯譽直

朝夕臨御當近自身始妃主典制宜漸加矯正凡

舉天下以奉一君何患不給或帝有集皂之隃

后有帛布之鄒亦無取焉且一體炊金不及伯

累筍目豈常視身未時親為檳帶寶營箸

兩一歲美衣不過數襲而必收寶連檳服

衣空散國家之財徒奔天下之貨而王以惰禮

妃以此傲家是何麼蠹之劇惑鄙之甚遠至婢

宋傳四十二　十二

賢皆無定科一婢之身重婢以使一賢之家列賢

以役凡金反繡漿酒藿肉者故不可稱紀至有列

耕以遊遨飾兵以驅此不亦重其哉若禁行賜薄

不容致此且細作始并以為僭即而市造華怪

即傳於民如此則遷也非罷也凡天下得治者以

實而治天下者常虛民之耳目既不可誑治之

盈耗立亦隨之故凡嚴庶民制度曰後商賄之室

飾等王侯備賣之身制均妃后凡一袖之大足

斷為兩一裾之長可分為二見車馬不辨貴賤

視冠服不知尊卑今方全造一物小民明已瞬
眠官中朝制一衣廢家晚已裁學修麗之原實
先官闉又妃主所賜不限高甲自今以去宜為
節目金靦翠玉錦繡轂羅奇色異章小民既不
得服在上亦不得賜若工人復造奇佽淫器則
皆焚之而重其罪又置官者將以燮天平氣贊
地成功防姦御難治煩理劇使官稱事立人稱
官置無空樹散位繁進穴人今高甲賈實大小
反稱名之不定言謂官邪而世魔姬公之制俗傳

素人之法惡明君之典好闇主之事其憎聖愛
愚何其甚矣今則宜先省事從而井官置位以
周典為式爕名以適時為用秦漢未制何足取
也當使德厚者位尊位尊者祿重能薄者官賤
官賤者秩輕綬佩稱官以服車騎容衙當
職以施又寄土州郡宜通廢罷舊地民戶應更
置立豈貝邦而有徐邑揚境而宅宄民上湝宸
紀下亂讖旬其地如朱方者不宜置州土如江
都者應更建邑又民少者易理君近者易歸几

吏皆宜詳其能每厚其秩為縣不得復用恩
家之貧為郡不得復選翱族之老又王侯識未
堪務不應疆仕須合冠而啟封能政而議爵且
帝子未官人誰謂賤但宜詳置實交選擇正人
亦何必列長史參軍別駕從事然後為貴哉又
世有先後業有難易明帝能令其兒不匹光武
之子焉貴人能使其家不比陰后之族盛英哉
此於後世不可忘也至當興抑碎首之忿陛殿
延碎戟之威此亦復不可忘也內外之政實不

可雜若妃主為人請官者其人宜終身不得為
官若請罪者亦終身不得赦罪凡天下所須者
才而才誠難知也有深居而言寡則溫學而無
由知有甲處而事隔則懷奇而無由進或復見
忌於親故或亦遭讒於貴黨其欲致車右而動
御席語天下而辯治亂焉可得哉漫言舉賢則
斯人固未得矣宜使世之所稱通經達史辯詞
精數吏能將謀偏術小道者使獵纓危獅博求
其用制內外與官之官遠近及仕之類令各以

所能而造其室降情以誘之甲身以安之然後
察其攉屑吻樹煩胲動精神發意氣語之所至
意之所執不過數四間不亦盡可知哉若忠孝
廉清之比彊正惇柔之倫難以檢格立不可須
吏定宜使鄉部求其行守宰察其能竟皆見之
於選貴皇之於相主然後勵其職宜定其位用
如此故應愚鄙盡捐賢明悉舉矣又俗好以毀
沈人不知察其所以致毀以譽舉矣又不知其
所以致譽毀徒皆鄙則宜攉其毀者舉黨悉庸
則宜退其舉者如此則毀譽不妄善惡分矣又
既謂之才則不宜以階級限不應以年齒齊凡
貴者好疑人少不知其少於人矣老者亦輕人
少不知其不及少矣又自釋氏流教其來有源淵
檢精測固非深矣舒引容潤既亦廣矣然有習慧
者日替其備束誠者月繁其過遂至糜散錦置
俗飾車從復假粗醫術託雜卜數延妹滿室置
酒浹堂寄夫託妻者不無穀子乞兒者繼有而
猶倚靈假像背親傲君欺費疾老震損宮邑是

乃外刑之所不容戮内敎之所不悔罪而横天
地之間莫不絣察人不得然豈其鬼魃今宜申
嚴佛律重國令其祅惡顯著者悉皆能遣除
則隨其疏衣不出布若應更度者則令先習義
食不過蔬行各為之條使禪義經誦人能其一
行本其神心必能草商人天竦精以往者雖族
王家子亦宜拘凡鬼道惑眾妖巫破俗觸木
而言怪者不可數寓采而稱神者非可笋其原
本是亂男女合飲食因之而以祈祝從之而以
報請是亂不誅為害未息凡一苑始立一神初
與淫風輒以之而甚今僑隄以比置圍百里峻
山以右居靈十房蘂財敗俗其可稱限又針藥
之術世寡復僑診脉之伎人解能達民因是益
徵於鬼遂棄於醫重今耗惑不反死天復半今
太醫宜男女習敎在所應遣吏受業如此故當
愈於媚神之愚徵正湊理之敕矣凡無世不有
言事未時不有令下然而升平不至昏危是
繼何哉蓋設令之本非實也又病言不出於

謀臣事不便於貴黨輕者抵此言駭重者死壓
窮摭故西京有方調之誅東郡有黨錮之戮陛
下若欲申常令循末典則羣臣在焉若欲叛舊
章與王道則微臣存矣敢昧死以陳唯陛下察
之書奏忤旨自解去職又除太子中舍人出為
盧陵內史郡後荒蕪頻有野獸母薛氏欲見
獵朗乃合圍縱火令母觀之火逸燒郡廨朗悉
以秩米起屋償所燒之限稱疾去官遂為州司
所糾還都謝世祖曰州司舉臣慾失多有不允

臣在郡虎三食人蠱鼠犯稼以此二事上負陛下
上蹙邑曰州司不允或可有之蟲虎之災寧關
卿小物朗尋丁母艱有孝性每哭必慟其餘頗
不依喪常節大明四年上使有司奏其居喪
無禮請加收治詔曰朗悖禮利口宜令翦戮微
物不足亂典刑特鏤付邊郡於是傳送寧州於
道殺之時年三十六子仁昭順帝昇明末為南
海太守

沈懷文字思明吳興武康人也祖寂晉光祿勳

父宣新安太守懷文少好玄理善為文章嘗為
楚昭王二妃詩見稱於世初州辟從事轉西曹
江夏王義恭司空行參軍隨府轉司徒參軍事
東閤祭酒丁父憂新安郡送故豐厚終禮畢
餘悉班之親戚一無所留太祖聞而嘉之賜奴
婢六人服闋除尚書殿中郎隱士雷次宗被徵
居鍾山後南還廬岳何尚之設祖道文義之士
畢集為連句許懷文所作尤美辭高一座以
公事例免同輩皆失官懷文乃獨留隨王誕鎮
襄陽出為後軍主簿與諮議參軍謝莊共掌
辭令領義成太守元嘉二十八年誕當為廣
州欲以懷文為南府記室先除通直郎懷文固
辭南行上不悅弟懷遠納東陽公主養女王鸚
鵡為妾二凶行巫蠱鸚鵡預之事泄懷文因此
失調為治書侍御史元凶弑立以為中書侍郎
世祖入討劭呼之使作符檄懷文固辭劭大怒
投筆於地曰當令艱難卿欲避事邪旨色其切
值殷沖在坐申救得免託疾落馬間行奔新亭

以為竟陵王誕衛軍記室參軍新興太守又為
誕驃騎錄事參軍淮南太守時國哀未釋誕欲
起內齋懷文以為不可乃止尋轉揚州治中從
事史時議省錄尚書懷文以為非宜上議曰昔
天官正紀六典序職載師掌均七府成務所以
統之要昭于國言夏因虞禮有深家司之則周
承殷法無損掌邦極故總屬之原箸夫官典以
度而式憲之軌弘正漢庭述章之範崇明魏室

三○二十 〈宋書傳四二〉 九 兆

雖條錄之名立稱於中代總鑒之實不徇於自
古比代相沿歷朝周貳及手爵以事變級以時
改皆興替之道無害國章八統元任廉或省革
按台輔之職三曰禮典以和邦國以統百官四
曰政典以平邦國以正百官鄭康成云家宰之
於庶僚無所不總也考于茲義備於典文詳古
準今不宜虛廢不從遷別駕從事史江夏王義
恭遷西陽王子尚為揚州居職如故時熒惑守
南斗上乃廢西州舊館使子尚移居東城以厭

之懷文曰天道示變宜應之以德今雖空西州
恐無益也不從而州竟廢矣大明二年遷尚書
吏部郎時朝議欲依古制置典籤揚州移治會
稽猶以星變故也懷文曰周制封畿漢官司隸
各因時宜非存相反今追古之一也苟民
心所安天亦從之未必改於邊州或罷或置既物情
州舊壞歷代相承異於三年子尚移鎮會稽遷
不說容虧化本又不從於神
撫軍長史行府州事時四繫甚多動經年月懷

三百三十 〈宋書傳四二〉 九 奉

文到任訊五郡九百三十六獄眾咸稱平入為
侍中寵待隆密將以為會稽其事不行竟陵王
誕據廣陵反及城陷士庶皆贏身鞭面然後加
刑聚所殺人首於石頭南岸謂之髑髏山懷文
陳其不可上不納揚州移會稽上忿浙江東人
情不和欲罷其勞祿唯西州舊人不改懷文曰
揚州從治既乖民情一州兩格尤失大體臣謂
不宜有異上又不從懷文與顏竣周朗素善竣
以失旨見誅朗亦以忤意得罪上謂懷文曰竣

若知我殺之亦當不敢如此懷文默然嘗以歲
夕與謝莊王景文顏師伯被敕入省未及進景
文因言次稱竣朗人才之美懷文與相訓和師
伯後因語次白上敘景文等此言懷文屢經犯
忤至此上倍不說上又壞諸郡士族以充將吏
並不服役至悉逃亡加以嚴制不能禁乃啟用
軍法得便斬之莫不奔竄山湖聚為盜賊懷文
又以為言嚴峻年調鉅萬匹縣一兩亦三
限嚴峻民間買絹一四至二三千縣一兩亦三

四百負者賣妻兒甚者或自縊死懷文具陳民
困由是縣絹簿有所減俄復舊子尚諸皇子皆
置邸舍逐什一之利為惠編天下懷文又言之
曰列肆販賣古人所非故卜式明不兩之由弘
羊受致皁之責若以用度不充頓止為難者故
宜量加減省其科不聽孝建以來抑黜諸弟廣陵
後襃欲更峻其科懷文曰漢明不使其子比光
武之子前史以為美談陛下既明管蔡之誅顧
崇唐衞之寄及海陵王休茂誅欲遂前議太宰

江夏王義恭探得密旨先發議端懷文固謂不
可由是得息時游幸無度太后及六宮常乘副
車在後懷文與王景文每陳不宜亟出後同從
坐松樹下風雨甚驟景文曰卿可以言矣懷文
曰獨言無係宜相與陳之江智淵臥草側亦謂
言之為善俄而被召俱入雉場懷文所啟宜從智
淵未及有言上方注弩作色曰懷文欲效顏竣邪
此非聖躬所宜冒景文又曰懷文所啟宜從智
何以恒知人事又曰顏峻小子恨不得鞭其面

上每宴集在坐者咸令沈醉懷文素不飲酒又
不好戲調上謂故欲異已謝莊嘗誡懷文曰卿
每與人異亦何可久懷文曰吾少來如此豈可
一朝而變非欲異物性所得耳五年坐朝正事
畢被遣還北以女病求申臨辭又乞停三日訖
安王勳征虜長史廣陵太守明年坐朝正事
猶不去為有司所糾免官禁錮十年既被免買
宅欲還東上大怒收付廷尉賜死時年五十四
三子淡淵沖弟懷遠為始興王濬征北長流參

軍深見親待坐納王鸚鵡爲妾世祖從之廣州
使廣州刺史宗慤於南郡之會南郡王義宣反
懷遠頗閑文筆慤起義使造檄書并命之至始
興與始興相沈法系論起義事事平慤具爲陳
請由此見原終世祖世不得還懷文雖親要屢
請終不許前廢帝世流徙者並聽歸本官至武
康令撰南越志及懷文文集並傳於世
史臣曰昔妻敬戍卒委輅而遷帝都馮唐老賤
片詞以悟明主素無王公卿士之貴非有積譽
取信之資徒以一言合旨仰感萬乘自此山壑
草萊之人布衣韋帶之士莫不踵闕縣書煙霏
霧集自漢至魏此風未爽暨于晉氏浮僞成俗
人懷獨善仕貴遺務降及宋祖思反前失雖革
薄捐華抑揚名教而闒聰之路未啓采言之制
不弘至於賊隸甲臣義合朝策徒以事非已出
知允莫從昔之開之若彼今之塞之若此非爲
徐樂嚴安偏富漢世東方主父獨關宋時蓋由
用與不用也徒置乞言之旨空下不諱之令慕

古飾情義非倒席文士因斯各存炫藻周朗辭
博之言多切治要而意在摛詞文實忤主文詞
之爲累一至此乎

列傳第四十二　　宋書八十二

宗越

吳喜

黃回

臣沈約　新撰

宗越南陽葉人也本河南人晉亂徙南陽宛縣

又土斷屬葉本為南陽次門安北將軍趙倫之

鎮襄陽襄陽多雜姓倫之使長史范覬之條次

氏族辨其高卑覬之點越為役門出身補郡

吏父為蠻所殺殺其父者嘗出郡越於市中刺

殺之太守夏侯穆嘉其意擢為隊主蠻有為

寇盜者常使越討伐往輒有功家貧無以市馬

常刀楯步出單身挺戰衆莫能當每一捷郡將

輒賞錢五千因此得市馬後被召出州為隊主

世祖鎮襄陽以為揚武將軍領臺隊元嘉二十

四年啟太祖求復次門稅戶屬冠軍縣許之三

十七年隨柳元景北伐領馬幢隸柳元怙有戰

功事在元景傳還補後軍參軍督護隨王誕

戲之曰汝何人遂得我府四字越答曰佛貍未

死不憂不得容議參軍誕大笑隨元景伐西陽

蠻因值建義轉南中郎長兼行參軍新亭有戰

功世祖即位以為江夏王義恭大司馬行參軍

濟陽太守尋加龍驤將軍臧質魯爽反越率軍

據歷陽梁道將軍鄭德玄前據大峴德玄分偏

師楊胡興劉蜀馬步三千進攻歷陽越以步騎

五百於城西十餘里拒戰大破斬胡興蜀等委

平又率所領進梁山拒賀賞敗走越戰功居多

方尋被宥復本官追論前功封筑陽縣子食邑

四伯戶遷西陽王子尚撫軍中兵參軍將軍如

故大明三年轉長水校尉竟陵王誕據廣陵反

越領馬軍隸沈慶之攻誕及城陷世祖使悉

殺城內男丁越受旨行誅躬臨其事莫不先

加榷撻或有鞭其面者欣欣然若有所得所

殺凡數千人四年改封始安縣子戶邑如先八年

遷新安王子鸞撫軍中兵參軍加輔國將軍其
年督司州豫州之汝南新蔡汝陽潁川四郡諸
軍事寧朔將軍司州刺史尋領汝南新蔡二郡
太守前廢帝景和元年召為遊擊將軍直閤
頃之領南濟陰太守進爵為侯增邑二百戶
又加冠軍將軍改領南東海太守游擊如故
帝凶暴無道而越及譚金童太壹並為之用
命誅羣公及何邁等莫不盡心竭力故帝
憑其爪牙無所忌憚賜與越等美女金帛充

三百　　宋傳四十三　　三　　章亞明

牣其家越等武人廳彊識不及遠感一往意氣
皆無復二心帝將欲南巡明旦便發其夕悉聽
越等出外宿太宗因此定亂明晨越等並入
上撫接甚厚越改領南濟陰太守本官如故越
等既為廢帝盡力慮太宗不能容之上接待
雖厚內並懷懼上亦不欲使其居中從而容謂之
曰卿等遭離暴朝勤勞日夕苦樂宜更應
得自養之地兵馬大郡隨卿等所擇越等素
已自疑及聞此旨皆相顧失色因謀作難以

告沈收之收之具白太宗即日收越等下獄死越
時年五十八越善立營陣每數萬人止營含未嘗參
騎馬前行使軍人隨其後馬止營合未嘗參
差及沈收之代殷孝祖為南討前鋒時孝祖
新死衆並懼收之歎曰宗公可惜故有勝人慮
而御衆嚴酷好行刑誅睚眦之間動用軍法
時王玄謨御下亦少恩將士為之語曰寧作五
年徒不逐王玄謨玄謨尚可宗越殺我譚金
荒中傖人也在荒中時與薛安都有舊後出

三・十二　宋傳四十三　　四　　徐怡

新野居牛門村及安都歸國金常隨征討自比
入峴陝及巴口建義恒副安都排堅陷障氣
刀兼人平元凶及梁山破藏質每有戰功稍至
建平王宏中軍參軍事加建武將軍景和轉
龍驤將軍南下邳太守參軍如故孝建三年遷
屯騎校尉直閤領南清河太守景和元年前廢
帝誅羣公金等並為之用帝下詔曰屯騎校尉
南清河太守譚金彊弩將軍童太壹車騎中
兵參軍沈收之誠略沈果忠幹勇鷙消蕩

06-1209

氣騎首制鯨凶宜裂河山以酬勳義金可封平
都縣男太壹宜陽縣男攸之東與縣男食邑
各三百戶金遷驍騎將軍增邑百戶太壹東莞
人也自彊弩遷左軍將軍增邑百戶金大壹並
與宗越俱死越州里劉胡武念佼長生蔡那曹
野人也本三五門出身郡將為蕭思話為雍州
欣之立以將帥顯劉胡事在鄧琬傳武念新
遣土人龐道符統六門田念為道符隨身隊
主後大府以念有健名且家富有馬召出為

將世祖臨雍州念領隊奉迎時沔中蠻反世
祖之鎮緣道討代部伍至太堤巖洲蠻數千
人忽至乘高矢射兩下念馳赴奮擊應時摧
退即擢為參軍督護其後每軍旅常有戰功
世祖孝建中為建威將軍桂陽太守竟陵王
誕反念以江夏王義恭太宰參軍龍驤將軍
隸沈慶之攻廣陵城誕出城走既而復還念追
之不及坐免官復以為冗從僕射出為龍驤
將軍南陽太守前廢帝景和中為右軍將軍

（宋傳四三　五　金二）

直閤封開國縣男食邑三百戶太宗初即位四
方反叛遣念乘驛還雍州綏尉西土因以為南
陽太守念旣至人情驚鎚向之劉胡遣腹心數騎
詐詣念降於坐縛念裏顯斬之送首詣安王
子勛念黨棄處珍逃亡至壽陽為逆黨劉順所
得考楚備至秉義不移後得叛奔劉勳太宗嘉
之以為奉朝請追贈念冠軍將軍南陽新野二
郡太守封綏安縣疾食邑四百戶泰始四年綏
安縣省改封邵陵縣佼長生廣平人也出身為

縣將大府以其有膂力稍見任使太宗初為建
秀於岷南長生有戰功後朱脩之拒會
安王休仁司徒中兵參軍加寧朔將軍南討有
功封遷陵縣疾食邑八百戶後為張悅寧遠司馬
寧蠻校尉太始五年卒追贈征虜將軍雍州刺史蔡
那南陽冠軍人也家素富而那兄局善接待賓客
至無少多皆資給之以此為郡縣所優異蠻調役
那始為建福戍主漸至大府將佐太宗初為建安王
休仁司徒中兵參軍南討那子弟皆在襄陽為劉

（宋書傳四三　六　圖）

胡所執胡每戰輒懸之城外那進戰愈猛以功
封平陽縣疾食邑五百戶稍至劉龜撫軍司馬
寧擥校尉加寧朔將軍泰豫元年以本號為益
州刺史宋寧太守未拜卒追贈輔師將軍餘如
故諡曰平侯曹欣之新野人也積勤勞後廢帝
元徽初為軍主以平桂陽王休範功封新市縣
子食邑五百戶為左軍驍騎將軍加輔國將軍
元徽四年以本號為徐州刺史鍾離太守進號冠
軍將軍順帝昇明二年徵為散騎常侍驍騎
將軍三年卒

吳喜吳興臨安人也本名喜公太宗減為喜初
出身為領軍府白衣吏少知書領軍將軍沈演
之使寫起居注所寫既畢闇誦略皆上口演之
嘗作讓表未奏失本喜經一見即便寫赴無所
漏脫演之甚知之因此涉獵史漢頗見古今演
之門生朱重民入為主書薦喜為主書史
進為主圖令史太祖嘗求圖書喜開卷倒進之
太祖怒遣出會太子步兵校尉沈慶之征蠻啓

太祖請喜自隨使命去來為世祖所知賞世祖
於巴口建義喜遇病不堪隨之下事平世祖
以喜為主書稍見親遇擢為諸王學官令左右
尚方令河東太守殿中御史大明中黜歡二縣
有亡命數千人攻破縣邑殺官長豫章王子
尚為揚州在會稽再遣喜將數十人至二縣
討伐遂再往失利世祖遣喜將數十人水陸
誘說羣賊賊即日歸降太宗初即位四方反叛
東兵尤急喜請得精兵三百致死於東上大說
即假建武將軍簡羽林勇士配之議者以喜刀
筆主者不嘗為將不可道中書中書舍人巢尚之曰
喜昔隨沈慶之屢經軍旅性既勇決又習戰陳
若能任之必有成績諸人紛紛皆是不別才耳
真馬步率負外散騎侍郎笠超之殿中將軍杜敬
喜乃率東討既至來世得庾業曰
陽王子房檄文與喜書曰知統戎旅已次近路
卿所在箸名今日何為立忠於彼那想便倒戈
共受河山之賞喜報書曰前驅之人勿獲來翰

披尋狂憖良深悵駭聖主以神武撥亂德盛勳

高羣逆交扇滅在晷刻君等勳義之烈世荷國

恩車愧鳴雞不懷食槼今練勒所部星言進邁

相見在近不復至人泣懷之又東討百姓聞吳河

命性寬厚所至多陳喜孝武世見驅使常充使

東來便望風降散故喜所至克捷事在孔覬傳

遷步兵校尉將軍如故封竟陵縣族食邑千戶

東土平定又率所領南討遷前軍將軍增

守南賊退走喜追討平定荊州遷輔國將軍尋陽太

邑三百戶泰始四年改封東興縣族戶邑如先

三百二十三 ◀宋書傳四十三 九▼

仍除使持節督交州廣州之鬱林寧浦二郡諸

軍事輔國將軍交州刺史不行又除右軍將軍

淮陵太守假輔師將軍兼太子左衞率五年轉

驍騎將軍假號太守兼率如故其年虜寇豫州

喜統諸軍出討大破虜於荊亭偽長社公遁走

戍主帛乞奴歸降軍還復以本位兼左衞將軍

六年又率軍向豫州拒索虜加節督豫州諸軍

事假冠軍將軍驍騎太守如故明年還京都初

喜東征白太宗得尋陽王子房及諸賊師即於

東臬斬東土既平喜見南賊方熾慮後王曇生

禍乃生送子房還都凡諸大主帥顧深王曇生

之徒皆被全活上以喜新立大功不問也而內

客衞之又平荊州恣意剽虜贓私萬計又嘗對

賓客言漢高魏武本是何人上聞之尤疑

後誅壽寂之喜內懼因啟乞中散大夫上尤疑

至是會上有疾幼主乃賜死時年四十五喜

疑其將來不能事幼主乃賜死時年四十五

三百二十 ◀宋書傳四十三 十▼

將死之日上召入內殿與共言謔酬接甚歡旣

出賜以名饌并金銀御器敕令者勿使食器

宿喜家上素多忌諱不欲令食器停凶禍之室

故也喜未死一日上與劉勔張永齊王詔曰

吳喜出自卑寒少被驅使利口任詐輕狡萬端

自元嘉以來便充刀筆小役賣弄威恩苟取物

情處處交結皆為黨與狼狽中常以正直為詞而

內實阿媚每仗計數運其俊巧甘言說色曲以

事人不忠不平彰於觸事從來作諸署主意

所不協者竟覓罪委頓之以示清直而餘人
恣意妄爲非一不撢問故甚得物情昔大明中
黜歆二縣有云命數千人攻破縣邑殺害官
長劉子向在會稽冊遣爲主帥領三千精甲
水陸討伐冊往夫利孝武以喜將數十人至二
縣說誘羣賊賊即歸降詭數幻惑乃能如此
故毎豫驅馳窮諸狡慝及泰始初東討正
有三百人直造三吳凡冊經薄戰而自破岡以
東至海十郡無不清蕩百姓聞吳河東來便
望風自退若非積取三吳人情何以得弭伏如
此其統軍寬慢無章放恣諸將無所裁檢故
部曲爲之致力觀其意趨止在賊平之後應
力爲國計喜初東征發都指天畫地云得劉
子房即當屛除表標等皆加斬戮使略無生
口既平之後緩兵施恩納罪人之貨誘諸賊帥
令各逃藏受略得物不可稱紀聽諸賊帥假
稱爲降而擁衞子房遂得生歸朝庭收羅
羣逆皆作爪牙撫接優密過於義士推此

意正是聞南賊大盛殷孝祖戰亡人情大惡慮
逆徒得志規以自免喜善爲姦變毎以計數
自將於朝廷時三吳首獻慶捷於南賊則不
殺其黨頗箸陰誠當云東人惟怵望風自散
皆是彼無處分非其苦相逼迫保全子房及
顧琛等足表丹誠進退二塗可以無患南賊
未平唯軍糧爲急西南及北道斷不通東
土新平商運稀簡朝廷乃至鬻官賣爵以救
灾困斗斛收斂猶有不充喜在赭圻軍主者
頓偷一百三十斛米初不問罪諸軍主皆云
宜治喜不獲已正與三十鞭又不責備凡所
曲意類皆如此喜至荆州公私殷富錢物無
復子遺喜乘兵威之盛誅求推檢凡所課責
既無定科又嚴令驅壓皆使立辦所使之人
莫非姦猾因公行私迫脅在所入官之物侵
竊過半納資請託不知紀已西難旣殄便
還朝而解故槃停託云扞蜀實由貨易交關
事未回展又遣人入蠻矯詔慰勞贉伐所得一

以入私又遣部下將吏兼因土地富人往襄陽
或蜀漢屬託郡縣侵官害民興生求利千端
萬緒從西還大艑小舸爰及草舫錢米布絹
無船不滿自喜以下迫至小將人人重載莫
不兼資喜本小人多被使役經由水陸州郡
殆徧所至之處輒結物情妄竊善稱聲滿
天下密懷姦惡人莫之知喜軍中諸將雖非
劫便贏賊唯云賊何須殺但取之必得其用以
復嬴弱亦言健兒可惜天下未平但令以

功贖罪處遇料理反勝勞人此輩所感唯喜
莫云恩由朝廷凶惡不革恒出醜聲勞人
義士相與歎息並云我等不愛性命擊擒
此賊朝廷不止月殺去反與我齊今天下若
更有賊我不復能擊也此等既隨喜行多
無功効或隱在衆後或在幃屋中眠賊既破散
與勞人同受爵賞既被詰問辭白百端云此
輩既見原宥擊賊有功那得不依例加賞
褚淵往南選諸將卒喜為軍中經為賊者

就淵求官倍於義士淵以喜最前戲捷名位
已通又為統副難相違拒是以得官受賞反多
義人義人雖忿喜不平又懷其寬弛往經臨敵
之聞四方反叛人情畏賊無敢求為朝廷行者
乃慨然攘步隨喜出征為其軍副身經臨敵
軍中所稱喜薄其衰老云無所施正以二人忠與
棄高敬祖年雖少宿氣力實建其有處分為
自東還失喜意說超之多酒不堪馬使遂相委
已異行超之為人乃多飲酒計喜軍中主帥豈

無飲酒者特是不利超之故以酒致言耳敬祖
既無餘事直云年老託為乞郡潛相遣斥其餘
主帥並貪濁謟媚之流皆提攜東西不相離捨
喜聞天壤間有罪人死或應繫之人必啓以軍
皆得官爵厚被處遇應入死之人緣已得活攻
唯得活又復誰不致力但是喜不敢生耳喜軍中
人皆是喜肯身小子豈關於國喜自得軍號以來
多置吏佐是人加板無復限極為兄弟子姪及其

同堂羣從乞東名縣連城四五皆灼然巧盜侵官
奪私云命罪人州郡不得討崎嶇蔽匿必也黨
護臺州符已殆不復行船車牛犢應為公家
所假惜者託之於喜吏司便不敢問它縣奴婢
入界便略百姓牛犢輒牽殺噉州郡應及役者
並入喜家喜兒妘公等悉下取錢盈村滿里諸
吳姻親就人間徵求無復紀極百姓嗷然人人
悉苦喜具知此初不禁呵索惠子罪不甚江
念旣已被恩得免憲辟小小忤意輒加刑斬張
悅賊中大帥逼迫歸降沈攸之錄付喜云殺活
當由朝廷將帥征伐旣有常體自應執歸之
有司喜即便打鏁解襦與箸對膝圍棊仍造
重義私惠招物觸事如斯張靈度凶愚小人
背叛之首喜在西輒怒其罪私將下都與之
周旋情若同體狼子野心獨懷毒性遂與稱
欣慰等謀立劉禪吾使喜錄之而喜密報令
去去未得遂為建康所錄喜此肎國親惡乃
至於是初從西反圖兼右永貪因事物以行私

許吾惠其詭曲抑而不許從此怨懟意用不平
喜西救汝陰縱兵將掠居民妘女逼
奪雞犬虜略縱橫緣路官長莫敢呵問脫段
有縛錄一人喜輒大怒百姓呼嗟人人失望近
佛榮求還乃欲用喜代之西人聞其當來覓欲
叛走云吳軍中人皆是生劫若作刺史吾等豈
有活路旣無他計正當叛投虜夫代罪弗民
用清國道豈有殘虐無辜剝奪為務害政妨
國囧上附下罪豐若此而可以容藏文仲有云見
鸕之逐鳥雀耿弇不以賊遺君父前史以為美
談而喜軍中五千人皆親經反逆攜養左右當
有奉上之心喜意志張大每稱漢高魏武谷是
何人近忽通啓求解軍任气中散大夫喜是何
乃敢作此舉止且當今邊疆未寧正是喜輸
門不與外物交關專心奉上何得以其蜎蟻高
蹄領之日若以自廁之宜當節儉廉慎靜掃閭
比擬當是自顧愆戾豐事宣遉通又見壽寂之

流徙施僇林被擊物惡傷類內懷憂恐故興此
計圖欲自安朝廷之士及大臣藩鎮喜殆無所
畏者畏吾一人耳人生脩短不可豫量君
吾壽百年世間無喜何所慼損若使吾四月中
疾患不得治力天下豈可畏國政嚴歷觀有天御
不可奉守文之主豈可遭國家間隙有可乘之
會邪世人多云時可不然故上古象刑民淳不
億兆枕威齋儼易以剋墨唐堯至仁不赦四凶之
犯後聖懲偽易以

罪漢高大度而急三傑之誅且太公為治先華
士之刑宣尼作宰肆少正之戮自昔力安社稷
功濟養生班劍引前筵鼓陛後不能保此者歷
代無數養之以福十分有一耳至若喜之深罪
其得免乎夫富之與貴雖以功績致之必由道
德守之故善始者未足稱奇令終者乃可重耳
凡置官養士本在利國當其為利愛之如赤子
及其為害畏之若仇讎豈暇遠尋初功而應忍
受終欻耳將之為用譬如餌藥當人羸冷資散

石以全身及熱勢發動去堅積以止患豈憶始時
之益不計後日之損存前者之賞抑當今之罰
非忘其功效不足自補交為國患焉得不除且欲
雖有功勢不獲已耳喜罪囊山積志意難容
防微杜漸憂在未萌不欲方幅露其罪惡明當
嚴詔切之令自為其所卿諸人將相大臣股肱
所寄賞罰事重應與卿等論之卿意豈謂云何
及喜死發詔賻賜子徽民襲爵齊受禪國

黃回竟陵郡軍人也出身充郡府雜役稍至傳
教臧質為郡轉齋帥及去職將回自隨質為
雝州回後為齋帥質討元凶回隨從有功免軍
戶質在江州擁領白直隊主隨於梁山敗走
向豫章為臺軍主謝承祖所錄付江州作部
遇赦得原因下都於宣陽門與人相打詐
稱江夏王義恭馬客鞭二百付右尚方會中
書舍人戴明寶被繫差回為戶伯性便辟勤
繫奉事明寶竭盡心力明實尋得原赦委任如

初啟免回以領隨身隊統知宅及江西野主事性
有功藝觸類多能明寶其寵任之回拳捷
果勁勇力兼人得江西與諸楚子相結屢為
劫盜會大宗初即位四方反叛明寶啟大宗
使回募江西楚人得快射手八百假回寧朝
將軍軍主隸劉勛西討於死虎破杜权寶軍
除山陽王休祐驃騎行參軍龍驤將軍攻合
肥破之累遷至將校以功封葛陽縣男食邑
二百戶後廢帝元徽初桂陽王休範為逆回

宋傳四十三　十九　壬壽三

以屯騎校尉領軍隸齊王於新亭創詐降之計
事在休範傳回見休範可乘謂張敬兒曰卿
可取之我誓不殺諸王敬兒即日斬休範事
平轉回驍騎將軍加輔師將軍進爵為侯改
封聞喜縣增邑千戶四年遷冠軍將軍南琅
邪濟陽二郡太守建平王景素及回又率軍
前討假節城平之日回軍先入又以景素讓
張倪奴回增邑五百戶進號征虜將軍加散
騎常侍太守如故明年遷右衛將軍常侍如

故沈攸收之反以回為使持節督郢州之義
陽諸軍事平西將軍郢州刺史給鼓吹一部率
眾出新亭為前鋒未發而袁粲據石頭為亂
回與新亭諸將帥任候伯彭文之王宜興孫
曇瓘等謀應粲事發候伯等立乘船赴石
頭唯曇瓘先至而得入候伯等至而癸巳平回本
期詰旦率所領從御道直向臺門攻齊王於朝
堂事既不果齊王撫之如舊回與宜興素不協

宋傳四十三　二十　王

慮或反告因其不從戮分斬之宜興吳興父也
為將在壽陽間擊索虜每以少制多挺身深
入無所畏憚虜眾值宜皆引避不敢當長
郡討逐圍繞數十重終莫能擒太宗泰始中
形狀短小而果勁有膽力少年時為劫不須伴
至寧朝將軍羽林監以平建平王景素功封
壽縣男食邑三百戶至是為屯騎校尉加輔國
將軍回進軍未至郢州而沈攸之敗走回至鎮
進號鎮西將軍政督為都督回不樂停郢州固
求南兗遂率部曲輒還改封安陸郡公增邑

二千戶并前三千七百戶改都督南兗青
冀五州諸軍事鎮北將軍南兗州刺史加散騎
常侍持節如故豫王以回終爲禍亂乃上表曰
黃回出自廝伍本無信行仰值泰始謬被驅馳
階藉風雲累叨顯伍及沈攸之作逆事切戎機
臣闇於知人冀其搏噬遣統前鋒竟不接刃軍
至郢城乘威迫脅陵掠所加必先尊貴武陵王
馬器服咸被虜奪城內文武剝剔靡遺及至還
都縱恣彌甚先朝御服猶有二輿弓劒遺思尚

在軍府回遂啓求以擬私用慚悔無狀罔顧天
極又廣納凶人多受劫盜親信此等並爲爪牙
觀其凶校憂在不測惡積釁著非可含忍應加
剿除以明國憲尋其黨狀寔定極法但當經將
帥微有塵露聿疑從輕事炳前策請在隆减特
原餘關臣過何隆寄言必罄誠謹陳管窺式遵
弘典伏願聖明特垂允鑒惡詔曰黃回擢自凡
才追言既往伏增慙惡允詔曰黃回擢自凡
負疵興釁以憲綱收其搏噬雖勤效累著而屠

懷千紀新亭背叛投拜寇場異規既扇廟律幾
殆幸得張敬兒提戈直奮元惡受戮及景素結
逆屢霜歲父乃密通音譯潛送器杖氛沴克清
茭謀方顯每存容掩冀能悛革故嬰升爵均
榮勳寵凶誠有本險應滋深構誘敬兒志相攻
陷悖愎圖未遂狠戾彌甚近郢鎮劫逼府主
兼挾私計多所徵索主局咨疑便加捶楚專肆
暴慢閭顧羣則牧西番徽貢惟厚曾不知感
猶懷忿怨李安民述任河濟呈管未周貪據祿

要苦祈回奪贓謁弗已叨侈無度遂請求御輿
憯擬私飾又招萃賊黨初不啓聞傷風蠹化莫
此之甚空明繩裁蕭正刑書便收付廷尉依法
窮治回死時年五十二子僧念尚書左民郎竟
陵相未發從誅回既貲祗事戴明寶甚謹言必
自名每至明寶許屏人獨進未嘗敢坐躬至帳
下及入內料檢有無隨之供送以此爲常先是
王藴爲湘州穎川庾佩王爲藴寧朝府長史長
沙內史藴去職南中郎將湘州刺史南陽王翽

盜主沈攸之平後齊王收之下獄賜死孫曇瓘
吳郡富陽人也驍果有氣力以軍功稍進至是
為寧朔將軍越州刺史於石頭叛走逃竄經時
後於秭陵縣禽獲伏誅回時為將者臨淮任
夫稍至彊弩將軍太宗初以東計功封廣晉縣
農夫沛郡周寧民南郡高道慶立以武用顧農
子食邑五百戶東土平定仍又南討增邑二百
夫歷射聲校尉左軍將軍時桂陽王休範在江
戶有異志朝廷慮其下以農夫為輔師將軍淮

國將軍左軍將軍南濮陽太守直閤領右細仗
景素功封葛陽縣男食邑三百戶順帝初為輔
州刺史呂安國之鎮齊王使安國誅候伯彭文
之太山人也以軍功稍至龍驤將軍計建平王
任候伯行湘州事候伯以佩王兩端輒殺之湘
佩王知其謀襲殺幼宗回至郢州遣輔國將軍
及沈攸之為逆佩王幼宗各不相信幼宗密圖
湘令韓幼宗領軍成防湘川與佩王共事不美
未之任權以佩王行府州事先遣中兵參軍臨

袁粲等議收付廷尉賜死
加挫拉往往有死者朝廷畏之如虎狼齊王與
五百戶道慶凶險暴橫求欲無已有失其意輒
謀及事平自啟求增邑五百戶詔加二百并前
戶建平王景素及道慶領軍北討而與景素通
游以平桂陽王休範功封樂安縣男食邑三百
將軍徐州刺史鐘離太守高道慶亦至軍校驍
軍校泰始初封顋縣男食邑三百戶官至寧朔
也周寧民於鄉里起義討齊安都亦以軍功至
贈左將軍常侍諡曰貞蕭候伯即農夫弟
將軍改通直為散騎常侍驍騎如故其本卒弟
資輕加常侍者往通直員外焉五本卒追
無通直員外之文太宗以來多因軍功至大位
將軍加通直散騎常侍前世加官唯散騎常侍
軍豫州刺史尋進號冠軍將軍明年入為驍騎
陵縣族增邑千戶并前千七百戶出為輔師將
至近道襲夫棄戍還都休範平以戰功攺封屏
南太守戍姑孰以防之休範尋舉衆向京邑奄

史臣曰夫賢人匹夫濟其身業非世乱莫由
臭

也以乱世之情用於治日其得不凶亦為幸

臣沈約　新撰

鄧琬

袁顗

孔覬

鄧琬字元琬豫章南昌人也高祖混曾祖玄立
為晉尚書吏部郎祖潛之鎮南長史父亂之世
祖征虜長史吏部郎彭城王義康大將軍長史
豫章太守光祿勳琬初為州西曹主簿南譙王

義宣征比行參軍轉參軍事又隨府轉車騎參
軍仍轉府主簿江州治中從事史世祖起義版
琬為輔國將軍南海太守率軍代蕭簡於廣州
攻圍踰年乃克以藏質友為江州刺史宗慤所
執值救原琬弟璩與藏質同逆質敗從誅琬弟
環亦坐誅琬在遠又有功免死遠徙仍停廣州
又之得還除給事中尚書庫部郎都水使者
父在藩之舊下詔曰故光祿勳前征虜長史
丹陽永本州大中正大明七年車駕幸歷陽追
思在藩之舊下詔曰故光祿勳前征虜長史

宋書列傳四十四

鄧亂之體局沈隱累任著績朕昔常藩重貴兄
佐務忿力款盡書弗忘千懷往歲息璩凶悖自取
誅翦泜恩及琬特免纍戮今可擢為給事黃門
侍郎以雄亂之宿誠明年出為晉安王子勛鎮
軍長史尋陽內史行江州事前廢帝往歲無道
以太祖世祖並第數居三以登極位子勛次第
既同深搆嫌隙因何邁之謀乃遣使齎藥賜子
勛死使至子勛典籤謝道遇齋帥潘欣之侍書
褚靈嗣等馳以告琬涕泗請計琬曰身南土寒
士蒙先帝殊恩以愛子見託當暠得惜門戶百口
其當以死報效幼主昏暴社稷危殆雖曰天子
事猶獨夫今便指率文武直造京邑與群公卿
士廢昏立明景和元年十一月十九日稱子勛
教即宣旨曰少主昏狂悖戾並是諸君所見聞
之口宣旨曰戒嚴子勛服出聽事集僚佐使潘欣
顧命重臣乘皆誅戮逼遍天公幽厲太后不逞
之徒共成其釁京師諸王並見凶過去危虎口
思在舊莫因身義兼家國豈可坐視橫流今便欲

舉九江之眾馳檄近遠以謀王室於諸君何如

四座未答錄事參軍陶亮曰少主昏狂醜毒已

積伊霍行之於古殿下當之於今鄞州士子世

習忠節況屬二載之會請効死前驅眾並奉旨文武

晉進位一階轉甚亮為諮議參軍領中兵加寧

朝將軍摠統軍事功曹張邵沈為諮議參軍作

舟艦參軍事顧昭之沈伯玉荀道林等參管書

記南陽太守沈懷寶岷山太守薛常實之郡始

至尋陽與新蔡太守韋直並為諮議參軍領　宋傳四十四　三

中兵及彭澤令陳紹宗並為將帥初廢帝使荊

州錄送前軍長史荊州行事張悅下至盆口琬

稱子勛命釋其桎梏迎以所乘之車以為司馬

加征虜將軍加琬冠軍將軍二人共掌內外眾

事遣將軍劉伯高率五百人出斷大雷禁絕商

旅及公私使命遣使上諸郡民丁收斂器械十

日之內得甲士五千人出植大雷於兩岸築壘

巴東建平二郡太守孫沖之之郡始至孤石琬

以沖之為子勛諮議參軍領中兵加輔國將軍

與陶亮並統前軍使記室參軍荀道林造檄文

馳告遠近會太宗定亂進子勛號車騎將軍開

府儀同三司令書至諸佐吏並喜造琬曰暴亂

既除殿下又開黃閣實為公私大慶琬以子勛

次第居三又以尋陽起事有符世祖理必萬克

乃取令書投地曰殿下當開端門黃閣是吾徒

事耳眾並駭愕琬與陶亮等繕治器甲徵兵四

方郢州刺史安陸王子綏荊州刺史臨海王子

頊會稽太守尋陽王子房雍州刺史袁顗梁州　弘治四年

刺史柳元怙益州刺史蕭惠開廣州刺史袁曇　宋傳四十四　四　

遠徐州刺史薛安都青州刺史沈文秀冀州刺

史崔道固湘州行事吳郡太守顧琛吳郡太守何惠文吳

興太守王曇生晉陵太守袁標義興太守劉延

熙並同叛逆先是廢帝以邵陵王子元為冠軍

將軍湘州刺史中兵參軍沈仲玉為道路行事

至鵲頭聞尋陽兵起停住曰太宗進止之宜太

宗以子勛起兵聞本在幼主雖疑其不即解甲不

欲先彰同異敕令進道信未報琬聞子元傳鵲

頭不進遣數百人劫迎之乃建牙於桑尾傳檄
京師曰陽六數艱虜雷相龍衰高帝受歷時乘雲
縛頓於促路文祖定祥係昭睿化翦於中年二
凶縱禍三綱理滅宗主儵息逆朝枕戈無
聞偷榮有秩孝武皇帝釋位泣血糾義入討投
袂戎首親戮鯨鯢九服還輝兩儀更造雱旻
不惠棄離萬國皇運重昏嗣王荒淫孤以不才任
居藩長大懼宗穆殘覆待日故招徒楚鄧飛檄
紹當圖宋未悔禍弒亂奄臻遂矯害明茂篡竊
天寶爰道效充蔑我皇德千我昭穆寔我兄弟
恣鴟鴞之心路倫穎之志覆移鼎祚誣罔天人
藐孤同氣猶有十三聖靈何幸而當多饗昔隆
周弛御晉鄭是依盛漢中陵居章抗節支輕
屬猶或忘驅況孤忝惟臣子情地兼切感一
隅心與事痛是用飲血衽金哲復宗祀今遣輔
國將軍諮議領中直兵孫沖之龍驤將軍陳紹宗
率蟲虎之士組甲二萬沿流電發逕取白下龍

驤將軍領中直兵薛常寶建威將軍領中直兵
沈懷寶長戰萬刃騎千羣徑出南州直造未
崔寧朔將軍諮議領中直兵陶亮龍驤將軍焦
度摠中黃之旅熊三萬風掩江介雲臨之徒
建威將軍張列龍驤將軍何休明提育獲石頭
勁悍之卒邪趨金陵北指闔閭龍驤將軍張係
伯龍驤將軍陳慶勒輕銳五千彊弩一萬飛鋒
班瀆齊會西明冠軍將軍弄陽內史鄧琬撮湘
雍之兵勇敢四萬授律總威飆集京邑征虜將
軍領府司馬張悅蒼兕十艘水軍五萬大董羣
校絡繹繼道冠軍將軍豫章內史劉衍寧朔將
兵薦誠請效後將軍郢州刺史安陸王子綏懷
威將軍領中直兵晉熙太守閭湛之皆掃境勝
軍武昌太守劉弼寧朔將軍西陽太守謝攄建
恩繼慕翰旅先展冠軍將軍湘州刺史邵陵王
子元驃騎波整眾邁至前將軍荊州刺史臨
海王子頊練甲陝西獻徒萬數輔國將軍冠軍
長史長沙內史何惠文見拔先皇誠深投袂冠

軍將軍雍州刺史表顥不謀同契雷發漢南建
武益軍順陽陽太守劉道憲懷忠抱慨不遠三千
梁益青徐兗豫吳會比密介歸誠哲言為表裏
孤親總丞徒十有餘萬白羽咽川霜鋒昭野金
聲振谷鳴鼙譟謌多奇水陸長驅數道並進
遺計果幹岡鷙諜略多奇諸將帥皆忠無匪情智無
義銳滄海可壐諸君或荷寵前朝感恩舊日或
發舟踰險授命而逼迫寇手效節莫由令
弈世貞淳見危已接

大軍密邇形援已接見戮而作豈俟終日便宜
轉禍趣福因變立功夫旦襄與三監並特金霍
與上官共主邪正粗雜何世無之但績亮則名
播姦騁則道消耳紀李入齊陳平歸漢身尊譽
遠明哲是襄成範全規殷監匪遠若玩咎惟休
告舍罔悟則誅及五族有殄無遺軍科爵賞信
如皦日平山皽燎芝艾共烟幸導良塗無守毀
轍撤到宣告咸使聞知賵太宗萬戶侯布絹二
萬匹金銀五百斤其餘各有差太宗遣荊州典

七

籤邵室乘驛遠江陵經過襄陽姦顥馳書報琬
勸勿解甲弁本表勸子勛即位郢州承平勖初
檄及聞太宗定大事即解甲下標繼聞尋陽不
息霑又響應郢府行事錄事參軍荀卞之大懼
慮為琬所咨即遣詣議領中兵參軍鄭景玄
率云軍馳下弁送軍糧琬乃稱說符瑞遣乘輿
服云松滋縣生豹自來柴桑縣送竹有來奉天
子宇又云青龍見東淮白鹿出西岡令顧照之
撰為瑞命記立宗廟設壇場矯作崇憲太后令

令羣僚一偽號於子勛泰始二年正月七日即位
於尋陽城改景和二年為義嘉元年以安陸王
子綏為司徒驃騎將軍揚州刺史尋陽王子房
車騎將軍臨海王子頊衛將軍並開府儀同三
司邵陵王子元撫軍將軍其日雲兩晦合行禮
忘稱萬歲取子勛所乘車除脚以為輦置偽殿
之西其夕有鵁樓其中鴟集其憶又有禿秋鶴集
城上子綏拜司徒曰雷電晦冥其震其黃閣柱鵁
尾怙墬地又有鷗樓其帳上攻鄧琬為左將軍尚

八

圭

書右僕射張悅領軍將軍吏部尚書征虜將軍
如故進表顗號安北將軍加尚書左僕射臨川
內史張淹為為侍中府主簿顧昭之武曰太守劉
弼並為黃門侍郎廬江太守王子仲委參軍
陽亦為黃門侍郎鄱陽內史丘景先廬陵內史
殷損西陽太守謝穆後軍府記室參軍孫誅長
沙內史孔靈產左丞府主簿沈伯玉荀道林並為中書
侍郎荀卞之為尚書左丞王粹悅息洵並正
主簿蕭寶欣為通直郎琬太息洵並右丞府

九

貞郎粹領衛尉洵弟冽司徒主簿建武將軍領
軍王晉熙太守閭湛之忞朝將軍廬陵內史
王僧亮為祕書丞桂陽太守劉卷為尚書殷中
郎褚靈嗣潘欣之沈光祖聞食通事舍人餘諸
州郡並加爵號琬性鄙闇貪食含各過其財貨酒食
皆身自量校至是父子並賣官鬻爵南賜使姬僕出
到門者厭荷不得前內事悉委褚靈嗣等三人
市道販賣酤歌弈日夜不休大自秋遇賓客
羣小橫恣競為威福士庶忿怨內外離心矣太

宗遣散騎常侍領軍將軍王玄謨領水軍南討
吳興太守張永為其後繼又遣寧朔將軍尋陽
內史沈攸之寧朔將軍江方興龍驤將軍劉靈
遺率衆屯虎檻時東賊甚急張永江方回軍
東討尚書下符曰夫晦明遞運崇替相沿帝宋
之基懋業樞永聖祖重光氛氳三靈摽紳戮辱黔庶
國維以紊毒流九縣纍穢上業狂昏承祀
塗炭人神同憤朝野泣血聖祖明睿在躬膺符
握曜眷懷家國夙夜劬勞懼社稷湮燕彝倫左
杜天威雷發氣涤永消殄凶譴門不侯鳴條之
旅殲虐牧野無勞孟津之鉞華夷即晏晷緯還
光鏟鋤聞於管絃趣翔被於冠冕同軌仰化異
域懷風劉子勛民世稱兵義同前惡明朝不戰
同識邪正窺窬幾旬逼過兩江陵上無君暴於
逭遏王赫斯怒輿言討違命彼上將治兵薄代
今道寧龍驤將軍尋陽內史沈攸之輕銳七千飛
舟先邁龍驤將軍劉靈遺羽林虎旅連鋒繼造
假節督南討前鋒諸軍事冠軍將軍充州刺史

十一

胡慶曰

殷孝祖驅濟河勁平電擊雷動使持節車騎將
軍江州刺史曲江縣開國侯王玄謨丞徒五萬董
統前師使持節侍中司徒揚州刺史建安王休
仁擁神州之衆惣督羣帥龍驤將軍劉勔寧朔
將軍劉懷珍步騎五千直指大雷寧朔將軍
倫司州刺史龐孟虯潁突騎趣西陽使持
節驃騎大將軍豫州刺史山陽王休祐惣勒步
師連旗百萬河舟代馬端驚鶩江濱越棘吳鉤交
曜戢服茄敷動坤維金甲震雲漢掎角相望水
陸俱發冠軍將軍武念率雍司之銳已據樊汜
徐州刺史申令孫提彭宋勦勇陵塗焱奮皇上
當親駐六師降臨江服旌旆掩雲舳艫咽海昔
吳蒦連衡燕淮勁悍麾擾區內聲沸泰中霧散
埃滅豈非先鑒而嬰彼孤城以待該天之網迫
此烏合以抗絡寓之師雲羅四掩霜鋒交集猶
勁飈之拂細草烈火之掃寒原燼卷之形昭然
已著朝廷惻愍我僚吏哀於我士民並亦何辜
拘誤迷黨故加宣示令得自新如其淪惑不改

抵冒王威同焚蒭至雖悔莫補奉詔以四王幼
弱不幸陷難兵交之日不得妄加侵犯若有逼
損誅翦無噍左右主師嚴相衛奉註誤之罪一
無所問珫遣孫沖之率陳紹宗胡靈秀薛常寶
張繼伯焦度等前鋒一萬來據赭圻沖之於道
與子勛書曰冊檄已辦器械亦整三軍踊躍人
爭效命便欲沿流據新亭南洲則一麾定矣乃
羣軍兼行相接分據驪直取白下頴速遣陶亮
加沖之左衛將軍以陶亮爲右衞將軍統諸州
兵俱下郢州軍主鄭景立荆州軍主劉亮湘州
軍主何昌梁州軍主柳登雍州軍主宗廉等合
二萬人一時俱下亮本無幹略聞建安王休仁
自上殷孝祖又至不敢進屯軍雍州時珫遣閣
湛之來寇廬江臺軍主龍驤將軍殷佛榮受命
討之更使佛榮領鐵騎一千迴軍南討三月三
日水陸攻赭圻亮等率衆來救殷孝祖爲流矢
所中死軍主朱輔之申謙之張靈符並失利輔之
副正貟將軍皇甫仲遠謙之副虎賁中郎將徐

稚賓並沒孝祖支軍主范潛率五百人投亮時
東軍已捷江方興復還虎檻建安王休仁遣方
興劉靈遺各領三千人助赭圻以方興領孝祖
軍沈攸之代孝祖為前鋒都督沖之謂陶亮曰
孝祖臭將一戰便死天下事定矣不須復戰便
又遣軍主郭季之馬步三千就攸之攸之乃率
富直取京都亮不從太宗遣員外散騎侍郎王
道隆至赭圻督戰孝祖死之明日建安王休仁
季之又輔國將軍步兵校尉杜幼文寧朔將軍
三萬人詣曰進戰奮奮擊大破之斬獲數千追奔
侍郎高道世馬軍主龍驤將軍頓生段佛榮等
屯騎校尉垣恭祖龍驤將軍朱輔之負外散騎
至娃山而反沖之等於湖白二城陷沒大懼急呼
張興世所拔陶亮聞實代常賣
冲之還鵲尾留辭常賣代冲之守赭圻先於娃
山及諸岡分立營此岩亦悉敗還共保濃胡濃湖
即在鵲尾時軍旅大起國用不足募民上米二
百斛錢五萬雜穀五百斛同賜荒縣除上米三

百斛錢八萬雜穀千斛同賜五品正令史滿報若
欲署四品在家亦聽上不四百斛錢十二萬雜穀
一十三百斛同賜四品令史滿報若欲署三品
在家亦聽上米五百斛錢十五萬雜穀一千五
百斛同賜三品令史滿報若欲署內監在家亦
聽上米七百斛錢二十萬雜穀二千斛同賜荒
郡除若欲署諸王國三令在家亦聽胡琉又遣輔
國將軍豫州刺史劉胡率胡騎二千來
屯鵲尾胡宿將屢有戰功素多狡詐為眾推伏
收之等甚憚之時胡鄉人蔡那攸長生張敬兒
各領軍隸收之在赭圻胡以書招之那等並拒
絕胡因要那等共語陳說平生那等詰誚說令
歸順胡回軍入鵲尾無他權略輔國將軍吳喜
平定三吳率所領五十人乘輕舸二百與攸長
於戰鳥山築壘分遣千人乘輕資實至千赭圻
生為游軍薛常寶粮盡告胡求援三月二十九
日胡率步卒一萬夜斫山開道以布囊運米來
餉赭圻平旦至城下猶隔小塹未能得入沈攸

之率眾軍攻之軍主郭秀之荀僧韶幢主韓欣

宗等率眾三千為收之勢援胡發所由橋道僧

韶等接檟行戰復橋得渡軍主劉沙彌輕騎深

入至胡麾下遂見殺收之策馬陷陳回還為追

騎所刺馬軍主段佛榮武保救之得免並殊死

戰多所傷殺胡眾大敗捨糧棄甲綠山道走乘

勝追之斬獲甚眾胡被瘡僅得還營常寶惶

懼無計遣信告胡欲突圍走收之率輔

率數千人迎之常寶等開城突圍奔出四月四日胡自

國將軍沈懷明軍主周普孫江方與申謙之等

諸軍悉力擊之吳喜率眾來赴為胡別軍所圍

甚急有人來捉喜馬將蔡保以刀斫之斷手然

後得免正負將軍幢主卜伯宗江夏國侍郎幢主

張渙力戰沒陳伯宗益州敕史天與子也收之喜

等苦戰移日常寶張繼伯胡靈秀焦度等皆被

重瘡走還胡軍赭圻城陷斬偽寧朔將軍南陽

太守沈懷寶偽奉朝請領中舍人督戰謝道遇

納降數十陳紹宗單舸奔西岸與其部曲俱還

鵲尾建安王休仁自虎檻進據赭圻劉胡遣陳

紹宗陳慶率輕艓二百大艦五十出鵲外挑戰

吳喜張興世佼長生等擊之喜支軍主吳獻之

飛舸衝突所向摧陷斬獲及投水死甚多追之

鵲裏而還疑胡等或於步路向京邑便寧

朔將軍廣德令王蘊千人防魯顯時胡等兵眾

彊盛遠近疑惑太宗欲綏慰人情遣吏部尚書

褚淵至虎檻選用將帥以下申謙之杜幼文因

此求黃門郎沈懷明劉亮求中書郎建安王休

仁即使褚淵擬選上不許曰忠臣殉國不謀

難以干朝典豈下之節邪始安內史王

職之建安內史趙道生安太守劉襲並襄

奉順琬遣龍驤將軍廖琰率數千人开發盧陵

白丁攻龔襲與郡丞檀珍拒戰大敗玝臨陳見

殺龔襲棄郡走據嶺自守琰虜掠而退龔復出

郡時齊王率眾東比征討而齊王世子為南康

贛令琬遣使牧世子世子腹心蕭欣祖桓康等

數十人奉世子長子奔竄草澤召募得百餘人

攻郡出世子世子自號寧朔將軍與南康相沈
用之前南海太守何曇直晉康太守劉紹祖比
地傳浩東莞童太嵒等率郡人俱下孚眾盛世
孚為御史中丞并令孚率郡起義琬遣始興相
避之於揭陽出琬遣武昌戴凱之為南康世子
子率眾攻之琬之戰敗遁走世子遣幢主檀文
起千人戍西昌與龍襄相應琬又遣廖琰與其
章太守劉衍以為右將軍中護軍殷孚代為豫
兵參軍胡昭笮寸築木壘於西昌聖歷相守琬召
沙徑至城下慧文率左右出城與戰應之於長
之率郡文武五百許人起義襲襄等衡陽內史王應
奮發戮手殺數人遂與慧文交手戰斫慧文八創
慧文所應之斷足遂殺之時湘東國侍郎虞洽
為太宗賢國秩在湘東勸太守顏躍發兵應朝
遷躍不從洽乃投桂陽收募得數百人還欲攻
躍躍懼求和許之有眾二千時琬徵慧文率眾
下尋陽發長沙已　行數百里聞洽起兵乃回還

攻洽洽起尋陽戰敗奔走骰系子既去始興以郡五官
採譚伯初留知郡事主人劉嗣祖斬伯初
郡起義琬遣始興太守章希眞遣鷹揚將軍楊
弘之領眾一千討嗣祖嗣祖亦遣眾出南康與
進之廣州刺史裴曇遠聞始興起義徒彊盛住盧陵不敢
齊王世子合希眞等以義眞遣將李萬周
陳伯紹率眾討嗣祖嗣祖遣兵戍須陽萬周亦
築壘壘相守嗣祖遣人誑萬周曰尋陽已平臺遣
劉勛為廣州垂至萬周信之便回還龍襄番禺夜
以長梯入城雲遠怯弱無防聞萬周及便徒跣
出奔萬周追斬之於城內交州刺史檀翼被代
還至廣州資貨鉅萬周誑以為逆龍裝而殺之
遂劫掠公私銀帛籍略柰極珍寶悉以自柰
顋悉雍州之眾來赴尋陽特乳道存為衛軍長
史行荊州事琬以黃門侍郎劉道憲代之以道
存為侍中行雍州事柳元景之誅也元景弟子
世隆為上庸太守民吏共藏匿之顋起兵召世
隆不至顋既下世隆乃合率蠻宋二子餘人起

義於上庸來龍裏襄陽道存遣將吾武民康元隆
等迎擊於萬山世隆大敗還郡自守沈攸之等
與劉胡相持久不決上又遣彊弩將軍主劉伯
振武將軍武會倉冗從僕射全景文軍主劉伯
符等領兵繼至攸之繕治船舸材板不周計無
所出會琬送五千片榜供胡軍用俄而風潮奔
迅榜捍突柵出江胡等力不能制自橦船艦殺
沒數十人赴流而下攸之等營於是村板
大足琬進表顗都督征討諸軍事給鼓吹一部

六月十八日顗率樓船千艘來入鵲尾張興世
建議越鵲尾上據錢溪斷其糧道胡果攻之不
能剋事在典世傳劉亮率所領至胡此下胡遣
其副孫犀回馬及張靈度鐵騎五四越硐取亮
斬犀首張繼伯副馬可率所領來降劉亮若
能得犀回馬去亮使左右善射者夾射之墮馬
深入賊地表顗畏憚之曰賊入我肝臟裏何由
得活劉胡率輕舸四百由鵲頭內路欲攻錢溪
既而謂其長史王念叔曰吾少習步戰未閑水

關若步戰恒在數萬人中水戰在一舸之上一舸
舸各進不復相關正在三十人中取此非甚難全
之計吾不為也乃託瘡殊住鵲頭不進遣龍驤
將軍陳慶領三百舸向錢溪戒慶不須戰至錢溪不
世武會倉吾之所悉自當走耳陳慶至錢溪不
敢越錢溪於梅根立柵胡率其餘舸馳還謂顗
攻興世興世擊大破之胡率別遣將王起領百舸
曰興世營已立不可卒攻昨日小戰未足為
搶陳慶已與南陵大雷諸軍兵過其上大軍在

此鵲頭諸將又斷其下流已墮圍中不足復慮
顗怒胡不戰又使胡日糧運梗塞當如此何胡曰彼
尚得泝流越我而上此運何以不得沿流越彼
而下邪顗更使胡率步卒二萬鐵馬一千往攻
興世休仁因此命沈攸之吳喜佽長民生劉靈遺
劉伯符等進攻濃湖進皮艦十乘拔其營柵苦
戰移日大破之顗被攻既急馳信召胡令還張
興世既據錢溪江路岨斷胡軍之食琬大送資
興世不敢下胡遣將迎之為錢溪江所破資
糧畏興世不敢下

實覆沒都盡燒米三十萬斛胡衆駭懼胡副張
喜來降說胡欲叛八月二十四日胡誑顗云更率
步騎二萬上取典世兼下大雷餘師令顗悉度
馬配之其夜委顗奔走徑趣梅根先令薛常寶
辦船舸悉撥南陵諸軍燒大雷諸城而走顗聞
胡走亦棄衆西奔至青林見殺胡率軍數百舸二
萬人向尋陽報子勛詐云袁顗已降胡率軍皆散唯
已率所領獨及宜速處分為一戰之資當停據
盆城誓死不貳乃於江外夜取沛口琬聞胡去

惶擾無復計呼褚靈嗣等謀之並不知所出唯
云更集兵力加賞五階或云三階者張悅始發
兄子浩喪乃稱疾呼琬計事令左右伏甲帳後
戒之若聞索酒便出琬飲至悅曰卿唱此謀
今事已急計將安出琬曰正當斬晉安王封府
庫以謝罪耳悅曰今日寧可責殿下求活邪因
呼求酒再呼左右震愕不能應第二子徇提刀
走出餘人續至即斬琬琬死時年六十時中護
軍劉順在座驚起抱悅左右人欲殺之悅顧曰

無關護軍乃止潘欣之聞琬死勒兵而至悅使
人語之曰鄧琬謀反即已梟戮欣之乃回還取
琬兒並殺之悅因單舸齎琬首馳下詣建安王
休仁命蔡那子道淵以父為太宗効力被擊作
部因亂脫鏮入城執子勛囚之沈攸之諸軍至
郢州劉亮張敬見向雍州孫超之向湘州沈思
同逆並伏誅吳喜張興世進向荊州沈懷明向
江州斬子勛於桑尾牙下傳首京都劉胡走入沛衆
仁任農夫向豫章所至皆平定劉胡走入沛衆

稍散比至石城裁餘數騎竟陵郡丞陳懷真憲
子也聞胡經過率數十人斷道邀之胡人馬既
疲自度不免因隨懷真入城告渴與之酒胡飲
酒畢引佩刀自刺不死斷首送京邑張興世弟
僧產追胡未至石城數十里逢送胡首偽將還
竟陵殺懷真真竊有其功郢州行事張沈偽竟陵
太守音京先聞敗變形為沙門逃走追捕伏誅
荊州聞農湖平議欲更遣軍與郢州合勢又欲
斷據巴陵經日不決乃遣將趙道生於江津築

量任演成沙橋諸門津要皆有屯兵人情轉離
將士漸逃散更議奉子頊奔益州就蕭惠開典
籤阮道預邵宰不同曰近奉別詔諸藩若改逆
歸順者悉復本勳且任叔兒巴斷白帝楊僧嗣
據梁州雖復欲西豈可得至道預邵宰即與劉
道憲解遣白丁遣使歸罪荊州治中宗景土人
掠府庫無復子遺執子頊以降初登琬徵兵巴
東巴東太守羅賓稱辭以郡接凶蠻兵力不足
姚儉等勒兵入城殺道憲預記室參軍鮑昭劫

壽等五千人攻叔兒與戰大破之斬欣壽
子頊又遣中兵參軍何康之領宜都太守討叔
據白帝殺賓稱二子阻守三陝蕭惠開遣費稱
持疑未決暴疾死叔兒乃自號輔國將軍引兵
兒遂固白道存知尋陽已平遣挺身走還叔
分巴東人任叔兒聚徒起義遣信要賓稱賓稱
聞柳世隆劉亮當至衆悉奔逃道存及三子同
時自殺何慧文始謀同逆其母禁之不從母乃

攜女歸江陵遽嫁之慧文才兼將吏幹略有施
雖害王應之上特加原宥吳喜宣旨敕之慧文
曰既陷逆節手害惠義天網雖復恢恢何面目
以見天下之士和藥將飲門生覆之乃不食而
死顏躍廬虞洽還都說其始時同逆密使人殺
之初淮南定陵人賈襲宗本縣已為劉胡所得
率二十人投沈攸之攸之言之建安王休仁休
仁版為司徒參軍督護使還鄉里招集為胡所
禽以火炙之閉目不言瞑目謂胡

曰君稱兵內侮窺覦神器未聞奇謀遠略而為
炮烙之刑僕本以身奉義死亦何有胡乃斬之
前軍典簽范道邁志不同逆為琬所誅其餘奉
順見害者並為上所愍詔曰前鎮軍參軍督護
范道興朕之舊隸經從北藩徒役南讁遭離命
會抱恩固節受害羣山言念純良有憫愴可
贈員外散騎侍郎南城令鮑法度後軍典簽馮次
民永新令應生新建令庫延賓上饒令黃難等違
逆識順同被誅滅言念既往宜在追榮可贈生

奉朝請法度南臺御史次民延寶難並負外將
軍有司奏寧朔將軍督豫州之梁郡諸軍事豫
州刺史領南梁郡太守竟陵張興世都統水軍
屢戰剋捷仍進斷賊上流錢溪貴口苦戰與世
凶逆今封南平郡作唐縣開國侯食邑一千戶
寧朔將軍參司徒中直兵軍廣平校長平定
統水軍屢戰及與世上據錢溪長生獨距賊衝
要功次興世今封武陵郡遷陵縣開國全景文
八百戶寧朔將軍試守西陽太守吳興全景文

尚書比部郎吳縣孫超之假輔國將軍右衛將
軍南彭城劉亮等三人並經晉陵苦戰景文超
之仍又比討破釜水軍斷賊糧運及經葛冢石
梁二處破賊亮南伐經大戰又最劇險劇景文
今封西陽郡孝寧縣超之封長沙郡羅縣亮封
陽縣並開國侯食邑各六百戶超之假輔國將軍
驃騎司馬劉靈遺寧朔將軍
軍屯騎校尉段佛榮等三人統治攻道並經苦
戰靈遺今封新野郡新野縣那封始平郡平陽

縣佛榮封湘東郡臨蒸縣並開國伯食邑各五
百戶假輔國將軍左軍吳興沈懷明龍驤將軍
積射將軍東平周盤龍司徒參軍南彭城李安
民等三人懷明經晉陵並經錢溪破賊又水軍南伐統治攻
道盤龍雖不統錢溪別統軍貴口破賊令封懷
隨張興世遇斷錢溪先登陷陳安民又
明建安郡吳興縣盤龍封晉安縣安民
封建安郡邵武縣並開國子食邑各四百戶假
輔國將軍游擊將軍彭城杜幼文龍驤將軍羽

林監太原王穆之龍驤將軍羽林監沛郡周普
龍驤將軍羽林監濟北頓生
朱重恩等五人幼文經晉陵破賊在軍統攻道
恩並南伐濃湖普孫副沈攸之都統眾軍穆之生重
南伐濃湖有功今封幼文邵陵郡邵陽縣穆之
封衡陽郡衡山縣普孫封
順陽郡清水縣重恩封南海郡龍川縣並開國
男食邑各三百戶江方興以戰功為太子左衛
率賊未平病卒追封武當縣侯食邑五百戶方

興濟陽考城人衣冠之舊也龍驤將軍虎賁中

郎將董凱之隨張興世破胡白城先登封河隆

縣子食邑四百戶軍主張靈符東南征討有功

封上饒縣男食邑三百戶前征北長兼行參軍

楊覆以貴口有功封綏城縣男食邑二百戶追

贈虞洽檀珎給事中以李萬周為步兵校尉陳

懷眞以斬劉胡功追封永豐縣男食邑三百戶

劉胡南陽涅陽人也本名坳胡以其頼面坳黑

似胡故以為名及長以坳胡難道單呼為胡出

身郡將捷口善處分稍至隊主討伐諸蠻往無不

捷蠻甚畏憚之太祖元嘉二十八年為振威將

軍率步騎三千討上如南山就溪蠻大破之考

建元年朱脩之為雍州以胡為西外兵參軍寧

朔將軍建昌太守擊魯秀有功除建武將軍東

平陽平二郡太守入為江夏王義恭太宰參軍

加龍驤將軍前廢帝景和中建安王休仁嘗為

雍州以胡為休仁安西中兵參軍馮翊太守將

軍如故仍轉諮議參軍太宗即位除越騎校尉

宋書傳四十四　二十七

蠻至今畏之小兒啼語之云劉胡來便止段佛

榮京兆人也泰始五年自游擊將軍明將

軍豫州刺史莅任清謹為西土所安後廢帝元

徽二年徵為散騎常侍領長水校尉明年遷豫州

尉領右軍將軍未拜復出為冠軍將軍改封南

刺史歷陽陽太守四年卒追贈前將軍豫州

師如故明年徵為散騎常侍領步兵校尉南將

縣諡曰烈侯劉靈遺襄陽人也元徽元年自輔

軍將軍淮南太守為南豫州刺史歷陽太守將

陵太守病卒諡曰壯侯

袁顗字景章陳郡陽夏人太尉淑兄子也父洵

吳郡太守顗初為豫州主簿舉秀才不行後補

始興王濬後軍行參軍著作佐郎盧陵王紹南

中郎主簿世祖征虜撫軍主簿盧陵王尚書

都官郎江夏王義恭驃騎記室參軍汝陰王文

學太子洗馬時顗父隨王誕舉兵入討板顗為諮

凶弒立安東將軍隨王誕舉兵入討板顗為諮

議參軍事寧除正員郎晉陵太守遭父憂服闋

宋書傳四十四　二十八

為中書侍郎又除晉陵太守龍驤南昌縣五等子

大明二年除東海王褘平南司馬尋陽太守行

江州事復為義陽王㫤前軍司馬太守如故㫤

尋龍府司馬職解加寧朔將軍改行淮南

復為尋陽王子房冠軍司馬將軍如故行淮南

領本州大中正七年遷侍中明年除晉安王子

宣城二郡事五年召為太子中庶子御史中丞

勸鎮軍長史襄陽太守加輔國將軍未行復為

永嘉王子仁左軍長史廣陵太守將軍如故未

太子立子懍之意從容顏言之顏盛稱太子好

以母變有盛寵太子在東宮多過失上微有廢

拜復為侍中領前軍將軍大明末新安王子鸞

學有日新之美世祖又以沈慶之才用不多言

論顏相蚩毀顏又陳慶之忠勤有幹略堪當

重任由是前廢帝深感顏任以朝政遷為吏部

和元年誅群公欲引進顏任以朝政遷為吏部

尚書又下詔曰宗社多故舋舋因家司景命未淪

神祚再又自非忠謀密契豈伊剗殄侍中祭遷

宋書傳四十四　二九　黃雲

領前軍將軍新除吏部尚書顏游擊將軍領著

作郎兼尚書左丞徐爰誠心內款參聞嘉策匡

贊之効寔朕朕懷宜甄茅社以獎義熟顏可封

新隆縣子爰可封吳平縣子食邑各五百戶俄

而意趣乖異寵侍顏襄始令顏與沈慶之徐爰

詭辭求出沈慶之為顏固陳乃見許除建安王休

仁安西長史襄陽太守加冠軍將軍休仁不行

即以顏為使持節督雍梁南北秦四州郢州之

竟陵隨二郡諸軍事領寧蠻校尉雍州刺史將

軍如故顏舅蔡興宗謂之曰襄陽星惡豈可冒

邪顏曰白刃交前不救流矢事有緩急故也今

者之行本願生出虎口且天道遼遠何必皆驗

如其有徵當修德以禳之可於是狼狽上路所

慮見追行至尋陽悟曰今始免矣與鄧琬款

狎相遇常請間必盡日窮夜顏與琬人地本殊

眾知其有異志矣既至襄陽便與劉胡繕修兵

宋書傳四十四　三十

械篡士卒會太宗定大事進顥號右將軍以

荊州典籤邵宰乘驛還江陵道由襄陽顥反遂

已定而糧仗未足且欲奉表於太宗顥子秘書

丞戩曰一奉表跣便爲彼臣以臣伐君於義不

可顥馳檄奉表勸晉安王子勛令使其起兵便

連牙馳甲子勛即位進顥號安比將軍加尚書

使勿解甲子勛即位進顥號安比將軍加尚書

左僕射太宗使朝士與顥書曰夫夷陂相因興

革遷數或多難而固其國或殷憂而啓聖明此

既著於前史亦彰於聞見王室不造昏凶肆虐

神鼎將淪宗稷幾泯辛天未亡宋乾曆有歸主

上體自聖文維明作睿而屏里七踰夏壺

既天地俱憤義勇同奮剗殄鯨鯢三靈更造應

天順民爰集寳命四海屬息肩之歡華戎見來

蘇之泰吾等擭帶談笑擊壞聖世汝雖劬勞于

命承身運緩免刀鋸僅全首領復身奉惟新

外跡阻京師然心期所寄江漢何遠自九江告

變皆謂鄧氏狂感比日國言藉藉頗塵吾子道

路之議當其或然聞此之日能無駭悅凶人反

道敗德日夜滋深眤狄處取謀狴虎非惟妻

孥外物物惡積中朝乃欲毀陵邑虐炎崇禱燒宗廟

齒御物然後蕩覆京都必使闕猶猶畫眚非聖

上廟奪靈圖儻有奉高祖之孫文皇之子德洞

赤縣爲戎百姓其魚矣此事此理寧可孰念既

天道輔順謳歌有奉高祖之孫文皇之子德洞

九幽功畢貫三曜匡拯家國提毓黔首若不子民

南面將使神器何歸而羣下構應妄生窺覦成

〔宋書傳四十四〕　三十二　孟三

軫感燕貫高亂趙讒人罔極自古有之彼中京

冠晃儒雅世襲多見前載縣鑒忠邪何遽遺郎

中之清軫近志太尉之純綮相與或羣從舅甥

或姻婭周款一旦胡越能無悵恨若疑誑若自延

邪詖無窮汝當哲眾奮矛刷此朝食若自延過

聽迷途未遠聖上臨物以仁接下以愛豈直雞

齒先封刀當射鈎見相矣當由力窘跡屈冊誠

未亮邪跂予南服寤寐延首若友棹忪流歸誠

鳳闕錫珪開宇非爾而誰吾等並過禱曲慈俱

叩非服矜金拖玉敢觀逢門入奉舜禹之渥出
見義我唐之化雍容揄揚信白駒空谷之時也奈
何毀擲先基自路凶之邦幸納惡石以蕩美疹
念楚路意豈不思父毋之時尚書右僕射蔡興宗是
裁書表意顧其圖之
顗舅領軍袁粲是顗從父弟故書云顗從
舅甥也子勛徵顗
州事顗乃率衆馳下使子戰顗遣侍中孔道存行雍
胡屯鵲尾久不決未始二年夏加顗都督征討諸

軍事給鼓吹一部率樓船千艘戰士三萬求入
鵲尾顗本無將略性又怯燒在軍中未嘗戎服
語不及戰陳唯賦詩談義而已不能撫接諸將
劉胡每論事酬對其簡由此大失人情胡常切
齒恚恨顗苫以兩軍未至軍士匱乏就顗換襄陽
之資顗苫曰都下兩宅未成亦應經理不可揁
徹又信往來之言京師米貴斗至數百以爲不
勞攻伐行自離散於是擐甲以待之太宗使顗之
舊門生徐碩奉手詔謂顗曰卿歷觀古今儉之

與彊何當可恃自朕踐阼淦路梗塞卿無由奉
表未經爲臣今追蹤竇融猶未爲晚也及劉胡
叛走不告顗顗至夜方知大怒罵曰今年爲小
子所誤呼飛燕馬謂我當自出追之因
又遁走至鵲頭與戍主辭止山間宿殺馬勞將
人步取青林欲向尋陽夜間求活墾
士顗顧謂伯珍曰我與八州以謀王室未一戰
而顗當豈非天邪非不能死豈欲草間求活墾一
至尋陽謝罪主上然後自刎耳因慷慨此左右
索節無復應者及旦伯珍請以間言乃斬顗首
詣錢溪馬軍主襄陽俞湛之湛之因斬伯珍併
送首以爲己功顗死時年四十七太宗忿顗違
叛流尸於江弟子家微服求訪四十一日乃得
密致喪瘞於石頭後岡與一舊奴躬共負土後
廢帝即位方得改葬顗子戩爲僑黃門侍郎加
輔國將軍戍盆城尋陽敗戰棄城走討禽伏誅
孔覬字思遠會稽山陰人太常琳之孫也父邈
揚州治中覬少骨梗有風力以是非爲己任口

吃好讀書早知名初舉楊州秀才補主簿長沙
王義欽鎮軍功曹衡陽王義季安西主簿戶曹
參軍領南義陽太守轉署記室奉牋固辭曰記
室之局實惟華要自非文行秀敏莫或居之觀
難況觀能薄魯亦何容易觀聞居乃辨物斯
遂業之舉無聞於鄉部惰遊之貶有編於疲農
直山淵藏引用不退棄故得抃風儛潤憑附彌
年今日之命非所敢冒昔之學優藝富曾猶尚農
人所以官才陳力就列自下所以奉上觀雖不

三言詩　宋書傳四十四　三十五　又子華

敏常服斯言今寵藉舊舉非尚德恐無以提
衡一隅僉允視聽者也伏願天明照其心請乞改
今局授以閑曹則鳥鶴從方所憂去矣又曰天
以記室之要宜領通才敏忠心加性情勤密者觀
學不綜世貫性又疏惰何可以屬知祕記秉筆文
閨假吹之尤方斯非濫觀少淪常檢本無遠揖
榮進之願何能忘懷若實有螢爝增暉光景固
其騰聲之日飛藻之辰也豈敢自求從容保其
淡逸伏願稍其會拙業爰有地則曲成之施終

始優渥義季不能奪遂得免召為通直郎太子
中舍人建平王友祕中書侍郎隨王誕安
東諮議參軍領記室善門侍郎建平王宏中軍
長史復為黃門臨海太守初晉世散騎常侍選
並甚重與侍中不異其後職任閒散用人漸輕
孝建三年世祖欲重其選詔曰散騎職為近侍
事居規納置任之本實惟親要而頃選常侍陵
遲未允宜簡授時良永貴清輟於是吏部尚書
顏竣奏曰常侍華選職任侯才新除臨海太守

七　書傳中十四　三十六　又子華

孔覬意業閑素司徒長史王彧懷尚清理並任
為散騎常侍世祖不欲奈權在下其後分吏部
尚書置二人以輕其任侍中蔡興宗謂人曰選
曹要重常侍閑淡改之以名而不必貴雖主意
欲為輕重人心豈可憂邪既而常侍之選復單
選部之貴不異觀本州大中正大明元年改
太子中庶子領翊軍校尉轉祕書監欲以為史
部郎不果遷廷尉卿御史中丞坐鞭令史為有
司所糾原不問六年除義興太守未之任為尋

陽王子房冠軍長史加寧朔將軍行淮南宣城
二郡事其年復除安陸王子綏冠軍長史江夏
內史復隨府轉後軍長史如故為人使酒伏氣
每醉輒彌日不醒僚屬之間多所凌忽尤不能
曲意權幸莫不畏而疾之不治產業居常貧罄
無有豐約未嘗甘有壅衆咸云孔公一月二
呼不敢前不令去不敢去雖醉日居多而明曉
政事醒時判決未嘗有壅衆咸云孔公一月二
十九日醉勝他人二十九日醒也世祖每欲引見

先遣人覘其醉醒性具素不尚矯飾遇得寶玩
之亦尚儉素衣裘器服皆擇其陋者宋世言清
服用不疑而他物麤敗終不改易時吳郡顧覬
約稱此二人覘弟道存從弟微頹營產業二弟
請假東還覬出渚迎之輜重十餘船皆是綿絹
紙席之屬覬見之偽喜謂曰我比困乏得此甚
要因命上置岸側既而正色謂道存等曰我
悉須士流何至還作賈客邪命左右取火燒
之燒盡乃去先是庚徽之名為御史中丞性豪麗

服玩甚華顯代之衣冠器用莫不鹿車率蘭臺令
史並三戶冨人咸有輕之之意覬蓬首緩帶風
貞清嚴皆重迹屏氣莫敢欺犯庚徽之字景猷
潁川鄢陵人也自中丞出為新安王子鸞比中
郎長史南東海太守卒官八年覬為真
徵為右衛將軍未拜從司徒左長史道存代覬
為後軍長史江夏內史時東土大旱都邑米貴
一斗將百錢道存慮覬其乏遣吏載五百斛米
餉之覬呼吏謂之曰我在彼三載去官之日不

辦有路糧二郎至彼未幾那能便得此米邪可
載米還彼更自古以來無有載米上水而去者都
下米貴乞於此貨之不聽更乃載米而去求光
復出為尋陽王子房右軍長史加輔國將軍行
元年遷侍中未拜復為江夏王義恭太宰長史
會稽郡事太宗即位召覬為太子詹事道故佐
平西司馬庚業為右軍司馬代覬行會稽郡事
時上流反叛上遣都水使者孔璪入東慰勞璪
至說覬以嚴帝侈費倉儲耗盡都下蕃貴資用

巴蜀今南北並起遠近離叛若擁王郡之銳招
動三吳事無不克覘然其言遂發兵馳檄覘子
長公璩二子淹玄蜝在都馳信密報泰始二年
正月並叛東逃遺遺書要吳郡太守顧琛琛以
母年篤老又窘逼京邑與長子寶素謀議未叛
少子寶先時為山陰令馳書報琛以南師已近
朝廷孤弱不時順從必有覆滅之禍顯前鋒軍
已渡浙江琛遂據郡同反吳興太守王曇生義
興太守劉延熙晉陵太守袁標一時響應庚業

既東太宗即以代延熙為義興加建威將軍以
延熙為巴陵王休若鎮東長史業至長唐湖即
與延熙合太宗遣建威將軍沈懷明東討尚書
張永係進鎮東將軍巴陵王休若董統東討諸
軍事移檄東土曰蓋聞釁集有兆禍至無門倚
伏之來實惟人致故賈誼述貪亂終珍宗祀昌憲
構氛旋潤九鐵斯則昭章記牒炳戒今古者也
自國步時艱三綱道盡神歇靈繹璿業綴旒皇
上仁雄集瑞英叔應歷鳳儀標昇龍煇電舉盪

穢紫樞不俟鳴條之誓凝政中寓不肆漂杵之
威是以墜維再造虐天重橫幽明裁紀標配斯
光而羣凶恣虐協圖霊鑋強神威四臨復淪醜
邪田從惡蜂動蟻附聖圖霊鑋尾逆徒氷洋勝負之效
所屆義旅雲屬榱鉞所厎麾逆徒氷洋勝負之效
皎然已顯司徒建安王英猷冠世董率元戎
騰歘荊河金甲燭天庭罔聲霞海浦前將軍吳
騎山陽王風略鳳昭撫中陳或振霜江淼或
興太守張永東南標秀協賛戎機建威將軍沈

懷明鎮東中兵參軍劉亮武衛將軍壽寂之霸
銳五千能騰虎步龍驤將軍王穆之龍驤將軍
頌生世鐵騎連羣鳳驅電邁右軍將軍齊王射聲
校尉姚道和樓艦千艘覆川蓋氾左軍垣恭祖
步兵校尉杜幼文穴率虎旅略射全京文員外散騎
侍郎孫超之竝率虎旅驟雲赴殿中將軍杜
敬真殿中將軍陸攸之建武將軍吳喜甲楯一
萬分趣義與子狼本人之總司戎統萃劍東
馳申憤海曲歛氣則白日盡晦刜馬則清江倒

流以此伐叛何勤不勤以此柔服何順不懷隳
彼羣迷弗辨堯桀螳嶇微命擬雷霆之衝已枯
之葉當霜飆之隊尺堅所爲寒心匹婦所爲歎息
夫因禍提慶投兵効款則福鍾當年祉覃來裔軌
能相率歸順者鬼餒魂泣爲成前監不忘後事明筭若
如身輨宗眷兒陵湲者哉詳鏡鑒安危自求多福
購生禽覘者半賞時將士多是東父兄子弟皆巳附逆
俠斬送者半賞時將士多是東公父兄子弟皆巳附逆開國縣
上因送軍普加宣示曰朕方務德簡刑使四罪不逆

【宋書傳四十四】 四十二 監生箋註

相及助順同逆者一以所從爲斷卿等當深達
此懷勿以親戚爲慮也眾於是大悅覘所遣孫
曇瓏等軍頓晉陵九里部陳其盛懷明至奔牛
所領寡弱乃築壘自固張永至曲阿未知懷明
安否百姓驚擾將士咸欲離散永退還延陵就
休若諸將帥咸勸退保破岡其日大寒風雪甚
猛塘塢決壞眾無固心休若宣令敢有言退者
斬眾小定乃築壘息甲尋得懷明書賊定未進
軍主劉亮又繼至兵力轉加人情乃安時永世

令孔景宣復反柵縣西江峴山斷遏津徑劉延
熙加其寧朔將軍杜敬真陸攸之溧陽令劉休
文攻登景宣別皆斬其中兵參軍史覽之等十五
人永世人徐崇之率鄉里起義攻縣斬景宣真
喜至板崇之領縣事太宗嘉郷休文等誠効除休
文窘朔將軍縣如故泒之殿中將軍行永世縣
事並賜侯爵喜敬員及員外散騎侍郎竺超之
等至國山縣界遇東軍於虎檻村擊大破之自

【宋書傳四十四】 四十二

國山進昱城去義興十五里劉延熙遣楊玄孫
矯之沈靈秀黃泰四軍拒喜喜等兵力甚弱
眾宣身勢八縣交戰盡日臨陣斬立孫黃泰餘眾一
時奔走因進義興南郭外延熙屯軍南射堂喜
守喜築壘與之相持庚業松長塘湖口來岸築
城有眾七千餘人器甲甚盛與延熙遙相椅角
沈懷明張永與晉陵軍相持久不決大宗每遣
軍輒多所求須不時上道外監朱劭舉司徒參
軍督護任農夫驍果有膽力性又簡率資給甚

易乃以千人配之使助東討時廣業兵盛農夫於近
陵出長當雖云二千兵至者裁四百未至數十里遺人
斥候云賊築城猶未合農夫率廣武將軍高尚之求
與令徐崇之馳徃攻之因且其城壘未立農夫親持刀
楯赴城入陳大破之廣業棄城走義興先是龍驤將
軍阮佃夫募得蜀人數百多壯勇便習戰皆著犀皮鎧
配之又戰每先登東人輒奔走農夫收其船杖與高志
傳狐獠食人每見之怪其形飾殊異舊
執短兵本應就佃夫向晉陵未發會農夫須人分以
登高東西指麾若拍引四面俱進者東軍大駭諸營
一時奔散唯龍驤將軍孔矜一柵未拔喜以殺傷者
多乃開圍綏之其夜廣業孔矜相率奔走義與平
諸壘柵農夫雖至眾力尚少兵勢不敵喜乃與數騎
劉延熙投水死有入告之乃斬尸傳首京邑義興諸
縣唯綏安令巢遠秉節不移不豕又爲爵時齊王率
軍東討與張永劉亮林幼文沈懷明等於晉陵九里
西結營與東軍相持義與軍既爲吳喜等所破奔

二進義與援六壴三月一日壴乃廢永攻郡分兵擊

散者多投晉陵東軍震恐上又遣積射將軍江
方興南臺御史王道隆視賊形勢師
孫曇瓘程捍宗陳景遠凡有五城互相連帶捍
宗城猶未固其月三日道隆與齊王張永共議
道隆便率所領急攻之俄頃城陷斬捍宗首劉
亮果勁便刀楯朝士先不相悉上亦弗聞唯尚
書左丞徐爰知之白太宗稱其驍敢至是每戰
以刀楯直盪徃輒陷決張永嫌其過銳不令居

前賊連柵周亘塘道迫狹將士力不得展亮乃
負楯而進直入重柵眾軍因之即皆摧破衰標
遣千人繼至齊王與永等乘勝馳擊又大破之
屠其兩城曇瓘率眾數百鼓譟而至標又遣千
人繼之眾軍駭懼將欲散矣江方興率勇士迎
射之應弦倒者相繼曇瓘因此敗走吳喜軍至
義鄉偽輔國將軍車騎司馬孔璪屯吳興南亭
太守王曇生詣璪所事會信還云臺軍已近璪
大懼隨林曰懸賞所購唯我而已今不遠走將

為人禽左右聞之並各散走璩與曇生焚燒倉
庫東齊錢塘喜至與興頻置郡城倉廩遇雨不
然無所損失初曇生遣寧朔將軍沈靈寵率八
千人向黃鵠嶺欲俟道出蕪湖迎接南軍廣
德令王蘊發兵攝嶺靈寵不得進屯住故部曇
生既走靈寵乃與弟靈昭軍副姚天覆率偏裨
以下十七軍歸順太宗嘉加之擢為鎮東參軍事
因率所領東討喜分遣軍主沈思仁吳係公追
蹋璩等陸攻之任農夫自東遷進向吳郡臺遣
軍主張靈符即晉陵其月四日齊王急攻之其
夜孫曇璩陳景遠一時奔潰諸軍至晉陵表標
棄郡東走晉陵既平吳中震動吳興軍又將至
顧琛與子寶素攜其老母泛海奔會稽海鹽令
王孚邀討不及太宗以四郡平定留吳喜統全
景文沈懷明劉亮孫超之等寂之等東平會稽
進齊王張永姚道和林幼文垣恭祖張靈符比
討王穆之頓生江方興南代其月九日喜等至
錢唐錢唐令顧昱及孔璩王曇生等奔渡江東

喜仍進軍柳浦諸艇艦令傳璩將家歸順喜遣鎮
比參軍沈思仁彊弩將軍任農夫龍驤將軍高
志之南臺御史阮佃夫揚武將軍盧僧瓚等率
軍向黃山浦東軍據岸結壁農夫等攻破之乘
風舉帆直趣定山破其大帥孫會之〔於陳斬首
自定山進向魚浦戈主孔叡率千餘人攝壘拒
戰佃夫使隊主關法炬射樓上弩手叡驚
駭思仁縱兵攻之斬其軍主孔奴於是敗散其
月十九日吳喜使劉亮由鹽官海渡直指同浦
壽寂之酒自漁浦邪趣永興喜自柳浦渡趣西
陵西陵諸軍皆悉散潰斬使業顧法直吳恭傳
首京都東軍主卜道濟督戰許天賜請降康業
新野人也父彥達以幹局為太祖所知為益州
刺史世祖父彥至豫章太守太常卿劉亮全景
文兩軍與戰破之斬孝伯豫首會闔西軍稍
豫兩軍與戰次永興同市遇觀所遣陸孝伯孔
近將士多奔亡觀不能復制二十日上虞令王
晏起兵攻郡觀以東西交逼憂遽不知為其

夕率千餘人聲云東討實趣石潨先已具船海

浦值湖澗不得去衆版都盡門生載以船竊

于嶠山村僞車騎從事中郎張綏先遣人於錢

唐詣言吾歸誠及覬走綏開封倉庫以待王師

之執尋陽王子房於別署縱兵大掠府庫空盡

若邪林民錄送僞龍驤將軍車騎中兵參軍軍

主孔叡將斬之叡曰吾年已過立未嘗官伍蒙

知已之顧以身許之今日就死亦何所恨含笑

就戮孔璪版投門生陸林夫林夫斬首送之二〔宋書傳四十四〕〔四十七〕

十二日嶠山民縛覬詣晏晏謂之曰此事孔

璪之爲無豫卿事可作首辭當相爲申上覬曰

江東處分莫不申身委罪求活便是君輩行意

耳晏乃斬之東閤外臨死求酒活曰此是平生所

好時年五十一顧覬王晏生袤標等並詣晏歸

罪喜皆宥之琛子寶素與父相失自縊死東軍

主凡七十六人於陣斬十七人其餘皆原宥初

遣庚業向會稽追使案朝請孫長度送伏與之

并令召莫行達晉陵袤標就其求伏長度不與

爲標所殺追贈給事中先是鄧琬遣臨川內史

張淹自南路出東陽淹遣龍驤將軍桂遷征西

行參軍劉越屯越緒攻其龔定陽縣巴陵王休若遣沈

思仁討之思仁遣軍主崔公烈攻其逸晉安太守

朱伯符首桂遷建安內史趙道生起義討之聚

劉瞻據郡同逆建安內史趙道生起義討之聚

徒未合七月思仁遣軍主姚宏祖鮑伯奮並應寄

生等討破瞻斬之於羅江縣鄧琬先遣新安太〔宋書傳四十四〕〔四十八〕

守陽伯子及軍主任慧獻子龔黟縣縣令吳熙公與

固守力不敵棄城走伯子等屯據縣城如公與

臺軍主丘敬文本李靈賜書柏壽等攻圖彌時八

月乃剋斬伯子獻子自張淹屯軍上饒縣聞劉

胡敗軍副鄒陽太守賈曇欲圖之詐云得鄧琬

信急宜諮論欲因此斬淹淹素事佛乃禮佛不

得時進曇復誰二捕虎借大鼓及仗士二百人

淹信而與之曇因率衆入山饗士約言揚言虎

走城西鳴鼓大呼直來趣城城門守衛采委仗

觀之墨翟報突入淹正禮佛聞難走出因斬首

史臣曰自江左以來舉干戈以圖宗國十有一

焉其能克振者四而已矣元皇外守虛器政由

王氏蘇峻事雖暫申旋受屠磔桓玄宣武之子

運屬橫流世祖仗順入討民無異望其餘皆淪

穎夷宗作梗於後何哉夫勝敗之數寔由眾心

社廟尊嚴民情所係安以義動猶或稱難況長

戟指闕志在陵暴者乎泰始交爭逆順未辨太

宗身剝悖亂事惟拯溺國道屯詖宜立長君太

祖之昭義無不可子勛體自世祖家運已絕當

璧之命屬有所歸曲直二淦未知攸適徒以據

有神甸擅資天府宗稷之重威臨四方以中制

外故能式清區宇夫帝王所居目以眾大之號

名曰京師其義趣遠有以也

列傳第四十四　　宋書八十四

謝莊

王景文

臣沈　約　新撰

謝莊字希逸陳郡陽夏人太常弘微子也年七
歲能屬文通論語及長韶令美容儀太祖見而
異之謂尚書僕射殷景仁領軍將軍劉湛曰藍
田出玉豈虚也哉初為始興王濬後軍法曹行
參軍轉太子舍人盧陵王文學太子洗馬中舍
人盧陵王紹南中郎諮議參軍又轉隨王誕後
軍諮議並領記室分左氏經傳隨國立篇製

宋書傳四十五　一

木方文圖山川土地各有分理離之則州別郡
殊合之則寓內為一元嘉二十七年索虜寇
彭城虜遣尚書李孝伯來使與鎮軍長史張
暢共語孝伯訪問莊及王徽其名聲遠布如此
二十九年除太子中庶子南平王鑠獻赤鸚
鵡普詔羣臣為賦太子左衛率袁淑文冠當
時作賦畢齎以示莊莊賦亦竟淑見而歎曰江

東無我鄉當獨秀我若無鄉亦一時之傑也遂
隱其賦元凶弒立轉司徒左長史世祖入討密
送檄書與莊令加改治宣布莊遣腹心門生具
慶奉啓事密詣世祖曰賊劭自絕於天裂冠毀
冕窮凶極逆開闢未聞四海泣血幽明同憤奉
室叡哲重光殿下文明在躬神武居陝蕭將軍乾
威龍翼行天罰滌社稷之仇雪華夷之恥使弛墜
之構更獲締造垢辱之甿復得明目伏承所命

三月二十七日檄聖迹昭然伏讀感慶天祚

宋書傳四十五　二

柳元景司馬文恭宗愨沈慶之等精甲十萬已
次近道殿下親董銳旅授律繼進荊郢之師
岷漢之眾舳艫萬里旌旆天九土宴符舉
后畢會今獨夫醜類曾不盈旅自相菶省
閭橫流百僚屏氣道路以目檄至輒布之京邑
朝野同欣里頌塗歌室家相慶莫不望景聲
魂瞻雲佇足先帝以日月之光照臨區寓風澤
所漸無幽不洽況下官世荷寵靈叨恩踰量
謝病私門幸免虎口雖志在投報其路無申今

卷十三

大軍近次承清無遠欣踊躍不知所裁世祖
踐阼除侍中時索虜求通互市上詔羣臣博議
莊議曰臣愚以為獯儉棄義唯利是視闚市之
請或以覬國順之示弱無明柔遠距而觀舋有
足表疆且漢文和親豈止彭陽之寇武帝脩約
不廢馬邑之謀故有餘則經略不足則閉關何
為屈冠帶之邦通引弓之俗樹無益之軌招塵
黩之風交易糶豆蠶國儀恩誘降逆敢不披盡
絕臣庸管多款豈識國儀恩誘降逆敢不披盡

時驃騎將軍竟陵王誕當為荊州徵丞相荊州
刺史南郡王義宣入輔義宣固辭不入而誕便
克日下船莊以丞相既無入志驃騎發便有期
如似欲相逼切於事不便世祖乃申誕發曰義
宣竟亦不下上始踐阼欲宣弘風則下節儉詔
書事在孝武本紀莊慮此制不行又言曰詔云
貴戚競利興貨屢肆者悉皆禁制此實允愜民
聽其中若有犯違則應依制裁糾若廢法申恩
便為令有所屈此處分伏願深思無緣明詔既

下而聲實乖奕臣愚謂大臣在祿位者尤不宜
與民爭利不審可得在此詔不拔奕去織賣宜
深弘孝建元年遷左衛將軍初世祖嘗賜莊寶
劍莊以與豫州刺史魯奕送別奕後反叛世祖
因宴集問劍所在答曰昔以與魯奕別竊車之
德柔鄰國豈徒祕璧之貴故詩稱珍悴誓述榮
路陋乃上表曰臣聞功照千里非特燭車之珍
下杜郵之賜懷用能道臻無積化至恭己伏惟陛下膺慶集

圖締富開縣夕奕選政具旦調風采言廁興觀
謠乃遠斯實辰階告平頌聲方製臣竊惟隆陂
所漸治亂之由何嘗不興資得才替因失士故
楚書以善人為寶虞典以則哲為難進選之
軌既弛中代登造之律未闚當今必欲崇本
康務庇民濟俗匪更沾濫奚取九成升曆中
陽英賢起於徐沛受籙白水茂異出於荊究
寧二都智之所產七澳才之所集實遇與不遇
用與不用耳今大道光亨萬務俟德而九服

之曠九流之艱提鈞懸衡委之選部一人之鑒
易限而天下之才難原以易限之鑒鏡難原之
才使國罔遺授野無滯器其可得乎昔公叔與
僕同升管仲取臣於盜趙文非親上蘇嗣祁奚
稱冀缺而疇以田采張敦進陳湯而坐以褫爵
哲而身致魏輔應侯任二士而已拍秦相曰季
式昭往牒且自古任薦賞罰弘明成子舉三
豈謟雖比子茹茅以彙作範前經舉爾所知
此先事之盛惟亦後王之燊鑒如臣愚見宜

以治四年 【宋書傳四十五】 五 一劉子興 一劉生

晉命大臣各舉所知以付尚書依分銓用若任
得其才據主延賞有不稱職宜及其坐重者免
黜輕者左遷被舉之身加以禁錮年數多少隨
愆議制若犯大辟則任刑論又政平訟理莫
先親民親民之要寔歸守宰故黃霸治潁川累
稔杜畿識居河東歷載或就加恩秩或崇輝
寵令蒞民之職自非公私必應代換者宜導
六年之制進擢獲章明庸憒退得民不勤擾如
此則下無浮謬之愆上靡棄能之累考績之風

載泰楷新之歌克昌臣生屬耳路身漸鴻猷
遂得奉詔左右陳愚於惻敢露蒭言懼氣恒典
有詔莊表如此可付外詳議事不行其年拜吏
部尚書莊素多疾不願居選部與大司馬江夏
王義恭牋自陳曰下官凡人非有達躁異識俗
外之志實因嬴疾常恐奄忽故少來無意於
人間豈當有心於崇達邪頃年乘事回薄以

【宋書傳四十五】 六

果饕非次既足貽諸明時又取愧朋友前以
聖道初開未遑引退及此諸夏事寧方陳微
請欵志未伸仍荷今授被恩之始具披寸心非
惟在己知先實懼塵穢彛序稟生多病天
下所悉兩脚癖疾殆與生俱一月發動不減兩
三每至二惡痛來逼心氣餘如縷利患數年遂
成痼疾吸吸惙惙常如行尸恒居死病而不復
道者當見疾疢直以荷恩深重思笃殊施牽課
尫瘵以綜所泰眼患五月來便不復得夜坐恒
閉帷避風日晝夜憒憒為此不復得朝謁諸王
慶吊親舊雖被敕見不容停耳此殷不堪見實

巳數十日持此苦生而使銓綜九流應對無方
之訴實由聖慈罔已然當之信自苦劇荜埭
事任而體氣休健承寵異之遇處自效之鋻
苟欲思閒辭事邪家素貧弊宅舍未立祿正以
不免饑餬而安之若命寧復是能忘微在
復有切於此處故無復他願耳今之所希唯
小閒下官微命於天下至輕在巳不能不重屡
經披請未蒙哀恕長由誠淺淺辭訥不足上感家
世無年亡高祖四十曾祖三十二亡祖四十七

宋書傳四十五

下官新歲便三十五加以疾患如此當復幾時
見聖世就其中前懷若此實在可矜前時曾啟
願三吳敕旨云都不須復議外出莫非過固然亦
是下官生運不應見一閒逸今不敢復言此
當付之來生耳但得保餘年無復物務以得養
痾此便是志願永畢在衡門下有所懷動止必
聞亦無假居職患於不能裨補萬一耳識淺才
常羸癘疾如此孤負主上擢授之恩私心實自哀
愧入年便當更申前請以死自固但庸近所訴

宋書傳四十五

恐未能仰徹公恩盼深粗昭誠懇顧侍言
次賜垂拯助則苦誠至忘庶獲哀允若不蒙隆
祐下官當於何希冀邪德愍察顧不垂怜
三年坐辭疾免官大明元年起為都官尚書
奏改定刑獄曰臣聞明慎用刑獄存姬範焚巳
折獄實暉呂命罪疑從輕既前王道臻蔭
弗經亦列聖之恒訓用能化致外平道臻蔭
逮漢文傷不辜之罰之令孝宣倍深文
之吏立鞫訊之法當是時號令刑存陛踐

伍親臨聽訟億兆相賀以為無冤民矣而此圛
圜未虛頌聲尚鈇臣竊謂五聽之慈弗宣於宰
物三宥之澤未洽於民謠頃年軍旅餘弊尚於
猶繁監司計獲多非其實或規免各不慮國憲
楚對之下鮮不誣濫身遭鈇鑕之誅家嬰籍沒
之痛比伍同閈莫不及罪是則一人罰謬必者
數十昔齊女告天臨淄臺殞孝婦冤戮東海
愆陽此皆符變靈祇昭咸景緯臣近兼訊見
重四八人旋觀其初死有餘罪詳察其理實

06-1249

並無辜恐此寺不少誠可怵惕也舊官長竟四

畢郡遣督郵案驗仍就施刑督郵賤吏非能異

於官長有案驗之名而無研究之實愚謂此制

宜革自今入重之囚縣考正畢以事言郡并送

囚身委二千石親臨覈辯必收聲吞嚳然後就

戮若二千石不能決乃度廷尉神州統外移之

刺史刺史有疑亦歸臺獄必令死者不怨生者

無恨庶彌棺之諧輟歎於終古兩造之察流詠

於方今臣學闇申韓才寡治術輕陳庸管懼珪

國憲上時親覽朝政常憲權移臣下以吏部尚

書選舉所由欲輕其勢力二年下詔曰八柄馭

下以爵為先九德咸事政典居首銓衡治興

替攸寄項世以來轉失厥序徒秉國鈞終貽

權謗令南北多士動勤彌積物情善否實繫斯任

官人之詠誰聖克允則哲之美奧帝所難加澆季在俗

讓議成風以一人之識當群品之諸望沈浮自得庸可

致乎吏部尚書可依郎分置并詳省閑曹又別詔太

宰江夏王義恭曰分選詔旦出在朝論者亦有同異

誠知循常甚易改舊生疑但吏部尚書由來

與錄共選良以一人之識不辨洽通兼與奪

威權不宜專一故也前述宣先旨敬從來奏省

錄作則永貽後昆自此選舉之要唯由元凱揚

一人若通塞乘衷而訴達者勢且達令與揚充

理至隔閡前王盛主猶或難之況在寡闇充

見其短又選官裁病即嗟誚滿道人之四體

會盈有虛旬日之閒便至怨詈況實有假託

不由寢頓者邪一詰不前貧善若交困則兩遑致

患互不相體校之以實並有可衷若職置二人

則無此弊薰選曹樞要歷代斯重人經此職

便成貴塗巳心外議咸不自限故范曄魯爽

舉兵滅門以此言之實由榮厚勢驅殷繁所

至設可擬議此授唯有數人本積歲月稍加

引進而理無前期多生厭表或嬰艱疾事

至回移官人之任決不可闕一來一去向人已周

非有熟責已貴難賤既成妨長真之無咎盛

喪遞襄便是一段世臣相廛之方臣主生疑

所以彌覺此職宜在降階監令端右足處時望
無人則闕異於九流今但直銓選部有減前資
物情好猜橫立別解本旨向意終不外宣唯有堪
從郎分置視聽自改選既輕先民情已變有
其任大展遷回兼常之宜以時稍進本職非復
重官可得不須帶帖數過居之盡無詔怪故
有親人故近因此施行本意詔文不得委悉故
分荊揚子時便有意於此正訝改革不少容生
駭惑爾來多季欲至歲下處分會何偏致故

▲宋書傳四五　　　　十一　　王明

後紙墨具陳於是置吏部尚書二人省五兵尚
書莊及度支尚書顧顗之竝補選職遷右衞將
軍加給事中時河南獻舞馬詔羣臣為賦莊所
上其詞曰天子駅三光總萬寓抱雲經之留憲
栽河書之遺矩是以德澤上昭天下漏泉符瑞
之慶咸屬熙懷之應必蹕月暑呈祥乾維效氣
賦景河房承靈天駟陵原郊而漸影躍采淵而
泳質辭水空而南條去輪臺而東泊乘玉塞而
歸寶奮芝庭而瀛祕及其養安騶校進駕龍

消輝大馭於國皐昔上襄於帝閑超益野而踰
綠地軼蘭池而軼紫燕五王晦其術十氏惜其
玄東門豈或狀西河不能傳既秣苟以均性又
佩蘅以崇躅景戢電之逸足方豐鎔於丹繢亦
篩雲之銳景戢電之逸足方豐鎔於丹繢亦
肆夏巳升來齊既薦始徘徊而龍慘終沃若而驚
滿燕室虛陽理竟潛策紆汗飛赭沫流朱至於
聯規於朱駮觀其雙壁應範三封中圖玄骨
盼迎調露於飛鍾赴承雲於驚箭前寫秦垧之彌

▲宋書傳四五　　　　十一　　全

塵狀吳門之曳練窮虞庭之蹈躍究遺野之環
祛若夫蹠實乂熊未卷凌遠之氣方攄歷岱野
而過碬石跨滏流而軼姑餘朝送月於西坂夕
歸風於北都尋瓊宮於倏瞬望銀臺於須更若
乃日宣重光德星昭衍國稱粱岱㣭蹕史言壇
場望踐鄗上之瑞彰江間之禎闓榮鏡之運既
臻會昌之曆巳辨感五緯之程符鑒羣后之薦
典聖主將有事於東嶽禮也於是順斗極乘次
蹕戒懸日於昭旦命月題於上年緋騂翼翼泛

脩風而浮慶煙蕭肅雍雍引八神而詔九仙下齊郊而掩配林集嬴里而降礿田蒲軒次爛壇璧承巒金檢茲發至朕斯刊盛節之義洽外中之禮殫億北悅精祇歡聆萬歲於曾岫爛神光於紫壇是以輕軨之蹵撫埃兮雲華山有壽聲朝蓋兮浮晨霞靈之來兮漢華山有壽號慶榮永之列比盛平天地爭明乎日月戎實冠今松有茂柞神挾兮旣皇家然後悟聖朝之績於肯庭鴻名邁於勳烈業底於成道臻乎報謂魏巍平湯蕩乎民無得而稱焉又使莊作舞馬歌令樂府歌之五年又為侍中領前軍將軍于時世祖出行夜還開門莊居守以蔡信或虚執不奉旨須憲詔乃開上後因酒讌從容曰敞效到君章邪對曰臣聞蒐巡有度郊祀有節盤于遊田著之前誡陛下令蒙犯塵露晨有宵歸容恐不遑之徒妄生矯詐臣是以伏須神筆乃敢開門其改領游擊將軍又領本州大中正晉安王子勛征虜長史廣陵太守加冠軍將

軍改為江夏王義恭太宰長史將軍如故六年又為吏部尚書領國子博士坐選公車令張奇免官事在顏師伯傳時北中郎將新安王子鸞有盛寵欲令招引才望乃使子鸞板莊為長史府尋進號撫軍仍除長史臨淮太守未拜又除帝即位以為金紫光祿大夫初世祖寵姬殷貴吳郡太守莊多疾不樂去京師復除前職前廢如殤莊為誄二篇軌堯門引漢昭帝母趙婕好堯母門事廢帝在東宮銜之至是遣人諷責莊說帝曰死是人之所同政復一往之苦不足為深困莊少長富貴今且繫之尚方使知天下苦宗定亂得出又即位以莊為散騎常侍光祿大夫加金章紫綬領尋陽王師轉之項之中書令常侍王師如故尋加金紫光祿大夫給親信二十人本官並如故泰始二年平時年四十六追贈右光祿大夫常侍如故諡曰憲子所著文章四百

餘首行於世長子鼹晉平太守女為順帝皇后

追贈金紫光祿大夫

王景文伯父臨沂人也名與高祖諱同祖稹臨
海太守琅邪臨沂人也名與高祖甚重之常
云見王智使人思仲祖與劉稹之謀討劉毅而
智在馬它日穆之白高祖曰代國重事也公云
何乃使王智知高祖笑曰此人高簡豈聞此輩
論議其見知如此為太尉咨議參軍從征長安
留為桂陽公義真安西將軍司馬天水太守還

為宋國五兵尚書晉陵太守加秩中二千石封
建陵縣五等子追贈晉太常父僧朗亦以謹實見
知元嘉中為侍中勤於朝直未嘗違惰太祖嘉
之以為湘州刺史世祖大明末為尚書左僕射
太宗初以后父為光祿大夫又進開府
儀同三司固讓乃加侍中特進尋薨追贈開府
諡曰元公景文出繼智幼為從叔球所知美風
姿好言理少與陳郡謝莊齊名太祖甚相欽重
故為太宗婁景文妹而以景文名與太宗同高

祖第五女新安公主先適太原王景深離絕當
以適景文固辭以疾故不成婚起家太子太傅
主簿轉太子舍人襲爵建陵子出為江夏王義
恭始興王濬征北後軍二府主簿南廣平太守論
世祖撫軍記室參軍南廣平太守元凶弒立
軍仍度安北鎮軍府出為宣城太守景文遣間使
以為黃門侍郎未及就世祖入討景文遣嬡青
歸款以父在都邑不護致身及事平頗見嬡青
猶以舊恩除南平王鑠祕書監領越騎校尉不拜
陽太守入為御史中丞祕書監領越騎校尉不拜
還司徒左長史上以散騎常侍獲簡與侍中俱
掌獻替欲高其選以景文及會稽孔顗顗俱南
比之望亚並以補之尋復為左長史輔國將
臨赴免官大明二年復為祕書監太子右御率
侍中五年出為安陸王緩冠軍長史輔國將
軍江夏內史行郢州事又徵為侍中領射聲校
尉右衛將軍加給事中太子中庶子右衛校如故
坐與奉朝請毛法因蒱戲得錢百二十萬白兵

領職尋復為侍中領中庶子未拜前廢帝嗣位
徙祕書監侍中如故以父老自解出為江夏王
義恭太宰長史輔國將軍南平太守永光初為
吏部尚書景和元年遷右僕射太宗即位加領
左衛將軍時六軍戒嚴景文仗士三十八人六門
諸將咸云平殄小賊易於拾遺景文曰敵固無
小蜂蠆有毒何可輕乎諸軍當臨事而懼好謀
而成先為不可勝乃制勝之術耳尋遷丹陽尹
僕射如故遭父憂起為冠軍將軍尚書左僕射

丹陽尹固辭僕射改授散騎常侍中書令中軍
將軍尹如故又辭不拜仍出為使持節散騎常
侍都督江州郢州之西陽豫州之新蔡晉熙三
郡諸軍事安南將軍江州刺史讓常侍服闕乃
受太宗韶除暴主又平四方欲引朝望以佐大
業乃下韶曰夫良圖宣國賞崇尋幹命殊績顯
朝策勤王府安南將軍江州刺史景文風度淹
粹理懷清暢體兼望實誠備夷岨寶曆方啟
密賛義機妖徒干紀預毗廟略宜登茅社永傳

厥祚朕澄氛寧樞賞資多士疏爵疇庸寒廊
徽列尚書右僕射領衛尉興宗識懷詳正思局
通敏吏部尚書左衛率淵器情閑茂風
業韶遠並謀參軍政績亮時艱拓宇開邑寔允
勳典景文可封江安縣侯食邑八百戶景文可
始昌縣伯淵可南城縣侯食邑五百戶景文固
讓不許乃受五百戶進號鎮南將軍尋給鼓吹
一部後以江州當徙鎮南昌領豫章太守餘如

故州不果遷頃之徵為尚書左僕射領吏部揚
湘州刺史加太子詹事常侍如故不願還朝求為
州刺史不許時又謂景文在江州不能潔已
景文與上幸臣王道龍書曰吾雖寡於行已庶
不負心既愧殊效誓不上欺明主竊聞有為其
貝錦者云營生乃至巨萬素無此能一旦忽致
異術必非平理唯乞平心精撿若此言不虛便
宜肆諸市朝以正風俗脫其妄作當賜思昧
之由吾踰喬轉深足以致謗念此驚懼何能自
測區區所懷不願望風容貸吾自了不作偷猶

如不作賊故以密白想為申啟景文屬辭內授

上手詔壁之曰尚書左僕射卿已經此任東宮

詹事用人雖美職次正可比中書令耳庶姓作

揚州徐干木王休元眠積中興豈謝干木綱繆相與

才望何愧休元駮鐵並處之不辭卿清令

何後殷鐵徒以宰相不應帶神州遠導先

旨京口鄉基義重密邇內又不得不用驃騎

陝西任要申來用宗室驃騎既去巴陵理應居

之中流雖曰開地扷撫帶三江通接荊郢經涂之要

由來有重鎮如此則揚州自成關刺史卿若有

辭更不知誰應處之此選大備與公卿疇懷非

聊爾也固辭詹事徒領中書令常侍僕射揚州如故

如故又進中書監領太子太傅常侍揚州如故

景文固辭太傅上遣新除尚書右僕射褚淵宣

旨以古來比例六事詰難之不得已乃受拜時

太子及諸皇子並小上稍為身後之計諸將帥

吳喜壽寂之徒應其不能奉幼主之而

景文外戚貴盛張永累經軍旅又疑其將來難

信乃自為諱言曰一士不可親弓長射殺人王

王字弓長張字也景文彌懼乃自陳求解揚州

曰臣凡猥下劣方圓無算特逢聖私頻叨不次乘

非其任理宜覆折雖加恭謹無補橫至夙夜燋

戰無地容處六月中得臣外甥女殷恂妻蔡疏

欲令其見啟聞乞祿求臣署入呂王凡外人通啟先

經臣署子時驚怖即欲封疏上呂更思此日忽得

漢庶非通謗且廣聽察幸無復所聞比日忽得

宛州都送迎西曹解李遜板云是臣屬既不識

此人即問郗顒方知虛託此十七日晚得征南參

軍事謝儼口信云臣使人略奪其婢臣遣李武

之問儼元由苦云使人諛誤之與實雖所不

知聞此之日唯有憂駭臣之所知便有此三釁臣

所不覺尤不可思若守爵散輩寧當招此誠

由闇拙非復可防自竊州任悛巳七月無德而

祿其昳將至且傳職清峻亢禮儲極以臣凡走

豈可蹔安荷恩懼罪不敢執固焦魂裞氣憂

迫失常況臣髮醜人羣病絕力効穢朝點列顧

無與等獨慰易駭軏懼難持伏領簿回矜愍全
臣身計大夫之體足以自周父懷欲羨未敢干
請仰希慈肯照臣款誠上詔答曰去五月中吾
病始差未堪勞役使卿等看選牒署竟請敕
施行此非密事外間不容都不聞然傳事好訛
由來常患殷怕妻四婦耳閨閤之內傳聞事復
作一兩倍落漠兼謂卿是親故希卿署不必云
選事獨關卿也怕妻雖是傳聞之僻大都非可
干其政邪悠悠好詐貴人及在事者屬卿偶不
悉耳多是其周旋門生輩作其屬託貴人及在
事者永無由知非徒止於京師乃至州郡縣中或
有詐作書疏灼然有文迹者諸舍人右丞輩及
親近驅使人慮有作其名載禁物求傳檢校彊
賣很物與官仍求交直或屬人求乞州郡資禮
希覬呼召及虜發船車並啟班下在所有即駐
錄但卿貴人不容有此啟由來有是何故獨驚
之居貴要但問心若為耳大明之世粲徐二載

位不過執戟權亢人主顏師伯白表僕射橫行
尚書中令今表粲作領選而人往往不知有
粲粲擇為令居之不疑令既省錄令便居昔之
錄任置省事及餘童並依錄格粲作令來亦不
異為僕射人情向粲淡淡然亦復不改常以此
居貴位要當有致憂競理不安不懼差於粲
太子傅位雖貴而不關朝政可安不懼始之懼
也想卿虛心受粲而不為累貴高有危殆於
甲賤有溝壑之憂張單雙災木雁兩失有心於
避禍不如無心於任運夫千仞之木既摧於斧
斤一寸之草亦瘁於蹂躪高漄之脩幹與深谷之
淺條存止之要巨細一揆耳單萬七戰皆獲死
於牖下蜀相費褘從容坐談斃於刺客故甘心
於覆危未必費褟縱意於處安不必全福但貴
者自惜故每憂其身賤者自輕故好忘其已然
為教者每誡貴不誠賤言其貴滿好自恃也凡
名位貴達人以在懷泰則觸人改容不則行路
嗟愕至如賤者否泰不足以動人存亡不足以

縶數死於溝瀆死於塗路者天地之間亦復何
限人不以係意耳以此而推貴何必賤何
必易安但人生也自應甲慎爲之道行已用心務
思謹惜若乃吉凶大期正應委之理運遭隨象
羞莫不由命也既非聖人不能見吉凶之先正
是依俙於理言可行而爲之耳得吉者是其命
吉遇不吉者是其命凶以近事論之景和之世
晉平庶人從壽陽歸亂朝人皆爲之戰慄而乃
遇中興之運表顙圖避禍於襄陽常時皆羞之

范蠡去而全身文種留而遇禍今主上口頸頗
語人六越王長頸鳥喙可與共憂不可與共樂
謂爲陵霄駕鳳遂與姜我巵同滅驟宰見幼主
有越王之狀我在尚書中父不去必危遂求南
江小縣諸都令史住京師者皆遭深罪金木纏身性命之慶人
卿耳眼所聞見安危在運何可預圖邪時上既
人企蒙爵級宰值義嘉深罪金木纏身性命本为
有疾而諸弟益已見穀唯桂陽王休範人才本为
不見疑出爲江州刺史慮一旦晏駕皇后臨朝

則景文自然成宰相門族彌盛藉元舅之重威
暮不爲純臣泰豫元年春上疾篤乃遣使送藥
賜景文死手詔曰與卿周旋欲全卿門戶故有
此處分死時年六十追贈車騎將軍開府儀同
三司常侍中書監刺史如故謚曰懿侯長子絢
字長素年七歲讀論語至周監於二代外祖何
尚之戲之曰耶耶乎文哉絢即卷曰草翁翁風必
偃少以敏惠見知及長篤志好學官至祕書丞
年二十四先景文卒謚曰恭世子子婿襲封齊

受禪國除景文兄子薀字弁深父楷太中大夫
人才凡劣故薀不爲群從所禮常懷恥慨家貧
爲廣德令會太宗初即位四方叛逆薀遂感激
爲將假寧朔將軍建安王休仁司徒參軍令如
故景文甚不悅語之曰阿益汝必破我門戶阿
益者薀小字也事寧封吉陽縣男食邑三百戶
爲中書黃門郎晉陵義興太守所莅並貪縱
在義興應見收治以太后故止免官廢帝元徽
初復爲黃門郎東陽太守未之郡值桂陽王休

範逼京邑蘊領兵於朱雀門戰敗被創事平除
侍中出為寧朔將軍湘州刺史蘊輕躁薄於行
業時沈攸之為荊州刺史密有異志蘊與之結
厚及齊王輔朝政蘊攸之便連謀為亂會遭母
憂還都停巴陵十餘日更與攸之成謀時齊王
世子為郢州行事蘊至郢州謂世子必下慰之
欲因此為變據夏口與荊州連橫世子覺其意
稱疾不往又嚴兵自衛蘊計不得行乃下及攸
之為逆蘊密與司徒袁粲等結謀事在粲傳事
敗走闕場道禽斬於秣陵市景文第子孚大明
末為海鹽令泰始初天下反叛唯孚獨不同道
官至司徒記室參軍
史臣曰王景文弱年立譽聲芳籍甚榮貴之來
匪由勢至若泰始之朝身非外戚與袁粲羣公
方駟垃路傾覆之災庶幾可免庾元規之讓中
書令義在此乎

06-1258

殷孝祖
劉勔

臣沈　約　新撰

殷孝祖

殷孝祖陳郡長平人也曾祖湊晉光祿勳父祖
並不達孝祖少誕節好酒色有氣幹太祖元嘉
末為奮武將軍請貸外散騎侍郎世祖以其有武用
除奮武將軍濟北太守入為積射將軍大明初
索虜冦青州上遣孝祖比援受刺史顏師伯節

慶累與虜戰頓大破之事在師伯傳還授太子
旅賁中郎將加龍驤將軍竟陵王誕據廣陵為
逆孝祖隸沈慶之攻誕又有戰功遷西陽王子
尚撫軍寧朔將軍南濟陰太守出為盱眙太守
將軍如故還為虎賁中郎將仍除寧朔將軍陽
平東平二郡太守又遷濟南郡將軍如故前
廢帝景和元年以本號督兗州諸軍事兗州刺
史太宗初即位四方反叛孝祖外甥司徒參軍
潁川葛僧韶建議銜命徵孝祖入朝上遣之時

徐州刺史薛安都遣薛索兒等屯據津逕僧
韶間行得至說孝祖曰景和凶狂開闢未有朝
野恟懼假命漏刻主上聖德天挺神武在躬曾
不浹辰夷凶翦暴更造天地未足為言國亂朝
危宜立長主公卿百辟人無異議泰平之隆非
旦則夕而羣小相煽構造無端貪利幼弱競
懷希望使天道助逆羣凶事申則主幼時艱
權柄不一兵難互起豈有自容之地舅少有
立功之志長以氣節成名若便能控濟義勇

甲精兵問朝廷消息僧韶隨方訓譬并陳兵
孝祖具問朝廷消息僧韶隨方訓譬并陳兵
還奉朝廷非唯匡主靜亂乃可以垂名竹帛
子率文武二千人隨僧韶還都時普天同逆朝
廷唯保丹陽一郡而永世縣尋又反叛義興賊
垂至延陵內外憂危咸欲奔散孝祖忽至衆
力不少並倉楚壯士人情於是大安進孝祖號
冠軍假節督前鋒諸軍士遣向虎檻拒對南賊
御仗先有諸葛亮筩袖鎧帽二十五石弩射之

不能入上悉以賜孝祖孝祖負其誠節凌轢諸

將臺軍有父子兄弟在南者孝祖並欲推治由

是人情乖離莫樂為用進使持節都督兗州

青冀幽四州諸軍事撫軍將軍刺史如故時賊

據堵圻孝祖將進攻之與大統王玄謨別悲不

自勝眾並駭怪泰始二年三月三日與賊合戰

常以鼓蓋自隨軍中人相謂曰殷統軍可謂善射

死矣今與賊交鋒而以羽儀自標顯若善射

者十士攢射欲不斃得乎是日於陣為矢所中

死時年五十二追贈散騎常侍征北將軍持節

都督如故封种歸縣侯食邑千戶四年追改封建

安縣謚曰忠侯孝祖子悉為薛安都所殺以從

兄子慧達繼封齊受禪國除

劉勔字伯猷彭城人也祖懷義始興太守父頵之

汝南新蔡二郡太守征林邑遇疾卒勔少有志

節無好文義家貧為廣州增城令廣州刺史

劉道錫引為揚烈府主簿元嘉二十七年索虜

南侵道錫遣勔奉使詣京都太祖引見之酬對

稱旨除寧遠將軍綏遠太守元嘉末蕭簡據

廣州為亂勔起義討之燒其南門廣州刺史宗

愨又命為軍府主簿以功封大亭侯除員外散

騎侍郎孝建初荊江反叛宗愨以勔行寧朔將

軍出安陸大明初還都徐州刺史為晉

康太守又徙鬱林太守大明初還都徐州刺史為

劉道隆請為寧會稽王誕據廣陵為

逆勔隨道隆受沈慶之節度事平封金城縣五

等侯除西陽王子尚撫軍入直閤先是遣費沈

伐陳檀不克乃除勔龍驤將軍西江督護鬱林

太守勔既至率軍進討隨宜翦定大致名馬并

獻勔連理樹上甚悅還除新安王子鸞撫軍

中兵參軍遭母憂不拜前廢帝即位起為振威

將軍屯騎校尉太宗即位加寧朔將軍

校尉如故江州刺史晉安王子勛為逆四方響

應勔以本官領建平王景素輔國司馬進據梁

山會豫州刺史殷琰反叛徵勔還都假輔國將

軍率眾討琰甲仗三十人入六門後兼山陽王

休祐驃騎司馬餘如故破琰將軍劉順於宛桁杜
叔寶於橫塘事在琰傳除輔國將軍山陽王休
祐驃騎諮議參軍梁郡太守假節不拜琰嬰城
固守自始春至于末冬薛道摽龐孟虯並向壽
陽動內攻外禦戰無不捷善撫將帥以寬厚為
報府依將軍主廣之求動以覽厚諸將馬
怨廣之叩胃勸動以法裁之動而自乘馬即時解并
與廣之復除使持節督廣交二州諸軍事平
越中郎廣州刺史將軍如故不拜及琰開門請

降動約令三軍不得妄動城內士民秋毫無所
失百姓感悅咸曰來蘇百姓生為立碑改督益
寧二州諸軍事益州刺史持節將軍如故又
千戶琰初求救索虜大眾屯據汝南太始三
年以動為征虜將軍督西討前鋒諸軍事假節
置佐本官如故先是常奇珍擾汝南興琰為
近琰降因擄戍降動在琰傳至是引擄西
河公長社公攻圍輔國將軍汝陰太守張景遠

景遠與軍主楊文萇拒擊大破之景遠尋病卒
太宗嘉其效追贈冠軍將軍豫州刺史追封含
洭縣男食邑三百戶以文萇代為汝陰二州諸軍
右衛將軍仍以為使持節都督豫州其年□遣汝陽
事征虜將軍豫州刺史動四年除侍中領
司馬趙懷仁步騎五百冠武津縣動遣龍驤將
軍曲元德輕兵進討虜眾敬篤散虜子都公關
射聲校尉又不受進號右將軍如故□遣汝陽
于拔又率三百人防運車　□　千兩於汝陽臺

十級動又使司徒參軍孫臺璉督弋陽以西
陽臺即陷外壘獲車二千三百乘斬首一百五
東水上結營臺元德單騎直入斬技首因進攻汝
會虜寇義陽臺璉大破之虜上其狀豫州租有
車二千兩動招荒人邀擊於許昌曰虜眾奔散焚
燒米穀淮西人賈元友上書曰太宗勸比攻懸瓠
可收陳郡南頓汝南新蔡四郡之地上以其所
陳示動使具條荅動對曰元友稱虜主幼弱姦
偽競起內外規亂天云有期臣以為譙醴侵縱

乘藉王境盤據州郡百姓殘三去冬衆軍失耕今
春連城圍逼國家復境之略實有不遑滅虜未
及元友又云有七千餘家穀米豐積可供二萬
人數年資儲米二百四十萬斛既理不容有
恐事難稱言元友又云虜於懸瓠開驛保虜已
先據若不足恃此不須〔缺〕俱是攻城便應

家豐積而虜猶當遠運為粮是威不制民民
懸瓠何更越先取郾以受腹背之災且七千餘
城觀其形候不似威弱可乘之機恐為難驗元
友又云四郡民人遭虜二十七年之毒皆欲雪讎
報恥伏待朝威臣又以為坦式寶等受國重
恩今猶驅略車營翻還就賊蓋是戀本之情
深非報怨之宜何可輕試元友又云請勅荆雍
兩州遣三千精兵從義陽依西山北下直據郾
城臣又以為郾城是賊驛路要戍且經蠻接嶺

宋傳四十六　七　蘇

非異計元友又云虜欲水陸運粮以救軍命可
襲之機在於今臣又以為開立驛道據守堅

數百里中暴粮潛進方出平地攻賊堅城自古
名將未有能以此濟者假其剋捷不知足南抗
而令使官必三千虜運於事為難元友又
縣瓠北捍長社虵不且賊擁據數城水陸通便
云虜圍逼汝陰遊魂二歲為張景遠所挫不敢
渡淮臣又以為景遠兵力真弱不能自固遠遣
救援方得少剋令定是為賊所畏不景遠前所
摧傷裁至數百虜步騎四萬猶不敢前而今
必勸國家以輕兵遠討指掌可剋言理相背

宋傳四十六　八　蘇

莫復過此元友又云龍山雉水魯奴王景真等
並受朝爵馬步萬餘
以為魯奴與虜交關彌歷年世去歲送誠朝
廷迕言欲立功自蒙榮爵便即逃遁殊類茲猾
豈易闇期兼王景真是三命鄙曲不過數十
人既不可言又未足恃萬餘之言似不近實元
友又云四郡恨怨此非類車營連結廢田二載
生業已盡賊無所資粮儲已罄斷其運道最
是要略臣又以斷運須兵兵應資食而當此

過縣勒二百里市使兵食兼足何慮不辦臣竊尋元

嘉以來偪荒遠人多千國議員儋歸關皆勸討虜

螢爽誕說實挫國威德笑兵力虛費盡寶凡此之徒每

規近說從來信納皆詔後悔中上之人唯視彊弱王

師至境必壺漿候塗裁見退軍便抄截蜂起首領

回師何嘗不為河畔所弊太宗納之元支議遂

寢勔與常珍奇書勸令及虜珍奇乃與子超越

羽林監垣式寶於誰殺虜子都公費拔等凡三

千餘人勔馳驛以聞太宗大喜以珍奇為使持

節都督司北豫二州諸軍事平北將軍司州刺

史汝南新蔡縣戹食邑千戶超越輔國將軍北

豫州刺史潁川汝陽關三郡太守安陽縣男

式寶輔國將軍陳南頓二郡太守真陽縣男食

邑三百戶珍奇為虜所攻引軍南出虜追擊破

之珍奇走依山得至壽陽式寶為人所殺

五年汝陰太守楊文萇又頻破虜於荊亭及戍

西詔進勔號平西將軍豫州刺史餘如故不拜

其年徵拜散騎常侍中領軍勔以世路紛紛有

懷止足求東陽郡上以勔啟編示朝臣自尚書

僕射袁粲以下莫不稱贊咸謂宜許上曰巴陵

建平二王近有獨往之志若世道寧晏皆當申

彷彿丘中朝士愛素者多往游之六年改常侍

為侍中其年南兗州刺史齊王出鎮廣陵以勔

為使持節都督南徐兗青冀關五州諸軍事平

北將軍侍中中領軍如故出鎮廣陵固辭侍中

軍號許之以為假平北將軍七年解都督假號

如故給鼓吹一部廢帝即位加兵五百人元徽

初月執心微避豈得免桂陽王休範為亂奄至京

吾執心行已無愧幽明若才輕任重灾眚必及

天道窅微使持節領軍置佐史鎮扞石頭既而賊

邑加勔使持節領軍置佐史鎮扞石頭既而賊

开節太宗臨崩顧命以守尚書右僕射中領軍

眾屯朱雀舫南右軍王道隆率宿衛向朱雀聞

賊已至急信召勔勔至命開舫道隆不聽催勔

渡航進戰率所領於桁南戰敗臨陳死之時年

五十七事平詔曰夫義憙天經忠惟人則篆素
流采金石宣輝目非識洞情靈理感生極豈有
捐軀衛主舍命匡朝者哉故持節鎮軍將軍守
尚書右僕射中領軍鄱陽縣開國侯勵思懷亮
粹體業淹明弘勳樹績譽洽華野綢繆顧託契
闔屯夷方倚謀猷翌康帝道逆蕃禍逼擾京
甸援將哲旅奉律行師身與事滅名隨操遠朕
用傷悼慟于厥心昔王允秉誠下壺峻節均
風徽德歸戎先軌泉途就永寬逝無追思崇

阮佃夫

徽策式光悼史可贈散騎常侍司空本官族
如故諡曰忠昭公子悛嗣順帝昇明末為廣
州刺史齊受禪國除勳弟殿大始中為寧朔
將軍交州刺史於道遇病卒先有都鄉侯爵
諡曰質族

史臣曰吳漢平蜀城內流血蹀躡而其後無聞
於漢陸抗定西陵步氏禍及嬰孩而機雲為戮
上國劉勳克壽春士民無遺蜀委粒之歎莫不扶

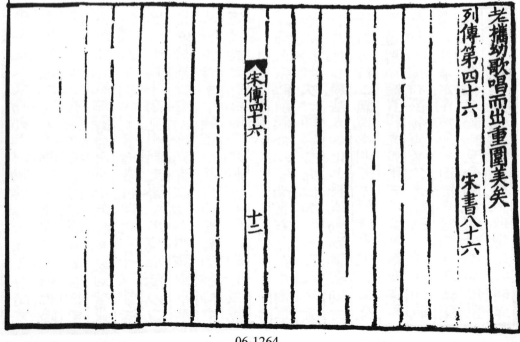

宋傳四十六　　十二

蕭惠開
殷琰

臣沈　約　新撰

蕭惠開南蘭陵人征西將軍思話子也初名慧
開後改慧為惠少有風氣涉獵文史家雖貴戚
而居服簡素初為祕書郎著作並名家年少惠
開意趣與人多不同比肩或三年不共語外祖
光祿大夫沛郡劉成戒之曰汝恩戚家子當應

宋書列傳四十七　三二一

將迎時俗緝外內之歡如汝自業將無小傷多
異以取天下之疾惠開曰人間宜相緝和
甚如慈旨但不幸耿介見作凡人畫龍未成
故遂至於多忤耳轉太子舍人與汝南周朗同
官友善以偏奇相尚轉尚書水部郎始興王濬
征北府主簿南徐州別駕中書侍郎徙汝陰王友
又為南徐州別駕中書侍郎江夏王義恭大將
軍大司馬從事中郎孝建元年自太子中庶子
轉黃門侍郎與侍中何偃爭積射將軍徐沖之

事偃任遇甚隆惠開不為之屈偃怒使門下推
彈之惠開乃上表解職曰陛下未照臣愚故引
參近侍臣以職事非長故委能何偃凡諸當不
不敢參議竊見積射將軍徐沖之為偃特恩貴欲
臣愚懷謂有可申故聊設微異偃恃恩貴
使人靡二情便訶脅主者手定文案割落臣議
專載已辭雖天照廣臨竟未見察臣理違顏恕
尺致茲雍滯則臣之受劾蓋何足悲但不順侍
中臣有其咎當而行之不知何過且議之不允

宋書列傳四十七　三二二

未有彈科省天了知在宥臣不能謝愆右
職改意重臣剌骨鑱金將在朝夕乞解所奉保
拙私庭時偃寵方隆由此忤旨別敕有司以屬
疾多免惠開思話素恭謹操行與惠開不同
常以其峻異每加嫌責及見惠開自解表自歎
曰兒子不幸與周朗周旋理應如此杖之二百
尋重除中庶子南岸南岡下名曰禪岡寺曲阿
凡為父起四寺南岸南岡下名曰禪岡寺曲阿
舊鄉宅名曰禪鄉寺京口墓亭名曰禪亭寺所

封封陽縣名曰禪封寺謂國僚曰封秩蓋鮮而
兄弟甚多若使全關一人則在我所讓若使人
人等分又事可悲恥寺眾既立自宜悉供僧眾
由此國秩不復下均服除除司徒左長史大明
二年出為海陵王休茂北中郎長史行輔將軍
襄陽太守行雍州府事善於為政威行禁止
吳郡事惠開妹當適桂陽王休範女又當適世
襲封封陽縣侯還為新安王子鸞冠軍長史行
祖子發遣之資應須二千萬乃以為豫章內史

聽其肆意聚納由是在郡著貪暴之聲入為尚
書吏部郎不拜徒御史中丞世祖與劉秀之詔
曰今以蕭惠開為憲司冀當稱職但一往服領
已自殊有所震及在任百僚畏憚之八年入為
侍中詔曰惠開前在憲司奉法直繩不阿權威
朕甚嘉之可更授御史中丞母憂去職起為持
節督青冀二州諸軍事輔國將軍青冀二州刺
史不行改督益寧二州刺史持節將軍如故惠
開素有大意至蜀欲廣樹經略善於述事對實

僚及士人說收斜柯越舊以為內地綏討蠻濮
關地徵租聞其言者以為大功可立太宗即位
進驍冠軍將軍改督為都督晉
安王子勛反惠開乃集其於當壁並無不景晉
之昭晉安世祖之穆將佐謂之曰湘東太祖
和雖昏本是世祖之嗣不任社稷其次猶多吾
奉武文之靈兼荷世祖之眷今便當投被萬里推
奉九江乃遣巴郡太守費欣壽領二千人東下
為巴東人任叔兒起義所邀欣壽敗沒陝口道

不復通更遣州治中程法度領三千人步出梁
州又為氐賊楊僧嗣所斷先是惠開為治多任
刑誅蜀土咸懷猜怨及聞欣壽沒法度又不得
前晉原一部遂反於是諸郡悉應之並來圍城
城內東兵不過二千凡蜀人惠開疑之皆悉遣
出子勖尋平蜀人並欲屠城以望厚賞惠開每
遣軍出戰未嘗不捷前後所摧破殺傷不可勝
計外眾逾合勝兵者十餘萬人時天下已平太
宗以蜀土險遠救其誅責遣惠開弟惠基步道

使蜀具宣朝旨惠基既至涪而蜀人志在屠城
不欲使王命遠達過留惠基不聽進惠基率部
曲破其渠帥馬興懷等然後得前惠開奉旨歸
順城圍寶首解時太宗遣惠開宗人寶首水路慰
勞益州寶首欲以平蜀爲功更奬說蜀人於是
處處蜂起凡諸離散者一時還合渠帥趙燕句
二十萬人惠開欲遣擊之將佐咸曰攻破蜀賊
文章等與寶首屯于上去成都六十里眾號
誠不爲難但慰勞使至未獲奉受而遣兵相距

■宋書列傳四十七　五

何以自明本心惠開曰今水陸四斷表啓路絕
寶首或相誣陷謂我不奉朝旨我之欲戰本在
通使使若得通則誠心達矣乃作啓事具陳事
情使腹心二人帶啓戒之曰須賊破路開使躍
馬馳去遣承寧太守蕭惠訓別駕費欣業萬兵
並進與戰大破之生禽寶首因於成都縣獄所
遣使至上使執送寶首除惠開晉平王休祐驃
騎長史南郡太守不拜泰始四年還至京師初
惠開府錄事參軍到希微負蜀人債將百萬爲

責主所制未得俱還惠開與希微共事不厚以
爲隨其同上不能攜接得還意恥之廄中凡有
馬六十四悉以乞希微償責其意趣不常皆如
是先劉璩爲益州張說代之璩去任凡所攜將
佐有不樂反者必逼制將還語人曰隨我上豈
可爲張說作西門客邪惠開自蜀還資財二千
餘萬悉散施道路一無所留五年又除桂陽王
休範征北長史南海太守其年會稽太守蔡
興宗之郡而惠開自京口請假還都相逢於曲

■宋書列傳四十七　六

阿惠開先與興宗名位略同又經情欵自以負
釁摧屈慮興宗不能詣巳戒勒部下蔡會稽部
伍若借問訊不得答惠開素嚴自下莫敢違犯
興宗見惠開舟力甚盛不知爲誰遣人歷訪訊
惠開有舸十餘事力二三百人皆低頭直去無
一人答者復爲晉平王休祐驃騎長史太守如
故六年除少府加給事中惠開素剛至是益不
得志寺內所住齋前有鄉間種花草其美惠開悉
刻除列種白楊樹每謂人曰人生不得行胸懷

雖壽百歲猶爲夭也發病歐血吐如肝肺者甚
多除巴陵王休若征西長史寧朔將軍南郡太
守未拜七年卒時年四十九廢嗣齊受禪國
除惠開與諸弟竝不睦惠基使益州遂不相見
與同產弟惠明亦著嫌隙云
殷琰陳郡長平人也父道鸞衞陽王義季右軍
長史琰少爲太祖所知見遇與琅邪王景文相
埒初爲江夏王義恭征北行參軍始興王濬後
軍主簿出爲鄱陽晉熙太守豫州治中從事史
盧陵內史臧質反棄郡奔北皖琰性有計數欲
進退保全故不還都邑事平坐繫尚方頃之被
宥除海陵王國郎中令不拜臨海王子頊爲冠
軍將軍吳興太守以琰爲錄事參軍行郡事後
爲豫州別駕太宰戶曹屬丹楊丞尚書在丞少
府尋陽王子房冠軍司馬行南豫州隨府轉右
軍司馬又徙巴陵王休若左軍司馬前廢帝永
光元年除黃門侍郎出爲山陽王休祐仍行
史南梁郡太守休祐入朝琰仍行府州事太宗

泰始元年以休祐爲荊州欲以吏部郎張岱爲
豫州刺史會晉安王子勛反即以琰督豫司二
州南豫州之梁郡諸軍事建武將軍豫州刺史
以西汝陰太守龐道隆爲琰長史殿中將軍劉
順爲司馬琰家累在京邑意欲奉
順國家而劉順
南潁川二郡太守龐道隆天生前睢陽令夏侯季子
守皇甫道烈道烈從弟前馬頭太守景度前汝
南頓前右軍參軍杜叔寶陳南頓二郡太
等竝勸琰同逆琰素無部曲門義不過數人
無以自立受制於叔寶等太宗不遣完從傑射柳
倫領軍助驃騎大將軍山陽王休祐又遣中兵
參軍鄭瑗說琰令還二人至即與叔寶又遣叔寶
者杜坦之子既土豪鄉望內外諸軍事竝專之
弋陽太守卜天生據郡同逆斷梁州獻馬得百
太宗嘉之以爲龍驤將軍封建興縣慶食邑三
餘四邊城令宿僧護起義斬天生傳首京邑
百户時綏我將軍汝南新蔡二郡太守周矜起
義於懸瓠收兵得千餘人表顯遺信誘矜司馬

汝南人常珍奇以金鈴爲信珍奇即日斬鈴送

首詣頡頡以珍奇爲汝南新蔡二郡太守宗

追贈矜本官以義陽內史龐孟虯爲司州刺史

領隨郡太守孟虯不受命起兵同子勛爲司

孟虯出尋陽而以孟虯子定光行義陽郡事太

宗知琰逼迫士人事不獲已猶欲羈縻之以琰

休祐驃騎參軍子勛遣使以琰爲輔國將軍梁

郡太守後又加豫州假節督南豫數郡杜叔寶

[宋書傳四十七]　[九]

求琰上佐龐道隆慮其爲禍乃請奉表使入尋陽

琰即以叔寶爲長史梁郡太守休祐入朝家

內猶分停壽陽琰資給供贍事盡曲豐二年正

月太宗遣輔國將軍劉勔率寧朔將軍呂安國

西討休祐出鎮歷陽歷陽爲諸軍摠統時徐州刺史

薛安都亦據彭城反募能生禽琰安都封千戶

縣戾主南汝陰太守薛元寶二月勔進軍小峴初合

肥戍主南汝陰太守薛元寶委郡奔子勛前太守

朱輔之據城歸順琰遣攻輔之輔之敗走琰以

前右軍參軍裴季爲南汝陰太守季文歸順太

宗即而授之琰所用象縣令許道蓮亦率二百

人歸降太宗以爲馬頭太守三月上又遣寧朔

將軍劉懷珍段僧愛龍驤將軍姜產之馬步三

軍助勔討琰姜義軍主黃回慕江西楚人千餘斬

子勛所置馬頭太守王廣元以回爲龍驤將軍

淮西人前奉朝請鄭墨率子弟部曲及淮右郡

起義於陳郡城有衆一萬太宗以爲司州刺史

後虜寇淮西戰敗見殺追贈冠軍將軍是月劉

[宋書傳四十七]　[十]

順柳倫皇甫道烈龐天生等馬步八千人東據

宛唐去壽陽三百里勔率衆軍並進去順數里

立營在道遇雨旦始至驢未立順欲擊之時

琰所遣諸軍並受節度而以皇甫道烈土豪柳

倫臺之所遣順本甲微不宜統督唯二軍不受

命至是道烈倫不同順不能獨進乃止既而勔

營壘漸立不可復攻因相持守四月勔錄事參

軍王起前部賊曹參軍甄澹等五人委勔奔順

順因此出軍攻勔順憧主樊僧整與臺馬軍主

驃騎中兵參軍段僧愛交稍闕僧愛欲冉冠三軍中並懼太
之追贈屯騎校尉僧愛勇冠三軍中並懼太
宗又遣太尉司馬垣閬率十軍來會坆兵校尉龐
沈之助裴季戍合肥初淮南人周伯符說休祐
求起義兵休祐不許固請乃遣之抜策單行至
安豐收得八百餘人於淮西為遊兵珍奇所置
弋陽太守郭碓遣將軍郭慈孫擊伯符於金丘
琰又遣中兵參軍趙叔寶助之慈孫等為伯符
所敗並投水死太宗以伯符為驃騎參軍叔寶

【宋書傳四十七】　十一　周

本謂臺軍俱住歷陽不辦進順等至無不瓦解
唯勴一月日糧既與勴相持軍食盡報叔寶送
食叔寶乃發軍千五百乘載米餉順自以五千
精兵防送之勴聞之軍副呂安國曰劉順精甲
八千而我眾不能居半相持既久彊弱殊苟
復推遷則無以自立所賴在彼糧將竭我食有
餘耳若使叔寶米至非唯難可復圖我亦不能
持久令唯有間道龍笪米車出彼不意若能制
之將不戰走矣勴以為然乃以疲弱守營簡選

千百精手配安國及軍主黃回等間路出順後
於橫塘抄之安國始行計叔寶尋至止齎二日
熟食食盡叔寶不至將士並欲還安國曰卿等旦
巳一食今晚米車不容不至若其不至夜去不晚叔寶
果至以米車為函箱陣叔寶於外為遊軍懼主
楊仲懷領五百人居前與安國仲懷相會仲懷
部曲並欲退就叔寶并力擊安國仲懷曰賊至
不擊復欲何待且統軍在後政三二里間比吾
交手何憂不至即便前戰回所領並淮南楚子

【宋書傳四十七】　十二

天下精兵眾力既倍合為戰破之於陣殺仲懷仲懷
所領五百人死盡叔寶至而仲懷及士卒伏尸
蔽野回等欲乘勝擊之安國曰彼將自走不假
後擊退軍三十里止宿夜遣騎參候叔寶果棄
米車奔走安國即復夜往燒米車驅牛二千餘
頭而還劉順聞米車見燒叔寶又走五月一日
夜眾潰奔還壽陽仍走淮西就常珍奇動於是
方軏而進叔寶大蹶居民及散卒嬰城自守勴於
諸軍分營城外黃回立航渡肥水叔寶遣馬步

三千欲破抗井柵斷小峴埭回擊大破之焚其
船柵休祐與琰書曰君本文弱素不習武幹是遠
近所悉且名器清顯不應復有分外希覬近者
之事當是劫於凶豎不能守節令大軍長驅已
造城下勢孤援絕敗交至顧世情款猶有惻
然聖上垂天地之仁開不世之澤好生惡殺退
遄所聞顧琛王曇生等皆軍敗逆走披草乞活
尚蒙恩恕晏處私門今神鋒所臨前無橫陳況
窮城弱眾殘傷之餘而欲自固乎若開門歸順
自可不失富貴將佐小大竝保榮爵何故苟困
士民自求齏膽身膏斧鑕妻息升盡老兄垂白
東市受刑邪幸自思之信言不爽有如皎日上
又遣王道隆齎詔宥琰罪勔又與琰書曰昔景
回遑莫能自保中內士庶咸頼一匡予職在直
陵廟茇刈百僚縱毒窮凶靡有紀極于時人神
和山悖行絕人倫昏虐險穢諫諍杜塞遂毀
衛目所備觀主上神機天發指麾克定橫流塗
炭一朝太平扶危拯急實冠終古而四方持疑

成此乖逆資斧所臨每從僵簡足下以衣冠華
冑信蹤凤昭附炭從違猶見容養賢兄長史階
由劉順退眾閉城當時未了過蒙朝恩謬充將
帥蠻承風素情有依然今皇威遠申三方感弱
勝敗之勢皎然可覽王御史昨日至主上敕驃騎
教賢兄賢子書今悉遣送百代以來未有弘恩
曲宥乃至於此且朝廷方宣示大義惟新王道
何容摽虛辭於士女失國信於一州以足下明

識淵見想必不俟終日如其孤背亭毒弗忌屠
陷者便當窮兵肆武究法極刑將恐貴門無復
祭祀之主墳壟芟掃灑之望進謝忠臣退慙孝
子名實兩喪没有餘責扶力略白幸加研覽琰
本無反心事由力屈叔寶等有降意前後屢遣
送誠歲而眾心持疑莫能相一故歸順之計每
多愆塞嬰城愈固弋陽西山蠻田益之起義攻
郭確於弋陽以益之為輔國將軍督弋陽西山
事六月勔築長圍始合田益之率蠻眾萬餘人

攻龐定光於義陽定光遣從兄文生拒之為益
之所破見殺遂圍其城定光求救於子勛
以定光父孟虯為司州刺史率精兵五千救義
陽并解壽陽之圍常珍奇又自懸瓠遣三千人
援定光屯軍柳水益之不戰望風奔散孟虯乘
勝進軍向壽陽初常珍奇遣周當垣式寶率數
百人送仗與琰式寶驍勇絕眾因留守比門乃
率所領開門掩襲動入其營動逃避得免於
得動衣帽而去動於是乃以賢長治攻道於東
南角并填塹東南角有高樓隊主趙法進計日
外若進攻必先攻樓樓頹落既傷將士又使人
情沮壞不如先自毀之從其言動用草茅苞土
擲以塞塹擲者如雲城內乃以火箭射之草未
及燃後土續至二日漸便欲滿趙法進復獻
計以鐵珠子灌之珠子流滑悉緣隙得入草於
是火燃二日間草盡塹中土不過二三寸動乃
作大蝦蟇車載土牛皮蒙之三百人推以塞塹
琰云曹參軍虞挹之造礧車擊之以石車悉破

壞初廬江太守王子仲棄郡奔尋陽廬江人起
義休祐遣員外散騎侍郎陸徽悠之助之劉胡遣
其輔國將軍薛道標渡江煽動羣蠻規自廬江
掩襲歷陽悠之眾弱退保誰城司徒建安王休
仁遣參軍沈靈寵馳據盧江道標後七月龐孟虯
悠之自誰城來會國垣閎龍驤將軍陳顯達驃
騎參軍孟次陽拒之孟虯軍副呂興壽與安國
有舊國率所領降安國進軍破孟虯於蓼潭義軍
至弋陽動遣呂安國垣閎與道標相持後一日方至
主陳肫又破之於汝水孟虯走向義陽義陽巳
為王玄謨子曇善起義所據乃逃於蠻中淮西
人鄭叔舉起義擊常珍奇以為北豫州刺史八
月皇甫道烈柳倫等二十一人聞孟虯敗並開
門出降動因此又與琰書曰柳倫來奔具相申
述方承足下迹纏穢亂心秉忠誠惘窮愁不
親戎政去冬開天之始愚迷者多如足下流此
進非社稷宗臣退無顧命寄託朝廷既不偏相
嫌責足下亦復無所獨愧程天祚巳舉城歸順

龐孟虯又繼迹奔亡劉胡困於錢溪表頭欲戰
不得推理揆勢亦安能又且南方初起連州十
六擁徒百萬仲春以來無戰不北恃足下孤城以茲定
無一二南憑表頭弱卒北特足下摧權宏維比日
業恐萬萬無一理方今國網踈略示舉宏維比日
害己及故耳夫擁數千烏合抗天下之兵傾覆
相白想亦已具矣且偏等皆是足下腹心牙爪
所以攜手相捨非有怨恨也了知事不可濟禍
之狀豈不易曉假令六蔽之人猶當不為其事

況復足下少祖名教疾沒世無稱者邪所以復
有此白者實惜華州重鎮鞠為茂草兼傷貴門
白馬來詣轅門若令足下髮膚不全見彫耗
示以禍福先遣咫尺之書表達誠歉然後素車
一日屠滅足下若能封府庫開四門宣語文武
者皇天后土實聞此言至辭不華寧復多白薛
道標猶在廬江劉胡又分兵揚聲向壽陽及合
肥勲遣許道蓮馳赴合肥助裴季文又遣黃回
孟次陽及屯騎校尉殷佛榮武衛將軍王廣之

縱之道標率其黨薛元寶等攻合肥勲所遣諸
軍未至為道標所陷李文子及武衛將軍棄慶祖
力戰死之勲馳遣垣閬揔統諸軍攻合肥是月
劉胡敗走尋陽平定太宗遣叔寶從父弟季文
至琢城下與叔寶語說四方已定勸令時降叔
寶曰我乃信汝恐為人所誑耳叔寶閉絕子勲
敗問有傳者即殺之時琢子勲東在京邑繫建
康太宗送叔與琢令說南賊已平之間自建
康出便防送就道議者以為宜聽叔與伯父援

私相見不爾無以解城內之惑不從叔至叔寶
竿果疑守備乃固十月薛道標突圍與十餘騎
走奔淮西投常珍奇薛元寶歸降先是晉熙太
守閻湛之據郡同逆至是沈靈寵自廬江攻之
湛之未知尋陽已敗固守不降靈寵乃取諸將
大駭其夜奔逃十一月常珍奇棄車而走湛之得書
破劉胡文書置車中攻城偽敗棄車而走湛之得書
又求救於索虜太宗即以珍奇為司州刺史領
汝南新蔡二郡太守勛亦遣偽師張窮奇騎萬

四救之十二月虜至汝南珍奇開門納虜淮西
七縣民並連營南奔劉順之亦率虜歸順南賊
降者太宗並送琰城下令與城內交言由是人
情沮喪琰將降先送休祐內人出城然後開門
時琰有疾以板自與與諸將帥面縛請罪勳並
撫宥無所所誅戮自將帥以下財物資貨皆以還
之纖毫無所失虜騎救琰至帥水聞城陷乃破
義陽殺掠數千人而去垣式功復反叛投常
珍奇以平琰功劉懷珍封艾縣疾食邑四百戶
三百戶黃回葛陽縣男食邑三百戶送琰及偽
子陳顯達彭澤縣子呂安國鍾武縣子食邑各
坦閩樂鄉縣疾孟次陽攸縣子王廣之蒲圻縣
節還京都久之為王景文鎮南諮議參軍兼少
府泰豫元年除少府加給事中後廢帝元徽元
年卒時年五十九琰性和雅靜素寔嗜欲謹刑
世舊昌事事兄甚謹小以名行見稱在壽陽被攻
圍積時為城內所懷附揚州刺史王景文征西
將軍蔡與宗司空褚淵並與之友善云

史臣曰夫求忠臣必於孝子之門蓋以類得
之也昔啟母方說主迹表遺親鄧攸淳行愛兼
猶子雖稟分參差情紀難一而均薄等厚未
之或偏惠開親禮雖篤爭隙先著方寸之內
孝友異情險於山川有驗於此也

薛安都
沈文秀
崔道固

臣沈　約　新撰

薛安都河東汾陰人也世為彊族同姓有三千
家父廣為宗豪高祖定關河以為上黨太守安
都少以勇聞身長七尺八寸便弓馬索虜使助
秦州刺史北賀汩擊反胡曰龍子滅之由是為

【宋書傳四十八】

一

僞雍秦二州都統州各有刺史都擦統其事元嘉
二十一年索虜主拓跋燾擊芮芮大敗安都與
宗人薛永宗起兵遂連衡相應燾自率眾擊
會此地人並吳進擊蓋吳安都料眾寡不敵率壯
永宗滅其族進擊蓋吳歸國太祖延見之求比還
士辛靈度等棄弘農義眾上許之給錦百疋雜繒三
橫扇河陝招聚義眾
百疋復龍襄弘農虜已增戍城不可克蓋吳又死
乃退還上洛世祖鎮襄陽板為揚武將軍北弘

農太守虜漸彊盛安都乃歸襄陽從叔沈亦同
歸國官至綏遠將軍新野太守二十七年隨王
誕版安都為建武將軍隨柳元景向關陝率步
騎居前所向克捷事在元景傳軍還誕版為後
軍行參軍二十九年除始興王濬征虜參軍
加建武將軍魯爽向虎牢安都復隨元景北出
即據關城期俱濟河取蒲版會爽退安都復率
所領隨元景引還仍伐西陽五水蠻世祖伐逆
轉參軍事加寧朔將軍領馬軍與柳元景俱發

【宋書列傳四十八】

二

四月十四日至朱雀舫橫矛瞋目叱賊將皇甫
安民等曰賊弒君父何心事之世祖踐阼除右
軍將軍五月四日率所領騎為前鋒直入殿庭
賊尚有數百人一時奔散以功封南鄉縣男食
邑五百戶安都後征關陝至曰口夢仰頭視天
正見天門開謂左右曰汝見天門開不至是歎
曰夢天開乃中興之象邪從弟道生亦以軍功
為大司馬參軍犯法為秣陵令入殺之安
都大怒乃乘馬從數十人令左右執稍欲往殺

淑之行至朱雀航逢元景元景遙問薛公何處去
安都躍馬至車後曰小子庚淑之鞭我從弟令
指往刺殺之元景慮其不可駐乃給之曰小子
無目適卿往與手甚快安都既回馬復追呼之
別宜與卿有所論令下馬入車因責讓
之曰卿從弟服章言論與寒細不異雖復人士
庚淑之亦何由得知且人身犯罪理應加罰卿
為朝庭勳臣且崇奉法憲云何放恣輒欲於都
邑殺人非唯科律所不容主上亦無辭以相宥
因載之俱歸安都乃止其年以憚直免官孝建
元年復除左軍將軍二月魯爽反叛遣安都及
宂從僕射胡子反龍驤將軍宗越率步騎據歷
陽爽遣將鄭德玄戍大峴德玄使前鋒楊胡與
輕兵向歷陽安都遣宗越及歷陽太守程天祚
逆擊破之斬胡與及其軍副德玄復使其司馬
梁嚴屯峴東安都憚主周文恭晨往偵候因而
襲之悉禽賊未敢進世祖詔安都留三百人守
歷陽渡還採石遷輔國將軍竟陵內史四月魯

癸使弟瑜率三千人出小峴爽壽以大眾阻大峴
又遣安都步騎八千度江與歷陽太守張幼緒
等討爽安都軍副建武將軍譚金率數十騎挑
戰斬其偏帥幼緒恇怯輒引軍退遣沈慶之濟江督統
歷陽爽軍食少不至世祖復遣安都復還
諸軍爽軍少引退慶之使安都率輕騎追之
譚金先薄之不能入安都望見爽便躍馬大呼
直往刺之應手而倒左右范雙斬爽首世
四月丙戌爽及爽自與腹心壯騎斷後
梟猛生習戰陳咸云萬人敵安都單騎直入斬
之而反時人皆云關羽之斬顏良不是過也進
爵為襲增邑五百戶幷前千戶時王玄謨距南
郡王義宣藏質於梁山安都復領騎為支軍賊
有水步營在蕪湖安都遣將呂興壽率眾義
騎襲之賊眾驚亂斬首及赴水死者甚眾
宣遣將劉湛及譚玄謨命眾軍擊之
使安都引騎出賊陣右譚金三歷賊陳乘其隙
縱騎突之諸將係進是朝賊馬軍發蕪湖欲來

會戰均王安都騎甚盛隱山不敢出賊陣東南猶
堅安都橫擊陷之賊遂大潰安都隊主劉元儒
於艦中斬湛首轉太子左衛率大明元年虜向
無鹽東平太守劉胡出戰失利二月遣安都領
力砂之若度已回可過河耀威而反時虜已盡
徐州刺史申垣節度上戒之曰賊若可及便盡
馬軍北討東陽太守沈法系水軍向彭城旋受
垣求回軍討任榛安都當向左城左城去滑
臺二百餘里安都以去虜鎮近軍少不宜分行至

五一　劉堃興　子興

東坊城遇任榛三騎討擒其一餘兩騎得走任榛
聞知皆得逃散時天旱水泉多竭人馬疲困不
能遠追安都法系並白衣領職垣繫尚方任榛
大抵在任城界積世逋叛所聚眾為民患安都深
家難為用師故能久自保藏竄所在皆棘榛深
年復職改封武昌縣矦加散騎常侍七年又加征
虜將軍為太子左衛率十年終世祖世不轉前
廢帝即位遷右衛將軍加給事中永光元年出
為使持節督兗州諸軍事前將軍兗州刺史景

和元年代義陽王昶督徐州豫州之梁郡諸軍
事平北將軍徐州刺史太宗即位進號安北將
軍給鼓吹一部安都不受命舉兵同晉安王子
勳初安都從子索兒前廢帝景和中為前軍將
軍直閤從誅諸公封武安縣男食邑三百戶太
宗即位以為左將軍直閤如故安都將為逆遣
密信報之又遣數百人至瓜步迎接時索兒
軍柳光世亦與安都通謀泰始二年正月索兒
光世並在省安都信催令速去二人俱自省逃

出攜安都諸子及家累席卷北奔青州刺史沈
文秀冀州刺史崔道固並皆同反文秀遣劉彌
之張靈慶僧琁三軍道固遣子景徽傳靈越
領眾並應安都彌之等南出下邳靈越自太山
道向彭城時濟陰太守申闡據睢陵城起義索
兒率靈越等攻之安都使同黨裴祖隆守下邳
城彌之等至下邳攻計歸順因進軍攻祖隆僧
琁不同率所領歸安都索兒聞彌之有異志含
睢陵馳赴下邳彌之等未戰潰散並為索兒所

執見殺，時太宗以申令孫爲徐州，代安都。令孫
進據淮陽，密有反志，遣人告索兒曰欲相從順，可
而百口在都，可進軍見攻，若戰敗被執，家人可
得免禍。兒乃遣靈越向淮陽，令孫、索兒出城爲相
距之形，既而奔散北投索兒，索兒使令孫說聞
令降，聞既降，索兒執聞及令孫竝殺之。索兒因
引軍渡淮，軍糧不給，掠奪百姓穀食，太宗遣齊
王率前將軍張永、寧朔將軍垣山寶、王寬貞外
散騎侍郎張寔震、蕭順之、龍驤將軍張季和、黃

文王等諸軍比討。其年五月，軍次平原，索兒等
率馬步五千，列陳距戰，擊大破之。索兒又虜掠
民穀，固守石梁。齊王又率鎮北參軍趙曇之、呂
湛之擊之。索兒軍無資實，所資野掠，既見攻逼，
無以自守，於是奔散。又追破之於葛家白鵠。索
兒走向樂平縣界，爲申令孫子孝叔所斬。安都
子道智大將范雙奔走，向合肥詣南汝陰太守
季降。時武衛將軍王廣之領軍隸劉勔，攻勔
琰於壽陽，傳靈越本逃爲廣之軍人所生禽，屬

聲曰我傳靈越也，汝得賊何不即殺，生送詣勔
勔躬自慰勞，詰其叛逆。對曰九州唱義，豈獨在
我。勔又問四方阻逆，無戰不禽，主上皆加以曠
蕩，即其才用，卿何不早歸天闕，乃逃命草間乎。
靈越答曰薛公舉兵淮北，威震天下，不能專任
其意，選還京師。太宗欲加原宥，靈越辭對如一，
智勇委付子姪，致敗之由，實在於此，然事之始
終不回改，乃殺之。靈越清河人也。時輔國將軍

山陽內史程天祚據郡同安都，攻圍彌時，然後
歸順，子勔平定。安都遣別駕從事史畢眾愛、下
邳太守王煥等奉啓書詣太宗歸欵曰臣庸隸
荒萌，偷生上國，過蒙世祖孝武皇帝過常之恩
犬馬有心，實感恩遇，是以晉安始唱，投誠往
不期生榮，實存死報。今天命大歸，羣迷改屬，輒
率領所部，束骸待誅，違拒之罪，伏聽湯鑊，輒
之死也。安都使柳光世守下邳，至是亦率所領
歸降。太宗以四方已平，欲示威於淮外，遣張永

沈收之以重軍迎之安都謂既已歸順不應遣
重兵懼不免罪乃遣信要引索虜三年正月索
虜遣博陵公尉遲苟人城陽公孔伯恭二萬騎
救之永等引退安都開門納虜虜即授安都徐
州刺史河東公四年三月召還桑乾五年死於
虜中時年六十初安都起兵前軍將軍裴祖隆
圖之見殺安都歸順事洩見誅負外散騎侍郎
殺苟人舉彭城歸順事洩見誅張靈慶皆戰敗
孫耿之擊索兒戰死及劉彌之張靈慶皆戰敗
見殺竝為太宗所哀追贈儼光祿勳祖隆寧朔
將軍兗州刺史耿之羽林監彌之輔國將軍青
州刺史靈慶寧朔將軍冀州刺史安都子伯令
環亡命梁雝二州之間三年率亡命數千人
襲廣平執太守劉寫亂攻順陽克之略有義成
扶風置立守宰雝州刺史巴陵王休若遣南陽
太守張敬見新野太守張讜守圍城在彭城東
是東安東莞二郡太守張讜守圍城在彭城東
比始同安都末亦歸順太宗以為東徐州刺史

復為虜所沒
沈文秀字仲遠吳興武康人司空慶之弟子也
父劭慶之南中郎行參軍文秀初為郡主簿功曹
史慶之貴後文秀起家為東海王禕東遷錢唐令西陽
軍又度義陽王昶東中郎府東遷錢唐令西陽
王子尚撫軍參軍武康令尚書庫部郎中
正建康令生為尋陽王師殺私奴免官加杖一
事參軍射聲校尉景和元年遷督青州之東莞
東安二郡諸軍事建威將軍青州刺史時帝狂
悖無道內外憂危文秀之鎮部曲出屯白下
說慶之曰主上狂暴如此土崩將至而一門受
其寵任甚物皆謂與之同心且此人性情無常
猜忌特甚將來之禍事又難測今因此眾力受
之易於反掌千載一時萬不可失文慶之不從文
秀固請非一言輒流涕終不回文秀既行慶之
果為帝所殺慶之死後帝道直閤江方興領兵
誅文秀方興未至太宗已定亂馳驛駐之方興

既至為文秀所敕尋見經遣還京師時晉安王
子勛據尋陽反叛六師外討徵兵於文秀文秀
遣劉彌之張靈慶崔僧璘三軍赴朝廷時徐州
刺史薛安都已同子勛遣使報文秀以四方咸
舉勸令同逆文秀即令彌之等回應安都傳彌
之等尋歸順事在安都傳彌之青州強姓門族甚
多諸宗從相合率奔比海據城以拒文秀平原
樂安二郡太守王玄默據琅邪清河廣川二郡
太守王玄邈據盤陽城高陽勃海二郡太守劉
乘民據臨濟城立起義文秀司馬房文慶謀應
之為文秀所殺文秀遣軍主解彥士攻比海隘
之乘民從弟伯宗合率鄉兵復克比海因率所
領向青州所治東陽城文秀拒之伯宗曰大丈
夫當死戰場以身殉國安能歸死兒女手中乎
創弟天愛扶持將去伯宗曰犬羊弟可速去無為
兩亡乃見殺乃贈龍驤將軍長廣太守李靈謙率
青州刺史明僧暠東莞東安二郡太守李靈謙率
軍伐文秀玄邈乘民僧暠等並進軍攻城毋戰輒

為文秀所破離而復合如此者十餘泰始二年
八月尋陽平定太守遣尚書度支郎崔元孫
慰勞諸義軍隨僧暠戰敗見殺贈寧朔將
軍冀州刺史上遣文秀弟文炳詔文秀曰皇帝
問瞖青州刺史徐州之東莞東安二郡諸軍事建
威將軍青州刺史朕去歲撥亂振普天於卿一
門特有殊澤卿得延命至今誰之力邪何故背國
貞恩遠同逆豎今天下已定四方率壹卿獨守窮
城何所歸奉且卿百口在都兼有墳墓想情非
木石猶或顧懷故指遣文炳具相宣示凡諸逆
即親為我首一不加皋文炳所具卿獨何人而
能自立便可速率部曲同到軍門別詔有司一
無所問如其不爾國有常刑非惟戮及弟息亦
當夷卿墳壟既以謝齊土百姓亦以勞將士之
心故有今詔三年二月文秀歸命即安本
任先是冀州刺史崔道固亦據歷城同逆為土
人起義所攻與文秀俱遣信引虜虜遣將莫泰
興白曜率大眾援之文秀已受朝命乃乘虜無

備縱兵掩擊殺傷甚多虜乃進軍圍城文秀善
於撫御將士咸爲盡力每與虜戰輒摧破之掩
擊營岩往無不捷太宗進文秀號輔國將軍其
年八月虜蜀郡公板式等進文秀步數萬人入西郭
直至城下文秀使輔國將軍垣謐擊破之九月
又逼城東十月進攻南郭文秀使負外散騎侍
郎黃彌之等邀擊斬獲數千四年又進青州刺史
右將軍封新城縣又爲軍主高崇仁所破死者
王隆顯於安丘縣食邑五百戶虜青州號

十三

數百人虜圍青州積父太宗所遣救兵竝不敢
進乃以文秀弟征北中兵參軍文靜爲輔國將
軍統高密北海平昌長廣東萊五郡軍事海道
救青州文靜至東萊之不其城爲虜所斷過不
得進因保城自守又爲虜所攻屢戰輒剋太宗
加其東青州刺史四年不其城爲虜所陷文靜
見殺文秀被圍三載外無援軍士卒爲之用命
無雜叛者日夜戰鬬甲冑生蟣虱五年正月二
十四日遂爲虜所陷城敗之日解釋戎衣緩服

靜坐命左右取所持節虜既入兵刃交至問曰
青州刺史沈文秀何在文秀厲聲曰身是因執
之牽出聽事前剝取衣服時白曜在城西南角
樓裸縛文秀至曜前執之禮命還其衣爲設酒食鑷
送桑乾其餘爲亂兵所殺死者甚衆太宗先遣
國大臣無相拜之曜令拜文秀爲
尚書功論即何如眞選青州文武亦爲虜所殺
文秀在桑乾代十九年齊之永明四年病死時
年六十一

十四 陳萬刊

崔道固清河人也世祖世以幹用見知歷太子
屯騎校尉左軍將軍大明三年出爲齊北海二
郡太守民焦恭破古冢得玉鎧道固檢得獻之
執繫恭入爲新安王子鸞北中郎談議參軍永
嘉王子仁左軍司馬景和元年出爲寧朔將軍
冀州刺史鎭歷城泰始二年進號輔國將軍又
進號征虜將軍時徐州刺史薛安都同逆上即
還道固本號爲徐州代之道固不受命遣子景
微軍主傳靈越率衆赴安都既而爲土人起義

所攻屢戰失利開門自守會四方平定上遣使

宣慰道固奉詔歸順先是與沈文秀共引虜虜

既至固守距之因被圍過虜每進輒為道固所

摧三年以為都督冀青兗幽并五州諸軍事前

將軍冀州刺史加節又進號平北將軍其年為

虜所陷被送桑乾死於虜中

史臣曰春秋列國大夫得罪皆先致其邑而後

去唯邾莒三臣書以叛人之目蓋重地也安都

勤王之略義關於藩屏以地外奔罪同於三叛

詩云誰生厲階至今為梗其此之謂乎

袁粲

袁粲字景倩陳郡陽夏人太尉淑兄子也父濯
楊州秀才蚤卒祖母哀其幼孤名之曰愍孫伯
叔並當世榮顯而愍孫饑寒不足母琅邪王氏
太尉長史誕之女也躬事績紡以供朝夕愍孫
少好學有清才有欲與從兄愍婚者伯父淑即
顗父曰顗不堪政可與愍孫婚耳時愍孫在坐

弘治四年　【宋列傳四十九】　一　監生王珂

泝涕起出蚤以操立志行見知初爲楊州從事
世祖安北鎮軍北中郎行參軍侍中郎主簿世
祖伐逆轉記室參軍及即位除尚書吏部郎太
子右衛率侍中孝建元年世祖率羣臣泣於中
興寺八開齋中食竟愍孫別與黃門郎張淹
更進魚肉食尚書令何尚之奉法素謹密以白
世祖世祖使御史中丞王謙之糾奏並免官二年
起爲廷尉太子中庶子領右軍將軍出爲輔
國將軍西陽王子尚北中郎長史廣陵太守行

兗州事仍爲永嘉王子仁冠軍長史將軍太守
如故大明元年復爲侍中領　射聲校尉封興平
縣子食邑五百戶事在顏師伯傳三年坐納山
陰民丁豪文貨舉爲會稽郡孝廉免官尋爲西
陽王子尚撫軍長史又爲中庶子領左軍將軍
四年出補豫章太守加秩中二千石五年復還
爲侍中領長水校尉遷左備將軍加給事中七
年轉吏部尚書顏師伯在備如故其年皇太子冠上臨
宴東宮愍孫勸顏師伯酒師伯不飲愍孫因相

司州一　【宋傳四十九】　二

裁辱師伯見寵於上上常嫌愍孫以褰素姿之
因此發怒出爲海陵太守前廢帝即位除御史
中丞不拜復爲吏部尚書永光元年徙右衛將
軍加給事中景和元年復入爲侍中領驍騎將
軍太宗泰始元年轉司徒左長史冠軍將軍南
東海太守愍孫清整有風操自遇其厚常著妙
德先生傳以續稽康高士傳以自況曰有妙德
先生陳國人也氣志淵虛姿神清映性孝履順
栖冲業簡有舜之遺風先生勁風多疾性踈嬾

無所嘗尚然九流百氏之言雕龍談天之藝習

泛識其大歸而不以成名家貧嘗仕非其好也

混其聲迹晦其心用故深交或迕俗察罔識所

處席門常掩三逕裁通雖揚子寂漠嚴更沈冥

既竝狂反謂國主之不狂為又嘗謂周

不是過也脩道遂志終無得而稱焉

旋人曰昔有一國國中一水號曰狂泉國人飲

此水無不狂唯國君穿井而汲獨得無恙國人

國主療其狂疾火艾針藥莫不必具國主不任

宋書傳四十九　　三　萬□

其苦於是到泉所酌水飲之飲畢便狂君臣大

小其狂若一眾乃歡然我既不狂難以獨立此

亦欲試飲此水愍孫幼慕荀奉倩之為人白世

祖求改名為粲不許至是言於太宗乃改為粲

字景倩為二年遷領軍將軍伐十三十人入六

門其年徙中書令領太子詹事增封三百戶固

辭不受三年轉尚書僕射尋守領吏部五年加中

書令又領丹陽尹六年上於華林園茅堂講周

易粲為執經又知東宮事從為右僕射七年領

太子詹事僕射如故未拜遷尚書令丹陽尹如

故坐前選武衛將軍江柳為江州刺史柳有罪

降為守尚書令太宗臨崩粲與褚淵劉勔竝受

顧命加班劍二十人給鼓吹一部後廢帝即位

加兵五百人帝未親朝政下詔曰比元序慘度

留熏耀暑有傷秋稼方貽民瘼朕每惻旦及懷

政道圖圖尚繁枉滯猶積厝競夕厲每惻干懷

尚書令可與執法以下就訊眾獄使冤訟洗遂

痙弊昭蘇頷下州郡咸令無壅元徽元年丁母

宋書傳四十九　　四　滕太剛

憂荴并竟攝令親職加衛將軍不受敦逼至中

使相望粲終不受性至孝居喪毀甚祖日及祥

變常發詔衛軍斷客二年桂陽王休範為逆粲

扶曳入殿詔加兵自隨府置佐史時兵難危急

賊已至南掖門諸將意沮咸莫能奮粲慷慨謂

諸將帥曰寇賊已逼而眾情離沮孤子受先帝

顧託本以死報今日當與褚護軍同死社稷因

命左右被馬辭色哀壯於是陳顯達等感激出

戰賊即平殄事寧授中書監即本號開府儀同

三司領司徒以揚州解為府固不肯移三年徙

尚書令衞軍開府如故並固辭服終乃受加侍

中進爵為疾又不受時粲與齊王褚淵劉秉入

直平決萬機時謂之四貴粲與齊王開黙寡言不肯當

事王書每徉詣決或高詠對之時立一意則眾

莫能改宅宇平素器物取給好飲酒善吟諷獨

酌園庭以此自適居負南郭時杖策獨遊素寡

徃來門無雜客及受遺當權四方輻湊閑居高

臥一無所接談客文士所見不過一兩人順帝

即位遷中書監司徒侍中如故時齊王居東府

故使粲鎮石頭粲素靜退每有朝命多不即從

逼切不得已然後方就及詔移石頭即便順旨

有周旋人解望氣謂粲曰石頭氣甚乖徃必有

禍粲不答又給油絡通憷車仗士五十人入殿

時齊王功高德重天命有歸粲自以身受顧託

不欲事二姓弆緼太后兄子素好武事並廳不

前湘州刺史弆緼與粲相結將帥黃回任候伯孫

見容於齊王皆與粲相結將帥黃回任候伯孫

曇瓊王宜興彭文之下伯興等並與粲合昇明

元年荊州刺史沈攸之舉兵齊王自詣粲粲稱

疾不見粲宗人通直郎袁達以為不宜示異同

粲曰彼若以主幼時艱與桂陽時不異劫我入

臺便無辭以拒一如此不復得出矣時齊王入

也朝堂秉從父弟領軍將軍緼入直門下省伯

興為直閤黃回諸將皆率宿衞兵攻齊王於朝堂

矯太后令使緼伯興等率兵赴石頭本期夜發其

回率軍來應秉東裝未暗載婦女

席卷就粲由此事洩先是齊王遣將薛淵蘇烈

王天生等領兵戍石頭云以助粲實禦之也又

令腹心王敬則為直閤與伯興共摠禁兵王蘊

聞秉已奔歎曰今年事敗矣時粲王使緼蓁人

已得數百乃狼狽率部曲向石頭本期開南門

時已暗夜薛淵等據門射之緼謂粲已敗即便

散走齊王以報敬則率所領收緼殺之并誅伯

興又遣軍主戴僧靜向石頭助薛淵自倉門得

入時粲與秉等列兵登東門
門粲與秉欲還赴府飢下城列燭自照僧靜挺
身暗往粲子最覺有異人以身衞粲僧靜直前
斬之父子俱殞左右各分散粲死時年五十八
任候伯等其夜迸乘輕舸自新亭赴石頭聞粲
敗乃馳還其後迸誅秉事在宗室傳齊永明元
年詔曰昔魏矜袁紹恩給立墳晉亮兩王榮罩
餘裔斯蓋懷舊流仁原心興宥二代弘義前載
美談袁粲劉秉立與先朝同獎宗室沈攸之於

京和之世特有乃心雖末節不終而始誠可録
歲月彌往宜沾優隆粲秉前年改葬塋兆未修
材官可為經略粗合周禮攸之及其諸子喪柩
在西可符荊州以時致送反舊墓在所營葬勞
事

史臣曰闕運翔基非機變無以通其務世及繼
體非忠貞無以守其業闕運之君千載一有世
及之主無乏於時闕字二漬機變之用短資忠貞
之路長也故漢室闕字二文與本不屈曹氏魏鼎將

移夏及族羞不北面君乘以二子為心則兩代宜
不亡矣袁表粲清標簡貴任屬負圖朝野之望雖
隆然未以大節許也及其赴危亡審存滅豈所
謂義重於生平雖不達天命而其道有足懷者
昔王經被雄於晉世粲等亦致斃於聖朝盛代
同符美矣

列傳第四十九　　　　宋書八十九

明四王

臣沈　約　新撰

明帝十二子陳貴妃生後廢帝謝脩儀生皇子
法良陳昭華生順帝徐婕好生第四皇子鄭脩
容生皇子智井次晉熙王燮與皇子法良同生
泉美人生邵陵殤王友次江夏王躋與第四皇
子同生徐良人生武陵王贊貞杜脩華生隨陽王
翽次新興王嵩與武陵王贊同生又泉美人生
子未有名早夭

邵陵殤王友字仲賢明帝第七子也後廢帝元
徽二年太尉江州刺史桂陽王休範反誅皇室
寡弱及年五歲出為使持節督江州豫州之西
陽新蔡晉熙三郡諸軍事南中郎將江州刺史
封邵陵王食邑二千戶府州文案及臣吏不諱
有無之有順帝即位進號左將軍改督為都督
昇明二年徙都督南豫豫司三州諸軍事安南將

始建王禧智井燮贊竝出繼法良未封第四皇

宋書傳五十　　　一

軍南豫州刺史歷陽太守三年薨無子國除
隨陽王翽字仲儀明帝第十子也元徽四年
六歲封南陽王食邑二千戶昇明元年為使持
節督郢州司州諸軍事南中郎將郢州
刺史未拜徙督湘州諸軍事南中郎將二年以南陽
刺史持節如故未之鎮進號前將軍齊受禪封
荒遠改封隨陽王以本號傳京師齊受禪降封
舞陰縣公食邑二千五百戶謀反賜死

新興王嵩字仲岳明帝第十一子元徽四年
六歲封新興王食邑二千戶齊受禪降封定襄
縣公食邑千五百戶謀反賜死

始建王禧字仲安明帝第十二子也元徽四
年六歲封始建王食邑三十戶齊受禪封勵
封縣公食邑千五百戶謀反賜死

史臣曰太宗負螟之慶事非已出枝葉不茂豈
能庇其本根庶服于周斯為幸矣

宋書傳五十　　　二

孝義　　　　臣沈　約　新撰

易曰立人之道曰仁與義夫仁義者合君親之
至理實忠孝之所資雖義發因心情非外感然
企及之旨聖哲詒言至於風漓化薄禮違道喪
忠不樹國孝亦弛家而一世之民權利相引仕
以勢招榮非行立之業翔翔之感棄合生之分霜
露未改大痛已忘於心名節不變戎車遠寫其

宋書列傳五十一

首斯並軌訓之理未弘汲引之塗多闕若夫情
發於天行成乎已捐軀舍命濟主安親雖乘理
闇主匪由勸賞而宰世之人曾微誘激乃至事
隱閭閻無聞視聽故可以昭被圖篆百不一焉

龔穎遂寧人也少好學益州刺史毛璩辟為勸
學從事璩為譙縱所殺故佐吏竝逃亡穎號哭
奔赴殯送以禮縱後設宴延穎不獲已而至樂
本起殯送以禮縱後設宴延穎不獲已而至樂
奏穎流涕起曰比面事人亡不能死何忍聞舉

樂蹈跡逆亂平縱大將譙道福引出將斬之道福母
則穎姑跳出救之故得免縱既借號備禮徵又不至
乃收穎付獄脅以兵刃執志彌堅終無回改至于蜀
駕從事史元嘉二十四年刺史陸徵上表曰臣聞運
平遂不屈節其後刺史至輒加辟引歷府參軍州別
緬明吏則艱貞之節顯時屬棟挑則獨立之操彰昔
之元興皇綱弛紊譙縱乘釁肆虐蜀巴庸害殺前吏
刺史毛璩竊據蜀土岷士庶忧迫受職璩故吏龔
穎獨秉身貞白抗志不撓殯送舊君哀敬盡

宋書傳五十一

禮全操九載不染偽朝縱雖殘鹵猶重義
躲遂延命劫以兵威穎忠誠舊發辭
色方壯雖枉梏在身踐危愈信其節白刃
臨頸見死不更其守若王蠋之抗辭燕軍
同周苛之肆詈楚王方之於穎蔑以加焉
誠當今之忠壯振古之遺列而名未登於
王府爵猶齒於卿曹斯實邊氓遠土所為
於邑臣過叨恩宣風萬里志存砥竭有
懷必聞故率愚懇舉其所知追懼紕妄伏

墻憬桌穎遂不被朝命終於家

劉瑜歷陽人也七歲喪父事毋至孝年五十二

又喪母三年不進鹽酪號泣晝夜不絕聲勤身

運力以營葬事服除後二十餘年布衣蔬食言

輒流涕常居墓側未嘗暫違太祖元嘉初卒

曹恩會稽諸暨人也少有志行為鄉曲所推重

元嘉三年毋亡居喪過禮未葬為鄰火所逼恩

及妻柏氏號哭奔救鄰近赴助棺櫬得免恩及

柏俱見燒死有司奏改其里為孝義里蠲租布

三世追贈天水部顯親縣左尉

郭世道會稽永興人也生而失母父更娶世道

事父及後毋孝道淳備年十四又喪父居喪過

禮殆不勝喪家貧無產業備力以養繼母婦生

一男夫妻共議曰勤身供養力猶不足若養此

兒則所費者大乃垂泣瘞之母亡負土成墳親

戚或共賻助微有所受葬畢償債倍還先直無

除後衰戚思慕終身如喪者以為追遠之思無

時去心故未嘗釋衣幰仁厚之風行於鄉黨

隣村小兒莫有呼其名者嘗與人共於山陰市

貨物誤得二千錢當時不覺分背方悟請其群

求以此錢追還本主主驚以半直與世道以己錢

充數送還之錢主驚嘆以半直與世道委

之而去元嘉四年遣大使巡行天下散騎常侍

衰愉表其淳行太祖嘉之敕郡傍表閭門蠲其

稅調改所居獨楓里為孝行里又票至行養孝

廉不就子原平字長泰又為孝養性謙虛

性閑木功傭賃以給供養性謙虛毋為人作匠

取散夫價王人設食原平自以家貧父毋不辦

有有味唯飡鹽飯而已若家或無食則虛中竟

日義不獨飽要須日暮作畢受直歸家於里中

買糴然後舉爨父抱蘿疾彌年原平衣不解帶

口不嘗鹽菜者跨積寒暑又未嘗睡卧父亡哭

踊慟絕數日方蘇以為奉終之義情禮所畢營

壙凶功不欲假人本雖智巧而不解作墓乃訪

邑中有營墓者助人運力經時展勤父乃開練

又自賣十夫以供眾費宅穷之事儉而當禮性

無術學因心自然葬畢詣所買主執役無懈與
諸奴分務每讓逸取勞主人不忍使每遣之原
平服勤未曾暫替所餘私夫傭賃養母有餘聚
以自贖勤本性智巧既學攜家尤善其事每至吉
歲求者盈門原平所赴必自貧始既取賤價又
以夫日助之父喪既食魚肉於母前示有所噉在私室

未曾妄當自此迄終三十餘載高陽許瑤之居
服除後不復食魚肉於母前示有所噉在私室
堂母至節歲祭嘗於此數日中哀思絕飲粥父
乃拜而受之及母終毀瘠彌甚僅免喪墓前
有數十畝田不屬原平每至農月耕者恒裸袒
原平不欲使人慢其墳墓乃販質家貲貴買此
田三農之月輒束帶垂泣躬自耕墾每出市賣
物人問幾錢裁言其半如此積時邑人皆共識
悉輒加本價與之彼此相讓欲嘗買者稍稍減價

在永興罷建安郡丞還家以縣一斤遺原平
平不受送而復反曰前後數十瑤之乃自往曰
今歲過寒而建安縣好以此奉尊上下耳原平
乃自受之及母終毀瘠彌甚

要使微賤然後取宜居宅下濕遷宅為溝以通
淤水宅上種少竹春月夜有盜其筍者原平偶
起見之盜者奔走墜溝原平自以不能廣施至
使此人顛沛乃於所植竹處溝上立小橋令足
通行又采筍置籬外鄰曲慚愧無復取者太祖
崩原平號哭致慟曰食麥料一枚如此五日人
或問之曰誰非王民何獨如此原平泣而答曰
吾家見異先朝蒙褒賚之賞不能報恩私心感
慟耳又以種瓜為業世祖大明七年大旱瓜瀆

不復通船縣官劉僧秀愍其窮老下漬水與之
原平曰普天大旱百姓俱困豈可減溉田之水
以通運瓜之船乃步從他道往錢唐貨賣每行
來見人牽埭未過輒迅檝助之已自引船不假
旁力若自船已渡後人未及常停住須待以此
為常嘗於縣南郭鳳埭助人引船遇有相關者
為吏所錄聞者逃散唯原平獨住吏執以送
縣令新到未相諳悉將加嚴罰原平解衣就罪
義無一言左右小大咸稽顙請救然後得免由

來不謁官長自此以後乃修民敬太守王僧朗察
孝廉不就太守蔡興宗臨郡深加貴異以私米
饋原平及山陰朱百年妻教曰秩年之既著自
國書饒貧之典有聞甲令況高柴窮老萊婦屯
暮者哉求與耶原平世稟孝德洞業儲靈深仁
絕操追風古棲貞齒媚居寡迫殘日欽風撫
年道終物表妻孔老齒媚居寡迫殘日欽風撫
事嗟慨蒲懷可以帳下米各餉百斛原平淳行慇君
頻煩誓死不受人或問曰府君嘉君淳行慇君

【宋書傳五十一】　　七　｜　劉子輿

貧老故加此賻豈慮空比室非吾一人而已終不
行邪則無一介之善不可濫荷此賜若以吾義
老邪耋齒甚多屢空比室非吾一人而已終不
肯納百年妻亦辭不受會稽貴重望計及墮孝
智會旦高門原平一邦至行欲以相敵會太宗
山陰孔仲智長子為望計原平次息為望孝仲
盛族出身不減祕著太宗泰始七年興宗欲舉
別敕用人故二選盜寢泰豫元年興宗徵還京
師表其殊行宜褒拔顯選以勸風俗舉為太學

博士會興宗薨事不行明年元徽元年卒於家
原平必長交物無忤辭於人與其居處者數十
年未嘗見喜慍之色三子一弟並有門行長子
伯林舉孝廉次子靈馥儒林祭酒皆不就
嚴世期會稽山陰人也好施慕善出自天然同
里張邁三人妻各產子時歲飢儉慮不相存欲
藥而不舉世期聞之馳往拯救分食解衣以贍
其乏三子並得成長同縣俞陽妻莊年九十莊
女蘭七十並各老病單孤無所依世期衣飴之二

【宋書傳五十一】　　八　｜　劉引

十餘年死並殯葬宗親嚴弘鄉人潘伯等十五
人荒年並餓死露骸不收世期買棺器殯埋存
育孩幼山陰令何曼之表言之元嘉四年有司
奏旁門曰義行嚴氏之間復其身徭役蠲租稅
十年
吳逵吳興烏程人也經荒飢饉係以疾疫父母
兄弟姊妷及羣從小功之親男女死者十三人逵
時病困隣里以蒂虅裹之埋於村側既而逵疾
得瘥親屬皆盡唯逵夫妻獲全家徒壁立冬

無被綌書則庸賃夜則伐木燒塼此誠無有懈
倦達夜行遇虎虎輙下道避之暮中成七墓
葬十三棺鄰里嘉其志義葬日悉出起助送終
之事亦儉而周禮達時逆取鄰人夫直葬畢眾
悉以施之達一無所受皆傭力報答焉太守張
崇之三加禮命太守王韶之擢補功曹史達以
門寒固辭不就舉為孝廉

潘綜吳興烏程人也孫恩之亂妖黨攻破村邑
綜與父驃共走避賊驃年老行遲賊轉逼驃語
綜我不能去汝走可脫幸勿俱死驃困乏坐地
綜迎賊叩頭曰父年老乞賜生命賊至驃亦請
賊曰兒年少自能走令為老子不走去老子不
惜死乞活此兒賊因研驃綜抱父於腹下賊研
綜頭面凡四創綜當時悶絕有一賊從傍來相
謂曰卿欲舉大事此兒以死救父云何可殺殺
孝子不祥賊良父乃止父子並得免綜鄉人祕
書監立繼祖廷尉沈亦黔以綜畢行廉補左民
令史除遂昌長歲滿還家太守王韶之臨郡發

曰前被符孝廉之選必審其人雖四科難該文
質寡備必能孝義邁俗按莙著聞者便足以顯
應明敫允將符旨烏程潘綜守死孝道全親濟
難烏程吳達義行純至列墳成行咸精誠內淳
休聲外著可遷察孝廉并列上州臺蒲輪我
及將行設祖道贈以四言詩曰東寶惟金南髦
有喬發煇曾崖竦幹重霄美哉茲蒲輪新余亦奐
育闈幽林養音九皇　一其　唐后明敫宗惟新
皇降鑑思樂懷人羣臣競薦舊章惟
貢曰義與仁其仁義伊在惟吳惟潘心積純萃
事著艱難投死如歸淑問若蘭吳實覆仁心力
偕單固此苦節易彼咸寒霜雪雖厚松栢九九
其人亦有言無善不彰二子徽猷彌父彌芳拔
叢出類景行朝陽誰謂道邈弘之則光咨爾庶
士無然台荒四江華奉蘩祿是荷美詩入貢
漢朝咨嗟勗哉行人敬爾休嘉伻是下國
皎煇京華　其五　伊余朽駘竊服懼盜無能
禮樂豈服聲教順彼康衷懿德是好聊綴

所懷以贈二孝其六元嘉四年有司奏改其里爲
純孝里蠲租布三世
張進之求嘉安固人也爲郡大族少有志行
歷郡五官主簿求寧安固二縣領校尉家世
富足經荒年散其財救贍鄉里遂以貧罄全
濟者甚多進之爲太守王味之吏味之有罪當
見收逃避投進之家供奉經時盡其誠力以本
村淺近移入池溪味之墮水沈没進之投水拯
救相與沈淪危而得免時劫掠充斥每入村
所感如此元嘉初詔在所益其縣役孫恩之亂
抄暴至進之門輒相約勒不得侵犯其信義
莫敢收藏郡吏儉歛以家財買棺歛逸之等
未嘉太守司馬逸之被害妻子並死兵冦之際
六喪送致還都葬畢乃歸鄉里元嘉中老病卒
王彭肝眙直瀆人也少喪母元嘉初父文喪亡家
貧力弱無以營葬弁兄弟二人晝則傭力夜則
號感鄉里並京之乃各出夫力助作塼塼須
而天旱穿井數十丈泉不出墓處去淮五里

荷擔遠汲困而不周彭號天自訴如此積日一旦
大霧霧歊塼竈前忽生泉水鄉隣助之者並
嗟歎神異縣邑近遠悉往觀之葬事既竟水便
自竭元嘉九年太守劉伯龍依事表言改其里
爲通靈里蠲租布三世
蔣恭義興臨津人也元嘉中晉陵將崇平爲劫
見禽云與恭妻弟吳晞張爲偶晞張先行不在
本村遇水妻息五口避水移寄恭家討錄晞張
不獲收恭及兄協付獄治罪恭協並款令住晞
親令有罪恭身甘分求遣兄協協列恭是戶主
張家口而不知劫情恭列晞張妻息是婦之親
延制所由有罪之日關恭協而已求遣弟恭兄
二人爭求受罪郡縣不能判依事上詳州議之曰
禮讓者以義爲先自厚者以利爲上未世俗薄
靡不自私伏膺聖教猶或不逮況在野夫未達
詰訓而能互發天倫之憂甘受莫測之罪若斯
情義實爲殊特茂爾恭協能行之兹乃終古
之所希盛世之嘉事二子乘舟無以過此豈宜

惣執憲文加以罪戮且睆張封簡遠行他界爲

劫造釁自外賊不還家所寓村伍容有不知不合加

罪勅縣延陵乃除恭義戒令協義愔

徐耕晉陵人也貞貟史陳辭曰今年九旱禾稼二十

一年大旱民饑耕詣縣陳辭曰今年九旱禾稼

不登岷黎飢餒採掇存命聖上哀矜巳垂存拯

但饉鏗黎來父困殆者衆米穀轉貴糴索無所方

涉春夏月怨長不有微救永無濟理不惟凡

璨敢憂身外鹿鳴之求思同野草氣類之感

能不傷心民糶得少米資供朝夕志欲自竭

義存分飡令以千斛助官賑貸此境連年不

熟今歲尤甚晉陵境特爲偏祐此郡雖有

富室承陂之家處處而是並皆保熟所失蓋微陳

積之穀皆有巨萬旱之所弊井是鐘貧民溫富之

家各有財窶貟謂此等並宜助官得過儉月所

損至輕所濟甚重今敢自勵爲勸造之端實

願掘水揚塵崇益山海縣爲言上當時議者以

耕此漢卜式詔畫墨豪美酬以縣令大明八年東土

飢旱東海嚴成東莞王道蓋各以穀五百斛助

官賑邺

孫法宗吳興人也父遇亂被害尸骸不收毋兄

並餓死法宗年小流迸至年十六方得還單身

勤苦霜行草宿營辦棺椁造立冢墓葬送毋

兄儉而有禮以喪父葬不測於部境之內尋求枯骨

刺血以灌之如此者十餘年不獲乃縗絰終身不娶

饋遺無所受世祖初揚州辟爲文學從事不就

范叔孫吳郡錢唐人也少而仁厚固窮濟急

同里范法先父母兄弟七人同時疫死唯餘

法先病又危篤喪尸經月不收叔孫悉備棺

器親爲殯埋又同里施淵夫疾病父毋死不殯

又同里范苗父子並七又同里危敬宗家口六人

俱得病二人喪沒親隣畏遠莫敢營視叔孫

並殯葬躬郎病者並皆得全鄉曲貴其義行莫

有呼其名者世祖孝建初除竟陵王國中軍將

軍不就義興吳國夫亦有義讓之美人有竊其

稻者乃引還爲設酒食以米送之

卜天與吳興餘杭人也父名祖有勇幹徐赤將
爲餘杭令祖依隨之赤將死高祖聞其有幹力
召補隊主從征伐封關中侯歷三縣令天與善射
弓力兼倍容貌嚴正笑不解顏太祖以其舊將
子使教皇子射居累年以白衣領東掖防關隊
元嘉二十七年臧質救懸瓠興祖守白石並率
所領隨之虜退罷遷領華後第一隊撫邮士
卒其得衆心三十九年以爲廣威將軍舊將羅
仗兼帶營祿元凶入弒事變各君卒舊將羅訓

徐罕皆望風屈附天與不暇被甲執刀持弓疾
呼左右出戰徐罕曰殿下入汝欲何爲天與罵曰
殿下常來云何即時方作此語只妆是賊手射
賊劭於東堂幾中逆徒擊之臂斷倒地乃見殺
其隊將張泓之朱道欽陳滿與天與同出拒戰
並死世祖即位詔曰日者逆豎犯蹕釁變卒起
廣威將軍關中侯卜天與提戈赴難挺身奮節
斬殪凶黨旋受虐刃勇冠當時義伉古列
興言追悼傷痛于心宜加甄贈以旌忠節可贈龍

驤將軍益州刺史諡曰壯疾車駕臨哭泓之等
各贈郡守給天與家長粲子伯宗殿中將軍太
宗泰始初領橦擊南賊沒於赭圻戰殁伯宗弟
興官至前將軍南平昌太守直閤領細杖主順
帝昇明元年與袁粲同謀伏誅天與弟天生少
爲隊將十八同火屋後有一大阮廣二丈餘十
人共跳之皆渡唯天生隆院天生乃取寶中苦
竹剡其端使利交橫布阮內更呼等類共跳
畏懼不敢天生曰我向已不渡今者必隆此阮

中丈夫跳此不渡亦何須活乃復跳之往反十
餘曾無留碳衆並歎服以兄死節爲世祖所留
心稍至西陽王子尚撫軍參軍加龍驤將軍隸
沈慶之攻廣陵城天生推車塞壋率數百人先
登四北角徑至城上賊爲重撫斷攻道苦戰移
日不接乃還詔曰天生始受戎任甫造寇壘
而投輪越壋率果先騰壯之氣嘉歎無
已可且賜布千匹以屬衆校大明末爲弋陽
太守太宗泰始初與殷琰同逆邊城令宿僧

護起義討斬之

許昭先義興人也叔父肇之坐事繫獄七年不
判子姪二十許人昭先家　最貧薄專獨料訊無
曰在家餉饋肇之莫　非珍新家產既盡賣宅以
充之肇之諸子倦怠昭先無　自懈息如是七載
尚書沈演之嘉其操行肇之事由此得釋昭先
以營殯葬弁男子三人並幼瞻護皆得成長昭先
父母皆老病家無僮役仅竭力致養甘旨必從宗
黨嘉其孝行雍州刺史劉真道板為征虜男參
軍昭先以親老不就本邑補主簿昭先以叔未
仕又固辭元嘉初西陽董陽五世同財為鄉邑
所美會稽姚吟事親至孝孝建初揚州辟文學
從事不就

余齊民晉陵人也少有孝行為邑書吏父
殖大明二年在家病亡家人以父病報之信未至
齊民謂人曰比者肉痛心煩有若割截居常遑
駭必有異故信尋至便歸四百餘里一日而至

宋書傳五一　　十七

至門方詳矣死號踊慟絕良久乃蘇問母父所
遺言母曰汝父臨終恨不見汝旦相見何難於
是號叫殯所須更便絕州郡上言有司奏曰收
賢雄善萬代心至自太古今當旦異齊民至
性由中情非外感淳情凝至深心天徹跪評遺
務虔被移革華夏實乃風淳以禮治本惟孝
靈祥歸應其道先彰齊民越自氓隸行貫生品
雄間表基允出在茲改其里為孝義里蠲租布
旨一慟殞亡雖迹異參柴而誠均立趙方今聖

賜其母穀百斛

孫棘彭城人也世祖大明五年發三五丁
弟薩應充行坐違期不至依制軍法人身付獄
未及結竟棘詣郡辭不忍令當一門之苦乞以
身代薩薩又辭列門戶不建罪應至此狂愚犯
法實是薩身自應依法受戮兄弟少孤薩三
歲失父一生特賴唯在長兄兄雖可垂愍有何
心慮世太守張岱疑其不實以棘薩各置一處語
棘云已為誰詳聽其相代棘顏色甚悅答去得

宋書傳五二　　十八

爾旦則為不死又欣然曰死自分甘但令

兄免薩有何恨薩妻許又寄語屬君當門尸

當可委罪小郎且大家臨亡以小郎竟未

妻娶家道不立君已有二兒死復何恨從依事

表上世祖詔曰棘薩旴隸節行可甄特原罪州

加辟命并賜許昻二十四先是新蔡徐元妻

許年二十一喪夫子甄年三歲父攬愍其年少

以更適同縣張買許自哲不行父逼載送買

許自經氣絕家人奔赴良久乃蘇買知不可奪

宋書傳五十一 十九

夜送還攬許歸徐氏養元父季元嘉中年八十

餘卒太宗泰始二年長城奚慶思殺同縣錢仲

期仲期子延慶屬役在都聞父死馳還於庚浦

隸逢慶愍手刃殺之自繫烏程縣獄吳興太守

郡顗表不加罪許之

何子平廬江灊人也曾祖措冒侍中祖友會稽

王道子驃騎諮議參軍父子先建安太守子

平世居會稽少有志行見稱於鄉曲事母至孝

揚州辟從事史月俸得白米輒貨市粟麥人

或問曰所利無幾何足為煩子平曰尊老在

東不辦常得生米何心獨饗白粲每有贈鮮

者若不可寄致其家則不肯受毋本側庶籍注

失實年未及養而籍年已滿便去職歸家時鎮

軍將軍顧覬之為州上綱謂曰君年實未八十

親故所知州中差有微祿當啓相留子平曰公家

正取信黃籍籍年既至便應扶待私庭何容以

實年未滿苟冒榮利且歸養之願又切微情覬

之又勤令以毋老求縣子平曰實未及養何假

宋書傳五十二 二十

以希祿覬之益重之既歸家竭身運力以給供養

元嘉三十年元凶弒逆安東將軍隨王誕入討以

為行參軍子平以凶逆滅理普天同奮故廢已

受職事寧自解又除奉朝請不就末除吳郡

海虞令縣祿唯以養毋一身而妻子不犯一毫

或疑其儉薄子平曰希祿本在養親不在為已

問者慚而退毋喪去官哀毀踰禮毋至哭踊

頓絕方蘇值大明末東土飢荒繼以師旅八年

不得營葬晝夜號絕辯踊不闋俄頃叫慕之

音常如祖括之日冬不衣絮暑不避清凉日以數
合米爲粥不進塩菜所居屋敗不蔽雨日我情事未
與採伐茅竹欲爲葺治子平不肯曰兄子伯
申天地一罪人耳屋何宜覆蔡興宗爲會稽眞
守甚加旌賞泰始六年爲營家檟子平居喪毀
甚困瘠踰父及至免喪支體殆不相屬幼持操
檢敦屬名行雖處閨室如接大賓學義堅明
處之以默安貧守善不求榮進好退之士彌以
貴之順帝昇明元年卒時年六十

弘治四年 《宋書傳五十一　二十一　嬃生興》

史臣曰漢世士務治身故忠孝成俗至乎乘軒
服冕非此莫由晉宋以來風衰義缺刻身厲行
事薄膏腴若夫孝立闔庭忠被史策多發溝畎
之中非出衣簪之下以此而言聲教不亦卿大
夫之耻乎

列傳第五十一　　宋書九十一

良吏

高祖起自匹庶知民事艱難及登庸作宰留心
吏職而王略外舉未遑內務奉師之費日耗千
金播茲寬簡雖所未暇而綢繆華屏欲以儉抑身
左右無幸調之私閨房無文綺之飾故能戎車
歲駕邦甸不擾太祖幼而寬仁入纂大業及難
興陝方六戎薄伐命將動師經略司兖費由府

實役不及民自此區寓宴安方內無事三十年
間氓庶蕃息奉上供止於歲賦晨出莫歸自
事而已守宰之職以六朞為斷雖沒世不徙未
及曩時而民有所係吏無苟得家給人足即事
雖難轉死溝渠於時可免凡百戶之鄉有市之
邑謠謳舞蹈觸處成羣蓋宋世之極盛也晷元
嘉二十七年北狄南侵戎役大起傾資埽蓄猶
有未供於是深賦厚斂天下騷動自茲至于孝
建兵連不息以區區之江東地方不至數千里

戶不盈百萬荐之以師旅因之以凶荒宋氏之
盛自此衰矣晉世諸帝多處內房朝宴所臨東
西二堂而已孝武末年清暑方構高祖因之亦
所改作殿所居唯稱西殿不制嘉名太祖因
有合殿之稱及世祖承統制度奢廣大馬餘蔽
粟土木衣綈繡窓網戶壁女幸臣賜傾府藏
諸殿離藥綺節珠窓網戶壁女幸臣賜傾府藏

竭四海不供其欲單民命未快其心大宗繼作
彌篤浮侈恩不卹下以至橫流苾民之官遷變
歲屬罷窮不得黔席未暇燠蒲密之化事未易階
豈徒吏不及古民偽於昔蓋由為上所擾致治
莫從今操其風迹粗著者以為良吏篇云

王鎮之字伯重琅邪臨沂人徵士弘之兄也曾
祖廙晉驃騎將軍祖者之中書郎父隨之上虞
令立有能名內史謝輶請為山陰令復有殊績
令鎮之初為琅邪王衛軍行參軍出補剡上虞
遷衛軍參軍本國郎中令加寧朔將軍桓玄輔
晉以為大將軍錄事參軍時三吳飢荒遣鎮之

衡命賑卹而會稽內史王愉不奉符旨鎮之依
事糺奏愉子綏玄之外甥當時貴盛鎮之為所
排抑以母老求補安成太守及玄敗玄符宏
寇亂郡境鎮之拒戰彌年子弟五人迸臨陣見
殺母憂去職在官清潔妻子無以自給乃棄家
致喪還上虞舊基甚為子標之求安復令隨子
之官服闋為征西道規司馬南平太守徐道覆
逼江陵加鎮之建威將軍統檀道濟到彥之等
討道覆以不經將帥固辭不見聽既而前軍失

利白衣領職尋復本官以討道覆功封華容縣
五等男徵廷尉晉穆帝何皇后山陵領將作大
匠遷御史中丞秉正不撓百寮憚之出為使持
節都督交廣二州諸軍事建威將軍平越中郎
將廣州刺史高祖謂人曰王鎮之少著清績必
將繼美吳隱之嶺南之弊非此不康也在鎮不
受俸祿蕭然無所營去官之日不異始至高祖
初建相國府以為諮議參軍領錄事善於吏職
嚴而不殘遷宋臺祠部尚書高祖踐阼鎮之以

脚患自陳出為輔國將軍琅邪太守遷宣訓衛
尉領本州大中正永初三年卒官時年六十六

弟弘之在隱逸傳

杜慧度交阯朱戴人也本屬京兆曾祖元為寧
浦太守遂居交阯父瑗字道言仕州府為日南
九德交阯太守初九眞太守李遜父子勇壯有
權力威制交土聞刺史滕遯之當至分遣二子
斷遏水陸津要瑗收衆斬遜遜州境獲寧除龍驤
將軍瑗在州十餘年與林邑累相攻伐瑗之

將北還林邑王范胡達攻破日南九德九眞三
郡遂圍州城時瑗遣之去已遠瑗與第三子玄
悉力固守多設權策累戰大破之追討於九眞
日南連捷故胡達走還林邑乃以瑗為龍驤將
軍交州刺史義旗進號冠軍將軍盧循竊據廣
州遣使通好瑗斬之義熙六年年八十四卒追
贈右將軍本官如故慧度瑗第五子也初為州
主簿流民督護遷九眞太守瑗卒府州綱佐以
交土接寇不宜曠職共推慧度行州府事辭不

就七年除使持節督交州諸軍事廣武將軍交
州刺史詔書未至其年春盧循襲破合浦徑向
循長史孫建之循雖敗餘黨猶有三千人皆習練
兵事李子遜李弈李脫等無畏石碩盤結俚獠
各有部曲循知弈等與杜氏有怨遣使招之弈
等引諸俚帥眾五六千人受循節度六月庚子
循晨造南津命三軍入城乃食慧度柴出宗族
私財以充勸賞弟交阯太守慧期九真太守章

三十二 〔宋書列傳五十二〕 五

民竝督率水步軍慧度自登高艦合戰放火箭
雜尾炬步軍夾兩岸射之循眾艦俱然一時散
潰循中箭赴水死斬循及父骶并循二子親屬
錄事參軍阮靜中兵參軍羅農夫李脫等傳首
京邑封慧度龍編縣疾食邑千戶高祖踐阼進
號輔國將軍其年率文武萬人南討林邑所殺
過半前後被抄略悉得還本林邑乞降輸生口
大象金銀古貝等乃釋之遣長史江悠奉表獻捷
慧度布衣蔬食儉約質素能彈琴頗好莊老禁

斷謠杞崇脩學校歲荒民饑則以私祿賑給爲
政纖密有如治家由是威惠沾洽姦盜不起乃
至城門不夜閉道不拾遺少帝景平元年平時
年五十追贈左將軍以慧度長子貞爲散騎侍
郎弘文爲振威將軍交州刺史初高祖北征關
度板弘文爲鷹揚將軍流民督護配兵三千北
係大軍行至廣州關洛已平乃歸統府板弘文
行九真太守及繼父爲刺史亦以寬和得眾襲
爵龍編侯太祖元嘉四年以廷尉王徽爲交州

弘治四年 〔宋傳五十二〕 六 陰生王胡

刺史弘文就徵會得重疾牽以就路親舊見其
患篤勸表待病瘥弘文曰吾世荷皇恩杖節三
世常欲投軀帝庭以報所荷況親被徵命而可
宴然者乎如其顛沛此乃命也弘文母既年老
見弘文興疾就路不忍分別相與俱行到廣州
遂卒臨死遺弟弘獻詣京朝廷甚哀之
徐豁字萬同東莞姑幕人也中散大夫廣兄子
父邈晉太子左衛率豁晉安帝隆安末爲太學
博士桓玄輔政爲中外都督諮議致敬唯內外

武官太宰司徒並非軍職則琅邪王不應加敬
玄諷中丞免豁官立敗以爲祕書郎尚書倉部
即右軍何無忌功曹仍爲鎭南參軍又祠部永
世令建武司馬中軍家軍尚書左丞山陰令歷二丞三
徐羨之鎭軍司馬尚書左丞永初初爲
邑精練明理爲一世所推元嘉初爲始興太守
因此表陳三事其一曰郡大田武吏年滿十六
三年遣大使巡行四方并使郡縣各言損益豁
便課米六十斛十五以下至十三皆課米三十斛

一戶內隨丁多少悉皆輸米且十三歲見未堪
田作或是單迴無相兼通年及應送輸便自逃逸
既過接蠶俚去就益易或乃斷截支體產子不
養戶口歲減寔此之由謂宜更量課限使得存
立今若減其米課雖有交損考之將來理有深
益其二曰郡領銀民三百餘戶鑿坑採砂皆二
三丈功役既苦不顧崩壓一歲之中每有死者
官司檢切猶致逋違老少相隨永絕農業千有
餘口皆資他食豈唯一夫不耕或受其饑而已

所以歲有不稔便以致其困尋臺邸用米不異於
銀謂宜淮銀課米一即事爲便其三曰中宿縣俚
民課銀一子丁輸南稱半兩尋此縣自不出銀
又便民皆巢居鳥語不閑貨易之宜每至買
銀爲損已甚又稱兩受入易生姦巧山俚愚怯
不辨自申官所課其輕民以所輸爲劇令若聽
計丁課米公私兼利在郡著績太祖嘉之下詔曰
始興太守豁潔已退食格居在官政事修理惠
澤沾被近嶺南荒獎郡境尤甚拯邮有方濟厥

饑饉雖古之良守蔑以尚焉宜蒙褒貢以旌清
績可賜絹二百匹穀五千斛五年以爲持節督廣
交二州諸軍事寧遠將軍平越中郎將廣州刺史
未拜卒時年五十一太祖又下詔曰豁廉清勤恪
著稱所司故擢授南服申其才志不幸喪殞
朕甚悼之可賜錢十萬布百匹以營葬事
陸徽字休猷吳郡吳人也郡辟命主簿仍除衛
軍車騎二府參軍揚州主簿主弘衛將軍主簿
除尚書都官郎出補建康令清平無私爲太祖

所善遷司徒左西掾元嘉十四年為始興太守
明年仍除使持節交廣二州諸軍事綏遠將軍
平越中郎將廣州刺史清名亞王鎮之為士民
所愛諫上表薦士曰臣聞陵雪襲頴貞柯必振
尊風賞流清原斯挹是以衣纓揮譽於西京折
轅延高於東帝伏見廣州別駕從事史朱萬嗣
年五十三字少豫理業沖夷秉操純白行稱私
服位極僚首九綜州綱三端府職頻掌蕃機屢
庭能著官政雖氏非世祿官無通資而隨牒南
績符守年蟹知命廉尚愈高水心與貪流爭激
足以澄華汙吏洗鏡貪岷臣謬系司牧任專萬
組珠海室霏瑤珥之珍確然守志不求聞達連
里雖情祇慎擇才闕豪露敢罄愚陋舉其所知
霜情與晚節彌茂歷幸金山家無寶鏤之飾連
如得提名禮闈抗迹朝省博嶺表之清風負永
宇之潔望則恩融一臣而施光萬物敢緣天澤
雲行時德雨施每甄外州榮加遠國是以獻其
聲言希畢聽覽二十一年徵以為南平王鑠冠

軍司馬長沙內史行湘州府事母憂去職張尋
趙廣為亂於益州兵冠之餘政荒民擾二十三
年乃追徵為持節督益寧二州諸軍事寧朔將
軍益州刺史隱邲有方威惠著寇盜靜息朝民
物殷阜蜀土安說至今稱之三十九年卒時年
六十二身亡之日家無餘財太祖甚痛惜之詔
曰徽屬志廉潔歷任恪勤奉公盡誠克己無倦
襄榮未申不幸夙殞言念在懷以為傷恨可贈
輔國將軍本官如故賜錢十萬米二百斛諡曰
簡子子叡正員外郎弟展㧑質軍騎長史尋陽
太守質敗從誅

阮長之字茂景陳留尉氏人也祖思曠金紫光
祿大夫父普驃騎咨議參軍長之年十五喪父
有孝性哀感傍人服除蔬食者猶積載閭居篤
學未嘗有惰容初為諸府參軍除員外散騎侍
郎母老求補襄垣令督郵無禮鞭之去職尋補
盧陵王義真車騎行參軍平越長史東莞太
守入為尚書殿中郎出為武昌太守時王弘為

江州雅相知重引為車騎從事中郎入為太子
中舍人中書侍郎以母老固辭朝直補彭城王
義康平北咨議參軍元嘉九年遷臨川內史以
南土甲濕母年老非所宜辭不就十一年復除
臨海太守至郡少時而母亡葬畢不勝憂十四
年卒官時年五十九時郡縣田祿芒種為斷此前
去官者則一年秩祿皆入前人此後去官者則
分祿長之去武昌郡代人未至以芒種後一日
解印綬初發京師親故或以器物贈別得便緬
錄後歸悉以還之在中書省直夜往鄰省誤著
覆出閣依事自列門下以闇夜人不知不
受列長之固遣送之曰一生不侮闇室前後所
莅官皆有風政為後人所思宋世言善治者咸
稱之子師門原鄉令
江秉之字玄叔濟陽考城人也祖逵晉太常父
纂給事中秉之少孤弟妹七人並皆幼稚撫育
姻娶罄其心力初為劉穆之丹楊前軍府參軍

高祖督徐州轉主簿仍為世子中軍行參軍宋受
禪隨例為員外散騎侍郎補太子詹事丞以善政
即位入為尚書都官郎出為求世烏程令以善政
著名東土徵建康令為治嚴察京邑肅然豪彊
仁為領軍請為司馬復出為山陰令民戶三萬
政事煩擾訟諠殷積階庭常數百人秉之御繁
以簡常得無事宋世唯顧覬之亦以省務著績
其餘雖復刑政循理而未能簡事以在縣有能
遷補新安太守元嘉十二年轉在臨海並以簡約
見稱所得祿秩悉散之親故妻子常飢寒人有
勸其營田者秉之正色曰食祿之家豈可與農
人競利在郡作書案一枚及去官留以付庫十
七年卒時年六十子徽尚書都官郎吳令元凶
殺徐湛之徽以黨與見誅子謐昇明末為尚書
吏部郎元嘉初太祖遣大使巡行四方兼散騎
常侍孔默之王歆之等上言宣威將軍陳南頓
一郡太守李元德清勤均平女姦盜止息彭城內
史魏恭子廉恪修慎在公忘私安約守儉父而

彌固前宋縣令成浦　治政寬濟遺詠在民前銅
陽令李熙國在事有方民思其政山桑令何道
自少清康白首彌厲應加襃賚以勸于後乃進
元德號寧朔將軍恭子賜絹五十四穀五百斛
官至南蠻校尉祖尋之光祿大夫父肇之豫章
王歆之字叔道河東人也曾祖逖期有名晉世
浦熙國道各賜絹三十四穀二百斛
公相歆之被遇於太祖歷顯官左民尚書光祿
大夫卒官元嘉九年豫州刺史長沙王義欣上

言所統威遠將軍比讓梁二郡太守關中戻申
季歷自奉職郡緻于茲五年信惠並宣威化兼
著外清姦暴內輯民黎役賦均平閭井齊蕭綏
穆初招攜荒遠郊境之外仰澤懷風爵賞之
授績能是顯宣升階秩以崇獎勸進號寧朔將
軍其後晉壽太守郭啟玄亦有清節辛官元嘉
二十八年詔曰故綏遠將軍晉壽太守郭啟玄
往衡命虜庭秉意不屈受六任白水盡勤靡懈公
奉私籲纖毫弗納布衣蔬疏食飭躬惟儉故超授

顯邦以甄廉績而介誠苦節終始匪貳身死之
日妻子凍餒操志操殊俗良可哀悼可賜其家穀
五百斛時有比地傅僧祐　穎川陳珉高平張祐
並以吏才見知僧祐事在藏壽傳珉爲吳令善
發姦伏境內以爲神明祐祖父湛晉孝武世以
才學爲中書侍郎光祿勳祐歷臨安武康錢塘
令並著能名宋世言長吏者以三人爲首元嘉
中高平太守潘之清節子亮爲昌慮令亦著
廉名大明中爲徐州刺史劉道隆所表世祖世

吳郡陸法真歷官有清節嘗爲劉秀之安北錄
事參軍太山羊希與安北咨議參軍孫詵書曰
足下同僚似有陸錄事者此生東南名地又張
玄外孫持身至清雅有志節年高官下秉操不
衰計當日夕相與申意太宗初爲南海太守卒
官太宗世琅邪王悅亦莅官清正見知悅字少
明晉右將軍義之曾孫也父莅之官至司徒左
長史靖之爲劉穆之所厚就穆之求侍中如此
非一穆之曰卿若不求父自得也遂不果悅泰

始中為黃門郎御史中丞上以其廉介賜良田
五頃遷尚書吏部郎侍中在門下盡其心力五
年辛官追贈太常初悅為侍中撿校御府太官
太醫諸署得姦巧甚多及悅死衆咸謂諸署祝
阻之上乃收典掌者十餘人捶捔云送淮陰密
令渡瓜步江投之中流

史臣曰夫善政之於民猶良工之於埴也用功
嘉而成器多漢世戶口殷盛刑務簡闊郡縣治
民無所橫擾勸賞威刑事多專斷尺一詔書希
經邦邑龔黃之化易以有成降及晚代情偽繁
起民減昔時務多前世立績垂風難易百倍若
以上古之化此世之民今吏之良撫前代之
俗則武城弦歌將有未暇淮陽卧治如或可勉
未必今才陋古蓋化有淳薄也

列傳第五十二　　宋書九十二

宋書九□□
臣沈 約 新撰

隱逸

易曰天地閉賢人隱又曰遯世無悶又曰高尚
其事又曰幽人貞吉論語作者七人表以逸民
之稱又曰子路遇荷篠丈人孔子曰隱者也又
曰賢者避地其次避言又曰虞仲夷逸隱居故
言品目參差稱謂非一請試言之夫隱之爲言迹
不外見道不可知之謂也若夫千載寂寥聖人
不出則大賢自晦降夷凡品止於全身遠害非
世而有避世之因固知義惟晦道非曰藏身至
必究虛巖栖雖往得二鄰亞宗極而舉世莫
窺萬物不親若此人者豈肯洗耳潁濱皦皦然
顯出俗之志乎避世即賢人也夫何適非
世俗之志乎避世即賢人也夫何適非
之隱義深於自晦荷篠之隱事止於違人論迹
傳之迹此蓋荷篠之隱而非賢事止於違人論迹
既殊源心亦異也身與運閉無可知之情雖黍

（宋書傳五十三 一 許忠）

宿賓示高世之美運開故隱爲隱之跡不見遺
人故隱用致隱者之目身隱故稱隱者道隱故
曰賢人或曰隱者之異乎隱身之於晦道名同
而義殊賢人之於賢者事窮於亞聖以此爲言
同於賢人未知所異應之曰隱身之於幽道名
如或可辨若乃高尚之與作者三避之與幽人
及逸民隱居皆獨往之稱雖復漢陰之氏不傳
河上之名不顯莫不激貪厲俗自異之姿猶
負褐曰月鳴鼓而趨也陳郡袁淑集古來無
名高士以爲眞隱傳格以斯談去眞遠矣賢人
在世事不可誣今爲隱逸衞虛置賢隱之位其
餘夷心俗表者蓋逸而非隱云
戴顒字仲若譙郡銍人也父逵兄勃並隱遯有
高名顒年十六遭父憂幾於毀滅因此長抱羸
患以父不仕復修其業父善琴書顒並傳之凡
諸音律皆能揮手會稽剡縣多名山故世居剡
下顒及兄勃並受琴於父父沒所傳之聲不忍
復奏各造新弄勃五部顒十五部顒又制長弄

（宋書傳五十三 二 楷卿）

一部竝傳於世　中書令王綏常攜賓客造之　勃
等方進豆粥綏曰聞卿善琴試欲一聽不答綏
恨而去桐廬縣又多名山兄弟復共遊之因留
居止勃疾患醫藥不給顯謂勃隨兄事垂干祿
非有心於默語時求海虞令事行而勃卒乃
止桐廬僻遠難以養疾乃出居吳郡吳下士人
以自濟耳乃告時求海虞令少時繁密有若
自然乃述莊周大旨著消搖論注禮記中庸篇

三吳將守及郡內衣冠要其同遊野澤堪行便
往不爲矯介衆論以此多之　高祖命爲太尉行
起太祖元嘉二年詔曰新除通直散騎侍郎戴
參軍琅邪王司馬屬竝不就宋國初建令曰前
太尉參軍戴顒辟士章玄秉操幽遁守志不渝
宜加旌引以弘止退竝可散騎侍郎在通直不渝
顯太子舍人宗炳竝志託丘園自求衡革恬靜
之操久而不渝顒可國子博士炳可通直散騎
侍郎東宮初建又徵太子中庶子十五年徵散騎

常侍竝不就衡陽王義季鎮京口長史張邵與
顯姻通迎來止黃鵠山山北有竹林精舍林澗
甚美顯憩于此澗義季亟從之遊顯服其野服
不改常度爲義季鼓琴竝新聲變曲其三調遊
紆廣陵止息之流皆與世異太祖每欲見之當
謂黃門侍郎張敷曰吾東巡之日當讌戴公山
也以其好音長給正聲伎一部顯合何嘗白鵠
二聲以爲一調號爲清曠自漢世始有佛像形

制未工遠特善其事顯亦參焉爲宋世子鑄丈六
銅像於瓦官寺既成面恨瘦工人不能治乃迎
顯看之顯曰非面瘦乃臂胛肥耳既錯減臂胛
瘦患即除無不歎服爲十八年卒時年六十四
無子景陽山成顯巳云上歎曰恨不得使戴
顯觀之
宗炳字少文南陽涅陽人也祖承宜都太守父
繇之湘鄉令母同郡師氏聰辯有學義教授諸
子炳居喪過禮爲鄉間所稱刺史殷仲堪桓玄
竝辟主簿舉秀才不就高祖誅劉毅領荊州問

毅府咨議參軍申永曰今日何施而可永曰除
其宿釁倍其惠澤貰敓門次顯權才能如此而
已高祖納之辟炳為主簿不起問其故答曰棲
丘飲谷三十餘年高祖善其對妙善琴書精於
言理每游山水往輒忘歸征西長史王敬弘每
從之未嘗不彌日也乃下入廬山就釋慧遠考
尋文義兄弟並游南平太守逼與俱還乃於江陵
三湖立宅閑居無事高祖召為太尉參軍不就
二兄蚤卒孤累甚多家貧無以相贍頗營營稼穡
高祖數致餼賚其後子弟從祿乃悉不復受高
祖開府辟召下書曰吾東大寵思延賢彥而兔
罝潛處考槃未臻側席立園良增虛佇南陽宗
炳鴈門周續之並植操幽棲無悶巾褐可下辟
召以禮屈之於是並辟太尉掾皆不起宋受禪
徵為太子舍人元嘉初又徵通直郎東宮建徵
為太子中舍人庶子竝不應妻羅氏亦有高情
與炳協趣羅氏没炳哀之過甚既而輒哭尋理
悲情頓釋謂沙門釋慧堅曰死生之分未易可

達三復至教方能遣哀衡陽王義季在荊州親
至炳室與之歡讌命為咨議參軍不起好山水
愛遠遊西陟荊巫南登衡岳因而結宇衡山欲
懷尚平之志有疾還江陵嘆曰老疾俱至名山
恐難徧覩唯當澄懷觀道卧以游之凡所游履
皆圖之於室謂人曰撫琴動操欲令衆山皆響
古有金石弄為諸桓所重桓氏亡其聲遂絕唯
炳傳焉太祖遣樂師楊觀就炳受之炳外弟師
覺授亦有素業以琴書自娛臨川王義慶
祭酒主簿竝不就乃表薦之會病卒元嘉二十
年炳卒時年六十九衡陽王義季與司徒江夏
王義恭書曰宗居士不救所病其清履肥素終
始可嘉為之惻愴不能已巳子朔南譙王義宣
車騎參軍次綱江夏王義恭司空主簿次昭郎
州治中次說正員郎
周續之字道祖鴈門廣武人也其先過江居豫
章建昌縣續之年八歲喪母哀戚過於成人奉
兄如事父章太守范甯於郡立學招集生徒

遠方至者其衆續之年十二詣審受業居學數
年通五經并緯候名冠同門號曰顏子既而閑
居讀老易入廬山事沙門釋慧遠時彭城劉遺
民遁迹廬山陶淵明亦不應徵命謂之尋陽三
隱以為身不可遣餘累宜絕遂終身不娶妻布
衣蔬食劉毅鎮姑熟命為撫軍徵太學博士並
不就江州刺史每相招請續之不尚節峻頗從
之游常以祇康高士傳得出處之美因為之注
高祖之北討世子居守迎續之館于安樂寺延

三升、　　　　　　　　七　羊

入講禮月餘復還山江州刺史劉柳薦之高祖
曰臣聞恢燿和肆必在兼城之寶翼亮宗本宜
紆高世之逸是以渭濱佐周聖德廣運商洛匡
漢英業乃昌伏惟明公道邁振古應天繼期游
外暢於宇內體遠形于應近雖汾陽之舉輒駕
於時覬明揚之旨潛感於穹谷矢竊見處士鴈
門周續之清貞素思學鈎深冠獨往心無
近事性之所遣築華與饑寒俱落情之所慕巖
澤與琴書共遠加以仁心內發義懷外亮留愛崑

內誠著桃李若外之宰府必非味斯和濯纓儒
官亦王獻遠緝藏文不知失在降賢言偃得人
功由外士願照其丹款不以人廢言俄而辟為
太尉掾不就高祖北代還鎮彭城遺使迎之禮
賜甚厚每稱之曰心無偏吝豈員高士也尋復南
還高祖踐祚復召之乃盡室俱下上為開館東
郭外招集生徒乘輿降幸并見諸生問續之禮
記懥不可長與我九齡射於矍圃三義辨析精
奧稱為該通續之素患風痺不復堪講乃移病

三百二十一　宋書傳十三　　　　八　　天

鍾山景平元年卒時年四十七通毛詩六義及
禮論公羊傳皆傳於世無子兄子景遠有續之
風太宗泰始中為晉安內史未之郡卒
王弘之字方平琅邪臨沂人宣訓衛尉鎮之弟
也少孤貧為外祖徵士何准所撫育從叔獻之
及太原王恭並貴重之晉隆安中為琅邪
王中軍參軍主簿家貧而性好山水求
為烏程令尋以病歸桓玄輔晉桓謙以為衛軍
參軍時琅邪殷仲文選姑孰祖送傾朝謙要弘

之同行答曰凡祖離送別必在有情下官與殷
風馬不接無緣屑從謙貴其言每隨兄鎮之
安成郡弘之解職同行荊州刺史桓偉請為南
蠻長史義熙初何無忌又請為右軍司馬高祖
命為徐州治中從事史除員外散騎常侍並不
就家在會稽上虞從兄敬弘為吏部尚書奏曰
聖明司契載德惟新垂鑑及微表揚隱介默語
仰風荒遐傾首前員外散騎常侍琅邪王弘之
恬漠丘園放心居逸前衛將軍參軍武昌郭希
林素優純潔嗣徽前武趾聲壤聖朝未蒙表飾
宜加旌聘貫于丘園以彰止遜之美以祛動求
之累臣愚謂弘之可太子庶子希林可著作郎
即徵弘之為庶子不就太祖即位徵弘為左僕
射又陳弘之高行表於初篼若節彰於其年今
內外晏然當脩太平之化宜招空谷以敦沖退
之美元嘉四年徵為通直散騎常侍又不就敬
弘嘗解貂裘與之即著以采藥性好釣上虞江
有一處名三石頭弘之常垂綸於此經過者不

識之或問漁師得魚賣不弘之曰亦自不得得
亦不賣日夕載魚入上虞郭經親故門各以一
兩頭置門內而去始寧汰川有佳山水弘之又
依巖築室謝靈運顏延之並相欽重靈運與廬
陵王義真牋曰會境既豐山水是以江左嘉遁
多居之但季世慕榮幽棲者寡或後才為時
求弗獲從志至若王弘之拂衣歸耕踰歷三紀
孔淳之隱約窮岫自始迄今阮萬齡辭事就閒
纂成先業浙河之外棲遲山澤如斯而已既遠
同義唐亦激貪厲競殿下愛素好古常若布衣
每意昔聞虛想巖宂若遣一介有以相存真可
謂千載盛美也弘之四年卒時年六十三顏延
之欲為作誄書與弘之子曇生曰君家高世之
節有識歸重豫深豪翰所應載述況僕託慕不
風竊以敘德為事但恨短筆不足書義誄竟不
就曇生好文義以謙和見稱歷位吏部尚書
太常鄉大明末為吳興太守太宗初四方同逆
戰敗奔會稽歸降被宥終於中散大夫

阮萬齡陳留尉氏人也祖思曠在光祿大夫父
寧黃門侍郎萬齡少知名自通直郎為孟昶建
威長史時表豹江夷相係為昶司馬時人謂昶
府有三素望萬齡家在會稽剡頗有素情永
初末自侍中解職東歸徵為祕書監遷太常加給事中
不就尋除左民尚書復起應命遷太常又被免復
州刺史在州無政績還為東陽太守又被免為湘
為散騎常侍金紫光祿大夫元嘉二十五年卒
時年七十二

三五 ｜宋書列傳五十三｜

孔淳之字彥深魯郡魯人也祖愉尚書祠部郎
父粲祕書監徵不就淳之少有高尚愛好墳籍
為太原王恭所稱居會稽剡縣性好山水每有
所游必窮其幽峻或旬日忘歸嘗游山遇沙門
釋法崇因留共止遂停三載法崇嘆曰緬想人
外三十年矣今乃傾蓋於茲不覺老之將至也
及淳之還反不告以姓除著作佐郎太尉參軍
並不就居喪至孝廬于墓側服闋與徵士戴顒
王弘之及王敬弘等共為人外之游敬弘以女

十一 羊

適淳之子尚會稽太守謝方明苦要入郡終不肯
往茅室蓬戶庭草蕪逕唯床上有數卷書元嘉初復
徵為散騎侍郎乃逃于上虞縣界家人莫知所之第
默之為廣州刺史出郡與別司徒王弘餞淳之集京城
即日命駕為東歸遂不顧世元嘉七年卒時年五十九
默之儒學注穀梁春秋默之子熙先事在范曄傳
劉疑之字子安小名長年南郡枝江人也父期之
陽太守兄盛公高尚不仕疑之慕老萊嚴子陵之
推家財與弟及兄子立屋於野外非其力不食州
重其德行州三禮辟西曹主簿舉秀才不就妻梁州
刺史郭銓女也遭送豐麗疑之悉散之親屬妻能
不慕榮華與疑之共安儉苦夫妻並蓬篲車出市買
賜周用之外輒以施人為村里所誑二年三輪公調求輒
與之有人嘗認其所著展笑曰僕著之已敗今家中
覓新者備君也此人後田中得所失展送還之不肯
復取元嘉初徵為祕書郎不就臨川王義慶衡陽王
義季鎮江陵並遣使存問疑之答書頓首稱僕嚴陵
民禮人或譏焉疑之曰昔老萊向楚王稱僕嚴陵亦

一六六 ｜宋書傳五十三｜ 十二 永

抗禮光武未聞巢許稱臣堯舜時戴顒與衡陽
王義季書亦稱僕荊州年饑義季慮凝之餒餒
餉錢十萬凝之大喜將錢至市門觀有饑色者
悉分與之俄頃立盡性好山水一旦攜妻子泛
江湖隱居衡山之陽登高嶺絕人迹為小屋居
之采藥服食妻子皆從其志元嘉二十五年卒
時年五十九

龔祈字孟道武陵漢壽人也從祖玄之父黎民
並不應徵辟祈年十四鄉黨舉為州迎西曹不
行謝晦臨州命為主簿彭城王義康舉秀才除
奉朝請臨川王義慶平西參軍皆不就風姿端
雅容止可觀中書郎范述見而嘆曰此荊楚仙
人也衡陽王義季臨荊州發教以祈及劉凝之
師覺授不應徵召辟其三子祈又徵太子舍人
不起時或賦詩言不及世事元嘉十七年卒時
年四十二

翟法賜尋陽柴桑人也曾祖湯湯子莊莊子矯
矯高尚不仕逃避徵辟矯生法賜少守家業立

屋於廬山頂喪親後便不復還家不食五穀以
獸皮結草為衣雖鄉親中表莫得見也州辟主
簿舉秀才右參軍著作佐郎員外散騎侍郎並
不就後家人至石室尋求因復遠徙避徵聘
遁跡幽深尋陽太守鄧文子表曰奉詔書徵郡
民新除著作佐郎南陽翟法賜補員外散騎侍
郎法賜隱跡廬山于今四世栖身巖人罕見
者如當逼以王憲束以嚴科馳山獵草以期禽
獲慮致顛殞有傷盛化乃止後卒於巖石之間

不知年月

陶潛字淵明或云淵明字元亮尋陽柴桑人也
曾祖侃晉大司馬潛少有高趣嘗著五柳先生
傳以自況曰先生不知何許人不詳姓字宅邊
有五柳樹因以為號焉閑靜少言不慕榮利好
讀書不求甚解每有會意欣然忘食性嗜酒
家貧不能恒得親舊知其如此或置酒招之造
飲輒盡期在必醉既醉而退曾不吝情去留環
堵蕭然不蔽風日短褐穿結簞瓢屢空晏如

也嘗著文章自娛頗示己志忘懷得失以此自
終其自序如此時人謂之實錄親老家貧起為
州祭酒不堪吏職少日自解歸州召主簿不就
躬耕自資遂抱羸疾復為鎮軍建威參軍謂親
朋曰聊欲弦歌以為三逕之資可乎執事者聞
之以為彭澤令公田悉令種秫稻妻子固請
種秔乃使二頃五十畝種秫五十畝種秔郡遣
督郵至縣吏白應束帶見之潛嘆曰我不能為
五斗米折腰向鄉里小人即日解印綬去職賦

歸去來其詞曰歸去來兮田園將蕪胡不歸既
自以心為形役奚惆悵而獨悲悟已往之不諫
知來者之可追實迷途其未遠覺今是而昨非
舟超遙以輕颺風飄飄而吹衣問征夫以前路
恨晨光之希微乃瞻衡宇載欣載奔僮僕歡迎
稚子候門三逕就荒松菊猶存攜幼入室有酒
盈罇引壺觴以自酌眄庭柯以怡顏倚南窻而
寄傲審容膝之易安園日涉而成趣門雖設而
常關策扶老以流憩時矯首而遐觀雲無心以

出岫鳥勌飛而知還景翳翳其將入撫孤松以
盤桓歸去來兮請息交而絕遊世與我以相遺
復駕言兮焉求說親戚之情話樂琴書以消憂
農人告余以上春將有事于西疇或命巾車或
棹孤舟既窈窕以窮壑亦崎嶇而經丘木欣欣
以向榮泉涓涓而始流善萬物之得時感吾生
之行休已矣乎寓形宇內復幾時曷不委心任
去留胡為遑遑欲何之富貴非吾願帝鄉不可
期懷良辰以孤往或植杖而耘耔登東皋以舒

嘯臨清流而賦詩聊乘化以歸盡樂夫天命復
奚疑義熙末徵著作佐郎不就江州刺史王弘
欲識之不能致也潛嘗往廬山弘令潛故人龐
通之齎酒具於半道栗里要之潛有腳疾使一
門生二兒舁籃輿既至欣然便共飲酌俄頃弘
至亦無忤也先是顏延之為劉柳後軍功曹在
尋陽與潛情款後為始安郡經過日日造潛
妄往必酣飲致醉臨去留二萬錢與潛潛悉
送酒家稍就取酒嘗九月九日無酒出宅邊菊

叢中坐久值弘送酒至即便就酌醉而後歸潛
不解音聲而畜素琴一張無絃每有酒適輒撫
弄以寄其意貴賤造之者有酒輒設潛若先醉
便語客我醉欲眠卿可去其真率如此郡將候
潛值其酒熟取頭上葛巾漉酒畢還復著之潛
弱年薄官不潔去就之迹自以曾祖晉世宰輔
恥復屈身後代自高祖王業漸隆不復肯仕所
著文章皆題其年月義熙以前則書晉氏年號
自永初以來唯云甲子而已與子書以言其志

宋書傳五十三　[十七]　許忠

并爲訓戒曰天地賦命有往必終自古賢聖誰
能獨免子夏言曰死生有命富貴在天四友之
人親受音旨發斯談者豈非窮達不可妄求壽
天永無外請故邪吾年過五十而窮苦荼毒
家貧弊東西遊走性剛才拙與物多忤自量爲己
必貽俗患僶俛辭世使汝幼而飢寒耳常感孺
仲賢妻之言敗絮自擁何慙兒子此旣一事矣
但恨隣靡二仲室無萊婦抱茲苦心良獨罔罔
少年來好書偶愛閑靜開卷有得便欣然忘食

見樹木交蔭時鳥變聲亦復歡爾有喜嘗言五
六月北窻下臥遇涼風暫至自謂是羲皇上人
意淺識陋日月遂往緬求在昔眇然如何疾患
以來漸就衰損親舊不遺每以藥石見救自恐
大分將有限也恨汝輩稚小家貧無役柴水之
勞何時可免念之在心若何可言然雖不同生
當思四海皆弟兄之義鮑叔敬仲分財無猜歸
生伍舉班荊道舊遂能以敗爲成因喪立功他
人尚爾況共父之人哉潁川韓元長漢末名士身

三十　宋書傳五十三　[十八]　雍威

處卿佐八十而終兄弟同居至于沒齒濟比汜稚
春晉時操行人也七世同財家人無怨邑詩云
高山仰止景行行止汝其愼哉吾復何言又爲
命子詩以貽之曰悠悠我祖爰自陶唐邈爲虞
賓歷世垂光御龍勤夏豕韋翼商穆穆司徒厭
族以昌紛綸戰國漠漠衰周鳳隱于林幽人在丘
逸虬撓雲奔鯨駭流天集有漢眷玆愍侯於赫
愍侯運當攀龍撫劍夙邁顯玆武功參誓山河
啓土開封亹亹丞相允迪前蹤渾渾長源蔚蔚

洪河薄川載導衆條載羅時有黙語運固隆汙
在我中晉業融長沙桓長沙伊勳伊德天子
嚀我專征南國功遂辭歸臨寵不惑孰謂斯心
而可近於皇仁考淡焉止寄迹夙運冥茲愳喜
千里於近得蕭矣我祖慎終如始直方二臺惠和
嗟余寡陋瞻望又領懃蕐員景隻立三千
之罪無後其急我念哉呱聞爾泣卜云嘉日
占爾良時名爾曰儼字爾求患溫恭朝夕念茲
在茲尚想孔伋庶其企而厲夜生子遄而求火
凡百有心奚待于我既見其生實欲其可人亦
有言斯情無假日居月諸漸免于孩福不虛至
禍亦易來鳳興夜蘇顧爾斯才爾之不才亦已
焉哉潛元嘉四年卒時年六十三

宗或之字叔粲南陽涅陽人炳從父弟也蚤孤
事兄恭謹家貧好學雖文義不逮炳而眞澹過
之州辟主簿舉秀才不就公私餽遺一無所受
高祖受禪徵著作佐郎不至元嘉初大使陸子
眞觀采風俗三詣或之每辭疾不見也告人

曰我布衣草萊之人少長龍畝何枉軒冕之客
子眞還表薦之徵貟外散騎侍郎又不就元嘉
八年卒時年五十

沈道虔吳興武康人也少仁愛好老易居縣北
石山下孫恩亂飢荒縣令庾肅之迎出縣南
廢頭里爲立小宅臨溪有山水之玩時復還石
山精廬與諸孤兄子共恡庾之資困不改節受
琴於戴逵王敬弘深敬之郡州府凡十二命皆不就
有人竊其園菜者還見之乃自逃隱待竊者取
足去後乃出人拔其屋後筍令人止之曰惜此
筍欲令成林更有佳者相與乃令人買大筍
送與之盜者慙不取道虔使置其門內而還
常以捃拾自資同捃者爭穢道虔諫之不止
悉以其所得與之爭者慙恧後每爭輒云勿令
居士知又月無複衣戴顒聞而迎之爲作衣服
幷與錢一萬旣還分身上衣及錢悉供諸兄弟
子無衣者鄉里少相率受學道虔常無食無
以立學從武康令孔欣之厚相資給受業者咸

得有成太祖聞之遣使存問賜錢三萬米二百
斛悉以嫁娶孤兄子徵貝外散騎侍郎不就累
世事佛推父祖舊宅爲寺至四月八日每請像
請像之日輒舉家感慟爲道虞年老菜食恆無
經日之資而琴書爲樂孜孜不倦太祖敕郡縣
今隨時資給元嘉二十六年卒時年八十二子
慧鋒修父業碎從事皆不就

希林少守家業徵州主簿秀才儒參軍並不就
郭希林武昌人也曾祖翻晉世高尚不仕

不就十年卒時年四十七子蒙亦隱居不仕
子希林爲著作佐郎後又徵貝外散騎侍郎並
元嘉初吏部尚書王敬弘舉王弘之爲太子庶

始中郎州刺史蔡興宗辟爲主簿不就
雷次宗字仲倫豫章南昌人也少入廬山事沙
門釋慧遠篤志好學尤明三禮毛詩隱退不交
世務本州辟從事貝外散騎侍郎徵並不就與
子姪書以言所守曰夫生之脩短咸有定分
分之外不可以智力求但當於所稟之中順而

勿率爾吾少嬰羸患事鍾養性好閒志棲
物表故雖在童稚之年已懷遠迹之意暨于弱
冠遂託業廬山遠事釋和尚于時師友淵源務
訓弘道外慕等夷内懷悱發於是洗氣神明玩
心墳典勉志勤躬夜以繼日爰有山水之好悟
言之歡實足以通理輔性夫疊嶂之業樂以
志憂不知朝日之晏矣自游道餐風二十餘載
淵匡既傾良朋凋索續以覉逆達天備嘗荼蓼
曠昔誠願頓盡一朝心慮荒散情意衰損故遂

與汝曹歸耕壟畔山居谷飲人理久絕日月不
處勿復十年犬馬之齒已踰知命崦嵫將迫前
塗幾何寶遠想尚子五岳之舉近謝居室瑣瑣
之勤及今耄未至惛衰不及頓尚可賡志於所
期縱心於所託棲誠來生之津梁專氣莫年之
攝養玩歲日於良辰偷餘樂於將除在心所
盡於此矣汝等年各成長冠娶已畢脩惜衡泌
吾復何憂恆願守全所志以保令終耳自今以
往家事大小一勿見關子平之言可以爲法元

嘉十五年徵次宗至京師開館於雞籠山聚徒
教授置生百餘人會稽朱膺之潁川庾蔚之並
以儒學監總諸生時國子學未立上留心藝術
使丹楊尹何尚之立玄學太子率更令何承天
立史學司徒參軍謝元立文學凡四學並建車
駕數幸次宗學館資給甚厚又除給事中不就
父之還廬山公卿以下並設祖道二十五年詔
曰前新除給事中雷次宗篤尚希古經行明脩
自絕招命守志隱約宜加升引以旌退素可散
騎侍郎後又徵詣京邑爲築室於鐘山西巖下
謂之招隱館使爲皇太子諸王講喪服經次宗
不入公門乃使自華林東門入延賢堂就業二
十五年卒於鐘山時年六十三太祖與江夏王
義恭書道次宗亡義恭答曰雷次宗不救所疾
甚可痛念其幽棲窮數自實聖朝克己復禮始
終若一伏惟天慈弘被亦垂矜愍子蕭之頗傳
其業官至豫章郡丞

朱百年會稽山陰人也祖愷之晉右衛將軍

三七州　王明

父濤入揚州至簿百年少有高情親亡服闋護妻
孔氏入會稽南山以伐樵採若爲業以樵箕置
道頭輒爲行人所取明旦以復如此人稍怪之
積父方知是朱隱士所賣須者隨其所堪多少
留錢取樵箕而去或遇寒雪樵箕不售無以自
資輒自搒船送妻還孔氏天晴復迎之有時出
山陰爲妻買繪綵二五尺好飲酒遇醉或失之
頗能言理時爲詩詠性往往有高勝之言郡命功
曹州辭從事舉秀才並不就隱迹避人唯與同
縣孔凱友善山凱亦嗜酒相得輒酣對飲盡懽百
年家素貧母以冬月亡衣並無絮自此不衣綿
帛嘗寒時就凱宿衣悉袷布飲酒醉眠凱以卧
具覆之百年不覺也既覺引卧具去體謂凱曰
綿定奇溫因流涕悲慟凱亦爲之傷感除太子
舍人不就顏峻爲東楊州發教餉百年穀五百
斛不受時山陰又有寒人姚吟亦有高趣爲衣
冠所重義陽王昶臨州辟爲文學從事不起峻
餉吟米二百斛吟亦辭之百年孝建元年卒山

中時年八十七蔡興宗為會稽太守餉百年
米百斛百年妻遣婢詣郡門奉辭固讓時人義
之以比梁鴻妻

王素字休業琅邪臨沂人也高祖翻之晉光祿
大夫素少有志行家貧母老初為廬陵國侍郎
母憂去職服闋廬陵王紹為江州親舊勸素修
完舊居素不答乃輕身往東陽隱居不仕頗營
田園之資得以自立愛好文義不以人俗累懷
世祖即位欲搜揚隱退下詔曰濟世成務咸達

三十州 【宋書列傳五十三】 二十五

隱微軌俗興讓必表清節朕昧旦求善思悼薄
風琅邪王素會稽未百年並廉約貞遠與物無
競自足皐蔬志在不移宜加褒引以光難進班
可太子舍人大明中太宰江夏王義恭開府辟
召辟素為倉曹屬太宗泰始六年又召為太子
中舍人竝不就素既屢被徵辟聲譽甚高山中
有蚖蟲聲清長聽之使人不厭而其形甚醜素
乃為蚖賦以自況七年卒時年五十四時又有
宋平劉睦之汝南州韶吳郡褚伯玉亦隱身求

志睦之居交州除武平太守不拜韶字伯和黃
門侍郎文孫也築室湖孰之方山徵員外散騎
侍郎征北行參軍不起伯玉居剡縣暴布山三

十餘載楊州辟議曹從事不就
關康之字伯愉河東楊人世居京口寓屬南平
昌少而篤學姿狀豐偉下邳趙繹以文義見稱
康之與之友善特進顏延之見而知之晉陵顧
悅之難王弼易義四十餘條康之申王難顧遠
有情理又為毛詩義經籍疑滯多所論釋嘗就

三十卅五 【宋書列傳五十三】 二十六

沙門支僧納學妙盡其能竟陵王義宣自京口
遷鎮江陵要康之同行竝不應命元嘉中太祖
聞康之有學義除武昌國中軍將軍辟除祖稅
江夏王義恭廣陵王誕臨南徐州辟為從事西
曹竝不就棄絕人事守志閉居弟雙之為臧質
車騎參軍與質俱下至赭圻病卒瘞於水濱康
之其春得疾困篤小差舉以迎喪因得虛勞病
寢頓二十餘年時有間日輒卽論文義世祖即
位遣大使陸子真巡行天下使反薦康之業履

恆貞操勵清固行信間黨譽延邦邑棲志希古
操不可渝宜加徵聘以潔風軌不見省太宗泰
始初與平原明僧紹俱徵爲通直郎又辭以疾
順帝昇明元年卒時年六十三

史臣曰夫獨往之人皆稟介之性不能摧志
屈道借譽期通若使值見信之主逢時來之運
豈其放情江海取逸丘樊蓋不得已而然故也
且巖壑閟開遠水石清華雖復崇門八襲高城萬
雉莫不蓄壞開泉髣髴林澤故知松山桂渚非
止素玩碧澗清潭翻成麗矚挂冠東都夫何難
之有哉

臣沈約新撰

恩倖

夫君子小人類物之稱蹈道則為君子違之則
為小人屠釣卑事也版築賤役也太公起為周
師傅說去為殷相非論公族之世鼎食之資明
揚幽仄唯才是與逮于二漢茲道未革胡廣累
世農夫伯始致位公相黃憲牛醫之子叔度名
重京師且任子居朝咸有職業雖七葉珥貂見

二七九六　宋書列傳五十四　一

崇西漢而侍中身奉奏事又分掌御服東方朔
為黃門侍郎執戟下郡縣椽史並出豪家負
戈宿衛皆由勢族非若晚代分為二塗者也漢
末喪亂魏武始基軍中倉卒權立九品蓋以論
人才優劣非為世族高卑因此相沿遂為成法
自魏至晉莫之能改州都郡正以才品人而舉
世人才升降蓋寡徒以憑藉世資用相陵駕都
正俗士斟酌時宜品目少多隨事俯仰劉毅所
云下品無高門上品無賤族者也歲月遷訛斯

風漸篤尤厥衣冠莫非二品自此以還遂成甲
晉以來以貴役賤士庶之科較然有辨夫人君
南面九重奧絕陪奉朝夕義隔卿士階闥之任
宜有司存既而恩以倖生信由恩固無可憚之
姿有易親之色孝建泰始主威獨運官置百司
權不外假而刑政糾雜理難編通耳目所寄事
歸近習賞罰之要是謂國權出內王命由其掌
握於是方塗結軌輻湊同奔人主謂其身卑位

二七九七　宋書列傳五十四　二　趙良

薄以為權不得重寘不知鼠憑社貴狐藉虎威
外無逼主之嫌內有專用之功勢傾天下未之
或悟挾朋樹黨政以賄成鉄鉞創痏構於笑第
之曲冕乘軒出乎言笑之下南金北毳來悉
方轝素縑丹轂至皆兼兩西京之史蓋不足云晉
朝王庚未或能比及太宗晚運盛衰權辛之
徒慴慴宗戚欲使幼主孤立永竊國權構造同異興
樹禍隙帝弟宗王相繼屠剝民怨宋德雖非一塗
實祚鳳傾實由於此嗚呼漢書有恩澤侯表又有

戴法興會稽山陰人也家貧父碩子販紵為業
法興二兄延壽延興並脩立延壽善書法興好
學山陰有陳載者家富有錢三千萬錢法興咸
云戴碩子三兒敵陳載三十萬錢法興少賣為
於山陰市後為吏傳署入為尚書倉部令史大
將軍彭城王義康於尚書中覓了了令史得法
興等五人以法興為記室掾上為江州仍補南中郎
祖征虜撫軍記室掾上即位並為南臺侍御史同
兼中書通事舍人法興等專管內務權重當
時孝建元年加建武將軍南魯郡太守解舍人
俱轉參軍建義法興與典籤戴明寶蔡閑
侍太子於東宮大明二年三典籤並以南下預
密謀封法興吳昌縣男明寶湘鄉縣男閑高
昌縣男食邑各三百戶閑時已卒追加爵封法
興轉員外散騎侍郎給事中太子旅賁中郎將
太守如故世祖親臨覽朝政不任大臣而腹心耳目不

籤上於巴口建義法興與典籤戴明寶蔡閑

三主　宋書傳卅四　三　應華

得無所委寄法興頗知古今素見親待雖出侍
東宮而意任隆密魯郡巢尚之人士之末元嘉
中侍始與王藻讀書亦涉獵文史為上所知孝
建初補東海國侍郎仍並中書通事舍人凡
選授遷轉誅賞大處分上皆與法興之參懷
內外諸雜事多委明寶上性嚴暴睚眦之間動
至罪戮尚之每臨事解釋多得全免殿省甚賴
之卬法興明寶大通人事多納貨賄凡所薦達
言無不行天下輻湊門外成市家產並累千金
明寶驕縱尤甚長子敬為揚州從事與上爭
買御物六宮嘗出行敬盛服騎馬於車左右馳
驟去來上大怒賜敬死繫明寶上方尋被原釋
委任如初世祖崩前廢帝即位法興遷越騎校
尉時太宰江夏王義恭錄尚書事任惣己而
法興尚之執權日久威行內外義恭雖相畏服
至是懾憚尤甚廢帝未親萬機凡詔勅施為
悉決法興手尚書中事無大小專斷之顏師伯
義恭守空名而已廢帝年已漸長凶志轉成欲

宋書傳卅四　四　應

有所為法興每相禁制每謂帝曰官所為如
此欲作營陽耶帝意稍不能平所愛幸閹人
華願兒有盛寵賜與金帛無筭法興常加裁
減願兒甚恨之帝常使願兒出入市里察聽風
謠而道路之言謂法興為真天子帝為應天子
願兒因此告帝曰外間云宮中有兩天子官是
一人戴法興是一人官在深宮中人物不相接法
興與太宰顏柳一體吸昌往來門客恒有數百
內外士庶莫不畏服之法興是孝武左右復久

帝遂發怒免法興官遣還田里仍復徙付遠
在官闇令將他人作一家深恐此坐席非復官許
郡尋又於家賜死時年五十二法興臨死封閉
庫藏使家人謹錄鑰牡死一宿又殺其二子截
法興棺焚之籍没貲物法興能為文章頗行
於世死後帝敕巢尚之曰吾纂承洪基君臨
萬國推心動舊著於遐邇不謂戴法興恃遇
恩專作威福冒憲騁貨號令自由積豐累億
遂至於此卿等忠勤在事吾乃具悉但道路之

言異同紛糾非唯人情駭愕亦玄象違度委付
之旨良失本懷吾今自親瞳覽萬機留心庶事
等宜竭誠盡力以副所期尚之時為新安王子
鸞撫軍中兵參軍淮陵太守乃解舍人轉為撫
軍咨議參軍太守如故太宗泰始二年詔曰故
越騎校尉吳昌縣開國男戴法興昔從孝武誠
心力嬰害凶悖朕甚愍之可追復其封注還其封
勳左右入定社稷預哲河山及出侍東儲竭盡
爵有司奏以法興孫靈珍襲封又詔曰法興小

人專權豪恣雖虐主所害義由國討不宜復貪
人之封封爵可停太宗初復以尚之兼中書通
事舍人南清河太守二年遷中書侍郎太守如
故未拜改除前軍將軍太守如故侍太子於東
宮晉安王子勛平後以軍守管內封邵陵縣男
食邑四百戶固辭不受轉黃門侍郎出為新安
太守病卒
戴明寶南東海丹徒人也亦歷貞外散騎侍郎
給事中世祖世帶南清河太守前廢帝即阼權

任悉歸法興而明寶輕矣以為宣威將軍南東
黨太守景和末增邑百戶太宗初天下及叛軍
務煩擾以明寶舊人屢經戎事後委任之以前
軍將軍事平遷宣威將軍晉陵太守進爵為族
增邑四百戶泰始三年坐參掌戎事多納賄貨
削增封官爵繫尚方尋被宥復為安陸太守加
寧朔將軍游擊驍騎將軍武陵內史宣城太守
順帝驃騎司馬昇明初年老拜太中大夫病卒

武陵國典書令董元嗣與法興明寶等俱為世
祖南中郎典籖元嘉三十年奉使還都值元凶
弒立遣元嗣南還報上以徐湛之等反上時在
巴口元嗣具言弒狀上遣元嗣下都奉表於劭
既而上舉義兵劭責元嗣答曰始下未有
反謀劭勃不信備加考掠不服遂死世祖事克追
贈外散騎侍郎使文士蘇寶生為之誄焉大
明中又有奚顯度者南東海剡人也官至員外
散騎侍郎世祖常使主領人功而苛虐無道動
加捶撲暑雨寒雪不聽蹔休人不堪命或有自

經死者人役聞配顯度如就刑戮時建康縣考
囚或用方材壓額及踝脛民間謠言顯度得建康
歷額不能受奚度指又相戲云顯度刻虐為百姓
其酷暴如此前廢帝嘗戲曰勿反顧付奚度
所疾比當除之左右因倡諾即日宣旨殺焉時
人比之孫皓殺岑昏

徐爰字長玉南琅邪開陽人也本名瑗後以與
傳亮父同名改為爰初為晉琅邪王大司馬府
中典軍從征微客有意理為高祖所知少帝
在東宮入侍左右太祖初又見親任歷治吏勞
逐至殿中侍御史元嘉十二年轉南臺侍御史
始興王濬後軍侍太子於東宮遷貟外散騎
侍郎太祖每出軍行師常懸授兵略二十九年
重遣王玄謨等比伐配兵五百人隨軍向碻磝
衛中旨臨時宣示世祖至新亭大將軍江夏王
義恭南奔爰時在殿內詭因得南走
時世祖將即大位軍府造次不曉朝章爰素
諳其事既至莫不喜說以兼太常丞撰立儀

注孝建初補尚書水部郎轉為殿中郎兼右丞孝

建三年索虜寇邊詔問羣臣防禦之策爰議曰

詔旨虜犯狂狡水陸遼遠孤城危棘復不可置

臣以戎虜徇狂狡焉滋廣列卒擬候伺覘間隙

不勞大舉終莫永寧然連於千里費固巨萬而

中興造創資儲未積是齊介俳徊朔氣稽今而

皇運洪休靈威遐懾衋衋爾遺燼懼在誅剪思

肆蜂蠆以衰有餘雖不敢深入濟沛或能草竊

邊塞羽林賴長太倉遙阻救援之日勢不相及

且當使緣邊諸戍練卒嚴城凡諸督統聚糧蓄

田籌計資力足相抗擬小鎮告警言夫督電赴搗

壁邀斷州郡揣角償有自送可使匹馬不反詔

上旨胡騎倏忽出暴無漸出耕見虜野牧資寇比

及少年軍實無擬江東根本不可俱竭宜且守若

方可以相贍而春墾輟耕清野而秋登莫擬私無生

使堅壁而壁虛轂遠引根本二三非宜救之術唯

業公成虛防衛來必拒戰去則邀躍據險保隖易

在書畧力防衛來必拒戰去則邀躍據險保隖易

為首尾胡馬既退則民豐虜實比及三載可以

長驅詔旨賊之所向本無前謀兵之所進亦無定

所比歲戎戎倉庫多虛臣先事聚兵眾則消費糧粟

敵至倉卒又無以相應臣以為寇歲結臣以為

資力攎本不侯多眾今國豕突

列城勢足虜齒養卒得男所任得才臨事而

懼應機無失聚兵眾志歲結臣以為戒

狄貪婪唯利是覘不挫凶軒圖待未然詔旨戎

不擊則必侵掠不已則民失農桑農桑不

收則王戎不立為立之方擊之為要詔旨若非令

邊地歲警公私失業經費困於遠輸遠圖決

無遂事寢弊贊略逆應有方臣以為威虜之

方在於積粟塞下若使邊民失業列鎮寡儲

非唯無以遠圖亦不能制其始寇大鎮赴其入境一被毒手便自吹虀

制其始寇大鎮赴其入境一被毒手便自吹虀

鳥逝矣尋即上真遷左丞先是元嘉中使著作

郎何承天草創國史世祖初又使奉朝請山謙

之南臺御史蘇寶生踵成之六年又以爰領著

作郎使終其業爰雖因前作而專為一家之書
上表曰臣聞虞史炳圖原光被之美夏載昭策
先隨山之勤天飛雖王德所至終陟固有資田
躍神宗始於俾人上日兆於納揆其在殷頌長
發玄王受命作周寔雖雖伯考行之盛則振古
黃初非更姓之本太始為造物之末又近代之
令准式遠之鳩規典謀緬紀傳成准善惡具
之弘軌降逮二漢亦同茲義基帝初乎豐郊紹
祚本於昆邑魏以武命國志晉以宣啓陽秋明
而不序於始傳涉聖卓紹煙起雲騰非所誅滅
書成敗畢記然餘分紫色滔天泯夏親所艾夷
而顯冠乎首述豈不以事先歸之前錄功偕著
之後撰伏惟皇宋承金行之漢季鍾緯綸之屯
極攤玄光以鳳翔秉神符而龍舉剝定鯨鯢天
人佇屬晉祿終上帝臨宋便應奄膺紘紘紹
越神工而恭服勤於二分讓德遷於不嗣其為
巍巍湯湯赫赫明明歷觀逖聞莫或斯等宜依
衘書政文登舟虁號起元義熙為王業之始載

序宣力為功臣之斷其偽玄篡弒竊同於新莽雖
靈武克殄自詳之晉錄及犯命干紀受戮霸朝
雖揮禪之前皆被之宋策國典體大方垂不朽
請外詳議伏須導承於是內外博議太宰江夏
王義恭等三十五人同爰議熙元年為
宜以開國為宋公元年詔曰項籍聖公編錄二
漢前史已有成列桓玄傳宜在宋典餘如爰議
斷散騎常侍巴陵王休若尚書金部郎檀道鸞
二人謂宜以元典三年為始太學博士虞龢謂
七年爰遷游擊將軍其年世祖南巡權以本官
兼尚書左丞車駕還宮罷明年又兼左丞將作
兼如故世祖崩營景寧陵爰以本官兼將傳大
匹爰便俾著著作人能得人主微旨顧問既長於
悉朝儀元嘉初便入侍左右預參顧問既長於
附會又飾以典文故爰為太祖所任遇大明世委
寄尤重朝廷大禮儀注非爰議不行雖復當時
碩學所解過人者既不敢立異議所言亦不見
從世祖崩公除後晉安王子勛侍讀博士洛爰

宜習業與不愛答居喪讀喪禮習業何嫌少日
始安王子真博士又咨愛愛曰小功廢業三年
喪何容讀書其專斷乘謬皆如此前廢帝山暴
無道殿省舊人多見罪黜唯愛巧於將迎始終
無近誅愛公後以愛為黃門侍郎領射聲校尉
著作如故封吳平縣子食邑五百戶寵待隆密
領長水校尉兼尚書左丞明年除太中大夫著
輩臣愛亦預焉太宗即位例削封以黃門侍郎改
羣臣莫二帝每出行常與沈慶之山陰公主同
作迤如故愛秉權日久上昔在藩素所不說及
景和世屈辱甲約愛禮毀其簡益衡之泰始三
年詔曰夫事君無禮敬道弗容訕上衍己人倫
所棄太中大夫徐愛技迹猥褻推席饕餮遂官
參時望門伍豪族遷位轉榮尊非超尚而諂側
輕險與性自俱利口讒安自少及長奉公在事
蕃豪爰黌開初無愧滿常有關進先朝賞以翻輩
之中粗有學解故得漸蒙驅策出入兩宮太初
偽立盡心佞事義師己震方得南奔及孝武居

統唯極詔諫附會本旨專恣嚴性致使治政奇
縱與造乘法損德害民皆由此暨景和悖險深
相贊協苟取偷存囷顧節義任等設數取合人
主啟崛姦矯所志必從故歷事七朝白首全貴
自以體含德厚識鑑機先迷途遂深固知革悟
朕撥亂友正動濟天下靈祇助順羣逆必夷況
愛恩養而無輸效遂內挾異心著於形迹陽愚
杜口囚所陳聞惰事緩文庶申詭略當今朝列
賢彥國無佞邪乘心弗純累囊時政以其自
告之辰用賜歸老之職榮禮優崇寧非饕過不
謂潛怨席外進競不已勤言託意觸遇斯發小
人之情雖所先照猶許其當改未忍加法遂恃
朕仁弘必永容貸昨因觴宴肆意譏毀謂制詔
所為皆資佞偽說又宰輔無斷朝要非才恃老與
舊慢戾斯甚此邊難未靜安衆我略是務
政網從簡故得使此小物乘寬自縱乃合役畀
豺虎以清王猷但朽頹將盡不足窮法可特原
罪從付交州愛既行又詔曰八議緩罪舊在一

條五刑所抵者必加贖徐爰前後彎迹〔理無可
申廢棄海壖憲允國憲但蚤豪朕識曲矜愚朽
既經大宥思沾殊渥可特除廣州統內郡有司
奏以為宋隆太守命既下爰已至交州值亂流寓
史張牧病卒土人孝長仁為亂悉誅此來流寓
無或免者長仁嘉聞爰名以智計詭誘故得無
患父之聽還仍除南康郡丞太宗崩還京都以
爰為南濟陰太守後除中散大夫元徽三年卒
時年八十二

阮佃夫會稽諸暨人也元嘉中出身為臺小史
太宗初出閣選為主衣世祖召還左右補內監
永光中太宗又請為世子師甚見信待景和末
太宗被拘於殿內住在祕書省為帝所疑大禍
將至惶懼計無所出佃夫與王道隆李道兒及
帝左右琅邪淳于文祖謀共廢立時直閤將軍
柳光世亦與帝左右闌陵繆方盛丹楊周登之
有密謀未知所奉登之與太宗有舊方盛等乃
使登之結佃夫大說先是帝立皇后普暫

徽諸王奄人太宗左右錢藍生亦在其例事畢
未被遣密使監生候帝慮事泄藍生不欲自出
帝動止輒以告淳于文祖令文祖報佃夫景和
元年十一月二十九日晡時帝出幸華林園建
安王休仁山陽王休祐山陰公主並侍側太宗
猶在祕書省不被召益憂懼佃夫以告典籤主
事東陽朱幼又告主衣吳興壽寂之細鎧將南
彭城姜產之產之又語所領細鎧主南
則幼又告中書舍人戴明寶並響應明寶欲

取其日向曉佃夫等勸取開鼓後勿豫約勒內
外使錢藍生密報建安王休仁等時帝欲南巡
腹心直閤將軍宋越等其夕並聽出外裝束唯
有隊主樊僧整防華林閣是柳光世鄉人光世
要之僧整即受命姜產之又要隊副陽平嶵慶
及所領壯士會稽富靈符其佃夫俞道龍丹楊宋
達之陽平田嗣並聚於慶省佃夫慮力少不濟
更欲招合壽寂之曰謀廣或泄不煩多人時巫
覡云後堂有鬼其夕帝於竹林堂前與巫共射

之建安王休仁等山陰主竝從帝素不說寂之
見輒切齒寂之既與佃夫成謀又慮禍至抽刀
前入姜產之隨其後淳于文祖繆方盛周登之
富靈符聶慶田嗣王敬則俞道龍宋逵之又
繼進休仁聞行聲甚疾謂休祐曰事作矣相隨
奔景陽山帝見寂之至引弓射之不中乃走寂
之追而殺之事定宣令宿衛曰湘東王受太后
令除狂主令已平定太宗即位論功行賞壽寂

之封應城縣矦食邑千戶姜產之汝南縣矦佃
夫建城縣矦食邑八百戶王道隆吳平縣矦
淳于文祖陽城縣矦食邑各五百戶李道兒
新塗縣矦繆方盛劉陽縣矦周登之曲陵縣
矦食邑各四百戶富靈符惠懷縣子聶慶建
陽縣子田嗣將樂縣子王敬則重安縣子俞
道龍茶陵縣子宋逵之零陵縣子食邑各三
百戶佃夫遷南臺侍御史薛索兒渡淮為冠
山陽太守程天祚又反佃夫與諸軍討之破
索兒降天祚遷龍驤將軍司徒參軍率所領

助儲坼轉太子步兵校尉南魯郡太守侍太子
於東宮泰始四年以破薛索兒功增封二百戶
并前千戶以本官兼游擊將軍假寧朔將軍與
輔國將軍驍騎將軍孟次陽二衛參員直
次陽字崇基平昌安丘人也太始初為山陰王
休祐驃騎參軍薛安都子道標攻合肥次陽
擊破之以功封矦子食邑三百戶歷右軍驃
騎將軍六年出為輔師將軍兗州刺史戍淮陰

立北兗州自此始也進號冠軍將軍元徽四年卒
時佃夫王道隆楊運長竝執權柄亞於人主巢
戴大明之世方之蔑如也嘗值正旦應合朔尚
書奏遷元會佃夫曰元正慶會國之大禮何不
遷合朔日邪其不稽古如此大通貨賄凡事非
重賂不行人有餉絹二百匹嫌少不荅書宅舍
池諸王郎第莫及妓女數十藝貌冠絕當時金
玉錦繡之飾宮掖不逮也每製一衣造一物京
邑莫不法效焉於宅內開瀆東出十許里塘岸整
絜汎輕舟奏女樂中書舍人劉休嘗詣之值佃

夫出行中路相逢要休同反就席便命施設一
時珍羞莫不畢備凡諸火劑竝皆始熟如此者
數十種佃夫嘗作數十人饌以待賓客故此次
便辦類皆如此雖晉世王石不能過也泰始初
軍功既多爵秩無序佃夫僕從附隸皆受不次
之位既拖車人虎賁貲外郎傍馬者負外郎朝士貴
賤莫不自結而矜傲無所降意入其室者唯吳
興沈勃吳郡張澹數人而已泰豫元年除寧朔
將軍淮南太守遷驍騎將軍尋加淮陵太守太

宗妾駕後廢帝即位佃夫權任轉重兼中書
澹為武陵郡國衛將軍表衮以下皆不同而佃夫
通事舍人加給事中輔國將軍餘如故欲用張
稱敕施行槃等不敢執元徽三年遷黃門侍郎
領右軍將軍太守如故明年改領驍騎將軍其
年遷使持節督南豫州諸軍事冠軍將軍南
豫州刺史歷陽太守猶管內任以平建平王
景素功增邑五百戶時廢帝猖狂好出游走
始出宮猶整羽儀引隊杖俄而棄部伍單騎

與數人相隨或出郊野或入市廛內莫不懼憂
佃夫密與直閤將軍申伯宗步兵校尉朱幼于天寶
謀共廢帝立安成王五年春帝欲往江乘射雉
帝每比出常留隊仗在樂游死前莫之而去
佃夫欲稱太后令廢帝乃喚隊仗還開城門分入守石頭
東府遣人執帝帝廢之自為揚州刺史輔政與幼
等已成謀會帝廢故其事不行于
天寶因以其謀告帝帝乃收佃夫幼伯宗於光
祿外部賜死佃夫幼罪止其身其餘無所問佃夫
平太守封安浦縣侯食邑二百戶
討有濟辦之能遂官涉二品為奉朝請南高
于天寶其先胡人預竹林堂功元徽中自陳功
勞求加封爵乃封為鄠縣子食邑二百戶發
佃夫之謀以為清河太守右軍將軍昇明元
年出為山陽太守齊王以其反覆賜死
壽寂之泰始初以軍功增邑二百戶為羽林
監遷太子屯騎校尉尋加寧朔將軍南太

山太守多納貨賄請謁無窮有一不從切齒罵
署常云利刀在手何憂不辨輒尉吏所邏將七
年為有司所奏徙送越州行至豫章謀欲逃叛
乃殺之

姜產之泰始初以軍功增邑二百戶為晉平王
休祐驃騎中兵參軍龍驤將軍南濟陰太守三
年北伐與虜戰軍敗見殺追贈左軍將軍太守
如故

李道見臨淮人本為湘東王師稍至湘東國學
官令太宗即位稍進至員外散騎侍郎淮陵太
守泰始二年兼中書通事舍人轉給事中四年

二五八十五　宋書列傳五十四　九一　王朗

病卒

王道隆吳興烏程人兄道迄涉學善書形見又
美與吳太守王韶之謂人曰有子弟如王道迄
無所少始與王濬以為世子師以書補中書令
史道隆亦知書為主書書吏漸至主書世祖以
傳命失旨遣出不聽復入六門太宗鎮彭城以
補典籤署內監及即位為南臺侍御史稍至員

外散騎侍郎南蘭陵太守泰始二年兼中書
通事舍人以破晉陵功增邑百戶幷前六百
戶五年出侍東宮復兼中書通事舍人後廢
帝即位自太子翊軍校尉太宗所委遷右軍將軍太守
兼舍人如故道隆為太宗所委過於佃夫和
謹自保不妄毀傷人執權既久家產豐積豪
麗雖不及佃夫而精整過之元徽二年太尉

桂陽王休範奄至新亭佃夫留守殿內而道
隆領羽林精兵向朱雀門時賊已至杭南道

隆忽召鎮軍將軍劉勔勔於石頭勔至命道
隆怒曰賊至但當急擊寧可開杭自弱邪
道隆不敢復言催勔進戰勔度杭
遝進道隆棄眾走向臺所乘馬連躓踣不肯
前遂為賊兵及見殺事平車駕臨哭贈輔國
將軍益州刺史子法貞嗣齊受禪國除

二五八冊　宋書列傳五十四　二十二　丘

楊運長宣城懷安人初為宣城郡吏太守范曇
解吏名素善射太宗初為皇子出運長為射師
性謹愨為太宗所委信及即位親遇甚厚與佃

夫道隆李子道兒等益執權要稍至負外散騎侍
郎南平昌太守泰始七年出侍東宮後廢帝即
位與佃夫俱兼通事舍人加龍驤將軍轉繪事
中以平桂陽王休範功封南城縣子食邑八百
戶元徽三年自安成王車騎中兵參軍遷後軍
將軍兼舍人如故運長質木廉正治身甚清不
事園宅不受餉遺而凡鄙無識知唯與寒人潘
智徐文盛厚善動止施為必與二人量議文盛
為奉朝請預平桂陽王休範封廣晉縣男食

三百二 [宋傳五十四] 二十三 [何承...]

邑四百戶順帝即位出運長為寧朔將軍宣
城太守尋去郡還家沈攸之反運長有異志齊
王遣驍騎司馬崔文仲討誅之
史臣曰竭忠盡節仕子恒圖隨方致用明君盛
典舊非本舊因新以成舊者也狎非先狎因
踈以成狎者也而任隔踈情殊塗一致權歸近
狎異世同規雖復漢高之簡易光武之謹厚
猶豐沛多顯白水先華況世祖之泥滯鄙近太
宗之拘攣愛習欲不紛惑床第當可得哉

索虜

索頭虜姓託跋氏其先漢將李陵後也陵降匈
奴有數百千種各立名號索頭亦其一也晉初索
頭種有部落數萬家在雲中惠帝末并州刺史
嬴公司馬騰於晉陽逼索頭圍索頭單于猗
馳遣軍助騰懷帝永嘉三年馳弟盧率部落
自雲中入鴈門就并州刺史劉琨求樓煩等五縣
琨不能制且欲倚盧為援乃上言盧兄馳有救
騰之功舊勳宜錄請移五縣民於新興以其地
處之琨表封盧為代郡公愍帝初又進盧為
代王增食常山郡其後盧國內大亂盧死子又
幼弱部落分散盧孫什翼犍勇壯衆復附
之號上洛公北有沙漠南據陰山衆數十萬其
後為苻堅所破執還長安後聽北歸號中嘗孝
字涉珪代立先是鮮卑慕容垂僭號中山明
武太元二十一年垂死開率十萬騎圍中山明

〔宋書傳五十五〕　一

年四月魏王有中州自稱曰魏帝年天賜
九年治代郡桑乾縣之平城立學官置尚書曹
開頒有學問曉天文其俗以四月祠天六月末
率大衆至陰山謂之卻霜陰山去平城六百里
深遠饒樹木霜雪未嘗釋蓋欲以暖氣卻寒也
死則潛埋無墳壠處所至於葬送皆虛設棺柩
立家槨生時車馬器用皆燒之以送亡者闔墓
虐好殺民不堪命先是有神巫誡開當有暴
禍唯誅清河殺萬民乃可以免開乃滅清河
一郡常手自殺欲令其數滿萬或乘小輦手
自執劍擊檛人腦一人死一人代每一行死
者數十夜恒變易彊處人莫得知唯愛妾名
萬人知其處萬人與開子清河王私通慮事覺
欲殺開令萬人為內應夜伺開子清河王開
死曰清河萬人之言乃汝等也是歲安帝義熙
五年開次子齊王嗣字木末執清河王對之號
哭曰人生所重者父今何反逼人令自殺嗣代
立謚開道武皇帝十三年高祖西代長安嗣

〔宋書傳五十五〕　二

先娶姚興女乃遣十萬騎屯結河北以救之大為
高祖所破事在朱超石等傳於是遣使求和自
是使命歲通高祖遣郎般中將軍沈範索季孫
報使及命巳至河未濟嗣聞高祖崩問追報範
等絕和親太祖即位方遣範等歸永初三年十
月嗣自率衆至方城遣郎兵將軍揚州刺史山
陽公達奚斤吳兵將軍廣州刺史蒼梧公公孫
表尚書滑稽領步騎二萬餘人於滑臺西南
東燕縣界石濟南渡輜重弱累自隨滑臺戍

【宋書傳五五】　三　政

主寧遠將軍東郡太守王景度馳告冠軍將
軍司州刺史毛德祖戌虎牢遣司馬翟廣率
參軍龐諮上黨斤鼿談之等步騎三千拒之
軍次卷縣土摟虜從營滑臺城東二里造攻具
日往爲肯城德祖以滑臺戍人少使翟廣莫守軍中
壯士遣寧遠將軍劉芳之率領助景莫守之
將八十餘人突得入城德祖又遣討虜將軍弘農
太守實應明領五百人建武將軍實霸領二百
五十人並以水軍相繼發咸受翟廣節度初亡命

司馬楚之等常藏竄爲陳留郡界虜既南渡馳相
要結驅扇壇場大爲民患德祖遣長令王法政
率五百人據邵陵將劉憐領二百騎至雍丘以防
之楚之於白馬縣襲憐爲憐所破會臺送軍資
至憐往迎之而酸東民王玉知憐南馳以告虜虜
將滑稽領千乘龍驤倉垣兵吏悉踴城散走陳留
太守嚴慢爲虜所獲虜即用王玉爲陳留太守
給兵守倉垣十一月虜悉力攻滑臺城城東北
崩壞王景度出奔景度司馬陽瓚堅守不動衆

三十　【宋書傳五五】　四　王府

潰抗節不降爲虜所殺實應明擊虜輜重於石
濟破之殺賊五百餘人斬其戌主　連內頭張索
兒等應明自石濟赴滑臺聞城巳沒遂進屯尹
卯實霸馳就翟廣虜既剋滑臺并力向廣等
力不敵引退轉闘而前二日一夜裁行十許里虜
步軍繼至廣等矢盡力竭大敗廣索霸談之等各
單身迸還虜乘勝遂至虎牢德祖出步騎砍
擊之虜退屯土摟又退還滑臺長安魏昌藍田
三縣民居在虎牢下德祖皆使入城虜別遣黑

稍公率三千人至河陽欲南渡取金墉德祖遣振威
將軍河陰令竇晃五百人杰小壘綏氏令王瑜四百
人據臨倉輦令臣琛五百人固小平參軍督護張
季五百人屯牛蘭又遣將領馬隊與洛陽令楊毅
合二百騎緣河上下隨機赴接十二月虜置守
於洛川小壘德祖遣翟廣馳往擊之虜退走廣
安五守防脩治城塢復還虎牢豫州刺史劉粹
遣治中高道瑾領步騎五百據項又遣司馬徐
瓊繼之臺遣將輔伯遣姚珍杜坦梁靈壽等水

步諸軍續進徐州刺史王仲德率軍次湖陸黑
稍公遣長史將千人逼竇晃楊毅晃等逆擊禽
之生獲二百人其後鄭兵將軍五千騎掩襲晃
等黑稍渡與并力四面攻壘晃等力少眾散晃
毅皆被重創虜將安平公擁青二軍七千人南
渡於磧磝東下至泗瀆口去尹卯百許里充州刺
史徐琰委軍鎮走於縣太山諸郡並失守鄭兵
與公孫表及宋兵將軍交州刺史交阯侯普幾
万五千騎復向虎牢於缄東南五里結營分步

騎自成皋開向虎牢外郭西門德祖逆擊殺傷
百餘人虜退還保營鎮北將軍檀道濟率水軍
比救軍騎將軍廬陵王義貞遣龍驤將軍沈叔
狸三千人就豫州刺史劉粹量宜赴援少帝景
平元年正月鄭兵分軍向洛攻小壘守將實
晃拒戰陷沒河南太守王涓之棄柔金墉出奔自
虜分軍向洛德祖每戰輒破自率大眾至
鄴鄭兵既剋金墉復還虎牢德祖於城內穿城
入七丈二道出城外又分作六道出虜陣後募
敢死之士四百人參軍范基率二百人為前
驅參軍郭玉符劉規等以二百人為後係出賊
圍外掩龍襲其後虜陣擾亂斬首數百級焚燒
攻具虜雖退散隨復更合虜陣又遣楚兵將軍
徐州刺史安平公涉歸幡能越兵將軍青州
刺史臨苗疾薛道千陳兵將軍淮州刺史壽
張子張模東擊青州所向城邑皆奔走至歛
將軍青州刺史笠蔓鎮東陽城間虜將至冠軍
眾固守龍驤將軍濟南太守垣苗率二府郡又

武奔就燮燮與將士盟誓居民不入城者使移

就出祖燒除禾稼令虜至無所資虜眾向青州

前後濟河凡六萬騎三月三萬騎前追脅城內

文武二千五百人而半是羌虜流雜人情駭懼

笠燮燮夜遣司馬宗領五百人出城掩擊虜眾

披退間二日虜步騎悉至繞城四圍列陣十餘

里至晡退還安水結營去城二十里大治攻具日

日分步騎常來逼城燮夜使殿中將軍笠宗之

參軍賈元龍等領百人於楊水口兩岸設伏虜

將阿伏斤領三百人晨渡水兩岸伏發虜騎四

逆殺傷數十人泉阿伏斤首虜又進營水南去

城西北四里嗣自鄴遣兵益虎牢增圍急攻鄴

兵於虎牢率步騎三千攻潁川太守李元德於

許昌車騎將軍王玄謨領千人助元德守元

德俱散敗虜即用潁川人庾龍為潁川太守領

騎五百幷發民丁以戍城德祖出軍擊公孫表

大戰從朝至晡殺虜數百會鄭兵從許昌還

合圍德祖大敗失甲士千餘人退還固城嗣又

政

於鄴遣萬餘人從白沙口過河於濮陽城南塞泉

築壘朝議以項城去虜不遠非輕軍所抗使劉

粹召高道瑾還壽若沈叔狸已頓肥口又項城則淮

以虜攻虎牢未復南向若便攝軍捨項助高道

瑾戍請宥其奔敗之罪朝議並許之檀道濟至

彭城以青司二州並急而所領不多不足分赴

青州道近笠燮兵弱先救青州笠高燮道人出

城作東西南壍虜於城北三百餘步壍鑿長圍

燮遣參軍間茂等領善射五十人依牆射虜

虜步騎數百馳來圍牆內納射固牆死戰虜下

馬步進短兵接城上弓弩俱發虜乃披散虜遂

填外壍引高樓四所蝦蟆車二十乘置長圍內

燮先鑿城北作三地道令通外壍復鑿蝦蟆攻

去城二丈作子壍遣三百餘人出地道欲燒虜攻

具時回風轉爛火不得燃虜兵矢橫下士卒多傷

敕眾還入虜填三壍盡平唯餘子壍蝦蟆車所

許茂

父等五縣殺略二千餘家殺其男子驅虜女弱充
州刺史鄭順之戍湖陸以兵卒不敢出冠軍將軍
申宣戍彭城去高平二百餘里懼虜至移郭外
居民并諸營署悉入小城嗣又遣并州刺史伊
樓拔助鄭兵攻虎牢填塞兩塹德祖隨方抗
拒顓殺虜而將士稍零落四月壬申虜聞道濟
將至焚燒器械棄青州走笁巁上言東陽城
被攻毀壞不可守移鎮長廣之不期城下以固
守以功進號前將軍封建陵縣男食邑四百戶

毛且暮且陷檀道濟王仲德悅勃犬肥戰餘眾困
李元德因苗綏撫并上租粮虜將宋晃追躡斬龍
千餘騎破高平郡所統高平方與佳城金鄉抗

九

襄字祖季東莞人也官至金紫光祿大夫嗣率
大眾至虎牢停三日自督攻城不能下回軍向
洛陽留三千人益鄭兵停洛數日渡河北歸虜
安平公等諸軍從青州退還逕趨滑臺檀道濟
王仲德步軍乏粮追虜不及道濟於泰山分遣
仲德向尹卯道濟停軍湖陸仲德未至尹卯聞
虜已逮還就道濟共裝泝水軍虜安平公諸軍
就滑臺西就鄭兵共攻虎牢虜被圍二百日無日
不戰德祖勁兵戰死殆盡而虜增兵轉多虜撞
外城德祖於內更築三重仍舊為四賊撞三城
巳毀一保一城晝夜相拒將士眼皆生創死者
太半德祖恩德素結眾無離心德祖昔在此與
虜將公孫表有舊表有權略德祖惠之乃與
交通音問密遣人說鄭兵云鄭兵表與之連謀每益
表書輒多所治定表以書示鄭兵鄭兵倍疑
之言於嗣誅表虜眾盛檀道濟諸救軍竝不
敢進劉粹據項城沈狸屯高橋二十一日虜作
地道偷城內井井深四十丈山勢峻峭不可得

十

黃龍

防至其月二十三日人馬渴乏飢疫體皆乾燥
被創者不復出血虜因悉攻遂尅虎牢自德祖
及翟廣賣霸凡諸將佐及郡守在城內者皆見
因執唯上黨太守劉談之外軍范道基將二百
人突圍南還城將潰將士欲扶德祖出奔德祖
曰我與此城井命義不使此城亡而身在也嗣
重其固守之節勒衆軍生致之故得不死空
逆虜縱肆暴河南司州刺史臣德祖竭誠
徐羨之尚書傳亮領軍將軍謝晦表曰去年

三十四　[宋書傳五五]　十二　[孫毋二]

盡力抗對強寇孤城獨守將涉朞年救師淹緩
舉城淪没聖懷亜悼遠近嗟傷陛下殷憂諒
闇委政自下臣等謀將士殱辱王略虧挫上墜先
節之目抱忠傾覆責雖有司撓筆
規下貽國恥稽之朝典無所辭責雖有司撓筆以
未加准繩豈宜尸祿昧安殊寵乞蒙屏固以
申國法不許德祖榮陽南武陽人也晉末自鄉
里南歸初為冠軍參軍輔國將軍道規爲荊州
德祖爲之將佐復爲高祖太尉參軍高祖北伐

以爲王鎭惡龍驤司馬加建武將軍爲鎭惡前
鋒斬賊寧朔將軍趙玄石於栢谷破弘農大
守尹雅於梨城又破賊大帥姚難於湼水斬其
也長安平定以爲龍驤將軍扶風太守仍遷秦
鎭比將軍姚強鎭惡又立大功蓋德祖之力
州刺史將軍如故時佛佛虜復寇德祖爲
王鎭惡征虜司馬尋復爲桂陽公義眞安西參
軍南安太守將軍如故復徙馮翊太守高祖東
還以德祖督司州之河東平陽二郡諸軍事輔國

三十五　[宋書傳五五]　十三　[孫毋二]

將軍河東太守代并州刺史劉遵考爲武將長
安不守合部曲還彭城除世子中兵參軍將軍
如故又除督司州之河東平陽河北雍州之京兆
豫州之潁川兗州之陳留九郡軍事榮陽太守
將軍如故又加京兆太守高祖踐祚進號冠軍
論前後功封觀陽縣男食邑四百戶又除督司
雍并三州豫州之潁川兗州之陳留諸軍事司
州刺史將軍如故太祖元嘉六年死於虜中時
年六十五世祖大明元年以德祖弟子熙祚第

二息訕之紹德祖封虜既尅虎牢留兵居守餘
衆悉比歸少帝曰故盜干遠司馬濮陽太守陽瓚
消臺之遇屬誠固守投命均節在危無橈古之
忠烈無以加之可追贈給事中並存卹遺孤以
尉存士尚書傳亮議駮家在彭城宜即以入臺
絹一百匹粟三百斛賜公士顏延之為誄焉龍
失守鉗鋭君作琭五歲景度四歲時宣威將軍
驤將軍兗州剌史徐琰東陽太守王景度並坐
潁川太守李元德成許昌仍除滎陽太守賀二

郡軍事其年十一月虜遺軍并招集亡命攻過
許昌城以土人劉遠為滎陽太守李元德欲出
戰兵犾少至夜悉排女牆散潰元德復奔還項
城虜廣又圍汝陽太守王公度將十餘騎突圍
奔項城虜廣又破邵陵縣殘害二千餘家盡殺
其男丁驅略婦女萬二千口劉粹遣冊姚聳夫
辛軍助守項城又遣司馬徐瓊五百人繼之虜
拹破許昌城又致壞鍾離城以立疆界而還嗣
死諡曰明元皇帝子燾字佛貍代立母杜氏

冀州入其宮內生燾燾年十五六不為嗣所
知遇之如僕隸嗣初立慕容氏女為后又聚姚
興女並無子故燾得立壯健有勸力勇於戰關
忍虐好殺夷宋畏之攻城臨敵皆親貫甲曹元
嘉五年使大將討吐伐斤西伐斤長安生禽赫連昌
中山王安定封昌為公以妹妻之昌弟赫連定
在隴上吐伐斤乘勝以騎三萬討定定設伏於
隴山彈箏谷破之斬吐伐斤盡坑其衆定率
衆東還尅長安燾又自攻不尅乃分軍戍大

城而還燾常使昌侍左右常單馬逐鹿深入
山澗昌素有勇名諸將咸謂昌不可親燾曰天
命有在亦何所懼親遇如初復攻長安剋之定
西走為吐谷渾慕璝所禽赫連氏有名衞臣者
種落在朝方塞外部落千餘戶朝方以西西至
上郡東西千餘里漢世徙讁民居之土地良汲
苟堅時衞臣入塞寄田春來秋去堅惡以還之衞
賈雍掠其田者獲生口馬牛羊堅惡以還之衞
臣感恩遂稱臣入居塞內其後漸強盛衞臣死

子佛佛驍猛有謀筭弁遠近雜種皆附之姚興與相
抗興覆軍喪衆前後非一關中為之傷殘高祖
入長安佛佛震懼不敢動高祖東還即入寇北
地安西將軍義員□歸也佛佛遣子昌破之青
泥俘囚諸將帥遂有關中自稱尊號號年曰具
興元年京兆人韋玄隱居養志有高名姚興備
禮徵不起高祖辟為相國掾宋臺通直郎又立
不就佛召為太子庶子玄應命佛佛大怒曰
姚興及劉公相徵召並不起我有命即至當以

我殊類不可理其故耶殺之元嘉二年佛佛死昌
立至是為壽所兼壽西定隴右東滅黃龍海東
諸國並遺朝貢太祖踐祚便有志北伐七年三
月詔曰河南中國多故湮沒非所遺黎炭每
用矜懷今民和年豐方隅無事宜時經理以固
壇場可簡甲卒五萬給石將軍到彥之統安北
將軍王仲德兗州刺史竺靈秀舟師入河驍騎
將軍段宏精騎八千直指虎牢豫州刺史劉德
武勁男一萬以相撠角後將軍長沙王義欣可

權假節率率見力三萬監征討諸軍事便速備辦
月內悉發先遣殿中將軍田奇銜命告壽河南
舊昌是宋土中為彼所侵今當修復舊境不關河
北壽大怒謂奇曰我生頭未燥便聞河南是
我家地大怒豈可得河南必進軍權當斂戍相
避須出鎮彭城揔統羣帥告司兗二州曰夫
王者之兵以義德相濟非徒壇理土地恢廣經
略將以大庇蒼生保全黎庶是以蒙踐霜雪踰

歷險難臣國寧民庶汧四表昔我高祖武皇帝
誕膺明命爰造區夏內剪篡逆外盪寇亂靈武
紛紜雷動風驅雲響翦龍堆聲浮雲朝陵天振地
拔山蕩海於是華域肅清謳歌元集王綱帝典
煥哉惟文太和烟熅流澤洋溢中業說閭委政
家室縣虞乘豐俟每上國遂令司兗良民復踣
非所周鄭遺黎重隔王化聖皇踐祚重光開朗
明哲柔遠以隆中興退夷賊恭我盛騰波涌方將
蹈德懷信被藝龍襲文增修業統作規于後勤施

支解體分羽翼摧挫加以搆難西屬結怨黃龍
控弦燄滅首尾逼畏蜂屯蟻聚假息旦夕豈復
能超踊長河以當堂堂之陳哉夫順從貞速歸
德惡晚賞襄臣先附威加後服是以秦趙羈旅披
榛泰誠施綏乘軒剖符州郡慕容姚泓特強作
禍提挈萬里卒嬰鈇鉞皆目前之誠驗徃世之
所知也聖上明發愛恤以道懷二州士民若能
審決安危翻然革面卒其支黨歸投軍門者當
表言天臺隨才敍用如其迷心不悛竄首巢穴長

扇襄邑之戰素旗授首半城之後伏尸蔽野
土而巳哉葺洭泗初開校徒縱逸王旅入關羣龍颷
師以順動何征而不克況乎遵養者昧綏復境
興雲散霧慰大旱之思弔民伐罪積後已之情
銳士紅旗絳天素甲奪日虎步中原龍超河渚
顜爪明衣拯言不顧命提吳楚之勁卒總八州之
嘉謀勁卒天精氣貝辰緯莫府忝任㦸承廟筭
育禽者去其豺狼故智士研其慮勇夫厲其節
洽於三方惠和雍於北狄夫養魚者除其猵獺

十七　林

天水冀人也先為姚興吏部郎與興
守崔模抗節不降挺鋋死沖字子順
大衆南渡河彥之敗退洛陽滑臺虎牢
諸軍事奮威將軍司馬沒尹沖及司馬榮陽太
為督司雍并三州豫州刺史戌虎牢十一月虜
歸河北太祖以前征虜司馬南廣平太守尹沖
加三思詳擇利害音彥之進軍虜平太守敷河南一成
團既周臨衝四至雖欲壺漿厥籬其可得乎幸

然報強讎去病辭高館卒獲舒國憂戎事諒
脩忠臣表年暮貞柯見嚴秋楚莊投袂起終
謝歸塗軍於焉見幽四烈烈制邑守金命蹈前
節攻戰無暫休覆滿不可拾離機難復收勢
乃作詩曰逆虜亂疆埸邊將嬰寇仇堅城效勁
悵不能巳巳上以滑臺戰守彌時遂至陷沒
王義恭書昌尹沖誠節志既殞跡古烈以為傷
弘俱逃叛南歸至是追贈前將軍太祖與江夏
子廣平公彌結黨欲傾興太子泓泓立沖與弟

大　林

未殄民患焉得瘳撫翾懷感激志氣若雲浮

願想凌扶搖弭拂中州爪牙申威靈帷幄

驥良籌華裔混殊風率土浹王猷惆悵遷延

北顧涕交流其後纍文遣使通好并求婚姻太

祖每依違之十七年纍號太平真君元年十九

年虜鎮東將軍武昌王直勒庫莫提移書益梁

二州往伐仇池其附屬四移書越詣徐州曰

我大魏之興周秦以來赫赫堂堂垂耀先代逮我

功業當矣周與造化竝立夏殷以前

遼碣海隅服從比暨鍾山萬國納貢威風所扇

業之資奮神武之略遠定三秦西及葱嶺東平

烈祖重之聖明應運龍飛廓清撫趙聖朝承基

司馬琅邪保守揚越綿綿連連歷年紀數窮

想彼朝野備聞威德往者劉石苻姚遞據三郡

運改宋民受終仍晉之舊遠通聘草故我朝庭

解甲息心東南之略是為不欲違先故之大信

也而彼方君臣苞藏禍心屢為邊寇去庚午年

密結赫連侵我牢洛致師徒喪敗舉軍四侔我

朝庭仁弘不窮人之非不遂人之過與彼交和

前好無改昔南秦王楊玄識達天運於大化未

及之前庭越赫連遠歸忠款玄旣即世弟難當

忠節愈固上請納女連婚宸極任土貢珍自比

内郡漢南白雉登俎御羞朝庭嘉之授以專征

之任不圖彼朝計壇場之小疵　不相關移書興

師旅一我賓屬難當其妻子及其同義告

敗關下聖朝憮然顧謂羣臣曰彼之遣信背和

與牢洛為三一之為甚其可再平是若可忍孰

不可忍是以分命吾等落聲之臣助難當報復

使持節侍中都督雍秦三州諸軍事安西將軍

建興公吐奚虔率南秦王楊難當自祁山南

出直衝建安令南難當自遣信臣招集舊戶使持

節侍中都督雍梁益四州諸軍事安西將軍啓

開府儀同三司淮陰公皮豹子員外散騎常侍

平南將軍南益州刺史建德公庫拔阿谷河引

出斜谷陌白馬之險散騎常侍安南將軍雍州

刺史南平公娥後延出自駱谷真截漢水冠軍

將軍南蠻校尉荊州刺史建平郡公桼叅使持節員
外散騎常侍冠軍將軍梁州刺史順陽公劉買德
平遠將軍永安疾若干內亦千出自子午東襲梁
漢使持節侍中都督荊梁南雍三州諸軍事領護
南蠻校尉征南大將軍開府儀同三司淮南王直勒它大
故晉譙王司馬文思寧遠將軍荊州刺史襄陽公
魯軏南趨荊州使持節都督洛豫州及河內諸軍
州刺史晉琅邪王司馬楚之南趨壽春使持節侍
中都督揚豫兗四州諸軍事征南將軍徐兗二
州刺史東安公刁雍東趨廣陵南至京口使持節
侍中都督青兗徐三州諸軍事征東將軍青徐二
州刺史東海公故盖元顯子司馬天助直趨濟南
十道並進連營五千騎百萬隱隱桓桓以此屠
城何城不潰以此奮擊何堅不摧邵陵礪土區區
齊晉尚能克勝強楚以致一匡況大魏以沙漠之

突騎兼咸夏之勁卒哉若眾軍就臨將令南海比
氾江湖南溢高岸埶焉丘陵晉餘
黎民將雲集霧聚仇池之師骰隝山谷之中何能
自固彼之所謂肆忿於目前之小得以至於敗亡
之大失也昔信陵君濟窮鳩之危義士歸之故我
朝廷欲救難當投命之誠為此舉動既而愛惜前
好猶復沈吟多殺生在之二十仁者之所不
為吾等別愛後自馳檄相屬書耆攝兵還反復南
秦之國則諸軍同罷好穆如初若岠我義言很愎
遂往敗國亡身必成噬齊之悔望所列上彼朝惠
以報告徐州答移曰知以楊難當投命告敗比之
窮鳩欲動眾以相存拯救危恤難有國者之所用
心雖然欲移書之言亦巳過矣何者楊氏先世以來受
晉爵號脩職守藩為我西服十載之中再造逆亂
號年稱義猖狂妄作為臣不忠宜加誅討又知難
當稱臣彼國宜是顧畏首尾兩屬求全棄是純臣
服事於魏何宜與人和親而聽臣下縱逸昔景
平之末國祚中微彼乘我內難侵我司究是以

七年治兵義在經略三帥涉河秋豪不犯但崇信近喜不
負約言耳彼伺我軍仍相掩襲俘我邊民
是彼有兩典我有一直也司馬楚之思云竟伏魯軌刀雍
寒為萬鬼而擁其逃開其連壇場元顯無乂得天助
謀稱假託何足以云讒竊興師旅不相關秡若如來
彼皆殘滅停誠宣有先言況仇池奉晉十世事宋三葉
九伐所加何傷於彼僕聞師典為老義作亂雄言貴
稱情不在弯大移書本詣梁益而謀來鄴府大久不遠

辛無過談二十年壽以國授其太子下書曰朕承祖宗
重光之緒思闡洪基恢隆萬世貝經營天下平暴除逆
掃清不順武功既昭而文教未闡非所以崇太　平之
治也今者城內安逸百姓富昌軍國異容宜定
制度為萬世之法夫陰陽有往復四時有代序
授子住賢安全相附所以休息疲勞式固長久
成其祿福古今不易之典也諸朕功臣勤勞日
久皆當致仕歸第雍容高爵頤神養壽朝請
隨時饗宴朕前論道陳謀而已不須復親有司

苦劇之職其令皇太子嗣理萬機總統百揆更舉華
賢良以被列職皆取後進明能廣啓選才之路
擇人授任而黜陟之故孔子曰後生可畏焉知
來者之不如今主者明為科制宣勑施行於是
王公以下上書太子皆稱臣首尾與表同唯用
白紙為異是歲壽代芮芮虜大敗而還死者十
六七不聽死家發哀犯者誅之二十三年虜安
南平南府又移書兗州以南國僑置兗州不依城
上多濫北境名號又欲遊獵其區兗州谷移曰

皇極肇建寔膺神明之符生民初載實粟沖和
之氣故司牧之功宣於上代仁義之道興自諸
華在昔有晉混一區宇九譯承風遐戎嚮附永
嘉失御天綱圯裂石容符姚遠乘非據或棲息
趙魏或保聚邠岐我皇宋屬當歸曆受終晉民
比臨河濟西盡咸洀弔民伐罪流澤五都親爾
時祗德悔禍思用和輯交通使命以祈天衷來信
所謂分壇畫境其惡父定者也俄而不怕其信
虞我國憂侵牟刃洛至于清濟往歲入河且欲

綏理舊城是以頓兵南滋秋宜家無犯軍師不能
奉遵廟筭保有成功施之日重失司兖來移
云不因土立州招引云命夫古有分土而無分
民德之休明四方繩負昔周道方隆靈臺初構
民之附化八十萬家彼不思弘善政而恐人之
棄己縱威肆虐老弱無遺詳觀今古略聽輿謌
未有窮凶以延期安忍而懷衆者世若必宜因
土立州則彼立徐揚豈有其地往年貴主獻書
云強者為雄斯則棄德任力逆行倒施有一於
此何以能振復加欲游獵具區觀化南國今治
道方融遠人必至開館飾邸則有司存來歲元
辰天人協慶鸞旗省方東巡稽嶺若欲邀恩
亘赴兹會懷德貴盎無或後期又稱馳獵積年
野無飛伏此邦解網舍前秩蜎育穀七澤八藪
禽獸豐碩虞候蒐罝等義非所恡三代毋觀其
典雖缺呼韓入漢厥儀猶全饋餼之秋毋存豐
厚先是虜中謠言滅虜者吳世彊甚惡之二十三
年北地盧水人蓋吳年二十九於杏城天台呂舉

兵反虜諸戎夷昔並立響應有衆十餘萬壽閗夫
反惡其名累遣軍擊之輒敗吳上表歸順曰自
靈祚南遷禍纏神土三京失統豺狼縱毒蒼元
蹈犬噬之悲舊都哀茶蓼之痛臣以庸鄙杖義
天台愛罽咸雍義風一鼓率土響同威聲既張
因機乘寇虜天云之期藉二州思奮聲故創迹
掃凶迹於秦土非仰恊宋靈俯允羣願焉能若
斯者或今平城遺虜連兵大壇東西狼顧威形
莫接長安孤危河洛不成平陽二蘷世連土守
擁翠部落控弦五萬東屯潼襄任質軍門私署
安西將軍常山白廣平練甲高平進師汧隴北
漢護軍結駟連騎提戈載驅胡蘭落生等部曲
數千擬擊偽鎮盧境顯顯仰望皇澤伏願陛下
給一旅之衆厭捍凶寇覆其巢窟退可以宣國威武鎮
御舊京使中都有鳴鸞之響荒餘懷來蘇之德
謹遣使人趙縮馳表丹誠素遣軍屢敗乃自率

大衆攻之吳又上表曰臣聞天無貳日地無貳
主昔中都失統九域分崩羣山丘列於天邑飛
鵄鶵目於四海先皇慈懷內發愍及戎荒翦僞
羌於長安雪黎民之荼炭政教旣被民始寧蘇
天未忘難禍亂仍起獫狁侵暴中國使長
安爲豺狼之墟鄴洛爲蜂蛇之藪縱毒生民虐
流兆庶士女能言莫不歎憤傾首東望慈親希恩
接咸同旱苗之待天澤赤子之望慈仰仰恩
天時以義伐暴輜東西結連南北樹黨五州同
盟迭送相要契仰威靈千里雲集冀廓除榛荟
以待王師義夫始臻莫不尅解虜主二月四日
傾資倒庫與臣連營接刃交鋒無日不戰獲賊
過半伏屍蔽野伏願特遣偏師賜垂拯接若天
威旣震定使姦虜潰亡遺民小大咸蒙生造太
祖詔曰北地蓋吳起衆秦川華戎響附奮其義
勇頻煩克捷屢遣表疏遠效忠欵志鳥泉逆虜以
立勳績宜加爵號衰可以爲使持節都
督關隴諸軍事安西將軍雍州刺史比地郡

公使雍梁遺軍界上以相援接壽攻吳大小數
十戰不能尅太祖遣使送雍秦二州所統郡及
金紫以下諸將印合二百二十一紐與吳使隨
弟吾生率餘衆入木面山皆尋破散其年太
宜假授屠各反叛吳自攻之爲流矢所中死吳
原民顏白鹿私行入荒爲虜所錄相州刺史欲
殺之白鹿詐云青州刺史杜驥使其歸誠相州
刺史送白鹿至桑乾燾喜曰我外家也使其司
徒崔浩作書與驥使司徒祭酒王琦齎書隨
界攻冀州刺史申恬於歷城恬擊破之杜驥遣
其寧朔府司馬夏侯祖歡中兵參軍言漏馳往
赴援虜破略太原得四千餘口牛六千餘頭尋
又寇充青異三州遂及清東殺略其衆衆恩
弘經略詔羣臣曰吾少覽篇籍頗愛文義遊玄
酖采末能息世務情兼家國徒存日
具終有慙德而區宇未一師饉代有永言斯瘼
彌干其慮加疲疾稍增志隨時往屬思之功與

車而廢殘虐遊魂齊民塗炭灰乃眷北顧無忘

弘拯思怨羣謀掃清連逆感慨之來遂成短韻

卿等體國情深亦當義薦其懷也詩曰李父

鑒禍先辛生識機始崇替非無徵興廢要有以

自昔淪中畿僑焉盈百祀不覿南雲陰但見胡

羅一麾同文軌時乎豈卅來河清難父俟駟馬

安局步騏驥志千里梁傳畜義心伊相抱深

乃藏邊鄙眷言悼斯民納隍良在已逝將振宏

風起亂極治必形塗泰由積否方欲滌遺氛短

賞契將誰寫可要之二三子無令齊晉朝取愧鄰

魯士時壇場之民多相侵盜二十五年虜寧南

將軍豫州刺史北井矣若庫辰樹蘭移書豫州

布而下情上達也比者以來邊民擾動互有反

播政化鷹揚萬里雖盡節奉命未能令上化下

逆無復爲害自取誅殄蒐逃寇南

入宋界聚合逆黨頻爲寇掠殺害良民略取資

財大爲民患此之罪局與彼通連兩民之居烟火相

接來往不絕情僞交繁興是以南軒北入此

姦南叛以類推之日月彌甚姦先之人數得侵

盜之利雖加重法可不禁止僕常申令境禁料

其姦源而彼國牧守縱不禁御是以遂至滋蔓

寇擾壇場壁猶番虱亦癬雖爲小痾令人終歲

不安當令上國和通南北好合唯邊境民庶要約

不明自古列國封壇有畔各自禁斷無復相侵

如是可以保之長父垂之永世故上表臺閣馳

書明曉自今以後魏宋二境宜使人迹不過自

非聘使行人無得南北邊境之民烟火相望雞

狗之聲相聞至老死不相往來不亦善乎又能

此亡彼歸彼亡此致則自我國家所望於仁者

之邦也右將軍豫州刺史南平王鑠答移曰知

以邊氓擾動多有叛逆欲杜絕姦宄定兩息民惠

又欲送奔送叛矢言每致侵軼之數屢違義

心但情背畔專肄暴略豈唯竊犯王黎乃害及

舉任彼和好以來矢言每致侵軼之數屢違義

行使頃誅討蘗屓事止懾服或有狐奔鼠竄逃

首北境而輒便苟納待之若舊資其糧仗繼為

寇賊往歲擅興戎旅禍加孩耄罔顧善隣之約

不惟壇域之限來示云彼並行之雖豐辭盈

觀即事達實與嫌長亂寔彼之由反以為言將

蹇躬厚之義壇場之民有自來矣且相期有素

本不介懷若於本欲消奸弭暴永存匪石宜

城之下外戶不閉王制嚴明豈當獨負來信若

先謹封守斥遣諸亡驚蹄逸鏃不妄入境則邊

亡命奔越侵盜彼民斯固刑之所取無勞戍及

自荷闔外恩闡皇猷每申勅守宰務敦義讓往

誠未布能不愧怍當重約示以副至懷二十七

年壽自率炎騎十萬寇汝南初壽欲為邊寇聲

云獵於梁川太祖慮其侵犯淮泗迺敕民宣威將軍陳南頓諸

戍偵候不明虜奄來入境宣威將軍陳南頓二

寇至則堅守拒之大眾來則拔民戶歸壽陽諸

郡太守鄭琨綏遠將軍汝南潁川二郡太守郭

道隱並棄城奔走虜掠抄淮西六郡殺戮甚多

攻圍懸瓠城城內戰士不滿千人先是汝南新

蔡二郡太守徐遵之去郡南平王鑠時鎮壽陽

遣左軍行參軍陳憲行郡事憲嬰城固守壽盡

銳以攻之憲自登郭城督戰起樓臨城飛矢兩

集衝車攻破南城憲於內更築柵城立柵以補

之虜肉薄攻城死者甚眾憲將士死傷亦過

半壽唯恐壽陽有救兵不以彭城為虜壽遣

從弟永昌王庫仁真炎騎萬餘將所略六郡口

北屯汝陽時世祖遣鎮彭城太祖遣隊主吳香鑪

乘驛敕世祖遣千騎齎三日糧襲之世祖發百

里內馬得千五百匹眾議舉別駕劉延孫為元

帥延孫辭不肯行舉參軍劉泰之自代世祖以

問司馬王玄謨長史張暢暢等並贊成之乃分

為五軍以泰之為元帥與安北騎兵行參軍垣

謙之田曹行參軍臧肇之集曹行參軍尹定武

陵國左常侍杜幼文五人各領其一謙之領泰

之軍嗣殿中將軍程天祚督戰至譙城更簡閱

人馬得精騎千一百四直向汝陽虜不意奇兵

從此來大營在汝陽北去城三里許泰之等至

虜都不覺馳入襲之殺三千餘人燒其輜重
營內有數區甎屋中皆有帳器仗甚精食
具皆是金銀帳內諸大主帥悉殺之諸亡口悉
得東走大呼云官軍痛與牛虜衆一時奔散
因追之行已經日人馬疲倦引還汝南城內有
虜一幢馬步可五百登城望知泰之無後繼又
之先退因是驚亂棄仗奔走行迷道趣澎水水
之泰之軍未食旦戰已疲勞結陣未及定垣謙
死天祚為虜所執謙之定幼文及將士免者九
百餘人馬至者四百匹世祖降安比之號為鎮
軍將軍玄謨延孫免官暢免所領沛郡謙之伏
誅定幼文付尚方壽初聞汝陽敗又傳彭城有
係軍大懼謂其衆曰但聞淮南遺軍乃復
有奇兵出今年將隨人計中即燒攻具欲走
會泰之死問續至乃傳壽陽遺劉康祖救懸

深岸高人馬悉走水爭渡泰之獨不去曰喪敗
如此何面復還下馬坐地為虜所殺摩之溺水
有別帥鉅鹿公餘嵩自虎牢至因引出擊泰

瓠壽亦遺任城公拒與康祖與戰破之斬任城壽
攻城四十二日不拔死者甚多任城康祖
救軍漸進乃委罪大將多所斬戮倍道奔走太
祖喜加憲固守詔曰右軍行參軍行汝南新蔡二
郡軍事陳憲盡力捍禦全城摧冠忠敢之効
宜加顯擢可龍驤將軍汝南新蔡二郡太守又
以布萬匹委憲分賜汝南城內文武吏民戰守
勤勞者壽雖不剋懸瓠而虜掠甚多南師屢
無功為壽所悔與太祖書曰彼前使間諜
訑略姧人竊聞朱脩之申謨近復得胡崇之敗
軍之將國有常刑乃皆用為方州虞我之隙以
自慰慶得我普鍾蔡豎子何所損益無異得
我舉國之民厚加奉養禽我吏將衛我非其
身各便鑷腰苦役以厚之觀此所行足知彼之
大趣辨校以來非一朝一夕也項關中蓋吳返
逆扇動隴右氏羌彼復使人就而誘勸之丈夫
遺以弓矢婦人遺以環釧是曹正欲謳誑取略
宣有遠相順從為犬丈夫之法何不自來取之

而以貨詒引誘我邊民募往者復除七年是賞
釺人也我今來至此土所得多少軌與彼前後
得我民戶邪彼今若欲保全社稷存劉氏血食
者當割江以北輸之攝守南度如此釋江南使彼
居之不然可善敕方鎮刺史守宰嚴供張之具
來秋當往取揚州大勢已至終不相繼頃者往
索真珠瓔也彼往日北通芮芮西結赫連蒙遜吐
許真珠瓔略不相與今所醶截齱膿可當幾
谷渾東連馮弘高麗凡此數國我皆滅之以此

而觀彼豈能獨立芮芮吳提以死其子菟害真
襲其凶迹以今年二月復死我今北征先除有
足之寇彼若不從來秋當復往取以彼無足
故不先致計諸方已定不復相釋我往之日彼
作何方計為塹城自守為築垣以自部也彼土
小兩水便迫掖彼能水中射我也我顯然往取
揚州否彼歐羽行竊步也彼來偵諜我已禽之
放還其人目所盡見委曲善問之彼前使裴方
明取仇池既得疾其勇功不能容有臣如此尚

〔三十五〕 〔補十三〕

殺之烏得與我校邪彼非敵也彼常願欲共我
一過交戰則我亦不癡復不是苟何時與彼交
戰晝則遣騎圍繞夜則離彼百里宿去彼人民
好降我者驅來不好者盡刺殺之近有穀米我
都噉盡彼軍復欲食噉何物能過十日邪彼雖
人正有所營俟我亦知彼情離彼百里止宿雖
彼軍三里安邏使首尾相次募人裁五十里天
自明去此募人頭何得不輸我也彼謂我攻城
日當搖蕩圍守欲出來斫營我亦不近城圍彼

正築隄引水灌城取之彼揚州城南北門有兩
江水此二水引用自可如人意也我知彼舊
臣都已殺盡彼臣若在年幾雖老猶有智策今
已殺盡豈不天資我也取彼亦須我兵刃此有
能祝婆羅門使鬼縛彼送來也此後復求通和
聞太祖有比伐意又與書曰彼此和好居民復
接為日已久而彼無厭誘我邊民其有往者復
之七年去春南巡因省我民即使驅還自天地
啓闢已來爭天下者非唯我二人而已今聞彼

〔三十六〕

自來設能至中山及桑乾川隨意而行來亦不
迎去亦不送若厭其區宇者可來平城居我往
揚州住且可博其土地儉人謂換易為博彼年
巳五十未嘗出戶雖自力而來如三歲嬰兒復
何知我鮮甲常馬背中領上生活更無餘物可
以相與今送獵白鹿馬十二匹并氈藥等物彼
來馬力不足可乘之道里來遠或不服水土藥
自可療其年大舉比討下詔曰虜近雖摧挫獸
心靡革驅過遺岷復規竊暴比得河朔泰雖華
戎表疏歸謗困棘跂望綏拯潛相糾結以候王
師弁陳苪苪此春因其來掠掩龔巢窟種落畜
牧所亡太半連歲相持于今未解又猜虜互發
親黨誅殘根本危赦自相殘殄芮間使適至
所說近符遠輸誠歃誓言為犄角逷邐注情既宜
赴獎且水雨豐澍舟檝流通經略之會實在茲
日可遣寧朔將軍王玄謨率太子步兵校尉
沈慶之鎮軍咨議參軍申坦等戈船一萬前
驅入河使持節督青冀幽三州徐州之東安

趙良

東莞二郡諸軍事輔國將軍青冀二州刺史霄
城戍蕭斌推三齊之鋒為之統師持節都督徐
兖青冀幽五州豫州之梁郡諸軍事鎮軍將軍
徐兖二州刺史武陵王駿摠四州諸軍水陸並
驅太子左衛率始興縣五等侯臧質勤東宮禁
兵統驍騎將軍安復縣開國男劉康祖右軍將
軍梁坦步騎十萬迤造許洛使持節督豫司雍
秦并五州諸軍事右將軍豫州刺史領安蠻校
尉南平王鑠悉荊河之師方軌繼進東西齊舉
宜有董一使持節侍中都督揚南徐二州諸軍
事太尉領司徒錄尚書太子太傅國子祭酒江
夏王義恭兼崇風略邐被即可三府文武
并被以中儀精卒出次徐方為眾軍節度別府
司空府使所督諸鎮各遣虎旅數道爭先督梁
南北秦三州諸軍事綏遠將軍西戎校尉梁南
北秦三州刺史秀之統輔國將軍楊文德宣武
將軍巴西梓潼二郡太守劉弘宗連旗深入震

濫汙隴護軍將軍封陽縣開國矦蕭思話部龍
驤將軍枝坦寧遠將軍音陵太守南城縣開國
矦劉德願籍荊雍之勁攬羣師之銳宜由武開
稜威震滂指授之宜委司空義宣議量是歲軍
旅大起王公妃主及朝士牧守各獻金帛等物以
助國用下及富室小民亦有獻私肺至數十萬
者又以兵力不足尚書左僕射何尚之參議發南
兖州三五民丁父祖伯叔兄弟仕州居職從事
及仕比徐兖爲皇弟皇子從事庶姓主簿諸皇

三十九　銅

弟皇子府參軍督護國三令以上相府舍者不
在發例其餘悉倩暫行征符到十日裝束緣
江五郡集廣陵緣淮三郡集盱眙文慕天下弩
千不問所從若有馬歩衆藝武力之士應科者
皆加厚賞有司又奏軍用不充揚南徐兖江四
州富有之民家資滿五千萬者
並四分換一過此率討事息即還歷城建武府
司馬申元吉率馬步　　餘人向碻磝取泗瀆口
虜碻磝戍主濟州刺史王買德憑城拒戰元吉

破之買德棄城走獲奴婢一百四十口馬二百餘
匹驢騾二百牛羊各千餘頭甄七百領雋細車
三百五十乘地奋四十二所粟五十餘萬斛鐵城
內居民私儲又二十萬斛虜田五穀三百項鐵
三萬斤大小鐵器九千餘口餘器仗雜物稱此
高梁王阿斗埿自青州道壽自碻磝並南出諸
壽從弟永昌王庫仁眞發關西兵趙汝潁從弟
玄謨攻滑臺不剋壽自率大衆渡河玄謨敗走
鎮悉斂民保城其十一月至鄒山鄒山戍主宣

四十　勝

威將軍魯陽平二郡太守崔耶利敗没壽登
鄒山見秦始皇刻石使人排倒之遣楚王樹洛
眞南康矦杜道儁進軍清西至蕭城步尼公進
軍清東至留城世祖遣參軍馬文恭至蕭城江
夏王義恭遣軍主嵇玄敬至留城並爲峴候蕭
城虜便旗雄文恭斤倈不明辛與相遇乃捨泗
趣南山東至山而虜圍合文恭戰敗僅以身免
玄敬亦與留城虜相值幢主華欽繼其後虜望
玄敬後有軍引去趣苟橋至欲渡清西沛縣民

燒苞橋夜於林中擊鼓虜謂官軍大至爭渡苞
水水深溺死殆半先是壽遣員外散騎侍郎王
老壽乘驛就太祖乞黃甘十簞甘蔗
千挺并就求馬日自頃歲成民阜朝野無虞姑
末當東巡吳會以盡游豫臨滄海採禹穴陝春
惠以逸足令及此行老壽反命未出境虜兵深
入乃錄還虜又破尉武戍主左軍長兼行
蘇之臺搜長洲之苑冊檝雖威寡於良駟想能
參軍王羅漢先是南平王鑠以三百人配羅漢

〔宋書列傳五十五〕

出戍而尉武東北有小壘因據之或曰賊盛不
足自固南依甲林寇至易以免羅漢以受命來
此不可輒去是日虜攻之矢盡力屈遂沒虜法
獲生將付其三郎大帥連鎖鎖頸後羅漢夜斷
三郎頭抱鎖亡走得入肝胎城求昌王破劉康
祖於尉武引眾向壽陽自青岡屯孫叔敖冢脅
壽陽城又焚掠馬頭鍾離南平王鑠保城固守
壽自彭城南出十二月於肝胎渡淮破胡崇之等
軍留尚書韓元與數千人守肝胎自率大眾南

四十一

趙宣

向中書郎魯秀出廣陵高粱圭阿斗渥出山
陽永昌王於壽陽出橫江凡所經過莫不殘害
壽至瓜步步屋守及伐葦葷於滁口造筆筏
將軍劉過老率軍向彭城至小澗虜已斷道召
還與左軍將軍黃門侍郎蕭元邕年禪洲羽林左
聲欲渡江太祖大具水軍為防禦之備初領軍
監孟宗嗣守新洲上建武將軍秦容守新洲下
下建武將軍尹弘守橫江少府劉興祖守白
征北中兵參軍事向柳守貴洲司馬到元度守
博落尚書左丞劉伯龍守採石尋還建武將軍
淮南太守仍摠守事游邐上接于湖下至蔡洲
行京陵仍守西津徐州從事史蕭尚之守練壁
征北參軍管法祖守譙山徐州從事武仲河守
蒜山諮議參軍沈曇慶守北固尚書褚湛之先

〔宋書傳五十五〕

陳艦列營周亘江畔自採石至于䂀陽六七百里
船艦蓋盈江旗甲星燭皇太子出戍石頭城前將
軍徐湛之守石頭倉城都水使者樂詢尚書水
部郎劉淵之竝以裝治失旨付建康乘輿數幸

四十二

石頭及莫府山觀望形勢購能斬佛狸伐頭者
封八千戶開國縣公賞布絹各萬匹金銀各百
斤斬其子及弟偽相大軍主封四百戶開國縣
庶布絹各五千疋自此以下各有差又募人賣
冶葛酒置窖村中欲以毒虜竟不能傷壽鑒
步山為盤道於其頂設氈屋壽不飲河南水以駱
馳負河北水自隨一駱馳負三十斗遣使餉太
祖駱馳名馬求和請婚上遣奉朝請田奇餉以
珍羞異味壽得萬甘即嗽之并大進鄴酒左右
有耳語者疑食中有毒壽不答以手指天而
以孫見示奇曰至此非唯欲為功名實是貪結
姻援若能酬酢自今不復相犯矣又求嫁女
與世祖二十八年正月朝壽會於山上并及土
人會竟掠民戶燒邑屋而去虜初緣江舉烽火
尹弘曰六夷如此必走正月二日果退初太祖
聞虜寇逆焚燒廣陵城府船乘使廣陵南沛
二郡太守劉懷之率人民一時渡江虜以海陵
多阬澤不敢往山陽太守蕭僧珍亦斂居民

及流奔百姓悉入城臺送糧仗給肝眙賊遍分
留山陽又有數萬人攻具當往滑臺亦留付郡
城內垂萬家戰士五千餘人有白米阬去郡數
里僧珍逆下諸處水注令滿賊至決以灌之
虜既至不敢俱引去自廣陵還因攻肝眙盡銳
攻城三十日不能剋乃燒攻具退走壽凡破南
兗徐死殤青與六州殺略不可稱計而其士馬
死傷過半國人亦尤之是歲壽病死謚為太武
皇帝初壽有六子長子晃字天真為太子次
曰晉王壽所住屠蘇為疾雷擊屠蘇倒見厭殆
死左右皆號泣晉王不悲壽怒賜死次曰秦王
烏弈肝與晃對掌國事晃疾壽慰其貪暴壽
鞭之二百遣鎮枹罕次曰燕王壽至汝南武兴王
博真次曰楚王名樹洛真壽歸聞知大加搜撿晃
遣真取諸營國獲其妾眾壽乃詐死使其近習刁晃迎喪於
懼謀殺壽壽乃以鐵籠尋殺之以烏弈肝有武
道執之及國嘗以詐死使嬖人宗愛立博真為後
用以為太子會壽死使嬖人宗愛立博真為後

宗愛博真恐為弈肝所危矯殺之而自立號年
承平博真懦弱不為國人所附晃子濬字烏雲
直勤素為壽所愛撫王謂國人曰博真非正不
宜立直勤嫡孫應立耳乃殺博真及宗愛而立
濬為主號年為正平先是虜寧南將軍曹夔兄
弟率衆歸順二十九年太祖更遣張永王玄謨
及夔等北代青州刺史劉興祖建議伐河北曰
河南阻飢野無所掠脫意外固守非旬月可拔
稽留大衆轉輸方勞代罪弔民事存急速今偏
帥始死兼通暑時國內猜擾不暇遠赴關內之
衆裁足自守愚謂宜長驅中山據其關要冀州
巳北民人尚豐兼麥巳向熟資因為易向義之
徒必應響赴若中州震動黃河以南自當消潰
臣城守之外可有二千人今更發三千兵假別
駕崔勳之振威將軍領所發隊弁二州望族從
蓋柳津直衝中山申坦率歷城之衆可有二千
駱驛俱進較略二軍可七千許人既入其心腹
調租發車以充軍用若前驅乘勝張永及河南

衆軍便宜一時濟河使聲實兼舉愚計諜允宜
竝建司牧撫初附定州刺史取大嶺冀州刺
史向井陘弁州刺史屯雁門幽州刺史塞軍都
相州刺史備大行事指麾隨宜加授常忿將率
寵人百其懷濟河之日請大統版假畏威欣
憚於深遠勳之等慷慨之誠誓必死效若能成
功清可待若不克捷不為大傷玄謨催促裝束
聽救旨上意上存河南不納玄謨攻碻磝不克
退還世祖即位索虜冠至市江夏王義恭竟陵
王誕建平王宏何尚之何偃以為宜許柳元景
王玄謨顧竣謝莊檀和之褚湛之以為不宜許
時遂通之大明二年虜冦青州為刺史顏師伯所
破退走前廢帝永光元年濬死謚文成皇帝子
弘之字第豆徹代立景和中北討徐州刺史義
陽王昶昶單騎奔虜太宗泰始初江州刺史晉
安王子勛為逆四方反徐州刺史薛安都青州刺
史沈文秀冀州刺史歷城鎮主崔道固等亦各
舉兵虜謀欲納昶下書曰易稱利用行師書云

龔行天罰必觀時而後施因機而後舉故夏代
有扈四海以平晉定吳會萬方以壹今宗室衰
微凶難洊起國有殺君之逆邦羅崩離之難起
自蕭牆暨流徙合境偽使持節散騎常侍都督
徐南兗青冀幽七州刺史豫州之梁郡王昶踵微子
北將軍儀同三司徐州刺史義陽王昶踵微子
之蹤項伯之迹知機體運歸歆闕庭錫以
顯爵班同親舊昶弟湘東王進不能扶危定傾
退不能降身高謝阻兵安忍篡位自立既無闔

間靜亂之功而有無知悖禮之釁忌棄三正
慢易天常覆敗之徵既兆危亡之應已著偽江
州刺史晉安王子綏自立一隅荊郢二州刺
史安陸臨海王歷城鎮主薛安都青州刺史沈文
伏冀州刺史彭城鎮主崔道固等皆彼之要藩
秀冀州刺史歷城鎮主崔道固等皆彼之要藩
懼及禍難擁泉獨擄各無定主仰觀天象俯察
人謀六軍變代之期率土同軌之日朕承休烈術察
當泰運思播靈武廓寧九服當可得臨萬乘

之機遭時來之遇而不討其讎逆振其觀患哉
今可分命諸軍以行九代使持節征東大將軍
安定王直勲伐伏玄侍中尚書左僕射安西大
將軍平北公直勲美晨領散騎常侍殿中尚書平
北將軍山陽公呂羅漢領隴右之眾五萬沿漢
而東直指襄陽使持節征南大將軍始平王直勲
勲天賜侍中尚書令安西將軍西陽直
渴言疾散騎常侍殿中尚書令安西將軍西陽
王直勲蓋戶千領幽并冀之眾七萬濱海而南直
指東陽使持節征南將軍京兆王直勲子侍中
司徒安南大將軍新建王獨孤侯尼須散騎常
侍中太尉征東大將軍直勲新成
侍西平公韓道人領江之眾八萬出滎陽直
至壽陽使持節征南大將軍宜陽王直勲駕頭拔羽直征東
將軍北平公拔敢及義陽王劉昶領期同到會于彖
萬出濟兗直造彭城與諸軍剋期同到會于彖
陵納昶反國定其社稷使荊陽沽德義之風江
漢被來蘇之惠邊壃將吏不得因宋衰亂有所

侵損以傷我國家存救之義　主者明宣所部咸使
聞知稱朕意焉既而晉安王勤事平太宗遣
張永沈攸之北討薛安都大懼遣使引虜遣
萬騎救之攸之敗退賣朕承攻青冀二州並剋執
沈文秀崔道固又下書朕承天序臨御兆民思
聞□風以隆治道而荊吳僭跨跡一方天降
其狹以罰有罪篡殺殘於華廟毒害嬰於羣
庶徐州之民自　順歸誠獻款遭難已久飢饉荐臻或以糊口之

四十九

內三州

四十

功私力竊盜或不識王命藏寶鼠竄或為凶徒
先被執繫元元之命甚可哀愍其曲赦淮北三
州之民自天安二年正月三十日壬寅詔以
前諸犯死罪以下繫四見徒一切原遣唯子
殺父母孫殺祖父母弟殺兄妻殺夫奴殺主不
從赦倒若亡命山澤百日不首復其初罪今陽
春之初東作方興三州之民各安其業以就農
桑有饑窮不自存通其市糴之路鎮統之主
勤加慰納遵用輕典以莅新化若綏導失中

令民逃亡加罪無縱其晉宣下咸使聞知朕意焉
此後虜復和親信餉歲至朝庭亦厚相報答泰
豫元年虜狹石鎮主白虎公安陽鎮主莫奕公
貞陽鎮主我為洛生襄陽王桓天生等引山蠻
馬步二萬餘人攻圍義陽縣義陽成司州刺
史王瞻遣從弟司空行參軍思遠撫軍行參
軍王叔瑜擊大破之虜退走自索虜破莫容
蠻馬二萬餘人攻圍義陽據有中國而苪苪虜
有其故地蓋漢世匈奴之北庭也苪苪一號大

五十

檀又號檀檀亦匈奴別種自西路通京師三萬
餘里僭稱大號部眾強盛歲時遣使詣京師
與中國六禮西域諸國焉者都善龜茲姑墨
東道諸國並役屬之無城郭逐水草畜牧以氈
帳為居隨所遷徙其土地深山則當夏積雪平
地則極望數千里野無青草地氣寒涼馬牛齬
枯敢雪自然肥健國政踈簡不識文書刻木以
記事其後漸知書契至今頗有學者去北海
千餘里與丁零相接常南擊索虜世宗為仇讎

故朝庭每羈縻之其東有般般國趙昌國渡流
沙萬里又有粟特國太祖卅立奉表貢獻粟特
大明中遣使獻生師子火浣布汗血馬道中遇
寇失之

史臣曰久矣匈奴之與中國並也自漢氏以前
綿跨年世紛梗外區驚震中寓周無上筭非漢
收下策魏代分離種落遷散數十年間外郡無
風塵之警晉言邊城早開閉胡馬不敢南臨至于
晉始奸黠漸著密邇畿封窺候壇場俘民略畜
者無歲月而關焉元康以後風雅雖喪五胡遞
襲前覆諸華及涉珪以鐵馬長驅飲馬長涇北
以苟括宇宙為念逮于懸旗清洛高祖宏圖盛略欲
狄卹銳挫鋒閈重嶺而自固于時戎車外動王
命相屬棠冕委蛇輕軒繼路舊老懷思古之
情行人或為之殞涕自是關河響動表裏寧
壹宮車甫晏戎心外覆我牢滑翦我伊洢
是以太祖忿之開定司兗而兵無勝略棄師隕

衆委甲橫原捐州豆水荊吳銳卒逸氣未擾偏
城孤將衛兔就虜遂感境延寇僅保清東自是
兵摧勢弱邊隙稍廣壯騎陵窓鳴鏑日至芻牧
年傷未交歲犯小則四虜吏民大則俘執長守
羽書繼塗命相屬青徐兗冀之間蕭然矣
而自未來以來並有賢才狡筭妙識兵權深通
戰術屬轡凌厲氣冠百夫故能威服華甸志雄
羣虜至於狸伐篡偽彌熸凶威圍武略事
駕前古雖冒頓之勢為勇檀石之驍強不能及也
遂西吞河右東擊龍碣摠括戎荒地兼萬里雖
裂土分區不及魏晉而華甿戎落眾力兼倍至
刀連騎百萬南向而斥神華胏映江穹帳遵
渚宾邑荷擔士女喧惶天子內鎮羣心外御羣
寇役竭民徭費殫府實擊天下以攘之而力猶
未足也既而虜縱師殘累邦邑翦我淮州俘
我江縣喋喋黔首跼高天蹐厚地而無所控告
強者為轉屍弱者為係虜自江淮至于清濟
戶口數十萬自免湖澤者百不一焉村井空荒

無復鳴鷄吠犬時歲惟暮春桑麥始茂故老遺
民還號舊落桓山之響未足稱長六州蕩然無
復餘蔓殘構至於乳鷈赴時衝泥廉託一枝
之間連棟十數春雨裁至於增巢已傾雖事舛吳
懲禍未深復興外略頓兵堅城棄甲河上是我
宮而礦上匪異甚矣哉覆敗之至於此也太祖
叛致夷引寇亡我四州高祖劬勞日貝思一區宇
而侵疆軼戍干歲連屬遼泰始搆紛紜將外
有再敗敵有三勝也自此以後通互市納和親
豈直天時抑由人事夫地勢有便習用兵有短
而弃司宄再舉而喪徐方革服蕭條韝為莠草
旂旗卷舒僅而後克後主守文刑德不樹一舉
湖固舟檝之鄉代馬胡駒出自冀北梗柟豫章
長胡負駿足而平原悉車騎之地南冑水關江
植乎中土蓋天地所以分區域也若謂氍裘之
民可以决勝於荆越必不可矣或曰樓船之夫
可以爭鋒於燕冀豈或可乎虞詡所謂走不逐
飛盖以我徙而彼騎也因此而推勝負殆可以一

列傳第五十六

宋書九十六

臣沈約新撰

鮮卑吐谷渾

阿柴虜吐谷渾遼東鮮卑也父弈洛韓有二子
長曰吐谷渾少曰若洛廆若洛廆別為慕容氏
渾庶長廆正嫡父在時分七百戶與渾渾與廆
二部俱牧馬廆馬鬭相傷廆怒遣信謂渾曰先公
處分與兄異部牧馬何不相遠而致鬭爭相傷
渾曰馬是畜生食草飲水春氣發動所以致鬭
鬭在於馬而怒及人邪別甚易今當去汝萬
里於是擁馬西行日移一頓頓八十里經數頓
廆悔悟深自咎責遣舊父老及長史乙那樓追
渾令還渾曰我乃祖以來樹德遼右又卜筮之
言先公有二子祚胤並流子孫我是甲庶令東
馬若還東我當相隨去樓喜拜曰廆可寒虜言
並大令以馬致別殆天所啓諸君試擁馬令東
馬若還宋言爾官家也即使所從二千騎共遮馬
令回不盈三百步欻然悲鳴突走聲若積山如

是者十餘輩一向一遠慺力屈叉跪曰可寒此非復
人事渾謂其部落曰我兄弟子孫並應昌盛廆
當傳子及曾孫玄孫其間可百餘年我乃上孫
間始當顯耳於是遂西附陰山遭晉亂遂得上
隴後廆追思渾作阿干之歌鮮卑呼兄為阿干
廆子孫竊號以此歌為輦後大曲渾既上隴出罕
罕以東千餘里暨甘松西开开至河南界昂城龍
涸自洮水西南極白蘭數千里中逐水草廬帳
居以氈酪為糧西北諸雜種謂之為阿柴虜渾
年七十二死有子六十人長曰吐延身長七
尺八寸勇力過人性刻暴為昂城羌酋姜聰
所刺劍猶在體呼子葉延語其大將絕拔渾曰
五臟氣絕棺斂託便速去保白蘭吾所以授與餘
又土俗懦弱易為控御葉延小童乃欲授與餘
人恐君卒終不能相制今以葉延付汶汝竭股
肱之力以輔之孺子得立五日無恨矣抽劍而死嗣
位十三年年三十五有子十二人葉延少而勇果

年十歲縛草為人號曰姜聰每旦輒射之射中
則喜不中則號叫泣涕其母曰雛賊諸將巳屠膾
之汝年小何煩朝自苦如此葉延固極之心不勝其痛耳
谷母曰誠知無益然葉延罔極亦不食頗視書
性至孝母病三日不能食葉延亦不食
傳自謂曾祖弈洛韓始封昌黎公曰吾為公孫之
子葉禮公孫之子得氏王父字命姓為吐谷渾氏
嗣立二十三年年四十三有子四人長子碎奚立
碎奚性純謹三弟專權碎奚不能制諸大將
世子委之事號曰莫賀郎莫賀宋言父也碎
共誅之碎奚憂戾不復攝事遂立子視連為
人子視連以父憂卒不遊娛不酣宴在位十五
年年四十二有子二人長曰視罷次烏紇提視
罷嗣立二十一年年四十二子樹洛干等並小弟烏
紇提立紇提六年年三十五視罷子樹洛干立
自稱車騎將軍義熙初也樹洛干死弟阿犲立
稱驃騎將軍誰縱亂蜀阿犲遣其從子西彊公

吐谷渾敕來泥拓土至龍涸平康少帝景平
中阿犲遣使上表獻方物詔曰吐谷渾阿犲介
在遐表慕義可嘉且有寵任今酬其來款可督
塞表諸軍事安西將軍沙州刺史滾河公未及拜
受太祖元嘉三年又詔加除命輒拜而臣私門不幸
弟慕璝立六年表曰大宋應運四海宅心臣亡
兄阿犲慕義天朝款情素著去年七月五日謁
者董湛至宣傳明詔顯授榮爵尉而臣私門不幸
亡兄見背臣以懦弱負荷後任然天恩所報本
在臣門若更反覆懼停信命輒拜受寵任奉
遵上旨伏願詳慮更授章策七年詔曰吐谷渾
慕璝兄弟慕義至誠可嘉宜授策爵以甄忠款
可督塞表諸軍事征西將軍沙州刺史隴西公
先其晉未金城東兌街縣胡公乞伏乾歸死子熾磐立
據洮河空并自號隴西公乾歸死子熾磐立遣使
詣晉朝歸順以為使持節都督河西諸軍事平
西將軍公如故高祖即位進號安西大將軍熾
盤死子茂蔓立慕璝前後屢遣軍擊茂蔓率

部落東奔隴右慕璝據有其地是歲赫連定於
長安為索虜拓跋所攻擁秦戶口十餘萬西
次罕开欲向涼州慕璝距擊大破之生擒定熹
遣使求慕璝以定與之九年慕璝遣司馬趙叙
奉貢獻并言二萬人捷太祖加其使持節散騎
常侍都督西秦河沙三州諸軍事征西大將軍
西秦河二州刺史領護羌校尉進爵隴西王弟
慕延為平東將軍慕璝兄樹洛干子拾寅為平
北將軍阿豺子煒代鎮慕璝遣使持節散騎常
士昔沒在佛佛者並悉致慕璝遣送朱昕之等
五十五戶一百五十四人慕璝死弟慕延立遣
使奉表十五年除慕延使持節散騎常侍都督
西秦河沙三州諸軍事領西大將軍領護羌校
尉西秦河二州刺史隴西王三十六年改封河南
王其年以拾虔弟拾寅為平西將軍慕延庶長
子繁暉為撫軍將軍慕延嫡子瓊為左將軍河
南王世子十九年追贈阿豺本號安西將軍河
諸軍事沙州刺史領護羌校尉隴西王索虜拓

跋燾遣軍擊慕延大破之慕延率部落西奔白
蘭攻破于闐國慮復至二十七年遣使上表
云若不自固者欲率部曲入龍涸越巂門开求
牽車獻烏丸帽女國金酒器胡王金釧等物太
祖賜以牽車若虜至不自立聽入越巂意不
至也慕延死拾寅自立二十九年以拾寅為使
持節督西秦河沙三州諸軍事安西將軍領護
羌校尉西秦河二州刺史河南王拾寅東破索
虜加開府儀同三司世祖大明五年拾寅遣使
獻善舞馬四角羊皇太子王公以下上舞馬歌
者二十七首太宗泰始三年進號車騎大將軍
五年拾寅奉表獻方物以弟拾虔皮為平西將軍
金城公前廢帝又進號車騎大將軍其國西有
黃沙南北一百二十里東西七十里不生草木
沙州因此為號屈其川有鹽池甘谷嶺比有雀
鼠同穴或在山嶺或在平地雀色白蘭土出白鼠色黃地
生黃紫花草便有雀鼠穴白蘭土出黃金銅鐵
其國雖隨水草大抵治慕賀州

史臣曰吐谷渾逐草依泉檀彊塞表毛衣肉食
取資佃畜而錦組繒紈見珍殊俗徒以商譯往
來故禮同北面自昔哲王雖存柔遠要荒回隔
禮文弗被大不過子義著春秋晉宋垂典不脩
古則遂爵班上等秩撫台光辮髮稱賀非尚簪
冕言語不通窶數袭職雖復苞蒩歲臻事惟賈
道金罽甋眊非用斯急送迂煩擾獲不如亡若
令肅愼年朝越常歲饗固不容以異見書取高
前策聖人謂之荒服此言蓋有以也

夷蠻

臣沈　約　新撰

南夷西南夷大抵在交州之南及西南居大海
中洲上相去或三五千里遠者二三萬里乘舶
舉帆道里不可詳知外國諸夷雖言里數非定
實也

南夷林邑國高祖永初二年林邑王范陽邁遣
使貢獻即加除授太祖元嘉初侵暴日南九德
諸郡交州刺史杜弘文建牙聚衆欲討之聞有
代乃止七年陽邁遣使貢陳與交州不睦求蒙
恕宥八年又遣樓船百餘寇九德入四會浦口
交州刺史阮彌之遣隊主相道生三千人赴討
文區粟城不剋引還林邑欲伐交州借兵於扶
南王扶南不從十年陽邁遣使上表獻方物來
領交州詔各以道遠不許十二五十六十八
年頻道貢獻而寇盜不已所貢亦陋薄太祖忿
其違慢二十三年使龍驤將軍交州刺史檀和

【宋傳五十七】　一

之伐之遣太尉府振武將軍宗慤受和之節度
和之遣府司馬蕭景憲為前鋒慤仍領景憲
軍副陽邁聞將討遣使上表求還所略日南
民戶奉獻國珍太祖詔和之陽邁雖遣使謝許
其歸順其年二月軍至朱梧戍遣府戶曹參軍
日南太守姜仲基前部賊曹參軍蟜弘民隨
傳詔畢願高精憲等宣揚恩旨陽邁執仲基
精奴等二十八人遣弘民等還外言歸款猶防
愈嚴景憲等乃進軍向區粟城陽邁遣大帥范
毗能

【宋傳五十七】　二

扶龍大戍區粟又遣水步軍徑至景憲破其外
救盡銳攻城五月剋之斬扶龍大首樓金銀雜
物不可勝計乘勝追討即剋林邑陽邁父子並
挺身奔逃所獲珍異皆是未名之寶嘉將帥
之功詔曰林邑介悍險凶稽顙王誅龍驤將軍
交州刺史檀和之忠果到列思略經濟凜命攻
討万里推鋒法命肅齊文武畢力潔巳奉公以
身率下故能立勳海外震服殊俗宜加褒飾參
管近侍可黃門侍郎領越騎校尉行建武將軍

龍驤司馬蕭景憲協贊軍首勤捷顯著惣勤
前驅剋殄巢穴必能威服荒夷撫懷民庶可持
節督交州廣州之鬱林寧浦二郡諸軍事建威
將軍交州刺史龍驤司馬童林之九貢太守傅
尉祖戰死並贈給事中世祖孝建二年林邑又
遣長史范龍跋奉使貢獻除龍跋揚武將軍
大明二年林邑王范神成又遣長史范流奉表
獻金銀器及香布諸物太宗泰豫元年又遣使
獻方物初檀和之被徵至豫章值豫章民胡

宋傳五十七 ▌ 三 陳鎮

誕世等反因討平之弁論林邑功封杜縣子食
邑四百戶和之高平金鄉人檀憑子也太祖元
嘉二十七年自太子左衛率爲世祖鎮軍司馬
輔國將軍彭城太守元凶弒立以爲西中郎將
雅州刺史世祖入討加輔國將軍統豫州戎事
因出南本世祖即位以爲右衛將軍孝建二年
除輔國將軍豫州刺史不行復爲右衛加散騎
常侍三年出爲南兗州刺史坐酣飲贖貨迎獄
中女子入內免官禁錮其年卒追贈左將軍謚

曰襄子廣州諸山並俚獠種類繁熾前後屢爲
侵暴歷世惠苦之世祖大明中合浦大師陳檀
歸順拜龍驤將軍四年檀表乞官軍征討未附
乃以檀爲高興太守將軍如故遣前朱提太守
費沈龍驤將軍武期率衆南伐弁通朱崖道並
無功輒殺檀而反沈下獄死

扶南國太祖元嘉十一年二十五年國王持黎

跋摩遣使奉獻

西南夷訶羅陀國元嘉七年遣使奉表曰伏承

過 宋傳五十七 四 景中

聖王信重三寶興立塔寺周滿國界城郭莊嚴
清淨無穢四衢交通廣博平坦臺殿羅列狀若
衆山莊嚴微妙猶如天宮聖王出時四兵具足
道從無數以爲守衛都人士女麗服光飾市廛
豐富珍賄無量王法清整無相侵奪學徒遊集
三乘競進敷演正法雲布雨潤四海流通萬國
交會長江眇漫清淨深廣有生咸資莫能銷穢
陰陽調和災屬不行誰有斯美大宋揚都聖王
無倫臨覆上國有大慈悲子育萬物平等忍辱

怨親無二濟之周窮無所藏積靡不照達如日
之明無不受樂猶如淨月宰輔賢良群臣貞潔
盡忠奉主心無異想伏惟皇帝是我真主臣是
訶羅陀國主名曰堅鎧今敬稽首聖王足下惟
願大王知我此心又矣非適今也山海阻遠無
緣自達今故遣使表此丹誠所遣二人一名毗
紉一名婆田今到天子足下堅鎧微薄誰能知
者是故今遣二人表此微心此情既果雖死猶
生仰惟大國藩守曠遠我即邊方藩守之一

宋傳五十七 五

上國臣民豐家慈澤願垂恩逮等彼僕臣臣國
先時人衆殷盛不爲諸國所見陵迫今轉襄弱
鄰國競侵伏願聖王遠垂覆護并市易往反不
爲禁閉若見哀念願時遣還今此諸國不見輕
侮亦令大王名聲普聞扶危救弱正是今日今
遣二人是臣同心有所宣啓誠實可信願勅廣
州時遣舶還不令所在有所陵奪願具今後賜
年年奉使今奉微物願垂哀納
訶羅單國治闍婆洲元嘉七年遣使獻金剛指

以

鐶赤鸚武鳥天竺國白疊古貝葉波國古月等
物十年訶羅單國王毗沙跋摩奉表曰常勝天
子陛下諸佛世尊常樂安隱三達六通爲世間
道是名如來應供正覺遺形舍利造諸塔像莊
嚴國土如須彌山村邑聚落次第羅廁城郭館
宇如忉利天宮宮殿高廣樓閣莊嚴四兵具足
能伏怨敵國土豐樂無諸患難奉承先王正法治
化人民良善慶無不利處雪山陰雪水流注百
川洋溢八味清淨周匝屈曲順趣大海一切衆

宋傳五十七 六 陳

生咸得受用於諸國土殊勝第一是名震旦大
宋揚都承嗣常勝大王之業德合天心仁慈四
海聖智周備化無不順雖人是天護世降生功
德寶藏大悲救世爲我尊主常勝天子是故至
誠五體敬禮訶羅單國王毗沙跋摩稽首問訊
冥後爲子所纂奪十三年又上表曰大吉天子
足下離淫怒癡哀愍群生想好具足天龍神等恭
也供養世尊威德身光明照如水中月日如初
間自家普照十方其自如雪亦如月光清

淨如華顏色照曜威儀殊勝諸天龍神之所恭
敬以正法寶梵行眾僧莊嚴國土人民熾盛安
隱快樂城閣高峻如乾他山眾多男士守護此
城樓閣莊嚴道巷平正箸種種衣猶如天服於
一切國為最殊勝言楊州城無憂天主愍念群
生安樂民人律儀清淨慈心深廣正法治化共
養三寶名稱遠至一切並聞民人樂見如月初
生譬如梵王世界之主一切人天恭敬作禮呵
羅單跋摩以頂禮足猶如現前以體布地如殿
陛道供養恭敬如奉世尊以頂箸地曲躬問訊
忝承先業嘉慶無量忽為惡子所見爭奪遂失
本國今唯一心歸誠天子以自存命今遣毗紉
問訊大家意欲自往歸誠宣訴復畏大海風波
不達令命得存亦由毗紉此人忠志其恩難報
此是大家令為惡子所奪而見驅擯問訊
悕規欲雪復伏願大家聽毗紉買諸鎧伏袍襖
及馬願為料理毗紉使得時還前遣闍邪仙婆
羅訶蒙大家厚賜悉惡子奪去啓大家使知今

宋傳五七　七　李諒

奉薄獻願垂納受此後又遣使二十六年太祖
詔曰訶羅單般皇般達三國頻越遐海欵化納
貢遠誠宜甄可竝加除授乃遣使策命之曰惟
爾慕義欵化效誠荒遐命永固厥職可用
敷典章顯兹策授爾其祗順禮度式保厥
不慎歟二十九年又遣長史般和沙彌獻方物
般皇國元嘉二十六年國王舍利般伽跋摩遣
使獻方物四十一種太祖策命之為般皇國王
曰惟爾仰政邊城率貢來庭皇澤凱被無幽不
洽宜班典策授兹嘉命爾其祗順禮度式保厥
終可不慎歟二十八年復貢獻世祖孝建三
須羅達前長史振威將軍笠那婆智奉表獻方物以那婆智為
宗泰始二年又遣使貢獻太宗以其長史笠
振威將軍大明三年獻赤白鸚鵡大明八年太
那婆智奉表獻方物以那婆智為龍
驤將軍
婆達國元嘉二十六年國王舍利不陵伽跋摩
遣使獻方物太祖策命之為婆達國王曰惟爾

仰化懷誠馳慕聲教皇風遐暨荒服來欵是用
加茲顯策式甄義順示其祇順憲典永終休福
可不慎歟二十六年二十八年復遣使獻方物
闍婆婆達國元嘉十二年國王師黎婆達陁阿
羅跋摩遣使奉表曰宋國大主大吉天子足下
敬禮一切種智安隱天人師降伏四魔成等正
覺轉尊法輪度脱衆生教化已周入千涅槃舍
利流布起无量塔衆寶莊嚴如湏彌山經法流
布如日照明无量淨僧猶如列宿國界廣大民

宋傳五十七 九

人衆多宮殿郭如忉利天宮名大宋揚州大
國大吉天子安處其中紹繼先聖王有四海閻
浮提內莫不來服悉以茲水普飲一切我雖在
遠亦霑靈潤足以雖隔巨海常遙臣屬願照
至誠垂哀納受若蒙聽許當年遣信若有所湏惟
命是獻伏願信受不生異想今遣使主佛大陁婆
副使葛抵奉宣微誠稽首敬禮大吉天子足下
陛波所啓願見信受諸有所請唯願賜聽今奉
微物以表微心

師子國元嘉五年國王刹利摩訶南奉表曰謹
白大宋明主雖山海殊隔而音信時通伏承皇
帝道德高遠覆載同於天地明照齊乎日月四
海之外無往不伏方國諸王莫不遣信奉獻以
表歸德之誠或泛海三年陸行千日畏威懷德
無遠不至我先王以來唯人爲善慶爲正不嚴而
治奉事三寶道濟天下欣人爲善若在己欲
與天子共弘正法以度難化故託四道人遣二
白衣送牙臺像以爲信誓信還願垂音告至

宋傳五十七 十

十二年又復遣使奉獻
天竺迦毗黎國元嘉五年國王月愛遣使奉表曰
伏聞彼國擄江傍海山川周固衆妙悉備莊嚴
清淨猶如化城官殿莊嚴街巷平坦人民充滿
歡娛安樂聖王出遊四海隨從聖明仁愛不害
衆生萬邦歸仰國富如海國中衆生奉順正法
大王仁聖化之以道慈施群生無所遺惜帝修
淨戒軌道不及無上法船濟諸沈溺群寮百官
受樂無怨諸天擁護萬神侍衞天魔降伏莫不

歸化王身端嚴如日初出仁澤普潤猶如大雲
聖體承業如日月天於彼真丹最為殊勝臣之
所住名毗河東際于海其城四邊悉悉紺石
首羅天護令國安隱國王相承未曾斷絕國中人
民皆修善諸國來集共遵道法諸寺舍中皆
七寶形像眾妙供具如先王法臣自修檢不犯
道禁臣名月愛棄世王種惟願大王聖體和善
群臣百官悉自安隱今以此國群臣吏民山川
珍寶一切歸屬五體歸誠大王足下山海退隨
無由朝觀宗仰之至遣使下承使主父名天魔
悉達使主名尼陀達此人由來良善忠信是故
今遣奉使表誠大王若有所須珍奇異物悉當
奉送此之境土便是王國王之法令治國善道
悉當承用願二國信使往來不絕此反使還願
賜一使具宣聖命備敕奉獻金剛指環摩勒金
反所白如是願加哀愍奉獻金剛指環摩勒金
環諸寶物赤白鸚鵡各一頭太宗泰始二年又
遣使貢獻以其使主坐一扶大竺阿彌並為建威將

（三光四）（宋傳五十七）（十一）

軍元嘉十八年蘇摩黎國王那隣那羅跋摩遣
使獻方物世祖孝建二年斤陀利國王釋婆羅
那隣陀遣長史竺留陀及多獻金銀寶與後廢
帝元徽元年婆黎國遣使貢獻凡此諸國皆事
佛道佛道自後漢明帝法始東流自此以來其
教稍廣自帝王至于民庶莫不歸心經誥充積
訓義深遠別為一家之學焉元嘉十二年丹陽
君蕭摹之奏曰佛化被于中國已歷四代形像
塔寺所在千數進可以繫心退足以招勸而自
頃以來情敬浮末不以精誠為至更以奢競為
重舊宇頹弛曾莫之修而各務造新以相姱尚
甲第顯宅於茲殆盡材竹銅綵縻損無極無關
神祇有累人事建中越制宜加裁檢不為之防
流道未息請自今以後有欲鑄銅像者悉詣臺
自聞興造塔寺精舍皆先詣在所二千石通辭
郡依事列言本州須許報然後就功其有輙造
寺舍者皆依不承用詔書律銅宅林苑悉沒入
官詔可又沙汰沙門罷道者數百人世祖大明

（三光四）（宋傳五十七）（十二）

今鴻源遙洗群流仰鑱九仙賫寶百神登職而

詔曰佛法訛替沙門混雜未足扶濟鴻教而專

成逋藪加姦心頻發凶狀屢聞敗亂風俗人神

交怨可付所在精加沙汰後有違犯嚴加誅坐

於是設諸條禁示自非誠行精苦並使還俗而諸

寺尼出入宮掖交關妃后此制竟不能行先是

晉世庚冰始創議欲使沙門敬王者後桓玄復

述其義並不果行大明六年世祖使有司奏曰

臣聞遂宇榮居非期宏峻拳跪槃伏非止敬恭

難宗旨緬謝微言淪闇拘文蔽道在末彌扇遂

乃陵越典度僬侭尊戒失隨方之眇迹迷製化

倏分至於崇親嚴上廠餘靡奕唯浮圖為敬過

自龍堆反經提傅訓退事遠練生瑩識恒俗稱

將以施張四維締制八寓故雖儒法枝派名墨

之淵義夫佛法以謙儉自牧忠虔為道不輕比

立遭道人斯拜目連築門過長則禮豈有屈膝

四輩而簡二親稽顙者臘而直體萬乘者哉

故成康創議元興載述而事屈偏黨道挫餘分

三百卅　宋傳五十七　十三　沈珍

幾輦之內舍弗臣之氓陛席之間延抗禮之客

懼非所以澄一風範詳示景則者也臣等參議

以為沙門接見比當盡虔禮敬之容依其本俗

則朝徽有斥乘方兼遂吳詔可前廢帝初復舊

世祖寵姬殷貴妃薨為之立寺貴妃子鸞亦毀

廢新安寺驅斥僧徒尋又毀以新安為寺號前

新安王故以新安為寺號前廢帝殺子鸞乃毀

宗定亂下令曰先帝建中興及新安諸寺所以

奔逃其甚以矜懷妙訓淵謨有扶名教可招集舊

長世垂範弘宣盛化頃遇昏虐法像殘毀師徒

僧普各還本並使村官隨宜修復宋世名僧有

道生彭城人也父為廣武令生出家為沙

門法大弟子幼而聰悟年十五便能講經及長

有異解立頓悟義時人推服之元嘉十一年卒

於廬山沙門慧琳為之誄慧琳者秦郡秦縣人

姓劉氏少出家住治城寺有才章兼外內之學

為廬陵王義真所知嘗著均善論其詞曰有白

三廿四　宋傳五十七　古　閭

學先生以爲中國聖人經綸百世其德弘矣智
周萬彙夔天人之理盡矣道無隱旨救閩遺筌聰
叡迪哲何貢於殊論哉有黑學道士西酒之謂不
照幽眞之途弗及來生之化雖尚虛心未能虛
事不逮西域之深也於是白學訪其所以不逮
云尒白曰釋氏所論之空與老氏所言之空無同
異乎黑曰異釋氏即物爲空空物爲一老氏有
無兩行空有爲異安得同乎白曰釋氏空物物
空邪黑曰然空又空不翅於空矣白曰三儀靈

三卷
■宋傳五十七
十五

長於宇宙萬品盈生於天地熟是空哉黑曰空
其自性之有不害因假之體也今攜羣材以成
大廈罔專一撰之實積一豪以致合抱無檀木之
體有生莫俄頃之留太山戢累息之固與滅無
常因緣無主所在於性理所難據於事用
吾以爲悵矣白曰所言實相空者其如是平黑
曰然白日浮藥之理交於目前視聽者之所同
了邪解之以登道場重之以輕異學誠未見其
淵深黑曰斯理若近求之實遠夫情之所重者

虛事之可重者實今虛其真實離其浮偽愛欲
之感不得不去愛去而道場不登者吾不知所以
相曉也白曰今析豪空樹無　垂蔭之茂離材
虛室不損輪奐之美明無常增其偈陰和情陳
若偏篤於其競辰之慮貝錦以繁來發輝和美以
鹽梅致旨齊疾追夾鳩之樂燕王無延年之術
恐和合之辯危脆之教正足戀其耆好之欲無
以傾其愛競之感也白曰黑曰斯固理絕於諸華墳
素莫之及也白曰山高累卑之辭川樹積小之

三四
宋傳五十七
十六

馬

詠舟轟火傳之談堅白唐肆之論蓋盈於中國
矣非理之奧故不舉以爲教本耳子固以遺情
遺累虛心爲道而據事剖析者更由指掌之間
千黑曰周孔爲教正及一世不見來生無窮之
緣積善不過子孫之慶累惡不過餘殃之罰報
效止於榮禄誅責極於窮賤視聽之外漠然不
知良可悲矣釋迦關無窮之業拔重關之險陶
方寸之慮宇宙不足盈其明設一慈之救羣生
不足勝其化叙地獄則民懼其罪敷天堂則物

歡其福增泥洹以長歸乘法身以退臨覺神爰無

不周靈澤厤不曹先覺翻翔於上世後悟騰事

而不紹坎井之局何以識大方之家乎白日固

能大其言矣今劲神光無徑寸之明驗靈爰罔

纖介之異勤誠者不觀善救之貌篤學者弗剋

陵虛之實徒稱無量之壽取見期顧之更咨差

金剛之固安覩不朽之質苟於事不符宜尋立

言之指遺其所寄之說也且要天堂以就善島

若服義而蹈道懼地獄以敕身敦與從理以端

倍弗乘無怪之情羨泥洹之樂生躭逸之慮贊

法身之妙肇好奇之心近欲未弭遠利又興雖

言吾薩無欲羣生固以有欲矣甬救交敝之泯

心禮拜以求免罪不由祗肅之意施一以激百

宋傳五十七
十七
粤

永開利競之俗澄神反道其可得乎黑日不然

若不示以來生欲何以權其當年之滯物情

不能頓至故積漸以誘之奪此俄頃要彼無窮

若弗勤春稼秋穡何期端坐井底而息意庶慮

者長淪於九泉之下矣白日異哉何所務之乖

也道在無欲而以有欲要之此行求郢西征索越方

長迷於幽都永諒滯於昧谷遊閻楚其可見乎

所謂積漸者日損之謂也當先遺其所輕然後忘

其所重使利欲日去淳自生耳豈得以少要多

以麁易妙俯仰之間非利不動利之所蕩其有極哉

乃丹青眩媚綵之目未奪好壯之心興糜費之道

單九服之財割羣生之急致營造之許

成私樹之權務勸化之業結師黨勢苦節以要

厲精之譽護法展陵競之情悲矣夫大道其安

宋傳五十七
大
吳

寄乎是以周孔敦俗弗關視聽之外老莊陶風謹

守性分而已黑白三遊本於仁義盜跖資於五善

之誣不可勝論子安於彼駭於此玩於濁水違於清

淵耳自曰有跡不能不敝有術不能無偽此乃

聖人所以桎梏也今所惜在作法於貪遂以成

俗不正其敝反以爲高且至若淫妄之徒世自

近鄙源流惑然因不足論黑百釋氏之教專救

夷俗便無取於諸華邪自日昌爲其然爲則開

端宜懷屬愛物去殺尚施周人息心遺榮華
之願大士布兼濟之念仁義玄一者何以尚之
惜乎幽旨不亮末流為累耳黑曰子之論善殆
同矣便事盡於生平曰曰幽實之理固不極於
人事矣周孔疑而不辨釋迦辨而不實將宜發
其顯晦之跡存其所要之旨請嘗言之夫道之
以仁義者服理以從化帥之以勸戒者循利而
遷善故甘辭興於有欲而減於悟理淡說行於
天解而息於貪偽是以示來生者敝虧於道釋

不得已杜幽闇者實符於姬孔闡其兆由斯論
之言之者未必遠知之者未必得不知者未必
失但知六度與五教並行信順與慈悲齊立耳
殊塗而同歸者不得守其發輪之轍也論行於
世舊僧謂其貶黜釋氏欲加擯斥大祖見論賞
之元真中遂參權要朝廷有大事皆與議焉賓客
輻湊門車常有數十兩四方贈賂相係勢傾一
時注孝經及莊子逍遙篇文論傳於世又有慧
嚴慧議道人並住東安寺學行精整為道俗所

推時闍場寺多禪僧京師為之語曰闍場禪師
窟東安談義林世祖大明四年於中興寺設齋
有一異僧衆莫之識問其名苫曰名明慧從天
安寺來忽然不見天下無此寺名乃改中興曰
天安寺大明中外國沙門摩訶衍苦節有精理
於京都多出新經勝鬘經尤見重內學
東夷高句驪國今治漢之遼東郡高句驪王高
璉晉安帝義熙九年遣長史高翼奉表獻赭白
馬以璉為使持節都督營州諸軍事征東將軍

高句驪王樂浪公高祖踐阼詔曰使持節都督
營州諸軍事征東將軍高句驪王樂浪公璉使
持節督百濟諸軍事鎮東將軍丙淨王映並
執義海外遠修貢職惟新告始宜荷國休璉可
征東大將軍映可鎮東大將軍持節都督王公
如故三年加璉散騎常侍增督平州諸軍事少
帝景平二年璉遣長史馬婁等詣闕獻方物遣
使慰勞之曰皇帝問使持節散騎常侍都督營
平二州諸軍事征東大將軍高句驪王樂浪公

篡戎東服庸績繼軌厥惠既彰款誠亦著踰遼
越海納貢本朝朕以不德忝承鴻緒永懷先蹤
思覃遺澤今遣謁者朱邵伯副謁者王邵子等
宣旨慰勞其茂康惠政永隆厥功式昭往命稱
朕意爲先是鮮卑慕容寶治中山爲索虜所破
東定黃龍義熙初寶弟熙爲其下馮跋所殺跋
國跋死子弘立屢爲索虜所攻不能下太祖世
自立爲主自號燕王以其治黃龍城故謂之黃龍
國每歲遣使獻方物元嘉十二年賜加除授十五年

宋傳五十七　二十一　王

復爲索虜所攻弘敗走奔高驪北豐城表求迎
接太祖遣使王白駒趙次興迎之幷令高驪料
理資遣璉不欲使弘南乃遣將孫漱高仇等襲
殺之白駒等率所領七千餘人掩討漱等生禽
漱殺高仇等二人璉以白駒等專教遣使執送
之上以遠國不欲違其意白駒等下獄見原璉
每歲遣使十六年太祖欲北討璉詔送馬璉獻
馬八百四世祖孝建二年璉遣長史董騰奉表
尉國哀再周并獻方物大明三年又獻肅慎氏

檣矢石砮七年詔曰使持節散騎常侍督平棨
二州諸軍事征東大將軍高句驪王樂浪公璉
世事忠義作藩海外誠係本朝志剪殘險通譯
沙表克宣王猷宜加褒進以旌純節可車騎大
將軍開府儀同三司持節常侍都督王公如故
太宗泰始後廢帝元徽中貢獻不絕
高驪略有遼東百濟略有遼西百濟所治謂之
百濟國本與高驪俱在遼東之東千餘里其後
晉平郡晉平縣義熙十二年以百濟王餘映爲

宋傳五十七　二十二　王

使持節都督百濟諸軍事鎮東將軍百濟王高
祖踐祚進號鎮東大將軍少帝景平二年映遣
長史張威詣闕貢獻元嘉二年太祖詔之曰皇
帝問使持節都督百濟諸軍事鎮東大將軍百
濟王累葉忠順越海效誠遠王篡戎書修先業
其義既彰厥懷赤款浮桴驪水獻贄執贄故嗣
位方任以藩東服勉勗所蒞無隳前蹤今遣兼
謁者閭丘恩子兼副謁者丁敬子等宣旨慰勞
稱朕意其後每歲遣使奉表獻方物七年百濟

王餘毗復脩貢職以映爵號授之二十七年毗上書獻方物私假臺使馮野夫西河太守表求易林式占腰弩太祖並與之毗死子慶代立世祖大明元年遣使求除授詔許二年慶遣使上表曰臣國累葉偏受殊恩文武良輔世蒙朝爵行冠軍將軍右賢王餘紀等十一人忠勤宜在顯進伏願垂愍並聽賜除仍以行冠軍將軍右賢王餘紀為冠軍將軍以行征虜將軍左賢王餘昆行征虜將軍餘暈並為征虜將軍以行輔國將軍餘都餘乂並為輔國將軍以行龍驤將軍沐衿餘爵並為龍驤將軍以行寧朔將軍餘流麋貴並為寧朔將軍以行建武將軍于西餘婁並為建武將軍太宗泰始七年又遣使貢獻倭國在高驪東南大海中世修貢職高祖永初二年詔曰倭讚萬里修貢遠誠宜甄可賜除授太祖元嘉二年讚又遣司馬曹達奉表獻方物讚死弟珍立遣使貢獻自稱使持節都督倭百濟新羅任那秦韓慕韓六國諸軍事安東大將

軍倭國王表求除正詔除安東將軍倭國王珍又求除正倭隋等十三人平西征虜冠軍輔國將軍號詔並聽二十年倭國王濟遣使奉獻復以為安東將軍倭國王二十八年加使持節都督倭新羅任那加羅秦韓慕韓六國諸軍事安東將軍如故並除所上二十三人軍郡濟死世子興遣使貢獻世祖大明六年詔曰倭王世子興奕世載忠作藩外海稟化寧境恭修貢職新嗣邊業宜授爵號可安東將軍倭國王興死弟武立自稱使持節都督倭百濟新羅任那加羅秦韓慕韓七國諸軍事安東大將軍倭國王順帝昇明二年遣使上表曰封國偏遠作藩于外自昔祖禰躬擐甲冑跋涉山川不遑寧處東征毛人五十五國西服衆夷六十六國渡平海北九十五國王道融泰廓土遐畿累葉朝宗不愆于歲臣雖下愚忝胤先緒驅率所統歸崇天極道遙百濟裝治船舫而句驪無道圖欲見吞抄邊隸虔劉不已每致稽滯以失良風雖曰進

路或通或不臣亡考濟貨分忿寇讎壅塞天路控
弦百萬義聲感激方欲大舉奄喪父兄使垂成
之功不獲一簣居在諒闇不動兵甲是以偃息
未捷至今欲練甲治兵申父兄之志義士虎賁
文武效功白刃交前亦所不顧若以帝德覆載
摧此彊敵克靖方難無替前功竊自假開府義
同三司其餘咸假授以勸忠節詔除武使持節
都督倭新羅任那加羅秦韓慕韓六國諸軍事
安東大將軍倭王

荆雍州蠻槃瓠之後也分建種落布在諸郡縣
荆州置南蠻雍州置寧蠻校尉以領之世祖初
罷南蠻并大府而寧蠻如故蠻民順附者一户
輸穀數斛其餘無雜調而宋民賦役嚴苦貧者
不復堪命多逃亡入蠻蠻無徭役彊者又不供
官稅結黨連羣動有數百千人州郡力弱則起
為盜賊種類稍多户口不可知也所在多深險
居武陵有雄谿樠谿辰谿酉谿舞谿謂之五
谿蠻而宜都天門巴東建平江北諸郡蠻所居

皆深山重阻人跡罕至為前世以來屢為民患少
帝景平二年宜都蠻帥石寧等二百二十三人詣闕上
獻太祖元嘉六年建平蠻張雉之等五十八人詣闕
宜都蠻田生等一百二十三人詣闕獻見其後沔
中蠻大動行旅殆絕天門漊中令宗矯之徭賦
過重蠻田不堪命十八年蠻田向求等為寇破漊中
虜略百姓荆州刺史衡陽王義季遣行參軍曹孫
念討破之獲生口五百餘人免矯之官二十四年南郡
臨沮當陽蠻反縛臨沮令傳僧驥荆州刺史南譙

王義宣遣中兵參軍王諶討破之先是雍州刺
史劉道產善撫諸蠻蠻前後不附官者莫不順服
皆引出平土多緣沔為居及道產亡蠻又反叛
及世祖出為雍州羣蠻斷道擊大破之臺遣軍
主沈慶之連年討蠻所向皆平殄事在慶之傳
二十八年正月龍山雉水蠻寇抄涅陽縣南陽太
守朱雲郡遣軍討之失利殺傷三百餘人雲詔
又遣二千人係之蠻乃散走是歲潭水諸蠻因險
為寇雝州刺史隨王誕遣使說之曰頃歲懷所

蠻所在並深岨種落熾盛歷世爲盜賊北接淮
汝南極江漢地方數千里元嘉二十八年西陽
蠻殺南川令劉臺并其家口二十九年新蔡蠻
二千餘人破大雷戍略公私船舫悉引入湖有已
命司馬黑石在蠻中共爲寇盜太祖遣太子
步兵校尉沈慶之率江荊雍豫諸州軍討之世
祖大明四年又遣慶之討西陽蠻大剋獲而反
司馬黑石徒黨三人其一人名智黑石號曰太
公以爲謀主一人名安陽號焦王一人名續

被畫自退遠順化者寵祿逆命者無遺此亦尒
所知也聖朝今普天畢肯許以自新便宜各還
舊居安堵復業改過革心於是平始先是蠻帥
魯奴子攜龍山屢叛奴子歸
之軌言於虜主以爲四山王軌子奭歸國奴子
亦求內附隨王誕又遣軍討沔北諸蠻襄濁山
如口蜀松三柴剋之又圍外錢柏義諸柴蠻悉
力距戰軍以具裝馬夾射大破之斬首二百級
獲生蠻千口年馬八十頭世祖大明中建平蠻

向光戻寇暴峽川巴東太守王濟荊州刺史朱
修之遣軍討之光戻走清江清江巴東千餘
里時巴東建平宜都天門四郡蠻爲寇諸郡民
戶流散百不存一太宗順帝世先甚雖遣攻代
終不能禁荊州爲之虛幣大明中桂陽蠻反殺
茘令晏珍之臨賀蠻反殺關建令邢伯見振武
將軍蕭沖之討之獲少費多抵罪
豫州蠻廬君後也盤瓠及廩君事並具前史西
陽有巴水蘄水希水赤亭水西歸水謂之五水

號梁王蠻文小羅等討鵒續之爲蠻世財所纂
小羅等相率斬世財父子六人豫州刺史王玄
謨遣殿中將軍鄭元封尉勞諸蠻使縛送忘命
蠻方執智黑石安陽二人送詣玄謨世祖使於
壽陽斬之世宗初即位四方反叛及南賊敗於
鵲尾西陽蠻田益之成邪財田光興等
起義攻郢州剋之以益之爲輔國將軍都統四
山軍人又以蠻戶立宋安光城二郡以義之爲
宋安太守光興爲龍驤將軍光城太守封益之

邊城縣王食邑四百二十二戶成邪財陽城縣王食
邑三千戶益之徵為虎賁中郎將將軍如故順
帝昇明初又轉射聲校尉冠軍將軍成邪財死
子婆思襲爵為輔國將軍武騎常侍晉熙蠻梅
式生亦起義斬晉熙太守閻湛之晉安王子勛典籤
沈光明祖封高山族食所統牛岡下柴二村三十戶
史臣曰漢世西譯遐通兼途累萬跨頭痛之山
越繩度之險生行死徑身徃堁歸晉氏南
移河隴變隔戎夷梗路外域天斷若夫大

秦天竺一迴出西滇二漢衝役特艱斯路而商
貨所資或出交部汎海陵波因風遠至又重
峻參差氏衆非一殊名詭號別類殊珍水
實由茲自出通犀翠羽之珍蛇珠火布之異千
名萬品並世主之所虛心故舟舶繼路商使交
屬太祖以南琛不至遠命師旅泉浦之捷威震
滄溟蠻棘殊種雜種衆特繁依深傍岨充積患深自
古華氓易興狡毒略財據土歲月滋深自元嘉
尺

将半寇應彌廣遂盤結數州搖亂邦邑於是命
将出師恣行誅討自江漢以比盧江以南搜山
温谷窮兵鑿武繫頸囚俘蓋以數百萬計至於
孩年耆齒執訊所遺將卒申好殺之憤干戈窮
酸慘之用雖云積惡為報亦甚張奐所云流血
于野傷和致沴斯固仁者之言矣

列傳第五七　　宋書九七

氐胡

臣沈　約　新撰

略陽清水氐楊氏秦漢以來世居隴右為豪族
漢獻帝建安中有楊騰者為部落大帥騰子駒
勇健多計略始徙仇池仇池地方百頃因以為
號四面斗絕高平地方二十餘里羊腸蟠
道三十六回山上豐水泉煑土成鹽駒後有名
千萬者魏拜為百頃氐王千萬子孫名飛龍漸

三五　宋傳五十八　一　龐弈升

疆盛晉武假征西將軍還居略陽無子養外甥
令狐氏子為子名戊搜晉惠帝元康六年避齊
萬年之亂率部落四千家還保百頃自號輔國
將軍右賢王關中　士奔流者多依之戊搜延納
撫接欲去者則衛護資遣之愍帝以為驃騎將
軍左賢王時南陽王保在上邽又以戊搜子難
敵為征南將軍建興五年戊搜卒難敵襲位與
堅頭分部曲難敵號左賢王屯下辯堅頭號右
賢王屯河池元帝太興四年劉曜伐難敵與堅

頭俱奔晉壽臣於李雄曜退復還仇池成帝咸
和九年難敵卒子毅立自號使持節龍驤將軍
左賢王下辯公以堅頭公樂為使持節冠軍將
軍右賢王河池公咸康元年毅遣使稱藩於晉
毅為征南䅁征東將軍三年毅遣族兄初襲殺毅
弈於穆帝永和三年初以為使持節征南將軍
雍州刺史平羌校尉仇池公初子國為鎮東將
軍武都太守十年改封初天水公十一年毅小

弟宋奴使姑子梁式王因侍直手刃殺初子國
率左右誅式王及宋奴後自立征西將軍桓溫
表國為鎮北將軍秦州刺史平羌校尉國子安為
振威將軍武都太守十二年國從父楊俊復殺
國自立安奔符生俊遣使歸順升平三年以俊
為平西將軍平羌校尉仇池公四年俊卒子世
立復以為冠軍將軍平羌校尉武都太守仇池
公海西公太和三年還征西將軍秦州刺史以
世弟統為寧東將軍武都太守五年世卒統廢

世子纂自立纂一名德聚黨殺統遣使詣簡文
帝自陳後以纂纂為平羌校尉秦州刺史仇池公
咸安元年符堅遣楊安符雅等討纂克之徙其
民於關中空百頃之地纂後為楊安所殺宋奴
之死也二子佛奴佛狗奔逃關中符堅以佛奴
為右將軍佛狗為撫夷護軍後以女妻佛奴子
堅敗於淮南關中擾亂定盡力奉堅堅死乃將
定以定為尚書領軍將軍孝武帝太元八年符
家奔隴右徙治歷城城在西縣界去仇池百二
十里置倉儲於百頃招合夷晉得千餘家自號
龍驤將軍平羌校尉仇池公稱蕃於晉孝武帝
孝武帝即以其自號假之求割天水之西縣武
都之上祿為仇池郡見許十五年又以定為輔
國將軍秦州刺史定巳自署征西將軍又進持
節都督隴右諸軍事輔國大將軍開府儀同三
司校尉刺史如故其年進平天水略陽郡遂有
秦州之地自號西王至十九年攻隴西虜乞佛
乾歸定軍敗見殺無子佛狗子盛先為監國守

仇池襲位自號使持節征西將軍秦州刺史平
羌校尉仇池公謚定為武王分諸四山氐羌為
二十部護軍各為鎮戍不置郡縣安帝隆安三年遣
使稱蕃奉獻方物安帝以盛為輔國將軍平羌
校尉仇池公元興三年桓玄輔晉進盛平北將
軍涼州刺史西戎校尉義熙元年姚興伐盛盛為
駕遣呂瑩求救於盛盛遣軍次瀘口敏退以盛別
懼遣子難當為質興遣將王敏攻城敏因梁州
都督隴右諸軍事征西大將軍開府儀同三司
時益州刺史毛璩討桓玄所置梁州刺史桓希
敗走漢中空虛盛遣兄子平南將軍撫守漢符
三年又假盛使持節比秦州刺史盛又遣將符
宣行梁州刺史代撫九年梁州刺史素邀鎮南
城寧乃還高祖踐阼進盛車騎大將軍加侍中
永初三年改封武都王以長子玄為武都王世
子加號前將軍難當為冠軍將軍撫為安南將
軍盛嗣位三十年太祖元嘉二年六月卒時年
六十二私謚曰惠文王玄字黃眉自號使

持節都督隴右諸軍事征西大將軍開府儀同

三司平羌校尉秦州刺史武都王雖爲蕃臣猶

奉義熙之號善待士爲流舊所懷安南將軍撫

有文武智略玄不能容三年因其子殺人并誅

之明帝即以玄爲使持節征西將軍平羌校

尉比秦州刺史武都王乃改義熙之號奉元嘉

正朔初盛謂玄曰五吾年巳老當爲晉臣汝善事

宋帝故以玄奉焉道)贈盛驃騎大將軍餘如故保

年六月玄卒私諡曰孝昭王弟難當廢玄子保

宗名羌奴而自立號使持節都督雍涼諸軍事秦

州刺史平羌校尉武都王太祖以爲冠軍將軍秦

州刺史武都王九年進號征西將軍加持節都

督校尉之號難當拜保宗爲鎮南將軍鎮宕

昌以次子順爲鎮東將軍秦州刺史守上邽保

宗謀襲難當事泄收繫之先是四方流民有許

穆之郝惔之二人投難當並改姓爲司馬穆之

自云名飛龍惔之自云是晉室近戚康

之尋爲人所殺十年難當以益州刺史劉道濟

失蜀土人情以兵力資玄飛龍使入蜀爲寇道濟

擊斬之時梁州刺史甄法護刑法不理太祖遣

刺史蕭思話代任難當因思話未至法護將軍

下邳蕭襲梁州破白馬獲晉昌太守張範法護

遺參軍營安期攻葭萌獲晉壽太守退難當

又遺建忠將軍趙進攻葭萌獲晉壽太守有漢

中之地以氏苻粟持爲梁州刺史又以其凶悍

殺之以司馬趙溫代爲梁州刺史十年正月思話使

司馬蕭譚先驅進討所向克捷遂平梁州事在

思話傳四月難當遣使奉表謝罪曰臣聞生成

之德含氣同係而榮悴殊塗遭遇異兆至於恩

降自然誠無答謝夫以狂聖道隔猶存克念

之誠況君親莫二不期自感者哉每思自竭奉

誕臣遺司馬飛龍擾亂西蜀諸所講引言非一

遵光訓丹誠未諒大謗已臻梁州刺史甄法護

事長塗萬里無路自明風塵之聲曰有滋甚

與其逆生宰就清滅文武同憤制不自由遣秦

軍姚道賢銜書詣梁州刺史蕭思話尋續又遣
詣臺歸罪道賢至西城為守兵所殺行李嚴擁
日月莫照法護惶惶望風奔逃臣即回軍秋毫
無犯權留少守以俟會通其後數旬官軍壽至
守兵懷懼不自免續遣輕兵共相迎接值秦
流民懷土及本行將既旋不容禁制由臣約防
無素以致斯闕臣本歷代守蕃世荷殊寵王化
始基順天委命要名期義不在今日當可假託
妖妄毀敗成功如此之形灼然易見仰恃聖明必
垂臨金察但臣微心不達迹違忠順至乃聲聞朝
庭勞煩師旅負厚之深罪當誅責遠隔遐荒
告謝無地謹遣兼長史所亮聽命有司并奉送
所授第十一符策伏待天旨太祖以其邊裔下
詔曰楊難當悔謝前愆可特恕宥开特
還章節十二年難當表如此悔謝前愆可特恕宥开特
將軍開府儀同三司平羌校尉南秦王遣襲上
索虜王拓跋燾以為都督隴西諸軍事征西大
邦難當子順失守退以為雍州刺史守下辯十

三年三月難當自立為大秦王號年曰建義立
妻為王后世子為太子置百官具擬天朝然猶
奉朝庭貢獻不絕至十八年十月其國大旱多災異降
大秦王復為武都王遣忠將軍符沖出東洛
以防之梁州刺史劉道真擊斬沖十一月難當
有蜀土慮漢中軍出遣忠將軍符沖十一月難當
剋葭萌獲晉壽太守申坦遂圍涪城巴西太守
劉道錫嬰城固守難當攻之十餘日不剋乃還
十九年正月太祖遣龍驤將軍裴方明太子左
積弩將軍劉康祖後軍參軍梁坦甲士三千人
又發荊雍二州兵討難當受劉道真節度五月
方明等至漢中長驅而進道真到武興攻僑建
忠將軍符隆剋之安西參軍韋俊建武將軍姜
道盛別向下辯道真又遣司馬夏侯穆季西取
白水難當子雍州刺史順忠將軍符場鎮北將軍
並望風奔走閏月方明至蘭臯難當場亮拒之
符義德建節將軍符弘祖萬餘人列陣拒戰方
明擊破之斬弘祖殺二千餘人義德遁去天水

任愈之率部曲歸順難當世子撫軍大將軍和
據修城方明又遣軍率愈之攻和大破之於是難
當將妻子奔索虜中安西叅軍楊魯尚
期追難當出塞峽生禽建節將軍楊保熾安昌
侯楊虎頭初難當遣第二子虎為鎮南將軍益
州剌史守陰平聞父走逃還至下辯方明使子
肅之要之生禽虎傳送京師斬于建康市仇池
平以輔國司馬胡崇之為龍驤將軍秦州剌史
平羌校尉守仇池索虜拓跋熹遣安西大將軍

十年二月崇之至濁水去仇池八十里遇崇等
戰敗没餘衆奔還漢中三月前鎮東司馬裴達
征西從事中郎任朏等舉義立保宗弟文德為
主拓跋齊聞兵起遁走達追擊斬齊因據白崖
分平諸戍文德自號使持節都督秦河涼三州
諸軍事征西大將軍秦河涼三州牧平羌校尉
仇池公遣露板馳告朝廷太祖詔曰近者校尉
仇池公表虜縱逸寇竊仇池將士挫傷民萌塗

炭眷言西顧矜慨在懷楊文德世篤忠順誠感
家國糾率義徒奄殄凶醜鋒旗所向殱潰無遺
氣祲澄清蕃境寧一念功惟事良有欣嘉便可
遣使慰勞宣示朝旨并勒梁州剌史申坦隨宜
應援又詔曰顯錄勳効蓋惟國典施賞務速無
殊功仍集告捷歸誠獻俘萬里朝無墼土樹難
或蹈時楊文德志氣果到文武兼全乘機潛奮
自肅休烈昭著朕甚嘉焉為楊氏世祖西勞方忠
累葉宣紹先緒膺受寵榮可使持節散騎常侍

都督北秦雍二州諸軍事征西大將軍平羌校
尉比秦州剌史封武都王任朏祖父岐伯父祚
父綜立仕楊氏為諮議從事中郎朏有志幹文
德以為左司馬文德既受朝命進戍茄蘆城二
十五年為索虜所攻奔于漢中時世祖鎮襄陽執
文德歸之于京師以失守免官削爵土二十七
年王師北討起文德為輔國將軍率軍自漢中
西入搖動汧隴文德宗人楊高率陰平平武羣
氏據唐昌橋以距文德文德水陸俱攻大破之

衆並奔散高遁走奔羌文德追之至黎卬嶺高
單身投仇阿弱家追斬之陰平平武悉平又
遣文德伐啖羌提氏不剋梁州刺史劉秀之執送
荊州使文德從祖兄頭戍茄蘆荊州刺史南郡
王義宣反文德不同見殺世祖追贈征虜將軍
秦州刺史孝建二年以保宗子元和爲征虜將軍
爲索虜所執頭至誠奉順無所顧懷朝廷既
宗推年小才弱不能綏御所部頭母妻子弟並
以頭爲輔國將軍元和旣楊氏正統羣氏欲相
表曰被勅令臣遣使與楊元和楊頭相聞并致
信餉卽遣中軍行於軍呂智宗齎書并信等亦
自遣使隨智宗及頭語智宗頃破家爲國母妻
子弟并墜沒虜中不顧孝道陳力邊捍竭忠臺
誠未爲朝廷所識若以元和承統宜授王爵若
以其年小未堪大任則應別有所委頃來公私
紛紜華戎交構皆此之由臣伏尋頭元嘉以來
實有忠誠於國弃親遺愛誠在可嘉氐羌負遠

宋傳五十八　十二　章文二

又與虜咫尺急之則反緩之則怨觀頭使人言語
不敢便望仇池公所希政在西秦州假節而已如
臣愚見蕃捍漢川使無虜患頭實有力四千戶
荒州殆不足容元和小弱若未才用不可專委復數年
之後必堪嗣業用之不難若未才用不稱則應歸
頭若茄蘆不守漢川亦無立理上不許其後立元
和爲武都王治白水不能自立復走奔索虜元
和從弟僧嗣復自立還戍茄蘆以爲寧朔將軍
仇池太守宗太始二年詔曰僧嗣遠守西疆
世篤忠款宜加旌顯以甄義槩可冠軍將軍北
秦州刺史武都王太守如故三年加持節都督
北秦雍二州諸軍事進號征西將軍校尉刺史
如故僧嗣卒從弟文度復自立還泰豫元年以爲
龍驤將軍略陽太守封武都王又改龍驤爲寧
朝將軍後廢帝元徽四年加督北秦州諸軍事
平羌校尉北秦州刺史將軍如故文度遣弟龍
驤將軍文弘代仇池破戍兵於蘭皋順帝昇明元
年詔曰茂賞有章寔昭國度疇庸斯炳載宣史

宋傳五十八　十二　章文二

冊督北秦州諸軍事寧朔將軍平羌校尉北秦
州刺史武都王文度門乘輝寵世榮邑忠果
既亮才勁兼彭龍驤將軍楊文弘蕭協規躬
提桴鼓申稜百頃席卷蘭皋功烈之美並足嘉
歡宜膺爵授以酬勳緒文度可使持節都督北
秦雍二州諸軍事征西將軍刺史校尉悉如故
文弘輔國將軍略陽太守其年虜破茄蘆文度
見殺追贈本官加散騎常侍以文弘督北秦州
諸軍事平羌校尉北秦州刺史襲封武都王將
軍如故退治武興

軍如故退治武興
大且渠蒙遜張掖臨松盧水胡人也匈奴有左
且渠右且渠之官蒙遜之先為此職羌之酋豪
曰大故且渠以位為氏而以大冠之世居盧水為
酉豪蒙遜高祖暉仲歸曾祖遮皆雄健有勇名
祖祁復延封狄地王父法弘襲爵府氏以為中田
護軍蒙遜代父領部曲有勇略多計數為諸胡
所推服呂光自王於涼州使蒙遜自領營人配
箱直又以蒙遜叔父羅仇為西平太守安帝隆

安三年春呂光遣子鎮東將軍纂率羅仇伐枹
罕虜乞佛乾歸為乾歸所敗光委罪羅仇殺臨
四月蒙遜求還葬羅仇因聚萬餘人叛光殺臨
松護軍屯金山五月光輝纂擊破蒙遜將六七
人逃山中家戶悉亡散時蒙遜兄男成將兵西
守晉昌聞蒙遜反引軍還殺酒泉太守疊騰推
牧建康公以男成為輔國將軍男成及晉昌太
守王德圍張掖剋之業因據張掖蒙遜率部曲

投業業以蒙遜為鎮西將軍臨池太守王德為
酒泉太守尋又以蒙遜領張掖太守三年四月
業使蒙遜將萬人攻光弟子純於西郡經旬不
剋乃引水灌城晷急乞降執之以歸時王德叛
業自稱河州刺史業使蒙遜西討德焚城將部
曲走投晉昌太守唐瑤蒙遜追德至沙頭大破
之虜其妻子部落而還轉西安太守將軍如故
四年五月蒙遜與男成謀殺業男成不許蒙遜
反譖男成於業業殺男成蒙遜乃謂其部曲曰

段公無道枉殺輔國吾為輔國報讎遂舉兵攻

張掖殺段業自稱車騎大將軍建號永安元年

是月敦煌太守李暠亦起兵自號冠軍大將軍

西胡校尉沙州刺史太守如故稱庚子元年與

蒙遜相抗其攻昌遣唐瑤及應揚將軍宋繇攻

酒泉獲太守大且渠益生蒙遜從叔也呂光死

子慕立元年為從弟所篡姚興以為鎮西將軍沙

臣請降蒙遜亦遣使詣興興以為鎮西將軍隆稱

州刺史西海氐二年二月蒙遜與西平虜禿髮

傉檀共攻涼州為隆所破十月傉檀復攻隆三

年三月隆以蒙遜傉檀交通遣弟超詣姚興求

迎七月興遣將齊難迎隆說難髮蒙遜蒙

遂懼遣弟為質獻寶貨於難乃止以武衛將軍

王尚行涼州刺史而還義熙元年正月李暠改稱

大將軍大都督涼州牧護羌校尉涼公五月移

據酒泉姚與假傉檀涼州刺史代王尚屯姑臧

二年九月蒙遜龍襲李暠至安彌去城六十里暠

乃覺引軍出戰大敗退還閉城自守蒙遜亦歸

六年蒙遜攻破傉檀傉檀走屯樂都武威人焦

朗入姑臧自號驃騎大將軍臣于李暠八年蒙

遜攻焦朗殺之據姑臧自號大都督大將軍河

西王改稱至始元年六月蒙遜至建康蒙遜

月李暠死子歆立元年立子正德為世子十三年五

年蒙遜遣使詣晉表稱蕃以蒙遜為涼州刺

史高祖踐阼以歆為使持節都督高昌敦煌

餘人乃收餘眾增築建康城置兵戌十四

拒之歆走追至西支閒蒙遜大敗死者四千

略浩亹李歆乘虛攻張掖蒙遜回軍西歸歆退

晉昌酒泉西海玉門堪泉七郡諸軍事護羌校

尉征西大將軍酒泉公永初元年七月蒙遜東

走追至臨澤斬歆兄弟三人進攻酒泉剋之歆

弟敦煌太守恂據郡自稱大將軍十月蒙遜進

世子正德攻恂不下三年正月蒙遜恂自往築長

堤引水灌城數十日又不下三月恂

宋承廣武將軍弘襲城降恂目殺李氏由是遂

亡於是鄯善毛比龍人朝西域三十六國皆稱

臣貢獻高祖以蒙遜為使持節散騎常侍都督
涼州諸軍事鎮軍大將軍開府儀同三司涼州
刺史張掖公十二月晉昌太守唐契及復遣正
德攻契景平元年三月克之契奔伊吾八月芮
芮來抄蒙遜遣正德距之正德輕騎進戰軍敗
見殺乃以次子興國為世子是歲進蒙遜侍中
都督涼秦河沙四州諸軍事驃騎大將軍領護
匈奴中郎將西夷校尉涼州牧河西王開府持
節如故太祖元嘉元年枹罕虜乞佛熾槃出貊

渠谷攻河西白草領臨松郡皆没執蒙遜從弟
成都從子曰蹄頗羅等而去三年改驃騎為車
騎世子興國遣使奉表請周易及子集諸書太
祖竝賜之合四百七十五卷蒙遜又就司徒王
弘求搜神記弘寫與之六年蒙遜征枹罕時乞
佛熾槃死矣子茂蔓大破蒙遜生禽興國殺三
千餘人蒙遜贖與國送穀三十萬解竟不遣蒙遜
乃立與國母弟菩提為世子朝廷未知也七年
以興國為冠軍將軍河西王世子其年夏四月

西虜赫連定為索虜拓跋燾所破奔上邽十一
月茂蔓聞定敗將家戶及與國東征欲移居上
邽八月正月至南安定率眾德燾蔓大破之殺
茂蔓執與國而還四月定避拓跋燾欲渡河西
擊蒙遜五月率部曲至治城峽口渡河濟未半
為吐谷渾慕璝所邀見獲與國被創數日死
九年以菩提為冠軍將軍河西王世子十年四
月蒙遜卒時年六十六私謚曰武宣王菩提年幼
蒙遜第三子茂虔時為酒泉太守衆議惟茂虔

其
為主襲蒙遜位號十一年茂虔上表曰臣聞功
以濟物為高非竹帛無以述德名以當實稱美
非謚號無以休終先臣蒙遜西復涼城澤惛岷
裔荒夷羣暴清瀓漚夏既道運鍾有道備大宋
之宗臣爵班九伏亭惟永之丕祚功名昭著剋
固負節考終由正而請名之路無階懿跡雖弘
而述叙之美有缺臣子痛感咸用不安謹案謚
法剋定禍亂曰武菩聞周達曰宣先臣廓清河
外勳光天府標牓稱迹實兼斯義輒上謚為武

宣王若允天聽垂之史筆則幽顯荷榮始終無
恨詔曰使持節侍中都督秦河沙涼四州諸軍
事車騎大將軍開府儀同三司領護匈奴中郎
將西夷校尉涼州牧河西王蒙遜才兼文武勳
濟西服愛自萬里款誠夙箸方伐忠果翼宣速
略奄至兗陰懍悼于懷便遣使弔祭并加顯謚
嗣子茂虔算纂戎削軌乃心彌彰宜蒙寵授紹玆
蕃業可持節散騎常侍都督涼秦河沙四州諸
軍事征西大將軍領護匈奴中郎將西夷校尉

涼州刺史河西王河西人趙畋善歷筭十四年
茂虔奉表獻方物并獻周生子十三卷時務論
十二卷三國惣略二十卷俗問十一卷十三州志
十卷文撿六卷四科傳四卷燉煌實錄十卷涼
書十卷漢皇德傳二十五卷亡典七卷魏馱九
卷謝艾集八卷古今字二卷乘丘先生三卷周
髀一卷皇帝王歷三合紀一卷趙畋傳并甲寅
元歷一卷孔子讚一卷合一百五十四卷茂虔
又求晉趙起居注諸雜書數十件太祖賜之

十九　壽九

十六年閏八月拓跋燾攻涼州茂虔兄子萬年
為虜內應茂虔見執茂虔弟安彌縣庶死諱先
為征西將軍沙州刺史都督建康以西諸軍事
酒泉太守第六弟武興縣庶儀德為征東將軍
秦州刺史都督丹嶺以西諸軍事儀德棄城奔
既獲茂虔家戶西就從弟敦煌太守唐兒壽使
譚儀德擁家戶張掖而還十七年正月無諱使
將守武威酒泉張掖自與儀德伐酒泉三月剋之攻張
唐兒守敦煌自與儀德伐酒泉十八年五月唐
兒反無諱留從弟天周守酒泉復與儀德討唐
兒唐兒將萬餘人出戰大敗執唐兒殺之復據
敦煌七月拓跋燾遣軍圍酒泉十月城中饑萬
餘口皆餓死天周殺妻以食戰士食盡城乃陷
執天周至平城殺之于時虜兵甚盛無諱眾饑
懼不自立欲引眾西行十一月遣弟安周五千
人伐鄯善堅守不下十九年四月無諱自率萬餘
家棄敦煌西就安周未至而鄯善王比龍將四

餘家走因據郡善初唐與自晉昌奔伊吾是年

攻高昌高昌城主麴爽告急八月無諱留從子

豐周守鄯善自將家戶赴之未至而芮無諱復據高昌遣將衛

救高昌殺唐契部曲奔芮無諱九月無諱遣常

蔡夜襲高昌麴奔芮芮無諱復據高昌遣常

侍氾儁奉表使京師獻方物太祖詔曰往年犮

寇逆累世著誠以為衿悼次弟無諱克紹遺業

虜縱逸侵害涼土西河王戈虔遂至不守淪陷

保據方隅外結鄰國內輯民庶係心闕庭踐修貢

職宜加朝命以褒篤勳可持節散騎常侍都督

周立二十一年詔曰故征西大將軍河西王無諱

弟安周才略沈到世篤忠欵統承遺業民眾歸懷

雖亡士喪師孤立異所而能招率殘寡攘寇自

今宜加榮投垂軌先烈可使持節散騎常侍都

督涼河沙三州諸軍事領西域戊巳校尉涼州

刺史河西王世祖大明三年安周奉獻方物

史臣曰氐藉世業之資胡因偏起之眾結根百

頃跨有河西雖戎夷猾夏自擅其荒服而財力雄

富頗尚禮文揚氏兵精地險境接華戎伺隙邊

關首鼠疆場遂西入白馬東出黃金乘晉燕之勢

捷構圍涪之豐規吞黑水志傾井絡郵郢之勢

方危樊鄧之心屢駭天子聽朝不怡有懷辛李

之將而齊之宣皇率偏旅數百定命先驅推鋒

直指勢踰風電雲徹席卷致屆南城遂北追奔

全勝萬里皆敵人裹骨輿屍越至險而自竄其

餘皆膏身山野委骸川澤旣而裴劉二將藉其

威聲故使濁水靡旗蘭臯失嶮氏族轉徙奔亡

遺燼不滅者若綖梁土獲乂以迄于今由此而

言功烈可謂盛矣

臣沈約　新撰

二凶

宋書列傳五十九

元凶劭字休遠文帝長子也帝即位後生劭時
上猶在諒闇故祕之三年閏正月方云劭生自
前代以來未有人君即位後皇后生太子雅居
帝乙既踐阼正妃生紂至是又有劭焉體元居
正上甚喜說年六歲拜為皇太子中庶子二率
入直永福省更築宮制度嚴麗年十二出居東
宮納黃門侍郎殷淳女為妃十三加元服好讀
史傳尤愛弓馬及長美須眉大眼方口長七尺
四寸親覽宮事延接賓客意之所欲上必從之
東宮置兵與羽林等十七年劭拜京陵大將軍
彭城王義康竟陵王誕尚書桂陽庶義融並從
司空江夏王義恭自江都來會京口二十七年
上將比伐劭與蕭思話固諫不從索虜至瓜
步京邑震駭劭出鎮石頭總統水軍善於撫
御上登石頭城有豪邑劭旦未斬江湛徐湛之

無以謝天下上曰比伐由我意不關二人也上
時務在本業勸課耕桑使宮內皆蠶蠶欲以諷
屬天下有女巫嚴道育本吳興人自言通靈
能役使鬼物夫爲劫坐沒入奚官劭姊東陽公
主應閤婢王鸚鵡白公主云道育通靈有異術
主乃白上託云善蠶求召入見許道育既入自
言服食主及劭並信惑之始興王濬素佞事劭
與劭並多過失慮上知使道育祈請欲令過不
上聞道育輒云自上天陳請必不洩露劭等敬
事號曰天師後遂爲巫蠱以王人爲上形像埋
於含章殿前初東陽主有奴陳天與鸚鵡養以
爲子而與之淫通鸚鵡天興及寧州所獻黃門
慶國並預巫蠱事劭以天興補隊主東陽主薨
鸚鵡應出嫁劭慮言語難密與濬謀之時吳興
沈懷遠爲濬府佐見待異常乃嫁鸚鵡與懷遠
爲妻不以啟上慮後事泄因臨賀公主微言之
上後知天與領隊遣閤人襲承祖詰讓劭曰臨
賀公主南第先有一下人欲嫁又聞此下人養

宋書傳五十九　一

宋書傳五十九　二
何通

他人奴為兒而汝用為隊主抽拔何乃速汝開
用主副並是奴邪欲嫁置何處劭荅曰南昔
屬天興求將驅使臣荅曰伍那可得若能擊賊
者可入隊當時蓋戲言耳都不復憶後天興道
名上呈下人欲嫁者猶未有處時鸚鵡巳嫁懷
此用人雖取勞舊亦參用有氣幹者謹條牒人
其形容粗健堪充驅使脫尒使監禮兼隊副
上通辭乞位追存往為者不忍食言呼視見
遠矢劭懼馳書告濤并使報臨賀主上若問

嫁處當言未有定所濤荅書曰奉令伏深惶
怖啟此事多日今始來問當是有感發之者未
測源由耳計臨賀故當不應翻覆言語自生寒
熱也此娆由來挾兩端難可孤保正爾自問臨
賀冀得審實也其若見問當作依違荅之天
興先署任人府位不審監上當無此薄領耳急
宜捷之殿下巳見王未宜依此具令嚴自躬上
啟聞彼人若為不巳正可保其餘命或是大慶
之漸凡劭濤相與書踈類如此所言皆為名號

謂上為彼人或以為其人以太尉江夏王義恭為
佞人東陽主第在西掖門外故云南第王即鸚
鵡姓躬上啟聞者令道育上天白天神也鸚鵡
既適懷遠慮與天興私通事泄請劭殺之劭密
收鸚鵡封籍其家得劭濤書數百紙皆呪咀巫
蠱之言得所埋上形像於宮內道育叛亡討捕
不得上大怒窮治其事分遣中使入東諸郡搜

或出止民張旿家江夏王義恭自肝眙還朝上以
道育變服為尼逃匿東宮劭濤往京口又載以自隨
討遂不獲上語責劭濤劭濤惶懼無辭唯陳謝而巳
巫蠱告之曰常見典籍有此謂之書傳空言不
意遂所親覩劭雖所行失道未必便云社稷南
面之日非復我及汝事汝兒子多將來遇此不
幸耳先是二十八年彗星起畢昴入太微掃帝
座端門滅翼軫二十九年熒惑逆行守氐自十
一月霖雨連雪太陽罕曜三十年正月大風飛

霸且雷上憂有竊發輒加劭兵衆東宮實甲萬
人車駕出行劭入守使將白直隊自隨其年二月
濬自京口入朝當鎭江陵復載道育還東宮欲
將西上有告上云京口民張昕家有一尼服食
出入征北內似是嚴道育上初不信試使掩錄
得其二婢云道育隨征北還都上謂劭濬母
遣道育而猶與往來惆悵愴駭乃使京口以船
送道育二婢須至檢覈廢劭賜濬死以語濬母
潘淑妃淑妃具以告濬濬馳報劭劭因是與謀
每夜輒饗將士或親自行酒密與腹心隊主陳
叔兒詹叔兒齋帥張超之任建之道育婢
將至其月二十一日夜詐上詔云魯秀謀反汝
可平明守關率衆入因使超之等集素所畜養
兵士二千餘人皆使被甲召內外幢隊主副豫部
勒云有所討宿召前中庶子右軍長史蕭斌夜
呼斌及左衞率袁淑中舍人殷仲素左積弩將
軍王正見入宮告以大事自起拜斌等因流涕
衆竝驚愕語在淑傳明旦未開鼓劭以朱服加

戎服上乘畫輪車與蕭斌同載衞從如常入朝
之儀守門開從萬制東宮隊不得入張
城劭與門衞云受敕有所收討令後隊速來張
超之等數十人馳入雲龍東中華門及齋閤拔
刃徑上合殿上其夜與尚書僕射徐湛之手行弑逆
語至旦燭猶未滅直衞兵尚書寢超之屏人
并殺湛之劭進至合殿中閤太祖已崩出坐東
堂蕭斌執刀侍直呼中書舍人顧嘏嘏震懼不
時出既至問曰欲共見廢何不蚤啟未及答即
於前斬之遣人於崇禮闥殺吏部尚書江湛太
祖左細杖主上天與攻劭於東堂見殺又使人
從東閤入殺潘淑妃又殺太祖親信左右數十
人急召興王濬率衆屯中堂又召太尉江夏
王義恭尚書令何尚之劭即僞位爲書曰徐湛
之江湛弑逆無狀吾勒兵入殿已無所及號慟
崩衂肝心破裂今罪人斯得元凶旣殄可大赦
天下改元嘉三十年爲太初元年文武竝賜位
二等諸科一依丁卯初使蕭斌作詔斌辭以不

文乃使侍中王僧綽為之使改元為太初劭素
與道育所定斌曰舊蹄年改元劭以問僧綽僧
綽曰晉惠帝即位便遽改號劭喜而從之百僚至
者裁數十人劭便遽即位畢稱疾還入永
福省然後遷大行皇帝升太極前殿是曰以蕭
斌為散騎常侍侍中書僕射領軍將軍何尚之為
司空前右衛率檀和之戍石頭侍中中營道疾義
綦為征虜將軍晉陵南下邳二郡太守鎮京城尚
書殿仲景為侍中中護軍大行皇帝大斂劭辭
疾不敢出先給諸王及諸處兵杖悉收還武庫
殺徐湛之江湛親登新除始興內史荀赤松新
除尚書左丞臧凝之山陰令傅僧祐吳令江徽
前征北行參軍諸葛詡右衛司馬江文綱以殷
仲素為黃門侍郎王正見為左軍將軍張超之及
諸同逆聞人文子徐興祖詹叔兒陳叔兒任建之
等竝將校以下龍驤將軍帶郡各賜錢二十萬遣
人謂魯秀曰徐湛之常欲相危我已為卿除之
矣使秀與屯騎校尉龐秀之對掌軍隊以侍中

王僧綽為吏部尚書司徒左長史何偃為侍中
成服曰劭登殿臨靈號慟不自持博訪公卿詢
求治道薄賦輕繇損諸遊費田苑山澤有可弛
者假與貧民三月遣大使分行四方分浙以東五
郡為會州省揚州立司隸校尉以殷沖補之以
大將軍江夏王義恭為太保司徒南譙王義宣
為太尉衛將軍荊州刺史始興王濬進號驃騎將
軍王僧綽以先預廢立見誅長沙王瑾瑾弟楷
臨川王燁桂陽王俶新論俟球並以宿恨下獄
死禮官希旨謚太祖不敢盡美稱上謚曰中宗
景皇帝以雍州刺史臧質為丹陽尹進世祖
號征南將軍加散騎常侍撫軍將軍南平王鑠
中軍將軍會稽太守隨王誕撫軍將軍江夏王
義恭以太保領大宗師諮稟之科依晉扶風王
故事世祖及南譙王義宣隨王誕諸方鎮竝舉
義兵劭聞義師義恭大起悉聚諸王及大臣於城內
稅江夏王義恭住尚書下舍義恭諸子住侍中
下省自永初元年以前祖國府入齋傳教給使

免軍戶屬南彭城薛縣勉下書以中流起兵嘗
親率六師觀釁江介乘召下番將吏加三吳太
守軍號置佐領兵四月立妻殷氏為皇后世祖檄
京邑曰夫運不常隆代有莫大之釁爰自上葉
或因多難以成福或階昏虐以兆亂咸由君臣
義合理悖恩故堅冰之漸毋鍾澆水未有以
者也先帝聖德在位功格區宇明照萬國道
道御世教化明厚而當泉鏡反噬難發天屬
洽無垠風之所被荒偶纏識仁之所動木石開
心而賊劭乘籍冢嫡鳳蒙寵樹正位東朝禮絕君
后凶慢之情發於齠齔猜忍之心成於幾立賊
潛險躁無行自幼而長交相倚附共逞對回先
旨以王室不造家難丞結故舍蔽容隱不彰其
農募訓誘啓告豈能革音何悟狂惡不悛同惡
相濟肇亂巫蠱終行弒逆聖躬離荼毒之痛
社稷有翦墜之哀四海崩心人神泣血生民以
來未聞斯禍奉諱號肝腦塗地煩冤腷臆
容身無所大將軍諸王幽闕窮省存亡未測徐

傑射江尚書袁左率皆當世標秀一時忠貞或
正色立朝或聞逆弗順並橫分階闒闟縣首都市
宗黨夷滅豈伊一姓禍毒所流末知其極昔周
道告難齊勤王漢曆中圮虛年立節異姓末
屬猶或亡軀況茲幕府職同昔人義兼臣子所以
枕戈嘗膽茍全視息志梟元凶少雪湔恥念命
冠軍將軍領諮議中直兵柳元景驅徑造石頭
中直兵馬文恭等統勁卒三萬風馳
冠軍將軍領諮議中直兵宗慤等勤
分趨白下輔國將軍領諮議中直兵
甲楯二萬征虜將軍領司馬武昌內史沈慶之
等領壯勇五萬相尋就路支軍別統或枕舟
破釜步自姑孰或迅檝蕪湖入據雲陽凡此諸
師皆英果權奇智略深贍名震中土勳賜遷
疆幕府親董精悍一十餘萬授律枕戈荊
邁司徒叡哲淵謨赫然震發徵甲八州電起荊
郢冠軍將軍藏質忠烈協舉靁動漢陰冠軍將
軍朱脩之誠節亮欵悉力請奮刑雕百萬稍次
近塗蜀漢之卒續已出境又安東將軍誕平

西將軍導考前撫軍將軍蕭思話征虜將軍魯
爽前寧朔將軍王玄謨並信俱到不愆同期
傳檄三吳馳軍京邑遠近俱發揚於萬里樓艦
騰川則滄江霧咽銳甲赴野則林薄摧根謀臣
智士雄夫殺卒畜志須時懷憤待用先聖靈澤
結在民心逆順大數真發天理無父之國天下
無之羽檄既馳華夷響會以此衆戰誰能抗
禦以此義動何往不捷況逆醜無親人鬼所背
計其同惡不盈一旅崇極羣小是與周哲人

《宋書傳五十九》 十一 〔隨王相〕

君子必加積忿傾海注螢穎山壓邾商周之勢
曾何足云諸君或奕世貞賢身缺 皇渥或勳烈
肺腑休否攸同拘逼凶勢倪眉冠手舍憤如感
不可為心大軍近次威聲已接便宜因變立功
洗雪滓累若事有不獲能背逆歸順亦其次
也如有守迷遂往黨一凶類刑茲無赦戮及五
宗賞罰之科信如日月原火一燎異物同灰辜
求多福無貽後悔書到宣告咸使聞知勖自
謂素習武事語朝士曰鄉等但助我理文書勿

措意戎陳若有寇難吾當自出唯恐賊虜不敢
動耳司隸校尉殷沖掌綜文符左衞將軍尹弘
配衣軍旅蕭斌總衆事中外戒嚴防守世祖子
於侍中下省南譙王義宣諸子於大倉空屋舍
使濬與世祖書曰聞弟勿起狂檄阻兵及噬緝
紳憤歡義夫激怒古來陵上內侮誰不夷滅弟
發自登宸極威澤兼宣人懷甘死之志物競來如
洞覽墳籍豈不斯具今主上天縱英聖靈武弟
生之節弟蒙眷遇箸自少長東宮之懼其來如

《宋書列傳五十九》 十二 〔註〕

昨而信惑姦邪忘茲恩友此之不義人鬼同疾
今水步諸軍悉已備辦上親御六師太保又乘
鈇臨統吾與烏羊相尋即道所以淹霆緩電者
猶冀弟弟迷而知返耳故略示懷言不盡意主上
聖恩海厚法師令在殿內住想弟欲知消息故
及烏羊者南平王鑠法師世祖世子小名也勖
欲殺三鎭士庶家口江夏王義恭何尚之說之
曰凡舉大事者不顧家口且多是驅逼今勿誅
其餘累正足堅彼意耳勖謂為然乃下書一無

所問使褚湛之戍石頭劉思孝鎮東府灄及蕭
斌勸勔勒水軍自上決戰若不爾則保據梁山
江夏王義恭應義兵倉卒船舫陋小不宜水
戰乃進策曰賊諑小年未習軍旅遠來疲弊
宜以逸待之今遠出梁山則京都空弱東軍乘
虛容能為患若分力兩赴則兵散勢離不如養
銳待期坐而觀釁勔善其義蕭斌厲色曰南
中郎二十年少業能建如此大事豈復可量三
方同惡勢據上流沈慶之甚練軍事柳元景宗
慈屢嘗立功形勢如此實非小敵唯宜及人情
尚可決力一戰端坐臺城何由得父主相咸無戰
意此自天也勔不納疑朝廷舊臣悉不為己用
厚接王羅漢魯秀悉以兵事委之多賜珍玩
美色以悅其意故以心膂委焉或勸勔保石頭
城者勔曰昔人所以固石頭俟諸侯勤勔王耳我
若守此誰當救唯應力戰決之不然不剋日
日自出行軍慰勞將士親督都水治船艦焚南

岸驅百姓家家悉渡水比使有司奏立子偉之為
皇太子以褚湛之為後將軍冊陽尹置佐史驃
騎將軍始興王濬為侍中中書監司徒錄尚書
六條事中軍將軍南平王鑠為使持節都督南
兗兗青兗五州諸軍事征比將軍開府儀同
三司南兗州刺史新除左將軍丹陽尹建平王
宏為散騎常侍鎮軍將軍江州刺史龐秀之自
石頭先眾南奔人情由是大震以征虜將軍營
道俟義恭即本號為湘州刺史輔國將軍檀和
之為西中郎將雍州刺史十九日義軍至新林
勔登石頭烽火樓望之二十一日義軍至新亭
時魯秀屯白石勔召秀與王羅漢共屯朱雀門
蕭斌統步軍褚湛之統水軍二十二日使蕭斌
率魯秀王羅漢等精兵萬人攻新亭壘勔登
崔門躬自督率將士懷勔重賞皆為之力戰將
克而秀斂軍遽止為柳元景等所乘故大敗勔
又率腹心同惡攻壘元景復破之勔走還勔
朱雀門蕭斌臂為流矢所中褚湛之攜二子與

檀和之同共歸順勍駭懼走還臺城其夜魯秀
又南奔時江夏王義恭謀據石頭會勍已令湑
及蕭斌備守勍迸焚京都軍籍置立郡縣悉屬
司隸爲民以前將軍輔國將軍王羅漢爲左
衛將軍輔國如故左軍馬軍王正見爲左衛率
主原釋孫是世祖故史義恭得免勍遣騎追討
騎至冶渚義恭始得渡淮義恭佐史義故二千

二十五日義泰軍馬南奔自東掖門人冶渚軍
過淮東掖門隊主具道興是臧質門人冶渚軍
爲大司馬封鍾山郡王食邑萬戶加節鍼蘇
諸子以輦迎將矢神像於宮内啓顥乞恩拜
餘人隨從南奔多爲追兵所殺遣湑救義恭

叜爲驃騎將軍使南平王鑠爲祝文罪狀世
祖加湑使持節都督南徐會二州諸軍事領
太子太傅南兗州刺史南平王鑠進號驃騎
將軍南兗州刺史南平王鑠進號驃騎將軍
與湑並錄尚書事二十七日臨軒拜息偉之爲
太子百官皆戎服勍獨衰衣下書大赦天下

唯世祖劉義恭並羨義宣誕不在原例餘黨一無
所問先遣太保參軍庾道負外散騎侍郎朱和
之又遣殿中將軍燕欽東拒誕五月世祖所遣
參軍顧彬之及誕前軍並至曲阿與道相遇與
戰大破之勍遣人焚燒都水西裝及左尚方矦
破栢崗方山塊以絶東軍又悉以上守家之丁
巷居者緣淮竪舶船爲樓柵多設大弩又使司
隸治中監琅耶郡事芊希希爲樓柵斷班潰白石諸水
口于時男丁既盡召婦女親役其月三日魯秀

等募勇士五百人攻大航鉤得一舶王羅漢
副揚恃德命使復航羅漢昏酣作伎聞官軍
巳渡驚懼放仗歸降緣渚幢隊以次奔散器
仗鼓蓋充塞街衢是夜勍開守六門於門内鑿
塹立柵以露車爲樓城内沸亂無復綱紀丹陽
尹尹弘前軍將軍孟宗嗣等下及將吏並蹿
城出奔勍使詹叔兒燒輦及焚晃服蕭斌聞
大航不守惶窘不知所爲宣令所統皆使解
甲自石頭遣息約詣闕請罪尋戴白幡來

雀門總羣帥遣魯秀薛安都程天祚等直趣
宣陽門劭軍主徐興祖羅訓虞丘要見東泉
來降劭先遣龍驤將軍陳叔兒見東討事急召
還是日始入建陽門遙見官軍所領並棄仗走
劭腹心白直諸同逆閶闔門外並走入殿
天祚與安都副譚金因而乘之即得俱入殿
及軍主武念宋越等相繼進藏賀大軍從
莫問入同會太極殿前即斬太子左衞率王正

宋書傳卷九　　十七　　朱

見建平東海等七王並號哭俱出劭穿西垣入
武庫井中隊副高禽執之濬率左右數十人
臨南平王鑠於西明門出俱共南奔於越城遇
江夏王義恭下馬曰南中郎今何所作義
恭曰四海無統百司固請上巳俯順羣心君臨
萬國又曰故當不死耶義恭曰可詣行闕請罪又
又曰虎頭來得無晚乎義恭曰殊當恨晚
曰未審猶能賜一職自効不義恭又曰此未可
量勤與俱歸於道斬首濬字休明將產之夕

有伏鳥鳴於屋上元嘉十三年年八歲封始興
王十六年都督湘州諸軍事後將軍湘州刺史
仍遷使持節都督南豫豫司雍并五州諸軍
事南豫州刺史將軍如故十七年為揚州刺史
將軍如故置佐領兵六十九年罷府二十一年加
吳興郡裕帶重山地多汙澤泉流歸集疏濬達
散騎常侍進號中軍將軍明年濬言所統
壅時雨未過已至漂没或方春輟耕或開秋沈
稼田家徒苦防遏無方彼奧區地沃民皇十一

宋書傳卷九　　十八

歲稱稔則穰被京城時或水潦則數郡罹災
頃年以來儉多豐寡雖賑貸周給傾耗國儲
公私之弊方在未巳州民姚嶠比通便宜以為
二吳臨會義興四郡同注太湖而松江滬瀆壅
噎不利故處處涌溢浸漬成災欲從武康紵
溪開漕谷湖直出海口一百餘里穿渠浛必
無閡滯自去踐行量度二十許載去十一年
大水已詣前刺史臣義康欲陳此計即遣主
簿盛曇泰隨嶠周行經生疑難議遂寢息

既事關大利宜加研盡登遣議曹從事史虞
長孫與吳興太守孔山士同共履行准望地勢
格評高下其川源由歷莫不踐校圖畫形便
詳加筹考如所較量決謂可立尋四郡同患
非獨吳興若此沿獲通列邦蒙益不有暫勞
無由永晏然興創事大圖始當難今欲且閑
國敝將史起甲寅一開其說萬世為利嶠之
民即時營作若宜更增廣尋更列言昔鄭
小漕觀試流勢輙差烏程武康東遷三縣近
所建雖則芻蕘如或非妄庶幾可立從之功
竟不立二十三年給鼓吹一部二十六年出為
使持節都督南徐兗二州諸軍事　征虜將軍
開府儀同三司南徐兗二州刺史常侍如故二
十八年遣濬率衆城瓜步山解南兗州三十年
從都督荊雍益梁寧南比秦七州諸軍事衛
將軍開府儀同三司荊州刺史領護南蠻校尉
持節常侍如故濬少好文籍姿質端妍母潘
淑妃有盛寵時六宮無主潘專摠内政濬人才

既美母又至愛太祖甚留心建平王宏侍中王
僧綽中書侍郎蔡興宗並以文義往復元皇
后性忌以潘氏見幸遂以志恨致崩故劭與
潘氏及濬慮將來受禍乃曲意事劭劭與
之遂善多有過失屢為上所詰讓憂懼乃與
劭共為巫蠱及出鎮京口聽將揚州文武二千
人自隨優遊外藩甚為得意在外經年又失南
兗於是復顧還朝廬陵王紹以疾患解揚州時
江夏王義恭外鎮濬謂州任自然歸巳而上以
授南譙王義宣意甚不悅乃因貪外散騎侍
郎徐爰求鎮江陵又求助於尚書僕射徐湛之
而尚書令何尚之等咸謂濬太子次弟不宜遠
出上以上流之重宜有至親故以授濬時濬入
朝遣還京為行留處分至京數日而巫蠱事發
時二十九年七月也上惋歎彌日謂潘淑妃曰
太子圖富貴更是一理虎頭復如此非復思慮
所及汝母子豈可一日無我耶濬小名虎頭使
左右朱法瑜密責讓濬辭甚哀切并賜書曰

鸚鵡事想汝已聞汝亦何至迷惑乃爾且沈懷
遠何人其言詐能爲汝隱此耶故使法瑜口宣投
筆慷慨濬斬懼不知所答濬還京本輒去上
怒不聽歸其書侍郎蔡興宗問
建平王宏曰歲無復幾征北何當至宏歎息
良久曰年內何必還在京以沈懷遠上聞殺其雙人楊承
軍每夕輒開便門爲濬事發明日濬入謝
先明年正月荊州事方行二月濬遠朝十四日
臨軒受拜其日藏嚴道育事發明日濬入謝

上容色非常其夕即加詰問濬唯謝罪而已番
淑妃抱持濬泣涕謂曰汝始呪咀事發猶豈剋
已思愆何意忽藏嚴道育耶上責汝深至我
叩頭乞恩意永不釋今日用活何爲可送至樂
來當先自取盡不忍見汝禍敗濬奮衣而去
天下事尋自當判願小寬憂煎必不上累
勸入弒之旦濬在西州府舍人朱法瑜奔告濬
曰臺內叫喚宮門皆開道上傳太子反未測
禍變所至濬陽驚焉曰今當奈何法瑜勸入

據石頭濬未得勸信不知事之濬不騷擾案知
所爲將軍王慶曰今宮內有變未知主上安危
預在臣子當投袂赴難憑城自守非臣節也
濬不聽乃從南門出徑向石頭兵士亦千餘人俄而勸
人時南平王鑠守石頭濬屏人問狀即戎服乘馬
遣張超之馳馬召濬濬屏人問狀即戎服乘馬
而去朱法瑜固止濬濬不從出至中門王慶又
諫曰太子反逆天下怨憤明公但當堅閉城門
坐食積粟不過三日凶黨自離公情事如此今

豈宜去濬曰皇太子令敢有復言者斬既入見
勸勸殺茍赤松等勸謂濬曰潘淑妃遂爲亂兵所
害濬曰此是下情由來所願其悖逆乃如此及
勸將敗勸勸入海藔珍寶繒帛下船令畢願速
曰船故未至今晚期當於此下物令畢願速
敕謝賜出船艦尼已入臺願與之明日決
臣猶謂車駕應出此不爾無以鎮物情人情離
散故行計不果濬書所六尼即嚴道育也及勸
入井高齋於井中牽出之勸問禽曰天子何

在禽曰至尊近在新亭將劭至殿前藏質見之
慟哭劭曰天地所不覆載文入何為見哭質因
辨其逆狀答曰先朝當見枉嚴不能作獄中四
問計扶蕭斌見勸如此又語質曰可得為啟
乞遠徙不質答曰主上近在航南自當有處分
縛劭於馬上（防送軍門既至牙下據筆顧望太
尉江夏王義恭與諸王比共臨視之義恭詰劭
曰我背逆順有何大罪頓殺我家十二兒劭
答曰殺諸弟此事負阿父江湛妻庾氏乘軝
之龐秀之亦加詬讓劭厲聲曰汝輩復何煩爾
先殺其四子謂南平王鑠曰此何有哉乃斬劭于
牙下臨刑歎曰不圖宗室一至於此劭澹及劭
四子偉之迪之彬之其一未有名澹三子長文
長仁長道並梟首大航暴尸於市劭妻殷氏
賜死於廷尉臨死謂獄丞江恪曰汝家骨肉相
殘害何以枉殺天下無罪人恪曰受拜皇后非
罪而何殷氏曰此權時耳當以鸚鵡為后也澹
妻褚氏丹陽尹湛之女湛之南奔之始即見離

絕故免於誅其餘子女妾媵並於獄賜死投劭
澹尸首於江其餘同逆及王羅漢等皆伏誅張
超之聞兵入逆走至合殿基止於御床之所為
亂兵所殺割腸刳心纏剖其肉諸將生啖之焚
其頭骨當時不見傳國璽問劭云在嚴道育
處就取得之道育鸚鵡並都街鞭殺於石頭
四望山下焚其尸揚炎于江毀劭東宮所住齋
汗澹其處封高禽新陽縣男食邑三百尸追
贈潘淑妃長寧園夫人置守家僑司隸校尉毅

入惶怖通啟求受處分又為劭簡配兵士盡
聞宮中有變率城內禦兵至閤道下及聞劭
叔父也弘二月二十一日平旦入直至西掖門
沖丹陽尹尹弘並賜死沖為劭草立符文又妃
其心力弘天水冀人司州刺史沖弟也為太祖
所委任元嘉中歷太子左右衛率左右衛將軍
關
人官爵高下皆以委之
史臣曰甚矣哉宋氏之家難也自赫胥以降立
號皇王統天南面未聞斯禍唯荆苢二國兼

夏即戎武靈胡服亦背華典戎賊之興暴事起
肌膚而因心之重獨止此代難與天屬穢流床
第愛敬之道頓滅一時生民得無左袵亦為幸矣

列傳第五十九　　　宋書九十九

臣沈　約　新撰

自序

昔少暤金天氏有裔子曰昧爲玄冥師生允格
臺駘臺駘能業其官宣汾洮障大澤以處太原
帝顓頊嘉之封諸汾川其後四國沈姒蓐黄沈
子國今汝南平輿沈亭是也春秋之時列於盟
會定公四年諸侯會召陵伐楚沈子不會晉使
蔡宗代沈滅之以沈子嘉歸其後因國爲氏自兹
以降譜諜罔存秦末有沈逞徵丞相不就漢初
逞曾孫保封竹邑侯保子遵自本國遷居九江
之壽奇春官至齊王大傅敷德保遵子達驃將
軍達子乾尚書令乾子弘南陽太守弘子勗河
內守勗子奮御史中丞奮子恪將作大匠恪子
謙尚書關內族謙子靖濟陰太守靖子戎威
鄉仕州爲從事說降劇賊尹良地徒居會稽烏程
封爲海昏縣族辭不受因避地徒居會稽烏程
縣之餘不鄉遂世家焉順帝永建元年分會稽

爲吳郡復爲吳郡人靈帝初平五年分烏程餘
杭爲永安縣吳孫皓寶鼎二年分吳郡爲吳興
郡復爲郡人雖邦邑屢改而築室不遷晉武帝
平吳後太康二年改永安縣爲武康縣臣七世
祖延始居縣東鄉之博陸里餘烏邨王父從官
京師義熙十一年高祖賜館于建康都亭里之
運巷戎子酆字聖通零陵太守致黄龍芝草
之瑞第二子滸字仲高安平相少子景河間相
演之慶之臺懷文其後也滸子鸞字建光少有
高名州舉茂才公府辟州別駕從事史時廣陵
太守陸稠鸞之舅也以義烈政績顯名漢朝復
以女妻鸞年二十三早卒子直字伯平州舉茂才
亦有清名年二十八卒子儀字仲則少有至行
兄瑜十歳儀九歳而父亡居喪過禮毀瘠過於
成人外祖會稽盛孝章漢末名士也深加憂傷
每撫慰之曰汝並黄中冲奕終成奇器何爲逾
制自取殄滅邪三年禮畢始至滅性故兄弟並
以孝著瑜早卒儀篤學有雄才以儒素自業

將海內大亂兵並起經術道弛士少全行而儀
浮深隱默守道不移風操貞整不妄交納唯與
族子仲山叔山及吳郡陸公紀友善州郡禮請
二府交辟公車徵並不屈以壽終子憲字元矯
左中郎新都都尉定陽侯才立為
宇仲相以節氣立名仕為立武校尉偏將軍之稱
列矦建威將軍新都太守孫皓時有將帥之稱
吳平後為鬱林長沙太守並不就太康末卒子
太守子賀字子相沖南中郎參軍圉表真於
璚陵討平之子延字思長相溫安西參軍潁川
左氏春秋家世富殖財產累千金仕郡主簿後將
軍謝安命為參軍甚相敬重警內足於財故
壽陽遇疾卒子譽字世明懂焉有行業學通
南豪士無仕進意謝病歸安圉督不止乃謂警
以道御物前所以懷德而至既無用佐時故遂
曰沈參軍卿有獨著之志不亦高平警曰使君

飲啄之願耳還家積載以素業自娛前將軍青
兖二州刺史王恭鎮京口與警有舊好復引為參
軍手書懃懃苦相招致不得已而應之尋復
謝命為前軍主簿與警書曰足下既執不拔
恭職子穆夫字彥和少好學亦應之王
之志高卧東南故屈賢子共事非以吏職嬰
也初錢唐人杜子恭通靈有道術東土豪家及
京邑貴望並事之為弟子執在三之敬警累世
事道亦敬事子恭子恭死門徒孫泰泰弟子恩
傳其業警復事之隆安三年恩於會稽作亂自
稱征東將軍三吳皆響應穆夫時在會稽恩以
為前部參軍振武將軍餘姚本其年十二月二十
八日恩為劉牢之所破輔國將軍高素山陰
回踵壒埢執穆夫及偽吳郡太守陸瓌之吳興太
守立尫埢見害函首送京邑事見隆安故事先
是宗人沈預素無士行為警所疾至是警聞穆
夫預亂逃藏將免矣預以官告警呂及穆夫先
夫任夫預夫佩夫尫遇害唯穆夫子淵子雲子仲

06-1404

田子林子慶子獲全淵子字敬深少有志節隨

高祖克京城封繁昌縣五等子孫襲鎮軍車騎中

軍事又爲道規輔國征西參軍領寧蜀太守與

劉基共斬蔡猛於大簿還爲太尉參軍從征司

馬休之與徐逵之同沒時年三十五子正字元

直淹詳有器度美風姿善容止好老莊之學弱

冠州辟從事宗人光祿大夫演之稱之曰此宗

中千里駒也出爲始寧海寧烏傷令母憂去職服

闋爲隨王誕後軍安南行參軍誕鎮會稽復參

【宋書列傳六十】

五

安東軍事元嘉三十年元凶弑立分江東爲會

州以誕爲刺史誕將受命正說司馬顏琛曰國

家此禍開關未聞今以江東義銳之衆爲天下

倡始若馳一介不響應以此雪朝廷寃

恥大明臣子之節豈可比面凶逆使殿下受其

僞寵琛曰江東忘戰日久士不習兵雖云通順

不同然彊弱又異當須四方有義舉者然後應

之不爲晚也正曰天下若有無父之國則可矣苟

其不爾寧可自安雖恥而責義於餘方本正以

殺逆寃醜義不同戴舉兵之日豈求必全耶馮

行有言大漢之貴臣將不如荊齊之賤士乎況

殿下義兼臣子事實家國者哉琛乃與正俱

入說誕誕猶預未決會尋陽義兵起世祖使至

誕乃加正寧朔將軍領軍繼劉季之誕入爲驃

騎大將軍兼中兵參軍遷長水校尉孝建元

年移青州鎮歷城臨淄地空除寧朔將軍建元

海二郡太守委以全齊之任未拜二年卒時年

四十三正生好樂厚自奉養既終之後家無餘

【弘治四年】

【宋列六十】

六

昭罷王相

財淵子弟雲子元嘉中爲晉安太守雲子子煥

宇士蔚少爲駙馬都尉奉朝請元凶之入弑也

煥時兼中庶子直坊逼從入臺劭旣自立以爲

羽林監辭不拜貞外散騎侍郎使防南譙王

義宣諸子事在義宣傳仍除丞相行參軍騎中

散騎侍郎南昌令有能名晉平王休祐驃騎中

兵記室參軍同僚皆以詔進煥獨不頒之記室

參軍周敬祖等爲太宗所責得罪轉煥議

參軍後廢帝元徽中以爲寧遠將軍交州刺史

未至鎮病卒時年四十五田子字敬光雲子弟
也從高祖克京城進平京邑叅鎮軍軍事封營
道縣五等族義熙五年高祖北代鮮卑田子領
偏師與龍驤將軍孟龍符為削鋒慕容超屯臨
朐以距大軍龍符戰没田子力戰破之及盧循
逼京邑高祖遣田子與建威將軍孫季高海道
襲廣州加振武將軍循黨徐道覆還保始與田
子復與右將軍劉蕃同共攻討循尋還廣州圍
季高田子應季高孤危謂蕃曰廣州城雖險固
本是賊之巢穴今循還圍之或有内變且季高
眾力寡弱不能持久若使賊還據此凶勢復振
下官與季高同復艱難況滄海於萬死之中克
平廣州豈可坐視危遇不相拯救於是率軍南
還比至賊已收其散卒還圍廣州季高單守危
迫聞田子勿至大喜田子乃背水結陳身率先
士卒一戰破之於是推鋒追討又破循於蒼梧
鬱尉林寧浦還至廣州而季高病死旣兵荒之後
山賊競出攻没城郭殺害長吏田子隨宜討伐

旬日平珍刺史補升慶至乃遷京師除太尉叅
軍振武將軍淮陵内史賜爵都鄉侯復叅世子
征虜軍事將軍内史如故八年從討劉毅十一
年復從討司馬休之領別軍趙倫
之叅征虜軍事振武將軍扶風太守十二年高
祖北代田子與順陽太守傅弘之各領別軍從
武關入屯據青泥姚泓欲自禦大軍廬田子襲
其後欲先平田子然後傾國東出乃率歩軍數
萬奄至青泥田子本為疑兵所領裁數百欲擊
之傅弘之曰彼眾我寡難可與敵田子曰師貴
用奇不必在眾弘之猶固執田子撫慰士卒
日諸君捐親戚棄墳墓出矢石之間正希今日
耳封侯之業其在此乎乃棄糧毀舍躬勒士卒
勢不兩立若使賊圍旣固人情喪沮事便去矣
及其未輕薄之必克所謂先人有奪人之志也
便獨率所領鼓而進合圍數重田子奮其三尺
前後奮擊所向摧陷所領江東勇士便冒短兵
鼓譟奔之賊眾一時潰散所殺萬餘人得泓僞

乘輿服御高祖表言曰參征虜軍事振武將軍
扶風太守沈田子率領勁銳背城電激身先士
卒勇冠戎陳奮劍身對眾所向必摧自辰及未斬
馘千數泓喪旗棄眾奔還堊朝西咸陽空盡義徒
四合清蕩餘燼勢在跛蹰谷規延三誅舉師勤
寇阻隘晏安假日舉斧函谷天子尉勞高祖曰連
王將離寒暑公躬秉鈇鉞稜威首塗戎輅載脂
則郊壘疊卷崝甫踐則潼塞開窅姚泓窮逼
棄城送死藍田偏師覆之霸川甲首成林俘獲

蘄野偽首奔迸華戎雲集積紀通寇旦夕夷殄
長安既平高祖燕于文昌殿舉酒賜田子曰咸
陽之平卿之功也即以咸陽相賞田子謝曰咸
陽之平此寔聖略所振武臣效節田子何力之
有即授咸陽始平二郡太守大軍既還桂陽公
義真留鎮長安以田子為安西中兵參軍龍驤
將軍始平太守時佛佛來寇田子與安西司馬
王鎮惡俱出比地禦之初高祖將還田子及傅
弘之等並以鎮惡家在關中不可保信屢言之

高祖高祖曰今留卿文武將士精兵萬人彼若
欲為不善正足自滅耳勿復多言及俱出比地
論者謂鎮惡欲盡殺諸南人以數千人送義真
南還因據關中反叛田子與弘之謀矯罪田子
誅之併力破佛佛安關中然後南還謝罪高祖令
宗人沈敬仁驍果有勇力田子於坐殺之率左
鎮惡計事使敬仁於坐殺田子於長安豪倉門外
歸義真長史王修收殺田子於長安豪倉門外
是歲義熙十四年正月十五日也時年三十六

田子初以功應封因此事寢高祖表天子以田
子卒發狂易不深罪也無子弟林子以第二子
亮為後亮初道明清操好學善屬文未弱冠州
辟從事會稽太守孟顗在郡不法亮糾劾免官
又言災異轉西曹王簿時三吳水淹穀貴民饑
刺史彭城王義康使立議以救民急亮議以東
土災荒民凋穀踊富民蓄米日成其價宜班下
所在隱其虛實令積蓄之家聽留一年儲餘皆
勒使糶貨為制平價此所謂常道行於百世

權宜用於一時也又緣淮歲豐邑富地穰麥既已
登秜粟行就可析其估賦仍就交巿三吳饑民
即以貸給使強壯轉運以贍老弱且酒有喙脣
之利而非食餌所資尤宜禁斷以息遊費即立
施行世祖出鎮歷陽行參征虜軍事民有盜發
家者罪所近村民與符伍遭劫不赴救同坐亮
議曰尋發家之情事止竊盜徒以侵云犯死故
同之嚴科夫穿掘之侶衒枚以晦其迹劫故
之黨必誰呼以威其事故赴凶赫者易應潛密

宋書傳六十　　土

者難且山原為無人之鄉丘壠非恒塗所踐至
於防救不得比之村郭督實效名理與劫異則
符伍之坐居宜降矣又結詞之科雖有同符伍
之限而無遠近之斷夫家無村界當以比近
若不域之以界則數步之內與十里之外便應
同罹其責防民之禁不可頓去止非之憲宜
當其律愚謂相去百步不同赴告不時者一歲
刑自此以外差不及罰愛啟太祖陳府事曰伏見西
府兵士或年幾八十而猶伏隸或年始七歲而

已從役襄耗之體氣用浬微兒弱之軀肌膚未
實而使伏勤昏稚驚苦傾於理既薄為益
力不周務故當粗存優減詔曰前已令卿兄改
革尋值遷回竟是不施行耶今更敕西府也時
營創城府功課嚴促凟夫陳之曰經始城宇莫
非造劉基築既廣夫課又嚴不計其勞苟務其
速以歲月之事求不日之成此見後人未明上
作閉鼓乃休呈課既多理有不逮至於息旦拘

宋書傳六十　　十二

備關限方涉旱暑兩多有死病頭目所承亦頗有
逃逸竊惟此既內藩事殊外鎮撫徙之宜無繫
早晚若得少寬其卒功課稍均其優劇徒隸既苦
易以悅加考其卒功發闕無幾臣聞不居其職
不謀其事庖割有主尸不越樽豈臣跡小所當
預議但臣泳恩歲厚服義累世常患不懷忘其
常體認啟白啟之甚佳此亦更來常宣旨想當
之猶復如此其為無理近復令孟休宣旨屢敕
不同卿比可密觀其優劇也始與王濬臨揚州

復爲王簿秣陵令善摘軒伏有非必禽太祖稱
其能入爲尚書都官郎襄陽地接邊關江左來
未有皇子重鎮元嘉二十二年世祖出爲撫軍
將軍雍州刺史天子甚留心以舊宛比接二關
阢尺崝陝蓋襄陽之北扦且表重彊繾般帶彊
塌以亮爲南陽太守加揚武將軍邊彊服眼皆
納賦調有數村狡猾亮忿誅之遣走巡行諸縣
孤寡老疾不能自存者皆就蠲養者旱年老鰥
時有篕時儒學崇建亮開置庠序訓授生徒民
多發家并婚嫁違法些昌嚴爲條禁郡界有古時
石塌無廢歲久亮籖世祖修治之曰施生興業
首教農畝立民崇政訓本播穑故能殷邦康俗
禮節用成頃此洛侵無南宛周毀獵犹肆凶犬
夷亢彊遠肅烽驛近虘郊關遂使沃衍弗井巨
防莫修窘力輟耕關於分地凶荒無待流冗及
今禮化乎內威禁清外斯實去盜修畎昭農緒
稼之時弘圖廣務拓土祈年之日殿下降心育
物振民復古且方提封榛棘綏入殊荒編見郡

境有舊石塌區野腴潤實爲神皋而無決稍積
久廢其利亦管所見謂宜創立普文翁守官起
沃成產偉連撫民開奧增業惠昭二邦庸列兩
漢雖劭政圖功下見所絕聯事惟喬憂同職同
又修治馬人陂民獲其利亦在任四年遷南譙王
義宣司空中兵參軍詔曰陝西心督滇才故授
卿此職隨王誕鎮襄陽復爲後軍中兵領義成
太守亮蒞官清約爲太祖所嘉賜以車馬服玩

賜書二千卷二十七年卒官時年四十七所著
詩賦頌讚三言諛哀辭緣告請兩文樂府挽歌
連珠教記曰事牋表牋議一百八十九首林子
字敬古田子弟也少有大度年數感隨王交在
京旦王恭見而奇之曰此兒王子師之流也與銀
人共見遺實咸爭趨之林子直去不顧年十
三遇家禍時難逃寬而哀號晝夜不絕聲王毋
謂之曰汝當忍死彊視何爲空自殄絕林子曰

家門酷橫無復假日之心直以至讎未復故且苟
存耳一門既陷妖黨兄弟竝罹誅逃伏叢澤
常慮及禍而沈預家甚彊富志相陷滅嘗
與諸兄晝藏夜出即貨所居宅營墓葬父祖
諸叔凡六喪儉而有禮時生業已盡老弱甚多東
土饑荒易子而食外迫國網內畏彊讎沈伏山
草無所投曆時孫恩屢出會稽諸將東討者相
續劉牢之高素之徒放縱其下虜暴縱橫獨高
祖軍政嚴明無所侵犯林子乃自歸曰妖賊擾

亂僕一門悉被驅逼父祖諸叔同罹禍難猶復
偷生天壤者正以仇讎未復親老漂寄耳今日
見將軍伐惡旌善是有道之師謹率老弱歸罪
請命因流涕哽咽三軍為之感動高祖甚奇之
謂曰君既是國家罪人彊讎又在鄉里唯當見
隨還京可得無恙乃載以別船遂盡室移京口
高祖分宅給焉博覽眾書留心文義從高祖社
京城進平都邑時年十八身長七尺五寸沈預
廬林子為害常被甲持戈至是林子興兄田子

還東報讎五月夏節日至預正大集會子弟盈
堂林子兄弟挺身直入斬預首男女無長幼悉
屠之以預首祭父祖墓仍為本郡所命毅又板
為冠軍參軍並不就林子以家門荼毒無復仕
心高祖敦逼至彌年不起及高祖為揚州辟為
從事謂卿何由遂得不仕頃年相申欲令卿
物見卿此心耳固辭不得已然後就職領建熙
令封資中縣五等侯時年二十一義熙五年從

代鮮甲行參鎮軍軍事大軍於臨朐交戰賊遣
虎班突騎馳軍後林子率精勇東西奮擊皆
大破之慕容超退守廣固復與劉敬宣攻其西
隅廣固既平而廬循奄至初循之下也廣固未
高祖以超未平隱之還至廣固乃誅叔長謂林
高祖叔長不以聞反以循旨動林子叔長素驍果
拔循潛遣使結林子及宗人叔長林子即密白
子曰昔魏武在官渡汝兗之士多懷貳心唯李通
獨斷大義古今一也循至蔡州貴遊之徒皆議
遠徙唯林子請移家京邑高祖怪而問之對

曰耿純盡室從戎李典舉宗居魏林子雖才非
古人實受恩深重高祖稱善父之林子時領別
軍於石頭屢戰摧惡循每戰無功乃偽揚聲當
悉衆於白石步上而設伏於南岸故高祖曰石
白石留林子與徐赤將斷拒查浦林子乃進計
曰此言妖詐未必有實深為之防高祖曰石
頭城險且淮柵甚固留鄉在後足以守之大軍
既去賊果上赤將將擊之林子曰賊聲徃白石
而屢來挑戰其情狀可知矣賊養銳待期而吾
衆不盈二旅難以有功令距守此險足以自固
若賊偽計不立大軍尋反君何患焉赤將曰今
賊悉衆向白石留者必皆羸老以銳卒擊之無
不破也便鼓譟而出賊伏兵齊發赤將軍果敗
葉軍奔北岸林子率軍收赤將散兵進戰權破
之徐道覆乃更上銳松塘林子策之曰
賊泝塘結陣戰者不過一隊今我據其津而阨
其要彼雖銳師數里不敢過而東必也於是乃
斷塘而關父之會朱齡石救至與林子并勢賊

乃散走大軍至自白石殺赤將以殉以林子參
中軍軍事從征劉毅轉參太尉軍事十一年復
從討司馬休之高祖每征討林子輒摧鋒居前
雖有營部至於宵夕輒勒還內侍賊黨郭亮
之招集蠻蜑屯據武陵武陵太守王鎮惡出奔
林子率軍討睿軌於石城軌棄糧奔襄陽復追
既平復討魯軌於七里澗納鎮惡武陵
蹕之襄陽既定權崫守江陵十二年高祖領平北
將軍林子以太尉參軍復參平北軍事其冬高
祖伐羌復泰征西軍事悉署三府中兵加建武
將軍統軍為前鋒從汴入河時襄邑降人董神
尉僉軍加揚武將軍領兵從戎林子率神虎攻
虎有義兵千餘人高祖欲綏懷初附即板為太
倉垣尅之神虎伐其功徑還襄邑林子軍次襄
邑即殺神虎而撫其衆時偽建威將軍河北太
守薛帛先據解縣林子至馳往襲之帛棄軍
本關中林子收其兵糧偽并州刺史河東太守
尹昭據蒲坂林子於陝城與冠軍檀道濟同攻

蒲坂龍驤將軍鎮惡攻潼關姚泓聞大軍至遣偽
東平公姚紹爭據潼關林子謂道濟曰今分據蒲坂
城堅池深不可旬日而剋攻之則士卒傷之
則引日久不如棄之還援潼關且潼關天阻所
謂形勝之地鎮惡孤軍勢孤力屈若使姚紹據
之則難圖也及其未至當并力爭之若潼關事捷
尹昭可不戰而復道濟從之既至紹舉關右之
眾設重圍圍林子及道濟鎮惡等時懸師深入
糧輸艱遠三軍疑阻莫有固志道濟議欲渡河
避其鋒或欲棄捐輜重還赴高祖林子按劍曰
相公勤王志清六合許洛已平關右將軍定事之
濟无所係前鋒今捨已捷之形棄垂成之業之
大軍尚遠賊眾方盛雖欲求還宣可復得下官
受命前驅哲言在盡命今日之事自為將軍辦
之然二三君子或同業艱難或荷恩周極以此
退撓亦何以見相公旗鼓耶塞井焚舍示無全
志率麾下數百人犯其西北紹眾小靡乘其亂
而薄之紹乃大潰俘虜以千數悉獲紹器械

資實時諸將破賊皆多其首級而林子獻捷書
至每以實聞高祖問其故林子曰夫王者之師
本有征無戰當宣可復增張虛獲以自欺誣國淵
必事實見賞罰尚以盈級受罰此亦前事之師
表後乘之良轍也高祖曰乃所望於卿也初紹
退走還保定城留為武衛將軍妃嬛為精兵守嶮
林子衝梭夜襲即屠其城斬齎而坑其眾高祖
賜書曰頻奔再破賊慶快無言屢摧破想不復
又耳紹復遣撫軍將軍姚讚將兵屯河上絕水
道讚壘斷末立林子邀擊手連破之讚輕騎得脫
眾皆奔散紹又遣長史領軍將軍姚伯子寧朔
將軍安蠻護軍姚黙騾平遠將軍河東太守唐
小方率眾三萬屯據九泉馮河固險以絕糧援高
祖以通津阻要乏糧所急復遣林子并據河源
林子率太尉行祭軍嚴綱等三靈秀卷甲進討累
戰大破之即斬伯子黙騾小方二級所俘馘及
驅馬器械甚多所虜獲三千餘人乘以還紹
使知王師之弘兵糧兼儲二軍就取行而西矣

曰彼去國遠鬬其鋒不可當林子自高祖曰姚
紹氣蓋關右而力乏以勢屈外兵屢敗衰亡協兆
但恐凶命先盡不得以豐齊斧耳姚紹忽死可
謂天誅於是讚統後軍鳩集餘衆復龍騎輕走林
子率師禦之旗鼓未交一時披潰讚讚輕騎逃走林
既連戰比捷士馬雄其武威高祖賜書勸勉并
致練帛肴粲高祖至閿鄉姚泓掃境內之民屯
大衆攻之高祖慮衆寡不敵遣林子步自秦嶺
以相接援比至泓已摧破兄弟復共追討泓乃
舉衆奔霸西田子欲窮追進取長安林子步之
曰往取長安如指掌耳復剋賊城便為獨平一
國不賞之功也田子乃止復殺其相國事揔任如
前林子威聲遠聞三輔震動關中豪右望風
請附西州人本王氏等並求立功孫姐羌雜夷又
姚泓親屬盡相率歸林子高祖以林子綏略有
方頻賜書襃美并令深慰納之長安既平殘
羌十餘萬口西奔隴上林子追討至嘉婦水轉

鬬達于槻里剋之俘獲萬計大軍東歸林子領
水軍於石門以為聲援還至郡高祖器其才智
不使出也故出仕以來便管軍要自非戎軍所
指未嘗外典寫後太祖出鎮荊州議以林子及
謝晦為蕃佐高祖曰吾不可頓無二人林子行
則晦不宜出乃以林子為西中郎中兵參軍領
新興太守林子思議弘深有所陳畫高祖未嘗
不稱善大軍還至彭城林子以行役既久高祖未以
歸心深陳事宜井言聖王所以戒慎祇肅非以
崇威立武寔乃經國長民宣廣建蕃屏崇嚴
宿衞高祖深相訓納俄而謝翼謀反高祖歡曰
林子之見何其明也太祖進號鎮西隨府轉加
建威將軍河東太守時高祖以二虜侵擾復欲
親戎林子固諫高祖答曰吾輒當不復自行高
祖踐阼林子佐命功封漢壽縣伯食邑六百戶固
讓不許傳亮與林子書曰班爵疇勳歷代常
典封賞之發簡自帝心主上委寄之懷實條休
否誠心所期同國榮戚政復是卿諸人共弘建

內外耳足下雖存抱退豈得獨為君子邪除府

咨議參軍將軍太守如故尋召暫下以中兵局

事副錄事參軍王華上以林子清公勤儉賞賜

重疊皆散於親故家無餘財未嘗乘輿躬幸信

中表孤貧悉歸焉遭母憂還東葬乘輿躬幸信

使相望蔡廓詔曰軍國多務內外須才前鎮西

咨議建威將軍河東太守沈林子才不得遂其情

事可輔國將軍起林子固辭不許賜墨詔朔望

不復還朝每軍國大事輒詢問焉時領軍將軍

宋書列傳六十　二十三

謝晦任當國政晦每疾輒攝林子代之林子

居喪至孝高祖深相憂慰頃之有疾上以林子

孝性不欲使哭泣減損逼遍與入省日夕撫慰敕

諸公曰其至性過人卿等數慰視之小差乃出

上尋不豫被敕入侍醫藥會疾動還外永初三

年薨時年四十六羣公知上深相衿重恐以實

啟必有損慟每見呼問輒笞疾病還家或有中

旨亦假為其答高祖尋崩竟不知也賜東園祕

器朝服一具衣一襲錢二十萬布二百匹詔曰

故輔國將軍沈林子器懷貞審忠績允著才志

未遂傷悼悽在懷可追贈征虜將軍有司率典

也元嘉二十五年諡曰懷伯林子簡在戎旅語不

交接世務義讓之美著於閨門雖在戎旅語不

及軍事所著詩賦讚三言箴文樂府表牋書

記白事啟事論老子一百二十一首太祖讀

林子集歎息曰此人作公應繼王太保子邵

邵字道輝美風姿涉獵文史龔襲爵駙馬都尉奉

朝請太祖以舊恩召見入拜便流涕太祖亦悲

宋書列傳六十　二十四

不自勝會疆弩將軍缺上詔錄尚書彭城王義

康曰沈邵入身不惡吾與林子周旋異常可以

補選 事見宋文帝紀詔 於是拜疆弩將軍出為鍾離太

守在郡有惠政夾淮人民慕其化遠近莫不投

集郡先無市時江夏王義恭又啟太祖曰盱眙太

置立焉 事見宋文帝紀詔

劉顯真求自解說邵往位任有績彰於民聽若

重授盱眙足為良二千石上不許曰其願還經

年方復作此流遷必當大闡閭也 傳見中謀文上

勅州辟邵第亮邵以從弟正番孤乞移恩於正
上嘉而許之在任六年入爲衡陽王義季右軍
中兵參軍始興王濬初開後軍府又爲中兵義
季在江陵安西府中兵父缺啓太祖求人上答
曰稱意才難得沈邵雖未經軍事既是腹心作
鍾離郡及在後軍府房中甚修理或欲遣之其
事不果帝事見宋文入爲通直郎時上多行幸還
或侵夜邵啓事陳論即爲簡出前後密陳政要
上皆納用之深相寵待晨夕兼侍每出游或教

宋書列傳六十　二十五　羊

同輦時車駕祀南郊特詔邵兼侍中負璽代嵩
官陪乘大將軍彭城王義康出鎮豫章申謨之
爲中兵參軍掌城防之住廬陵王紹爲江州
以邵爲南中郎府府錄事參軍行府州事事未
行會讒譖丁艱邵代爲大將軍中兵加寧朔
將軍事見宋文中詔邵南行上遂相任委不復選代
仍兼錄事領城局後義康被廢邵改爲廬陵
王紹南中郎參軍將軍如故義康徙安成邵
復以本號爲安成相在郡以寬和恩信爲南土

所懷郡民王孚有學業志行見稱州里邵莅任
未幾而孚卒邵贈以孝廉板教曰前文學主簿
王孚行絜業淳粹華息竸志學修道老而彌
篤方授右職不幸暴亡可假孝廉孤老勸薦以特牲
緬想延陵以遂本懷邵慰卹孤嗣老勸課農桑前
後累蒙賞賜邵疾病使命累續遣御醫上藥
異味遠珍金帛衣裘相望不絕元嘉二十六年
卒時年四十三上甚相痛悼元嘉二十六年
王休祐驃騎中兵參軍南沛郡太守侃卒子整

弘治四年　宋書傳六十　二十六　臨生王泰

應襲爵齊受禪國除璞字道真林子少子也
童孺時神意閑審有異於衆太祖問林子聞君
小兒器質不凡甚欲相識林子令璞進見太祖
奇璞應對謂林子曰此非常兒年十許歲智度
便有大成之姿好學不倦善屬文時有憶識之
功尤練究萬事經耳過目人莫能欺之居家精
理姻族資賴弱冠吳興太守王韶之再命不就
張邵臨郡又命爲主簿除南平王左常侍太祖
引見謂曰吾昔以弱年出蕃鄉家以親要見

國官乘清塗爲岡岡也元嘉十七年始與王濬
爲揚州刺史寵愛殊異以爲主簿時順陽范曇
爲長史行州事曇性頗跌扈以爲主簿時濬謂曰神幾
之政既不易理濬以弱年臨州萬物皆屬耳目
實罰得失特宜詳慎沈曇正謂聖明留察故深更
心所寄當密以在意彼雖行事其實委鄉也濮
以任遇既深乃夙夜匪懈其有所懷輒以密啟
每至施行必從中出曇正謂聖明留察故深更

弘治四年 ｜宋書傳六十 二十七 ｜區生王素

恭慎而莫見其際也在職八年神州大治民無謗
顯璞有力焉二十二年范曇坐事誅于時濬雖
日親覽州事一以付璞太祖從容謂王曰
沈璞奉時無纖介之失在家有孝友之稱學慢
才贍文義可觀而沈深守靜不求名譽甚佳汝
但應委之以事乃宜引與悟對濬既素加賞遇
又敬奉此曰璞嘗作舊宮賦父未畢濬與璞
疏曰鄉常有速藻舊宮何其淹耶想行就耳
璞因事陳答辨義可觀濬重教曰鄉沈思淹日

尚聊相敬盜遂曰韭然遂兼紙翰昔曹植有言下
筆成章良謂可今況之方
知其信執省蹉踏三復不已吾遠慚楚元門盈
申白之實近愧梁孝庭列枚馬之客欣恧交至
諒唯深矣薄因來牘以代一面又與王簿頗邁孔
道存書曰沈璞淹思踰歲卿研慮數旬瓌麗之
美信同在昔向聊間之而還答累翰辭藻豔逸
致慰良多既欣股肺備此髦楚還慙子躬無德
而稱復裁少字宣志於璞聊因尺紙使鄉等具

宋傳六十 二十八

知厭心此書真濬長璞固求辭事上雖聽許
而意甚其不忭以璞爲濬始與國太農尋除秣陵
令時天下殷實四方輻輳京邑二縣號爲難治
璞以清嚴制下端平待物群吏斂手猾民知懼
其間里少年博徒酒客或脅利爭關妄相評引
前後不能判者璞皆知其名姓及巧詐緣由探
摘是非各標證據或辨甲有以知乙或驗東而西
事自顯箸莫不厭伏有如神明以璞去職太祖厚加
存問賞賜甚厚濬出爲南徐州謂璞曰濬既出

鄉故當臥而護之與潛詔曰沈璞昇年主簿又經
國鄉雖未嘗為行佐今故當正然軍耶若爾正
當署餘曹兼房住不爾便宜行佐正署中兵恐
於選體如不多耳　乃為正佐俄遷宣威
將軍眄耽太守時王師北伐彭汴無虞璞以彊
寇對陣事未可測郡首淮隅道當衝要乃修城
曇淡重墮聚財石積臨米為不可勝之筭衆咸
不同朝旨亦謂為過　俄而賊大越逸索虜大帥
託跋燾自率步騎數十萬陵踐六州京邑為之

騷懼百守千城莫不奔駭腹心勸璞還京師璞
曰若賊大衆不眈小城故無所懼若肉薄來攻則
成禽也諸軍何嘗旦數十萬人聚在一處而不
敗者昆陽合淝前事之明驗此是吾報國之秋
諸軍封族之日衆旣見璞神色不異老幼在焉
人情乃定收得二千精手謂諸將曰足矣但恐
賊不過耳賊旣濟淮諸　軍將帥毛退祚胡崇之
臧證之等為虜所覆無　不殄盡唯輔國將軍臧
質挺身走收散卒千餘　人來向城衆謂璞曰若

不攻則無所事衆君其來也城中止可容見力
耳地狹人多鮮不為患且敵衆我寡人所共知
雖云攻守不同故當粗量彊弱知難而退亦用
立之要若以今衆法能退敵完城者則全功在
我若宜避賊歸都會貲舟檝則更相蹂踐正足
為惠今閉門勿受不亦可乎璞嘆曰不然賊不
能登城為諸君保之舟檝之計固已久息賊之
殘害古今之未有屠剝之刑衆所共見其中有
福者不過得驅還北國作奴婢耳彼雖鳥合寧

不憚此耶所謂同舟而濟胡越不患異心也今
人多則退速人少則退遲吾寧欲專功緩賊乎
乃命開門納質見城隍阻固人情輯和鮭米
豐盛哭器械山積大喜衆皆稱萬歲及賊至四面
蟻集攻城璞與質隨宜應拒攻守三旬及珍其太
又害讒為遁走守有議欲追之者璞曰今兵士不多
半臺素附雖固守者以速其走計不須實行咸
舟艫示若欲渡岸者璞城王使自上露板璞性謙虛
以為然臧質以璞城王使自上露板璞性謙虛

推功於質既不自上質露板亦不及焉太祖嘉

璞功勁遣中使深相襃美太祖又別詔曰近者

險急老弱殊當憂迫耶念卿爾將難為懼百

姓流轉已還此遣部運尋至委卿量所贍濟也始

興王濬亦與璞書曰狡虜狂凶自送近服偽將

即斃酋長傷殘實天威所喪卿諸人忠勇之効

也五吾式過（無素致境撫民脩召乘之愧允當其）

責近气退謝忩不蒙垂許故以報卿宣城太守

王僧達書與璞曰足下何如想館舍正安士馬

三州　宋青傳六十　三十二

無恙離析有時音旨無日憂詠沈吟增其勞塋

聞者獷尾橫掠剝邊鄙郵絶塵坰介靡達

瞻江肪淮眇然千里吾聞涇陽梗棘伊滑若道

鳥集絃絕患深自古承晝寇苦城境勝道

朝食伍宵舍烽敲交警羽鏑騾合而足下砥

兵礪伍抈屬豪彥師請一奮氓無貳情遂能固

孤城覆冒嚴對陷死地覩生光古之田孫何以尚

兹商驛始通祖知梗髹崇讚膽智嘉賀文猛

甚善其羑吾近以戎暴橫斥規劬情命收龜洛

籥星含京里既獲遄至胡馬卷迹支離霖德復

繼前緒行葦之懼實愶初慮但乖塗重隔顧增

慨沸比恒疾卧憂委兼豐裁書送想無斁久懷

徵還淮南太守賞賜豐厚日夕讔見朝士有言

璞功者上曰藏質姻戚又年位在前盱胎元功當

以歸之沈璞每以謙自牧唯恐賞之居前此士

愛之意也時中書郎鈇尚書令何尚之領吏部

舉璞及謝莊陸展事不行（事見文帝中詔凡中詔）（今卷在臺猶法書典舊）

也三十年元鉯立璞乃號泣一門蒙殊常之

恩而逢若斯之運悠悠上天此何人哉日夜憂歎

以至動疾會二凶逼令送老弱還都璞性篤孝

尋聞尊老應軍執輒哽咽不自勝疾遂增篤不

堪遠迎世祖義軍至界首方得致身先是琅邪

顏竣欲與璞交不酬其意竣以致恨及世祖將

至都方有讒說以璞奉迎之晚橫罹世難時年

三十八所著賦頌讚祭文誄七弔四五言詩戰

表皆遇亂零失令所餘詩筆雜文凡二十首璞

有子曰（闕）

宋書傳六十一　三十二

伯玉字德潤虞子子也溫兼有行業

06-1418

能為文章少除世祖武陵國侍郎轉右常侍南
中郎行參軍自國入府以文義見知文章多見
世祖集世祖踐祚除貟外散騎郎不拜左衞顏
竣請為司馬出補旬（旬令在縣有能名復為江
夏王義恭太宰行參軍與奉朝請謝超宗世祖
盛校書東宮復為餘姚令還為衞尉丞世祖舊
臣故佐並皆升顯伯玉自守私門朔望未嘗問
訊顏師伯戴法興等並有蕃邸之舊一不造問
由是官次不進上以伯玉容狀似畫圖仲尼像常

呼為孔立舊制車駕出行衞尉丞直門常戎服
張永謂伯玉曰此職乖卿志王景文亦與伯玉有
舊常陪輦出指伯玉曰上孔立奇形容上於是
特聽伯玉直門服玄衣出為晉安王子勛前軍
行參軍侍子勛讀書隨府轉鎮軍行佐前廢帝
時王景文領選謂子勛典籤沈光祖曰鄧琬一旦
為長史行事沈伯玉先帝在蕃﹝闕﹞佐今猶不攺
民生定不應佳戴法興聞景文此言乃轉伯玉以
為參軍事子勛初起兵轉府功曹及即偽位以

為中書侍郎初伯玉為衞尉丞太宗示為衞尉共
事甚美及子勛敗伯玉下獄見原猶在南無
誠被責除南臺御史尋轉武陵國詹事又轉大
農母老解職貟薄理盡閒卧（卒自非甲省親
舊不嘗出門司徒袁粲司空褚淵深相知賞選
為永世令轉在永興皆有能名後廢帝元徽三
年年時年五十七伯玉性至孝奉親有聞未嘗
妄取於人有物輒散之知故温雅有風味和而
能辨與人共事皆為深交弟仲玉始末為寧

朔長史蜀郡太守益州刺史劉亮奉仲玉行府
州事巴西李承明為亂仲玉遣司馬王天生討
平之廢帝詔以為安成王撫軍中兵參軍加建
威將軍沈攸之請為征西諮議未拜李臣年
十三而孤少頗好學雖棄日無功而伏膺不改常
以晉氏一代竟無全書年二十許便有撰述之意
泰始初征西將軍蔡興宗為啟明帝有勑賜許
自此迄今年逾二十所撰之書凡一百二十卷條流
雖舉而採撥未周永明初遇盜失第五秩建元

四年未就被勑撰國史永明二年又兼著作
郎撰次起居注自兹王役無暇搜撰五年春又
被勑撰宋書六年二月畢功表上之曰臣約言臣
聞大禹刊木事炳虞書西伯戡黎功煥商典伏
惟皇基肇構峻帝烈弘深樹德往朝立勳前代若
不觀風唐世無以見帝媯之美自非軌亂秦餘
何用知漢祖之業是以掌言未記炎動天情曲
詔史官追述大典臣庸妄文史多關以蒸不才
對揚盛旨是用夕惕載懷忘其寢食者也臣約

頓首死罪竊惟宋氏南面承歷統天雖世窮八
主年減一百載而兵車亟動國道屢屯垂文簡牘
事數繁廣若夫英主作基名臣建績拯世夷難
之功配天光宅之運亦宜勒銘鍾鼎昭被方策
及虐后暴朝前王罕二國舋家禍曠古未書又
可以式規萬葉作鑒于後宋故著作郎何承天
始撰宋書草立紀傳止於武帝功臣篇牘未廣
其所撰宋志唯天文律歷自此外悉委奉朝請山
謙之謙之孝建初又被詔撰述尋值病亡仍使

南臺侍御史蘇寶生續造諸傳元嘉名臣皆其
所撰寶生被誅太明中又命著作郎徐爰踵成
前作爰因何蘇所述勒為一史起自義熙之初
訖于大明之末至於臧質魯爽王僧達諸傳又
皆孝武所造自永光以來至于禪讓十餘年內
闕而不續一代典文始末未舉且事屬當時多非
實錄又立傳之方取捨乖衷進由時旨退傍世
情垂之方來難以取信臣今謹更創立製成新
史始自義熙肇號終於昇明三年桓玄譙縱

之徒身為晉賊非闗後代吳隱謝混郗
僧施義止前朝不宜濫入宋典劉毅何無忌魏詠
之檀憑之孟昶諸人志在興復情非造宋以
今兹刊除歸之晉籍臣遠愧南董近謝遷固以
閭閻小才述一代盛典屬辭比事望古慚良鞠
躬踧踖靦汗亡厝本紀列傳繕寫已畢合志表
七十卷今謹奏呈臣所撰諸志須成續上謹條
目錄詣省拜表奉書以聞臣約誠惶誠恐頓
首頓首死罪死罪

宋書列傳六十

三十七

閣生王綱

右宋書爲宋眉山刊本初借北平圖書館所藏
六十七卷其後假得南潯嘉業堂劉氏殘本補
入二十三卷其後志第四列傳第五十九第六十以常
四十八九第五十一二第五十九第四十四五六第
下書版實京師其版遂歸南京國子監然是本
合配是本刊於蜀中陸存齋謂明洪武中取天
熟瞿氏鐵琴銅劍樓暨涵芬樓藏元明遞修本
列傳第三十四版心有署至元二十八年杭州錢
弼刊者第五十八有署至元十八年杭州劉仁
刊者是在元時此版已離蜀矣余嘗見宋慶元
沈中賓在浙左所刊正義其刻工姓
名與是本同者有張堅劉昭史伯恭李忠李允

金滋劉仁張亨張斌周明宋琚何昇何澄朱玩
方堅方至蔣容方中王明王信余敏張升王壽
三王壽嚴智王定李師正張明徐大中楊昌吳
志沈文孫日新等其餘六史同者亦夥其鐫工
亦極相肖是又宋時此版先已入浙之證卷中
字體道斂與世間所傳蜀本同出一派其版心
畫分五格者可定爲蜀中紹興原刊餘則入浙
以後由宋而元遞有補刻陸存齋又言周季貺
有一部爲季滄葦舊藏今嘉業殘本均有季氏
印記蓋即延令故物而由周氏散出者陸氏謂
爲無一修版亦未確也錢氏廿二史攷異謂少
帝紀卷末無史臣論非休文書謂前有闕
之是本卷末一行確爲史臣論斷之詞前有闕

葉故全文不可得見其後並此僅存之一行亦
復湮滅按前一葉今廢少帝令末行今廢
爲滎陽王一依漢昌邑晉海西故事二語下有
一鎮字審其語氣必爲鎮西將軍某某入纂皇
統云云惜其已亡逸無可徵信弘治修版取南史
補之一字不易而文義不相聯屬乃削鎮字以
泯其迹不知南史爲記事之文而本書此監汲古閣武
英殿遞相傳刻悉沿其誤使無茲本恐無以證
錢氏之說矣王氏十七史商榷又謂武帝紀是
撤詔策皆稱劉譔謂武帝紀則是
後人校者所改之未淨故往往數行之中忽
諱忽裕牽率已甚云云此必指本紀第三首葉

而言然是本悉作諱字並無忽諱忽裕之異錢
王二氏精研史籍均不獲覩是本吾輩生古人
後何幸而得見此未見之書耶卷中空格及註
闕字者凡數十見訛舛之字亦殊不鮮然以視
後出之本則此爲猶勝異日當別印校記以俟
讀者之諟正焉海鹽張元濟

百衲本二十四史

宋書　二冊

撰　　者◆沈約
發行人◆王學哲
總編輯◆方鵬程
編印者◆本館古籍重印小組

出版發行：臺灣商務印書館股份有限公司
台北市重慶南路一段三十七號
電話：(02)2371-3712
讀者服務專線：0800056196
郵撥：0000165-1
網路書店：www.cptw.com.tw
E-mail：ecptw@cptw.com.tw
網址：www.cptw.com.tw

局版北市業字第 993 號
初版一刷：1937 年 01 月
臺一版一刷：1970 年 01 月
臺二版一刷：2010 年 09 月
定價：新台幣 3000 元

宋書 ／ 沈約撰. --臺二版. -- 臺北市 ： 臺灣
商務，2010. 09
　　面 ；　公分. --（百衲本二十四史）

　　ISBN 978-957-05-2509-0（精裝）

1. 南朝史

623.5101　　　　　　　　　　　99011140